コンプライアンス
―ハラスメント事例研究―

安達　巧 編著

ふくろう出版

まえがき

　企業だけでなく教育機関やスポーツ関連組織等での様々なハラスメントが報道されるようになりました。

　わたしは現在、ビジネス・リーダーとなるべく経営専門職大学院で学ぶ社会人学生に対して「マネジメントの法と倫理」という授業を担当しています。その授業では、わたしが 2015 年 4 月に上梓した『パワハラ裁判の教訓－いじめと闘った大学教授の裁判－』をテキストの1つに採用しました。

　上記書籍の「まえがき」には、「本書の読者が、いまも様々な場所で行われているに違いないハラスメント（いじめ）の不合理さに気付いて下さることを願ってやみません。ハラスメント（いじめ）の加害者にならないことは勿論ですが、ハラスメント（いじめ）の存在を知ったら〔傍観者ではなく〕静止者になって頂きたいと思います。」との記述があります。

　しかしながら、「マネジメントの法と倫理」の授業中にわたしが〔ビジネス・リーダーをめざしているはずの〕受講学生に「被害者のために傍観者ではなく静止者になれるという人は挙手してください」と尋ねてみたところ、たった1割の学生しか挙手しませんでした。おそらく、「『見て見ぬふりをする』ことが組織人（勤め人）としての生きる知恵」との考え方が身体の芯にまで染み込んでいるのでしょうが、わたしはとても残念な気持ちになりました。

　『パワハラ裁判の教訓－いじめと闘った大学教授の裁判－』の加筆を機にタイトルも一新した本書の読者諸兄には、「ハラスメント（いじめ）の加害者にならないことは勿論ですが、ハラスメント（いじめ）の存在を知ったら〔傍観者ではなく〕静止者になって頂きたいと思います」と改めてお願い申し上げます。

まえがき

　最後になりますが、本書公刊にあたり、ふくろう出版学術図書事業部の皆様には大変お世話になりました。記して深く感謝いたします。

平成 30 年 11 月

安達　巧

目　次

まえがき

第1章　パワハラ裁判①
　　　　大学（学校法人）を被告とした訴訟の記録 …………………… *1*
　Ⅰ　原告・被告の主張 _____ *3*
　　1．訴状　*4*
　　2．答弁書　*10*
　　3．被告第1準備書面　*14*
　　4．準備書面1　*18*
　　5．被告第2準備書面　*28*
　　6．準備書面2　*37*
　　7．被告第3準備書面　*47*
　　8．準備書面3　*55*
　　9．被告第4準備書面　*69*
　　10．被告第5準備書面　*71*
　　11．証拠調べ申立書　*80*
　　12．原告本人尋問の速記録（第2回口頭弁論）　*83*
　Ⅱ　双方が提出した主な証拠 _____ *101*
　　1．原告側提出証拠　*102*
　　2．被告側提出証拠　*211*

第2章　パワハラ裁判②
　　　　大学教員を被告とした訴訟（第1審）の記録 ……………… *291*
　Ⅰ　原告・被告の主張 _____ *293*
　　1．訴状　*294*
　　2．答弁書　*298*

目　次

　　3．準備書面1　*300*

　　4．被告第1準備書面　*303*

　　5．準備書面2　*307*

　　6．書証否認等理由書　*311*

　　7．文書送付嘱託申出書　*312*

　　8．被告第2準備書面　*314*

　　9．証拠（人証）申出書　*318*

　10．準備書面3　*320*

　11．証拠申出書　*326*

　12．被告第3準備書面　*328*

　13．原告本人尋問の速記録（第3回口頭弁論）　*332*

　14．被告本人尋問の速記録（第3回口頭弁論）　*351*

　15．判決　*382*

II　双方が提出した主な証拠　*397*

　1．原告側提出証拠　*398*

　2．被告側提出証拠　*428*

第3章　パワハラ裁判③
　　　大学教員を被告（被控訴人）とした訴訟（控訴審）の記録
　　　　　　　　　　　　　　　　　　　　　　　　　479

I　控訴人・被控訴人の主張　*481*

　1．控訴状　*482*

　2．控訴理由書　*484*

　3．証拠申出書　*490*

　4．答弁書　*492*

　5．和解条項案　*496*

　6．「和解条項案」の文言修正等について　*498*

　7．和解調書　*500*

Ⅱ　双方が提出した主な証拠 _____ 503
　　　1．控訴人側提出証拠　504
　　　2．被控訴人側提出証拠　516

第4章　パワハラ裁判の教訓 ……………………………… 518
　　Ⅰ　裁判所について _____ 518
　　Ⅱ　弁護士について _____ 521
　　Ⅲ　職場の同僚その他について _____ 526

第5章　パワハラ裁判への意見 …………………………… 530
　　Ⅰ　本事案への意見（その1）_____（土居　真大）530
　　Ⅱ　本事案への意見（その2）_____（寺澤　晃平）533

第6章　パワハラ裁判からの問いかけ
　　　　－ハラスメント事案からコンプライアンスを考えて
　　　　みる－ ……………………………………………… 537

（資料1）BE氏陳述書（草稿段階のもの）_____ 538
（資料2）本書で取り上げた訴訟記録（資料）上の人物等に
　　　　ついて－肩書き等の一覧 _____ 562
（資料3）『パワハラ裁判の教訓－いじめと闘った大学教授
　　　　の裁判－』のまえがき _____ 566

第 1 章

パワハラ裁判①

大学（学校法人）を被告とした訴訟の記録

Ⅰ　原告・被告の主張

第1章　パワハラ裁判①　Ⅰ 原告・被告の主張

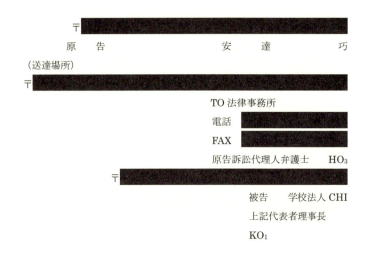

訴　　状

2005年8月19日

東京地方裁判所　御中

原告訴訟代理人弁護士　HO₃

原　告　　　　　安　達　　　巧

（送達場所）

TO 法律事務所
電話
FAX

原告訴訟代理人弁護士　HO₃

被告　　学校法人 CHI
上記代表者理事長
KO₁

損害賠償請求事件

　訴訟物の価格　　金　　５００万００００円
　貼用印紙額　　　金　　　　３万００００円

請求の趣旨

1　被告は、原告に対し、金５００万円及びこれに対する本訴状送達の日の翌日より支払い済みに至るまで年５パーセントの割合による金員を支払え。
2　訴訟費用は被告の負担とする。
　との判決並びに第１項について仮執行の宣言を求める。

1．訴　状

請求の原因

第1　当事者
1　被告
　　被告学校法人CHIは、教育基本法及び学校教育法に従って教育事業を行うことを目的として、CHI大学（以下、被告大学とする）の他高等学校を設置・運営している。
2　原告
　　原告は、1966年4月15日生まれであり、1991年3月、早稲田大学商学部を卒業後、1997年3月、東北大学大学院法学研究科博士前期課程を修了し、1999年3月、東北大学大学院経済研究科博士後期課程を修了した。これにより、原告は、博士（経済学）の学位を取得した。
　　原告は2001年4月、新潟国際情報大学情報文化学部の助教授に就任した。その後、2003年1月下旬、会計学の分野で教授（助教授）の求人をしていた被告大学に応募し、同年2月28日に面接を受け、翌3月3日には被告より被告大学助教授の採用内定を受けた。
　　このため、原告は、2003年3月31日、新潟国際情報大学を退職し、同年4月1日、被告に被告大学商学部の助教授として正式に採用された。

第2　原告の教授への昇任期待権の侵害（主位的主張）
1　被告大学における教授昇任申請手続
　　被告大学においては、昇任の資格要件を充足すると思料する教員は、学部長に対し、昇任の申請を行うことができるとされている（甲1・CHI大学専任教員の採用及び昇任に関する手続規程第4条）。
　　昇任を申請する者は、経歴、研究業績等を記した書類及び研究業績実物等の資料を学部長に提出する（甲1・第5条第1項）。
　　学部長は、昇任の申請を受理した場合、その適否について、前記書類及び資料を添えて、教授会に審査を求める（甲1・第6条第1項）。商学部においては、学部長は商学部全教授からなる人事会議の議に付することとされている（甲2・CHI大学商学部教授会規程第2条、甲3・CHI大学商学部専任教員の採用及び昇任に関する規程第4条）。
　　人事会議は、適否の審査を行うため、5人の委員をもって構成する審査委員会を設置し（甲3・第5条第1項）、委員会は商学部専任教員の採用及び昇任に関する実施要領に基づいて総合的に審査する（甲3・第6条）。「商学部専任教員の採用及び昇任に関する実施要領」（甲4）によれば、委員会は、別紙「昇任選考審査基準点数表」に基

5

づいて、昇任申請者の研究教育業績等について審査を行い、その結果について点数評価を行う。委員会は、昇任申請者に係わる資料を添え、審査の結果を文書をもって学部長に報告する。

　学部長は、委員会の報告に基づき、人事会議を開催する。人事会議は昇任申請者の適任の可否を決定する。人事会議は、構成員の3分の2以上の出席をもって成立し、別紙「昇任人事審査投票用紙」を用いて、無記名投票により出席者の3分の2以上の賛意をもって決定する。同投票用紙には、昇任適格者として認めるか、認めないかを○印にて投票するようになっており、認めない場合には、その理由として、A 年齢の不足、B 教育研究歴の不足、C 学術論文等研究業績の不足、D 学歴不足、E 社会的活動不足、F 総合評価で不足、のいずれかを○印にて投票するようになっている。なお、同投票用紙におけるこの区分は、上記「昇任選考審査基準点数表」の区分に対応したものとなっている。

　学部長はその審査の結果を学長に報告する（甲1・第6条第2項）。

　学長は、学部長の報告において、適格と報告された昇任の申請者について、昇任のための必要な措置を講ずるものとされている。（甲1・第7条）。

2　昇任の資格要件

　被告大学における教授への昇任の資格は、以下のとおりである（甲5・CHI 大学専任教員の資格に関する規定第3条）。

　(1)　博士の学位（外国において授与されたこれに相当する学位を含む。）を有し、教育又は研究の経歴のある者
　(2)　研究上の業績が、前者の者に準ずる者と認められる者
　(3)　大学（旧大学令「大正7年勅令第388号」による大学を含む。以下本条及び次条において同じ。）
　(4)　大学において5年以上助教授の経歴があり、この間に著書2及び論文1以上、著書1及び論文3以上、又は論文5以上の顕著な研究上の業績のある者
　(5)　略
　(6)　略
　(7)　略

3　原告の昇任申請

　(1)　原告は、2003年10月31日、前記2(1)の資格要件に基づいて、商学部の当時の学部長であった KA1 に対し、教授への昇任を申請した（以下、第1回昇任申請という）。
　(2)　KA1 は、2004年1月28日、人事会議に原告の教授昇任申請を付議した。

(3) 人事会議は SI₁ 教授を委員長とする審査委員会を設置し、審査委員会は、同年3月15日、報告書を KA₁ 学部長に提出した。その内容は、助教授歴が通算で3年であり、5年に満たないことを主たる理由に、原告を教授に推薦しないというものであった。

同年16日、人事会議で、原告の適任の可否が無記名投票にかけられ、教育研究歴不足で不可とするもの14票、昇任を可とするもの1票、白票2票で、否決された（甲6・平成16年3月16日付商学部人事会議議事録）。これは、CHI 大学専任教員の資格に関する規程（甲5）第3条(4)が定める教授の資格要件を原告に形式的に当てはめ、原告が大学において5年以上助教授の経歴がないことを理由とするものである。なお、同日の時点で、人事会議を構成し、投票権を有する商学部全教授21名のうち、商学分野での博士の学位を有するものは1名であり、他分野での博士の学位を有する者1名を含めても2名に過ぎなかった。

(4) その後、原告は、2004年10月17日に、再度 CHI 大学専任教員の資格に関する規定（甲5）第3条(1)の資格要件に基づいて、商学部の現学部長である SI₁ に対し、教授への昇任を申請した（以下、第2回昇任申請という）。

(5) しかし、SI₁ は、この昇任申請について、人事会議に付議したものの、人事会議は審査委員会を設置することもなく、現在に至っている（甲7・平成17年1月12日付商学部人事会議議事録）。

4 原告の受けた損害

(1) 教授への昇任期待権

原告が教授への昇任資格要件を定めた CHI 大学専任教員の資格に関する規定（甲5）第3条(1)の要件を満たすことは明らかである。

そして、このような資格を有する者について、人事会議は、適否の審査を行うため、5人の委員をもって構成する審査委員会を設置し、委員会は「昇任選考審査基準点数表」に基づいて、昇任申請者の研究教育業績等について総合的に審査を行い、その結果について点数評価を行う。

原告は、この「昇任選考審査基準点数表」によれば、助教授から教授への適任点とされている点数を上回っていた。

また、学部長は、委員会の報告に基づき、人事会議を開催するが、人事会議は、別紙「昇任人事審査投票用紙」を用いて、無記名投票により出席者の3分の2以上の賛意をもって昇任の適否を決定する。同投票用紙には、昇任適格者として認めるか、認めないかを〇印にて投票するようになっており、認めない場合には、その理由として、A年齢の不足、B教育研究歴の不足、C学術論文等研究業績の不足、D学

歴不足、E 社会的活動不足、F 総合評価で不足、のいずれかを〇印にて投票するようになっている。なお、同投票用紙におけるこの区分は、上記「昇任選考審査基準点数表」の区分に対応したものとなっている。

　　原告は、第1回昇任申請の時点で37歳、第2回昇任申請の時点では38歳であり、いずれの時点においても、教育研究歴、学術論文等の業績において不足するところはなく、学歴不足、社会的活動不足に当たる事実もない。

　　以上から、原告は、第1回、第2回昇任申請のいずれに当たっても、教授への昇任を期待しており、その昇任への期待は合理的なものであって、法的にも保護に値するものである（右の期待を以下昇任期待権という）。

(2) しかるに、被告大学商学部人事会議は、第1回昇任申請について、原告の「教育研究歴」不足を理由に、教授への昇任を不適とした。その結果、原告は教授へ昇任できなかった。

　　しかし、ここに言う「教育研究歴不足」とは、CHI 大学専任教員の資格に関する規定（甲5）第3条(4)が定める5年以上の助教授の経歴がないことを指しており、原告が CHI 大学専任教員の資格に関する規定（甲5）第3条(1)の要件を満たすことを理由に行った昇任申請を退ける理由にはおよそなり得ないものである。

(3) 結局、被告大学商学部人事会議は、正当な理由なく、原告の教授への昇任期待権を違法に侵害したのであって、これにより、原告は著しい精神的苦痛を受けた。

　　原告は、被告に被告大学助教授として採用されて以後、被告の定める就業規則（甲8）の適用を受ける。ところで、被告就業規則第31条によれば、被告がその雇用する教員について行う昇任については別に定めることとされており、これを受けて定められた諸規定（甲1ないし5）に基づいて、被告大学商学部人事会議は原告の昇任の適否に関する意思決定を行ったのである。

　　以上に照らせば、被告の行った昇任に関する行為によって、原告が昇任期待権を違法に侵害され、精神的苦痛を受けたものと言うべきであり、被告自身が原告に対して不法行為（民法第709条）に基づく損害賠償義務を負うというべきである。

　　原告の受けた精神的苦痛を金銭をもって慰謝するとすれば、金500万円を下らない。それゆえ、被告は、原告に対して、同額の損害賠償義務を負う。

第3　適正な手続を受ける権利の侵害（予備的主張）
　1　適正な手続を受ける権利

　　原告は、被告に被告大学助教授として採用されて以後、被告の定める就業規則（甲8）の適用を受ける。ところで、被告就業規則第31条によれば、昇任については別に定めるとされており、これを受けて前記第2、1、2に述べたとおりの手続が定め

られている。
　　従って、原告は被告に対して、前記２、１、２に述べたとおりの手続に従って、昇任の適否を判断することを求める権利（適正な手続を受ける権利）を有している。
２　しかるに、被告大学商学部人事会議は、前記２、３(3)によれば、第１回昇任申請について、原告が被告大学専任教員の資格に関する規定（甲５）第３条(1)の要件を充たすか否かを実質的に検討することなく、同条(4)の要件を満たすか否かという観点から昇任の適否を判断している。
３　さらに、被告大学商学部長 SI₁ は、前記第２、３(5)によれば、原告の第２回昇任申請について、人事会議に付議したものの、人事会議はCHI大学商学部専任教員の採用及び昇任に関する規程（甲３）第５条第１項の規程に違反して、審査委員会を設置することもなく、現在に至っている。
４　前記２、３の被告大学商学部人事会議の意思決定により、原告は、前記第２、１、２に定める適正な手続を受ける権利を違法に侵害され、著しい精神的苦痛を受けた。
　　原告は、被告に被告大学助教授として採用されて以後、被告の定める就業規則（甲８）の適用を受ける。ところで、被告就業規則第３１条によれば、被告がその雇用する教員について行う昇任については別に定めることとされており、これを受けて被告大学商学部人事会議が前記２、３の意思決定を行ったのである。
　　以上に照らせば、被告の行った昇任に関する行為によって、原告は昇任に関して適正な手続を受ける権利を違法に侵害され、精神的苦痛を受けたものと言うべきであり、被告自身が原告に対して不法行為（民法第７０９条）に基づく損害賠償義務を負うというべきである。
　　原告の受けた上記精神的苦痛を金銭をもって慰謝するとすれば、金５００万円を下らない。それゆえ、被告は、原告に対して、同額の損害賠償義務を負う。

第４　まとめ
　　以上より、原告は、被告に対し、請求の趣旨記載の判決を求めて、本訴に及んだものである。

添付資料

１　資格証明書　　　１通
２　委任状　　　　　１通
３　甲号証　　　　　各１通

第1章　パワハラ裁判①　I　原告・被告の主張

平成17年(ワ)第17142号　損害賠償請求事件
原　告　安達巧
被　告　学校法人CHI

平成17年9月20日

東京地方裁判所民事第11部に係　御中

　　　　（送達場所）
　　　　〒██████████████████████

　　　　　　　　　　　　　　　　　　SI₅法律事務所
　　　　　　　　　　　　　　（TEL ████████　FAX ████████）
　　　　　　　　　　　　　　　被告訴訟代理人　弁護士　SI₂
　　　　　　　　　　　　　　　同　　　　　　　弁護士　I₈
　　　　　　　　　　　　　　　同　　　　　　　弁護士　HI
　　　　　　　　　　　　　　　同　　　　　　　弁護士　NO
　　　　　　　　　　　　　　　同　　　　　　　弁護士　TA₄

　　　　　　　　　　　答　弁　書

第I　請求の趣旨に対する答弁
　　原告の請求を棄却する。
　　訴訟費用は原告の負担とする。
　　との判決を求める。
第II　請求の原因に対する認否
　　（以下の項目番号は、訴状記載の「請求の原因」の項目番号に対応する。）
第1
　1　認める。
　2　認める。
第2
　1　認める。ただし、3頁18行目「F総合評価」とあるが、甲4号証5枚目には「総合評価」と記載されているだけで「F」の記載はない。
　2　認める。
　3(1)　認める。
　　　なお、原告の昇任申請は、主観的には甲5号証第3条(1)の資格要件に基づいてされたようであるが、客観的にはこの資格要件を充足していない。
　　(2)　認める。
　　(3)　末尾のなお書きは本訴請求の当否の判断資料としてどのような意味があるのか不

明であるので認否を留保し、その余の事実は認める。
  (4) 認める。
  (5) 認める。
      なお、「現在に至っている」というが、審査をせずに放置しているのではなく、人事会議は議題として付議したうえ当年度の昇任は認めないとの決議を行ったものである（甲７号証２枚目[４]）。
 4(1) 第１段落　否認する。
      CHI大学商学部人事会議は、甲５号証第３条(1)の「博士」とは、いわゆる論文博士のみを意味するとの解釈運用に立っている。原告はいわゆる課程博士であるので同号には該当しない。
      第２段落　認める。
      第３段落　人事会議は教授だけから構成される秘密会議であるので（甲３号証第８条参照）、被告側から進んで審議内容を明らかにすることができない。従って、現時点では、認否を留保する。
      第４段落　認める。
      第５段落　原告の年齢に関する主張は認め、「教育研究歴に不足するところはなく」との点は否認し、その余は知らない。
      第６段落　争う。被告の主張の詳細は後に述べる。
  (2) 第１段落　認める。
      第２段落　否認ないし争う。
  (3) 第１段落　否認ないし争う。
      第２段落　認める。
      第３段落　否認ないし争う。
      なお、原告は「被告の行った昇任に関する行為が民法７０９条に該当する」旨の主張をするが、被告は法人であるから民７０９条は直接には適用されない。被告法人とどのような関係にある個人のどのような行為が民７０９条に該当するのか、そして、その個人の不法行為責任が被告法人に及ぶ責任原因は何であるのか、適用法条とその該当事実を具体的に主張していただきたい。
      第４段落　否認ないし争う。
第３
 １ 第１段落　認める。
    第２段落　争う。被告主張の詳細は後に述べる。
 ２ 否認する。上記第２の４(2)第２段落について述べたとおりである。

3 「甲3号証第5条第1項の規定に違反して」との点は否認し、その余は認める。
4 第1段落　否認ないし争う。
　第2段落　認める。
　第3段落　否認ないし争う。
　　なお、第2の4(3)第3段落に関して述べたところと同様の事項について釈明を求める。
　第4段落　否認ないし争う。

第Ⅲ　被告の主張
第1　主位的請求原因たる「昇任期待権の侵害」について
　1　甲5号証第3条(1)の該当性
　　CHI大学商学部では、従来から、甲5号証第3条(1)について、「ここにいう『博士』とは論文博士のみを指し、課程博士を含まない。」との解釈に基づいて運用している。これに対し、原告は、課程博士であって、論文博士ではない。
　　したがって、原告にはそもそも教授昇任申請資格が備わっていないのであるから、原告の「昇任期待権」など存在しない。
　2　原告の採用条件とその旨の告知
　　原告の採用に関しては、SI₁教授及びKA₁教授らが、原告の最終採用面接の席上、原告は教育歴不足であるので助教授採用となること、及び、本学では助教授から教授になるには原則として5年間の教育歴が必要である旨を告げ、原告の了承を得た。更に、採用面接終了後、SI₁教授から原告に対して事務連絡をした際、SI₁教授は原告に対し、前任校での2年間の助教授歴を算入して本学では3年で教授申請資格を認めるという特例で採用されるよう採用審査小委員会の主査として努力する旨を伝えたところ、原告は、教育歴不足は自覚しているので感謝する、と答えた。そして、平成15年3月3日開催の人事会議は、採用時から3年経過後に教授昇格資格を与えるという特例を認めた上で原告の採用を承認した（乙1号証）。
　　このように、原告は採用時に「教授昇任資格を得るのは3年経過後」という条件が付されていることを告知されていたものである。したがって、原告は、少なくとも採用時においては、就任後3年以内に教授昇任できるというような期待を些かも有してはいなかった。
　3　裁量行為
　　甲5号証第3条(1)以下に掲記されている事由は、教授昇任申請のための資格要件にすぎず、このいずれかの要件を充足して昇任申請をした者のうちから、人事会議が教育研究歴等の諸要素を勘案し、最終的には総合評価をしたうえで、その自由裁量によ

って昇任の可否を決するのである(甲4号証2.(4)、「昇任人事審査投票用紙」を参照)。すなわち、仮に原告が甲5号証第3条各号のいずれかに該当していたとしても、当然に教授に昇任できる権利を有しているわけではない。

したがって、この点からしても、原告の「昇任期待権」など存在しない。

4　以上のいずれの観点から見ても、原告の「昇任期待権」など存在せず、原告の主位的請求が認められる余地は全くない。

第2　予備的請求原因たる「適正手続違反」について

1　法的根拠の不存在

昇任審査は、昇任を否決する結論となったとしても、対象者は現状の地位にとどまるのであるから、適正手続を保証すべき不利益処分には該当しない。

したがって、本件では、被告が適正手続を保証すべき法的根拠がなく、被告にそのような義務はない。

2　現に保証されている手続

CHI大学商学部においては、対象者から昇任審査の結果に対して不服申請がされたときは、学部長が審議過程を説明する機会を持つことができ、対象者はそれでもなお異議がある場合には不服審査手続きをとることができるとされている。(甲4号証の3.)。

本来、人事に関する事項は権限ある者の専権に属する事柄であって、もし何らかの手続保障が必要であるとしても、事後的に上記の程度の不服申立手続を用意しておけば十分である。したがって、手続面で何らの違法性もない。

3　審査委員会の設置

第2回昇任申請においては審査委員会が設置されなかったが、その理由は、人事会議において、第1回昇任審査時と同様に教育研究歴不足を理由として昇任を不可とすべきだと判断されたからである（甲7号証[4]）。

原告の教育研究歴不足は第1回昇任申請時の審査委員会報告書によって明らかであり、あらためて調査をしたところで内容が変化するものではない。したがって、第1回昇任申請時の審査委員会報告書の内容を転用したうえで人事会議が昇任の可否についての決議をしたことになんら違法性はない。

4　以上のいずれの観点から見ても、被告には適正手続違反の違法などなく、原告の予備的請求もまた、これが認められる余地は全くない。

以上

第1章　パワハラ裁判①　Ⅰ　原告・被告の主張

平成17年(ワ)第17142号　損害賠償請求事件
原　告　安達巧
被　告　学校法人CHI

平成17年9月20日

東京地方裁判所民事第11部に係　御中
　　　（送達場所）

被告第1準備書面

答弁書第Ⅲの第1の1及び2の被告主張について、更に詳しい主張をする。
1　甲5号証第3条(1)の該当性について
　　CHI大学商学部では、従来から、甲5号証第3条(1)について、「ここにいう『博士』とは論文博士のみを指し、課程博士を含まない。」との解釈に基づいて運用している。例えば、原告の最終採用面接の席上、SI₁教授及びKA₁教授らが原告に対して助教授採用となることを告げ、原告もこれを了承したものであるが、採用時から原告に教授資格が備わっているなら助教授採用するまでもないのであるから、原告を助教授採用したということは、甲5号証第3条(1)について上記のような解釈運用がされていることの現れである。更に、CHI商学部では、専任講師ですら、その採用条件に博士号取得者であることを要求することもある（乙2号証）。CHI大学商学部が上記の解釈をとっている理由は、平成3年以降、博士の大量要請の方針が打ち出された結果、大学院博士過程修了による博士の学位取得者（いわゆる課程博士）が続出し、課程博士の学位の価値が希釈化されたためである（乙3号証）。
　　また、商学部教員の昇任申請資格について定める甲3号証第2条は「甲5号証の規程第3条・・に規定する年数」と規定しているところ、甲5号証第3条の7つの教授資格のうち年数が規定されているのは(4)～(6)だけであることから、CHI商学部では、商学部教員の昇任申請資格は、上記(4)～(6)のいずれかを充たす必要があるとの解釈に基づいて運用している。なお、平成17年8月31日現在、CHI大学商学部の助教授

3．被告第１準備書面

　１５名中、博士の学位取得者が原告を含め４名いるが、これまで、原告の他には教授昇任申請をした者はいない。
　もし原告が主張するように、課程博士も甲５号証第３条(1)に該当し、かつ、右(1)に該当する者も教授昇任申請資格があるとすると、２０歳後半で教授となる者が現れることになるが、教授には、研究業績だけではなく、その地位に相応しい教育歴や社会経験が必要である。現に、大学設置基準（乙４号証）第１４条柱書及び１号によると、教授資格者は「博士の学位を有し、研究上の業績を有する者」というだけでは足りず、「かつ、大学における教育を担当するにふさわしい教育上の能力を有すると認められる者」であることが要求されている。これに対し、甲５号証第３条においては、上記大学設置基準第１４条の柱書に当たる記述がなく、(1)号本文中で「博士の学位を有し、教育又は研究の経歴のある者」とのみ規定されている。この形式文言上は、「博士の学位を有し、研究の経歴のある者」というだけで教授資格ないし教授昇任申請資格が認められることになってしまうが、そう扱ったのでは大学設置基準の求める「大学における教育を担当するにふさわしい教育上の能力を有する者」という要件が欠落することになる。したがって、甲５号証第３条(1)号における「博士」は「論文博士」に限定し、また、商学部教員の昇任申請資格は甲５号証第３条(4)〜(6)のいずれかを充たす必要があるとの解釈運用は、教育業績を考慮して教授資格ないし教授昇任申請資格の判定ができるという点で極めて合理性のある解釈運用である。
　そのため、原告についての採用審査小委員会もこの解釈に立って人事会議に対して原告の採用条件等に関する報告をし、人事会議もこの解釈に立って、３年経過後に教授昇格資格を認める（反面、３年経過前には昇格資格を認めない。）こととして原告の助教授採用を決定したのである（乙１号証）。
　以上のとおり、原告にはそもそも教授昇任申請資格が備わっていないのであるから、原告の「昇任期待権」など存在しない。

2　原告の採用条件とその旨の告知について
　原告の採用に関しては、SI_1教授、KA_1教授及びKA_5助教授の３名が採用審査小委員会の委員となり、平成１５年２月２８日、原告の最終採用面接を行った。この席上で、SI_1教授らは原告に対し、原告は教育歴不足であるので助教授採用となること、及び、本学では助教授から教授になるには原則として５年間の教育歴が必要である旨を告げ、原告の了承を得た。なお、原告は、これを了承したことはないと主張すると予想されるが、教員採用に応募している者が採用面接の席上で将来の教授昇任申請の要件に異議を述べるということは、経験則上考えられないことである。
　更に、採用面接終了後、SI_1教授から原告に対して事務連絡をした際、SI_1教授は原

15

告に対し、前任校での2年間の助教授歴を算入して本学では3年で教授申請資格を認めるという特例で採用されるよう採用審査小委員会の主査として努力する旨を伝えたところ、原告は、教育歴不足は自覚しているので感謝する、と答えた。そして、平成15年3月3日開催の人事会議は、採用時から3年経過後に教授昇格資格を与えるという特例を認めた上で原告の採用を了承した（乙1号証）。

後日、平成15年11月28日に原告が当時商学部長であったKA₁教授と本件について話し合った際、原告は、「教授昇任資格取得の条件として採用後3年間を要するとしたのは、甲5号証第3条(1)に違反するものであり、採用時には同号の説明を受けていなかった。」と述べ、CHI大学商学部が採っている甲5号証の解釈等については異議を述べたが、上記の採用条件を一旦了承したこと自体は否認していなかった。また、平成15年10月31日に原告とSI₁教授が原告の本件第1回目の教授昇任申請に関してやり取りをした際においても、原告は、「教授昇任資格として5年の教育歴が必要との内規が恣意的に適用されている。」「就職時に『教授昇任資格は3年後』という条件が付いていたことは理解しているが、原則の例外があってもよいのではないか」等と前記の採用条件が付されていることが前提の発言をしていた（乙5号証）。

別件訴訟（貴庁平成17年(ワ)第2957号損害賠償請求事件、民事第25部単4係係属）において、原告は、KA₁教授及びSI₁教授が「3年後には教授に昇任してもらう」と述べた事実を自認している。（被告も、KA₁教授らが上記被告両名がこれに似た発言をした事実は認める。但し、KA₁教授らの発言は、KA₁教授らが原告の3年後の教授昇任を約束するものではなく、「3年経てば教授昇任の資格ができる」という、教授昇任申請の資格制限を3年後には解除するという趣旨の発言であった。教授昇任の可否は人事会議が判断するものであり、KA₁教授らには昇任を認める権限はないから、当然、将来の教授昇任の約束をするはずはない。）、この発言が昇任申請の資格に制限が加えられている趣旨ではないとすれば、わざわざ「3年」という年限を示したことが全く無意味となる。「3年後には教授に昇任してもらう」ないし「3年経てば教授昇任の資格ができる」との発言は、その反面として「3年経過以前には教授昇任はできない（昇任申請資格を与えない）」との意味内容を当然に含むものである。そう解しなければ、「3年」という年限を付したことの説明が付かない。したがって、KA₁教授らが「3年後には教授に昇任してもらう」と述べた事実を原告が自認するということは、採用時に「3年経過以前には教授昇任はできない（昇任申請資格を与えない）」との趣旨を告げられた事実を原告自身も認めているということである。

以上のとおり、原告の採用時に「教授昇任資格を得るのは3年経過後」という条件が付されており、原告はこれを了承してCHI大学商学部助教授に就任したことは明ら

かである。この点から見ても、原告の「昇任期待権」など存在しない。もっとも、原告は上記採用条件を了承した事実を否認すると予想されるが、少なくとも、KA₁教授らは原告の採用時に「教授昇任資格を得るのは３年経過後である。」と告知したことに間違いなく、そうであれば、上記の「昇任期待権の不存在」という結論に変わるところはない。

　ところが、原告は就任後、「助教授歴が足りなくても博士号を保有しているのであれば教授昇任資格はあるはずだ。」と言い出して本件昇任申請を行ったのである。

以上

第1章　パワハラ裁判①　Ⅰ　原告・被告の主張

平成17年(ワ)第17142号
原　告　安達　巧
被　告　学校法人CHI

2005年11月11日

東京地方裁判所民事第11部に係　御中

準備書面1

第1　CHI大学における教授昇任申請資格について
　1　CHI大学専任教員の資格に関する規定第3条(1)に該当性について
　　　被告大学における教授への昇任の資格はCHI大学専任教員の資格に関する規定第3条（甲第5号証）が以下のとおり定めている。
　　(1)　博士の学位（外国において授与されたこれに相当する学位を含む。）を有し、教育又は研究の経歴のある者
　　(2)　研究上の業績が、前者の者に準ずる者と認められる者
　　(3)　大学（旧大学令「大正7年勅令第388号」による大学を含む。以下本条及び次条において同じ。）
　　(4)　大学において5年以上助教授の経歴があり、この間に著書2及び論文1以上、著書1及び論文3以上、又は論文5以上の顕著な研究上の業績のある者
　　(5)　略
　　(6)　略
　　(7)　略
　　　被告は、この(1)について、ここにいう「博士」とは、論文博士のみを指し、課程博士（大学院博士課程修了による博士の学位取得者）を含まないとの解釈に基づい

て運用していると主張し、そのような運用の根拠として、
- ① 被告は原告を助教授として採用しているが、採用時から原告に教授資格が備わっているなら原告を教授として採用すればよく、助教授として採用するまでもなかった。
- ② 被告においては専任講師ですらその採用条件に博士号取得者であることを要求することもある（乙第２号証）。
- ③ 課程博士の大量養成の結果、課程博士の学位の価値が希釈化された。
- ④ CHI大学商学部専任教員の採用及び昇任に関する規程（甲第３号証）第２条には、昇任を希望する者は、CHI大学専任教員の資格に関する規定（甲第５号証）第３条、第４条または第５条に規定する年数に達する前年度から、商学部長に対し、昇任を申請することができる、と定めている。そして、CHI大学専任教員の資格に関する規定（甲第５号証）第３条の７つの教授資格のうち年数が規定されているのは(4)から(6)だけであることから、被告大学商学部では商学部教員の昇任申請者は(4)から(6)のいずれかを満たす必要があるとの解釈に基づいて運用している。この運用は、大学設置基準の求める「大学における教育を担当するにふさわしい教育上の能力を有する者」という要件にも合致するものである。
- ⑤ 平成１７年８月３１日現在、被告大学商学部の助教授１５名中、博士の学位取得者が原告を含めて４名いるが、これまで原告の外には教授昇任申請をした者はいない。

といった点を上げている。
2 原告の反論
(1) CHI大学専任教員の資格に関する規定第３条(1)の文理解釈

まず、CHI大学専任教員の資格に関する規定第３条(1)の文理解釈として、そこにいう『博士』が論文博士のみを指し、課程博士を含まないという解釈は極めて不自然というしかない。

被告自身、準備書面１、２頁２１から２３行目にかけて「形式文言上は、『博士の学位を有し、研究の経歴のある者』というだけで教授資格ないし教授昇任申請資格が認められることになってしまう」と述べ、文理解釈においては被告の運用は正当化できないことを自ら認めている。

改めて、文理解釈について簡潔に述べる。まず、大学設置基準第１４条（乙第４号証）によれば、教授となることができる者として、「博士の学位（外国において授与されたこれに相当する学位を含む）を有し、研究上の業績を有する者」とされて

いる。ここには、「外国において授与された博士の学位に相当する学位を含む」とされているが、外国においては、「論文博士」に該当する資格は存在しないことに照らしても、そこにいう「博士の学位」が課程博士を指すことは明らかである。

　１９９１年２月８日の大学審議会答申（甲第９号証２１頁）は、学位制度については、１９７４年の大学院設置基準の制定により、課程制大学院の考え方が明確にされたのに併せて、学位規則の改正により、大学院の課程を修了し当該課程の目的とする能力（博士課程については、専攻分野について研究者として自立して研究活動を行うに必要な高度の研究能力）を身につけた者に対して学位を授与することとされたが、人文、社会科学の分野では学位の授与が極めて低調であり、改めて課程制大学院制度の基本理念に沿って学位授与状況を改善することが強く求められているとしている。つまり、大学院の課程を修了し、博士の学位を授与された者（課程博士）は、専攻分野について研究者として自立して研究活動を行うのに必要な高度の研究能力を有するとしているのである。

　以上からも明らかなように、大学設置基準は教授資格における「博士の学位」について「論文博士」に限定していない。また、このように解してこそ、大学設置基準が教授の要件とする「大学における教育を担当するにふさわしい教育上の能力を有する者」を広く教授として採用することが可能となる。被告の主張に従う限り、例えば、大学外に教授の人材を求めようとしても、論文博士ではない限り、助教授として大学に５年間勤務をしなければならないことになる。これこそ、大学設置基準の求める「大学における教育を担当するにふさわしい教育上の能力を有する者」を教授として採用する際の障壁となるといわざるを得ない。そうであるからこそ、課程博士と論文博士を全く区別することなく助教授、あるいは教授資格をあたえることが大学関係者の常識となっているのである（一例として、甲第１０号証）。

(2)　前記１①から⑤に対する反論

ア　①に対する反論

　まず、第１に、被告は、商学部の教授あるいは助教授の求人を行っていたのであり（甲第１１号証）、原告も当然教授としての採用を希望していた。

　しかし、２００３年２月２８日に実施された採用面接時において、面接に当たった KA_1 商学部長（当時）、SI_1 教授（当時。現商学部長）、KA_5 助教授は、原告が CHI 大学専任教員の資格に関する規定（甲第５号証）第３条(1)が定める博士の学位（外国において授与されたこれに相当する学位を含む。）を有し、教育又は研究の経歴のある者に該当し、原告に教授資格があるにもかかわらず、原告を教授として採用することを望まなかったか、あるいはそもそも原告が教授資格を有することを知らな

かったため、原告に対して、本当は教授として採用したいが、現職が助教授であることなどを考慮して、取りあえず助教授として採用したいと伝達したものである。

原告はこうした情報に接して、助教授としての採用を承諾したにすぎない。
イ　②に対する反論

専任教員の求人に当たって博士の学位を求めていることは教授の昇任において、博士の学位だけでは足りないとすることの根拠にはならないことはいうまでもない。
ウ　③に対する反論

原告は、東北大学において、１９９７年４月１日に経済学研究科経営学専攻博士課程後期３年の課程に進学したが、標準修学年数３年より１年短い２年をもって、１９９９年３月２５日に博士（経済学）の学位を取得して（甲第１２号証）、課程を修了している（甲第１３号証）。そして、博士学位論文「監査人としての公認会計士の責任　－英米の先例に学ぶ対第三者責任明確化への方向性－」（出版された際の題名は「ディスクロージャーとアカウンタビリティー　－監査人としての公認会計士の責任-」）は、日本監査研究学会の「監査研究奨励賞」の候補となったものである。

また、被告大学商学部人事会議は、昇任の資格を有する者について、適否の審査を行うため、５人の委員をもって構成する審査委員会を設置し、委員会は「昇任選考審査基準点数表」（甲第４号証）に基づいて、昇任申請者の研究教育業績等について総合的に審査を行い、その結果について点数評価を行う。

原告は、第１回昇任申請の時点で、この「昇任選考審査基準点数表」によれば、助教授から教授への適任点とされている点数６２．５点を遥かに上回る７５．５点であった。第１回昇任申請に当たり、原告が被告大学に提出した昇任申請者の記録（甲第１４号証）、履歴書（甲第１５号証）、教育研究業績書（報告書）（甲第１６号証）によれば、その内訳は、年齢１０点、教育・研究歴５点、採用後の学術・論文等研究業績５０点、学歴１０点、社会的活動歴０．５点である。そして、第２回昇任申請の時点での点数が第１回昇任申請の時点での点数を上回ることはいうまでもない（甲第１７から１９号証）。

原告の第１回昇任申請に当たっては、被告大学内部に、前記アに述べたような事情がありながらも、２００５年度申請予定の大学院設立認可過程で、原告についていわゆる「マル合」の判定がなされた場合には、CHI 大学専任教員の資格に関する規定（甲第５号証）第３条(7)を準用して、原告を教授として内定すべきであるという意見が多く存在したのである。

「マル合教員」とは、原則として博士号を取得し、一定の研究業績を有する者で、大学院設置申請手続において、文部科学省が大学院で演習科目を担当できる教員で

第1章 パワハラ裁判①　Ⅰ 原告・被告の主張

あると判定した者をいう。大学院の設置を文部科学省に申請する際、この「マル合教員」と判定される見込みのある者を専任教員として5名以上確保しておくことが必要である。ちなみに、被告大学商学部においては、原告が採用される前年度の時点では「マル合」に該当する見込みがあると思われる教員は存在しなかった。

　以上のとおり、原告の優秀さは明らかであって、課程博士の学位の評価が希釈化されたとする一般論は原告にはおよそ当てはまらない。

　さらにいえば、被告が学位の希釈化を裏付ける証拠として提出する乙第3号証によれば、課程博士の学位の価値が希釈化する契機は1991年の大学院の拡充と博士の大量養成である。そこで、被告大学においては、この時点以後、CHI 大学専任教員の資格に関する規定（甲第5号証）第3条(1)について、ここにいう「博士」とは、論文博士のみを指し、課程博士（大学院博士課程修了による博士の学位取得者）を含まないとの解釈に基づいて運用を開始したのでなければ、主張と証拠との間に矛盾が生じることになる。しかし、被告はそのような主張はしていない。このことは、被告の主張する「運用」の根拠が学位の希釈化などにはないことの証左となる。

エ　④に対する反論

　CHI 大学商学部専任教員の採用及び昇任に関する規程（甲第3号証）第2条は、CHI 大学専任教員の資格に関する規定第3条の7つの教授資格のうち年数が規定されている(4)から(6)の資格についてのみ定めたものと解するのが自然な文理解釈である。

　そもそも、被告が主張するように助教授としての年数を重ねることは大学設置基準の求める「大学における教育を担当するにふさわしい教育上の能力を有する者」という要件を必ずしも担保するものではない。

　原告は、第1回昇任申請の時点で37歳、第2回昇任申請の時点では38歳であり、いずれの時点においても、教育研究歴、学術論文等の業績において不足するところはなく、学歴不足、社会的活動不足に当たる事実もない（甲第14から19号証）。

　また、被告大学においては、過去、講師歴1年、助教授歴3年で教授昇任を認めたケース（TA₁氏）が存在する。つまり、被告大学商学部では必ずしも商学部教員の昇任申請者は CHI 大学専任教員の資格に関する規定（甲第5号証）第3条(4)から(6)のいずれかを満たす必要があるとの解釈に基づいて運用されているわけではないのである。

　さらにいえば、原告のように、CHI 大学専任教員の資格に関する規定（甲第5号証）第3条(1)に該当し、かつ教授昇任申請をした者は被告大学にはこれまで存在しなかった。したがって、被告大学の原告の教授昇任申請に対する取扱を被告大学における過去における運用と同一のものとして説明することはできないはずである。

4．準備書面１

オ　⑤に対する反論

平成１７年８月３１日現在、被告大学商学部の助教授１５名中、博士の学位取得者が原告を含めて４名いるが、これは原告、MA_6助教授、YA_4助教授、TA_3助教授のことである。このうち、原告以外の３名については、２００５年８月３１日現在、教授昇任申請をしてはいない。

しかし、MA_6助教授とYA_4助教授はいずれも２００５年４月１日付で講師から助教授に昇任した者であるから、２００５年８月３１日現在まで教授昇任申請をしたことがないのは当然である。

また、TA_3助教授は、２００３年４月１日付で講師から助教授に昇任した者であるが、博士の学位を取得したのは２００５年３月であり、２００５年４月１日付での教授昇任については昇任申請期間を経過していた。それ故、２００５年８月３１日現在までに教授昇任申請をしたことがないのもまた当然といえる。

第２　原告の採用条件とその旨の告知について

１　採用条件を知っていたか否か

(1)　２００３年２月２８日に実施された採用面接時におけるやりとりについて

原告は、当日の面接委員であるKA_1学部長、SI_1教授、KA_5助教授からは、CHI大学専任教員の資格に関する規定（甲第５号証）第３条(1)を知らされていない。同人らは、原告に対して、本当は教授として採用したいが、原告の現職が助教授であることなどを考慮して、取りあえず助教授として採用したいと伝達したに過ぎない。もちろん、被告大学においては助教授から教授になるには原則として５年間の助教授歴が必要であるとか、採用後３年間は助教授のままであるとか、３年経過以前には教授昇任はできないなどと聞かされてはいない。

教授・助教授の求人に対して、原告は教授としての採用を希望していた。しかし、KA_1らから助教授として採用したいとの説明を受けたことから、やむをえないものとしてこれを承諾したのである。

この時、原告が仮にCHI大学専任教員の資格に関する規定（甲第５号証）第３条(1)を知らされていれば、原告は当然教授としての採用資格を有していることを知ったわけであり、助教授としての採用に納得するはずもない。

そうであればこそ、原告は、被告に採用された後、教授昇任申請の資格があることを知って、直ちに教授への昇任申請を行ったのである。

(2)　２００３年１０月３１日のSI_1教授の恫喝について

被告は、乙第５号証の１を根拠に、原告が、当日、SI_1教授に対して、「教授昇任資格として５年の助教授歴が必要との内規が恣意的に適用されている」、「就職時に

23

第1章　パワハラ裁判①　Ⅰ　原告・被告の主張

『教授昇任資格は3年後』という条件が付いたことは理解しているが、原則の例外があってもよいのではないか。」と発言したと主張している。

しかし、乙第5号証の1は原告と対立している SI₁ 教授が作成したものであって、それが間違いなく10月31日に作成されたものか、真実原告の発言を書き記したものか不明である。

当日、SI₁ 教授が原告とどのような話をしたのかについては、SI₁ 教授らを被告とする別訴（東京地方裁判所平成17年（ワ）第2957号）において原告が詳しく主張しているところである。当日は、SI₁ 教授が原告に対して脅し、怒号によって強圧的に教授昇任申請の取下げを要求したのであって、到底 SI₁ 教授がメモを作成し、それを原告に見せるような状況ではなかったのである。

(3) 2003年11月28日の KA₁ 商学部長（当時）との話し合い

原告は KA₁ 学部長から呼び出され、商学部長室で同部長と話し合いを持った。その際、原告は同部長から、「安達先生を採用する際に、3年後に教授昇任申請を容認すると決めておりますので、今回は昇任できません。」と告げられたのである。原告はこの時初めてこのような説明を受けたのである。しかし、同部長からは、CHI 大学専任教員の資格に関する規定（甲第5号証）第3条(1)の解釈として、「教授昇任資格取得の条件として採用後3年を要する。」との説明を受けたわけではない。仮にそのような説明があれば、原告は直ちにその解釈の誤りに気づき、反論したはずである。

(4) 2004年1月23日の KA₁ 商学部長（当時）との話し合い

原告は KA₁ 商学部長から呼び出され、商学部長室で同部長と話し合いを持った。その際、原告は同部長から初めて CHI 大学専任教員の資格に関する規定（甲第5号証）第3条(1)の解釈を示された。同部長は、そこにいう「博士」が論文博士を指し、課程博士を含まないと説明した上で、原告に対して教授昇任申請の取り下げを再度求めたのである。原告は、同部長が示した解釈の突飛さに全く納得できず、その場で取り下げを拒否したのである。

2　まとめ

以上からも明らかなように、原告は、採用時に「教授昇任資格を得るのは3年経過後」という条件を付されたことはない。況やそうした条件を了承して被告大学の助教授に就任したわけでもない。

第3　裁量行為論

1　昇任期待権について

被告は、CHI 大学専任教員の資格に関する規定（甲第5号証）第3条(1)について、教授昇任申請のための資格要件に過ぎず、被告大学商学部人事会議が教育研究歴など

の諸要素を勘案し、最終的に総合評価をした上で、その自由裁量によって昇任の可否を決するのであるから、原告には当然に「教授に昇任できる権利」が認められるわけではないと主張する。

　　　しかし、原告は「昇任できる権利」があるなどとは主張していない。そうではなくて、法的保護に値する「昇任に対する合理的な期待」を「昇任期待権」と構成し、その侵害の違法性を主張しているのである。
２　昇任期待権の骨格をなす昇任基準の客観化
　　　被告大学においては、教授昇任申請の可否について、人事会議が最終的に総合評価して決することは原告自身認めるところである。しかし、その評価が恣意に流れてはならないことは、後記第４、２において詳述するところである。
　　　被告大学においては、人事会議が適否の審査を行うため５人の委員をもって構成する審査委員会を設置し、同委員会は「昇任選考審査基準点数表」（甲第４号証）に基づいて昇任申請者の研究教育業績等について総合的に審査を行い、その結果について点数評価を行うことになっている。
　　　また、学部長は、委員会の報告に基づき、人事会議を開催するが、人事会議は「昇任人事審査投票用紙」（甲第４号証）を用いて、無記名投票により出席者の３分の２以上の賛意をもって昇任の適否を決定する。同投票用紙には、昇任適格者として認めるか認めないかを○印にて投票するようになっており、認めない場合には、その理由として、Ａ年齢の不足、Ｂ教育研究歴の不足、Ｃ学術論文等研究業績の不足、Ｄ学歴不足、Ｅ社会的活動不足、総合評価で不足、のいずれかを○印にて投票するようになっている。なお、上記投票用紙中におけるこの区分は上記「昇任選考審査基準点数表」の区分に対応したものとなっている。
　　　このように、被告大学においては、人事会議の総合評価が恣意的にならないように、選考基準を点数により客観化しているのである。そしてこのことは、反面で、選考基準を満たす昇任申請者に昇任についての合理的な期待を発生せしめるのである。
　　　原告は、この「昇任選考審査基準点数表」によれば、第１回昇任申請、第２回昇任申請のいずれの時点においても、助教授から教授への適任点とされている点数を上回っていたのであるから、原告には昇任についての合理的な期待が存在したのである。
　　　それ故、この合理的な期待即ち昇任期待権を正当な理由なく侵害した被告に対して損害賠償を請求しているのである。
第４　適正な手続を受ける権利の侵害（予備的主張）
　１　就業規則上の権利としての適正な手続を受ける権利
　　　被告は、昇任審査は、昇任を否決する結論となったとしても、対象者は現状の地位

にとどまるのであるから、適正手続を保障すべき不利益処分には該当しない、と主張する。

　しかし、原告が主張しているのは、原告が被告大学の助教授として採用されて以後、原告が被告の定める就業規則（甲8）の適用を受けること、被告就業規則第31条によれば、昇任については別に定めるとされており、これを受けて定められた教授昇任申請に対する手続は、原告と被告との間の労働契約の内容となっていること、従って、その手続の違反は、原告の労働契約上の権利（適正な手続を受ける権利）の侵害となることである。

　この権利については、被告が主張するように、「人事に関する事項は権限ある者の専権に属する事柄であ」ることとは無関係である。原告が主張するのは、あくまで適正な手続を受ける権利であって、原告が被告の人事の決定権を有することを主張しているわけではないからである。そして、この権利は、昇任を承認するか否決するかに関わりなく、全ての昇任申請に当たって保証されなければならないものである。

2　信義則上の権利としての適正な手続を受ける権利

　被告の議論によれば、被告大学がおよそどのような昇任審査を行おうが、それは適正手続の保証の侵害とはならず、被告に対する法的救済は否定される結論となる。しかし、こうした論理及び結論は到底受け入れられない。昇任の申請に対して必要な情報が収集されず、あるいは昇格を申請した本人へのヒアリングなど、適切な手続が行われなければ、その判断が恣意に流れることとなる。これを放置することが労働契約関係を支配する信義則に違反することは明らかである。

　被告大学における教授への昇任は、民間企業においては人事考課をベースに、労働者の能力・適性を総合的に判断して行われる人事に該当する。人事考課の法的根拠は人事権にある。人事権自体は基本的には使用者の裁量に委ねられている。しかし、人事考課は公正な評価として行われなければならない。なぜなら、人事考課は人事権行使の先行手続として行われるため、それが不公正に行われるならば、人事権の行使として決定される当該労働者の賃金や地位等労働者が労働生活を送る上で決定的に重要な条件が不公正なものとなり、結果として、労働契約を支配する信義則に違反する事態を招来することとなるからである。使用者は、労働者の納得が得られるよう公正に人事考課を行う信義則上の義務を負っているというべきである。

　その具体的な内容としては、①公正・透明な評価制度を整備・開示し、②それに基づいた適正な評価を行い、③評価結果を開示・説明するとともに、④紛争処理制度・労働者の職務選択制度・能力開発制度を整備する必要が挙げられる。こうした手続を経ない昇格の拒否は、人事権の濫用として違法となり、労働者は損害賠償を請求でき

る（民法第７０９条）（土田道夫「労働法概説Ⅰ　雇用関係法」９８、１５４頁）。そして、①にいう公正・透明な評価制度には、そのような評価を担保するための適正な手続の保障も含まれるのである。

　被告大学は、原告の第１回教授昇任申請に当たっては、CHI 大学専任教員の資格に関する規定（甲第５号証）第３条(1)の要件を満たすかを実質的に検討することなく昇任申請を否決し、第２回昇任申請に当たっては、審査委員会を設置することもなく昇任申請を否決した。これは公正・透明な評価を担保するための適正な手続に違反するものというべきである。この手続違反を経て、被告が原告の教授昇任申請を認めなかったことは人事権の濫用として違法となるというべきである。

3　不服審査手続の保障は適正手続を受ける権利の侵害を正当化するか

　被告は、原告には不服審査手続が保障されているのであるから、昇任申請に当たって適正な手続が保障されなかったとしても、その違法性は除去されると主張している。

　しかし、不服審査手続はあくまでも事後的な手続に過ぎず、そのことだけで昇任申請に当たって適正な手続を保障しなかったことによる違法性が除去されるわけではない。

第1章 パワハラ裁判① Ⅰ 原告・被告の主張

平成17年(ワ)第17142号 損害賠償請求事件
原　告　安達巧
被　告　学校法人CHI

平成17年11月11日

東京地方裁判所民事第11部に係　御中

　　　（送達場所）
　　　　　　　〒█████████████████████████
　　　　　　　　　　　　　　　　　　　　　SI₅法律事務所
　　　　　　　　　　（TEL █████████　FAX █████████）
　　　　　　　　　　　　　　　　被告訴訟代理人　弁護士　SI₂
　　　　　　　　　　　　　　　　同　　　　　　　弁護士　I₈
　　　　　　　　　　　　　　　　同　　　　　　　弁護士　HI
　　　　　　　　　　　　　　　　同　　　　　　　弁護士　NO
　　　　　　　　　　　　　　　　同　　　　　　　弁護士　TA₄

　　　　　　　　　　　　被告第2準備書面

　２００５年１１月１１日付原告準備書面１（以下単に「原告準備書面」という）に対する反論

　１　原告準備書面２頁下から２行目以下の２(1)に対する反論

　　大学設置基準や他大学の規程における「博士」の意味を引き合いに出して、「被告大学の規程における『博士』の意味もこれと同一に解釈せよ。」というのは論理が硬直している。甲５号証第３条(1)号の「博士」の解釈に関する原告の主張においては、限定解釈ではなく文理解釈をすべきだということの根拠は何ら論証されていない。規定の文言にこだわる原告の態度から明らかなように、教授資格に関する原告の主張の根拠は、要するに、規定の形式的文言どおりの文理解釈をすべきだということだけなのである。しかし、文理解釈は条文解釈の手法の一つにすぎず、当該条文について限定解釈や拡張解釈ではなく文理解釈をすべきだと主張するなら、その正当性の論証が必要である。本件において文理解釈に固執することは、過去のCHI大学商学部における解釈運用の実例や限定解釈をすることの妥当性を無視した形式論でしかない。

　　教授資格の定め方について、大学設置基準（乙４号証）第１４条とCHI大学専任教員の資格に関する規程（甲５号証）第３条とでは条文の建て方が異なる。「博士」という同一の文言が用いられていても条文の建て方が異なる以上、異なった解釈をすることは可能であり、かつ、以下に述べるとおりその方が妥当である。すなわち、

　　大学審議会答申は、「論文博士」も「課程博士」も「博士」という同一の表記をする

5．被告第２準備書面

ことを提案しつつ（甲９号証２２頁下から６行目４項、２３頁３行目）、実質的な区別はなおも存続させることを前提としたうえで（甲９号証５８頁下から６行目⑥項第１段落参照）、「課程博士の学位を有するだけで教授の資格ありとすることは課程博士の趣旨にそぐわない。」と考え、その考えのもとに、当時の大学設置基準第１３条が教授資格について「博士の学位を有する者」としていたのを「博士の学位を有し、これに加えて教育研究上の能力がある者」という趣旨に改めるよう提案した（甲９号証２３頁下から７行目の①項）。このように、原告の提出する甲９号証は、原告の主張に反し、論文博士と課程博士を区別したうえで、単なる課程博士に教授資格を与えることに反対しているのである。そして、これを受けて、現行の大学設置基準（乙４号証）第１４条は、教授の資格として、博士の学位とは別途、柱書で「教育上の能力」を要求する内容に改訂された。この結果、乙４号証第１４条の「博士」に課程博士を含むと解釈しても、教育上の能力が不足する者に教授資格が与えられることはなくなった。しかしながら、被告大学においては、教授資格を定める甲５号証第３条(1)号が上記提案どおりの文言に改訂されておらず、「教育又は研究の経歴」となっている。「又は」で接続されているため、もし甲５号証第３条(1)号の「博士」に課程博士を含むと解釈すると、教育経歴を有しない単なる課程博士が教授資格を得ることになる。これは、上記大学審議会答申が批判するところである。他面で、社会科学系の論文博士の学位は、研究業績に秀で、教育業績や社会経験も極めて豊富な人材に与えられてきたという歴史的経緯がある（甲９号証２１頁下から２行目「碩学泰斗のイメージ」）。そのため、甲５号証第３条(1)の「博士」を論文博士のみに限定解釈することにより、同条同号の規定を実質的に甲９号証の提案（＝乙４号証１４条の規定）と同一の内容に近づけることができる。このように、本件では、まさに「博士」の意味を限定解釈するのが極めて妥当な解釈運用というべきなのである。

2　原告準備書面４頁(2)アに対する反論

　原告準備書面は、被告が原告を助教授採用した理由として、①「原告を教授として採用することを望まなかった」②「原告が教授資格を有することを知らなかった」③「現職が助教授であることを考慮した」の３点を挙げるが、いずれも合理的な理由付けになっていない。

　被告は、会計監査論の専任教員の公募に際し、できれば教授を採用したいと考えていた。公募要領（甲１１号証）の「人員」欄に「教授（または助教授）」とあり、助教授が括弧書になっているのはその趣旨である。すなわち、原告の採用時において教授の採用枠はあったのである。したがって、可能であれば原告も教授採用をしたかった。しかし、甲５号証第３条の解釈運用上、原告には教授資格がないため、助教授として

第1章　パワハラ裁判①　Ⅰ　原告・被告の主張

採用せざるを得なかったのである。
3　原告準備書面4頁ウに対する反論
(1)　原告準備書面5頁6行目～19行目（点数評価に関する主張）について
　　　教授昇任の可否の決定権限を有するのは人事会議であり、昇任審査委員会はその判断材料を提供する機関である（甲4号証の2．(4)柱書）。したがって、昇任審査委員会が「原告には教授昇任申請資格がない。」と考えていたとしても、人事会議が原告の昇任申請資格を認めた場合には、更に内容上の判断材料の1つとして原告の研究業績等の点数評価を提供することが必要となる。そのため、原告の第1回昇任申請における昇任審査委員会は、念のため、研究業績等の点数評価も行っておいたのである。（ちなみに、この事実をみれば、昇任審査委員会は、極めて公正な立場で、適切な判断材料を人事会議に提供しようとしていたことが分かる。）
　　　しかし、審査委員会が行った点数評価の上では教授適任点に達していたものの、人事会議は、そもそも原告には教授昇任申請資格がないと判断して昇任不可との結論に達したのである。資格がない以上は、点数評価の如何にかかわらず、教授になれないことは当然である。
(2)　原告準備書面5頁20行目～25行目（「マル合」判定がなされた場合には甲5号証第3条(7)を準用して原告を教授として内定すべきであるとの意見が多く存在したとの主張）について
　　　原告の第1回昇任申請を審議した平成16年3月16日開催の人事会議において、原告主張のとおりの意見は、ごく少数の者（せいぜい2～3名）から出されたにすぎない。
　　　なお、「原告についてマル合判定がなされた場合には原告を教授として内定すべきだ。」という意見は、マル合判定の出ていない段階（第1回及び第2回昇任申請の段階）では原告の教授昇任を認めないという前提に立っている。また、「原告についてマル合判定がなされた場合には原告を教授として内定すべきだ。」という意見の根拠は、原告自身が自認するとおり甲5号証第3条(7)であり、この意見は、課程博士である原告は同条(1)号には該当しないという前提に立っている。このように、上記意見が出されたという事実は、むしろ、同条(1)号の解釈運用に関する被告の主張の正しさを裏付けるものとなっている。
(3)　原告準備書面5頁26行目～6頁1行目（「原告が採用される前年度の時点では『マル合教員』に該当する見込みの教員は存在しなかった、「原告の優秀さは明らかである」との主張」について
　　　原告の採用前にはマル合教員の見込みがあった教員は存在しなかった旨の主張は

否認する。平成14年度の時点から被告大学商学部に在籍していた教員中に、今回の大学院設置申請手続において「マル合教員」と判定される見込みのある者が複数存在する。

　また、原告の主張するところの「原告の優秀さ」とは、研究者としての優秀さでしかない。しかし、大学設置基準（乙4号証）第14条～第16条を見ても明らかなとおり、大学教員の資格としては、研究業績だけではなく「大学における教育を担当するにふさわしい教育上の能力」が要求される。原告にはこの点での資格が足りないのであるから、研究者としての優秀さを強調しても無意味である。

　なお、原告準備書面4頁ウの全体としての論調から、原告の言い分は、要するに「原告は課程博士の学位を有し、極めて優秀なのだから、教授になってしかるべきである。」というものであることが分かる。しかし、教授にふさわしい教育能力及び経験等と、課程博士の学位ないし研究者としての優秀性とは別問題である。いくら研究者としての優秀性を誇示しても、研究業績以外の資格要件を補うことはできない。この点は、まさに、前記の大学審議会答申（甲9号証23頁下から5行目～6行目）が指摘しているところである。

(4)　原告準備書面6頁4行目～13行目（被告主張の「運用」の根拠が学位の希釈化にはないとの主張）について

　後記5で詳細に述べるとおり、現行の「CHI大学専任教員の資格に関する規程（甲5号証）」は平成2年10月3日から施行されたものである。施行後ほどなくして、KA_2氏が被告大学商学部助教授在任中に博士の学位を取得したが、KA_2氏は平成8年度まで教授昇任申請をしていない。この事実をみれば、甲5号証第3条(1)号は施行の当初から被告が主張するような解釈がなされていたことが分かるが、これは、平成3年ころから顕著になった博士の学位の希釈化と時期的に対応している。

4　原告準備書面6頁19行目～25行目（教育上の能力）に対する反論

　原告は、「助教授としての年数を重ねることは教育上の能力を有する者という要件を担保するものではない。」と主張する一方で、「原告の教育歴は不足するところはない。」と主張している。では、原告は、原告自身の教育能力はどのような根拠事実によって担保されていると主張するのか。原告には十分といえる教育歴はなく、それ以外にも教育能力を裏付ける客観的な根拠は何もない。

　他方で、「論文博士の学位を有すること」や「助教授歴5年」等を教授昇任資格の必要条件とし、その中から人事会議が認めた者だけに絞って教授に昇任させるというシステムは、教授たるにふさわしい研究業績と教育能力を有する者だけを教授に昇進させるうえで極めて合理的な制度である。

第1章 パワハラ裁判① Ⅰ 原告・被告の主張

5 原告準備書面6頁26行目〜7頁18行目（被告大学商学部教員の昇任申請に関する過去の実績に関する主張）に対する反論
(1) 現行の「CHI大学専任教員の資格に関する規程」は平成2年10月3日から施行されたものであるが（甲5号証の末尾「付則1」）、この規定の施行後、被告大学商学部教員在職中に博士号を取得した教員の経歴は、以下のとおりである。

氏名	講師採用日	助教授昇任日	教授昇任日	博士号取得日
KA$_2$	S61.4.1	H2.4.1	H8.4.1	H3.3.
I$_3$	H10.4.1	H13.4.1	(H17.助教授で退職)	H11.3.
I$_7$	H10.4.1		(H15.講師で退職)	H10.7.
MA$_6$	H13.4.1	H17.4.1	(現在助教授)	H10.10.8
YA$_4$	H13.4.1	H17.4.1	(現在助教授)	H3.3.25
TA$_3$	H11.4.1	H15.4.1	(現在助教授)	H17.3.22

まず、KA$_2$氏は、助教授在職中に博士の学位を取得したが、取得後直ちに教授昇任申請をせず、5年を経た後に昇任申請をしている。これは、甲5号証第3条(1)号に拠ったのではなく、同条(4)号に拠って昇任申請をしたものであると推察される。
次に、MA$_6$氏とYA$_4$氏について見ると、両氏とも本学部の講師採用以前から課程博士の学位を有していた。講師から助教授への昇任資格について、甲5号証第4条(1)号は第3条を準用しているところ、もし原告の主張するように第3条(1)号が課程博士を含むのだとすると、両氏とも講師採用の翌年の平成14年から助教授昇任資格を有していることになる。しかし、実際には、両氏とも平成16年中に初めて助教授昇任申請をし、平成17年度からの昇任が認められた。これも、第4条(1)号の引用する第3条(1)号ではなく、第4条(3)号に基づき同号に定める年限が経過するのを待ってから助教授昇任申請を行ったためであると推察される。このように、各氏とも、課程博士の学位を取得したからといって昇任資格があるわけではないと認識していたこと、すなわち、第3条(1)号の「博士」とは課程博士を含まないと解釈していることが分かる。
更に、もし原告の主張するように第3条(1)号が課程博士を含むのだとすると、助教授に昇任した翌年に直ちに第3条(1)号に基づき教授昇任申請ができることになるが、MA$_6$氏、YA$_4$氏、TA$_3$氏の三氏とも、平成18年度の昇任申請の締め切り日である平成17年10月26日現在でも、教授昇任申請をしていない。これは、課程博

士には第３条(1)号の適用はないと解釈し、同条(4)号の適用資格ができるのを待っているからであると推察される。

　以上のように、各教員の助教授又は教授昇任申請の経緯又は現状を見ると、「甲５号証第３条(1)号の博士は論文博士のみを意味すると解釈運用されてきた。」との被告主張の正しさが裏付けられている。
(2)　原告準備書面６頁２６行目～３０行目には TA$_1$ 氏の例が挙げられている。TA$_1$ 氏の経歴は、昭和４１年４月に講師採用、昭和４２年４月に助教授昇任、昭和４５年４月に教授昇任である。昭和４５年当時、被告大学には昇任規程は存在しなかったようである。

　ところで、同氏は、そもそも博士の学位を有していないから、（当時の学内規程に甲５号証第３条(1)号と同一の規定が存在したかどうかはさておき、）TA$_1$ 氏の教授昇任の根拠規定は甲５号証第３条(1)号ではない。したがって、TA$_1$ 氏の例は、甲５号証第３条(1)号の「博士」は論文博士に限るかどうかの解釈運用に関する参考事例とはならない。

　前記(1)の KA$_2$ 氏以前に（＝平成３年以前に）被告大学商学部教員在職中に博士号を取得した例としては、SI$_3$ 氏の例しか見当たらない。SI$_3$ 氏は、昭和４１年４月１日に被告大学商学部助教授となり、同年６月に博士号の学位を取得した。この学位は論文博士である。そして、同氏は、助教授昇任から４年後である昭和４５年４月１日に教授に昇任している。この例は、被告の主張と整合はするが、あまりにも古い時代のことであり、当時の学内規程に甲５号証第３条と同一の規定は存在していなかったようであるので（正確にいえば、昇任規程そのものが制定されていなかったようであるので）、これを被告主張の裏付けとして持ち出すつもりはない。
6　原告準備書面７頁２１行目第２の１(1)（採用条件の告知に関する主張）に対する反論

　「教授になるには原則として５年間の教育歴が必要である」「採用後３年間は助教授のままである」等を告知したかどうかという点は事実の有無に関する争点であるので、人証によって立証する予定であるが、乙５号証の１の末行(3)の記載から、「採用後３年間は助教授のままである」等と告知した事実があったことを窺うことができる。また、被告第１準備書面４頁６行目以下に述べたとおり、原告は、別件訴訟において、少なくとも、KA$_1$ 教授及び SI$_1$ 教授が「３年後には教授に昇任してもらう」と述べた事実を自認している。

　採用当時に原告が認識していなかったのは、甲１号証第３条(1)の規定の存在だけであり、採用後にこの規定を見た原告が、形式文言どおりに解釈すべきであると強弁し始めたのである。

7 原告準備書面8頁9行目(2)（SI₁教授とのやりとりに関する主張）に対する反論

　原告は、「SI₁教授がメモを作成し、それを原告に見せるような状況ではなかった」と主張し、乙5号証の1の赤線で囲った部分の文字が原告の自筆であることを否認している。しかしながら、

　乙5号証の1においては、上段の(1)(2)の内容が下段に再度記載されているところ、明らかに、上段は走り書きであり、下段はその後に清書したものである（更に、下段の(3)は、走り書きから漏れた内容を思い出して清書したものであり、上段には記載がないため、括弧で括ってある。）。乙5号証の1の上段部分が原告の面前で作成された走り書きでないなら、最初から下段の清書部分のみを作成しておけば足りるのであって、このような複雑な外観を呈する書面を作成する必要はない。乙5号証の1は、書面の外観上、被告の主張内容に付合するものとなっている。

　そして、乙5号証の1の加筆部分の筆跡は、明らかに他の部分とは異なるのに対し（特に、「月」の第3画及び第4画の形状を比較されたい。）、乙6～8号証と同一筆跡であることは素人目に見ても一目瞭然である（例えば、「月（特に、その第3、第4画）」「後（特に、その第4～6画）」「に」の文字の形状）。すなわち、乙5号証の1の加筆部分の筆跡は、原告のものと断定できる。これを否定する原告主張は虚偽であることが客観的に明白である。

　この事実から、ひいては、本訴における原告主張は、全体として信用性を著しく欠いているということができる。

8 原告準備書面8頁24行目(3)（KA₁商学部長とのやり取りに関する主張）に対する反論

　被告第1準備書面4頁6行目以下に述べたとおり、原告は、別件訴訟において、少なくとも、KA₁教授及びSI₁教授が「3年後には教授に昇任してもらう」と述べた事実を自認している。

9 原告準備書面9頁14行目第3の1（昇任期待権に関する主張）に対する反論

　教授昇任は一定の要件を満たせば自動的に認められるというものではないから、原告が自認しているとおり、原告には「昇任できる権利」がある訳ではない。昇任できる権利のない者について、人事会議はその昇任の可否を審議し、昇任不可との結論を採った。侵害の対象となる権利が存在しないのであるから、人事会議の上記行為が違法となるはずがない。

　また、原告の主張する「昇任期待権」なるものについては、その発生根拠事実と適用法条が全く不明である（平成10年9月30日仙台高裁秋田支部判決・労働判例752号21頁参照）。権利がある訳でもないのに原告に「昇任に対する合理的な期待」

があるというためには、例えば、被告の関係者が「原告を直ちに教授に昇任させる」旨を確約したなどの特段の事実が必要であろう。しかし、本件では、そのような事実はなく、採用後に甲5号証第3条(1)号を見た原告が人事会議の採る解釈とは異なる独自の解釈をし、その時から自分勝手に期待を抱いただけである。そのような期待は法的に保護されるべき期待ではない。

10　原告準備書面9頁23行目2（点数評価に関する主張）に対する反論

　昇任選考審査基準点数表（甲4号証）に基づく点数評価は、人事会議が、昇任申請資格を有する者につき、教授として適任かどうかという内容上の判断をする際の目安とするためになされるものである。点数評価の結果が目安としての教授適任点を超えているからといって当然に教授に昇任できるわけではないし、そもそも、原告においては、内容上の当否の判断以前に昇任申請資格がないのであるから、点数評価の結果が適任点を超えていたからといって、直ちに昇任を期待するというのは誤っている。

11　原告準備書面10頁21行目第4（適正手続違反に関する主張）に対する反論

　原告が適正手続違反と主張するものの具体的内容は、①第1回教授昇任申請に当たっては、甲5号証第3条(1)号の要件を満たすか否かを実質的に検討していないこと、②第2回教授昇任申請に当たっては、審査委員会を設置しなかったことである（原告準備書面12頁1行目～4行目）。

　しかし、まず、昇任審査は不利益処分ではなく、法はそのような手続にまで適正手続を要求していない。

　また、原告は被告に対して「3年経過後に教授昇任申請資格が発生する。」ことを承諾し、これが労働契約の内容となっているのであるから、そもそも、原告の資格の有無について適正手続に従った審査をすることは義務づけられていない。

　次に、万一、上記の昇任資格に関する条件が労働契約の内容になっていないとしても、原告主張の上記①については、人事会議は、甲5号証第3条(1)号の「博士」とは論文博士に限るとの解釈のもとにその該当性を否定し、それを前提として、(4)号該当性を検討した結果、通算5年の助教授歴に満たないことを理由にその該当性も否定したのである。このように、人事会議は、甲5号証第3条(1)号該当性の判断をしている。したがって、原告が主張するような判断遺漏の手続違反はない。

　また、原告主張の上記②については、甲5号証は第5条で審査委員会の設置について定めているが、甲5号証第10条は甲5号証の実施のために必要な事項の決定を人事会議に包括的に委任している。このように、規程上、審査委員会の設置の要否自体が人事会議の裁量に委ねられているのであるから、審査委員会の設置は労働契約上の義務とはいえない（或いは、甲5号証の規程は人事会議と教員との関係を規律するも

のではなく、人事会議内部の準則にすぎない。)。

　更に、万一、審査委員会の設置義務が労働契約の内容になっているとしても、原告の教育歴不足は第1回昇任申請時の審査委員会報告書によって明らかであり、改めて調査をしたところで内容が変化するものではないため、人事会議は、第1回昇任申請時の審査委員会報告書の内容を転用すれば足りると判断したのである。この判断には合理性がある。実質的には、改めて審査委員会を設置したのと同様であり、違法性を生じるような手続違反はない。

以上

6．準備書面2

平成17年(ワ)第17142号
原　告　　安達　巧
被　告　　学校法人 CHI

2005年12月16日

東京地方裁判所民事第11部に係　御中

TO 法律事務所
電話
FAX
原告訴訟代理人
弁護士　　HO₃

準備書面2

第1　CHI 大学における教授昇任申請資格について
 1　CHI 大学専任教員の資格に関する規定第3条(1)の該当性について
　　被告は、CHI 大学専任教員の資格に関する規定第3条（甲第5号証）(1)の解釈について、原告が文理解釈することを論難する。
　　しかし、この主張は裏を返せば、原告の主張が文理上正しいことを被告自身認めざるを得ないことの表れである。
　　被告は、原告の解釈について、被告大学商学部における解釈運用の実例や限定解釈をすることの妥当性を無視しているとし、解釈運用の実例を挙げてみせる。しかし、被告が挙げる実例なるものはいずれも限定解釈を正当化するものではない。
　　以下では、限定解釈の不当性、被告の挙げる実例の不適切さについて論じる。
 2　限定解釈の不当性について
　(1)　法文の解釈について
　　　まず、被告は、原告の主張に対して、「大学設置基準や他大学の規定における『博士』の意味を引き合いに出して、「被告大学の規定における『博士』の意味もこれと同一に解釈せよというのか論理が硬直している」と主張する。
　　　しかし、学校教育法第3条は学校を設置しようとする者は、学校の種類に応じ、

37

監督庁の定める設備、編制その他に関する設置基準に従い、これを設置しなければならない。」としている。学校の教育水準を保障するためには、学校の種類に応じて、その施設、設備、編制などについて一定の基準を保つ必要があるが、そのために定められる基準が学校設置基準であり、大学については大学設置基準（乙第4号証）である。同条は、学校の設置者が大学設置基準に従って大学を設置するだけでなく、設置後もその基準に従って大学の管理運営に当たるべきことを定めている（甲第20号証24～28頁）。

それゆえ、被告が大学設置基準第14条の解釈において、教授の昇任申請の資格に「課程博士」が含まれることを認める以上、被告は、被告大学独自の解釈運用を根拠として、教授昇任資格において「課程博士」を排除することは本来許されないはずである。

被告は、自らの主張の根拠の欠如を自覚してか、大学設置基準第14条の柱書にある「大学における教育を担当するにふさわしい教育上の能力を有すると認められる者」という文言に飛びついて、これを根拠にCHI大学専任教員の資格に関する規定第3条（甲第5号証）(1)の「博士」の解釈についてこれを「論文博士」に限定解釈することを正当化しようと試みている。そして、そのような解釈の妥当性を基礎付けるために、教育上の能力を考慮すれば、CHI大学専任教員の資格に関する規定第3条(4)にあるとおり助教授歴5年を教授昇格の必要条件とすることには極めて合理性がある、仮に原告の主張に従う限り、教育経歴を有しない単なる課程博士が教授資格を得ることになると主張する。

しかし、課程博士とは、学位規則（昭和28年文部省令第9号）第4条第1項に規定する者、すなわち、博士課程の修了要件は、大学院に5年以上在籍し、30単位以上を修得し、かつ必要な研究指導を受けた上、当該大学院の行う博士論文の審査及び試験に合格した者である。一方、論文博士とは、学位規則第4条第2項に規定する者、すなわち、大学が当該大学の定めるところにより、大学院の行う博士論文の審査に合格し、かつ、大学院の博士課程を修了した者と同等以上の学力を有することを確認された者である。「博士」の基本は課程博士であり、論文博士は正規の大学院教育を経ずに博士の学位を取得したものという位置づけでしかない（甲第20号証684、5頁）。学校教育法56条は、大学の入学資格について、高等学校を卒業した者以外に、大学入学試験検定に合格した者を「高等学校卒業者と同等以上の学力があると認められた者」と見て、大学入学資格を認めているが、こうした定め方自体課程博士と論文博士の定め方に類似している（甲第20号証553～555頁）。また、1991年4月に公布され、同年7月から施行された「国立大学設置

法及び学校教育法の一部を改正する法律」でも、「大学は、文部大臣の定めるところにより、大学院の課程を修了した者に対し修士または博士の学位を授与することを法律上明らかに」している（甲第２０号証６８９、６９０頁）。
(2) 原告の主張の曲解

しかも、CHI大学専任教員の資格に関する規定第３条(1)は、「博士の学位（外国において授与されたこれに相当する学位を含む。）を有し、教育または研究の経歴のある者」としており、教育経歴を有しない単なる課程博士が教授資格を得ることを規定自体が許していないのである。原告は、教育経歴を有していないが教授昇任の要件は満たしていると主張したことは一度もなく、教授昇任の要件となる教育経歴も有していると主張しているのである。
(3) 原告の助教授としての教育能力の無視

また、被告の主張による限り、助教授歴５年を有していなければ、教授としての教育上の能力を欠くことになる。しかし、そもそも大学設置基準第１５条は、助教授資格について、教授同様「大学における教育を担当するにふさわしい教育上の能力を有すると認められる者」と定めている。被告は原告が被告大学の助教授に就任することを認めている以上、原告に「大学における教育を担当するにふさわしい教育上の能力を有すると認め」たことは争いのないところと思われる。それにもかかわらず、被告は、教授昇任に当たってなお５年間の助教授歴を求める理由を明らかにしておらず、原告の第１回昇任請求時点で助教授歴が３年目に入っていたにもかかわらず、教育上の能力を欠いているとした根拠を全く明らかにせず、単に５年間の助教授歴を有していないと述べるに過ぎないのである。

原告に、十分な教育上の能力があったことの一つの証左として、原告の執筆にかかる書籍の一部が大学関係者や学生に好評であること（その一例として、「私にも楽しく分かる！！日本経済超入門」第２版（甲第２１号証））や、被告大学創設以来初めて三井住友銀行及び東京三菱銀行という複数の一流銀行（メガバンク）に総合職として内定を得た被告大学の卒業生であるO_3氏が原告の教育に感謝の念を表明していること（甲第２２号証１２９頁）などを挙げることができる。O_3氏は、原告が被告大学に着任した初年度に担当した講義科目の受講生の１人に過ぎない。

学位規則第４条１項による博士学位を得た者（いわゆる課程博士）は、大学〔院〕側からみれば正統な大学院教育を施したことを認定する（いわば品質保証をする）博士であるため、学位規則第４条２項による博士（いわゆる論文博士）と区別するのは当然である。実際、東京大学や京都大学など有力大学の多くが課程博士の博士論文題目を論文博士とは区別して公表するなど、自らの大学院教育の充実ぶりの周

知に務めているほどである。被告は、わが国では、教育経歴や研究経歴も特に必要とはされていない「論文博士」を「特に優秀」だと捉えるようであるが、これは誤りというしかない。

被告は、原告の第1回昇任申請を審議した平成16年3月16日開催の人事会議において、原告について「マル合」判定がなされた場合にはCHI大学専任教員の資格に関する規定第3条（甲第5号証）(7)を準用して原告を教授として内定すべきであるとの意見が多く存在したとの主張に対して、そのような意見はごく少数の者から出されたに過ぎないと主張する。しかし、人事会議に先立つ2004年3月15日の審査委員会においては、5名の委員の内で、上記の場合における原告の教授への昇任に賛成する意見が多くあったとされているのである。

(4) 被告による「博士」解釈の首尾一貫性のなさ

加えて、被告は、原告の第1回昇任申請における昇任審査委員会の報告書（2004年3月15日付）において、原告の研究業績等の点数評価も行なっていたのであり、その点数評価の上では教授適任点に達していたことを認めている。ところで、被告は、原告の点数評価に際して、最高学歴の点数を13点と付けている。これは、原告について、「博士」の学位を有する者10点、修士の学位を有する者3点の合計13点と評価したとしか考えられない。被告自身、「博士」の解釈を都合よく使い分けているというしかない。

(5) 被告解釈の不都合さを無視

さらに、被告は、原告が準備書面1で主張した点、即ち被告の主張に従う限り、例えば、大学外に教授の人材を求めようとしても、論文博士ではない限り、助教授として大学に5年間勤務をしなければならないことになり、かえって大学設置基準の求める「大学における教育を担当するにふさわしい教育上の能力を有する者」を教授として採用することができなくなることについて全く答えていない。大学院では、学部より高度な教育能力が要請されるが、そこには教育経歴のない裁判官や弁護士、企業出身者などが「教授」として多数採用され、実際に教育に当たっている。また、被告大学自身においても、例えば法学部教授（学長）のO_2氏は教育経歴がないにもかかわらず、いきなり「教授」になっている。

3 被告大学における解釈運用の実例

被告は、CHI大学専任教員の資格に関する規定第3条（甲第5号証）(1)の解釈について、これを論文博士に限定する解釈運用をしてきた事実の例として、KA_2氏らの件を挙げる。

しかし、これらの例自体、被告の主張を根拠付ける運用の実例にはなり得ない。そ

もそも、CHI 大学専任教員の資格に関する規定第3条(1)の要件を満たすと考えて昇任
申請をするのか、それとも、それには拠らずに他の要件（同(2)~(7)）を満たすと考え
て昇任申請をするかは、昇任申請者本人の意思に委ねられているのである。

　KA₂ 氏はいわゆる「論文博士」として博士の学位を取得した。被告の主張に拠れば、
KA₂ 氏はその時点で CHI 大学専任教員の資格に関する規定第3条(1)によって教授昇任
申請をすることができたのである。しかし、被告は、KA₂ 氏が CHI 大学専任教員の資
格に関する規定第3条(4)の要件を満たしてから教授昇任申請を行っているから、CHI
大学専任教員の資格に関する規定第3条(1)の「博士」は論文博士に限定する解釈運用
を被告が行ってきたことの証左であるなどと論理が破綻した主張を行っている。

　原告が2005年11月に KA₂ 氏に直接確認した際にも、KA₂ 氏は、「CHI 大学専
任教員の資格に関する規定第3条(1)に課程博士と論文博士の双方を含むのは当然です。
CHI 大学では、自己の思料に基づき昇任申請をすることになっていますから、私は、
自分自身が『教授に相応しい』と考えた時期に申請をしただけです。別に第3条(4)を
満たしたからではありません。」と返答しており、被告の主張は完全にその根拠を失っ
ている。

　また、被告大学を退職した I₇ 氏を除き、I₃、MA₆、YA₄、TA₃ の各博士学位取得者も、
原告に対して「CHI 大学専任教員の資格に関する規定第3条(1)に課程博士を含むのは
当然だと認識しています」との見解を示している。このうち、MA₆ 氏は、原告に対し
て、被告が準備書面において、同人が CHI 大学専任教員の資格に関する規定第3条(1)
にいう「博士」が論文博士に限定されると認識していると主張していることについて、
「私が本学規程上の『博士』を『論文博士』に限定解釈しているなどというのは心外
です」と発言している。

　結局、同氏らは、CHI 大学の規程に則り、各時点で「昇任の思料なし」と判断した
に過ぎないのである。

第2　乙第5号証の記載の不自然さについて

1　被告は、乙第5号証の1を根拠に、原告が、2003年10月31日の SI₁ 教授との
　面談の際に、SI₁ 教授に対して、「教授昇任資格として5年の教育歴が必要との内規が
　恣意的に適用されている」、「就職時に『教授昇任資格は3年後』という条件が付いた
　ことは理解しているが、原則の例外があってもよいのではないか。」と発言したと主張
　し、原告が採用時に既に教授昇任には被告大学における3年の助教授歴が必要である
　と認識していたと主張する。

　　しかし、準備書面1でも述べたとおり、当日、原告と SI₁ 教授との話し合いは、SI₁
　教授がメモを書いて、その内容を原告に確認するように求めるような平穏な話し合い

ではなかった。
　それに、乙第5号証の1は原告と対立しているSI₁教授が作成したものであって、それが間違いなく10月31日に作成されたものか、真実原告の発言を書き記したものかも不明である。
2　さらに、乙第5号証には、その記載に以下のとおり不自然な点がある。
　(1)の記載は、教務委員会においてKA₁学部長が2年で辞めるのは常識では考えられないと発言した旨の記載である。これは、原告が2年で被告大学を退職することがあれば、それは非常識であるとして、大学院設置を目論む被告が、大学院担当の「特別要員」として採用した原告が大学院設立前に被告大学を退職することを牽制しているものと思われる。
　次に、(2)の記載は、10月に臨時教授会開催要求があったにもかかわらず、これを開催しなかったことは規定違反である、教授昇任の要件に5年間の助教授歴を要求する内規についても、文言にこだわることなく、努力した者には、5年が経過する前に教授への昇任を認めてもよいではないか、と原告が述べたと主張したいようである。
　以上からは、(1)と(2)の内容には脈絡もなく、SI₁教授がどのような状況でこのようなメモ書きをしたのか不明というしかない。
　また、そもそも原告が(2)の内容の趣旨の発言をすることもあり得ないことである。なぜなら、原告は、2003年10月の時点で、CHI大学専任教員の資格に関する規定第3条(1)の教授昇任の要件を満たすものとして、被告大学に対して教授昇任申請を行っているからである。
3　被告は、乙第5号証の1の記載が上段部分と下段部分に分かれていることを根拠に、上段は原告の面前で走り書きをしたもの、後段は走り書きした内容を清書したもの（さらに(3)の部分については、走り書きから漏れた内容を清書したもの）と主張する。
　しかし、下段の(3)の記載は、上段に記載されていない以上、被告主張に従うかぎり、そもそもそうした発言はなかったと考える方が自然である。また、下段の最初の行には、「10／31　5：50　図書館4F」と記載されているが、殴り書きであり、その筆跡は上段の筆跡と極めて類似している。被告が主張するように下段が10月31日当日に清書したものであるならば、このような殴り書きをした理由を合理的に説明できない。下段は、2003年10月31日以外の日に作文されたものと考えるべきである。
　なお、被告は、乙第5号証の1のラインマーカーで囲んだ部分が原告の筆跡になることを主張しているが、原告が10月31日当日にそのような記載をした事実はない。また、原告がそのとおり書き込んだと仮定しても（そのような事実はないが）、乙第5

6．準備書面2

号証上段の内容を全て原告の発言として認めることにはならないことも当然である。特に、上段の(2)の第2行以下の記述については、(2)の第1行とは無関係に記述されているものであって、原告が第2行目以下の記述の内容を認めたことにもならないと考えられる。

　繰り返しになるが、原告は被告大学の教授・助教授の求人に対して、教授としての採用を希望していたが、採用面接時に、KA₁学部長（当時）らから助教授として採用したいとの説明を受けたことから、やむをえないものとしてこれを承諾したのである。従って、原告は上記のような発言をするわけもない。原告は別訴において、KA₁学部長及びSI₁教授が採用面接時に「3年後には教授に昇任してもらう」と述べた事実を認めているが、それは同人らが被告大学の大学院の設置構想を前提に、遅くとも3年後には原告を教授に昇任させたいという構想を述べたことを認めるものに過ぎず、被告が原告を助教授採用した理由として原告が主張している3点、即ち①原告を教授として採用することを望まなかった、②原告が教授資格を有することを知らなかった、③現職が助教授であることを考慮した、のいずれとも矛盾するものではない。

第3　昇任期待権について
　　原告の昇任に対する期待が「自分勝手」な期待ではないこと
　　被告は、原告の昇任に対する期待を「自分勝手」な期待であると主張する。しかし、原告には、以下の事情から、「昇任に対する合理的な期待」即ち「昇任期待権」が存在したのである。
1　被告大学が教授を募集していたこと
　　被告大学は、2002年10月に専任教員を公募するについて、職名を「教授（または助教授）1名」としていた。つまり、被告大学としては、第1に教授を公募していた事実がある（甲第11号証）。
　　そして、原告自身も、教授となることを希望して、被告大学の求人に応募している。
　　しかし、原告は、2003年2月28日に実施された採用面接時に、当日の面接委員であるKA₁学部長、SI₁教授、KA₅助教授から、本当は教授として採用したいが、原告の現職が助教授であることなどを考慮して、取りあえず助教授として採用したいと伝達されたに過ぎない。
　　原告は教授としての採用を希望していた。しかし、KA₁らから助教授として採用したいとの説明を受けたことから、やむをえないものとしてこれを承諾したのである。
　　したがって、原告は、教授として採用されることを第1の希望としており、専ら被告大学側の事情で、助教授として採用されることを承諾していたに過ぎない。
2　被告大学により客観化された昇任基準を満たしていること

第1章　パワハラ裁判①　Ⅰ　原告・被告の主張

　　原告は、準備書面1第3においても述べたように、第1回昇任申請、第2回昇任申請のいずれの時点においても、被告大学が定める「昇任選考審査基準点数表」（甲第4号証）の教授への昇任基準を完全に満たしている。
　　被告は、本訴訟に至って、この点数評価について、人事会議が昇任申請資格を有する者につき、教授として適任かどうかという内容上の判断をする際の「目安」であると主張し、その重要性を打ち消すことに必死である。しかし、商学部専任教員の採用及び昇任に関する実施要領（甲第4号証）によれば、昇任人事を決する人事会議は昇任人事を公正かつ円滑に行うため、昇任審査委員会を設け、この昇任審査委員会が「昇任選考審査基準点数表」に基づいて、「年齢」、「教育・研究歴」、「学術論文等研究業績」、「最終学歴」、「社会的活動」という教授に求められる要素を網羅的に点数評価し、教授への昇任の適任点を超えているか否かを学部長に報告することとされている。そして、人事会議は、審査委員会の報告を受けて、昇任申請者の適任の可否を決する。それゆえ、教授への昇任の適任点を超えている申請者は、さらにその者が教授に昇任することに支障を来すような特段の事情（例えば、定員を超える候補者がいるなど）がない限り、教授昇任について期待を抱くことは当然なのである。
　　被告が指摘する秋田経法大学事件のケースは、同大学法学部の講師が助教授への昇任申請をしたケースである。同大学法学部における昇任申請の取扱については、法学部の学部長と教授会で選任された4名の委員からなる選考委員会で選考され、教授会が選考委員会から報告された被選考者の昇任の可否について審議決定することとされていた。そして、その選考基準は、「人格、健康、教授能力、教育実績・研究業績及び学会並びに社会における活動などについて行わなければならない。」、「大学において原則として4年以上（博士課程を修了した者にあっては3年以上）専任の講師として在職し、その間研究論文等を発表し、教育研究上の業績があると認められる者」とされているに過ぎず、昇任の可否について教授会による広範な裁量が認められていた。その点で、被告大学のように教授への昇任基準が客観化されている場合とは自ずから異なるというべきである。
　　原告も、また、被告大学に採用後、2003年9月下旬ころには、CHI大学専任教員の資格に関する規程第3条(1)を知り、「昇任選考審査基準点数表」の教授への昇任基準を満たしたこと、原告の教授への昇任に支障を来すような特段の事情は存在しなかったことから、教授への昇任の期待を実際に抱いたのである。
　　以上からは、原告が教授への昇任を期待することに合理的な理由が存在することは明らかである。
第4　2003年10月の昇任申請における適正手続違反について

6．準備書面２

1 適正手続の根拠について
　被告は、昇任審査は不利益処分ではなく、法はそのような手続きにまで適正手続を要求していないと主張する。
　しかし、原告は、被告大学における昇任申請手続における適正手続の保障の根拠を、被告就業規則（甲第８号証）第３１条に基づいて定められた教授への昇任申請に対する手続は、原告と被告との間の労働契約の内容となっていること、あるいは労働契約が人的・継続的な正確に由来しての信頼関係が要請されること、より具体的には、当事者双方が相手方の利益に配慮し、誠実に行動することを要請されていることから、こと人事権の行使に当たっては、使用者は、労働者の納得が得られるよう公正に人事権を行使する信義則上の義務を負っていることに求めている。

2 適正手続の内容
　前記１の適正手続の保障の射程は、単に被告大学が定める昇任審査手続を形式的に満たしていればよいとするに留まるものではなく、①公正・透明な評価制度を整備・開示し、②それに基づいた適正な評価を行うものでなければならない。これは、適正手続の保障が労働契約を支配する信義則にもその根拠を有すること、から導かれるものである。
　この適正手続の保障について、被告が主張するように、原告が被告に対して、「３年経過後に教授昇任申請資格が発生する」ことを承諾した事実はないので、原告は、第１回昇任申請に当たっても、第２回昇任申請に当たっても、適正手続の保障を受けていたのである。
　しかし、被告大学は、原告の第１回昇任申請に当たって、CHI 大学専任教員の資格に関する規程第３条(1)への該当性を判断しながら、原告が教授の昇任の要件である教育経歴（助教授歴）が不足しているという判断により、それに該当しないとの誤った判断をし、CHI 大学専任教員の資格に関する規程第３条(1)の評価の核心となる審査委員会による「昇任選考審査基準点数表」（甲第４号証）に基づく評価については、「念のため、研究業績などの点数評価も行っておいたのである。」とし、昇任を許可するか否かの判断の一つとして、この評価を行っていないことを自ら認めるに至っているのである（被告第２準備書面3(1)）。これは前記②にいう基準に基づいた適正な評価とは到底言えないものである。

3 第２回昇任申請に当たって、審査委員会を立ち上げなかったことについて
　さらに、被告大学は、原告の第２回昇任申請に当たっては、審査委員会すら立ち上げていない。これについて、被告は、被告準備書面第２、１１において、「CHI 大学商学部専任教員の採用及び昇任に関する規程」（甲第３号証）第１０条を根拠に審査委員

45

第1章 パワハラ裁判① Ⅰ 原告・被告の主張

会の設置が人事会議の裁量に委ねられていると主張している(なお、被告第2準備書面11には、上記規程を甲第5号証としているが、誤記と思われる)。

こうした主張自体、被告の大学経営におけるコンプライアンス意識の低さ、教授のみから構成される人事会議の専権で、助教授である原告の人事も決定してしまう被告大学の権力的体質を物語っている(甲第23号証)。

また、それは措くとしても、同条は、「この規程に特別の定めがある場合を除くほか、この規程の実施のため必要な事項は、人事会議がこれを定める。」とするのみで、同規程第5条が人事会議に審査委員会の設置を義務づけている以上、審査委員会の設置が人事会議の裁量に委ねられていると解釈する余地はない。

また、被告は、「CHI大学商学部専任教員の採用及び昇任に関する規程」について、これを人事会議と教員との関係を規律するものではなく、人事会議内部の準則に過ぎないと主張する。

しかし、原告と被告との間の労働契約の内容を規律する被告就業規則(甲第8号証)第31条は、「教職員の昇任については、別に定める。」とし、これに基づいて甲第3号証に基づいて「CHI大学商学部専任教員の採用及び昇任に関する規程」が定められていることに照らせば、同規程を人事会議内部の準則であって、人事会議と教員との関係を規律するものではないとする解釈もまた不可能な解釈というしかない。

7．被告第3準備書面

平成17年(ワ)第17142号　損害賠償請求事件
原　告　安達巧
被　告　学校法人CHI

平成18年1月18日

東京地方裁判所民事第11部に係　御中

(送達場所)
〒
SI5法律事務所
(TEL　　　　　　　FAX　　　　　)
被告訴訟代理人　弁護士　SI2
同　　　　　　　弁護士　I8
同　　　　　　　弁護士　HI
同　　　　　　　弁護士　NO

被告第3準備書面

2005年12月16日付原告準備書面2（以下単に「原告準備書面」という）に対する反論

1　原告準備書面第1の2(1)の第1～第3段落（2頁4行目～21行目）に対する反論

甲5号証第3条(1)の「博士」の意味について、原告が「文理解釈せよ」という根拠としてここで述べていることは、要するに、「学校教育法が大学設置基準に従って大学の管理運営に当たるべきと定めているのであるから、博士の意味ないし教授昇任資格についても大学設置基準と同様の解釈運用をすべきである」というにある。しかし、文部科学省事務次官通知（乙9号証）は、「大学設置基準は必要最低限の基準を定めたものであることから、これを上回る要件を加味することはそれぞれの大学の判断である」と明言している。このように、各大学において大学設置基準の規定内容を変更することは許容されている。したがって、「大学設置基準第14条の解釈において『課程博士』が含まれることを認める以上、被告大学独自の解釈運用を根拠として教授昇任資格において『課程博士』を排除することは許されない」という原告主張（2頁18行目以下）は、前提において既に破綻しているのである。

2　原告準備書面第1の2(1)の第4、第5段落（2頁22行目～3頁19行目）に対する反論

「論文博士は正規の大学院教育を経ずに博士の学位を取得した者という位置づけでしかない」という原告主張（3頁9行目以下）は、「論文博士」には2種の異質のものが含まれることを故意に無視している。すなわち、

第1章　パワハラ裁判①　Ⅰ　原告・被告の主張

　　もともと、人文社会科学系の博士には碩学泰斗のイメージがあり、研究教育業績が極めて顕著な者に論文博士の学位が与えられてきた（甲9号証21頁下から8行目以下）。「末は博士か大臣か」という言葉があるが、これも上記のイメージに基づくものである。これに対し、課程博士の学位は研究者として自立して研究活動を行うに必要な高度な研究能力を身につけた者に対して与えられる（甲9号証21頁下から13行目以下）。簡単に言えば、人文社会科学系においては、長らく「論文博士は研究教育者としての最高の到達点であり、課程博士は研究者としての出発点に過ぎない。」と認識されて来たのである。なお、課程博士とは上記のような立場に過ぎないため、当然のことながら、大学審議会は、課程博士に対して直ちに教授資格を認めることに消極的である（甲9号証23頁下から5行目以下）。

　　ところが、文部科学省は、「博士」から上記のイメージを払拭すべきであると考えているため、学位規則第4条2項は論文博士の要件として「碩学泰斗」のイメージを具体化するような要素を要求していない。その結果、大学院の博士課程の在学中に博士論文を提出できなかった者が退学後に論文を提出して論文博士の学位を取得するという事例が現れるようになった。このような博士も形式上は学位規則第4条2項に該当する論文博士であるが、大学審議会は「実質的には課程博士として位置づけることが適当だ」と述べている（甲9号証58頁下から5行目以下）。このように、学位規則第4条2項に基づく論文博士の中には、a)「碩学泰斗」のイメージに沿う研究教育者として最高の到達点に達した者で、教授資格を与えるに相応しい者と、b)実質的には課程博士と位置づけるべき研究者の出発点に立ったばかりの者で、直ちに教授資格を与えるのは不適当と考えられる者とが存在する。被告が、甲5号証第3条(1)号の解釈論において「ここに規定する博士は論文博士に限る」というときの「論文博士」とは、a)の論文博士を指していることはいうまでもない。

3　原告準備書面第1の2(2)（3頁20行目～27行目）に対する反論

(1)　原告は「規程第3条(1)は・・教授経歴を有しない単なる課程博士が教授資格を得ることを規定自体が許していない」というが、甲5号証第3条(1)は「博士の学位を有し、教育または研究経歴のある者」と規定しており、既定の文言上、教育経歴と研究経歴は選択的関係にある。Aかつ（BまたはC）＝（AかつB）または（AかつC）である。したがって、規程第3条(1)を形式文言どおりに文理解釈をすると、「博士の学位を有し、かつ、研究経歴のある者」は教授資格を有することになる。このように、規程第3条(1)の文理解釈によっては、教育経歴のない単なる課程博士について教授資格を否定することはできない。だからこそ、第3条(1)について形式文言どおりの文理解釈をすることは妥当性を欠くのである。

48

(2) 被告は「原告は教育経歴を全く有していない。」などと主張したことは一度もない。原告は5年未満の教育経歴で教授昇任申請をしたのであるが、被告は、この程度の教育経歴では教授昇任資格を認めるには短すぎると主張しているのである。

4 原告準備書面第1の2(3)の第1段落（3頁下から3行目～4頁9行目）に対する反論

原告の主張は、要するに、「大学設置基準は、教員に要求される教育上の能力について、助教授と教授とを区別していない。被告は原告を助教授採用して教育能力を認めた以上、教授としての教育能力がある。」というものである。

しかし、大学設置基準が教員に要求される教育上の能力について助教授と教授とで同一の文言を用いているからといってその能力の内容・程度についても同等でよいと考えているとは思えない。その裏付けとして、学校教育法58条は、6項において「教授は、学生を教授し、その研究を指導し、又は研究に従事する。」と規定するのに対し、7項において「助教授は、教授の職務を助ける。」と規定しており、明らかに、教授を教育研究の主体的立場の者として捉え、助教授は補助的立場の者としか捉えていない。教授には助教授を超える教育能力が必要と解していることの現れである。

仮に、大学設置基準が教員に要求される教育能力について助教授と教授とを内容的に区別していないとしても、前述（乙9号証）のとおり、各大学において教授に対して助教授よりも高い能力を要求することはできる。被告大学においては、まさに、教授に対して助教授よりも高い能力を要求しており、人事会議は、原告の教育経歴の短さを根拠として原告には教授として必要な教育能力の水準に達していないと判断したのである。

5 原告準備書面第1の2(3)の第2段落（4頁10行目～17行目）に対する反論

原告は、1冊の教科書の執筆と1名の学生の謝意を根拠として自らに教授に相応しい教育能力があると自賛するが、教育経歴に関し、課程博士が教授昇任資格を取得するための要件は、甲5号証の規程第3条(4)号によって「5年以上の助教授歴」等の客観化されている。原告はこの客観化された必要条件を欠くのであり、原告主張の事実をもっては足りない。

そればかりか、他方で、原告の講義の受講生から原告の授業運営等についてのクレームが直接に被告大学に寄せられている事実がある（乙13、14号証）。このように、実質的な観点から見ても、原告の教育能力ないし教育者としての適格性には重大な疑義が生じている。

6 原告準備書面第1の2(3)の第3段落（4頁18行目～下から5行目）に対する反論

原告の掲記する大学のうち東京大学の法学部においては、研究者をめざす学生のうち最も優秀な層は大学院の研究科には進学せずに助手となり、助手の期間中に助手論

文を仕上げたうえで各大学の教員として就職し、一定年月を経た上で論文博士の学位を取得している。また、学位規則4条2項は、論文博士の要件として「大学院の博士課程を修了した者と同等以上の学力を有すると確認されたこと」を要求している。以上を見れば、論文博士より課程博士の方が優秀であるかにいう原告主張は全くの的はずれであることが分かる。

　以上のほか、ここの原告主張に対する反論は、上記2に述べたところと同様である。
7　原告準備書面第1の2(3)の第4段落（4頁下から4行目～5頁4行目）に対する反論
　　原告の主張は虚偽である。審査委員会は、委員5名全員一致の意見として原告の教授への昇任に反対する意見書を人事会議に提出した（乙10号証）。また、人事会議の決議においては、原告の昇任につき賛成者はわずかに1名、反対者は14名、白票が2名であった（甲6号証3枚目「投票採決の結果」欄）。このように審査委員会においても人事会議においても、原告の教授昇任に賛成する意見は、0又は1名にとどまったのである。
8　原告準備書面第1の2(4)（5頁5行目～13行目）に対する反論
　　ここでの原告主張の趣旨は、「甲4号証の点数表に基づく点数評価の際に『D最高学歴』について論文博士と課程博士の点数を区別していないから、第3条(1)号の博士も論文博士と課程博士を区別すべきではない。」というもののようである。しかし、これは明らかに論理が飛躍している。一般に、一定水準を超えた場合に最高点が付される結果、超える程度が異なっても点数上は同一になるというのはよくあることである。論文博士も課程博士も学歴としては最高水準であることに変わりはないからともに最高点が付されたに過ぎない。
　　（なお、原告のDの点数が13点となったのは、原告の場合、経済学博士とは別系統の分野である法学修士の学位を取得しているためである。）
9　原告準備書面第1の2(5)（5頁14行目～24行目）に対する反論
　　原告は「甲5号証の規程第3条(1)号の博士について被告主張どおりに解釈したのでは、教育上の能力を有する大学外の人材を教授として採用することができなくなる。」と主張する。しかし、逆に「規程第3条(1)号の博士には課程博士も含む。」と解釈すれば、大学外の人材を教授として登用し易くなるのか？　原告の掲記する裁判官、弁護士、企業出身者などの大学外の人材の殆どは論文博士はおろか課程博士の学位も有していない。そのため、規程第3条(1)号の「博士」を論文博士だけではなく課程博士も含むと解釈したところで、結局は同号には該当せず、これらの人材の教授採用が容易になるわけではない。したがって、冒頭の原告主張は、規程第3条(1)号の「博士」の解釈についての被告の主張内容に対する反論になっていない。

もし、被告大学が上記の人材を教授として採用しようとするならば、規程第3条(1)号の解釈によってではなく、教員の人事権を有する人事会議の裁量によって規程外での特例を認める以外にない。なお、O₂氏は、被告大学が法学部を設立した当初、文部省の大学設置審査委員会によって教授就任が認められたものであり、教授資格に関する規程の解釈論とは無関係である。

１０　原告準備書面第1の3（5頁下から6行目〜6頁下から4行目）に対する反論

　KA₂氏の返答内容やMA₆氏らの見解及び発言に関する主張については不知。おそらく、原告に有利な内容に歪曲・捏造されている。

　いずれにせよ、被告第2準備書面6頁に掲記したKA₂氏ほか5名及び同準備書面7頁に記載したSI₃氏のそれぞれの昇任申請時期と博士号取得時期との関係をみると、いずれも、規程第3条(1)号の博士の解釈に関する被告主張と何ら矛盾がないことは確かであり、また、原告主張の解釈に基づいて実際に昇任申請をした前例がないことも確かである。以上の事実から、被告大学の教員中では原告主張の解釈を採る者の方が特異であることが見て取れる。

　なお、甲23号証の陳述者であるBE氏は、原告と同時期に被告大学教員として採用された者であり（甲23号証2頁9行目）、被告大学商学部の規程の文言や過去の運用について正確な認識を有してはいない。

１１　原告準備書面第2（6頁下から4行目〜8頁下から4行目）に対する反論

　乙5号証の1の筆跡と乙6〜8号証の筆跡、ことに乙5号証の1と乙6号証の各「月」の第3及び第4画の形状を比較すれば、同一人の筆跡であることが一目瞭然である。

　関連訴訟において被告がまず乙5号証のみを証拠申請したところ原告はその成立を否認したため、被告はさらに乙6号証以下を追加提出した。原告は、乙6号証以下の提出以前に乙5号証の成立を否認する旨の認否をしていたため、乙6号証が提出されるに至っても引っ込みがつかなくなってしまい、真実に反する強弁をしているのである。

１２　原告準備書面第3の1（9頁3行目〜18行目）に対する反論

　原告の主張する「昇任期待権」なる権利ないし法益の性質（例えば、財産上の権利なのか非財産的権利なのか。）は不明確であり、このような権利が法的に認められるのかどうか疑問であり、また、認められるとしてもその発生要件が確定されていない。強いて「昇任期待権」を認めるとした場合、少なくともその発生要件の一つとして、①昇任が認められる蓋然性が著しく高かったという客観的事情と②権利者の昇任についての期待が極めて強度であったという主観的事情を要するであろう（被告は、これを必要条件という意味で述べているのであって、十分条件とは考えない。）。①がなけ

第1章　パワハラ裁判①　Ⅰ　原告・被告の主張

れば法的保護に値しないただの願望であり、②がなければ非財産的権利としての保護に値しないからである。

原告準備書面第3の1は、上記の②の要件について述べたものと理解できる。しかし、採用面接時及びその後の事務連絡の機会に、KA₁氏及びSI₁氏らが、前任校で2年の助教授歴しかないので助教授採用となる旨を告げたのに対して、原告は「分かりました。」「経歴不足は自覚しています。」等と述べた。このように、採用時においては原告の教授就任への期待はそれほどに強度なものではなかった。したがって、②の要件を欠く。（なお、①については、後記13で述べる。）

13　原告準備書面第3の2（9頁19行目〜10頁下から6行目）に対する反論

原告は、教授への昇任の適任点を超えていても昇任が否定される場合においては「特段の事情（例えば、定員を超える候補者がいるなど）」のあることを要すると主張するもののようである（10頁3行目）。しかし、甲4号証の点数表に基づく点数評価の意義に関するこの原告の理解は完全に誤りである。教授等への昇任を認めるかどうかはプラス要因とマイナス要因との総合評価によって判定されるものであるが、甲4号証の点数評価においてはプラス要因だけが点数化されて加算されていくだけになっており、マイナス要因があっても減算されることがない。すなわち、プラス要因が客観化されて点数として算出されるだけであり、マイナス要因は客観化されておらず点数評価の枠外にある。その結果、規程第3条に基づき教授昇任申請資格が認められるにもかかわらず、人事会議の最終結論として昇任が否定される場合には2つのケースがありうることになる。1つは、⑦プラス要因だけを加算しても甲4号証の2038頁末尾1.に規定する教授適任点に達しない場合である。もう1つは、⑦プラス要因だけ加算すれば教授適任点に達しているがマイナス要因も考慮すると全体としては不適任と認められる場合である。ここにいうマイナス要因とは、主として申請者の能力や資質が問題とされるのであり、原告が主張するような「定員を超える候補者がいる」等の事情に限られない。

⑦の場合において、人事会議は申請者の能力や資質を考慮して広範な裁量により教授昇任を否定しうる。このことは、甲4号証の2039頁の審査投票用紙の書式を見ても明らかである。審査投票においては、A 年齢不足、B 教育研究歴不足、C 学術論文等研究業績の不足、D 学歴不足、E 社会的活動不足、総合評価で不足という理由で昇任を否定できることになっている。ところで、点数評価において適任点の下限が定められているのは合計点数と学術論文等研究業績の点数だけであり、例えば、教育研究歴については適任点の下限は定められていない（甲4号証の2038頁末尾）。適任点の下限が定められていないのであるから、2039頁において「B 教育研究歴不足を理由として

7．被告第3準備書面

昇任を否定する」というのは、「教育研究歴の項目を点数評価したところ、その項目の適任点に達していなかったから昇任を否定する」ということではありえず、「合計点数と学術論文等研究業績の点数は適任点を超えているが、教育研究歴について数値化されていないマイナス評価を考慮して昇任を否定する」ということである。このように、合計点数と学術論文等研究業績の点数は適任点を超えていても、人事会議は、様々なマイナス要因を考慮した結果、裁量により昇任を否定することができる制度になっている（なお、念のため注意しておくと、2039頁の「C 学術論文等研究業績の不足」及び「総合評価で不足」というのも、2038頁に「C≧30点」「X≧62.5点」として表示されている適任点に足りないというケースのみならず、「C≧30点」「X≧62.5点」には達しているが、CやXについてマイナス要因があるために教授としての能力や資質を欠くと認められるケースも含む。そう解釈しなければ、「A 年齢不足」「B 教育研究歴不足」「D 学歴不足」「E 社会的活動不足」という理由で教授昇任を否定するケースとの平仄が合わない。）以上のように、「適任点に達すれば自動的に（或いは、高度の蓋然性をもって）昇任が認められる」という制度にはなっていない。それゆえ、被告第2準備書面において、点数評価を「目安」と表現したのである。

このような制度のもとでは、「合計点数と学術論文等研究業績の点数について自己評価をしてみたところ適任点を超えていた」という理由で昇任に対する期待を抱くのは、抱く方がおかしい。人事会議が広範な裁量により昇任の可否を決することができるシステムになっている以上、昇任について、合理的と認められる期待などおよそあり得ない。

まして、そもそも原告は甲5号証の規程第3条の(1)ほかいずれの号にも該当しないため教授昇任申請資格がないのである。資格がない以上は、点数評価の如何にかかわらず、教授になれないことは当然である。そのような状況下で昇任に対する期待を抱くというのは、およそ論外である。

14　原告準備書面第4の1（10頁下から4行目〜11頁7行目）に対する反論
　　後記16(2)に述べるとおりである。
15　原告準備書面第4の2（11頁8行目〜下から4行目）に対する反論
　　ここでの第1回昇任申請に関する原告主張は、結局、甲5号証の規程第3条(1)について昇任審査委員会及び人事会議が採用した解釈が原告の独自の解釈と異なるという点について異議を述べているにすぎない。適正手続云々以前の問題である。
16　原告準備書面第4の3（11頁下から3行目〜末尾）に対する反論
(1)　「教授のみから構成される人事会議の専権で助教授の人事を決定してしまうことが、被告大学の権力的体質を物語っている」というが、例えば、裁判所においては、

53

第1章　パワハラ裁判①　Ⅰ　原告・被告の主張

判事のみから構成される裁判官会議の専権で判事補の人事を決定している。何も問題はない。このようなことを問題視するということは、原告の価値判断の基準が一般の社会常識とは異なっていることを表している。

(2)　「甲3号証の規程第5条が人事会議に審査委員会の設置を義務づけている」という点も誤りである。同第5条1項は「人事会議は適否の審査を行うため・・審査委員会を設置するものとする。」と述べているだけで、例えば、同第3条や同第8条但書のように「・・しなければならない。」とは述べていない。文理解釈によれば（これはむしろ、原告の得意とするところであるが）、同第5条1項は義務づけ規定ではない。また、文理解釈だけではなく、実質的に考えても、昇任の可否の決定権限は人事会議にあり、審査委員会はその判断のための参考資料を提出するだけの立場であるから（甲4号証の 1.(7)(8)、2.(4)参照）、人事会議が既存の資料だけで昇任の可否の判断が可能だと判断した場合には、敢えて審査委員会を設置する必要はない。したがって、審査委員会の設置は義務ではない。

以上から、「労働契約上ないし信義則上の義務違反」という原告主張は失当である。

(3)　以上のほかは、被告第2準備書面において述べたとおりである。

以上

8．準備書面3

平成17年(ワ)第17142号
原　告　　安達　巧
被　告　　学校法人 CHI

2006年3月17日

東京地方裁判所民事第11部に係　御中

TO 法律事務所
電話
FAX
原告訴訟代理人
弁護士　　HO₃

準備書面3

被告第3準備書面に対する反論を以下に準備する。
第1　被告第3準備書面に対する反論
　1　同1に対する反論
　　被告は、文部事務次官通知「大学設置基準の一部を改正する省令の施行等について」（乙第9号証）が、「大学設置基準は必要最低限の基準を定めたものであることから、これを上回る要件を加味することはそれぞれの大学の判断である」と明言していることを理由に、各大学において大学設置基準の規定内容を変更することは許容されていると主張する。

　　その上で、被告は、上記の「上回る要件」として、甲第5号証第3条(1)の「博士の学位（外国において授与されたこれに相当する学位を含む。)」は「論文博士」に限定されると主張するものと考えられる。

　　しかし、文部科学省（高等教育局）は、2005年の段階で、原告らの問い合わせに対して、甲第5号証第3条(1)が「論文博士」と明記していない以上、「博士の学位（外国において授与されたこれに相当する学位を含む。)」を論文博士に限定する解釈はできない旨の回答をしている。「上回る要件」とは、上記通知が課程博士、論文博士ともに甲第5号証第3条(1)の「博士の学位」に含まれることを示した上で、これを前提に、

55

さらに加重した条件を課すものと理解すべきである。
2　同2に対する反論
　　被告は、「末は博士か大臣か」との言葉を挙げてみたり、論文博士を2種類に分けて、「研究教育者として最高の到達点に達した者で、教授資格を与えるに相応しい者」こそが甲第5号証第3条(1)の解釈論における「論文博士」であると主張する。
　　しかし、被告主張に従う限り、「研究教育者としての最高の到達点」ないし「(大学教員というキャリアの)末」が論文博士ということになる。つまり、論文博士は大学教員のキャリアの最高到達点ということになるわけであるから、論文博士取得時点で助教授である大学教員は、教授に就任する以前に退官するのが通常ということにもなりかねない。しかし、現実には、「教授」就任が先で、「論文博士」による博士学位取得が後というパターンが圧倒的である。甲第5号証第3条(1)の「博士の学位(外国において授与されたこれに相当する学位を含む。)」を「論文博士」に限定してしまうと、上記のような矛盾が生じるのである。
　　被告は、原告が第1回目の教授昇任申請を行った後の2004年1月23日になって初めて甲第5号証第3条(1)の「博士の学位(外国において授与されたこれに相当する学位を含む。)」を「論文博士」に限定するとの奇妙な解釈を当時の商学部長であるKA₁教授を通じて原告に伝えている。原告に教授の資格が備わっていることを知らなかった被告が、こうした「後づけの解釈」を持ち出してきたのである。これは、2004年1月23日に先立つ2003年11月28日に原告とKA₁教授が面談をした際、KA₁教授が上記の解釈を何ら持ち出さなかったことからも裏付けられる。
　　なお、被告は意図的に、論文博士の説明時には「研究教育者」との用語にて、また、「課程博士」の説明時には「研究者」との用語にて説明している。しかし、論文博士は、あくまで「研究者としての一定の能力」を有することの証明に過ぎず、「教育能力」を示すものではない。この事実は、学位規則第4条2項が求める要件からも容易に理解できるはずであり、また、論文博士の学位取得における博士論文審査報告書(例えば、甲第24号証)からも明らかとなる。
　　被告は、以前、原告の研究者としての能力の高さを示しても無意味であるなどと主張していたが、こうした見解は甲第5号証第3条(1)の「博士の学位(外国において授与されたこれに相当する学位を含む。)」を「論文博士」に限定する被告の立場と相容れない。ここにも被告の場当たり的な主張が露呈している。
3　同3(1)に対する反論
　　シンクタンクを初めとする民間の研究機関や、教育機能を有しない国立の研究機関等での勤務経験しかない課程博士学位取得者が、いきなり「大学教授」として転じる

ケースは多数存在しており（甲第２５、２６号証）、そのことが特段の問題を生じさせているわけでもない。

4 同(2)に対する反論

被告は、「５年未満の教育経歴では教授昇任資格を認めるには短すぎる」と主張する。しかし、原告が「準備書面１」６頁で示したように、被告大学商学部では博士学位を持たない TA$_1$ 氏ですら講師歴１年、助教授歴３年の通算４年の教育歴で教授昇任している。こうした矛盾点について、被告は「被告第２準備書面」７頁において、「同士は、そもそも博士の学位を有していないから、(当時の学内規程に甲第５号証第３条(1)号と同一の規程が存在したかどうかはさておき、) TA$_1$ 氏の教授昇任の根拠規程は甲第５号証第３条(1)号ではない。したがって、TA$_1$ 氏の例は、甲第５号証第３条(1)号の「博士」は論文博士に限るかどうかの解釈運用に関する参考事例とはならない」と、まるで的外れな反論に終始している。被告が「『教育歴５年』は『教育能力』を示す客観的指標とはならない」ことを認めた点は評価できるが、教育歴が５年に満たない TA$_1$ 氏の教授昇任を認めた以上、「５年未満の教育経歴では教授昇任資格を認めるには短すぎる」と主張することは自己矛盾となるはずである。

また、乙第１７号証２頁において、原告の昇任を妨害したパワー・ハラスメントの首謀者でもある SI$_1$ 商学部長兼商学部人事会議議長は「教授の地位は、大学教員の最高位であり、十分な研究業績と教育歴の双方が必要なことはいうまでもない」と述べている。しかし、「９（６頁）」では、法学部の O$_2$ 教授が教育経歴なく教授就任したことを「文部省の大学設置審査委員会によって教授昇任が認められた」と、わずか１日の教育歴もない者に教授就任が文部省に認められたことを披露している。大学職員の最高位であるはずの教授の地位就任には教育経歴すら不要であることを、大学を所管する文部科学省が認めているのであり、「十分な研究業績と教育歴の双方が必要なことはいうまでもない」とする被告（SI$_1$ 商学部長兼商学部人事会議議長）の主張は文部科学省自身によって否定されているのである。

5 同4に対する反論

被告は、「被告大学においては、まさに、教授に対して、助教授よりも高い能力を要求しており、人事会議は、原告の教育経歴の短さを根拠として原告には教授として必要な教育能力の水準に達していないと判断した」と主張する。しかし、原告が被告大学助教授に採用された時点で、被告大学（学部）よりも高い教育能力が求められる大学院設置を目論んでいた。ところが、被告においては、高い教育能力を有しているはずの大部分の教授達が「マル合」教員（大学院設置基準第９条各号の要件を満たす教員のこと。甲第２７号証１５０頁、２４３頁）に該当せず、そのために学外に「マル

第1章　パワハラ裁判①　Ⅰ　原告・被告の主張

合」教員を求めた結果、国立大学教員を含む１１名の応募者の中から原告が採用されたのである。それ故、被告自身、原告が被告大学において既に教授職にある教員の多くより高い教育能力を有していることを認めていたのである。被告大学教授陣は、そうした原告を教授に昇任させたくないばかりに、教授のみで構成される人事会議において、甲第５号証第３条(1)の「博士の学位（外国において授与されたこれに相当する学位を含む。）」を「論文博士」に限定するとの奇妙な解釈をひねり出したに過ぎない。

　なお、原告は、平成１７年度（平成１８年１月～２月）に、財務省税関研修所において「大学教授」相当の能力を認められた上で研修（講義）を担当している（甲第２８号証）。また、原告は別法人における会計専門職大学院に「教授」として誘われたが、別訴（東京地方裁判所平成１７年(ワ)第２９５７号損害賠償請求事件）を提訴済みで当該訴訟における被告への司法判断を見届けた後でなければ移籍できないとの判断から勧誘を断った経緯がある。このように、原告は大学教授としては勿論、大学院教授としても通用する十分な教育能力を認められているのである。

6　同5に対する反論

(1)　被告の提出した乙第１３号証および乙第１４号証は、被告大学商学部３年生（当時）の I_6 からの歪曲・捏造による言い掛かりに関するものである。乙第１３号証及び乙第１４号証からは矛盾点が幾つも読み取れ、本来であれば、こうした言い掛りを受け付けた教務課（学事部）が学生の主張を「おかしい」と感じて学生を叱責するべきである。

　　I_6 は、事情聴取の折、原告の用意した質問（甲第２９号証）に答える形で「企業評価論」の授業に１度も出席していないことを認めている。クレームの原文（甲第３０号証）では授業に「部活や就職活動でほとんど出席できませんでした」ということになっているが、正確には「授業に１度も出席していない」のである。I_6 自身、実際に提出した答案（レポート形式の定期試験の答案）（甲第３１号証）において、授業に「全く出席していない」ことを認めている。そもそもわずか１度でも授業に出席していれば、その１度の出席時の授業内容を定期試験（レポート形式）答案に書けたはずである。I_6 は、実際に提出した答案において、「教科書を買えば、単位をつけていただける」などと虚偽記載をしているばかりか、「先生がお出しになった課題にそぐわない内容になっていることを私は承知で書きました。しかし、未提出よりは良いかと思ったので、先生がお出しになっている本を読んで自分なりの考えを書きました。重複するようですみません。宜しくお願い致します」と、被告の著作の１つである『企業倫理とコーポレートガバナンス』を読んだといって授業内容とは無関係の記述までしている。加えて、事情聴取時には「レポートの内容には自分な

りの手応えを感じている」と回答しているようであり、実際のレポートでI_6自身が「先生がお出しになった課題にそぐわない内容になっていることを私は承知で書きました」と記載している事実と矛盾する。そもそも、I_6が事情聴取において主張するように、「『教科書を買えば８０点をあげる。』と安達先生は確かにおっしゃられ…秋セメスターも春セメスターと同じような方法で評価をつけるとおっしゃられた」のであれば、定期試験を受験しなくても８０点が獲得できて「優」の評価が貰えるのであるから定期試験（レポート形式）を受験する必要もない。「内容にそぐわないレポート（レポート形式の定期試験答案−原告注）は未提出」と扱われたとしても気にする必要はないはずである。結局、I_6には「レポート形式の試験答案を未提出とされては困る」理由があったのである。I_6ら学生は、原告から「教科書を買えば８０点をあげる」との説明を受けていたのではなく、「指定されたテーマについて、定められた期日までにテキストの最終部分に付されているレポート用紙を用いてレポート（定期試験とは別のレポート−原告注）を提出すれば、定期試験を受けた場合に限りボーナス点を加算する」との説明を受けていたのである（甲第３２、３３号証）。つまり、「財務諸表分析」及び「企業評価論」の成績評価の要件は、I_6の主張する「教科書を買えば８０点をあげる」というものとはまるで異なるのである。原告は、シラバス（甲第３４号証）において公約したとおり「試験による評価を原則」としているのであって、総じて学力レベルの低い被告大学の学生の実情に応じて試験１００点にボーナス点を加味するという特段の配慮を施しているのである。I_6は授業に１度も出ていないのみならず、クレーム文書及び事情聴取時の双方で成績評価の要件等に関する虚偽の主張を繰り広げている。こうした点からも、I_6は自分に都合が悪い場合には嘘をついて乗り切ろうとする倫理観に欠けた学生であることが容易に分かる。なお、I_6は、事情聴取時に「財務諸表分析」の授業内容につき、「先生が外国での体験など雑談と感じられるもの」と表現しているようであるが、これは、原告がグローバル企業の現地化戦略の一例として、東南アジアのタイのマクドナルドでは日本マクドナルドでは販売されていない豚肉を使ったメニュー（SAMURAI バーガー）が用意され、売上（収益）の大きな柱となって財務数値（経営成績）に大きく貢献している事例を授業時に説明している点を指摘しているものと思われる。激しい競争の中で生き抜こうと努力する企業実務の事例を「雑談」としか受け取れないI_6は、同じ事例を「生きた教材」と感じ勉強になったと感じる別の学生（甲第３５号証）とは「学びの意欲」の点で大きく劣っている。

　いずれにせよ、I_6からのクレームなる事案は原告の教育能力や教育者としての資質を疑う材料になるはずもなく、I_6の虚偽すら見抜けずにまんまと騙され、稚拙な報告

書を作成するまでに関与した被告大学教職員の資質及び被告大学の体質こそが問題であると考える。

結局、被告は、こうした馬鹿げた言いがかりを奇貨として、原告を攻撃しているのであり、それは原告に対する嫌がらせ以外の何物でもない。

なお、被告が I_6 による言い掛かり事件を持ち出し、原告の教育能力に疑義があるなどとする主張の証拠として提出した以上、原告は I_6 の証人尋問を申請し、この事案が歪曲・捏造であるばかりか、被告が原告を陥れようとした謀略に等しいものであることを立証する予定である。

(2) 被告による原告への嫌がらせはこれ以外にも多岐にわたる。例えば、社会システム研究所が、共同研究プロジェクトに関し、非採択と決めて通知した案件の研究成果公表を掲示までして求めたり（甲第３６～３８号証）、本件第１回目の教授昇任否決に関する不服審査の結果を２００５年９月２０日の人事会議で決する（甲３９号証）前の段階で、別の紀要掲載原稿の執筆者肩書きを「助教授」とするよう明記を出版社に要求（甲第４０～４２号証）したりと（ちなみに、教授昇任不服審査委員会の年長メンバーである NA 教授は、当該紀要の編集委員長でもある）、被告大学の古参教授陣の原告への嫌がらせは目に余るものがある。

7 同6に対する反論

被告は、東大法学部卒業後直ちに学部卒助手となった者らを例に挙げ、「研究者をめざす学生のうち最も優秀な層は大学院の研究科には存在せずに助手となり」と、東京大学法学部卒業後に同大学大学院法学研究科に進学して研究者を目指す者よりも優秀であると断定する。しかし、これは事実に反する。

学部卒業後、直ちに助手になる者は給与が得られるからであり、その代わり修士学位すら有しない時期が長く、博士学位取得の時期も遅くなる。一方、学部卒業後に大学院に進学する者は、授業料を支払う対価として研究指導を受けることが可能となり、一般に博士学位取得時期も早くなる。どちらの道を選ぶかは本人の意思に拠る。

また、原告は、課程博士が論文博士より優秀であると一度も断定したことはなく、学位規則第４条第１項が課程博士を規定し、同上第２項が論文博士を規定していることからも分かるように、博士学位は課程博士が原則であり、課程博士取得者と「同等以上の学力を有すると確認された」場合に、いわゆる論文博士も例外的に博士学位授与を認められるとの位置づけでしかないと主張しているだけである。

ちなみに、原告が東北大学大学院法学研究科に在籍していた当時、商法担当教員として東京大学法学部卒業後ただちに助手となった吉原和志助教授、東京大学法学部卒業後に同大学大学院法学研究科に進学し博士学位を取得していた関俊彦教授がいたが、

原告の目から見ても、両者の教育研究能力は優劣を付け難かった。
8 同7に対する反論

被告は原告の第1回昇任申請を審議した2004年3月15日開催の審査委員会において、原告について「マル合」判定がなされた場合には、CHI 大学専任教員の資格に関する規定第3条(7)を準用して、原告が教授に昇任することに賛成する意見が多く存在したとの主張を虚偽であると決めつける。

しかし、被告がその根拠としてあげる乙第10号証3頁には、「大学院設立認可課程でマル合の判定が下された場合は、『CHI 大学専任教員の資格に関する規定』（2021頁）第3条(7)を準用し人事会議で再審査をしないで教授内定者として特例承認をしてもよいのではないかという意見が多くあった」と記載されており、少なくとも審査委員会における過半数（3名以上）の賛成意見が存在したことが明記されている。

9 同8に対する反論

被告は、「論文博士も課程博士も学歴としては最高水準であることに変わりはないからともに最高点」と表現する。しかし、被告が「課程博士」と「論文博士」を区別するのであれば、両者の点数に差を付けていないほうが不自然である。

10 同9に対する反論

被告は前半部分で、「逆に、『規程第3条(1)号の博士には課程博士も含む。』と解釈すれば、大学外の人材を登用し易くなるのか？」とか、「冒頭の原告主張は、規程第3条(1)号の『博士』の解釈についての被告の主張内容に対する反論になっていない」などと主張する。

しかし、被告は、自らが大学設置基準と同じく甲第5号証第3条(1)で「博士の学位（外国において授与されたこれに相当する学位を含む。）」と定めている趣旨を理解する必要がある。

論文博士は日本独特の制度であり、米国のハーバード大学大学院、スタンフォード大学大学院、マサチューセッツ工科大学大学院等、さらには英国のロンドン大学大学院といった世界的に最高水準と認識されている大学は大学院博士課程を経て博士学位（Ph.D.）を取得するシステムになっている。Ph.D.の学位は日本の「課程博士」に相当する学位であるから、甲第5号証第3条(1)の「博士の学位（外国において授与されたこれに相当する学位を含む。）」を「論文博士」に限定することはそもそも無理である。また、上述した米国等の有名大学大学院で Ph.D.取得後に企業等に就職し、その後、大学教授に転じたケースは多数存在している。被告自身、働きながら2004年3月に呉大学から課程博士の学位を授与された HA₁ 氏を、2005年4月1日付で商学部教授として採用している。同氏は、2004年4月1日付の採用人事では落選した（不

採用となった）人物であり、その僅か1年後、大学教授または助教授としての教育歴が増えたわけでもないにもかかわらず、被告大学の教授に採用されているのである（甲第43号証）。

さらに、被告は後半で、「もし被告大学が上記の人材を教授として採用するならば、規程第3条(1)号の解釈によってではなく、教員の人事権を有する人事会議の裁量によって規程外の特例を認める以外にない」と主張している。既述のように「上記の人材」はそもそも甲第5号証第3条(1)に該当するが、仮にそうした判断をしなかった場合であっても、甲第5号証第3条(2)～(7)（とりわけ、(2)または(7)）に該当する人材として採用することが可能である。検討すべき規程が存在しながらろくに検討もせず、「裁量による規程外の特例」と表現すること自体、被告が規程を無視してきたことの証左である。

被告は、原告の教授昇任審査にあたっても、原告の博士論文に相当する「ディスクロージャーとアカウンタビリティー」が日本監査研究学会の学会賞候補（次点）になった（原告は、この事実を早稲田大学教授であった塩原一郎選考委員より知らされた）ばかりか、東北大学大学院経済情報研究科博士後期3年の課程をわずか2年で修了することとなった事実が「(2)研究上の業績が、前号の者に準ずると認められる者」に該当しないことを説明していない。

教授昇任審査委員会は、原告の研究業績である「ディスクロージャーとアカウンタビリティー」をも「第3条(2)、(7)に該当すると思われる顕著なものは安達氏の業績からは見当たらないことを確認した」（乙第10号証3頁）としているが、博士論文を書いた経験もない者達により構成された審査委員会が、どのように「確認できた」のかは明らかではない。

ちなみに、原告は、当該審査委員会報告書が提出される以前の2004年3月8日には、被告大学商学部教授らに「ご報告」（甲第44号証）を配布して、被告の研究論文「ディスクロージャーとアカウンタビリティー」が日本監査研究学会の学会賞候補になった事実及び現在は明治大学大学院教授で公認会計士でもある長吉眞一氏による同著への評価（甲第45号証）を伝えていた。

11　同10に対する反論

被告は、KA$_2$氏の返答内容やMA$_6$氏らの見解及び発言について、不知としながら、これらを歪曲・捏造したなどと根拠もなく決めつけている。しかし、原告にはそのようなことをする必要はない。

被告大学のBE教授は、陳述書（甲第23号証）において、原告が被告大学着任後に被告大学教授陣から受けたパワー・ハラスメントを明らかにしている。被告はBE教授

が「被告大学商学部の規程の文言や過去の運用について正式な認識を有していない」としているが、的外れな反論でしかない。

　BE 教授は、２００４年３月１６日の人事会議に出席している。本件第２回教授申請時の被告大学商学部長兼商学部人事会議議長である SI₁ 氏は、乙第１９号証２２～２５頁で、甲第５号証第３条(1)の「博士（外国において授与されたこれに相当する学位を含む。）」が論文博士に限定する解釈を２００４年３月１６日の人事会議で確認したが、それ以前は公式な会議でいわゆる「論文博士限定説」を確認したことはないと証言している。また、本件第１回目の教授申請時の商学部長である KA₁ 氏は、乙第１８号証５～８頁で課程博士と論文博士を区別する前例はなかったことを証言しながら、SI₁ 氏が証言する「平成１６年３月１６日の人事会議で確認」する以前の２００４年１月２３日に原告を商学部長室に呼びつけ、乙第１１号証を示して（但し、実名のみ「A」・「B」・「C」・「D」・「E」と伏せられたもの）、被告大学商学部ではいわゆる論文限定説を過去一貫して運用してきているから昇任申請を取り下げるよう原告に２度目の強要をなしている。しかも、KA₁ 氏は、２００３年１２月１０日の人事会議で、遅らせている原告の昇任審査委員会の委員を「次回の人事会議で提案する」旨発言していながら（乙第１５号証）、その発言後である２００４年１月２３日に昇任申請取り下げを原告に求めるという悪質ぶりなのである。「博士（外国において授与されたこれに相当する学位を含む。）」を論文博士に限定することの「過去一貫した運用」など無かったにも拘らず、商学部長自らが原告に昇任審査を取り下げるよう求めたばかりか、昇任申請後の２００４年３月１６日の人事会議で慌てて「論文限定説」を確認するなど、被告大学商学部教授陣の一連の行為は、BE 教授が指摘するように（甲第２３号証）原告へのパワー・ハラスメント以外の何物でもない。

１２　同１１に対する反論（被告第３準備書面中の「１０」は「１１」の誤りだと思われる）

　被告は、乙第５号証について、２００３年１０月３１日の教授昇任申請書類提出後の原告と SI₁ 氏との会話内容をメモ書きしたものと主張している。

　しかし、原告が、被告に雇用された時点で、CHI 大学専任教員の資格に関する規定（甲第５号証）第３条(1)により教授昇任申請ができることを知りながら、その申請を放棄する旨約束していたと解釈できる部分については、SI₁ 氏の創作にかかるものである。

　また、被告は、乙第５号証の１において、ピンク色のラインマーカーで囲んだ部分が原告の筆になるものと主張するが、事実に反する。筆跡の模倣は十分に可能である。

　そもそも、当日は、原告が教授昇任申請をしたことに対して、SI₁ 氏から申請を取り

第1章　パワハラ裁判①　Ⅰ 原告・被告の主張

下げるように恫喝されたのであり、およそ乙第5号証の1にあるような通常の会話が交わされている状況ではなかったのである。

13　同12に対する反論

　被告は、昇任期待権を認める場合として、「①昇任が認められる蓋然性が著しく高かったという客観的事情と②権利者の昇任についての期待が極めて強度であったという主観的事情を要する」と述べるが、原告は、この①及び②の要件をいずれも満たしている。

　以前にも不公平な昇任人事を行って提訴された経験を持つ被告大学商学部は、1998年5月に「昇任選考審査基準点数表」（甲第4号証）を導入した。これは、「裁量」なる言葉で昇任人事に選考者の恣意が介入したり、パワー・ハラスメント等が行われるのを排除し、公平かつ公正な人事を実現することを目的とした。この「昇任選考審査基準点数表」導入による「各昇任の適任点」明示システムは、被告大学では商学部だけが導入しており他学部は導入していない。この点では、被告大学法学部が教授だけで構成される教授会（商学部の人事会議に相当）に人事に関する広範な裁量権を認めていること（甲第46、47号証）と決定的に異なる点である。

　「点数」により昇任への適任点が客観化されているため、原告は、被告大学に着任1年目から研究業績を積み重ね、第1回目の教授昇任申請前に「助教授から教授への適任点」を超えたのである。また、昇任への期待を押さえがたく、着任1年目から教授昇任の申請を行ったのである。

　以上からは、原告が、被告のいう上記2要件を満たすのは明白である。

　なお、原告は、採用時に助教授としての採用は承諾したが、「経歴不足は自覚しています」と発言したことはなく、被告の主張は虚偽である。

14　同13に対する反論

　被告は、自らが「昇任選考審査基準点数表」において「A」、「B」、「C」、「D」、「E」、「F」および「X」により「各昇任の適任点」を客観的に明示しておきながら、当該点数表にはマイナス要因が考慮されていないから原告はその意義を誤解していると主張している。これは被告商学部が導入した「昇任選考審査基準点数表」の意義を自ら蔑ろにするものであり、驚くべき主張というしかない。

　加えて、被告は「マイナス要因とは、主として申請者の能力や資質が問題とされる」とも述べており、乙第13号証及び乙第14号証で示した I_6 からのクレームなる事案を持ち出すことで「原告の教育能力ないし教育者としての適格性には重大な疑義が生じている」とするのである。しかしながら、既に述べたように、I_6 からのクレームなる事案は歪曲・捏造による言い掛かりに過ぎない。原告は、この I_6 によるクレームなる

64

事案については本件の結論を左右する非常に重要な事案と考えており、I_6の証人尋問を申請する予定である。

　被告は、「まして、そもそも原告は甲第5号証の規程第3条の(1)ほかいずれの号にも該当しないため教授申請資格がない」と断定する。しかし、原告が甲第5号証の規程第3条の(1)ほかいずれの号にも該当しないかどうかは、審査を行なった後ではじめて言明できるのであり、審査する前から「そもそも原告は甲第5号証の規程第3条の(1)ほかいずれの号にも該当しないため教授申請資格がない」と断定することは許されない。これはまた、甲第5号証規程第3条が明示する「教授の資格」と、上述の「教授昇任申請資格」を混同するものでもある。こうした事例からも明らかなように、SI_1氏を中心とする被告大学商学部の教授陣は、原告を教授に昇任させたくないため、公平かつ公正であるべき人事を恣意的に行なったのである。

15　同15に対する反論

　被告大学商学部人事会議は、原告の第1回教授昇任申請に対して、「CHI大学専任教員の資格に関する規定」（甲第5号証）第3条(1)について、それをおよそ文理を超えて恣意的に解釈し、それに該当しないと判断して、原告の昇任申請を退けている。

　原告には、被告就業規則（甲第8号証）により、助教授から教授への昇任申請にあたっては、被告大学商学部人事会議において、「CHI大学専任教員の資格に関する規定」（甲第5号証）第3条(1)等の適正な解釈により、適正な判断を受ける利益が認められていると解釈すべきである（いわゆる実体的適正手続の保障）。なぜなら、解釈権者による解釈であれば、それがどのような誤った解釈であっても是認されるのであれば、そもそも就業規則において助教授から教授への昇任手続を定めた意味が没却されてしまうからである。

　そして、およそ取り得ない解釈を形式的に適用して、原告の教授への昇任を認めない被告大学商学部人事会議の決定は、原告の上記利益を侵害するものというべきである。

16　同16(1)に対する反論

　被告は、人事に関する例として、判事のみから構成される裁判官会議の専権で判事補の人事を決定することに何らの問題もないとし、被告大学商学部人事会議の恣意的な決定を正当化しようとする。しかし、裁判所内の人事システムについては、例えば裁判官の再任の適否の判断について、裁判所だけでなく外部の弁護士の意見も参考にする制度が取り入れられるなど、裁判所の人事が裁判所内部のみで決定され、そのプロセスが国民にオープンにされていないことに対して、改革の波が押し寄せていることは否定しがたい事実である。裁判所内の従来のシステムを「何も問題はない」と断

第1章　パワハラ裁判①　I　原告・被告の主張

じることは妥当でない。

　　また、被告は、被告大学商学部人事会議が恣意的な人事を行なったことを問題とする原告に対して、「原告の価値判断の基準が一般の社会常識とは異なっている」と悪罵を投げつける。しかし、被告は、原告が被告大学に雇用されて以後、被告大学法学部において、教員の人事を教授のみが行うことへの批判が出て、法学部の全ての専任教員が参加する会議において、教員人事の決定のプロセスに全（専任）教員が参加することができるようにすべきであるとの意見が採択されたことを知らないとでも言うのだろうか？

　　被告がパワー・ハラスメントの温床となっている現在の人事システムを「何も問題ない」と主張すること自体、被告が教育機関を運営する立場にありながら、人権意識が欠けた組織であることを自ら認めたことになる。

17　同16(2)に対する反論

　　被告が「CHI大学専任教員の採用及び昇任に関する規程」（甲第3号証）第5条について、人事会議に審査委員会の設置を義務づけていないと主張することも驚きというしかない。

　　助教授の教授への昇任申請に関して、人事会議が適否の審査を行うために審査委員会を設置するものとしたのは、これによって人事会議による適否の審査をより慎重かつ適正なものとするためである。そして、そのような手続を保障されること自体が、原告の労働契約上ないし信義則上の権利といえるのである。

第2　原告の昇任期待権について

1　被告は、大学院設置を前提としたマル合要員として原告を特別枠で採用した（甲第48号証。なお、これと同一の書面である乙第1号証では、「11名の応募者に対して、大学院設置を前提として慎重に審査した。また、法人に依頼し、マル合教員の内部審査を行なった結果、」、「1名」、「投票による採決の結果、全員賛成により」という文言が抹消されている。当時、被告大学にはマル合教員の可能性のある教員がほとんど存在しなかったのである）。

　　被告大学においては、原告の採用時点で、2004年度中に文部科学省に対して商学部大学院の設置申請をし、2005年4月1日から大学院を設置することを予定していた（甲第11号証）。

　　「大学院設置基準第33条の規定に基づき、新たに大学院等を設置する場合の教員組織、校舎等の設備及び整備の段階的な整備について定める件」（平成15年3月31日付文部科学省告示第50号）1、三は、大学院を設置するために、教員組織を段階的に整備する場合は、整備にかかる計画の期間中に、原則として教員が異動しないこ

とを確認している（甲第２７号証１６０頁）。

そこで、原告が被告大学商学部助教授のまま「マル合」教員として大学院の教員組織に組み込まれた場合には、教員組織が完全に整備される前に、原告を助教授から教授へ異動させることは文部科学省の指導に違反することになり、事実上不可能である。

2　ところが、被告大学は、被告の理事、被告大学の学生課長らが２００３年４月に行われた千葉県議会選挙において、被告大学の学生を買収する公職選挙法違反で逮捕されたことから（甲第４９号証）、設置申請を延期したのである（甲第５０号証）。

仮にこの設置申請の延期がなければ、そして、原告が設置申請にあたって「マル合」教員として大学院の教員組織に組み込まれていた場合には、原告が被告大学に採用されてから３年後（４年目）にあたる２００６年４月は丁度大学院の教員組織の整備計画期間中であることから、被告大学においては、原告を助教授から教授に異動させることは事実上不可能であった。

原告は、被告に雇用された当時、２００４年６月に大学院の設置を文部科学省に申請し、２００５年４月に大学院を設置することを目指しているとの説明を受けた。ただ、学外からの「マル合」教員の採用状況により１年遅くなるかもしれないとも説明された。原告は、被告大学商学部のKA_1商学部長（当時）、SI_1教授（当時。現商学部長）らが、原告の最終面接において、原告に対して、本当は教授として採用したいが、現職が助教授であることなどを考慮して、とりあえず助教授として採用したいと伝達してきたので、これを了承したに過ぎない。被告大学の当初の目論みどおり２００５年４月に大学院が設置されていれば、雇用後３年が経過した時点で、大学院が設置されてまだ２年間が経過していない（最初の修了生を送り出していない）から、原告が大学院の教員組織に組み込まれている限り、教授に昇任することができない（甲第２７号証１６０頁）。原告は被告大学の求人に応募した際、教授として採用されることを希望していたから、このような結果になる条件（３年後に教授昇任資格を取得できるという条件、裏返せばそれ以前に教授昇任申請をしないという条件）を採用の時点で受け入れるはずもない。

3　ところが、２００４年３月１日に、被告大学のO_2学長が突然大学院設置申請の１年延期を原告らに通告した（甲第５０号証２頁）。また、２００５年４月２０日には、O_2学長は原告に事前連絡もなく原告を大学院担当から外すことに決め、さらに被告大学商学部の教授陣も２００５年５月１１日開催の人事会議において、原告を大学院担当から外す決定をして大学院設立認可過程の遡上に原告を上らせなかったのである。こうした行為は、大学院担当の条件があったからこそ被告大学教員の公募に応じた原告に対する詐欺的行為ともいうべきものであり、裁量という名の下における人事政策の

第1章　パワハラ裁判①　Ⅰ　原告・被告の主張

範疇を逸脱した人権侵害であって、原告へのパワー・ハラスメントと評価できる。

なお、SI₁氏は、原告の採用を決める人事会議にも原告が採用時に合意していない内容（採用後3年間の助教授歴がなければ被告大学の教授に昇任しないこと）を一方的に「合意事項」と称して掲示している。

SI₁氏が陳述書（乙第19号証6頁）において述べるように、原告の採用時点で、「早く教授になっていただきたい」と考えていたのであれば、採用時に甲第5号証(1)や同(2)等を排除するような合意を原告との間でするはずがない。

ところで、SI₁氏は被告大学の情報倫理規定に抵触する違反行為であると思われるにも拘らず、学部長職にない時期にもホームページ上で自らを「Dean」（学部長）などと虚偽表示を続けていた（甲第51号証）。また、他人の研究業績を自らの研究業績にすることで複数の業績水増しを行っている（甲第52号証～56号証）。ソウル大学の黄教授や東京大学の多比良教授、さらには大阪大学の武田教授及び下村教授らが関わった業績水増し（研究データの捏造により「ない」はずの業績を「ある」ことにする）では大学側が厳しい態度で対応している。自ら発行する評価報告書（甲第52号証）でSI₁氏に研究業績の水増しを実行させ、何ら処分を行わない被告は、研究教育機関としての自覚に欠けるばかりか、倫理観も欠如しているとの批判を免れない。

被告においては、閉鎖的な「ムラ」社会で染みついたルール無視の体質の払拭は相当に難しいかもしれないが、受験生が減り、大学の存続自体が危ぶまれている現状を踏まえれば、社会常識と乖離せず、自ら定めた規程を遵守できる体質に被告が改まることを原告は願ってやまない。

9．被告第4準備書面

平成17年(ワ)第17142号　損害賠償請求事件
原　告　安達巧
被　告　学校法人 CHI

平成18年3月17日

東京地方裁判所民事第11部に係　御中

　　（送達場所）

被告訴訟代理人　弁護士　SI₂
同　　　　　　　弁護士　I₈
同　　　　　　　弁護士　HI
同　　　　　　　弁護士　NO

被告第4準備書面

　別件訴訟についての東京地方裁判所民事第25部合議係の判決（乙20号証。以下「別件判決」という）は、本件訴訟の2006年3月17日付原告準備書面3（以下「本訴原告準備書面」という）が取り上げている争点ないしこれに関連する争点の幾つかについて注目すべき判断をしているので、以下に指摘しておく。

1　本訴原告準備書面1項ないし3項（1頁下から8行目〜3頁14行目）では甲5号証第3条(1)の「博士」の解釈が、また、本訴原告準備書面4ないし6項（3頁15行目〜7頁18行目）では原告の教育能力や教員としての適格性が、それぞれ争点とされている。しかしながら、別件判決（18頁14行目）は、採用後は3年間の経験で教授への昇任資格を取得できることが原告の採用条件であり、<u>原告の本件昇任申請は採用時の条件に反していた</u>と認定している。原告の教授昇任申請は採用条件違反であるという事実を前提とすれば、そもそも原告には昇任期待権や手続保障を求める権利などあるはずもない。したがって、上記の争点（規程の解釈論や教員としての適格性）について判断するまでもなく、本訴は直ちに請求棄却の結論となる。

2　本訴原告準備書面（3頁下から2行目、10頁17行目、11頁11行目、14頁12行目）では、繰り返し、KA₁教授やSI₁教授らの行為をパワーハラスメントと非難している。しかし、別件判決（16頁3行目〜同頁14行目、17頁7行目〜19頁下から2行目）は、原告が別件訴訟において主張したパワーハラスメント行為の存在を一切否定している。

3　本訴原告準備書面12項（11頁20行目〜同頁22行目）では、依然として乙5

号証の1の書き込み部分は原告の自筆ではない旨を強弁している。しかし、別件判決（12頁10行目〜同頁11行目）頁は、これを原告の自筆と認定している。

4　以上のとおり、別件判決は、本件訴訟の論点ないしこれに関連する論点について、原告の主張をことごとく排斥し、被告の主張どおりの認定をしているのである。

　別件訴訟においては、原告並びに KA₁ 教授及び SI₁ 教授らの本人尋問も実施されるなど、双方が主張立証を尽くした結果、上記の争点に対する判断がされたものである。そして、別件訴訟における本人尋問調書及び書証は本件訴訟においても提出されている。したがって、本件訴訟は裁判をするのに熟したというべきであるから、速やかに弁論を終結のうえ判決をいただきたい。

以上

10. 被告第5準備書面

平成17年(ワ)第17142号　損害賠償請求事件
原　告　安達巧
被　告　学校法人 CHI

平成18年4月4日

東京地方裁判所民事第11部に係　御中

　　　（送達場所）

被告第5準備書面

　2006年3月17日付原告準備書面3（以下単に「原告準備書面」という）に対する認否及び反論（注・原告準備書面の主張の大半はこれまでに主張していた内容を繰り返すものにすぎないが、第1の6項(1)(2)及び第2の3は新たな事実を主張するものであり、その原告主張に対する本被告準備書面の反論は以下の6項及び7項並びに20項である。）

1　原告準備書面第1の1（1頁下から9行目以下）について
　　原告らの問い合わせに対する文部科学省の回答内容は否認する。文部科学省が大学と教員との間の紛争に介入するような行動を取るはずがない。
　　仮に原告と文部科学省との間に何らかのやりとりがあったのだとしても、文部科学省の回答なるものは、争点に関する適確な問題意識（例えば、被告大学の甲第5号証第3条の規程と大学設置基準とでは条項の立て方が異なることの認識）を有したうえでのものではなく、何が争点になっているかを理解しないままに原告の誘導尋問的な質問に引っかかってしまったものと推測される。文部科学省担当者の真意に基づく回答とはいえない。
　　もし、回答内容が真意に基づくものだと言い張るのなら、まず、質問及び回答の日時、質問者の具体的氏名(問い合わせをした「原告ら」とは原告以外に誰を指すのか。)、回答者の具体的氏名及び地位役職、質問事項及び回答事項の具体的内容、質問及び回答の方法（書面か面談か電話か）などの具体的状況を証明すべきである。被告はそれを待って再度反論する。もっとも、この条項の解釈に関する最終の有権的判断権者は裁判所であって文部科学省ではないから、あまり意味のない論点だとは思うが。

71

2 原告準備書面第1の2について
 (1) 第2段落(2頁13行目～21行目)について
　　原告は、「論文博士取得時点で助教授である大学教員は、教授に就任する以前に退官するのが通常ということにもなりかねないが、現実には教授就任が先で論文博士の学位取得が後というパターンが圧倒的であるから、矛盾が生じる」旨を主張する。
　　しかし、論理的に何がどう矛盾するというのか意味不明である。退官前に論文博士の学位を取得すれば甲第5号証第3条(1)によって教授昇任資格を取得するし、論文博士の学位の取得前でも甲第5号証第3条(1)以外の資格要件を満たすことによって退官前に教授昇任資格を取得できるのであるから、矛盾などしていない。
 (2) 第3段落(2頁22行目～29行目)について
　　原告は、KA₁商学部長が原告との平成15年11月28日の面談の際に甲第5号証第3条(1)の解釈論を告げなかった事実をもって、「後づけの解釈」である裏付けとなると主張している。
　　しかし、原告の採用面接時において「原告には教育歴が不足しているから助教授採用となる」と告知したり、その後に「採用後は3年間で教授への昇任資格を取得できる条件としたい」と告知したのは、既にその時点で、原告は甲第5号証第3条(1)には該当しないと認識されていたから、すなわち、同号の博士は論文博士に限定解釈するという解釈論が確立されていたからこそである。
 (3) 第4、第5段落(2頁末行～3頁9行目)について
　　被告第3準備書面2(2頁3行目以下)に述べたとおり、教授の地位に相応しい研究教育能力があるかどうかという点について、大学審議会は課程博士の学位を取得しただけの者と「碩学泰斗」のイメージに沿う論文博士とを区別し、課程博士に対して直ちに教授資格を認めることに消極的である。
3 原告準備書面第1の3(3頁10行目)について
　原告は甲25、26号証を引用して教育経験のない課程博士がいきなり大学教授になるケースが多数存在すると主張する。
　それはその通りであり、また、そればかりではなく、課程博士の学位はおろか研究業績の全くない「教授」も存在する(例えば、法科大学院においては、研究業績の全くない実務家が教授に就任している。)。これらの教授の地位は、高度の研究かつ教育能力を有する者という基準とは全く別の観点から教授の地位が与えられているからに過ぎず、甲第5号証第3条に定める教授昇任資格とは無関係のケースである。これを被告主張に対する反論として挙げてみても何の意味もない。

4 原告準備書面第1の4（3頁15行目以下）について
 (1) TA₁教授の時代には甲第5号証第3条は制定されていなかったようであり、O₂教授は、甲第5号証第3条に定める教授昇任資格とは無関係の別の要因に基づいて教授採用されたのであるから、幾ら両氏の例を持ち出しても、被告主張に対する反論としては全く無意味である。
 (2) なお、原告準備書面3頁下から2行目には、SI₁商学部長について「原告の昇任を妨害したパワーハラスメントの首謀者である」との修飾文言が付されているが、文脈上、この文言をこの部分に記述すべき必要性があるとは思えない。しかも、SI₁学部長行為のパワーハラスメント行為なるものは、乙20号証の判決で明確に否定されている。原告のこの主張はSI₁学部長に対する名誉毀損に該当するものであるから、速やかに撤回した方がよい。
5 原告準備書面第1の5（4頁10行目以下）について
　　原告主張のとおり、被告は、原告の高度な研究及び教育能力に期待して原告を「マル合」教員の候補者として採用した。しかし、それは期待であって客観的にその能力が検証されていたわけではない。むしろ、原告は研究業績だけは卓越しているが、教育能力を含むそれ以外の面では期待はずれに終わったというのが正しい評価であろう。まことに残念である。
6 原告準備書面第1の6(1)（5頁4行目以下）について
　　I₆さんが原告の授業の問題点として指摘した点は、概ね、①授業内容に不満がある、②テキスト販売について納得できない、③企業評価論のレポート提出条件等がガイダンス時の説明と異なる、の3点である（乙第14号証の3頁目Ⅲ1.）。このうち、①③については、I₆さんと原告との間で事実認識が一致していないこともあり、被告が容喙できない事項であると考えている。しかし、②については看過できない重大な問題をはらんでいる。
　　すなわち、原告執筆のテキストには末尾に専用のレポート用紙が添付されており、この用紙を用いてレポートを提出した者（かつ、試験を受験した者）には、授業の出欠にかかわらず、成績評価において80点（ないし提出時期に対応して80点から60点までの3段階の点数）を加算するというのである。この点は原告自身も認めているところである（乙第14号証の4頁目Ⅰ1.(2)、3.(5)）。これは、すなわち、受講生に対して合格点（ないしA評価）が与えられる本質的要素が試験成績や出欠状況にあるのではなく、原告執筆のテキストの購入という事実にあるということに他ならない。これでは、教育の場が営業活動の場に堕してしまっている。したがって、教え子がこれを批判するのは至極当然のことであり、I₆さんの指摘は真理を含んでいるというべき

である。また、そもそも、このようなことは、教え子から指摘される以前に、教育者として自制すべきことである。現に、この原告の行為に対して疑問を呈しているのは、ひとり I6 さんのみならず、他の学生からも教務課にクレームがあり、また、商学部所属の教員からも問題が指摘されている。

それにもかかわらず、原告は、教え子からの批判に謙虚に耳を傾け、真摯に自己の行動を反省するという態度が全くないばかりか、逆に罵詈雑言を浴びせて教え子を攻撃することに終始している。本訴において I6 さんを証人尋問しようとするのも（7頁7行目）、同女に対する攻撃を意図したものであることが明らかである。

以上の点に見ると、原告の教育者としての資質には重大な消極要因があるといわねばならない。

7 原告準備書面第1の6(2)（7頁10行目以下）について
(1) 社会システム研究所に関する「非採択と決めて通知した案件の研究結果公表を掲示までして求めた」という主張は、社会システム研究所が原告の研究主題を取り間違えたことを非難するものである。社会システム研究所が甲38号証の書面によって平成16年度共同研究プロジェクトの研究主題や研究成果の公表時期等を告知する際に、原告の申請にかかる2件の研究のうちいずれが採択されたかを取り違えて掲載したことは事実であるが、これは単なるミスである。また、「研究成果公表を掲示までして求めた」という事実はない。原告に対して公表を促した文書は甲38号証ではなく甲36号証であり、こちらの方は原告の研究テーマが正しく記載されている。このような事象を「嫌がらせ」だと非難するのは、自分を被害者として脚色するための歪曲か被害妄想かのいずれかというしかない。
(2) 紀要掲載に際して原告の肩書きを助教授とするよう求めた点について
　被告大学の紀要に論文等の掲載をする場合、従前から、執筆者の肩書きを「教授」「助教授」「講師」等と区分して掲載していたところ、原告は、ゲラ刷りの肩書きを「助教授」から「教員」に訂正した。これは、自分には教授昇任申請資格があると主張して人事会議決議に対する不服申立をしていた時期と重なっていたからだと思われる。
　これに対し、出版社はこの原告の行動を奇異に感じたため、編集員に対してどのように処置すべきか問い合わせをした。編集員は、これに対して、従前どおり「助教授」と明記して出版するよう依頼したのである。原告は、自分が甲第5号証第3条(1)に該当するのだから当然に教授の地位を取得していると思いこんでいるようであるが、これは法律論の無理解に基づく思いこみである。すなわち、万一、原告主張のとおり原告には教授昇任資格が備わっていたのだとしても、不服申立が容れら

10. 被告第５準備書面

れて人事会議において教授昇任を認める決議がされるまでは助教授であることに変わりはない。この時点で原告の肩書きを「助教授」と表記するのは真実の表記である。このような事態を称して「嫌がらせ」と受け取る原告の感覚の方が、通常人の感覚から懸け離れているのである。
(3) なお、原告はこのように、昇任審査を巡るトラブルだけではなく、教え子、社会システム研究所、出版社等、自分と関わり合いをもつ複数の人たちとの間で様々なトラブルを発生させている。「古参教授陣の嫌がらせ」（原告準備書面７頁１７行目）という観点から説明がつくものではなく、むしろ、いずれのトラブルも原告の側に問題があることは明らかである。

8　原告準備書面第１の７（７頁１９行目以下）について

「原告は、課程博士が論文博士より優秀であると一度も断定したことはない」というが、言い逃れに過ぎない。原告準備書面２の４頁１８行目以下において、課程博士については「正当な大学院教育を施したことを認定する（いわば品質保証をする）博士である」、論文博士については「教育経歴や研究経歴も特に必要とはされていない」と述べており、課程博士の方が論文博士よりも優秀であることを言外に匂わせている。

9　原告準備書面第１の８（８頁１０行目以下）について

原告は「多くあった」を「過半数」にすり替えて主張している。

なお、乙１０号証３頁「第四理由」の「補足説明」の記載から分かるように、原告を教授内定として特例承認しようという意見には「大学院設立認可過程でマル合の判定が下されること」という条件が付されているが、原告は認可申請に必要な書類の提出を拒否したために大学院担当教員からはずさざるを得なくなった結果、当然のことながらマル合判定は下されていない（その経緯は、後記２０項のとおりである。）。また、上記の原告の教授内定を支持する意見の根拠は「原告の短期間での業績の多さやその努力をみとめること」にあるが、「業績の多さ」とは明らかに研究業績（主として論文数）を指しているから、結局、上記の意見は、教育業績を度外視し、研究業績だけで教授に昇任させる特例を認めようという意見である。すなわち、この意見も、原告の教育能力ないし教育者としての資質に積極評価を加えているわけではないことに注目すべきである。

10　原告準備書面第１の９（８頁２１行目以下）について

論文博士と課程博士を区別することを前提とした場合に、点数評価上の差異を設けるのと共に最高点をつけるのとどちらが妥当だと考えるかは、単なる見解の相違であり、反論になっていない。

第1章　パワハラ裁判①　Ⅰ　原告・被告の主張

１１　原告準備書面第１の１０（８頁２６行目以下）について
(1)　原告は、「甲第５号証第３条(1)の括弧書には『外国において授与されたこれに相当する学位を含む。』とあるが論文博士は日本独特の制度であるから同号『博士』を『論文博士』に限って解釈した場合には括弧書が意味をなくす」と言いたいようである。しかし、あらゆる国において論文博士に相当する学位が存在しないのかどうか、将来にわたっても存在する可能性が皆無なのかどうかは判然としない。もし存在しないとしても、現時点においては外国において学位を授与された者の中には括弧書の適用を受ける者がいないだけのことであり、甲第５号証第３条(1)の「博士」を「論文博士」に限るとする解釈が意味をなくす訳ではない。
(2)　HA_1教授の採用に関する原告主張も全く的はずれである。事実関係をよく調査・理解したうえで主張するようにしていただきたい。
　　HA_1教授は、平成１５年度の採用審査の時点では、専任講師として３年、助教授として 5.5 年、教授として 0.5 年の教育歴があったが（甲43号証）、博士の学位を有していなかった。しかし、その後、平成１６年度の採用審査までの間に課程博士の学位を取得したために、人事会議はHA_1教授の教授としての採用を可決したものと思われる。

１２　原告準備書面第１の１１（１０頁１２行目以下）について
　　原告は、ここでの主張の根拠としてBE教授の陳述書（甲第２３号証）を持ち出しているが、同陳述書は一読すれば分かるとおり、KA_1教授やSI_1教授を侮蔑することに終始した品位を欠く内容のものであり、およそ証拠価値が認められるような代物ではない。
　　同陳述書は、KA_1教授やSI_1教授らの行為をパワーハラスメントと非難しているが、別件判決（乙２０号証）は、原告が別件訴訟において主張したパワーハラスメント行為の存在を一切否定している（１６頁３行目〜同頁１４行目、１７頁７行目〜１９頁下から２行目）。パワーハラスメント云々は、今となっては、空虚な主張でしかない。

１３　原告準備書面第１の１２（１１頁１２行目以下）について
　　原告は依然として乙５号証の１の書き込み部分は原告の自筆ではないと強弁しているが、これが原告の自筆であることは一目瞭然であり、別件判決もそのように認定している（１２頁１０行目〜同頁１１行目）。原告はI_6さんに対して「倫理観に欠けた学生」と侮蔑するが（６頁１９行目）、この期に及んでも「他人が似せて書いたもの」などと強弁するというのは、I_6さんの倫理観よりも原告の倫理観の方に疑義を感じざるを得ない。

10. 被告第5準備書面

１４　原告準備書面第１の１３（１１頁２６行目以下）について

　「昇任選考審査基準点数表」は、教授等への昇任の適否を判定するための目安として申請者の研究業績等のプラス面だけを数値化したものである。昇任の適否はプラス面とマイナス面を総合評価して行われるものであるところ、マイナス面は数値化されていないから、点数評価の結果が基準点を超えたからといって当然に昇任が認められる訳ではない。マイナス面をどの程度考慮するかは、人事会議の裁量に委ねられている。このように、被告大学商学部の現行の昇任審査制度の下でも、依然として、人事会議に裁量権が留保されているのである。

　原告にも理解できると思われる分かり易い例を挙げよう。ある昇任申請者について、点数表（甲４号証の末尾）に基づく点数評価はＸ及びＣとも適任点を超えたが、別途、当該申請者が研究費を水増し請求していたとか、評価対象外の論文がデータ捏造論文であったとかの非違行為が発覚した場合を想定する。被告大学商学部の昇任審査制度においては、当該非違行為を点数評価に取り入れるシステムになっていないため、問題のない論文が他に多数あれば点数評価の上では適任点は超えてしまう。しかし、そのような者の昇任を認めるわけにはいかない。したがって、点数評価上は適任点を超えていても、総合評価の中でマイナス面を考慮して昇任を否定することになるのである。昇任の可否を決するのは点数評価ではなく総合評価である。これは、あたりまえのことであり、「点数評価のシステムを採った以上、適任点を超える結果となった場合には当然に昇任が認められなければならない。」と言わんばかりの原告主張は、思慮を欠く主張であることは明らかであろう。

　なお、本件においては、別件判決（乙２０号証）も認定しているとおり、採用後は３年間の経験で教授への昇任資格を取得できることが原告の採用条件であり、原告の昇任申請は採用時の条件に反していたのであるから（１８頁１４行目）、点数を云々するまでもなく、昇任期待権などおよそ存在しえない。

１５　原告準備書面第１の１４（１２頁１７行目以下）について

　原告は「I_6によるクレームなる事案については本件の結論を左右する非常に重要な事案と考えている」と主張するが、第１回及び第２回の昇任申請において原告の昇任が否定された理由はI_6さんのクレームにあるのではない。本件においてはI_6さんのクレームの件には争点としての重要性はなく、原告の考えは的はずれである。それにもかかわらず、原告がI_6さんの証人尋問にこだわるのは、６項に述べたとおり、それをI_6さんに対する攻撃手段としようとしているからである。これは、教育者の採るべき態度ではない。

第1章　パワハラ裁判①　Ⅰ　原告・被告の主張

16　原告準備書面第1の15（13頁11行目以下）について
　　人事会議の採った甲第5号証第3条(1)の解釈は、これまでに縷々説明したとおり、解釈権者として行った合理的な解釈である。
17　原告準備書面第1の16（13頁11行目以下）について
　　外部の弁護士の意見を参考にして裁判官の再任の可否を決める制度や、全ての専任教員が参加して教員人事を決定する制度は妥当ではあるが、それを採らないからといって違法になるわけではない。原告は、外部の弁護士の意見を参考にする制度が採られる以前の裁判官再任制度や、全ての専任教員が参加して教員人事を決定する制度が採られる以前の被告大学法学部の人事制度を人権意識の欠けた違法な制度であったと主張するもののようであるが、これは適法性と妥当性とを混同して論じるものである。
18　原告準備書面第1の17（14頁15行目以下）について
　　前述のとおり、原告の昇任申請は採用時の条件に反していた。すなわち、原告の昇任申請行為の方こそ契約違反なのである。自ら契約違反を犯している者には他人に対して手続保障を要求しうる利益は認められない。
19　原告準備書面第2の1（14頁15行目以下）、同2（15頁13行目）について
　　原告は「当時、被告大学にはマル合教員の可能性のある教員がほとんど存在しなかった」と主張するが、平成17年12月5日に被告大学商学部大学院の設置は認可され、その際、平成15年当時から在籍していた SI_1 教授、MO_1 教授、KA_1 教授、HO_2 教授、I_1 教授、SE助教授の6名全員が文部科学省、大学設置・法人審査会よりマル合の判定を受けた。原告は、被告大学教員中で優秀な者は原告だけ（或いは、原告を含むごく僅かの教員だけ）であると誇示したかったのかも知れないが、冒頭掲記の原告主張は完全な虚偽であることが分かる。
　　また、原告は「教員組織が完全に整備される前に助教授から教授へ異動させることは文部科学省の指導に違反する」と主張するが、完成年度以前でも文部科学省の了解を得て助教授から教授への肩書きの変更をすることは可能である。現に、HA_1 教授は前任校において、大学開設2年目に文部科学省の了解を得て助教授から教授に昇任したとのことである。
　　このように、原告の主張は前提事実を誤った意味のない主張である。
20　原告準備書面第2の3（16頁7行目以下）について
(1)　原告は、O_2 学長が原告を大学院担当から外した行為が「詐欺的行為」「パワーハラスメント」と非難しているが、これは、以下に述べるとおり、自己の非を棚に上げて他人を非難するものである（この面では I_6 さんに対する非難と全く同様である。）。

10．被告第５準備書面

　　採用時から原告自身も理解していたとおり、被告が原告を教員として採用した主たる理由は大学院の担当教員とするためである。そのため、原告は大学院準備委員会の委員にも任命された。ところが、原告は、第１回から第１０回までの準備委員会を連続して全て欠席した。また、大学院担当教員として文部科学省に認可申請するためにO_2学長が個人調書（経歴書等）の提出を求めたにも関わらず、その提出を拒否した。そこで、O_2学長は原告には被告大学の大学院設置及び運営に協力する意思はないと判断し、委員の職を罷免し、大学院担当から外すことにしたのである。このように、原告が大学院担当から外された原因は専ら原告の側にある。それを自分が被害者であるかに脚色して主張するとは、何という人物であろうか。原告の社会人としての良識を疑わざるを得ない。

(2)　原告のSI_1教授に対するここでの非難の内容は、①SI_1教授が商学部長退任後もホームページの更新を失念し、「Dean」（学部長）と表示したままにしていたことをもって「虚偽表示」だといい、②SI_1教授の教育研究業績書（甲５２号証）の「著書、学術論文等の名称」欄の８番、１７番及び１８番について、「単著、共著の別」欄に「共」（代理人注・共著の意）を表示すべきところを「編著」又は「単」（代理人注・単著の意）と表示したことをもって「業績水増し」だというものである。しかし、例えば、１７番と１８番を見ると、「現代の諸問題とその分析」の第２巻は「編著」記載され、第３巻は「単著」と記載されている。同一シリーズの刊行書が各巻毎に「編著」であったり「単著」であったりするのは奇異であり、誰が見ても単純なミスであることが分かる。故意に水増しする意図でこのような記載をする者がいるはずもなく、原告の指摘は、SI_1教授の過失に基づく些細なミスを針小棒大に取り上げるものに過ぎない。原告も本音のところでは些細なミスにつけ込んだ言いがかりだという自覚を持っているものと思うが、もし、この程度の事象が「倫理観の欠如」というような大問題だと本気で考えているのだとすると、やはり原告の価値観が通常人とは異なるということである。

以上

第1章　パワハラ裁判①　Ⅰ 原告・被告の主張

平成17年(ワ)第17142号損害賠償請求事件
原　告　安達　巧
被　告　学校法人 CHI

2006年4月21日

東京地方裁判所民事第11部に係　御中

原告訴訟代理人
弁護士　　HO₃

証拠調べ申立書

第1　証人尋問の申立
　1(1)　証人の表示

　　　BE　（同行　主尋問40分）
　(2)　立証の趣旨
　　　原告が被告の設置運営する大学において、原告が2004年4月1日あるいは2005年4月1日付で助教授から教授へ昇任することについて有していた法的保護に値する合理的期待を、被告大学の商学部人事委員会が何ら合理的な理由なく侵害した事実。
　　　原告の前記期待を侵害するについて、人事会議が原告に対して適正な手続を保障していない事実。
　(3)　尋問事項
　　①　証人の経歴
　　②　証人の被告大学における地位
　　③　原告との関係
　　④　原告の被告大学商学部教授会での言動
　　⑤　被告大学商学部教授会の運営の実情
　　⑥　2004年1月28日の人事会議での議論の内容
　　⑦　2004年3月16日の人事会議での議論の内容

11. 証拠調べ申立書

⑧ 2005年1月12日の人事会議での議論の内容
⑨ 2005年9月20日の人事会議での議論の内容
⑩ 2006年3月22日の人事会議での議論の内容
⑪ その他、本件に関連する一切の事項

(4) 付記事項

同証人は、2004年4月に被告大学商学部教授として採用され、以後、商学部の人事会議には全て出席している。このため、原告の第1回、第2回いずれの教授昇任申請ついても、被告大学商学部人事会議でどのような議論が行われたのか、実際に見聞している。また、同証人は、原告の第3回の教授昇任申請について討議された2006年3月22日の人事会議にも出席しており、そこで、原告の教育能力・教育者としての適格性の欠如の理由として I_6 の抗議の件が取り上げられ、原告の昇任を認めない一理由とされたことについても見聞している。

2(1) 証人の表示

〒

CHI 大学学事部長
O_6（同行　主尋問30分）

(2) 立証の趣旨

被告が原告の教育能力・教育者としての適格性の欠如の理由として挙げる I_6 の件が被告大学が原告の教授昇任申請を認めないための理由として捏造された事実。

(3) 尋問事項

① 被告大学における学事部の組織
② 被告大学学生課が I_6 から、原告の2004年秋セメスターにおける「企業評価論」の評価方法に関して相談を受けた（乙14）日付及び相談内容。
③ 「企業評価論」のシラバスの内容
④ 「企業評価論」の定期試験実施要領
⑤ I_6 の「企業評価論」の授業への出席状況を調査したのか。
⑥ I_6 のクレームを受けて、何が問題であると判断したのか。
⑦ I_6 に対して、2004年1月14日付文書（甲30）により被告大学教務課に問題提起をさせた理由。
⑧ I_6 の抗議について、原告に対するヒアリング（2004年2月23日）以前の2004年2月4日に SI_1 学部長（当時）に報告したか。報告したとして、その前に原告に対するヒアリングを実施しなかったのはなぜか。

第1章 パワハラ裁判① Ⅰ 原告・被告の主張

⑨ その他、上記に関連する一切の事項
3(1) 原告本人の表示
〒

安達 巧（同行 主尋問６０分）
(2) 立証の趣旨
　原告が被告の設置運営する大学において、原告が２００４年４月１日あるいは２００５年４月１日付で助教授から教授へ昇任することについて有していた法的保護に値する合理的期待を有していた事実。
　原告が、前記の合理的な期待を合理的理由なく侵害された事実。
　原告の前記期待を侵害するについて、人事会議が原告に対して適正な手続を保障していない事実。
(3) 尋問事項
① 原告の経歴
② 原告が被告大学の求人に応募した動機
③ 被告大学の採用面接の日時、場所、面接官である KA_1、SI_1 の言動
④ 原告の被告大学就職後の地位
⑤ 被告大学商学部教授会の構成員の経歴
⑥ 被告大学商学部教授会の運営の実情
⑦ ２００３年１０月３１日に教授昇任申請を決意した経緯
⑧ 教授昇任申請に対する KA_1、SI_1、SI_4 の反応
⑨ 教授昇任申請を理由とする上記３名の原告に対する嫌がらせの有無
⑩ 「企業評価論」（２００４年度秋セメスター科目）の授業内容、定期試験実施の有無、その内容
⑪ ２００４年１０月１７日に再度教授昇任申請を決意した経緯
⑫ その他、本件に関連する一切の事項

12. 原告本人尋問の速記録（第2回口頭弁論）

　　　　　　　速　記　録（平成１８年７月１３日　第２回口頭弁論）
事件番号　平成１７年(ワ)第１７１４２号
本人氏名　安　達　　巧
原告代理人
甲第５８号証を示す

　　これは安達さんのほうでまとめられた陳述書ということで間違いないですね。
　　　　間違いないです。
　　これをベースにしながら聞いていきます。本件との関連で，SI₁教授らに対する損害賠償請求訴訟はこれは１審敗訴して控訴して控訴審にかかっていますけれども，現在はどのような経過になっていますか。
　　　　６月の５日に１回目の口頭弁論が行われまして，６月２３日に和解期日が行われ私も出席してまいりました。そのときに担当裁判官の人と３０分ほどやり取りをさせていただいたんですけれども，まず第１回口頭弁論のときに裁判長のほうからSI₂先生に対して，SI₂先生は相手方の被控訴人代理人でもあられますけれども，安達先生は規程上は昇任申請資格があるんじゃないですかという御質問があって，SI₂先生からはいいえ，ありませんというふうにお答えになったと。そうすると，裁判長のほうから，いったい規程のどこにそんなことが書いてあるのと，どういう読み方をしたらそんな解釈ができるんですかと。更には論文博士に限定するなんていう区別がどこにあるのと，文言上区別がないわけじゃないですかと。あなたは法律家としてそんな議論を自信を持って言えますかというふうに厳しく追及されたというふうに直接伺っておりますが，更にSI₂先生のほうからは，いいえ，私どもの大学のほうでは過去一貫して論文博士に限定していますというふうにお答えになったと聞いておりますと。そうすると，裁判長のほうから更に追及があって，どのような追及があったかというと，過去にそんなケースで却下した事例はないんでしょうと。あなた方が言っている根拠なんか全然ほとんどないんじゃないですかというふうに厳しく追及されたというふうに６月５日の口頭弁論時にありましたので，そのことの確認を私のほうで裁判官に行いました。
　　２３日のときにですね。
　　　　はい，そうです。
　　そのとおりだったということですか。
　　　　はい。
甲第６３号証を示す
　　この６５ページを御覧ください。平成１６年３月１５日付の安達巧氏教授昇任審査委員会報告書とあるんですけれども，ここで安達さんが第１回の証人申請，これを不承認という結果を審査委員会で出したと。その理由として，第一理由から第五理

83

由まで挙げられていますね。

はい。

この理由の一から四というところが規程の解釈にかかわるところかと思うんですけれども，これについては高裁のほうではいずれも妥当しないというふうな判断が示されたということですね。取り合えず，最初の段階ではありますけれどもね。

高裁のほうでは，一から三についてはもちろん関係することで見ておられますが，四については現物を審査されておられませんので，ここについては高裁としては判断はしていないというふうになっております。

この理由の五で，「過去例を見ない異例の特例待遇措置」とか書いてありますね。

はい。

これについてはどうだったでしょうか。

TA₁先生とかSI₃先生といった先生方が過去に助教授時期5年もせずに教授に昇任されていますので，異例の特例待遇措置ということはあり得ません。

あなたの昇任期待権，助教授から教授に上がるというこの件に関して今回訴訟で争いになっているのでお伺いしたいんですけれども，安達さんは2003年の2月28日に被告大学の採用面接を受けておられますね。

はい。

面接を担当されたのはKA₁商学部長，SI₁教授に間違いないですね。

もう一人，KA₅助教授という人も担当されています。

その3人の方々が担当されて，その際に，どなたからでもいいんですけれども，教授になるには原則として5年間の教育歴が必要であると。特例として3年間，助教授を務めれば教授昇任申請は認めると説明されましたか。

いいえ。

どういう説明があったんですか。

取り合えず，今，あなたは現職が助教授の職にありますので，まず助教授として採用したいというお話はございました。

その際，大学院については何か説明がありましたか。

ありました。2年後，ですから私が2003年4月に赴任していると思いますので，2005年の4月1日付けで大学院を新設する予定であるというお話は伺いました。

安達さん自身は大学院の要員であるというふうには告げられたんですか。

はい。大学院を担当していただく特別要員として，いわゆる特別枠で採用するんだと。マル合として採用するというお話をいただきました。

その大学院の担当教員のことでちょっとお伺いしたいんですけれども，いったん安達さんが助教授として大学院の担当教員になったときには，大学院の新設から2年間，これは助教授から教授に昇任するということが可能ですか。

12. 原告本人尋問の速記録（第2回口頭弁論）

　　　　　無理です。
甲第27号証を示す
　　　　　160ページを御覧ください。これは、「大学院設置基準第33条の規定に基づき、新たに大学院等を設置する場合の教員組織、校舎等の施設及び設備の段階的な整備について定める件」という平成15年3月31日付けの文部科学省告示第50号なんですけれども、この1の三というところで、「整備に係る計画の期間中に、原則として教員が異動しないこと」と、こう書いてありますね。
　　　　　はい。
　　この規定の意味ですけれども、これはどういうふうに理解すればいいんですか。
　　　　　大学院を設立する場合におきましてはその最初の卒業生が卒業するまで、従って修士課程だと2年間ですけれども、そのときには申請をした教員を動かさずに教育指導、研究指導を行ってくださいという意味です。
　　そうすると、これは文部科学省の行政指導の根拠になる規定だと思うんですけれども、大学としてはこの規定を無視するというようなことはありますか。
　　　　　極めて難しいと思います。
　　そうすると、安達さんが2005年4月から被告大学の商学部に大学院が設置されて助教授として大学院の担当教員になったとした場合に、これは仮定になりますが、安達さん自身が2006年の4月、つまりこれは採用されてから3年目ですが、その時期に教授に昇任するということは可能でしたか。
　　　　　不可能です。
甲第63号証を示す
　　　　　101ページから103ページを御覧ください。これは平成17年度第二回商学部人事会議議事録、平成17年5月11日の人事会議の議事録ですけれども、ここの102ページから103ページにかけて、BE教授が「安達助教授の状況報告や意見陳述が行なわれていないし、不服申請に対する学部の対応も本来なら可及的速やかに執り行わなければならない重要事項であるにも関わらず遅く不十分である。併せて、設立時の非常勤の試用期間は2年間である」と、こう問いを発せられたことに対してSI₁商学部長が、設立時の非常勤の採用期間は2年間であると訂正するとありますね。
　　　　　はい。
　　これは、その当時の大学のSI₁商学部長自身も2年間動かせないということは認識されているということですね。
　　　　　はい、そのとおりです。
　　ということになると、3年間助教授を務めたら教授昇任申請資格を得るという条件は、当時、大学院の設置が2005年の4月から予定されていた段階で、あなたにとっては意味がある約束でしたか。

85

いいえ。2005年4月1日から大学が立ち上がりますと，2006年4月1日付けでの教授昇任という条件などというのは全く無意味です。そもそも私が採用面接を受けたその日，2003年の2月28日だったと思いますが，その日には全くそういう話題は上っておりませんでした。

ところで，その被告大学は教授への昇任については，プラス面とマイナス面，総合評価して行われているんだということで御主張なさっているのでお伺いしたいんですけれども，

甲第3号証を示す

これは「CHI 大学商学部専任教員の採用及び昇任に関する規程」ですけれども，その第6条を見ますと，「委員会は，別に定める『商学部専任教員の採用および昇任に関する実施要領』（以下，『実施要領』という。）に基づいて総合的に審査するものとする」とありますね。

はい。

そこでこの「商学部専任教員の採用および昇任に関する実施要領」を示したいと思います。

甲第4号証を示す

これがその「商学部専任教員の採用および昇任に関する実施要領」ですね。

はい。

この2の(3)のハを御覧ください。2は「昇任審査の実施要領」であって，(3)というのは「人事会議は，昇任人事を公正かつ円滑に行なうため，つぎのように昇任審査委員会（以下『委員会』という）を設ける」とありまして，それのハを見ますと「委員会は，別紙『昇任選考審査基準点数表』に基づいて，昇任申請者の研究教育業績等について審査を行ない，その結果について点数評価を行なう」と，そう書いてありますね。

はい。

あなたが被告大学に採用された際に，人格とか識見とかに関連して，何らかの資料を提出させられたり質問を受けたりしていますか。

いいえ。

甲第46号証を示す

これは「CHI 大学法学部専任教員の採用及び昇任に関する規程」ですよね。

はい。

この第6条を御覧ください。「委員会は，申請者の人格，識見及び教育研究上の業績について総合的に審査するものとする」と，こうありますね。

はい。

ここでいうところの委員会というのは審査委員会ですね。

はい。

12. 原告本人尋問の速記録（第2回口頭弁論）

　　つまり教授会が昇任申請の適否の審査を行うために，3人以上の委員をもって構成する審査委員会を設置すると。その委員会のことなんですけれども，ここで，法学部の場合には申請者の人格，識見及び教育研究上の業績について総合的に審査と。これに該当するような商学部の規定というのはありますか。
　　　　いいえ，ありません。
甲第4号証を示す
　　ここの2の(3)のハでは，昇任選考審査基準点数表に基づいて審査を行って，その結果について点数評価を行ってそれで適宜判断するとありますね。
　　　　はい。
　　ここでは特に人格，識見というような要素は入ってないですよね。
　　　　はい。
　　次に甲第4号証の3枚目，「昇任選考審査基準点数表」を御覧ください。先ほど言った基準点数表というのはこれに当たるわけですね。
　　　　はい。
　　この要素を見ると，年齢，教育・研究歴，学術論文等研究業績，最高学歴，社会的活動，特別加算点，これらをベースにして判断するということですね。
　　　　はい。
　　安達さん自身が過去にCHI大学の商学部で，論文等の点数については基準をクリアしているけれども，マイナス面を考慮して採用だとか昇任が見送られたというケースを聞き知っていますか。
　　　　いいえ，聞いたことはありません。
甲第64号証を示す
　　これは平成18年の3月8日付けのSA助教授の昇格審査報告ということで大学から提出された書類なんですけれども，ここでSA助教授が教授に昇任申請をしたその審査報告にかかる資料が後ろにつづられているんですけれども，この審査資料を見て，どこかにそのSA先生の人格や識見などに関するマイナス面を示唆する資料というのは含まれていますか。
　　　　含まれていません。
　　専らプラス面だけ。
　　　　プラス面というよりも，2の審査経過の④に書いてありますが，「業績審査報告書を基に審査した結果」というふうにだけ書いてありますので，点数評価だけしていることがよく分かるかと思いますが。
　　業績審査報告書というのがこの後ろにつづられているものになるわけですね。
　　　　はい。
　　この「(商)人事会議資料3-6」とあるところですね。
　　　　はい。

87

第1章　パワハラ裁判①　Ⅰ　原告・被告の主張

　　枚数にすると6枚ですね。
　　　　はい。
　　ここには特に業績以外のことについては何か触れられていますか。
　　　　特に触れられていないと思います。
　　ところで，安達さん自身が第1回の教授昇任申請をしたのはいつですか。
　　　　2003年の10月です。
　　これに対してCHI大学の商学部の人事会議で不昇任と決議された日付がいつだか覚えていますか。
　　　　2004年の3月16日です。
　　第1回目の昇任申請を認められなかったことに対して，商学部専任教員の採用及び昇任に関する実施要領，先ほどお示しした甲第4号証ですけれども，これに基づいて不服審査を申請したのはいつですか。
　　　　2004年の11月17日です。
　　第2回目の教授昇任申請をしたのはいつですか。
　　　　2004年の10月です。
　　第2回目の昇任申請がCHI大学の商学部の人事会議で不昇任と決議された日付がいつだか覚えていますか。
　　　　2005年の1月12日だったと思います。
　　その理由は何ですか。
　　　　1回目の昇任審査を不昇任とした決議が今でも有効だからだというふうに人事会議が判断したからだと伺っております。
乙第21号証を示す
　　これはSI₁商学部長の陳述書ですよね。
　　　　はい。
　　これの2ページ目の4というところ，「私は，11月の人事会議での意見交換を踏まえて，平成17年1月12日開催の人事会議において，『前年度の人事会議の決議は現在でも有効であるので，平成17年度の昇任は認められない』というA案と，『再度昇格審査小委員会を設置し，改めて審査をする』というB案とのいずれを選択するかという方法で決を採ることにしました」「採決の結果，A案の賛成者が圧倒的多数でしたので，平成17年度の昇任も認められないことになりました」と，こういうような記載がありますね。
　　　　はい。
　　そういう理由なわけですけれども，この1回目の証人申請に対して安達さんが不服の審査を申請したのが2004年の11月17日。この不服審査については，どういうプロセスで審査されるかということについては御承知ですか。
　　　　規程に書いてあると思いますので。

12．原告本人尋問の速記録（第２回口頭弁論）

甲第４号証を示す

　　２枚目の「３．不服審査の実施要領」の「(5)審査手続の不服については，学部長は人事会議を招集し，人事会議は調査委員会を発足させる。調査委員会は調査を行い，瑕疵が認められれば，人事会議は昇任について再審査を行なうものとする」と，こういう手続になっているわけですね。

　　　　はい。

　となると２００４年の１１月に不服審査を申請して，この不服審査調査委員会が立ち上がったのはいつだったか，これについて記憶はありますか。

　　　　２００５年の３月１日だと思いますが。

　そうすると，年度をまたいでようやく不服審査調査委員会が立ち上がったということですね。

　　　　年度をまたいで立ち上がったわけではなくて，立ち上がったのは年度をまたぎそうなころ，１１月１７日に申請をしておりますので，２か月半経過してようやく立ち上がったということです。

　ちょっと質問が不適切だったのでもう一度確認すると，２００４年１１月１７日に不服審査を申請したと証言されておりましたけれども，この不服審査の調査委員会が立ち上がったのが２００５年の３月１日。要するに２００４年から２００５年にまたがって約３か月半経過してようやくこの審査委員会が立ち上がったということですね。

　　　　はい。

　そうすると先ほどの御証言だと，この不服審査調査委員会が立ち上がる前に大学の商学部の人事会議で１回目の昇任決議は有効だと判断したということですね。

　　　　はい，そうです。

　通常この不服審査ですけれども，大学の場合には，どんな年度も大体４月１日から新しい年度が始まりますね。

　　　　はい。

　そこの年度をまたいでしまうと，人事を見直すというのはなかなか難しくなりますね。

　　　　はい。

　そうすると，その年度をまたがないように，ここで言うと４月１日をまたがないように結論を出すというのが常識的だと思うんですけれども，この不服審査調査委員会，２００５年３月１日に立ち上げられてからの活動というのは迅速でしたか。

　　　　いいえ，非常に遅くて，意図的と思えるほど遅かったと思います。２００４年の１１月１７日に不服の申請をしているわけですが，審査委員会が立ち上がったのが２００５年の３月１日で，半年以上たって，ようやく２００５年の９月２０日になって不服審査に関しての報告書を人事会議に提出しており

89

　　　　ますので。
　　大変遅い進行だったわけですね。
　　　　はい。
　　あなたはその手続の進行が遅いということに関して何らかの抗議をしましたか。
　　　　はい。昨年だと思いますが，２００５年の４月１日に商学研究課長で人事会議の構成メンバーである KA₁ 先生から，大学院設置のために個人調書を出す必要があるので早く出せと。２００５年の４月８日までに出しなさいというふうに言ってきましたが，私は今，そこの中にもう助教授というふうに４月１５日以降，明記されていて，そこに署名捺印するように求められていましたので，不服審査を申請していてまだ結論を出していなくてどうしてなんですかと，速やかにやっていただいた上でというふうに抗議してます。
甲第６３号証を示す
　　９６ページを御覧ください。この「ご通知」と題する文書，これがその当時出した文書になるわけですね。
　　　　はい，そうです。
　　これは，あて先は CHI 大学の大学院商学研究科の準備委員会委員長の KA₁ 先生に出しているということですね。
　　　　はい。
　　先ほどのお話にもあったように，安達さん自身が第１回の昇任申請の不昇任決議があったと，それに不服審査を申し立てているにもかかわらず大学側のほうで助教授であるということを自ら認めるような書面の提出を求めてきたということになるわけですね。
　　　　はい，そうです。
　　この件では２００５年５月９日に千葉の労働基準監督局に対してあっせんの申請をしましたね。
　　　　はい。
甲第６３号証を示す
　　１２５ページを御覧ください。これがそのときの「あっせん申請書」ですね。
　　　　はい，そうです。
　　下に日付があって１７年５月９日付けになっていますね。千葉労働局の受領印が押されていますね。
　　　　はい。
　　これに対しての大学側の回答がありましたか。
　　　　直接は聞いておりませんが。
　　甲第６３号証の１２７ページを御覧ください。「あっせん申請への対応に係る意向調書」というものがありますね。

12. 原告本人尋問の速記録（第2回口頭弁論）

　　　　　はい。
これは，千葉の労働局のほうからコピーをもらったということですか。
　　　　　いいえ，そういうことではありません。これは人事会議の資料，私は一切説
　　　　　明を受けていなくて，それで大学のほうがどういうふうに対応しているかも
　　　　　実は分かりませんで，いわゆる真ん中に入る千葉紛争調停委員会というほう
　　　　　に対して大学側に回答を求め大学側が回答をしたというものだと思います。
この大学側の意向調書，これを見るとこう書いてありますね。「あっせん手続に参加
することにやぶさかではないが，申請人は，学内規程に基づく不服審査申立を行い，
現在，その審査手続が進行中である。もし，申請人の不服が容れられた場合には，
本件あっせん手続は無意味となるので，本件あっせん手続の進行開始は不服審査手
続の結論が出されてからにしていただきたい」とありますね。
　　　　　はい。
そうすると4月1日の時点で，まだいまだに不服審査調査委員会から結論をもらっ
ていないと。5月9日にあっせんを出したら5月18日のこの意向調書というとこ
ろで，今，不服審査調査委員会で手続をやっているから，あっせんはその後にして
ください と。更にそこから4か月遅れてようやく不服審査調査委員会側から結論が
出たということですね。
　　　　　はい。
ところで，安達さん自身は結局，大学院の担当教員から外されましたね。
　　　　　はい，外されました。
甲第63号証の102ページを御覧ください。先ほど102ページから103ペー
ジにかけてのBE教授の発言を引用したんですけれども，ここの102ページの真
ん中辺りのところなんですけれども，BE先生のほうで，「安達巧助教授を担当予定者
から外すことを学長判断で決定したことをなぜ商学部人事会議にて追加承認せねば
ならないのか？」ということで，安達さんを大学院の担当から外した件に関して経
過説明を求めておられますよね。
　　　　　はい。
これに対してSI$_1$商学部長がどう答えているかというと，「直接的に学長がトップダ
ウンで判断したものではなく，大学院商学研究科準備委員会にて何度か審議された
結果を全学委員会任命権者の学長が尊重し判断しただけである」と，更にその下で，
「この人事会議の承認を得て大学院担当予定者にした方を審議もせず議事録にも留
めないで大学院準備委員会の担当から外してしまうのは，手続き上問題があり不適
切である。故に，審議をして議事録として記録を残す必要があるとの判断で人事会
議の審議事項として提案した」というふうに書いてありますね。
　　　　　はい
それともう一つ，そもそも個人調書等を出さなかったと，ここの102ページのや

91

や下のほうにありますけれども,「大学院設置にあたり,申請に必要な書類をご本人が拒否して提出しない限り,18年度大学院開設が間に合わなくなる事実を認識してほしい」と,そこも考慮して外したということが述べられているんですけれども,この文部科学省に提出しなければいけない提出期限というのはいつまでですか。
　　　　2005年の6月末です。
そうすると,この人事会議の日付というのは5月11日からですから,まだ1か月以上期間があったわけですね。
　　　　はい,そうです。
そうすると,不服審査調査委員会もぐずぐずやっていて,なおかつ大学院の個人調書には助教授に肩書を認めるようなものを出せと言ってきて,それを出さないから大学院の担当からも外したと,こういう経過になるわけですね。
　　　　はい。
この不服審査調査委員会から,安達さん自身はヒアリングを受けましたか。
　　　　2005年6月6日になって受けていると思います。
それ以後はヒアリングとか受けていないですか。
　　　　ないです。
そして結論が出たのは9月20日。
　　　　はい,そうです。
甲第39号証を示す
これは「平成17年度商学部人事会議議事」とあって,平成17年9月20日と。ここの「審議事項」の【7】ですね。「不服審査調査委員会答申の件」と。このことが安達さんの不服審査調査に関する答申があったということを指しているわけですか。
　　　　そうです。
以上の経過を見て,どういう感想を今,持っていますか。
　　　　そもそもまともに不服審査委員会なるものは機能していないというふうに思っていましたし,SI_1教授らの思惑どおりの手続で進んでいったなという印象を持っています。
ちょっと高裁との絡みでお聞きしたいんですけれども,高裁では第1回期日に裁判長から職権で和解を勧められて実際に和解の協議が行われたわけですよね。
　　　　はい。
それで第2回,6月23日にも和解の期日がもたれたわけですね。
　　　　はい,そうです。
あなたはその和解の席でどのような条件というものを裁判所に対して示しましたか。
　　　　裁判長には,まず形式的には裁判は別々ではありますが,この本件の裁判ともう一つの高裁とは,いわゆる一括でないと和解はできないというふうに申

12．原告本人尋問の速記録（第2回口頭弁論）

　　　　し上げました。
それを受けて，高裁ではどのような進行になりましたか。
　　　　本日，この民事１１部での尋問が入るということを裁判官がお聞きになられて，ではその後にということで，７月１８日，来週の火曜日ですがそこにまた和解期日が入ることになりました。
その和解に関して，現段階では，あなたはどういう条件なら和解してもいいと考えているんですか。
　　　　向こうの裁判官にも伝えたんですが，一応二つ申し上げまして，一つは私の昇任手続に関して瑕疵があったと認めてくださいという点，もう１点は，本来は２年前ですが，今年度で結構ですから，今年度の４月１日付で教授昇任ということを認めてくださいというその２点を申し上げました。
それが最低限必要な条項になるということですね。
　　　　ということで申し上げました。
ところで，高裁は飽くまでも SI_1 教授や KA_1 教授らに対する損害賠償請求ですね。
　　　　はい。
被告は個人であると。大学ではないと。
　　　　はい。
正確に言えば被告の CHI という法人ではないと。
　　　　はい。
そうすると，高裁で今言った形での和解は不可能ですよね。大学側は名あて人としての和解は不可能ですね。
　　　　はい。
そうすると，地裁で和解して一括解決しかないかと思うんですけれども，先ほど述べられた条件が認められないということになると，あなたとしてはどういうふうに今後進めていきたいと考えていますか。
　　　　もちろん相手のあることなので，和解が成立するかどうかもちろん分かりませんが，仮に和解が不成立となれば，第３回目の昇任申請についての人事会議における不昇任は若干疑義がありますので，そのことについて新しく提訴するという方針であります。また，前学長である O_8 学長から私が学長室に呼び出されて，あなたは大学院を外すと一方的に告げられたときに，ちょっと人格攻撃になるパワー・ハラスメントを受けていますので，そのことについても提訴したいと考えております。
大学側の人事会議のスケジュールというのはどうなっているか聞いていますか。
　　　　伺っています。来週の水曜日，７月１９日−和解期日の翌日になりますが−に人事会議が行われます。更にその１週間後，７月２６日に理事会が入っております。

93

第1章　パワハラ裁判①　Ⅰ　原告・被告の主張

　　　　大学側がその人事会議や理事会でどういうふうな話合いをするのか分からないんですけれども，あなたとしては，そこで先ほどのあなたの和解の条件が認められればどういうふうな対応をしたいと思っていますか。
　　　　　　和解に応じて良いと思っています。
被告代理人
　　　　あなたの採用時の大学の大学院設置の構想に関する事項をお伺いしますが，CHIとしては大学院の設置は，早くて平成17年4月の開設ですか，それを目標にしていたということでしょうか。
　　　　　　平成16年の6月に申請をして，平成17年の開設を目標にしていますと伺ってました。
　　　　そういう目標ですね。
　　　　　　はい。
　　　　実際には1年遅れて平成18年，今年の4月ですよね。
　　　　　　はい。実際の開設は1年遅れています。
　　　　だけど目標はあくまでも平成17年の4月が目標であった。
　　　　　　目標は御質問があったとおりに1年前というか，平成17年の4月1日付けでということを目標にしているけれども，ただ教員を取れなかったりすることもあるので，一応2年を目標にしているけれども3年後になるかもしれないという話はありました。
　　　　目標が17年4月の開設であるということは，あなたも採用面接の場か，その直後にはSI₁教授，あるいはKA₁教授から告げられましたですよね。
　　　　　　まずその採用面接かその直後ということなんですが，その直後というのは実は何もなくて。
　　　　それでは，採用面接の場では告げられましたか。大学院の設置の時期，それが17年4月を目標にしている。
　　　　　　それで遅くとも18年の，2年目が一応第1目標だけれども，第2目標としては3年後になるという話は伺っておりました。
　　　　そのように告げられましたか。
　　　　　　はい。
　　　　大学院の演習科目の担当をするには，助教授だとできないんですか。
　　　　　　助教授だとできるんだと思うんですが，ただ，助教授だからできるとか教授だからできるということではなくて，マル合の教員としてできるかどうかということだと思います。
　　　　それで，そのマル合教員の判定を受けるための要件としては教授に限るということではないという意味ですよね。助教授でも教授でもマル合判定を受けられるわけですよね。

12. 原告本人尋問の速記録（第２回口頭弁論）

　　　　マル合というのは，別に助教授，教授は関係なくて，専任講師でもいいんですよ。マル合というのは，いわゆる博士号を持っていて，きちんと研究業績を積んでという，その能力が認められるということでマル合なんですが，大学で言うと学部の講義といわゆるゼミの演習がありますが，大学院も演習がありまして，その演習を持てないということなんですよね。
助教授以下では演習が持てない。
　　　　はい。だったと思います。したがって，非常勤の講師という方がいらっしゃいますけれども，非常勤の方は講師だから講師扱いになりますので，その方々は外部から来て，他の大学では教授であっても CHI 大学では講師になりますから，その講義は持てるんですね。演習は持てない。でもマル合なんですよ。
あなたの採用面接の際には，あなたをいわば特別枠で採用する目的は，マル合判定が得られる可能性がかなり高いからということですか。それともその上で演習も持っていただきたいからということですか。
　　　　募集要項に，マル合と認められると思われる方という条件と，もう一つは演習を持てる方と書いてあったと思うんですよ。したがって両方だと思います。
その採用面接の際に，KA_1 教授か，あるいは SI_1 教授かも分かりませんが，あなたに対して，３年後には教授に昇任してもらうという発言がありましたね。
　　　　遅くとも３年後にはあったと思います。もらいたいという。
遅くともでしたか。
　　　　遅くともだったと思いますが。
それはあなたの口からは初めて出る表現ですね。
　　　　そうですか・・・。
甲第５９号証を示す
３ページ，発言としては下から８行目ですが，「SI_1 教授か KA_1 学部長が『３年後には教授に昇任してもらう』という発言をされた」，こういうことですね。
　　　　はい。
３年という年限ははっきりしていたんでしょう。
　　　　いや，遅くとも３年後にはで，３年後にと書いてないので，恐らくその書面を作成する段階で申し上げたとおりに，うそは書いてないですけれども，遅くもと少なくとも認識ではとらえておりましたので，申し上げましたとおりに２年後にもともと大学院が立ち上がる予定ですから，遅くとも３年後という認識，それは申し上げたとおりにお話してますので，そうすると２年後，遅くとも３年後にはというふうに考えていたんだと私は理解していたので，３年後には遅くともというふうに・・・。
そうであれば３年という数字ではなくて，正しい表現は大学院の設置までにはなんです。２年，３年という数字は関係ないですよね。

第1章　パワハラ裁判①　Ⅰ　原告・被告の主張

　　　　関係あるかどうかということに関しては，その面接のやり取りについて，SI₁
　　　　先生も KA₁ 先生も3とか5だとか言ってますので，大学院設立までにはとい
　　　　う発言は1回もされていないことは。
したがって大学院の設立と3年というあなたの教授昇任の年限というのとは関係が
ないのではないですかと私は聞いているんです。
　　　　御質問としては違うと思います。
第1回の昇任申請の結論に対する不服申立についてお伺いします。あなたが不服の
申立をしたのは，その不服の対象になった人事会議の判断を知ってからどのぐらい
後でしたか。
　　　　人事会議の結果を知ったのが，年度をまたいでの，新年度に変わって4月に
　　　　なってからですので，たしか4月の7日か4月の8日だったと思いますが，
　　　　それから11月ですから，7か月後ということになると思います。
不服申立の時期が，結論を知ってから7か月後になったということについては何か
理由がありますか。聞きたいのは，どうしてもっと迅速にしなかったんですかとい
う意味です。
　　　　私は，まずなぜ落とされたのかということに関して，自分で，もちろん私が
　　　　分かるのは申請書類だけですから申請書類をチェックしました。それでいろ
　　　　いろな方々になぜなんだろうかというふうに聞いているんですが，それに関
　　　　しては何とも納得のいく説明がなかったので，私が合点の行く説明が得られ
　　　　なかったので，本当はそれだけ考えて物事を行動すればよろしいんですが，
　　　　年度も変わっておりますし，実際問題として不服申請が認められたところで，
　　　　彼らとしては少なくとも，実際問題，その当時は出すまでもちろん分からな
　　　　いんですけれども，何日かはかかるわけですから，既に助教授として赴任し
　　　　て，ひっくり返っても後でさかのぼってやるしかないんですよね。そうする
　　　　と，むしろ慎重に出すべきかどうかということを考えるということも考えて，
　　　　授業，試験，更に夏休みは学科を幾つもやってましたし，海外での発表の準
　　　　備もありましたので，結構それに忙殺されていたこともありまして，それで
　　　　改めて10月に2回目の昇任申請をしているんですが，そのときにまた書類
　　　　を作成して，その後，10月に出して2週間から3週間ぐらい後ですが，不
　　　　服申請を出しているということになります。
不服申立がもしも入れられたとしたら，さかのぼって17年の4月1日からの教授
昇任を認めるという形に恐らくならざるを得ないんでしょうね。不服が入れられる
ということですから。
　　　　最終的には審査委員会がまず判断をして，人事会議が判断をして，それを実
　　　　際に発言するのは理事長だと思いますので，認めざるを得ないと言われると，
　　　　認めざるを得ない確率は高いけれども，認めざるを得ないという表現だった

12. 原告本人尋問の速記録（第2回口頭弁論）

かどうか。
そうであれば平成17年4月からの昇任についての不服審査の結論をその平成17年4月の年度中に出さなくても，18年度以後の年度にずれ込んでも，17年4月1日からの昇任を認めるというような取扱いをすれば足りることですね。不服申立の結論を年度中に出すという必要性は必ずしもありませんね。

必要性がないかというと違うと思います。ただ私としては，いただいた年度内に出していますので，SI₂先生がおっしゃるように，更に18年度まで出してという話になるといかがかなとは思いますが。

甲第9号証を示す

「大学審議会答申・報告総覧」ですけれども，23ページの下から5行目，「博士の学位を有することだけで教授の資格有りとすることは，課程制大学院制度の下での現行の博士の学位の趣旨にそぐわないと考えられることから，この規定を，例えば，博士の学位を有し，これに加えて教育研究上の能力がある者という趣旨の規定に改めること」ということを提言していますね。

はい。

まずこの前段の博士の学位を有することだけで教授の資格有りとすることは，現行の博士の学位の趣旨にそぐわないという部分については，あなたとしてはどう思っていますか。

どう思っていますかというのは。

この見解に，要するに端的に言って賛成ですか。それとも反対ですか。

賛成か反対かということに関して言うと，私の見解とはやや異なるかなというふうには思いますが。

甲第4号証を示す

末尾に表が付いていますね。こういう形で，昇任申請については基準点数表というものに基づいて数値化をして判断の資料にしていますね。

はい。

あなたは，他の大学の事件ですが，秋田経法大の事件についてはある程度は御存じでしょう。

ある程度。

あなたのほうで主張されているのは，秋田経法大においては数値化がされていないので，人事権者の裁量権が非常に広いんだと。本学の場合には数値化がされているからそうではないという主張を準備書面でされていますね。

はい。

あなたとしては，そもそも昇任審査の際に，いろいろな判断要素を数値化して判断することには賛成なのですか。それとも，数値化しないで，人事権者が裁量権を広く認めるべきだということに賛成なんですか。

97

第１章　パワハラ裁判①　Ⅰ　原告・被告の主張

　　　　　　　恣意的なものをやってはいけないと思いますので，恣意性が入らないように
　　　　　　客観的な点数化をしたことは画期的で良いことだと思います。
　　あなたは御趣旨は，数値化した以上は，基準数値を超えたら必ず昇任を認めなけれ
ばならないという御趣旨ですか。
　　　　　　いいえ，そのような主張はしていないと思います。
　　高等裁判所の第１回口頭弁論で，まずあなたが控訴人側に対して，あなたのほうは
いったい何が損害なんですかという質問があったというのは聞いてませんか。
　　　　　　何が損害なのですかという質問があったということですか。
　　そういうふうには聞いてませんか。
　　　　　　はい。やり取りでも出ませんでした。６月２３日に。
甲第６号証，同第７号証，同第４８号証を示す。
　　　　　　６号証，７号証は人事会議の議事録，４８号証は人事会議議事録の末尾部分のよう
　　　　　　なんですけれども。
　　　　　　はい。
甲第６３号証及び同第６４号証を示す
　　これはいずれも人事会議で配布された資料だということは分かりますか。
　　　　　　多分そうだと思います。
　　これらをあなたはだれから手に入れましたか。
　　　　　　実はだれからと特定することはできません。
　　特定することはできないというのはどういうことですか。複数の人間から手に入れ
たという意味でしょうか。
　　　　　　それも特定できない。
　　BE先生ではありませんか。
　　　　　　BE先生ではないと思います。
　　最後に示した甲第６３号証と６４号証は，議事録そのものではなくて，人事会議で
配布された資料，これらはそれぞれBE先生から取得したものではありませんか。
　　　　　　BE先生から取得したわけではありません。
　　BE先生以外の人ですか。
　　　　　　ですから特定できないと申し上げました。
　　言えないという意味ですか。忘れたという意味ですか。
　　　　　　違います。特定できないと言っているんです。
　　意味が分からない。
　　　　　　内部告発等で匿名のものがあったときにそれは特定できないんじゃないでし
　　　　　　ょうか。
　　だから言えないという意味ですね。
　　　　　　特定できないということと言えないというのは違う意味だと思いますが。

12. 原告本人尋問の速記録（第2回口頭弁論）

自分では分かっているけれども言えないというのか，自分で忘れちゃったというのか。
　　　自分で分かっているのでもなく忘れているわけでもなく，自分でも分からないから特定できないということですが。
今日，傍聴席にはBE先生はお見えになっていますか。
　　　いらっしゃると思いますが。
傍聴席にいらっしゃる中で一番年配の方がBE先生ですね。
　　　一番年配かどうかということに関してだと一番年配だと思いますが。
その方がBE先生ですね。
　　　はい。

　　　　　　　　　　　　　　　東京地方裁判所民事第１１部
　　　　　　　　　　　　　　　　　裁判所速記官　　酒井真由美

Ⅱ　双方が提出した主な証拠

第1章　パワハラ裁判①　Ⅱ 双方が提出した主な証拠

甲第1号証

（平成2年 CHI 大学規程第2号）
CHI 大学専任教員の採用及び昇任に関する手続規程

（趣旨）
第1条　CHI 大学の専任教員（以下「教員」という。）の採用及び昇任の手続は、この規程の定めるところによる。
（資格審査）
第2条　教員の採用及び昇任に関する資格の審査は、CHI 大学専任教員の資格に関する規程（平成2年 CHI 大学規程第1号）の定めるところにより行う。
（採用）
第3条　教員の採用は、その補充を行う必要が生じた場合に行う。
　2　前項の採用は、公募によることを原則とする。
（昇任）
第4条　昇任の資格要件を充足すると思料する教員は、学部長に対し、昇任の申請を行うことができる。
（申請手続）
第5条　採用又は昇任を申請する者は、経歴、業績その他思惟の書類及び資料を学部長に提出しなければならない。
　2　学部長は、前項の書類及び資料に関する事務並びにそれらの保管を教務担当の長たる職員に担当させることができる。
（教授会の審議）
第6条　学部長は、採用又は昇任の申請を受理した場合、その適否につき、前条第1項の書類及び資料を添えて教授会（CHI 大学学則第13条第1項本文の規定に基づくものに限る。以下同じ。）に審査を求めなければならない。
　2　学部長は、教授会による審査の結果を学長に報告するものとする。
（学長の行う措置）
第7条　学長は、前条第2項の規定に基づき適格と報告された採用又は昇任の申請者について、採用又は昇任のための必要な措置を講ずるものとする。
（委任）
第8条　この規程に特別の定めがある場合を除くほか、この規程の実施のため必要な事項は、教授会が定める。

附則

（施行期日）

1　この規程は、平成2年10月3日から施行する。

（従前の規程の廃止）

2　昭和46年9月1日施行に係るCHI大学教員任用及び昇格手続規程は、廃止する。

（教養部存続期間中の特例）

3　この規程の施行の日から平成3年3月31日までの間は、教養部の教員の採用及び昇任の手続に関して、第4条から第6条までに規定する学部長の職務は教養部長が、第6条及び第8条に規定する教授会の職務は教養部教授会がそれぞれ行う。

第 1 章　パワハラ裁判①　Ⅱ 双方が提出した主な証拠

甲第 2 号証

CHI 大学　商学部教授会規程

（目的）
第 1 条　この規程は、CHI 大学学則（以下「学則」という。）第 1 3 条第 1 項および第 1 5 条の規定に基づき、商学部教授会（以下「教授会」という。）の組織および運営について必要な事項を定めることを目的とする。

（構成）
第 2 条　教授会の構成は、教授、助教授、専任講師とする。ただし、学則第 1 4 条第 1 項第 1 号に関する人事会議は、教授により構成する。

（審議事項）
第 3 条　教授会は、学則第 1 4 条第 1 項各号に掲げる事項を審議する。

（学部教授会の招集）
第 4 条　教授会は、会議開催の一週間前に議題を示して、学部長が招集する。

（議長）
第 5 条　教授会に正・副議長 1 名を置く。
　　　2　正・副議長の選出は、第 2 条に定める教授会構成員の互選による。ただし、学部長は被選挙権を有しない。
　　　3　正・副議長の任期は 2 年とする。ただし、再任を妨げない。
　　　4　学則第 1 4 条第 1 項第 1 号に関する人事会議は、学部長が議長となる。

（会議）
第 6 条　教授会は、定例教授会と臨時教授会とする。
　　　2　定例教授会は、毎月 1 回定例日時に開催するものとする。ただし、休暇中の場合はこの限りとしない。
　　　3　臨時教授会は、学部長が必要と認めた場合、または構成員の 3 分の 1 以上の者が議題を示して招集を要求した場合に開催する。
　　　4　教授会の成立は、構成員の 2 分の 1 以上の出席を必要とする。ただし、学則第 1 4 条第 1 項第 1 号に関する人事会議は、構成員の 3 分の 2 以上の出席を必要とする。
　　　5　教授会の議事は、出席者の過半数でこれを決し、可否同数のときは議長の決するところによる。ただし、学則第 1 4 条第 1 項第 1 号に関する議事は、出席者の 3 分の 2 以上でこれを決するものとする。

（学部長代行）

第7条　学部長に事故等あるときは、その指名する教授が第4条に規定する職務を代行する。ただし、学部長による指名がなく、かつ、教授会招集後、学部長に事故のあった場合は、教授の互選により代行者を選出するものとする。

（議事録）

第8条　教授会に議事録を備え、開催日時、出席者、会議概要および議決事項を記載するものとする。

　2　議事録には学部長、議長および当該教授会に出席した構成員1名が、署名捺印するものとする。

　3　前項の構成員1名の選任は、議長が行なうものとする。

　4　議事録は、学部長が保管し、構成員の要求があったときは、これを提示しなければならない。

（庶務）

第9条　教授会の庶務は、学部長の指示により職員が処理する。

（委任）

第10条　この規程に特別の定めがある場合を除くほか、この規程の実施のための必要な事項は別に定める。

（改正）

第11条　この規程に特別の定めがある場合を除くほか、この規程の改正は、教授会において、構成員の過半数が出席し、かつ、3分の2以上の同意を経て、学長が決裁するものとする。

附則

（施行期日）

　1．この規程は、平成10年7月1日から施行する。

（従前の規程の廃止）

　2．平成3年10月2日施行に係るCHI大学商学部教授会規程は廃止する。

第1章　パワハラ裁判①　Ⅱ 双方が提出した主な証拠

甲第3号証
CHI大学商学部専任教員の採用及び昇任に関する規程

（趣旨）
第1条　CHI大学商学部の専任教員の採用および昇任は、CHI大学専任教員の資格に関する規程（平成2年CHI大学規程第1号。以下「資格規程」という。）およびCHI大学専任教員の採用および昇任に関する手続規程（平成2年CHI大学規程第2号）によるほか、この規程の定めるところによる。

（昇任の申請）
第2条　昇任を希望する者は、資格規程第3条、第4条または第5条に規定する年数に達する前年度から、商学部長（以下、「学部長」という。）に対し、昇任を申請することができる。

（提出書類）
第3条　採用または昇任を申請する者は、昇任申請者の記録、履歴書、教育研究業績書ならびに著書および論文（資格規程第2条に定めるものをいう。）等を学部長に提出しなければならない。

（人事会議への付議）
第4条　学部長は、採用または昇任の申請を受理した場合は、その適否につき前条に規定する書類および資料を添えて人事会議（CHI大学商学部教授会規程（平成3年10月2日）第3条、第5条第4項および第6条第2項の規定に基づく人事会議をいう。以下、同じ。）の議に付するものとする。

（審査委員会）
第5条　人事会議は、前条の場合、適否の審査を行なうため、5人の委員をもって構成する審査委員会（以下、「委員会」という。）を設置するものとする。
　　2　委員会の委員は、教授をもって充てる。ただし、委員について教授の中から適任者を得ることができない場合、学部長は部外の者に委員を委嘱することができる。
　　3　委員会に、委員の主査を置く。

（審査事項）
第6条　委員会は、別に定める「商学部専任教員の採用および昇任に関する実施要領」（以下、「実施要領」という。）に基づいて総合的に審査するものとする。

（委員会の報告）
第7条　委員会の主査は、学部長の指定する期限までに、申請者についてその適否を審査

した報告書を、学部長に提出しなければならない。
2　委員会の主査は、前項の報告書の作成に際し、委員間の意見の一致が得られなかった場合、各委員の意見を併記できるものとする。

（秘密保持の義務）

第8条　採用または昇任に関する審査または議事に関与した者は、その職務上知り得た事項を漏らしてはならない。ただし、学部長は申請者にその結果を通知しなければならない。

（不服申請）

第9条　昇格審査結果に不服のある者は、書面にて学部長に申出ることができる。その場合の不服申請の手続は、「実施要領」に定める。

（委任）

第10条　この規程に特別の定めがある場合を除くほか、この規程の実施のため必要な事項は、人事会議がこれを定める。

附則

（施行期日）

1　この規程は、平成10年5月13日から施行する。

第1章　パワハラ裁判①　Ⅱ 双方が提出した主な証拠

甲第4号証
商学部専任教員の採用および昇任に関する実施要領

　CHI 大学専任教員の資格に関する規程（平成2年 CHI 大学規程第1号。以下、「資格規程」という。）および CHI 大学専任教員の採用及び昇任に関する手続規程（平成2年 CHI 大学規程第2号）ならびに CHI 大学商学部専任教員の採用及び昇任に関する規程の施行に伴い、商学部専任教員の採用および昇任の手続については、つぎの各号により行なうものとする。

1．新規採用審査の実施要領
　(1)　各分科会の主任は、分科会の合意に基づいて、新規採用の要望書を学部長に提出する。
　(2)　学部長はその要望を関係機関（法人等）と調整し、人事会議（CHI 大学商学部教授会規程（平成3年10月2日）第3条、第5条第4項および第6条第2項に基づく人事会議をいう。以下同じ）を開催し募集を決定する。
　(3)　人事会議にて募集が決定されると、所定の手続きで公募する。
　(4)　公募締切後、人事会議にて応募者氏名等の確認を行なう。
　(5)　人事会議は、各分科会に審査（書類審査、面接）を依頼する。
　(6)　各分科会は審査のための小委員会（以下「審査小委員会」という。）を編成し、審査を開始する。
　(7)　「審査小委員会」では、優先順位を付けて人事会議の審査に必要な基礎資料を学部長に提示する。
　(8)　学部長は人事会議を招集し、人事会議は審査小委員会の報告を受けて最終審査を行ない、これを票決（構成員の3分の2以上の出席で、かつ出席者の3分の2以上の賛意）する。
　(9)　学部長は、教授会に報告し、応募者にも審査結果を報告する。

2．昇任審査の実施要領
　(1)　昇任年限に達した者は、自ら申請する。申請書類の取扱いは教務課とする。
　(2)　学部長は、昇任人事のための人事会議を招集する。
　(3)　人事会議は、昇任人事を公正かつ円滑に行なうため、つぎのように昇任審査委員会（以下「委員会」という。）を設ける。
　　　イ．委員会は5名の委員をもって構成する。原則として構成委員のうち3名は昇任の

申請者となった専攻の教授があたり、他の２名は他専攻の教授がこれにあたる。ただし、専攻の教授とは当該研究に携わる教授が望ましいが、３名の教授が確保できない場合は、適当な教授を人事会議が選び審査にあてることができるものとする。
　ロ．人事会議は、上記イの手続をもってしても教授の中に適任者がいない場合、学外の者に審査委員を委嘱することができる。
　ハ．委員会は、別紙「昇任選考審査基準点数表」に基づいて、昇任申請者の研究教育業績等について審査を行ない、その結果について点数評価を行なう。
　　研究業績の内容審査にあたっては、独創性、理論性、実証性、資料考証性についても留意する。
　ニ．委員会は、昇任申請者に係わる資料を添え、審査の結果を文書をもって学部長に報告する。
　ホ．委員会は、人事会議における昇任審査終了後解散する。
(4)　学部長は、委員会の報告に基づき、人事会議を開催する。人事会議はこれを審議し、昇任申請者の適任の可否を決定する。
　イ．人事会議は、構成員の３分の２以上の出席をもって成立し、出席者の３分の２以上の賛意をもって決定する。
　ロ．人事会議は、無記名投票をもって可否を決定する。ただし、委員会の審査結果に反対する者は、その反対理由を記入し投票する。
　　投票用紙は「昇任人事審査投票用紙」の様式とする。

３．不服審査の実施要領
(1)　学部長は不服申請者に対し、不服申請前に審議過程を説明する機会をもつことができる。
(2)　上記(1)における審議過程に対し、さらに異議のある者は、不服審査の手続きをとることができる。
(3)　不服審査の申請は、本学在職中一回に限る。
(4)　不服申請者は、審査手続および審査内容について、審査を申立てることができる。
(5)　審査手続の不服については、学部長は人事会議を招集し、人事会議は調査委員会（助教授、講師を含めることができる。）を発足させる。調査委員会は調査を行ない、瑕疵が認められれば、人事会議は昇任について再審査を行なうものとする。
(6)　審査内容のうち、昇任選考審査基準点数表「Ｃ　学術論文等研究業績」の評価の不服については、原則として外部に審査依頼し、人事会議はこれを受けて再審査を行なう。

(7) 審査内容のうち、CHI 大学商学部専任教員の採用及び昇任に関する規程第6条の総合的審査の不服については、人事会議において再審査し、かつ、記名式で投票を行なう。

附則
（施行期日）
1　この「実施要領」は、平成10年5月13日から施行する。
（従前の規程の廃止）
2　昭和53年8月2日教授会提出決定に係わる「CHI 大学教員の任用および昇格選考基準規程実施要領の確認」、昭和61年3月5日に係わる「商学部昇格選考基準規程について『CHI 大学教員の任用および昇格選考基準規程実施要領についての追加』」および昭和61年3月5日に係わる「昇格選考審査基準細則」は廃止する。

1．原告側提出証拠

昇任選考審査基準点数表

X	$X = (A-27) + B + C + D + E + F$	
A　年令	(A−27)	［1年につき1点］
B　教育・研究歴		［1年につき］ 点
	B1　教育歴　a 本学	1
	b 他大学	0.5
	B2　研究歴　a 本学	1
	b 他大学	0.5
	B3　本学運営に関する各種委員会活動	
	（1種類につき）	0.5
	B4　本学の非常勤講師勤務	1
	B5　他大学・研究所非常勤	0.5
C　学術論文等研究業績（任用または前回昇任時以降のものを対象とする。）		
		［基準点］
1．学術論文	下記の(1)~(4)等に印刷・発表したもの	
	(1)　大学紀要	5
	(2)　研究所報・紀要	5
	(3)　正規学会誌	7.5
	(4)　学術研究上一般的に権威ある雑誌	5
2．著書の換算率	(1)　学術研究書（演習・講座・叢書を含む）	15
	(2)　一般向書（双書・選書等）	10
	(3)　教科書類	5
3．準学術論文の換算率	(1)　調査報告	5
	(2)　研究ノート	2.5
	(3)　文献・資料解題	2.5
	(4)　書評	1.25
4．学会報告の換算率	学会報告	2.5
	（学会報告の学会とは、日本学術会議承認学会等）	
5．自然科学系の換算率	自然科学系について必要がある場合、	
	換算率を加えることができる。	2.5 以下

第1章　パワハラ裁判①　Ⅱ 双方が提出した主な証拠

6．加算点	学術論文等研究で褒賞や社会的評価を受けた業績については、それぞれ加算点を加えることができる。		2.5 以下
7．非学術論文	(1)　学術シンポジウム記録		2.5 以下
	(2)　公刊されない論文		2.5 以下
	(3)　専門の領域と無関係な論文		2.5 以下
	(4)　新聞及び非学術雑誌の論文		2.5 以下
	ただし、文学の場合、文芸雑誌、同人雑誌は、業績として認めることができる。		
	(5)　翻訳は業績として審査の対象として認めることができる。		2.5 以下
8．共著の換算率	共著の場合は、人数を問わず半点とする。		
D　最高学歴	D1　博士の学位を有する者	10	
	D2　博士課程修了者	5	
	D3　修士の学位を有する者	3	
	D4　旧制大学卒業者	2	
	D5　新制大学の学士の学位を有する者	1	
	D6　旧4年制専門学校卒業者	1	
E　社会的活動	学会役員歴（1種類につき）	2	
	審議会等の役員歴（1種類につき）	1	
	その他の委員・役員歴等（1種類につき）	0.5	
F　特別加算点	上記以外の追加事項がある場合	α	

各昇任の適任点
1．助教授から教授への適任点
　X ≧ 62.5点
　C ≧ 30点
2．講師から助教授への適任点
　X ≧ 40点
　C ≧ 22.5点
3．助手から講師への適任点
　X ≧ 28点
　C ≧ 20点

1．原告側提出証拠

<u>昇任人事審査投票用紙</u>

印（正規投票用紙）
○印による投票

□　<u>昇任適格者として認めます。　　　　　　</u>
　　　　以下の理由により、
　　　　昇任適格者として認めません。
□　　A　年令の不足
□　　B　教育研究歴の不足
□　　C　学術論文等研究業績の不足
□　　D　学歴不足
□　　E　社会的活動不足
□　　総合評価で不足

第1章　パワハラ裁判①　Ⅱ 双方が提出した主な証拠

甲第5号証

（平成2年CHI大学規程第1号）

CHI大学専任教員の資格に関する規程

（趣旨）

第1条　CHI大学の専任教員の資格は、この規程の定めるところによる。

（定義）

第2条　この規程において研究上の業績に該当する「論文」とは、専攻分野またはその関連分野における論文で、印刷公表されたものをいう。

2　専攻分野またはその関連分野における学会等において発表した報告で、その全文または要旨が印刷されたものは、前項に規定する論文とみなす。

3　学術的価値の高い翻訳で印刷公表されたものは、外国語科目を担当する教員の資格を審査する場合に限り、第1項に規定する論文とみなすことができる。

（教授の資格）

第3条　教授となることのできる者は、次の各号の一に該当する者とする。

(1)　博士の学位（外国において授与されたこれに相当する学位を含む。）を有し、教育又は研究の経歴のある者

(2)　研究上の業績が、前号の者に準ずると認められる者

(3)　大学（旧大学令「大正7年勅令第388号」による大学を含む。以下本条及び次条において同じ。）において教授の経歴があり、顕著な研究上の業績がある者

(4)　大学において5年以上助教授の経歴があり、この間に著書2及び論文1以上、著書1及び論文3以上又は論文5以上の顕著な研究上の業績のある者

(5)　高等学校及び専門学校（旧高等学校令「大正7年勅令第389号」による高等学校及び旧専門学校「明治36年勅令第61号」による専門学校をいう。以下次条第6号において同じ。）並びにこれらと同等以上と認められる学校において5年以上教授の経歴があり、教育研究上の業績があると認められる者

(6)　芸能体育等については、特殊な技能に秀で、第4号に規定する経歴があり、かつ、同号に規定する研究上の業績に相当する教育研究上の業績があると認められた者又は13年以上教育の経歴がある者

(7)　専攻分野について、特に優れた知識及び経験を有し、教育研究上の能力があると認められた者

（助教授の資格）

第4条　助教授となることのできる者は、次の各号の一に該当する者とする。

(1)　前条に規定する教授となることのできる者

(2)　大学において助教授の経歴があり、顕著な研究上の業績がある者

(3)　大学において3年以上専任講師の経歴があり、この間に著書1及び論文1以上又は論文3以上の顕著な研究上の業績がある者
　　(4)　大学において5年以上助手又はこれに準ずる職員としての経歴があり、教育研究上の能力があると認められた者
　　(5)　修士の学位を有する者又は旧大学令による大学の大学院に3年以上在学した者で、教育研究上の能力があると認められた者
　　(6)　高等学校及び専門学校並びにこれらと同等以上と認められる学校において、3年以上教授の経歴があり、又は5年以上助教授若しくは専任講師の経歴があり、教育研究上の業績若しくは能力があると認められる者
　　(7)　研究所、試験所、調査所等に5年以上在籍し、研究上の業績があると認められる者又は8年以上教育の経験がある者
　　(8)　芸能体育等については、特殊の技能に秀で、第3号に規定する経歴があり、かつ、同号に規定する研究上の業績に相当する教育研究上の業績があると認められる者
　　(9)　専攻分野について、優れた知識及び経験を有し、教育研究上の能力があると認められる者

（専任講師の資格）
第5条　専任講師となることのできる者は、次の各号の一に該当する者とする。
　　(1)　第3条又は前条に規定する教授又は助教授となることのできる者
　　(2)　大学において2年以上助手の経歴があり、この間に論文1以上の研究上の業績がある者
　　(3)　芸能体育等については、特殊な技能に秀で、第2号に規定する経歴があり、かつ、同号に規定する研究上の業績に相当する教育研究上の業績があると認められる者又は5年以上教育の経歴がある者
　　(4)　その他特殊な専攻分野について教育上の能力があると認められる者

（助手の資格）
第6条　助手となることのできる者は、次の各号の一に該当する者とする。
　　(1)　学士の称号を有する者
　　(2)　前号の者に準ずる能力があると認められる者

附則
（施行期日）
　1　この規定は、平成2年10月3日から施行する。
（従前の規程の廃止）
　2　昭和46年9月1日施行に係るCHI大学教員の任用及び昇格選考基準規程は、廃止する。

第1章　パワハラ裁判①　Ⅱ　双方が提出した主な証拠

甲第 6 号証

商学部人事会議議事録

日時：　平成 16 年 3 月 16 日（水）　15 時 05 分より 17 時 00 分
場所：　研究棟 10 階会議室
出席者：　18 名
委任状：　なし
欠席者：　TA$_2$、YO$_1$
議長：　KA$_1$
事務局：　O$_6$、O$_1$

議題：
審議事項
［1］　英語の外人講師 2 名新規採用の件
［2］　非常勤講師採用に関する審査の件
［3］　昇任（昇格）審査の件

　定足数に達していることを確認後、第 11 回人事会議開会の宣言が議長より行われ、議事に入る。
審議事項
［1］　英語の外人講師 2 名新規採用の件（資料 1、2）
　平成 16 年度における英語の非常勤講師（アルク社より推薦者）の採用を下記の 2 名としたい。（MA$_3$ 教授）
MA$_7$ 氏
MA$_1$ 氏
審議の結果、賛成多数にて承認された。

［2］　非常勤講師採用に関する審査の件
（Ⅰ）「計量経済学」1 名採用
　採用小委員会委員［KI$_1$ 教授、YA$_3$ 教授、I$_1$ 教授］より書類審査及び面接の結果、MA$_2$ 氏が適任者であるとの報告があった。
　　　　　　　　　　　　　　　　　　　　　（審査小委員会主査　KI$_1$ 教授）
審議の結果、賛成多数にて承認された。

（Ⅱ）「公共経済学」1名採用
　採用小委員会委員［KI$_1$教授、YA$_3$教授、I$_1$教授］より書類審査及び面接の結果、A$_1$氏が適任者であるとの報告があった。

（審査小委員会主査　KI$_1$教授）

審議の結果、賛成多数にて承認された。

（Ⅲ）「情報リテラシー」・「プログラミング論」1名採用
　I$_4$非常勤講師の急な辞職に伴い、緊急で前任者からの推薦人の審査を行ったことが報告された。

採用小委員会委員［KA$_3$教授、HO$_2$教授、HO$_1$教授］より書類審査及び面接の結果、KI$_2$氏が適任者であるとの報告があった。

（採用小委員会主査　KA$_3$教授）

審議の結果、賛成多数にて承認された。

［3］　昇任（昇格）審査の件
　安達助教授の教授昇任申請について昇任審査委員会からの報告（資料9）

昇任審査委員会の確認事項
　当委員会は1月28日の人事会議での確認（現行昇任規程ならびに過去の人事会議での運用の範囲内での審査を行なう）を受け、発足したものである。
　昇任審査委員　主査 SI$_1$教授、KA$_4$教授、YA$_3$教授、YA$_2$教授、MO$_1$教授

報告　（昇任審査委員会主査　SI$_1$教授）
1．配布資料の誤記訂正
　「安達巧氏教授昇任審査委員会報告書」の本文1行目［委員会は、3月3日の人事会議‥‥］の日時を（1月28日）に訂正。
2．昇任審査委員会の報告と結論
　当昇任審査委員会は、現行規程に基づき審査した結果、現行の本学昇任規程や過去の人事会議での決議や昇任規程の運用を斟酌して、安達氏は、教授昇任申請に関する手続きや資格要件を満たしているとは思えないので、現時点では教授適任者として推薦することは出来ない旨の結論に達した。
3．結論理由（要旨）「安達巧氏教授昇任審査委員会報告書」より
(1)（第一理由）「CHI 大学専任教員の資格に関する規程」（学内関係規程集 2021 頁）第3条(4)の年数規定からみて教授昇任申請に関する規程の手続要件を満たしていないこと。

(2)（第二理由）「CHI 大学専任教員の資格に関する規程」（学内関係規程集 2021 頁）第 3 条(1)は解釈上も過去の商学部の規程運用上も、社会常識上も論文博士を前提としたもので大学院博士課程修了者に与えられる課程博士は適用されないと解されること。
(3)（第三理由）同第(4)規程では安達氏の場合は助教授歴で教授昇任としての資格要件を欠いていること。
(4)（第四理由）同 3 条(2)、(7)に該当すると思われる顕著なものは安達氏の業績からは見当たらないこと。
(5)（第五理由）採用時に過去例を見ない異例の特例措置を受け安達氏も採用時にこれを合意しており、人事会議のこの決議に効力があること。

以上が報告され、質疑応答、意見交換後裁決に入る。

投票裁決の結果、
　昇任審査委員会の報告を可として昇任適格者として認めない者 14 票、昇任適格者として認める者 1 票、白票 2 票よって、安達巧氏の教授昇任は否決された。
　なお、昇任適格者として認めない理由の第一位は教育研究歴の不足で 14 名であった。

以上、本会議終了につき、議長より閉会を宣言。
平成 16 年 3 月 16 日

署名者　　KA₁
記載者　　O₁

1．原告側提出証拠

甲第7号証

商学部人事会議議事録

日時： 平成17年1月12日（水）　15時15分より16時05分
場所： 691会議室
出席者： 17名（途中退席　SI$_4$）
委任状： NA、YA$_2$、YA$_1$
欠席者： SO
議長： SI$_1$商学部長
事務局： O$_6$、O$_1$、KU

議題：
審議事項
[1]　平成17年度NI$_1$助教授が長期在外研修に伴う「演習Ⅱ」をSO教授に1年間担当していただく件の承認
[2]　管理会計で大学院も担当予定のTE氏の就任が平成17年4月1日ではなく平成17年9月1日就任となったことの経過説明と承認
[3]　MA$_4$講師、助教授昇任申請に関しての審査小委員会答申説明と昇任承認の件
[4]　安達助教授、教授申請に関する件

　定足数に達していることを確認後、第12回人事会議開会の宣言が議長より行われ、議事に入る。

審議事項
[1]　平成17年度NI$_1$助教授が長期在外研修に伴う「演習Ⅱ」をSO教授に1年間担当していただく件の承認（資料1）
　NI$_1$講師「演習Ⅱ」の履修者であるO$_5$君（2303299）の中国語教育のためにSO教授に「演習Ⅱ」を受け持っていただく事を承諾いただきたい。
　審議の結果、賛成多数にて承認された。

[2]　管理会計で大学院も担当予定のTE氏の就任が平成17年4月1日ではなく平成17年9月1日就任となったことの経過説明と承認

(商学部長)

119

第1章　パワハラ裁判①　Ⅱ 双方が提出した主な証拠

　　平成17年度就任予定であるTE氏（管理会計を担当予定）は、現在所属している山梨大学からの強い要望にて、9月1日就任を承諾することとなった。なお、本人からの就任承諾書は頂いている。今後の手続きとしては、本学より山梨大学に対し割愛願いを提出し、事務処理を進めていくことを確認している旨の説明があった。

　　質疑応答後、賛成多数で承認された。

[3]　MA₄講師、助教授昇任申請に関しての審査小委員会答申説明と昇任承認の件（昇格審査小委員会主査WA教授-資料2）
　　昇格審査小委員会にて慎重に審査を行なった結果、MA₄講師の助教授昇格が適当と判断し同氏を助教授に推薦したい。

　　投票裁決の結果、賛成-17票、反対-0票にてMA₄講師の助教授昇格が承認された。（投票管理人-YA₃教授、O₆学事部長）

[4]　安達助教授、教授申請に関する件（議事次第表紙、資料3）
　　商学部長より本件の現在までの経過説明がなされ、本件の取り扱いに関し、11月10日人事会議の議論をふまえ次の【A】【B】の方法で採決したいとの提案がなされ了承された。
　【A】　平成16年3月16日の人事会議決議は現時点でも有効であるので、当年度の昇格（昇任）は認められない。
　【B】　平成16年3月16日の決議には関係なく再度、昇格審査小委員会を設置し、改めて年度内に審査をすべし。

　　討議後、採決方法について従来の昇任用投票用紙ではなく、【A】【B】記入できる投票用紙を使用することの可否を問い、賛成15票（挙手）にて承認された。（SI₄教授途中退席のため、投票者16名）

　　平成16年度の安達助教授の教授昇任に関する投票採決の結果、
　　【A】案に賛成-12票、【B】案に賛成-3票、白票-1票にて【A】案にて取り扱うことが承認された。[可決数三分の二以上]

　　　　　　　　　　　　　　　　　　　　（投票管理人-YA₃教授、O₆学事部長）

以上の結果、安達助教授の当年度の教授昇任は、否認された。

以上、本会議終了につき、議長より閉会を宣言。
平成17年1月12日

署名者　　SI₁
記載者　　O₁

甲第 8 号証

○学校法人 CHI 就業規則
目次

第 1 章　総則（目的，教職員の定義）
第 2 章　勤務
　第 1 節　勤務心得（職務の遂行，研修，兼職の禁止，禁止行為，施設，設備等の取扱い）
　第 2 節　勤務時間、休憩及び休日（勤務時間，休憩時間，勤務時間の変更，休日）
　第 3 節　時間外勤務及び休日勤務（時間外勤務及び休日勤務，災害時等の勤務，宿直及び日直，自宅研修等）
　第 4 節　出勤及び欠勤（出勤，遅刻・早退及び外出，欠勤，年次有給休暇への振替）
　第 5 節　休暇（年次有給休暇，年次有給休暇の届出，特別有給休暇，特別有給休暇の届出）
　第 6 節　出張（出張，旅費）
第 3 章　給与（給与，退職慰労金）
第 4 章　人事
　第 1 節　採用（採用，選考手続，提出書類，昇任）
　第 2 節　届出（届出）
　第 3 節　異動（異動）
　第 4 節　休職及び復職（休職の事由，休職の期間，休職中の給与，休職中の身分，復職）
　第 5 節　解雇、退職及び定年（解雇，退職，退職の願出，引継ぎ等，定年）
第 5 章　安全及び衛生（安全及び衛生の注意義務，安全保持及び災害防止，健康診断及び予防接種，健康保持の措置，出勤の停止，伝染病の届け出）
第 6 章　災害補償（災害補償）
第 7 章　表彰及び懲戒（表彰，懲戒処分，懲戒処分の種類，損害賠償，弁明の機会）
第 8 章　福利厚生（慶弔見舞金，厚生貸付金）
第 9 章　雑則（実施に関する必要な事項は別に定める）
附則

第1章　総則
（目的）
第1条　この規則は、労働基準法（昭和２２年法律第４９号）第８９条第１項の規定に基づき、学校法人 CHI（以下「法人」という。）が設置する CHI 大学、CHU 短期大学、CHI 大学中央高等学校、CHI 高等学校及び法人に勤務する教職員（以下「教職員」という。）の就業に関する事項を定めることを目的とする。

　　２　就業に関し、この規則に定めのない事項については、労働基準法等の法令の定めるところによる。

（教職員の定義）
第2条　この規則において、教職員とは法人及び法人が設置する学校に常時勤務する専任の教育職員、事務職員、技術職員及び現業職員をいう。

　　２　法人及び法人が設置する学校に勤務する前項以外の教職員の就業について、必要な事項は別に定める。

第2章　勤務
　第1節　勤務心得
（職務の遂行）
第3条　教職員は、法人及び法人が設置する学校の建学の精神を理解し、職務の公共的使命を自覚し、この規則その他諸規程を遵守して、その責務を遂行するために、職務に専念しなければならない。

（研修）
第4条　教職員は、その職務遂行のため、自発的研修に励み、かつ法人及び法人が設置する学校又は各種団体等の行う研修を受け資質の向上に努めなければならない。

（兼職の禁止）
第5条　教職員は、他の職業に従事してはならない。ただし、学長又は校長（法人にあっては理事長）が、教職員としての職務の遂行に支障がないと認めて許可した時は、この限りではない。

（禁止行為）
第6条　教職員は、次の各号に掲げる行為をしてはならない。
　　(1)　法人及び法人が設置する学校の信用を傷つけ、又は教職員全体の名誉を毀損すること。
　　(2)　法人及び法人が設置する学校の秩序又は規律を乱すこと。
　　(3)　職務上の地位を利用して、自己の利益をはかること。
　　(4)　その職を利用して、学内で特定の政党のための政治教育その他政治活動をする

こと。
(5) その職を利用して、学内で特定の宗教のための宗教教育その他宗教活動をすること。
(6) 性的な言動によって他の者に不利益を与えたり、就業環境を害すること。

（施設、設備等の取扱い）
第7条 教職員は、法人及び法人が設置する学校の施設、設備、備品及び図書等を大切に取扱い、諸資材、消耗品及び経費の節約に努めなければならない。

第1節　採用

（採用）

第28条　教職員の採用は、理事長が行う。

（選考手続）

第29条　教職員を採用するに当たっては、別に定める規定により行う。

（提出書類）

第30条　採用を決定されたものは、次の書類を提出しなければならない。
- (1) 自筆の履歴書を及び身上書（写真添付）。
- (2) 卒業証明書及び成績証明書。
- (3) 資格を必要とする職種については、その資格証又は免許証等の写し。
- (4) 住民票の写し。
- (5) 健康診断書。
- (6) 誓約書。
- (7) 身元保証書。
- (8) その他法人において特に必要とする書類。

　2　前項の内容に異動があったときは、その都度、速やかに学長又は校長（法人にあっては理事長）に届出なければならない。

（昇任）

第31条　教職員の昇任については、別に定める。

第2節　届出

（届出）

第32条　次に掲げる事項について異動がある時は、遅滞なく届け出なければならない。
- (1) 現住所及び電話番号の変更。
- (2) 婚姻及び家族の異動。
- (3) 就職後の学歴及び資格の変更。
- (4) その他身分上必要な事項。

第3節　異動

（異動）

第33条　教職員は勤務の配置転換又は職務の変更を命じられた時は、速やかに引継ぎを行い、新任部署につかなければならない。

第4節　休職及び復職

（休職の事由）

第34条　教職員が次の各号の一に該当する時は、理事長は休職を命じることができる。

第1章 パワハラ裁判① Ⅱ 双方が提出した主な証拠

(1) 業務上の傷病により、欠勤が1年に達した時。
(2) 業務外の傷病により、欠勤が次の期間を経過した時。
　(ア) 勤続年数5年未満の者　　　　　　3ケ月
　(イ) 勤続年数5年以上10年未満の者　　6ケ月
　(ウ) 勤続年数10年以上の者　　　　　 9ケ月
　(エ) 結核性疾患による場合　　　　　　1年
(3) 前号以外の事由により欠勤が30日に達した時。
(4) 刑事事件で起訴された時。
(5) 法令で定められた育児休職及び介護休職。

1．原告側提出証拠

平成17年(ワ)第17142号損害賠償請求事件

直送済

証拠説明書

2005年11月11日

東京地方裁判所民事第11部に係　御中

原告訴訟代理人弁護士　　HO3

号証	標目 (原本・写しの別)		作成年月日	作成者	立証趣旨
甲9	大学審議会答申・報告総覧	写し	1998年10月15日	株式会社ぎょうせい	大学院の課程を修了し、博士の学位を授与された者（課程博士）は、専攻分野について研究者として自立して研究活動を行うのに必要な高度の研究能力を有すること。
甲10	ホームページ（研究者人材データベース（JREC-IN））	写し	2005年10月	独立行政法人科学技術振興機構研究基盤情報部	課程博士と論文博士を全く区別することなく助教授、あるいは教授資格を与えることが大学関係者の常識となっていること。
甲11	専任教員公募（会計監査論）の要綱	写し	2002年10月30日	被告	原告が応募したCHI大学の専任教員公募の内容。
甲12	学位記	原本	1999年3月25日	東北大学	原告が東北大学大学院経済学研究科経営学専攻の博士課程において博士論文の審査及び最終試験に合格したので、博士（経済学）の学位を授与されたこと。
甲13	修了証明書	原本	2001年3月15日	東北大学総長 阿部博之	原告が1997年4月1日に東北大学経済学研究科経営学専攻博士課程後期3年の課程に進学したが、標準修学年数3年より1年短い2年をもって1999年3月25日に課程を修了していること。

127

第 1 章　パワハラ裁判①　Ⅱ 双方が提出した主な証拠

甲14	昇任申請者の記録	写し	2003 年 10 月 30 日	原告	原告が 2003 年 10 月の第 1 回教授昇任申請に当たって CHI 大学に原告個人の記録を提出したこと及びその内容。
甲15	履歴書	写し	2003 年 10 月 30 日	原告	原告が 2003 年 10 月の第 1 回教授昇任申請に当たって CHI 大学に原告個人の履歴書を提出したこと及びその内容。
甲16	教育研究業績書	写し	2003 年 10 月 30 日	原告	原告が 2003 年 10 月の第 1 回教授昇任申請に当たって CHI 大学に原告個人の教育研究業績書を提出したこと及びその内容。
甲17	昇任申請者の記録	写し	2004 年 10 月 18 日	原告	原告が 2004 年 10 月の第 2 回教授承認申請に当たって CHI 大学に原告個人の記録を提出したこと及びその内容。
甲18	履歴書	写し	2004 年 10 月 18 日	原告	原告が 2004 年 10 月の第 2 回教授昇任申請に当たって CHI 大学に原告個人の履歴書を提出したこと及びその内容。
甲19	教育研究業績書	写し	2004 年 10 月 18 日	原告	原告が 2004 年 10 月の第 2 回教授昇任申請に当たって CHI 大学に原告個人の教育研究業績書を提出したこと及びその内容。

1．原告側提出証拠

平成17年(ワ)第17142号損害賠償請求事件

直送済

証拠説明書

2005年12月16日

東京地方裁判所第11部に係　御中

原告訴訟代理人弁護士　　HO₃

号証	標目 （原本・写しの別）		作成年月日	作成者	立証趣旨
甲20	「逐条学校教育法」第5次改訂版	写し	2002年10月10日	鈴木勲編著	「博士」の基本は課程博士であり、論文博士は正規の大学院教育を経ずに博士の学位を取得した者という位置づけでしかないこと。
甲21	「日本経済超入門」第2版	原本	2002年10月18日	原告その他	原告の執筆にかかる書籍が大学関係者や学生に好評であること。
甲22	「平成16年度就職活動体験記」	原本	2004年12月ころ	CHI　大学就職課	被告大学創設以来初めて三井住友銀行及び東京三菱銀行という複数の一流銀行（メガバンク）に総合職として内定を得た被告大学の卒業生であるO₃氏が原告の教育に感謝の念を表明していること。
甲23	陳述書	原本	2005年12月9日	BE	原告を教授に昇任させない被告大学の意思決定が原告を嫌う商学部教授らの単なる嫌がらせに起因していること。

第1章　パワハラ裁判①　Ⅱ 双方が提出した主な証拠

甲第23号証

陳述書

平成17年12月9日

東京地方裁判所民事11部に係　御中

住所　████████████████
氏名　**BE**

1．はじめに

　私は、CHI 大学商学部の教授です。同僚の安達巧助教授が、平成15年10月及び平成16年10月に為した教授昇任申請に対する CHI 大学商学部人事会議の対応等を理由に学校法人 CHI を提訴した事件に関し、知っていることや思い当たることが色々とありますので、ここに告発させて頂きます。

　CHI 大学商学部人事会議は同学部の教授だけで構成されますが、CHI 大学商学部人事会議が安達助教授の教授昇任申請を却下した背景には、同人事会議の構成メンバーである CHI 大学商学部教授たちの安達巧助教授に対する個人的な嫌がらせ（ハラスメント）、とりわけ「教授」という上位職の立場を利用した下位職者（助教授）へのパワー・ハラスメントという側面があると思います。すなわち、安達巧助教授の着任後、別訴（安達氏が昇任申請の取り下げを強要された事件：平成17年(ワ)第2957号）で訴えられている KA_1、SI_1、SI_4 の各教授らを始めとする CHI 大学の古参教授陣が、安達巧助教授の経歴や言動に対して「生意気だ」などの個人的な嫌悪感を抱くようになり、それが安達巧助教授に対する個人的な嫌がらせ（ハラスメント）につながったものと思います。CHI 大学商学部教授の大半が安達巧助教授のことを個人的に嫌っていることは、彼ら自身の言動からも明らかですし、商学部の関係者なら知っていることだと思います。以下、私自身が見聞きした事実と合わせて、裁判官様に告発をしたいと思いますが、紙幅の関係もありますので、上記3教授に関する事項を中心に申し述べます。

　以下、項目ごとに整理して詳しく申し述べます。

2．学歴・経歴

　私は、昭和22年3月28日に東京都足立区で生まれ、昭和44年3月に東京理科大学工学部経営工学科を卒業、昭和51年3月に中央大学大学院商学研究科博士後期課程を単位取得満期退学しました。45歳になった平成4年5月には九州大学より博士（経済学）の学位を授与されております。

130

昭和５１年４月に着任した札幌商科大学を皮切りに、昭和６１年４月に上武大学経営情報学部、平成２年４月に東京農業大学生物産業学部、平成７年４月に大阪産業大学経営学部へと赴任した後、平成１５年４月に CHI 大学商学部に安達巧氏と同時に着任し、現在に至っております。私は、CHI 大学商学部には「経営管理論」や「経営学総論」等の科目を担当する教授として着任しましたが、私が初めて大学「教授」になったのは昭和５９年４月であり、当時３８歳でした。それ以降、私はずっと「大学教授」です。

３．SI₁氏ら商学部古参教授陣の安達巧氏に対する学歴及び博士学位への嫉妬
　安達巧氏は、早稲田大学商学部を卒業した後、旧七帝大の１つである東北大学の大学院博士課程で博士論文の審査及び最終試験に合格して博士（経済学）学位を得ています。
　安達巧助教授の第１回目の昇任申請の審査委員会主査を務めるとともに、第２回目の教授昇任申請時には学部長として安達氏の昇任審査委員会を設置しないとの暴挙を主導したSI₁氏は、CHI 大学商学部を卒業後、私立の亜細亜大学大学院博士課程で学んでおられます。彼は、博士後期課程だけで６年間も在籍しながら、結局は博士論文を書くことができず、大学院を修了ではなく満期退学となっています。KA₁氏は安達巧助教授の採用時及び第１回目の昇任申請当時の商学部長であり、現在は図書館長として役職手当を貰う立場にありますが、彼は私立の青山学院大学大学院博士課程で学んではいるものの、やはり大学院の修了要件である博士学位論文を書けずに博士学位を取得できませんでした。SI₄氏に至っては、唯一の体育担当の教授ですが、日本体育大学体育学部が最終学歴であり、大学院の学歴はまったくありません。なお、大学院の学歴もなく教授職にあるということに関しましては、NA 教授も同様です。
　SI₁教授をはじめ、SO 教授、YA₃教授、I₁教授、MO₁教授、MI 教授（平成１７年４月１日付で教授昇任）など、CHI 大学商学部には CHI 大学商学部の卒業生が教授として比較的多く在籍しています。CHI 大学は「三流大学」に過ぎず、いわゆる F ランク（事実上、Freeパスで入学できる低レベルの大学の通称）大学ですから、同大学の卒業生や在学生たちが、他の有名大学の卒業生や在学生に対して学歴コンプレックスを抱くのは当然だと思われます。現に、毎年３月下旬に CHI 大学の非常勤講師の先生方を招いて行われる懇親会（CHI 大学の専任教員も多数が参加します）の場におきまして、SI₁氏の「CHI 大学の学生は劣等感を持っています。実は私もそうであり、……どうか本学の学生に対しては、先生方の暖かいご指導をよろしくお願い致したく存じております。」との趣旨の発言を、私は平成１５年３月及び平成１６年３月の懇親会時に聞かされております。
　また、SI₁氏は、平成１６年３月１６日の人事会議の場で、安達先生の教授昇任申請を審議している最中に、いきなり「早稲田大学がなんだ！東北大学がなんだ！」と喚き立てる

ように発言され、驚いたことがあります。SI₁氏は、早稲田大学から東北大学大学院へと学歴のエリートコースを進まれた安達氏に対して強烈な劣等感を抱いているようでしたので、SI₁氏の発言からは、安達氏を職位の面で自分より下位に置きたいとのSI₁氏の曲折した感情を読み取ることができました。「博士学位を有する者」は学術論文雑誌でも「Dr」と表記されますが、「博士学位を有しない者」は「Dr」表記を許されませんので、SI₁氏の安達氏への劣等感は相当なものだったと思います。

さらに、SI₁氏は、彼の著作の著者紹介欄において、学歴を記載しておりません。これは、大学教員の一般記載とは異なることから、SI₁氏が彼自身の学歴に強いコンプレックスを有していることが分かります。

KA₁氏も、青山学院大学の博士課程には進んでいますが、博士論文を書く程の能力がなかったためか博士学位取得には至らず、その学位は修士（経営学）に過ぎません。修士より上位の博士学位を有するばかりか、旧七帝大の1つである東北大学大学院の博士後期3年の過程を、標準修学年数である3年よりも1年短い2年で修了している安達氏に対して、KA₁氏が学歴及び学位のコンプレックスを持つことは大学人として理解できなくもありません。

SI₁氏やKA₁氏のほかにも、例えば、CHI大学商学部教授会の議長を務めるのみならず「生涯学習センター長」という役職を担っているYA₂教授は、私立の東京理科大学大学院博士課程には進まれましたが博士学位は取得できていませんし、今年3月で定年となられたKA₄氏（安達氏の第1回及び第2回昇任申請時はCHI大学商学部の教授であり、教授時代に商学部長や図書館長等を歴任）は、明治大学大学院博士課程には進まれましたが、明治大学からは博士学位を授与されることなく教授人生を終えました。このように、CHI大学内で役職に就ける商学部教授たちでさえ、学内役職には就けても、大学院修了要件である博士論文を書く能力には欠けています。

SI₄氏やNA氏に至っては、既述の通り大学院の学歴すらないため、博士はおろか、修士よりさらに下位の学士でしかありません。彼らは、安達氏の姿を見るだけで学歴及び学位の劣等感が生じるのは必至のはずです。

ちなみに、CHI大学商学部教授のなかで、安達氏が第1回目の昇任申請をした平成15年度において商学及び経営学系の博士学位を有する者は私1人でした。他の専門分野にまで対象を拡大しても、筑波大学で人文学系の博士学位を得たKA₂氏1人がいるに過ぎない惨状でした。つまり、私とKA₂教授を除くCHI大学商学部の教授陣は、誰1人として博士論文を書いた経験がないのです。彼らにすれば、安達氏が、旧帝大である東北大学の大学院博士後期課程を僅か2年で修了して博士学位を得、助教授歴5年を経る必要もなく教授資格を有する旨がCHI大学の学内規程にも明記されているため、安達氏への嫉妬心は却っ

て倍増し、彼の教授昇任を認めたくなかったと思います。なお、安達氏の第２回目の昇任申請時は、アメリカの通信制大学院でわが国の博士学位に相当する学位を得た WA 氏を新たに教授としてお迎えしていました。

　裁判官様は、旧七帝大を頂点とする厳然たる序列化がわが国の大学界に存在している現実はご存知だと思います。私は学歴としての大学院は中央大学大学院ですが、博士（経済学）学位は旧七帝大の１つである九州大学から授与されています。CHI 大学商学部の教授陣のなかで、旧帝大に関係する方は私以外にはおりません。他の同僚教授にあっては、たとえ大学院の学歴があったとしても、若い安達氏が東北大学の大学院をいわば「飛び級」で修了したばかりか「博士」学位も持っているとしたら、年長者として心中穏やかではないでしょう。彼等が安達氏を職位面では劣位に留めたいと考え、そのために非常識な屁理屈を考え出すのも心情的には理解できますが、みっともないと思います。

４．SI₁ 氏らの研究能力及び研究業績面での安達巧氏に対する嫉妬
　私は CHI 大学赴任後、安達氏から公刊された彼の研究成果を恵贈されました。私は、もちろん、学術論文や研究書の評価が可能ですが、安達氏の博士論文「監査人としての公認会計士の責任−英米の先例に学ぶ対第三者責任明確化への方向性−」を出版事情からタイトルを変えて出版した『ディスクロージャーとアカウンタビリティー−監査人としての公認会計士の責任−』は、さすがに日本監査研究学会で「監査研究奨励賞」候補（結果は、受賞作の次点）となっただけあって、素晴らしい内容でした。その一方、CHI 大学商学部では何度も学部長職を経験している SI₁ 氏の学内紀要論文（査読のない論文）等からは彼が学術論文執筆のルールも知らないことが発覚し、安達氏との歴然たる研究能力の差を理解致しました。安達氏と SI₁ 氏は、ともに日本会計研究学会の会員です。安達氏は、CHI 大学着任後だけでも、平成１５・１６・１７年度と日本会計研究学会全国大会にて３年連続で研究報告を実施しているのに対し、SI₁ 氏は平成１６年度のみ研究報告実施が適っております。さらに、安達氏が、平成１５年度にタイのバンコクで、平成１６年度に韓国のソウルで、と国際学会にて英語での研究報告を行なっているのに対し、SI₁ 氏は皆無です。文部科学省から研究者番号を付与されている大学教員にとって、国際学会での研究報告は大きなポイントとなりますから、安達氏と同様に会計学分野の研究を行なっている SI₁ 氏が、こうした研究業績面で安達氏に劣等感を抱くのは当然ともいえ、仕方がないのかもしれません。

　このような例は、もちろん、他にもあります。例えば、安達氏は、神戸大学大学院法学研究科博士後期課程でも学んでおられ、法学の世界では有名な神埼克郎教授や岸田雅雄教授などからご指導を受け、日本私法学会でも商法の分野で研究報告をされています。ところが、CHI 大学商学部で商法などを学生に教えている MO₁ 教授は日本私法学会での研究報

告ができるほど学会では認められていません。MO₁教授の商法担当教員としてのプライドを考えますと、MO₁氏の足達氏に対する嫉妬心が大きいことは容易に推察できます。

5．安達氏が教授会で遠慮することなく発言することへの古参教授陣の嫌悪について
　私と安達氏は、ともに平成15年4月1日付でCHI大学商学部に着任致しました。私は教授として、安達氏は助教授としての着任でした。私は、着任してまもなく、CHI大学商学部に所属する助教授及び専任講師の先生方の表情が、何か非常に暗く、悲しく、裏寂しいことに気付きました。「40歳代の専任講師」や「50歳代の助教授」も複数おられ、「教授」の先生方に随分と気を使っているように感じました。38歳で教授になった私には、そうした経験がありませんので、そのような主従関係的な人間模様を目前にて披露されますと、このCHI大学というところは、前近代的かつ抑圧的な組織の雰囲気が漂っていると感じるほかありません。現在勤務中のCHI大学商学部における人間関係について愚見を申し上げますと、教授の先生方が助教授・専任講師の先生方に対して示す半封建的な上下関係の徹底や特権意識の蔓延は特に気になります。私は教授職で就任しましたから、他の教授に奴隷のように仕えることはなく済んでおります。しかし、CHI大学商学部の恥部ともいえる異様な人間関係は、社会常識を逸脱しているばかりか、人権侵害に等しい状況だと考えております。
　例えば、毎年度の第1回目の教授会席上において、昇任を果たされた先生方が「昇任の御礼」（「昇任させていただいた」旨の感謝のことば）を口上する姿は、異様であるのを通り超して、江戸時代の士農工商的な身分関係の存在を再確認させられる儀式のように私には見受けられます。ちなみに、教授会とは、教授、助教授および専任講師により構成される会議です。
　さて、助教授として着任された安達氏は、教授会の席でも積極的に発言をされています。安達氏は、「会議体のメンバーである以上、当該会議の場で私見を述べることこそが責任を果たすことにつながると考えています」とのご意見だと伺ったことがありますが、大学教員を職業とする人間は、理論構築や理論展開、論理の披露を得意とする人たちのはずですから、教授会等における議論のなかでの疑問点については、遠慮することなく指摘をし、反対意見や批判的意見も大いに述べて良いのだと思います。私も、新参者でありながら教授会等では積極的に発言をして参りましたが、そうした言動を忌み嫌うような体質がCHI大学にはあります。それは、端的に言えば「井の中の蛙」的な性格であり、「年期の浅い連中は黙っとれ」という抑圧的・威嚇的な雰囲気が濃厚に存在しています。新参者であり、かつ助教授である安達先生が、率直かつ単刀直入に正論を述べられますので、古参教授陣からは「生意気なやつだ」と思われているに違いありません。

1．原告側提出証拠

　印象的だった場面があります。
　平成15年10月17日及び平成15年11月5日に開催された2つの教授会でのことです。
　CHI 大学の学内規程によれば、教授会には、定例教授会と臨時教授会の2種類があり（「CHI 大学商学部教授会規程」第6条第1項）、いずれの教授会も、開催の1週間前に議題を示したうえで学部長が招集することが定められています（「CHI 大学商学部教授会規程」第4条）。また、臨時教授会は、教授会構成員の3分の1以上の者が議題を示して招集を要求した場合に開催を求めた場合等に（「CHI 大学商学部教授会規程」第6条第3項）学部長が招集し開催することとなっています（「CHI 大学商学部教授会規程」第6条第1項）。定例教授会の2日前に当たる平成15年10月15日、教授会構成員の3分の1以上の者が署名した議題明示の臨時教授会開催要求書面が、当時の KA_1 学部長に対して提出されました。既述の通り、CHI 大学商学部教授会規程は、学部長が教授会の全構成員に対して臨時教授会開催の1週間前に議題を示すことを定めています。したがって、議題を既に明示済みである平成15年10月17日開催の定例教授会に臨時教授会を「吸収」することはできません。ところが、KA_1 氏は、平成15年10月17日の定例教授会に臨時教授会を「吸収」させようとしたため、安達氏が、規程違反である旨の異論を述べました。その際、KA_1 氏をはじめとする古参教授陣の多くが、露骨に嫌な表情を浮かべておりました。結局、「学部長権限」と称して平成15年11月5日開催の定例教授会に臨時教授会を吸収することを KA_1 学部長は強引に決められました。もちろん、そのような学部長権限はどこにも規定されていません。
　平成15年11月5日の定例教授会には、安達氏は学内規程集を持参して出席しておりました。臨時教授会を定例教授会に「吸収」することの規程違反について、KA_1 学部長は当初、「規定違反の認識はない」と強弁していましたが、安達氏が具体的条文を指摘しながら追求したところ、KA_1 氏は自らの非を認めざるを得ず、教授会の席上で「今後は規定を遵守する。今回は申し訳なかった。」と謝罪発言をするまでに追い込まれました。安達氏は、東北大学大学院法学研究科私法学専攻博士前期課程で修士（法学）の学位を取られたばかりか、神戸大学大学院法学研究科博士後期課程でも学ばれ、審査の厳しい日本私法学会で研究報告ができる方ですから、KA_1 氏が条文解釈面で太刀打ちできるはずもなく、要は「負け」を認めさせられたわけです。また、この教授会では、いわゆる古参教授の1人である MA_3 教授が、「われわれは大学教師なのだから、規程に関しては行間を読むべきだ」と発言され、KA_1 氏の擁護に回っていましたが、英語専攻の教員［教授］である MA_3 氏は、「文学鑑賞の問題」と「規程が存在する意義」の識別もつかない「大学の先生」のようでした。他の教授陣は誰1人として KA_1 教授の規程違反を指摘できなかったことを付記致します。

135

第1章　パワハラ裁判①　Ⅱ 双方が提出した主な証拠

　なお、安達氏は、平成15年11月5日開催の教授会（SI₁氏は欠席）において、それより5日前の平成15年10月31日に図書館内でSI₁氏から安達氏に対して発せられた恫喝の言葉の数々を、勇気を振り絞って公表され、「ルールがなぜ存在するのかを先生方には考えて頂きたい」と締めくくられていることを付言しておきます。また、この平成15年11月5日の教授会後（正式には人事会議も終了した後）、安達氏が、体育のSI₄教授と顔面をくっつけるように教員室で話し込む姿を、私は、教員室の入口近くで目撃しましたので、「珍しい組み合わせだな」と、怪訝に思ったものでした。
　いずれにせよ、この平成15年10月17日及び平成15年11月5日の教授会は、古参教授陣が安達氏を「生意気な奴」と思わせるに十分過ぎるものだったと思います。事実、安達氏は、平成15年11月6日、それまでほとんど会話をしたことのないNA教授からも「教授会の席では、話し方に気を付けて」と注意された事実を、その日のうちに私に教えてくれています。さらに、安達氏の教授昇任申請後の審査開始前の段階で、KA₁商学部長（当時）が、「安達さんは教授にしたくないんだよね」と、商学部長補佐（当時）であるI₃助教授（現在は移籍して中央大学助教授）に話されていた事実を、平成15年11月中旬にI₃氏から聞いております。

6．安達氏が是々非々で対応したりすることへの仕返し（パワー・ハラスメント）
　既に申し上げましたとおり、CHI大学商学部では、教授は特権階級であり、助教授及び専任講師は教授の顔色をうかがって行動するのが因習となっているようでした。しかし、安達氏は、例えば、ご自身が担当する簿記の授業においてSI₁教授編著のテキストを使わず、安達氏が公認会計士と共同執筆された分かり易いテキストを使われるなど、SI₁氏の意向に従順な存在ではありません。また、教授会等での発言においても、KA₁学部長やSI₁氏、さらにはSI₄氏らといった先輩教授陣とは異なる立場からの発言や意思表示も珍しくなく、是々非々で対応されています。
　CHI大学商学部内の「ルールなんて人間関係の次だ！」的発想に慣れ親しんだ古参教授陣は、特に、安達氏と同じ会計コースに所属する教員のなかでは唯一の教授（安達氏が着任後、平成16年度末まではSI₁氏が唯一の教授）であるSI₁氏にとっては、安達氏は何が何でも押さえつけたい存在に違いありません。平成15年11月3日、SI₁氏は、MA₃教授に対して、教授昇任申請をした安達氏を「常識のない奴だ」などと、昇任審査開始前からその昇任潰しのための画策を始めております。この事実は、その場面を目撃したMI助教授（当時）から平成15年11月中旬に聞いておりますが、会計コースの唯一の教授であるSI₁氏が、昇任申請中の下位職者（安達氏）に対する個人的嫌悪感を人事会議構成員に開陳することは余りに非常識です。安達氏の昇任審査委員会の主査がSI₁氏である事実に鑑みて

も、SI₁氏の言動は公平かつ公正な人事の実施を行う上で極めて不適切であり、パワー・ハラスメントの典型だと言えるでしょう。本当に残念ですが、CHI 大学商学部の常識は社会常識と乖離しています。

　また、SI₄氏も、平成１５年１１月５日夕刻の安達氏に対する教授昇任申請取り下げ要求が拒否されるや、およそ１週間後の平成１５年１１月１３日には、安達氏が担当する講義で学生に課したレポートに関し、SI₄氏の研究室（個室）に安達氏を呼び込んだ上で、「安達先生のことを、学生も教員も誤解している」などと恫喝の言葉を発しておられます。安達氏は、「学生には、『指定された条件でレポートを出していない者は、試験の点数がゼロではなく、試験点数への加算点をゼロとする』と明確に説明しています。」と SI₄ 氏に必死の思いで説明したそうですが、体育担当の SI₄ 教授が、会計学担当の安達助教授に対して講義に関し意見をする権限はありませんから、こうした行為は、「教授」職という上位職にある SI₄ 氏の安達助教授に対するパワー・ハラスメントだと考えられます。「ちょっと、ちょっと」と、安達氏に声を掛ける SI₄教授の表情が威圧的でしたので、その場面を目撃していた私が、後刻に安達先生に電話を掛け判明した事実です。

７．安達氏への度重なるパワー・ハラスメントの結果
　安達氏は、東北大学大学院や神戸大学大学院で学ばれ、博士（経済学）の学位のみならず、修士（法学）の学位も取得されておられます。規定（ルール）が明文化されている以上、その規定の文言を遵守する姿勢は、当該組織に所属する者にあまねく求められることです。ましてや、大学教員という知的職業従事者にとっては、そうした姿勢は至極当然のはずです。安達氏は、その真面目な性格と学歴の影響もあってか、規定（ルール）を守るという当たり前のことを実践される先生だと拝察しております。

　「ルールより人間関係が優先する」との奇妙な論理がまかり通る CHI 大学の古参教授と、安達氏との間では、社会通念や価値観の相違がかなり大きいように思います。安達氏からすれば、「ルールに則って教授昇任申請をしただけなのに、どうして数多くの嫌がらせを受けなくてはならないのだろうか？」とお考えでしょうし、古参教授陣は、「どうして、安達氏は、あんなに生意気なのだろうか？」と考えているように思います。安達氏は、KA₁ 氏や SI₁ 氏、さらには、SI₄ 氏らから教授昇任申請の取り下げを求められた直後頃から、彼らの出席している小さな部屋での会議に出席すると、PTSD のような症状が出るようになったとの話を、平成１６年１月中旬頃に私にしてくれました。私は、専門医の居る病院に行き精神面の治療を受けることを勧めましたが、安達氏は、「仮に、PTSD と診断されれば、この日本は情報保護の側面が未だ脆弱ですから、治療歴が外部に漏れ出す危険性も高いと思います。おそらく、『心の病』に陥ったことがあるというだけで、自分の将来にはマイナ

137

第 1 章　パワハラ裁判①　Ⅱ 双方が提出した主な証拠

スです。ですから、残念ですが、治療を受けるために専門医に出向くことはできません。とにかく、書店で PTSD 関係の本を何冊も購入して、快方に向かう方法を調べています。」と悲しそうに語ったのを今でも思い出します。

　前商学部長の KA$_1$ 教授や、本件で問題になっている安達氏の第 1 回及び第 2 回の教授昇任申請当時における会計コースの唯一の教授であり現在の商学部長でもある SI$_1$ 教授による、立場を利用した悪質なパワー・ハラスメント、また、日本体育大学卒業でがっしりとした体格の体育担当教員である SI$_4$ 教授からの恫喝により、安達氏は精神的に相当に参っているようでした。

　私は、上述の別訴被告 3 名によるハラスメント行為に加え、既述の NA 教授の発言などに代表される安達氏に批判的な古参教授陣の対応に接した安達巧氏の心中を思うとき、じっと耐えることしかできず、安達氏はどれほど悔しかったことだろうとの念を禁じ得ません。

　裁判官におかれましては、本件において問題となっている CHI 大学商学部人事会議や同昇任審査委員会（主査は SI$_1$ 教授）の安達氏の教授昇任申請取扱いの背景には、CHI 大学商学部古参教授らの安達氏に対する嫉妬に起因したパワー・ハラスメントがある現実をぜひとも直視され、妥当な判決を下されて被告に相応の償いをさせて頂きたく思います。

1．原告側提出証拠

平成17年(ワ)第17142号損害賠償請求事件

証拠説明書

2006年3月17日

東京地方裁判所民事第11部に係　御中

原告訴訟代理人弁護士　　HO3

号証	標目 （原本・写しの別）		作成年月日	作成者	立証趣旨
甲24	早稲田法学81巻1号	写し	2005年1月	早稲田大学	博士論文の審査にあたっては、その執筆者の研究能力こそが問われるのであり、教育歴が全く問われていない事実。
甲25	東京工科大学ホームページ	写し	2006年2月26日	東京工科大学	民間の研究機関や教育機能を有しない国立の研究所等での勤務経験しかない課程博士学位取得者がいきなり大学教授として転じるケースが存在する事実。
甲26	日本経済新聞2006年2月21日付夕刊	写し	2006年2月21日	日本経済新聞社	同上。
甲27	大学設置審査要覧	写し	2004年8月20日	(財)文教協会	大学設置基準第9号各号の要件を満たす教員のことを「マル合」教員ということ。 　大学院の設置にあたって教員組織を段階的に整備する場合には、整備計画期間中には原則として教員が異動しないものとされていること。
甲28	「講師依頼について」と題する文書	写し	2005年12月21日	財務省税関研修所長竹内洋	原告に対して、財務省税関研修所が大学教授として講師を依頼してきた事実。

第1章　パワハラ裁判①　Ⅱ 双方が提出した主な証拠

甲29	連絡文	写し	2005年2月22日	原告	2004年度秋セメスターの「企業評価論」の定期試験の採点に関して原告に抗議してきた被告大学学生であるI₆に対して、原告が確認を求めた事項の内容。
甲30	「テストおよび授業評価に対する疑問点について」と題する文書	写し	2005年1月14日	I₆	2004年度秋セメスターの「企業評価論」の期末試験の採点に関して原告に抗議してきたI₆の抗議の内容。
甲31	I₆の2004年度秋セメスターの「企業評価論」の定期試験答案	写し	2005年1月	同上	2004年度秋セメスターの「企業評価論」の定期試験のI₆の答案において、同人が授業に一度も出席していない旨書き記す一方で、授業内容とは無関係な記述に終始している事実。
甲32	「2004年秋セメスターの『企業評価論』の評価について」と題する文書	写し	2005年2月22日	O₃	原告が、2004年度秋セメスターの「企業評価論」の評価については、定期試験を実施し、原則としてその定期試験の点数で評価すること、試験を受験した者に限って、試験前に提出したレポートを試験の点数にボーナス点として加算することを説明していた事実。
甲33	同上	写し	2005年2月8日	I₅ HU₁	同上。
甲34	被告大学商学部商学科講義要綱（シラバス）	写し	2004年4月1日	被告大学	原告が2004年秋セメスターに担当した「企業評価論」の評価については2004年度の開始にあたって、試験による評価を原則とする旨告知していた事実。
甲35	「安達先生の教育を受けて	原本	2006年1月31	MA₅	I₆と異なり、学ぶ意欲のある学生は原告が授業時に提供する企業実務の事

140

1．原告側提出証拠

	良かったと思う理由」と題する文書		日		例等を「生きた教材」と感じている事実、及び原告が大学教授にふさわしい教育能力を有する事実。
甲３６	連絡文	写し	2004 年5 月 31日	被告大学社会システム研究所所長TA₅	原告が、被告大学社会システム研究所に対して申請したプロジェクト「「ヒト」の倫理と企業倫理」の研究計画書が同研究所により採択された事実。
甲３７	連絡文	写し	2004 年5 月 31日	同上	原告が、被告大学社会システム研究所に対して申請したプロジェクト「英語力 up をも視野に入れた論理的思考能力向上のための教材及び指導方法の開発」の研究計画書が同研究所により採択されなかった事実。
甲３８	「平成 16 年度共同研究プロジェクト研究成果について」と題する文書	写し	2005 年1 月 25日	同上	被告大学社会システム研究所が、採択しなかった原告のプロジェクトについて、敢えてその研究成果を公表するよう掲示を通じて周知した事実。
甲３９	「平成 17 年度商学部人事会議議事④」と題する書面	写し	2005 年9 月	被告大学商学部	原告の第１回目の教授昇任申請否決に関する不服審査の結果を 2005 年 9月 20 日の人事会議で決した事実。
甲４０	電子メール	写し	2006 年2 月 3 日	SEI 編集部 SOU	2005 年 9 月 15 日の時点で、被告大学の学術誌の編集委員から出版元編集部に対して、原告の肩書きを「本学助教授」とするように指示があった事実。
甲４１	同上	写し	2006 年2 月 3 日	原告	原告の肩書きを「本学助教授」とすることについて原告が 2005 年 9 月 16日に抗議している事実。
甲４２	同上	写し	2006 年2 月 3 日	原告	原告の肩書きを「本学助教授」とすることについて原告が 2005 年 9 月 17

第1章　パワハラ裁判①　Ⅱ　双方が提出した主な証拠

					日にも重ねて抗議している事実。
甲43	「租税法（専任）選考に関する報告」と題する文書	写し	2004年11月19日	MO₁	HA₁氏が被告大学商学部の2004年4月1日付の採用人事では落選したものの、そのわずか1年後、大学助教授や教授としての教育歴が増えたわけではないにもかかわらず2005年4月1日付で教授として採用されている事実。
甲44	「ご報告」と題する文書	写し	2004年3月8日	原告	原告が、自身の第1回目の教授昇任申請に対する審査委員会の開催を前に、被告大学商学部教授らに対して、原告の研究論文「ディスクロージャーとアカウンタビリティ」の評価を伝えた事実。
甲45	企業会計54巻10号に掲載された書評	写し	2002年9月	長吉眞一	原告の研究論文「ディスクロージャーとアカウンタビリティ」が立正大学教授（現在は明治大学大学院教授）・公認会計士の長吉眞一氏から高く評価されていた事実。
甲46	CHI大学法学部専任教員の採用及び昇任に関する規程	写し	1990年	被告大学法学部	被告大学法学部においては、教授だけで構成される教授会に人事に関する広範な裁量権を認めている事実。
甲47	法学部専任教員の採用及び昇任の手続に関する運営要領	写し	1996年11月	同上	被告大学法学部においては、被告大学商学部とは全く異なり、教授昇任の適否の審査を行う審査委員会の審査基準が何ら具体的に定められていない事実。
甲48	商学部人事会議議事録	写し	2003年3月3日	被告大学商学部	被告大学が、原告を大学院設置を前提としたマル合要員として特別枠で採用した事実。
甲49	大学調査委員	写し	2003年	被告大学	被告大学の学生部長らが2003年4

142

1．原告側提出証拠

	会報告書		10月8日		月に行われた千葉県議会選挙において、被告大学の学生を買収する公職選挙法違反で逮捕された事実。
甲50	商学部教授会議事録	写し	2004年3月1日	被告大学商学部	被告大学のO$_2$学長が、2004年3月1日に、2004年中に予定していた文部科学省に対する大学院設置申請を突然1年間延期した事実。
甲51	SI$_1$教授のホームページ（被告大学情報システム利用規程付）	写し	2004年3月2日	SI$_1$	被告大学商学部長であるSI$_1$氏が、被告大学の情報倫理規定に違反して、商学部長職にない時期においても、「Dean」（学部長）という肩書でホームページを作成していた事実。
甲52	CHI大学専任教員教育研究業績一覧	写し	2005年2月1日	被告大学	被告大学が自ら発行する評価報告書で、SI$_1$商学部長の教育研究業績として掲げられている著書、学術論文の内容。
甲53	書籍「現代経済・社会の歴史と論理」奥付	写し	1986年11月15日	被告大学総合科学研究所	甲52においてSI$_1$商学部長の編著とされている書籍「現代経済・社会の歴史と理論」が同氏の編著にかかるものではない事実。
甲54	書籍「現代の諸問題とその分析Ⅱ」奥付	写し	1989年9月30日	同上	甲52においてSI$_1$商学部長の編著とされている書籍「現代の諸問題とその分析」が同氏の編著にかかるものではない事実。
甲55	データベースからのプリントアウト	写し	2005年11月30日	国立情報学研究所	甲52において「現代の諸問題とその分析3巻」という論文集がSI$_1$商学部長の単著とされているが、全国の大学図書館に収蔵されている書籍のデータベースからは、そのような事実が確認できないこと。
甲56	データベースからのプリントアウト	写し	2005年11月30日	被告大学	甲52においてSI$_1$商学部長の編著とされている「現代経済・社会の歴史と理論」、「現代の諸問題とその分析2

第1章　パワハラ裁判①　Ⅱ 双方が提出した主な証拠

					巻」、単著とされている「現代の諸問題とその分析3巻」の各書籍が被告大学のデータベースにおいては、同氏の著作として検索されない事実。
甲57	本人尋問調書	写し	2005年12月6日	東京地方裁判所	原告が被告大学商学部の教授に昇任することについて、2003年、2004年の各昇任申請時点で法的保護に値する合理的期待を有していた事実。

1．原告側提出証拠

平成１７年(ワ)第１７１４２号損害賠償請求事件

証拠説明書

２００６年６月２日

東京地方裁判所第１１部に係　御中

原告訴訟代理人弁護士　　HO$_3$

号証	標目 (原本・写しの別)		作成年月日	作成者	立証趣旨
甲５８	陳述書	原本	2006年5月23日	原告	被告大学における教授の昇任申請においては、特段その候補者のマイナス要素などを検討した上で昇任の可否を決定するプロセスを採用していない事実。 　原告の昇任の拒否が KA$_1$ 商学部長、SI$_1$ 教授等の個人的な思惑から決定された事実。 　原告の昇任の拒否が原告の研究者あるいは教育者としての実績・能力とは無関係に決定された事実。
甲５９	陳述書	写し	2005年11月14日	原告	原告が被告大学助教授に採用された経緯。 　第１回教授昇任申請にあたって、原告が SI$_1$ 教授等から申請を取り下げるように違法な強要を受けた事実。
甲６０	新聞記事	写し	2006年4月26日	日本経済新聞	訴訟事件の当事者にとって、裁判所の果たす役割が極めて大きい事実。
甲６１	控訴理由書	写し	2006年4月24日	弁護士 MO$_2$	別件訴訟第１審判決が、誤って SI$_1$ 教授等の教授昇任申請取り下げの強要の事実を否定した事実。 　同事件第１審では、SI$_1$ 教授や KA$_1$ 教授等の原告に対するパワーハラスメン

第 1 章　パワハラ裁判①　Ⅱ 双方が提出した主な証拠

					トについて、主張をしていなかった事実。
甲62	陳述書・証拠説明書・証人尋問申請書	写し	2006年4月21日	BE	第1回教授昇任申請にあたって、原告が SI₁ 教授等から申請を取り下げるように違法な強要を受けた事実。 　大学の教授等の評価がその研究書としての著作の質で決まる事実。 　別件訴訟第1審では、SI₁ 教授や KA₁ 教授等の原告に対するパワーハラスメントについて、主張をしていなかった事実。
甲63	報告書	写し	2006年3月22日	被告大学安達巧助教授昇任申請についての審査小委員会	原告の第3回目の教授昇任申請に対して、被告大学商学部人事会議での決議を受けて設置された「安達巧助教授昇任申請に関しての審査小委員会」による審査の内容。
甲64	SA 助教授の昇格審査報告	写し	2006年3月8日	被告大学商学部審査小委員会	SA 助教授の教授昇任申請に対する審査においては、同人のマイナス要素など一切検討されていない事実。
甲65	写真	写し	2006年4月	原告	SI₁ 教授が立候補している被告大学学長候補者選挙において、品位にかける選挙運動が行われていると指摘し、有権者に自重を求める被告大学学長候補者選挙選挙管理委員会の文書が提示された事実。
甲66	平成17年度商学部4月定例教授会議事次第	写し	2005年4月13日	被告大学	被告大学商学部の定例教授会においては、欠席者に対して、被告大学の規定上、その効力を明確に否定されている委任状の提出を求める運用が行われてきた事実。

146

1．原告側提出証拠

甲67	「平成17年度商学部教授会の議事進行について（お願い）」と題する文	写し	2005年4月13日	被告大学商学部教授会正議長・副議長	同上。
甲68	電子メール(添付ファイル付き)	写し	2005年6月15日	原告	被告大学商学部古参教授等が「委任状」の意味すら理解していないことが明らかになったばかりか、原告が2005年4月の被告大学商学部定例教授会における原告と他の教授等のやり取りについて、教授会議事録にきちんと記録するよう求めていた事実。
甲69	陳述書	写し	2006年5月	被告大学商学部学生	被告大学の学生に勉学の意欲を失っている者が多く、それらの者が学内の雰囲気をだらけたものにして、真面目な学生に迷惑をかけている事実。
甲70	同上	写し	2004年5月	同上	被告大学の学生に勉学の意欲を失っている者が多く、教員もそうした学生に迎合している事実。
甲71	同上	写し	2004年5月31日	同上	被告大学の学生の知的なレベルが低く、教員もそうした学生に迎合している事実。
甲72	「学生の成績評価についての問い合わせについて」と題する書面	写し	2006年3月9日	法学部長U	被告大学商学部の学生及びその保護者から原告に対して、成績評価に関するクレームが上がった事実。

147

第1章　パワハラ裁判①　Ⅱ 双方が提出した主な証拠

甲73	クレーム文	写し	2006年3月	被告大学商学部学生及びその保護者	上記クレームの内容
甲74	連絡文	写し	2006年3月13日	原告	上記クレームが事実を歪曲・捏造した根拠のないものであること。
甲75	写真	写し	2006年5月	原告	甲38が被告大学の掲示板に掲示された事実。

1．原告側提出証拠

甲第58号証

陳述書

平成18年5月23日

東京地方裁判所民事第11部に係　御中

住所　■■■■■■■■■■■■■■■■
氏名　安達　巧

1．はじめに
　本陳述書では、別件訴訟で甲第9号証として提出した私の陳述書（甲第59号証）と重複する記載はできるだけ避け、新たに明らかになった事実を含めた真実の解明に役立つよう意図して陳述を行って参ります。

2．大学には2つの種類がある
　私が東北大学大学院法学研究科に大学院生として在籍していた頃に東北大学助教授だった労働法の先生は、現在は東京大学に移られ活躍されていますが、その先生を介して知己を得た東京大学の民事法及び労働法分野の研究者（東大教員）並びに同大学系列の民事法及び労働法分野の研究者達は、私に対して「できれば和解せずに判決を貰って下さい」と、本件で裁判官がどのような判断を下すか非常に注目をされています。なぜなら、被告の学校法人CHIが最高学府であるはずの大学を運営する主体として恥ずべき主張を繰り返していると感じておられるからです。理解に苦しんでおられると言ったほうが正確かもしれません。労働法等の法律が学問として、また制度的インフラとして良い方向に進んで行くためには、玉虫色の和解ではなく判決文（及び各証拠）を入手して議論の土台とすることを研究者達が希求するのは当然でしょう。大学に関わる事例であれば、研究者達はその背景等に精通しているため高水準の判例評釈が期待でき、『労働判例百選』への掲載や、未来の法曹を育成するロー・スクール（法科大学院）での事例として取り上げることも可能となるからです。子供の数は減っているのに大学は増え続けるという文部科学省の政策への評価に対する議論展開という副次的効果も期待できます。
　しかし、裁判官、検事及び弁護士等の法曹も含めて、「大学」といえば東大等のレベルの高い大学しか知らない人達には、本件の真相なり真実を本当に理解することは相当に難しいだろうと感じています。「大学には2種類がある」現実を、現場体験なしには実感できないと思われるからです。
　京都大学の教授職を定年退官し「弱小大学」の1つである東海学園大学に赴任した杉山

149

第1章　パワハラ裁判①　Ⅱ 双方が提出した主な証拠

幸丸氏は、その著書『崖っぷち弱小大学物語』（中央公論新社）の冒頭に「大学には２つの種類がある」との見出しを掲げ、同著の９−１４頁で以下の記述をしています。
　「自由意思で引き受けた（京都大学の…原告補）他学部や他大学の非常勤講師としての講義…は…ほとんどすべてが第１級の国立か公立の大学であった。学生たちは一生懸命聴いてくれて、厳しい質問を多数寄せてきた。緊張もし、充実した一時であった。……そして現在の大学に移った。…それでも大学は大学なのだから…と軽く考えていた。……ずっと大学から遠い存在である連中が、じつは私の赴任した大学を受験するメイン・ターゲットの一角を成していたのである。…こうして私の異文化世界の手探り探検が始まった。」
また、杉山幸丸氏は、同著１７４頁で次のように指摘しています。
「弱小大学の教授陣はドングリの背比べである。……おまけに井の中の蛙は大海を知らないことが多い。」

３．本件の意義と研究者達の見解等
　本件でも取り上げられている証拠がそのまま双方から提出されている別件訴訟の第１審判決文は、既に多くの大学の研究者達が手にしており、複数の民事判例研究会で証拠も含めて詳細に検討して頂いております。トップ３０といわれる大学に籍を置く研究者達で、上記第１審の判示に賛意を示す見解は皆無です。特に、①２年後に大学院設立を考え、その大学院を担当する教員として新教員を採用しようとしている大学が「３年後に教授昇任申請資格を得る」という条件を示せるはずがない、②３人もの面接委員がいる面接で提示していない条件を、学部長でもなく一教授に過ぎないSI₁氏が「面接後」に「個人的に」提示するなど常識で考えてもあり得ない（不公正な選考を防止する観点から、面接時以外に採用者との接触を禁じるのが当然である）、③「CHI大学専任教員の資格に関する規程」第３条(3)において、「大学」は「旧大学令『大正７年勅令第３８８号』による大学を含む。以下、本条及び次条において同じ」と定義（明示）し「CHI大学」以外の大学も「大学」と認識する旨を明確に規定しておきながら、第３条(4)の「大学」はCHI大学に限定されるとの解釈をなしてきたこともあるとするSI₁発言（乙第１９号証１１頁）の矛盾を無視する裁判所の判断は理解に苦しむ、の３点は、誰もが主張されていました。
　本件の４月２４日の期日時に、被告側代理人が私の証人尋問申請を「必要ないと考えている」理由として述べられた「別訴訟での主尋問が上手く行かなかったからといって、こちらでも証人尋問の申請をするのはフェアじゃない」との見解は、「本当の真実」と「法定の真実」とは違うことをご存じだからだと思います。本当の真実は１つしかないのですから、被告が何ら瑕疵はないとの自信がおありであれば、「必要ない」と突っぱねる必要もな

1．原告側提出証拠

いでしょう。
　私は、別件訴訟第１審判決後に、元裁判官の秋山賢三氏が書かれた『裁判官はなぜ誤るのか』(岩波書店)を読み、裁判官が誤判をしてしまう背景を理解致しました。やはり同著を読まれたという東京第２弁護士会所属のO11弁護士は、「民事裁判だと、刑事裁判以上に誤判が多いと思います」とのご高見を下さいました。今年の４月には、麻薬使用に関して無罪判決を受けた人物が「法廷では嘘をついた」と告白し、裁判官が「まんまと騙された」事実が報道されていますし、日本経済新聞は、平成１８年４月２６日の朝刊上の「試される司法」という特集記事のなかで、手形の裏書の意味が分からず被告からレクチャーを受ける裁判官の存在する事実等を掲げ、「多くの国民や企業にとって弁護士や裁判官、検察官と接するのは窮地に陥ったとき。それがたまたま『ハズレ』では済まされない」と指摘しています（甲第６０号証）。別件訴訟は、判決に誤りがあるため既に控訴済みで（当該「控訴理由書」は甲第６１号証）、いずれかの段階で、多くの研究者達から裁判所に第１審判決の誤りを指摘する陳述書が提出されることになるでしょう。誤判の背景を探る学問的観点及び有能な法曹育成のための教育用資料確保の観点から、第２審判決を待ってからの陳述書提出になる可能性もありますが、本件においても、この第１審の判決次第では、東大等の日本を代表する大学に籍を置く研究者達から陳述書を提出させて頂くことになると思います。

４．学者の値打ち
　文部科学省は大学の専任教員を「研究者」と認識しており、研究者番号を付しています。東京大学法学部を卒業し弁護士資格を持つ一橋大学大学院教授の村上政博氏は、「学者の業務の中核は研究活動である。その業績については、研究活動の成果である論文・著書がすべてであり、かつそれに限定される点が特色である。大学教員の採用人事も教授への昇進人事も、業績審査は候補者がそれまでに発表してきた論文・著書を対象とする」（村上政博『法律家のためのキャリア論』104-105頁）と述べています。また、大阪大学大学院博士後期課程で学んだ札幌大学教授の鷲田小彌太氏は次のように説明してくれています。
　「たとえば、大学教授である。大学の外から眺めると一様に見える。少年の頃、村に米軍キャンプがあったので、しょっちゅう占領軍兵士にであった。白と黒、チビやデブの違いは分かったが、顔の違いは、したがって誰彼の識別がほとんどつかなかった。大学の外から大学教授を見るというのは、これと同じことだろう。
　　しかし、大学にいると、そんなことはおくびにださなくとも、業績の違い、学術上の能力の違いは掌を指すように、わかるのである。これはなかなかおもしろい。もちろん、学長や学部長と平教授、教授と助教授というような外形標準による違いとは無関係であ

151

第1章　パワハラ裁判①　Ⅱ 双方が提出した主な証拠

る。」(鷲田小彌太『学者の値打ち』筑摩書房、10頁)
　鷲田教授は、学者の本当の値打ちは、研究業績、とりわけ研究書としての著作(著書)の質で決まるとも言っています(『学者の値打ち』60頁)。この辺りの事情につきましては、別件訴訟の控訴審に「新たな証拠」として提出したBE教授の陳述書(甲第62号証)に記載された部分を以下に引用させて頂きます。
　「本来、文部科学省から研究者番号を付与された研究者(学者)である大学教員の値打ちは、「業績」とりわけ「著作」(著書)で決まります。1にも2にも業績であり、その質でこそ研究者は評価されます。安達氏のように若手の研究者が堂々たるハードカバーの研究書を出したりしますと、嫉妬の固まりである大学教授が黙殺することは大学界では珍しくありません(鷲田小彌太『学者の値打ち』筑摩書房、60頁参照)。しかし、SI$_1$氏は、CHI大学商学部「会計コース」の唯一の「教授」として嫉妬と虚栄心だけは特に立派のようでしたから、自らは1論文を投稿したに過ぎない場合であっても、当該論文掲載書を自らが編集した「著書」として『CHI大学自己点検・評価報告書　第三巻別冊』において公表するなどしています。まともな学者なら「論文」を「著書」に格上げすることを「単純ミス」と誤魔化すことは絶対にできませんし、このように安達氏への嫉妬心を背景に業績の水増しまでも平気で行うまでに至ったSI$_1$氏の行動は、彼の学者としての倫理観欠如を伺わせます。」
　なお、別件訴訟の第一審では、他人の「裁判なんかに関わりたくない」と渋っていたBE教授の陳述書を証拠として提出するに至らず、したがって、SI$_1$教授やKA$_1$教授等によるパワーハラスメントは一切主張できていないことにご留意下さい。このことは、別件訴訟の控訴審において、本件訴訟で提出したBE教授の陳述書(甲第23号証)とほぼ同内容の同教授の陳述書(甲第62号証)が初めて提出されたこと(甲第61号証の控訴理由書にその旨記載されている)から明らかのはずですので、「被告第5準備書面」の「12」における被告の主張は失当です。

5．本件の早期解決を提案したO$_2$学長及び代理人と解決を拒んだSI$_1$商学部長
　本件裁判官は、平成18年3月の裁判期日を決めるに際し、被告代理人より3月上旬には結論が出ているでしょうとの発言を参考にされ、2006年3月17日を設定されました。当初は、2006年3月8日に人事会議が予定されていましたが、なぜか人事会議は裁判期日後の3月22日に変更となりました。そして、第3回目の教授昇任申請を審議する資料として、HA$_1$教授を委員長とする昇任審査委員会は、本件裁判に関する書面やI$_6$からのクレーム文書等を資料として添付し(甲第63号証)、HA$_1$氏が「安達氏は教授昇任適任点を大幅に超えてはいるが、このようにマイナスの要素が大きく、昇任させることに当

1．原告側提出証拠

審査委員会は極めて消極的である」旨の発言をしています。HA₁ 教授は廃校した立志館大学に勤務し呉大学という弱小私立大学の博士学位を得た方です。そして、ご自身の著書『法人税における減価償却費の史的研究』(泉文堂) 192 頁で、「勤務先の CHI 大学学長 O₂ 先生、同大学院設置準備委員長 KA₁ 先生、同商学部長 SI₁ 先生には、CHI 大学大学院設置要教授として温かく迎え入れて下さり、御礼申し上げます」と記載され、大学教員に復帰できたことを大変にお喜びの方です。HA₁ 氏は平成 16 年 4 月 1 日付での CHI 大学商学部教員採用人事では落選し、その 1 年後に大学の専任教員歴がまるで増えてないにも拘わらず、HA₁ 氏は「呉大学の博士学位を取得した」ことを理由に、平成 17 年 4 月 1 日付で CHI 大学商学部教授に採用されました（甲第 43 号証参照）。ちなみに、被告は、「被告第 5 準備書面」の「1 1 (2)」において、「事実関係をよく調査・理解したうえで主張するようにして頂きたい」とおっしゃっていますが、この記載は、HA₁ 氏の平成 15 年度の採用審査時点と平成 16 年度の採用審査時点での差違は「呉大学の博士学位の有無」に過ぎず、「大学専任教員歴は変わっていない」との原告（私）の主張をまるで理解していないことを如実に示しておられ、「よく調査・理解したうえで主張するようにして頂きたい」のは被告のほうであることを明らかにしています。私は、平成 17 年 2 月の段階で、SI₁ 教授に対し、「HA₁ 氏は『マル合』は無理ですよ」と申し上げておりましたが、その予想通り HA₁ 教授は、大学設置審議会から税法担当の「マル合」教員としてはその研究能力が認められず大学院担当から外れて「大学院設置要教授」ではなくなりました。この理由としては、「税法」の研究により修士学位を得た者に税理士試験の科目免除が認められるため、国税庁の要請を受けた文部科学省が「税法」担当教員の審査には厳格になっている点が挙げられます。しかし、上記著書中に「SI₁ 先生のご配慮とお力添えにより本書出版の運びとなりました」(『法人税における減価償却費の史的研究』192 頁）と記載し、SI₁ 商学部長に大変な恩義を感じている HA₁ 氏は、なぜか私の昇任審査委員会主査に大抜擢され、前述の発言となりました。この HA₁ 発言後、同人事会議では「安達先生を落として下さい」との KA₁ 発言や、被告大学商学部人事会議議長職にある立場を悪用して「安達先生を『総合』で落としましょう」と他の教授達を意図的に誘導する SI₁ 氏らの発言、さらには、教授昇任後 5 年以上に渡り論文を 1 本も書いていない MA₃ 教授（BE 教授による陳述書にも MA₃ 教授のリテラシー不足は具体的に記されています）や CHI 大学 OB で SI₁ 教授の後輩にあたる KI₁ 教授等が「安達先生はひどい奴だ」との趣旨の発言をされ、私の教授昇任に関する「欠席裁判」が繰り広げられました。この人事会議の模様は録音されており、その録音データは私の手元にございますので、証拠として提出させて頂きたいと考えております。なお、同人事会議での KA₁ 発言や SI₁ 発言につき、被告（KA₁ 教授・SI₁ 教授）は、別件訴訟の控訴審の答弁書において、そうした発言を「BE 教授の捏造」と主張していますが、厳然たる事実であって、捏造

153

第1章　パワハラ裁判①　Ⅱ 双方が提出した主な証拠

などではないことが録音データからはっきりと知ることができます。ちなみに、同時期に教授昇任申請をしたSA助教授（当時。平成18年4月1日付で教授に昇任）の昇任審議に際しては、NA教授を主査とする昇任審査委員会からは昇任基準点数を超えるか否かを判断するための審査を為した審査報告書のみが提出されてマイナス材料なるものは提示されず、そうした資料も添付されていませんでした（甲第64号証）から、いかに不公正な人事が「好き嫌いレベル」で展開されたかが分かるというものです。

　実は、O_2学長も本件被告代理人のSI_2弁護士も、私の本年4月1日付での教授昇任を認めるようにSI_1商学部長に進言したそうです。しかし、SI_1氏は、頑なに拒否したとのことです。この事実は、平成18年5月10日にBE教授がO_2学長とJR我孫子駅南口にある「神戸屋」というベーカリー（パン屋）兼飲食店で会談した際に直接知らされています。私自身、平成18年5月18日にO_2学長と被告大学キャンパス内の研究棟1階で会談した折、O_2学長から「私は安達先生の裁判が続くことは良くないと考えているから、学長に再選されたら解決に向けて努力する。BE教授との会談時にも話題になった本年4月1日に遡っての安達先生の教授昇任を認めるよう理事長及び理事会に働きかけるつもりだ。SI_1が学長になったら、裁判の解決は絶対にないし、教授昇任も認めないよ」と直接言われております。O_2学長の発言は重く受け止めましたが、本裁判が選挙の取引材料に利用されていることや、学長が1年以上（厚生労働省・千葉労働局の「あっせん」申請から本裁判継続中の本日まで）も続くこの問題の解決に向けてリーダーシップを発揮されて来なかったことを残念に思いました。また、MI教授が、本年4月1日付での商学部長選挙にただ1人立候補した際も、SI_1氏は、「俺に刃向かったからMIを潰した」とO_2学長に言明したそうです。当該商学部長選挙では、MI教授ただ1人の立候補者しかいないのに、立候補もしていないSI_1氏がなぜか過半数を集めて当選人となり、SI_1氏は辞退もせずに学部長職を引き受けました。被告大学商学部で20年以上も専任教員として勤務されている某氏が「立候補すればいいってもんじゃないんだ」と発言されたことにはさすがに驚きましたが、SI_1陣営が裏で激烈な選挙戦を行なっていたことは皆が知っています。MI教授を誹謗中傷する怪文書もばらまかれました。学内の選挙で怪文書がばらまかれたりする「品位を欠く」事態は、過去2度の学長選挙（正しくは学長候補者選挙）でも行われており（いずれの学長選挙でもSI_1氏は敗れています）、平成18年5月に実施された学長選挙において、当該選挙管理委員会から「過去の学長候補者選挙においては、残念ながら特定の個人を誹謗中傷し、選挙の公正を疑わせるような行為が度々見られました。いやしくも学問の府に職を有する有権者各位におかれましては、良識に基づいた行動をとられますように切に希望致します。」との異例の見解が公表されるに至っています（甲第65号証）。このような見解を公表されるまでに下品な選挙が実施されてきた被告が、BE教授の陳述書を「品位を欠く」と非難する

154

のはひどいと思いますが、密かな根回しにより裏でコソコソと物事を決めるよりは、「大学教員としての在り方と品格の大切さ」（HA₁・前掲書192頁）を守って、他大学の研究者達に知られても恥ずかしくない議論をすべきだと思います。

いずれにせよ、事実の有無に関係なく昇任させないための屁理屈を考え出して「欠席裁判」により私の教授昇任を否決することは、人事会議以前には事実上決まっておりました。これは、第1回目及び第2回目の昇任申請と同様であり、あとは「組織的決定をした」として「みんなで渡れば恐くない」ように形式を整えることがSI₁教授には必要なことでした。

6．学長選挙との関係　－SI₁教授の過去2度の敗北と「3度目の正直」願望－

では、なぜ、SI₁氏はそこまで私の教授昇任を否決したがるのでしょうか。

その理由は、彼が学長職に強烈な憧れを抱き続けており、過去2度の学長選挙（学長候補者選挙）で負け続けていることが挙げられます。今回（第1次投票が平成18年5月17日。第1次投票で当選者が決まらない場合の第2次投票が同年5月24日）も、SI₁氏は学長選挙に意欲を示しました。現学長のO₂法学部教授が本年5月9日に所信表明をして正式に出馬すると、SI₁教授も2日後の5月11日に所信表明を行いました。札幌大学の鷲田小彌太教授は、「まともな学者なら、自ら望んで学長になろうなぞとは、思わないものである」（『学者の値打ち』10頁）と指摘されていますが、SI₁教授は「学長」→「理事長」への野心に満ちていることを公言するくらいです。「まともな学者」は、研究時間を削られることを極度に嫌いますから行政職に就こうとせず、研究水準の高い大学があればあるほど、教授の持ち回りで行政の分担をするという場合がほとんどです（例えば、村上政博氏の著書『法律家のためのキャリア論』103-104頁参照）。人間としての生き方は様々ですから、行政職に色気を持つ人もいるでしょう。私見では、やりたい人がやればよいと考えていますが、O₂教授とSI₁教授は、4年前に行われた前回の学長選挙でも対決し、第2次投票までもつれ込んだ挙げ句に僅差でO₂教授が学長〔候補者〕に当選したとのことです。法学部教授のO₂氏と商学部教授のSI₁氏の対決であれば、教員数で勝る商学部に籍を置くSI₁氏が有利との考えが部外者には一般的でしょうが、「SI₁教授にはやらせたくない」との商学部の反SI₁票が、「O₂教授にはやらせたくない」との法学部の反O₂票を上回ったことがSI₁教授の最大の敗因だと分析されています。したがって、商学部内の「反SI₁票」を減らすことがSI₁教授の最大の「政治課題」であり、これまでの4年間はそのためだけに存在しているとまで断言された某商学部教授もおられます。

博士の学位を持って教育または研究の経歴がある者に教授資格があることは、CHI大学の規程としては存在していますが、その要件を満たして教授昇任を果たした先例はなかったため、「CHI大学助教授を5年以上経験すること」が教授昇任への必要条件だとSI₁教授

もKA₁教授もその他の古参教授陣も誤解をしていました。「CHI 大学専任教員の資格に関する規程」第3条(1)を知らないままSI₁教授もKA₁教授も私の採用面接に臨み、採用を事実上決めました。大学院設置のために必要な人材であっても、「助教授を5年以上経験」せずに教授にしたとなれば、古参教授陣の反発は必至であり、次の学長〔候補者〕選挙で自分（SI₁氏）に投票して貰えなくなります。かといって、「CHI 大学助教授を3年以上経験しないと教授にはなれない」と私に言ってしまえば、「そうであれば、CHI 大学には就職しません」と言われかねず、大学院設置に必要な人材確保の目処が立たなくなります。SI₁教授とKA₁教授の採用面接での発言は食い違っていることが乙第18、19号証でも明らかになっており、私は別件訴訟の「控訴理由書」（甲第61号証）でも事実認定の誤りのポイントとして指摘させて頂いております。仮にCHI 大学で3年以上助教授職を経験しなければ教授昇任できないなどと面接日（面接時、および面接後に被告大学を離れるまでの時間帯）に聞かされていれば、私はCHI 大学への就職は直ちにお断りしていたでしょう。そもそも、CHI 大学で3年以上助教授職を経験しなければ教授昇任できないことに私が合意していたのであれば、安くはない弁護士費用を自己負担してまで2つの訴訟を提訴する愚行を私は致しません。SI₁教授やKA₁教授らは、私に伝えていない事項を勝手に審査報告書に書いていた訳であり、古参教授陣からの反対を何とか抑えこもうと腐心したことは容易に推察できます。また、後述の通り、被告大学商学部の古参教授陣は、学内規程や社会で用いられている用語（日本語）の意味等を理解できていない場合が少なくありませんので、SI₁教授やKA₁教授が学内規程（「CHI 大学専任教員の資格に関する規程」）と合致しない内容を審査報告書に記載していても、そのことにすら気付かなかったのは当然といえましょう。相手に伝えていない条件を勝手に書くというSI₁教授やKA₁教授らの行為は許されるものではありません。私は、この驚愕の事実を、第1回目の教授昇任申請後にKA₁教授から商学部長室で初めて知らされたのですが、採用面接に同席していたSI₁教授の過去の学長選挙における2度の敗北やSI₁教授の学長職への強烈な憧れに鑑みると、「規程をよく知らなかったこと」や「ごまかしていたこと」が白日の下にさらされることは、来る学長選挙に大きなマイナスとなるゆえ絶対に許されないのだと理解しました。

　ある他大学の先生は、「CHI 大学は、『昇任の資格要件を充足すると思料する教員は、学部長に対し、昇任の申請を行うことができる』とせずに、『昇任申請には教授5名の推薦を要する』などと規定しておけばよかったのにね」とおっしゃいましたが、私も同感でありまして、「嫌いな者は昇任させない」のであれば、そのためのルールを整備しておけばよかったのではないかと思います。

7．CHI 大学商学部教授陣のリテラシー不足

　CHI 大学商学部の先輩教授陣とは、同じ日本語で会話や議論をしているはずなのに「まるで話が噛み合わない」との感想を、私は何度となく抱いてきました。作家の橘玲氏も同様の経験を持つようで、橘氏は『臆病者のための株入門』（文藝春秋）170 頁で次のように記しています。

　「養老孟司氏のベストセラー『バカの壁』ではないが、同じ日本語で会話しているはずなのに『ぜんぜん話がかみ合わないな』と不安になることがときどきある。その相手を『バカ』と名指しする度胸は私にはないので、政治的に公正に『リテラシーがない』と表現したい。リテラシーとは読み書き能力のことで、具体的には、
(1)　議論の前提となる知識が欠けている。
(2)　知識が欠けていることに無自覚である。
　ことをいう。」

　CHI 大学商学部古参教授陣は「リテラシー不足」のため、学内規程を十分に把握していませんでした。その例として、「CHI 大学商学部教授会規程」への無知と無理解が既に BE 教授より指摘されていますが（甲第 23 号証 7 頁）、加えて、古参教授陣は、社会で日常的に使われている用語の意味すら理解していない場合が少なくないのです。裁判官は「大学教授がまさか？」とお感じになるかもしれませんが、残念ながら事実でございます。

　一例として、CHI 大学商学部古参教授陣は「委任状」の意味を知らなかったという驚くべき事実があります。CHI 大学の「商学部教授会運営要項」は平成１０年７月１日から施行されていますが、同運営要項の「2」は、「委任状は、その効力を認めないものとする」と定めています。ところが、議長団と称する商学部執行部は、毎年度第１回目の教授会時に書面を配布し、教授会を欠席する場合には委任状を提出するよう求めていました。効力を認めない委任状を提出させる無意味さが改善されない可笑しさが継続する現状に私はさすがに呆れてしまい、着任後３年目に突入した平成１７年度第１回目の教授会において、相変わらず教授会欠席時の「委任状」提出を求める（甲第６６、６７号証）商学部教授会議長（YA₂ 商学部教授）等に対して「委任状」提出の意味を問うとともに、「欠席届」で十分ではないかとの問題提起を行いました。ほとんどの教授陣は「商学部教授会運営要項」の内容を把握しておらず、また、「効力を認めない委任状提出」の可笑しさに気付いてもいませんでした。さらに、SI₁ 教授や HO₂ 教授は、従来通りの「委任状」提出を主張しておりましたが、さすがに分が悪いと悟ったようで、結局、「委任状」ではなく「欠席届」を出すよう改めることで決着致しました。ただ、YA₂ 議長や SI₁ 商学部長等は、自ら（教授会議長及び商学部長等）のリテラシー不足を隠蔽すべく、当時のやり取りをきちんと記録した議事録を配布しませんでしたので、私は書面で抗議しましたが（甲第６８号証）、「きちん

第1章　パワハラ裁判①　Ⅱ 双方が提出した主な証拠

と記録した議事録の作成及び配布」は、リテラシー不足が露呈してしまった教授陣等の反対多数で否決されました。

　リテラシー不足は、本件の「被告第5準備書面」からも散見されます。前回の期日（平成18年4月24日）時に、準備書面はO$_2$学長や代理人のSI$_2$弁護士ではなく、SI$_1$商学部長が事実上記載されている旨のご発言がSI$_2$弁護士よりございましたが、そうだと致しますと、やはり「被告第5準備書面」を書かれたCHI大学教授のリテラシー不足は顕在化しております。

　紙幅の都合もありますので、以下には、「被告第5準備書面」でのリテラシー不足が顕著な部分のみを幾つか例示させて頂きます（同準備書面の「１１(2)」については既述）。

　まず、「被告第5準備書面」の「２(3)」についてですが、既に「原告第3準備書面」で「被告第3準備書面」に反論しております。被告は、甲第5号証第3条(1)において、博士学位取得者＋教育歴or研究歴の2要件を要求しています。原告は、課程博士学位を取得した者であり、かつ、教育歴・研究歴もありますよ、と主張しているのです。被告は、原告の主張をよく理解したうえでの反論をお願いしたいものです。被告の主張は、裁判での「反論」（準備書面のやり取り）を無意味化させるものとなっています。

　次に、「被告第5準備書面」の「３」及び「４(1)」についてですが、大学教授には「一定の教育経歴（経験）が必要なことは言うまでもない」との現実を無視した被告の主張に反論しただけですから、被告は自らの主張をまずは把握する必要がありますし、被告が主張する「一定（5年）の教育歴が大学教授には必要」であることを被告自身が否定していることに気付いて頂きたいと思います。

　さらに、「被告第5準備書面」の「１９」についてですが、原告は原告採用当時の商学部古参教授陣の「マル合」教員としての資質を問題にしているのであって、それより2年以上後の資質を問題にしているのではありません。大学設置審議会から「マル合」として認められたことがよほど嬉しかったのでしょうが、相手方の主張をよく理解した上での適切な反論でなければ、リテラシー不足と言われてしまいます。

　なお、CHI大学商学部古参教授陣は、大方の予想に反して（また、その背景を知らない人達は驚いてもいました）申請者全員が「マル合」教員と認められたわけですが、実はカラクリがございますので、私の胸にしまっていた事実を正直に告白をさせて頂こうと思います。

8．財団法人日本開発構想研究所による「マル合」審査結果と政治家への働きかけ

　財団法人日本開発構想研究所（以下、開構研）は東京の虎ノ門に在る一種のシンクタンクで、大学や大学院設置のコンサルティング業務も担っております。大学や大学院の新設

1．原告側提出証拠

には文部科学省の認可が必要ですので、弱小私立大学の多くが開構研に有料で調査やコンサルティングを依頼し、大学や大学院の設置にこぎ着けているのが現実です。CHI 大学も開構研に「マル合」教員判定調査及びコンサルティングを依頼致しました。平成１７年５月、開構研から「マル合」教員判定の結果がもたらされましたが、SI$_1$ 教授を初めとする CHI 大学商学部の古参教授は誰１人として「マル合」教員とは認められませんでした。MO$_1$ 教授と SI$_1$ 教授は「可能性がないとはいえない」と開構研側は言葉を濁しましたが、最低５人は「マル合」教員がいないと大学院設置が認められないため、被告は大学院新設に関して非常に厳しい状況に追い込まれていました。

　私は、O$_2$ 学長より一方的に大学院担当から外す通告を受けていましたが（被告は、「被告第５準備書面」の「２０(1)」で「原告は、第１回から第１０回までの準備委員会を連続して全て欠席した。また、大学院担当教員として文部科学省に認可申請するために O$_2$ 学長が個人調書（経歴書等）の提出を求めたにも関わらず、その提出を拒否した」と主張していますが、なぜか私には準備委員会開催案内の通知が配布されないとの嫌がらせを受けております。仮に、被告の主張通りだと致しますと、準備委員会に２～３回欠席した段階で、KA$_1$ 準備委員会委員長等から出席を促されたりするのが当然ではないでしょうか。私と KA$_1$ 教授とは研究室も隣同士ですし、学内ですれ違うことも少なくありません。準備委員会への出席を促さないというのは何とも不自然です。私は、第１回目の教授昇任申請後に KA$_1$ 教授や SI$_1$ 教授らの申請取り下げ要求にも応じず「俺たちに刃向かった生意気な奴」ですから、彼らは私を大学院担当から外すべく準備委員会開催案内を私には配布しなかったのだと思います。また、O$_2$ 学長との会話を録音したテープも私の手元にございますので、O$_2$ 学長が個人調書等の提出を私に求めることなく一方的に大学院担当から外すことを通告したことは明白でございます。当該録音テープは、裁判所が求めますならば被告の虚偽を立証する証拠として提出する用意があります。私は、大学院担当に加えるよう厚生労働省（千葉労働局）の「あっせん」制度を活用致しましたが、被告は大学院担当に加えることも教授昇任を認めることも拒絶しました。

　被告に拒絶されたことは非常に残念でしたが、被告に大学院新設が文部科学省に認められなければ、非常に困る学生が出てくることになることを私は危惧致しました。具体的には次の通りです。

　現在、CHI 大学大学院商学研究科修士課程１年に RA という中華人民共和国からの留学生が在籍しています。彼女は、第１希望の早稲田大学大学院商学研究科博士前期課程の入学試験に失敗し、CHI 大学商学部卒業後やむなく CHI 大学大学院に入学しました。RA 氏は、CHI 大学の学生の中では勉強熱心でした。ただ、それはあくまで CHI 大学内部で、との限定付きであり、留学生でもある彼女が早稲田大学大学院の英文和訳の入学試験問題で

159

第1章　パワハラ裁判①　Ⅱ 双方が提出した主な証拠

合格点を取ることは絶望的だと予想しておりました。RA氏の早稲田大学大学院商学研究科博士前期課程の入学試験結果は、私の予想通りで残念でしたが、RA氏は大学の研究者になりたいとの夢を持っておられますので、夢の実現のためにはそれなりの大学（できれば、文部科学省のいわゆる「トップ３０大学」構想に入る大学）の博士後期課程に進学する必要があります。

　RA氏は早稲田大学大学院の広瀬義州教授の下で学ぶことを希望されていましたが、入学試験に失敗した場合、研究生として広瀬ゼミに出席しながら１年後の早稲田大学博士前期課程の入学試験を再受験するよう広瀬教授に諭されることは目に見えておりました。研究生というのは、正規の大学院生ではないため身分は不安定であり、学費も払う必要があります。１年後の入試で確実に合格する保障もありません。そうなれば、司法試験浪人のように、研究生として先の見えない事実上の浪人生活を続けるしかありません。留学生のRA氏は、日本国から就学ビザの発給を受け易くする観点からも「正規の大学院生」であることが望ましく、例えCHI大学［大学院］であっても、修士課程（博士前期課程）修了（見込み）であれば、早稲田大学大学院商学研究科に博士後期課程から編入する道も開けます。時間も無駄になりません。RA氏のような真面目に取り組む学生の救済を考えれば、入試の難易度も著しく低いうえに学生確保にも苦労することが容易に想像できるCHI大学大学院商学研究科修士課程という「受け皿」の存在は有益です。RA氏の早稲田大学大学院商学研究科博士前期課程の入学試験結果は、合格発表までは分かりませんが、RA氏の早稲田大学大学院への合格可能性は１０％もなかろうと思っておりましたので、私は「受け皿」作り、すなわち、CHI大学大学院商学研究科修士課程の設置認可に向け密かに行動を起こすことを決意致しました。

　私は早稲田大学商学部出身であり、大学１年生の時に同じクラス（第二外国語のクラス）で一緒だった石川県出身の同級生と現在でも親しくさせて頂いております。彼は、前首相で文教族のボスである森喜朗氏の後援会会員として親子２代に渡って森氏を支持（支援）していますが、私は上述の開構研による「マル合」判定が出された後、彼のルートで森前首相に「学校法人CHIが設置申請をする大学院の認可をよろしくお願い致します」と陳情致しました。建前はともかく、有力政治家がわが国の行政に大きな影響力を持つことは日本国民の多くが既知であり、前首相ともなればその政治力は絶大です。大学や大学院の設置認可に政治家が絡むことは、KSD等疑惑追求を受けた埼玉県行田市の「ものつくり大学」の事例などからも明かですし、被告自身、逮捕された元衆議院議員を副理事長に抱えていた経緯からして理解しているものと思います。大学等の設置に疎い人は、清水一行氏の小説『虚構大学』（集英社）を読まれると理解が進むかもしれません。いずれにせよ、陳情は功を奏したようで、開構研から「『マル合』の可能性がないとはいえない」と判断された

MO₁教授およびSI₁教授両名のみならず、開構研からは「『マル合』ではない」と断じられていたKA₁教授やSE助教授等までが「マル合」教員と認められ被告に大学院新設が認められました。

　RA氏等の「受け皿」ができたことは素直に喜ばしかったのですが、KA₁教授やSE助教授まで「マル合」と認定した教員審査結果には私自身も困惑しましたし、政治力の凄まじさを実感致しました。また、被告大学商学部の若手教員の多くが首をひねっていましたので、複雑な心境でもあり、今日まで陳情の事実は伏せて参りました。日本の高等教育のあり方を左右することはないと思われる被告に大学院修士課程新設を認めたとしても、文部科学省としては痛くもかゆくもないのでしょう。被告は、「被告第5準備書面」の「20(1)」で「O₂学長は原告には被告大学の大学院設置及び運営に協力する意思はない」と表現されていますが、非常に残念な記載だと思います。

9.「良い研究者は、良い教育者」という大学界の常識-未成熟な被告大学の教授達-
　本件において、被告は当初、私の研究者としての能力不足を指摘（立証？）しようと試みましたが、私が学者としての当然の見解を披露致しますと、被告の主張は破綻し、今度は私の教育能力を指摘してみようとの方向転換を図ったことが読み取れます。
　しかし、「教育能力については、教育レベルは研究業績を反映する、もしくは両者には正の相関関係があるとみなされる。教育面の評価のうるさいアメリカでも、大学教育では研究活動に熱心で研究業績の優れている学者ほど、学生に知的刺激を与え、学問への意欲を高めることができると信じられている。アメリカでの実証研究でも、同一の結論を出している」（村上政博『法律家のためのキャリア論』105頁）ことが分かっています。また、旧帝大の1つである名古屋大学助教授（森博嗣氏）は、「教育というのは、学生に依存しています。学生が学びたいか、そうでないか、によって良い講義になるかどうか、良い教員になれるかどうかが決まります。……そして、そういった面白い講義とは、やはりその先生が、そのテーマに真剣に取り組んでいて、それが伝わってくる、そういうものではないでしょうか。若者というのは、本当に敏感で、先生が研究に打ち込んでいるその視線を必ず感じ取るものです。だから、使い古された言葉ですが、良い研究者であれば、自然に良い教育者だ、と僕は思います。学びたい人間にとって、力のある研究者が身近にいることが重要であり、そういった人に接することこそが大学の最終的な、ほとんど唯一の存在理由でしょう。」（森博嗣『大学の話をしましょうか』中央公論新社、156-158頁）と指摘しています。
　被告は、「被告第5準備書面」でも「原告は研究能力だけは著しく高いが、教育能力は低い」旨の主張をされていますが、こうした主張は、上記の研究者達の見解とは相容れない

161

第1章　パワハラ裁判①　Ⅱ 双方が提出した主な証拠

ことが明らかですし、被告が、学問的にも無謀なこのような主張をなすこと自体が「何とか安達の教授昇任を拒絶したい」との嫌がらせにほかなりません。

　「ルールより人間関係が優先する」という被告の「ムラ」社会体質に迎合しなかったばかりか、被告を提訴した私を、「教育能力を含むそれ以外の面では期待はずれ…正しい評価」と罵倒したい心情は理解したい気も致します。しかし、甲22号証でも明らかにしたように、被告大学卒業生として初めてメガバンクの総合職に内定した O_3 氏は、私の教育に感謝しておられますし、今年もゴールデンウィーク前に、三菱東京UFJ銀行と三井住友銀行の両メガバンクに内定した学生が「どちらを選択したらよいですか？」と私に意見を求めて参りました。その理由は、「安達先生の授業を受けていた私は、O_3 先輩が安達先生を絶賛する理由がよく分かりますし、安達先生が最も頼りになりますから」とのことでした。また、平成17年度に「チャレンジ就職（キャリア・デザイン）」を受講した被告大学商学部1年生の全員が私のゼミに入ることを希望したのも紛れもない事実です。卒業後のキャリアを真剣に考えるような意欲ある学生達が、なぜ私の教育に惹かれるのか、被告は教育能力の「正しい評価」の内容を吟味する必要がありましょうが、意欲ある学生達は何故か私に教えを請うのが現実なのです。被告の評価が本当に「正しい」のであれば、私は他の大学院に教授として誘われたりはしないでしょう（杉山幸丸『崖っぷち弱小大学物語』105頁参照）。

　これまでの陳述で、被告の私に対する嫌がらせは裁判官にも十分にご理解頂けるものと思いますが、本陳述書は、裁判上のみならず、本裁判を検証する研究者等にも有用な書証になると考えます。被告は、執拗に（とりわけ「被告第5準備書面」の「6」で）私の教育能力に疑義があるなどと攻撃しておりますので、大学教育に関して以下にもう少し述べたいと思います。

　わが国の大学には2種類があることは既に述べた通りです。「残念なこと」であるかどうかは評価が難しいですが、被告大学は大学入試難易度（いわゆる偏差値）が45以下の低レベル大学であって、東京大学などの高レベル大学とは異質の大学であるとの評価は社会一般に定着していると思われます。

　低レベル大学の学生の多くは、学ぶ意欲が低いばかりか、私語・携帯電話操作など授業態度も良くないのが現実です（杉山幸丸『崖っぷち弱小大学物語』84-85頁）。また、被告大学においては、箱根駅伝に出場した陸上競技部部員等が練習などのために授業を欠席しても、「特別出席扱い」にして欲しいと学長名で依頼されている現実もございます。さらに、授業にまるで出席せず、定期試験答案に「野球を頑張りますのでよろしくお願いします」とだけ記述する硬式野球部所属の学生を、年度途中の被告大学商学部教授会で奨学金授与を決定する現実すらあります（原告は、奨学金授与に反対致しましたが、多数決により奨学金授与が決まりました）。「学生の本分は勉強である」との考え方とは相容れないかもし

1．原告側提出証拠

れませんが、若者（大学生）がスポーツ等を頑張ることは必ずしも悪いわけではありません。ただ、高校卒業後、プロやノンプロ（実業団）入りせず、敢えて大学に入学してスポーツ活動を行なったりするのであれば、本来は、授業後（放課後）にクラブ活動を行うべきでありましょう。好きで（自らの意思で）スポーツをする運動部員に特別待遇を施すことに対しては、一般学生から「不公平だ」とのクレームを現場の教員が受けている現実を被告は直視すべきでしょう。

　被告大学を含む低レベル大学に入学してくる学生の質（学習意欲と学力の両面）は多岐にわたります（杉山幸丸『崖っぷち弱小大学物語』42-43頁）。一部の「学びたい学生」は、「出席を取られる」からという理由だけで教室に入り込む「学ぶ意欲の低い」学生から邪魔をされています（すなわち、良好な環境で授業を受ける権利を侵害されています）。学生は、大学に授業料を納付することで当該大学の授業を受ける権利を獲得致しますが、自らの意思でその権利を放棄する（授業を欠席する）学生を、無理に教室に押しこむような方策を採れば、真面目な（ないし学ぶ意欲の高い）学生に不利益を強いることになってしまいます（甲第６９から７１号証）。授業回数の３分の２以上の出席は、単位認定の必要条件として「原則」に過ぎません。司法試験予備校に通うことに忙しく、大学の授業にほとんど出席しなかったのに大学の授業では「優」の評価を得た裁判官・検事・弁護士も少なくないでしょう。教室に「居る」だけで眠り込んだり、私語等で他人に迷惑をかける学生達の成績評価において、授業を聴かない（授業を受けない）で「授業中の教室に居る」ことはどのような意味があるのでしょうか。「授業に出席した」ことになるのでしょうか。大学生は、小学生や中学生ではありません。授業を受けない（授業を休む）という選択及び判断をするのは学生自身です。学生を「入れるだけ入れておいて『学生にやる気を出させろ』なんて、そんなことができるのは、ほとんど宗教団体でしょう」（森博嗣『大学の話をしましょうか』163頁）との名古屋大学助教授の指摘は、特に低レベル大学においては真実といえるでしょうし、被告大学商学部自身、必修科目の単位を落としても「商学部卒業講座」なる単位認定の救済科目で単位を取得することで卒業を可能にするシステムを導入して「学生の便宜」を図っているほどです（「必修」の意味を被告大学自身が蔑ろにしています）。被告大学（私立大学）に多額の（安くない）学費を納付する親の立場をも配慮せざるを得ない被告大学の立場は理解致しますし、（低レベル大学のそうした現状は、『崖っぷち弱小大学物語』36頁にも紹介されています）、必ずしも一流大学とはいえない被告大学なりに苦労していることも承知しています。「教科書や参考書を買わされた」とか「成績評価に不満」とかいったクレームが学生やその親達から低レベル大学に寄せられるのは珍しいことではないのです（『崖っぷち弱小大学物語』86頁、94頁にも学生やその親達からの授業に対する驚くべきクレームが紹介されています）。こうした現実は、裁判官や弁護士の多くには信

163

第1章　パワハラ裁判①　Ⅱ 双方が提出した主な証拠

じられないかもしれません。
　本件で、被告が敢えて取り上げ、原告の教育能力欠如の証拠として提出したI₆の事例以外にも、事実を歪曲・捏造（要は「ウソ」）をして不満を訴える事例（学生及び親達からのクレーム）は幾らでもあります（例えば、甲第７２から７４号証）。低レベル大学における最低の教育目標が「社会に出て普通にやっていけるマナーを身につけさせ、常識を身につけさせる」（『崖っぷち弱小大学物語』120頁）ことにあるならば、購入を強制されていないテキストを自らの意思で購入し、かつ、自らの意思で授業に１度も出なかったI₆に対し、「ウソをつくことは良くないこと」であることをきちんと教えること（偽証罪が問われる法廷で証言させること）こそが教育だと考えられますし、東京大学や中央大学などに籍を置く教育学者等も同様の意見です。原告は、証人尋問の実施時期にはI₆が社会人となっており、被告大学の学生ではないからこそ真実の証言が引き出せると考えて証人尋問を要求しようと考えておりましただけに、実現に至らなかったことは残念に思っております。I₆からのクレーム事案を持ち出しておきながら、真実が明らかになりそうになると慌てる被告の狼狽ぶりは滑稽だとも感じております。I₆にクレーム文書提出を指示し（乙第１４号証３頁）、杜撰な調査により報告書を作成した被告大学教職員の言動からも、本件が、原告を陥れるための謀略に等しいと考えられることは自明であります。
　なお、私は、被告大学に赴任した１年目の最初の定期試験時（平成１５年７月）に、授業にすべて出席した学生の３割ほどが、「持込み可」の試験においても答案に書くべき該当箇所すら探し出せず、まるで回答にならない部分を書き写す現実に直面し驚きました。そうした学生達からすれば、「正解」だと信じて書き写した答案を提出して「不可」の成績評価を得ても、その理由を理解できなかったと思います。こうした驚愕の現実を経験した私は、平成１５年度秋セメスター（後期）には、途中でレポートを特別に課し、成績評価への加算事由を設けることに致しました。しかし、授業を欠席しているため当該レポートの提出期限すら知らない学生の一部から、提出期限後にレポートを提出した場合であっても同様の加算をせよとのクレームを受けたばかりか、なぜかSI₄教授からも恫喝を受けたのです。
　原告は、こうした１年目の経緯を踏まえ、着任２年目（平成１６年度）には、新たに特別加算事由レポートを講義の最初に示しました。テキスト末尾に、①この授業をうける理由、及び②この授業で学びたいこと、を書いておけば、学生自身がいつでも自己の「決意」を確認でき、初心を忘れたときに自分自身で叱咤激励できると期待してのことです。授業に出席して積極的に学び、よく復習をして試験に臨めば、定期試験で合格点は取れるはずです。購入が義務づけられていないテキストを購入する必要もありません。テキストを購入するだけで授業をさぼり（欠席し）、教室での私語等により他人に迷惑を掛けないとの選

択をした（と私は考えたい）I₆らの学生は、「学生の本分である勉強よりも大切にしたい何か」があったのでしょう。授業を受ける権利の放棄は、映画の前売券を購入したまま劇場に脚を運ばない行為に等しく、学生の自己責任による行動であります。つまり、被告主張は完全に失当していますし、他の学生や教員らがクレームをしていると主張することも、被告自らが入学を許可した学生達の判断（自己責任意識）に対する冒涜と言えます。そもそも、「学者としての業務のうち、研究活動及び教育内容は、教員個人の才覚と自律に任される。同学部での先輩・同僚であっても、他の教員の研究活動・教育内容（授業内容や論文指導のあり方）には立ち入らないし、またそれが礼儀であるとされる」のであり、「教育に関しては、授業内容のほか、評点（優・良・可・不可）の付け方については教員の裁量にまかされる」のですが、それは、「教育および研究活動については学者みずから行う以外にない」（村上政博『法律家のためのキャリア論』94頁）ためであり、他教員が、私の教育に本当にクレームをつけているのであれば、彼等が大学教員（学者）として未成熟であることを自白しているのと同じです。

　私にも、自慢話のオンパレードの SI₁ 教授の授業、教育への熱意のまるで感じられない O₁₀ 助教授の授業、遅刻したら教室に入れて貰えない MA₄ 助教授の授業など、学生達から他教員の授業に関して多くの苦情を聞かされますが、それらを敢えて問題視することもなく礼儀を守っております。

　私は、事実及び真実を明らかにするためとはいえ、こうした内容の陳述をしなければならないこと自体が情けなく感じています。

１０．誇れる判決への期待

　私は原告ですから、この裁判の当事者でもあります。その一方で、私は、未来の法曹を育成するロー・スクール（法科大学院）に籍を置く多くの研究者達との知己を得る学徒（学者）でもあります。

　採用面接後に特別条件を示して私と合意したとの不自然な主張を展開する被告（SI₁教授）の主張を無批判に受け入れた別件訴訟の第１審判示に研究者達は疑問を呈しています。なぜこのような誤判をしてしまうのか、研究材料としても教育材料としても貴重な判決ではありますが、当事者としては別件訴訟の第１審判示が悔しくてなりません。本件では裁判官がどのような事実認定をするのか、誇れる判決を下されることを期待しております。

　被告大学商学部は、教授や助教授への昇任基準点を細かな計算式まで示して数値化・客観化され規程でも明示されています。その一方で、被告大学法学部は、同一の大学でありながら昇任について点数制を導入せず、人格等も昇任への判断材料とする大幅な裁量権を認めていて、『労働判例百選』掲載の秋田経済法科大学事件と同様の方式（規程）を採用し

ています。被告大学商学部の助教授や専任講師達は、一連の規程及び数値化・客観化された各昇任基準点をクリアしていれば、助教授から教授昇任へ、あるいは専任講師から助教授への昇任につき合理的期待を抱くのは当然です。私は、教授昇任適任と規程上に明示された基準点につき、1回目の教授昇任申請時点で、合計点（X≧62.5点）及び採用後の研究業績点（C≧30点）の双方をともに超えていましたから（このことは乙第10号証3頁からも明らかです）、平成16年4月1日付での教授昇任に合理的期待を抱きました。この合理的期待権につき、東京地裁がどのような判断を示すのか、日本を代表する大学の研究者達は注目しております。加えて、「俺に刃向かったから安達の昇任は潰した。安達みたいになりたくなかったら、俺に刃向かわない方がよい」と SI_1 教授に脅されている被告大学商学部の若手教員達も、固唾をのんで判決を待っていることを申し上げます。

　被告は、裁判官の多くが東大卒で20代半ばまでに司法試験に合格したエリートであることを踏まえ、別件訴訟でも本件でも裁判官内部の「大学や大学教授のイメージ」や予断（先入観）を巧妙に利用した訴訟戦術を展開してきました。こうした姿勢は、私に対する意図的な嫌がらせ（ハラスメント）を「単純ミス」と誤魔化す手法などに顕著です。一例として、「被告第5準備書面」の「7(1)」に記載の事例を挙げさせて頂きます。

　私は2件の共同研究を申請し、第1希望であった YO_2 非常勤講師との共同研究は採択されず、第2希望であった MA_6 助教授との共同研究が採択されました。社会システム研究所は、YO_2 氏が非常勤の教員であり、MA_6 氏が専任教員であることを理由に、MA_6 氏との共同研究を優先し採択したと私に説明しています。社会システム研究所は甲第38号証において、YO_2 氏の氏名及び肩書きも記載していますから「単純ミス」との言い逃れをすることはそもそも無理ですし、甲第38号証の右下に「平成17年1月27日、教務課」を示す円形の押印があること自体が掲示の事実を証明しています（このような円形の押印自体が掲示を為した証拠であることにつき、甲第75号証の写真参照）。私は、掲示された現物をコピーし、再び現物を掲示しました（戻しました）ゆえ甲第38号証を提出できたのです。

　被告の虚偽の主張にも辛抱強く耐えることが裁判の現実であることは体験して初めて分かったことでしたから非常に有益でした。また、相当な意志の強さなくして裁判を闘い抜くことはできないことも学びました。

　冒頭でも申し上げましたが、本陳述書では、別件訴訟で甲第9号証として提出した私の陳述書（甲第59号証）と重複する記載はできるだけ避け、新たに明らかになった事実を含めた真実の解明に役立つよう意図して陳述を行って参りました。裁判官におかれましては、どうぞ「低レベルの大学なんてこんなもんでしょう」との諦観を捨てられ、事実及び真実をしっかりと見極められた上で未来の法曹達にも誇れる判決を下されますことを強くお願い申し上げます。

1．原告側提出証拠

甲第 59 号証

陳　述　書

平成 17 年 11 月 14 日

東京地方裁判所民事第 25 部　御中

安達　巧
昭和 41 年 4 月 15 日生

1　学歴・経歴・資格

　私は，平成 3 年 3 月に早稲田大学商学部を卒業後，平成 3 年 8 月から平成 6 年 12 月までの 3 年 5 か月間，監査法人トーマツ東京事務所で会計監査業務に従事しました。平成 9 年 3 月には東北大学大学院法学研究科博士前期課程を修了し，平成 11 年 3 月には東北大学大学院経済学研究科博士後期課程を修了しております。

　平成 13 年 3 月にシンクタンク大手の株式会社大和総研の課長代理職を辞し，平成 13 年 4 月に新潟国際情報大学情報文化学部の助教授に就任した後，平成 15 年 3 月に同大学を退職し，平成 15 年 4 月，CHI 大学商学部の助教授に就任しました。

　私は，博士の学位を有します（経済学，東北大学）。平成 11 年 3 月 25 日，東北大学より授与されました（甲 8）。

2　専任教員公募への応募

　私が CHI 大学商学部に採用されたのは，CHI 大学商学部による会計監査論の教授（または助教授）1 名の公募（甲 7）に応募したことによります（なお，甲 7 号証は，当時，CHI 大学が「研究者人材データベース」というホームページに掲載したものです）。

　公募の要項（甲 7）にあるように，当時，CHI 大学では，大学院を設立することを目標に，特に「マル合の資格を有すると思われる」者を募集する旨が明記されていました。

　「マル合」とは，原則として博士号を取得し，一定の研究業績を有する者で，大学院設置申請手続において，文部科学省が大学院で演習科目を担当できる教員であると判定した者をいい，大学院の設置を文部科学省に申請する際，この「マル合教員」と判定される見込みの者を専任教員として 5 名以上確保しておくことが必要です。

　後で分かったことですが，私が採用される前年度の時点では，CHI 大学商学部には「マル合教員」に該当すると思われる教員は，1 人もいなかったそうです。

167

第1章 パワハラ裁判① Ⅱ 双方が提出した主な証拠

3 採用面接
　平成15年2月28日，CHI大学において，採用面接を受けました。面接官は，KA₁学部長（当時），SI₁教授（現学部長），KA₅助教授の3名でした。このうち，主に発言されたのは主査を務められたSI₁教授でした。KA₁学部長も，ときどき補足的に発言されていました。
　このときの採用面接の際に，SI₁教授，KA₁学部長から言われたことは，次のようなことでした。
・CHI大学は，2〜3年後に大学院を設立することを目標にしている。
・そのため，今回の公募では，大学院の設立を前提に，「マル合教員」の資格を有すると思われる先生を採用したい。
・今回の公募には，11名の応募があった。応募者の中には，地方の国立大学の教員もいた。
・慎重に審査した結果，安達先生（私）1人だけが「マル合教員」に該当するとの結論が得られた。
・面接審査に来てもらったのは安達先生1人だけ。他の応募者は呼んでいない。
・安達先生を採用したい。
・本当は教授として採用したいところだが，現職が助教授であることなどを考慮し，とりあえず助教授として採用することにさせてもらいたい。
・採用後の昇任は，CHI大学の規程に従ってできる。
・担当科目は，公募の要項にあるとおり，会計監査論で，大学院の設立後は，大学院で演習（予定科目は「会計学原理演習」）も担当してもらう。
・新年度が近い時期の移籍ということもあり，在籍中の新潟国際情報大学には迷惑をかけることになるので，CHI大学としても，KA₁学部長らが新潟に出向いて説明するなどの対応をすることになるかもしれない。
　大要，以上のような話がありました。
　以上のとおり，このときの採用面接では，助教授としての採用になることについては説明を受けましたが，今回の訴訟で問題になっているような「採用後3年間は助教授のままである」とか「3年経過以前には教授昇任はできない（昇任申請資格がない）」とか，そのような話は，一切ありませんでした。また，「3年経過以前には昇任申請しない」ことを約束させられたり，承諾を求められたこともありませんでした。
　もっとも，「3年」という年数に関してだけ言えば，SI₁教授かKA₁学部長が「3年後には教授に昇任してもらう」という発言をされたことは記憶しております。この発言は，大学院を設立する構想について話をされている中での話であり，遅くとも大学院設立時には

168

私を教授に昇任させ，大学院の演習科目も担当してもらうという趣旨の発言であったと記憶しています。

　ただ，この発言は，あくまでも一方的な発言であり，私に対して，了承を求めたり，承諾を求めたりするような言い方ではありませんでした。ですから，私も，この発言に対して，特に返答はしなかったと思います。まあ，礼儀上「ありがとうございます」くらいのことは言ったかもしれませんが。いずれにしても，何か重要な事項について決断をせまられたり，承諾を求められたりしたという感じのやり取りではありませんでした。

4　採用決定の連絡

　採用面接のあった平成15年2月28日は金曜日でした。正式に採用が決まるのは，週明けの月曜日，すなわち平成15年3月3日に開催される人事会議において，投票による採決を行って正式に決まると聞かされておりました。

　そして，平成15年3月3日，SI_1教授から，人事会議の結果について，「おめでとうございます。万票で採決されました。」との連絡がありました。

　なお，この連絡の際も，「採用後3年間は助教授のままである」とか「3年経過以前には教授昇任はできない（昇任申請資格がない）」とか，そのような条件付きの採用であるという話はまったくありませんでした。また，人事会議において，そのような条件が付いたとか，そういう説明も一切ありませんでした。そのような条件を私が承諾したことも，もちろんありません。

5　助教授への就任

　平成15年4月1日，「CHI大学商学部助教授を命ずる」との辞令を受け，正式にCHI大学商学部の助教授に就任しました。辞令交付の際も，「採用後3年間は助教授のままである」とか「3年経過以前には教授昇任はできない（昇任申請資格がない）」とか，そのような条件はまったく聞かされませんでした。そのような条件が辞令に書いてあるということも，もちろんありませんでした。

　結局，公募への応募から始まって，採用面接，採用決定の連絡，辞令の交付に至るまでの間，「採用後3年間は助教授のままである」とか「3年経過以前には教授昇任はできない（昇任申請資格がない）」とか，そのような条件については，いつ誰からもまったく聞かされたことがなく，承諾を求められたこと自体ありません。ですから，そのような条件を私が承諾したということもあり得ません。

6　教授への昇任申請

　CHI大学商学部では，毎年，10月末日ころに昇任申請が締め切られます。平成15年の場合，締切日は同年10月31日（金）とされていました。

　採用面接時に，採用後の昇任はCHI大学の規程に従ってできると聞かされておりました

ので，CHI 大学の規程を就任後に読んでいたところ，規程上，私でも教授に昇任できる可能性があることに気づきました。

具体的には，「商学部専任教員の採用および昇任に関する実施要領」（甲 4）の「昇任選考審査基準点数表」に基づいて，自分で点数を計算してみたところ，教授昇任への適任点とされている「X≧62.5 点」「C≧30 点」をはるかに上回る点数となったからです。

申請の手続などについて定めたその他の規程（甲 1 ないし甲 3）を読んでみても，手続上，私が昇任申請をすること自体には，特に支障はないように思われました。

もちろん，実際に昇任が認められるかどうかは，人事会議などの昇任審査の結果によりますので，申請したものの，否決されてしまう可能性もあることは十分承知しておりました。ただ，「昇任選考審査基準点数表」に基づく試算の結果が良かったので，とりあえず昇任申請だけでもしてみようという気になりました。もし，結果的に昇任が否決されても，自分に対する大学側の評価を知ることができると考え，その意味でも昇任申請をする価値はあると思いました。

締切日の平成 15 年 10 月 31 日（金），KA₁ 学部長あての昇任申請の書類を教務課に提出しました。なお，書類の提出先については，「商学部専任教員の採用および昇任に関する実施要領」（甲 4）の 2(1)で，「申請書類等の取扱いは教務課とする」と定められています。

7　SI₁ 教授の取下げ要求

平成 15 年 10 月 31 日（金），私は，昇任申請の書類を提出した後，その報告のため，図書館 4 階の個人閲覧室 2 号室に，SI₁ 教授を訪ねました。

私が訪ねたとき，SI₁ 教授は，部屋に設置されているデスクトップ・パソコンで作業をしていらっしゃいました。私が「お忙しい中を恐縮ですが，ご報告があって参りました。」と言うと，SI₁ 教授は，怪訝そうに私を見つめ，「何でしょう？まあ，そこに座って下さい。」と着席を勧められました。私が着席すると，SI₁ 教授は，パソコンでの作業を完全にやめ，体を 90 度回転させて，座ったまま私と向かい合うかたちになりました。

私は「さきほど，教務課に，教授への昇任申請の書類を出して参りました。」と切り出しました。

すると，SI₁ 教授の表情がサッと険しくなり，「何だって？教授昇任の申請書類を出した？どういうこと？」と，厳しい口調で問い質されました。

私が「はい。ですから，助教授から教授への昇任申請の書類を，今日，さきほど教務課に提出して参りました。」と繰り返すと，SI₁ 教授は，「何を言っているの？そんなの聞いてないよ。」と言って，怒ったように私を睨みつけました。

私は，「はい，事前にご相談できなくて，申し訳ありませんでした。」と謝り，「でも，規程では，他の先生の推薦などは特に要件になっていませんし，自分の意思で申請できるこ

とになっていますので…」などと答えました。

　すると，私が言い終わるのも待たず，SI₁教授は，すぐ脇のパソコンデスクを両手で激しく何回もたたきながら，「何を言っているんだ！同じ会計コースにいるんだから，教授の私に事前に了解を求めるのが常識じゃないか！」と，大声で怒鳴りました。

　私は，びっくりして，「常識と言われましても…。規程上は，そうはなっておりませんので…。私は，ただルールに則って，自分で昇任申請をしただけですが…。」などと答えました。

　すると，SI₁教授は，「ルールなんて人間関係の次だよ！」と大声で言い放ちました。さらに，またもや，パソコンデスクを激しくたたきながら，「常識ってものがあるでしょう！」と怒鳴りました。さらに，「安達さんは，もうすぐ40歳になろうとしているよね。いい歳をして，こんなことをして。」とか，「早稲田を出ていながら。」とか，一方的に私を責めるような発言を立て続けにされました。

　また，SI₁教授は，「安達先生は生意気だと，ほかの先生たちからお叱りの電話がバンバン来ていることを知っていますか。」などとおっしゃいました。

　そして，私に，「取り下げるわけにはいかないよね。」と昇任申請の取下げを求めました。そして，意味ありげに，「自分の人生を大切にしなよ。」などとおっしゃいました。

　私は，SI₁教授の気勢に圧倒されながらも，「取り下げろと言われましても…。私なりに熟慮して，規程に則って申請したわけですし…。昇任の可否にかかわらず，審査結果を待ちたいと思います。」と答えました。

　SI₁教授は，表情をこわばらせ，「前々から感じていたけど，だいたい安達先生は，うちの大学を小馬鹿にしているよね。」などと言い，また激昂して，「勝手に昇任申請をして。組織を壊すつもりか！」と怒鳴り，最後には，「取り下げないと言い張るのなら，それはそれで構わないけど，気をつけないと，誰かに後ろから蹴飛ばされるよ！」と脅すように言いました。

　私が声を絞り出すように，「私が昇任申請をすれば，この大学に風穴を開けることもできるかも，と思いまして…。」などと言うと，SI₁教授は，「あなたが死ぬだけで，何も変わらないよ！」と怒号しました。

　私はとても恐くなり，早くこの場から逃げたいと思い，逃げ腰で「もうよろしいですか？」と言うと，SI₁教授は仏頂面で「どうぞ。」とおっしゃったので，私は「失礼いたします。」と言って，逃げるようにして部屋を出ました。

　なお，このとき私がSI₁教授と会った個人閲覧室2号室は，完全な個室であり，防音性も高く，ドアを閉めれば，室内での会話が廊下や他の部屋に洩れることはありません。ですから，SI₁教授がデスクを激しく叩いたり怒鳴ったりしても，室外には聞こえにくい環境に

第1章　パワハラ裁判①　Ⅱ 双方が提出した主な証拠

あります。
　また，私が在室していた間，SI₁教授がメモをとったりしたことは一度もありませんでした。ですから，乙1号証のメモは，私の在室中に書かれたものでないことは明らかです。当然ながら，SI₁教授が私にメモを見せたり，メモの記載を読み上げたりしたということもありません。また，私がメモに加筆したということもあり得ません。

8　SI₄教授の取下げ要求
　平成15年11月5日（水），教授会が開催され，私も出席しました。ちなみに，教授会は，教授，助教授，専任講師で構成されます（CHI大学商学部教授会規程第2条。甲5）。
　教授会の終了後，それに引き続いて，人事会議が開催されましたが，人事会議は教授だけで構成されます（CHI大学商学部教授会規程第2条。甲5）ので，私たち助教授や専任講師は，教授会の終了後，退席しました。
　私は，教授会の終了後，教員室に移動しました。そして，教員室の一番奥の応接セットの2人掛けのソファに座って，自動販売機のコーヒーを飲んでいました。
　すると，しばらくして，人事会議に出席されていたSI₄教授が，人事会議を終えて，教員室に入ってこられました。SI₄教授は，私を見つけるやいなや，私の方に近づいて来ました。
　SI₄教授は，私の右斜め前の1人用ソファに腰を下ろすと，すかさず，「先生，ちょっと，いいですか。」と私に話しかけてきました。
　私が「何でしょうか。」と言うと，SI₄教授は自分の顔を私の顔面にぐっと近づけて，鼻息を荒くしながら，「先生は今日も教授会で発言されましたね。」と言いました。
　私は「はい。一応，私も教授会の構成メンバーですから，発言することに問題はないはずですが…。」と答えました。
　実は，SI₄教授との間には，それ以前にも似たようなやり取りがありました。
　約4か月前のことになりますが，平成15年7月3日，SI₄教授から，「自分は，着任して最初の2, 3年は，教授会で何も発言しませんでしたよ。」と言われたことがあったのです。このときは，6月の教授会で私が発言したことを遠回しに批判するような言い方でした。
　そういうことが以前にもあったので，「今日も教授会で発言されましたね。」という言い方になったのだと思います。
　さて，話がそれましたが，私が「一応，私も教授会の構成メンバーですから」と答えたところ，SI₄教授は，自分の顔を私の顔面に近づけたままの状態で，「そうですね…。先生が教授会でご発言することに対しては，もう何も言いません。」とおっしゃいました。
　しかし，SI₄教授は，続けて，「ただ…。先生が出されたという教授昇任申請は…。あれは，SI₁先生とご相談の上でのことでしょうね？」と，問い詰めるような口調で言いました。
　私は，「いえ。SI₁先生に事前にご相談はしていません。ですが，申請書類を提出した直

後に，SI₁先生にご報告しております。」と答えました。

　すると，SI₄教授は，自分の顔面を私の顔面と接触するほどの距離まで近づけ，まるで私の顔面を舐めるように見ながら，低い声で「私はこの大学に長く勤めているから，この大学のことを隅から隅まで知っている。」と言いました。

　私はびっくりして，一瞬，体が硬直したようになりました。SI₄教授は，日本体育大学出身の体育の先生です。CHI 大学では，体育実技などを担当されています。学生時代は水泳をやっておられたと聞いております。がっちりした体格の先生で，威圧感があります。そのような先生に，目の前で凄まれたので，とても怖い感じがしました。

　私が体を固くして黙っていると，SI₄教授は，さらに，威圧的な口調で，「昇任申請をこのままにしておくと，先生の経歴に傷がつく。申請を取り下げなさいよ。」と低い声で言いました。

　私は，脅されている，と感じました。私は，SI₄教授から逃げるように，自分の顔をSI₄教授の顔面から遠ざけ，体を後ろにそらしました。そして，おそるおそる「審査はこれから始まるはずなのに，どうして経歴に傷が付くことになるんですか…？」と聞きました。SI₄教授は，私をきっと睨みつけましたが，言葉は発しませんでした。

　私は，こわごわ「申し訳ありませんが，熟慮した上での昇任申請ですから，取り下げることはできません…。それに，なぜ経歴に傷が付くことになるのか分かりません。経歴に傷が付く，という意味を教えて下さい。」と言いました。

　すると，SI₄教授は，「先生がそこまで言うのなら，もう何も言いませんよ。後悔しても知らないですよ。」と捨て台詞を残して，ソファから立ち上がり，私のそばから離れました。SI₄教授が立ち去ったので，私はほっとしました。

　なお，教員室は広い大部屋になっており，このとき，私とSI₄教授のほかにも，人はいましたが，近くには誰もいませんでした。しかも，SI₄教授は，私に顔を近づけてしゃべり，周囲の人に聞こえるような大声は出しませんでしたから，私たちの会話の内容は誰にも聞こえなかったと思います。

　なお，このときHO₂教授が同席していたとSI₄教授が主張しているようですが，まったく事実無根です。私とSI₄教授は一対一で向かい合って話し，そばには誰もいませんでした。

9　KA₁学部長の取下げ要求（1回目）

　平成15年11月28日，KA₁学部長に呼び出され，商学部長室を訪ねました。

　応接セットのソファに座るようKA₁学部長に促され，私が着席すると，KA₁学部長は，「安達先生から先月末に出された昇任申請の件ですが…。まずは，これらをご覧下さい。」と言って，2枚の紙をテーブルの上に置きました。

　2枚の紙は，いずれもA4サイズで，上端にマル秘の印が押されていました。1枚は，平

173

成15年3月3日の商学部人事会議議事録（乙3）の抜粋で，2ページ目の9行目以下の部分だけをコピーしたものでした。なお，乙3号証では，2ページ目の9行目以下の部分にも，黒い線で抹消した箇所が数箇所ありますが，このときKA₁学部長に見せられたものは，抹消部分のない完全なものでした。

　もう1枚は，平成15年3月3日の商学部人事会議に提出された私の採用に関する審査報告書の抜粋で，私を教授ではなく助教授として採用する理由が書いてある部分だけをコピーしたものでした。内容は，私の現職が助教授であり，勤務校での助教授の在任が2年であること，本学（CHI大学）の会計教員の実情や年齢構成も勘案すべきこと，などの理由で，教授採用ではなく，助教授採用がふさわしいと判断した，などの記述がありました。

　私が「この書類は，いただいていいですか？」と聞くと，KA₁学部長は，「これは人事会議の構成員にだけ配られています。安達先生は助教授ですから人事会議の構成員じゃないし，お渡しできません。今日は特別に見せて差し上げています。」とおっしゃいました。

　そして，KA₁学部長は，「安達先生を採用する際に，3年後に教授昇任申請を容認すると決めておりますので，今回は昇任申請できません。ですから，申請を取り下げて下さい。」とおっしゃいました。

　私は，「3年後に教授昇任申請を容認するというお話は聞かされておりませんでしたが…。」と言いましたが，KA₁学部長は，それ以上は何も言わず，黙っていらっしゃいました。

　私は，SI₁教授，SI₄教授に続いて，KA₁学部長までもが，教授昇任申請の取下げを求めてきたことに驚きを感じました。もっとも，SI₁教授とSI₄教授の場合は，完全に脅迫と言えるようなやり方だったのに対し，KA₁学部長の場合は，言葉遣いや態度は一応，丁寧でした。なお，昇任申請を取り下げるべき理由として，「3年後に教授昇任申請を容認すると決めているので，今回は昇任申請できない」と言われたのは，このときが初めてです。

　私は「お手数をおかけして申し訳ないとは思いますが…。できれば，規程どおり，すみやかに審査を始めていただきたいのですが…。」とお願いしました。

　KA₁学部長は，「私が言えば，申請の取下げに応じると思っていましたが，昇任申請は取り下げないということですね。」と私に確認を求めました。

　私は，きっぱり「取り下げません。」と言いました。

　すると，KA₁学部長は，「仕方ないですね。では，次回の人事会議に付しましょう。」とおっしゃいました。次回の人事会議は，平成15年12月10日に開催される予定になっていました。

　KA₁学部長が，次回の人事会議に付すことを約束してくれたので，私は少しほっとしました。

　KA₁学部長は，私に見せた2枚の紙を「もう，いいですか。」と言って，私から回収しま

した。

私は，椅子から立ち上がり，「では，これで失礼いたします。」と一礼し，退室しました。

10　KA₁学部長の人事会議への不付議

この年，昇任申請をした人は，私を含めて4名いました。私と，NI₁講師，CHE講師，SU₁助教授です。NI₁講師とCHE講師は，講師から助教授への昇任を申請し，SU₁助教授と私が，助教授から教授への昇任を申請しました。

KA₁学部長は，前記のとおり，平成15年11月28日，私の昇任申請について，「次回の人事会議に付しましょう。」と明言されていました。

ところが，KA₁学部長は，平成15年12月10日に開催された人事会議で，4名の昇任申請者のうち，あえて私を除く3名分だけを人事会議の議に付し，私の分を付議しなかったのです（甲6，乙4）。

今回の訴訟で，KA₁学部長らは，私の昇任申請を付議しなかったことについて，故意に「放置」していたわけではなく，「慎重に検討」していたのだ，などと主張しています。しかし，実際には，後述のとおり，KA₁学部長は，この後，さらにもう一度，私に昇任申請の取下げを要求したのです。したがって，当時，KA₁学部長は，もっぱら私に昇任申請を取り下げさせることだけを企図して行動していたことが明らかです。

11　KA₁学部長の取下げ要求（2回目）

平成16年1月23日，KA₁学部長に呼び出され，商学部長室を訪ねました。

学部長室に入ると，今回は，既に執務デスクの前に椅子が置かれており，その椅子に座るよう促されました。私が着席するとすぐに，KA₁学部長は，A4サイズの紙1枚を，執務デスクの上に置き，私に見せました。それは，「CHI大学専任教員の資格に関する規程」（甲1）の1ページ目をコピーしたものでした。

KA₁学部長は，「早速ですが…。ここの第3条(1)の博士というのは論文博士のことです。課程博士はこれには該当しません。」と切り出しました。

私は，一瞬わけがわからず，「はあ？」と声を出しました。

そして，面前に示された甲1号証の第3条(1)を見ながら，「ここには，博士と書いてあるだけで，論文博士とか課程博士とかの区別はされていませんが…。」と言いました。

KA₁学部長は，「明示はしていないけれども，ここの博士は論文博士のことであって，本学はこれまで論文博士のみを博士として運用してきた前例しかありません。」とおっしゃいました。

そのような話は，まったく聞いたことがありませんでしたので，KA₁学部長の言っていることがウソだということは，すぐに分かりました。

すると，KA₁学部長は，続けて，別のA4サイズの1枚の紙を私の面前のデスク上に置き

ました。
　それは，「商学部専任教員の博士号取得者とその職位」と題する一覧表で，乙9号証と，ほぼ同じ内容のものでした。
　ただ，違っていたのは，名前の欄です。乙9号証では，5名の先生の名前が実名で記されていますが，このときKA₁学部長が私に見せた一覧表では，名前の欄には，アルファベットで，上から順に，A・B・C・D・Eと表示してあるだけで，実名は伏せてありました。
　私が「この紙は，いただけるんですか。」と聞くと，KA₁学部長は「お渡しはできません。」と言うので，「では，写すのは構いませんか。」と聞くと，「仕方がないですね。写すだけなら許可します。」とおっしゃいました。それで，私は，大急ぎで，その一覧表を，持参したメモ用紙に書き写しました。
　私が書き写している途中で，KA₁学部長は，「この表からも分かるように，博士号取得者でも助教授を5年以上経験してから教授に昇任しています。ですから，安達先生は，教授昇任申請を取り下げて下さい。」とおっしゃいました。
　私は，KA₁学部長が再度，取下げを要求してきたことに愕然としました。取下げをしなければならない理由について，納得のいく説明をされたのなら別ですが，KA₁学部長のおっしゃっていることは，ウソか，屁理屈としか思えないことばかりです。
　私は，あらためて言うまでもないことだと思いながらも，「規程では，昇任申請をするかしないかは，本人の意思によることになっていますので…。この表に載っている方たちが申請をしなかっただけではないですか…？」と言いました。
　KA₁学部長は，返す言葉もない様子でした。
　私は，このままでは，KA₁学部長が私の昇任申請を人事会議に付さずに放置してしまうのではないかと，いよいよ不安になりました。
　そこで，私は，最後の勇気をふりしぼって，「私は規程どおりの手続を踏んで昇任申請をしております。また，申請して既に3か月近くが経過しております。お願いですから，早く公正な審査を開始して下さい。昨年11月には，この場所で，学部長自身が，次の人事会議に付す，とおっしゃっていたじゃないですか。」と必死に訴えました。
　すると，KA₁学部長は，「この表を見せれば，納得して取り下げてくれると思ったのですがね。どうしても取り下げないと言うのなら，人事会議で取り上げるしかないですね。」とおっしゃいました。
　やっとのことで，KA₁学部長が私の昇任申請を人事会議に付してくれると言ってくれたので，私はほっとして，「ありがとうございます。よろしくお願いします。」と言いました。
　KA₁学部長は「もう結構ですよ。話はこれで終わりですから。」と言い，私は「失礼いたします。」と一礼をして，退室しました。

１２　人事会議への付議

　KA₁学部長は，平成 16 年 1 月 28 日にようやく私の昇任申請を人事会議の議に付しました。

　なお，その後，私の昇任申請は，平成 16 年 3 月 16 日の人事会議で否決されました。

１３　私が受けた苦痛

　SI₁教授，SI₄教授，KA₁学部長の前記の各行為は，やり方は違いますが，いずれも，不当な手段で，私の昇任審査を受ける機会を妨害し，不当な方法で，昇任申請の取下げを強要する行為であり，決して許される行為ではありません。

　私は，これらの各行為にもかかわらず，じっと耐え，昇任申請の取下げ要求に応じませんでした。

　しかし，これらの各行為によって，私がどれほど怖い思いをし，どれほど嫌な思いをし，どれほど辛い思いをしたか，分かるでしょうか？　私は規程に従って，昇任申請の手続をしただけなのに，なぜ，このような嫌がらせをされなければならないのでしょうか？あまりにも理不尽な仕打ちではないでしょうか？　私には，こんなひどいことをされるような心当たりはありません。SI₁教授に事前に相談しなかったことが，そんなにいけなかったのでしょうか？
それとも，新入りのくせに教授会で発言したりしたことが，よほど気に障ったのでしょうか？

　私は，その後，SI₁教授，SI₄教授，KA₁学部長の顔を見るたびに，彼らからされた仕打ちを思い出し，今でも，そのときの光景が頭の中でフラッシュバックのようによみがえり，とても怖い気持ちや嫌な気持ちがします。もう 2 年もたった今ですらそうですから，まして，2 年前の当時は，本当に恐くて辛くて，思い出すだけで，夜も眠れないほどのショックを受けたことを覚えています。

　彼らには，私と同じ大学で働いている教授であるという立場の前に，まず，一人の人間として，自分のやったことを深く反省し，私に向かって，きちんと謝罪してほしいと思います。そんなこともできないで，教育者を名乗る資格はないと思います。

　裁判官におかれましては，ぜひとも真実を究明し，公正なご判断をいただき，私の気持ちを晴らしてくださることを希望しております。

以上

第1章　パワハラ裁判①　Ⅱ 双方が提出した主な証拠

甲第61号証
直送済

平成18年(ネ)第1781号　損害賠償請求控訴事件
　控訴人（一審原告）　　安達　巧
　被控訴人（一審被告）　KA₁ほか2名

控訴理由書

平成18年4月24日

東京高等裁判所第1民事部　御中

控訴人訴訟代理人弁護士　　MO₂　　印

　頭書事件について，控訴人は，以下のとおり控訴理由を提出する。

　原判決の「第3　争点に対する判断」には，下記の点に関し，事実認定及び判断において重大な誤りがあり，破棄を免れない。
　なお，控訴人は，新しい証拠として，甲10号証（乙3号証の黒塗りされる前のもの）及び甲11号証（BE教授の陳述書）を提出する。

第1　「3年間は教授への昇任申請ができない」等の条件があったか否か
　1　問題の所在
　　本件で最も重要な争点の一つは，控訴人がCHI大学に助教授として採用された際，被控訴人らが主張するような条件，すなわち，「採用後3年間は助教授のままである」とか「3年経過以前には教授昇任はできない（昇任申請資格がない）」とか「3年経過以前には昇任申請しない」などの条件（以下，「3年間は教授への昇任申請ができない」等の条件，と総称する）が付されていたか否か，あるいは，そのような条件付きの採用であることを控訴人が承諾していたか否か，という点である。
　　以下，便宜上，①これらの条件が付されていたか否か，また，②これらの条件を控訴人が承諾していたか否か，に項を分けて検討する。
　2　「3年間は教授への昇任申請ができない」等の条件が付されていたか否か

1．原告側提出証拠

　被控訴人らは，採用時に「3年間は教授への昇任申請ができない」等の条件が付されていた旨を主張し，原判決も，結論として，この主張に沿う認定をしているように見える。
　しかし，この主張及び認定には，以下の点で，大きな疑問がある。
　被控訴人らの主張によると，平成15年2月28日に行われた採用面接の際に，「3年間は教授への昇任申請ができない」等の条件が伝えられたとのことであるが，原審で審理した結果によると，少なくとも，同日の採用面接の席上では，そのような話は出なかったことが認められる。
　すなわち，平成15年2月28日の採用面接に立ち会ったのは，被控訴人 KA$_1$，被控訴人 SI$_1$，訴外 KA$_5$助教授の3名であるところ，採用面接の席上では，この3名のうち誰からも，「3年間は教授への昇任申請ができない」等の発言はなかったことが明らかになっている。
　それでは，これらの条件は，いつ，どのようにして決定または付与されたのか。原判決を見ると，平成15年3月3日に開催された人事会議において，そのような条件が付されたものと認定しているようである。乙3号証（平成15年3月3日の人事会議議事録）において，被控訴人 SI$_1$が「採用後は3年の経験で教授への昇格資格を取得できる条件としたい。」と発言した旨の記載があることが上記認定の根拠となったものと思われる。
　しかし，乙3号証における上記の記載のみをもって，「3年間は教授への昇任申請ができない」等の条件が付与されたと認定するのは飛躍があり過ぎると言うべきである。
　CHI 大学の規程上，助教授から教授になるために，5年以上の助教授の経歴が必要とされるのは，博士の学位を有しない者の場合であり（CHI 大学専任教員の資格に関する規程第3条。甲1），博士の学位を有する控訴人には，そのような年数制限はない。
　したがって，控訴人を採用するに際し，「3年間は教授への昇任申請ができない」等の条件を付するのであれば，あえて規程と異なる取り扱いをすることについて，その理由などを控訴人に十分に説明した上で，明確な承諾を得ておく必要があることは言うまでもない。
　もちろん，その前提として，大学側においても，あえて規程と異なる取り扱いをすることの是非を議論するなどした上で，そのような条件を付すことを明確に大学側の方針として決定しておく必要があることも言うまでもない。
　ところが，原審での審理の結果によると，平成15年2月28日に行われた採用面接の席上では，「3年間は教授への昇任申請ができない」等の条件が付くことについては，一切，話題にのぼっていない。したがって，少なくとも，この時点では，大学側

でも,「3年間は教授への昇任申請ができない」等の条件を付けることについて,合意の形成ができていなかったことが明らかである。

とすると,平成15年3月3日に開催された人事会議の席上で,そのような条件を付すことの是非について議論がなされ,そのような条件を付すことが決定したのであろうか。

ここで問題となるのが,乙3号証(平成15年3月3日の人事会議議事録)の「採用後は3年の経験で教授への昇格資格を取得できる条件としたい。」という記載に,いかなる意味があるか,である。

被控訴人らは,乙3号証に,たまたま,このような記載があることから,この記載を根拠として,「3年間は教授への昇任申請ができない」等の条件が付された,と主張している。

しかし,この記載部分は,あくまでも被控訴人SI$_1$の発言部分にすぎず,この記載だけをもって,大学側が「3年間は教授への昇任申請ができない」等の条件を付す決定をしたと認定するのは無理がある。

むしろ,乙3号証の記載を見る限り,この人事会議の席上で,規程と異なる取り扱いをすることの是非について議論した形跡はまったく認められず,大学側が「3年間は教授への昇任申請ができない」等の条件を付すことを決定したとは,到底認められない。

つまり,このときの人事会議は,控訴人を助教授として採用することを決定したものにすぎず,決定事項としては,それ以上の内容を含むものではないと考えられる。

原審でも主張したことであるが,控訴人の採用当時,CHI大学商学部では,2〜3年後の大学院設立を目標に,大学院の設置申請に必要な「マル合教員」(原則として博士号を取得し,一定の研究業績を有する者で,大学院設置申請手続において,文部科学省が大学院で演習科目を担当できる教員であると判定した者)を確保する準備を始めており,控訴人を採用するにあたっても,控訴人が「マル合教員」に該当することが採用の決め手となった。

つまり,控訴人を採用する際,2〜3年後の大学院の設立に合わせて,控訴人を教授に昇任させ,大学院で演習科目を担当してもらうという構想を大学側は持っており,乙3号証における被控訴人SI$_1$の発言は,その趣旨の発言にほかならない。

乙3号証では,黒塗りされた部分が不自然に多く,もともとの記載の趣旨と異なる印象を与えるおそれがあるため,今回,控訴人において入手した黒塗りされる前のもの(甲10号証)を新たに証拠として提出する。

これによると,当時,CHI大学商学部が大学院の設立を前提として「マル合教員」

の確保に動いていたこと，控訴人の採用が大学院設立の構想と不可分の関係にあったことなどが分かり，控訴人の従前からの主張を裏付けるものと言える。

なお，原判決の後である平成18年4月，CHI大学大学院商学研究科が設立されている。

3 「3年間は教授への昇任申請ができない」等の条件を承諾したか否か

もし，仮に，被控訴人らの主張するように，大学側が「3年間は教授への昇任申請ができない」等の条件を付することを決定していたとしても，控訴人にはそのような条件付きの採用であることは一切伝えられておらず，もちろん，控訴人がそのような条件を承諾したこともない。

そもそも，前述のとおり，博士の学位を有する控訴人には，CHI大学の規程上は，教授昇任申請をする際，年数などの制限はない。したがって，控訴人の採用に際し，「3年間は教授への昇任申請ができない」等の条件を付するのであれば，あえて規程と異なる取り扱いをすることについて，その理由などを控訴人に十分に説明した上で，控訴人の承諾を得ておく必要があることは言うまでもない。

本件では，控訴人が「3年間は教授への昇任申請ができない」等の条件を承諾したことを示す証拠は存しない。

第2 被控訴人らの供述の信用性

1 被控訴人KA1の供述の信用性

被控訴人KA1は，原審での本人尋問の際，控訴人代理人の質問に対し，正面から問いに答えず，言を左右にし，徒に時間を費やす態度に終始した。

例えば，原審で争点の一つとなった，甲1号証の規程第3条（1）の「博士」は「論文博士のみを指し，課程博士を含まない」という解釈が過去にCHI大学に存在したか否かという点について，被控訴人KA1は，陳述書（乙16号証）では，過去一貫してそのように解釈してきたと述べておきながら，尋問の際は，そのような解釈がいつ頃からあるかという質問に対し，「最近」と言ったり「よく分からない」と言ったり，言を左右にした挙句，最終的に「（平成8年4月に）教授になってから」と答えたものの，そのような解釈がされるようになった経緯については，比較的最近のことなのに説明することができなかった。

また，被控訴人KA1は，本人尋問の際，平成15年2月28日に行われた採用面接の席上で，自分が控訴人に対し，「3年間は教授への昇任申請ができない」等の説明をしたと述べているが，この供述は，被控訴人SI1によって，「完全な誤りだ」として明確に否定されている。

これらの例を挙げるまでもなく，被控訴人KA1の供述は，重要な点について言葉を

濁したり，あいまいな供述に終始しており，その信用性には著しい疑問がある。
 2 被控訴人 SI₁ の供述の信用性
　　被控訴人 SI₁ は，平成15年10月31日，CHI 大学の図書館の個室内において，控訴人に対し，パソコンデスクを両手で激しく何回も叩いたり，大声で怒号するなどした事実を否認している。
　　しかし，原審での審理の結果，被控訴人 SI₁ は，以前に CHI 大学商学部の学部長をつとめていたころ（平成9年10月から平成12年3月までの間），教授会の席上で，学部長提案をした際，これに反対した若手教員に対し，机を激しく何度も叩いて，大声で「なんで反対なんだ」と威嚇するような口調で言うなど（MI 教授，I₃ 元助教授），本件と同様の行為を過去にも行っている事実が明らかとなっている。
 3 被控訴人 SI₄ の供述の信用性
　　被控訴人 SI₄ は，平成15年11月5日，CHI 大学の教員室において，控訴人の顔面に顔を近づけ，威圧的な口調で，控訴人を威迫した事実を否認している。
　　しかし，原審での審理の結果，被控訴人 SI₄ は，以前，他の若手の体育教員に対し，「お前たちみたいな若造が」などと何度も脅かすなど（CHI 大学法学部の KO₂ 教授），本件と同様の行為を過去にも行っている事実が明らかとなっている。
第3 不法行為の動機等について
 1 被控訴人らが控訴人に対し，本件のような不法行為に及んだ動機については，原審の審理で明らかになっただけでも，次のような点を挙げることができる。
　　例えば，被控訴人 SI₁ については，「同じ会計コースにいるんだから，教授の私に事前に了解を求めるのが常識じゃないか！」との発言が示すように，控訴人が自分に相談しないで昇任申請したことに立腹・憤慨したことが直接の原因と考えられる。
　　このほか，被控訴人 SI₁ は，「安達先生は生意気だと，ほかの先生たちからお叱りの電話がバンバン来ていることを知っていますか。」とか「前々から感じていたけど，だいたい安達先生は，うちの大学を小馬鹿にしているよね。」などと発言しており，それ以前から控訴人のことを快く思っていなかったことをあらわにしている。
　　また，例えば，被控訴人 SI₄ については，控訴人が着任して間もない平成15年6月の教授会で発言したことに対し，「自分は，着任して最初の2，3年は，教授会で何も発言しませんでしたよ。」と，暗に教授会での発言を控えるよう注意したにもかかわらず，その後も，控訴人が教授会でたびたび発言することを苦々しく思っていたところへ，本件の不法行為の直前に開催された教授会で，またも控訴人が発言したことに憤慨したことが直接のきっかけになったものと考えられる。
　　以上の例が示唆しているように，結局のところ，本件における被控訴人らの行為は，

ある特定の明確な動機に基づく行為と言うより，むしろ単に感情的な行為としての側面が強い。つまり，被控訴人らの控訴人に対する個人的な感情（好きとか嫌いとかの感情）から出た行為であって，その意味で，ハラスメント（嫌がらせ）の側面をもつ行為として理解するのが妥当である。
2　ハラスメントの背景
　　それでは，なぜ，控訴人が被控訴人らからハラスメント（嫌がらせ）を受けるのか。前述した例からも，その一端を垣間見ることができるが，今回，提出した新たな証拠（甲１１号証）によって，CHI 大学商学部において，控訴人が被控訴人らを含む他の教授たちからハラスメント（嫌がらせ）を受けていた事実やその背景などが明らかになった。
　　甲１１号証は，CHI 大学商学部の教授である BE 教授が，CHI 大学商学部内部の人間関係や，控訴人に対するハラスメントの実態を告発した文書であり，直接または間接に本件不法行為の事実を推認させる内容となっている。また，なぜ，控訴人が被控訴人らからハラスメント（嫌がらせ）を受けるのか，その理由を分析している。
3　BE 教授の陳述書（甲１１号証）
(1)　甲１１号証の記述は内容的に多岐にわたっているが，本件で争われている事実に直接に関係することだけでも，例えば，以下のような注目すべき記述があるので，ここに引用しておく。
　①　BE 教授は，平成１５年１０月３１日，控訴人が図書館４階の個室で被控訴人 SI_1 と話をした際，部屋の外で待機しており，その間，室内で何かを激しく叩く音や被控訴人 SI_1 が怒号する声を聞いた。
　②　控訴人は，平成１５年１１月５日，教授会の席上で，平成１５年１０月３１日に図書館内で被控訴人 SI_1 から恫喝された事実を公表した（被控訴人 SI_1 は，このときの教授会を欠席していた）。
　③　BE 教授は，平成１５年１１月５日，教員室において，控訴人と被控訴人 SI_4 が顔面をくっつけるように話し込んでいるのを見た。被控訴人 SI_4 のほうから控訴人に何やら話しかけており，控訴人は脅えた表情をしていた。
(2)　このほか，本件について，重要な間接事実になると考えられるものとして，例えば，次のような記述がある（括弧書きは，立証の趣旨などを示す）。
　①　被控訴人 SI_1 は，平成１５年１１月３日，MA_3 教授に対し，控訴人のことを「常識のないやつだ」などと話した。
　②　被控訴人 KA_1 は，平成１５年１１月５日，教授会の席上で，控訴人から，教授会の開催手続に規程違反があったことを追及され，その席上で謝罪発言をさせられ

た。

　　　（→　被控訴人 KA₁ が本件不法行為に及ぶ動機となった。）

③　被控訴人 KA₁ は，平成15年11月中旬ころ，「安達さんは教授にしたくないんだよね」と I₃ 助教授（当時）に話した。

④　被控訴人 SI₄ は，平成15年11月13日，控訴人に対し，威圧的な表情で「ちょっと，ちょっと」と声をかけ，控訴人を自分の研究室（個室）に呼び入れ，控訴人の担当する講義に関し，恫喝的に意見した。

　　　（→　被控訴人 SI₄ と控訴人との上下関係，被控訴人 SI₄ の控訴人に対する接し方などを示す。）

⑤　被控訴人 SI₁ は，平成16年3月16日，人事会議の席上で，控訴人の本件昇任申請について審議している最中に，「早稲田大学がなんだ！東北大学がなんだ！」と喚き立てた。

第4　別件訴訟について

　最後に，本件訴訟の関連訴訟として，控訴人が CHI 大学を訴えている別件訴訟があることを付記しておく。

　東京地方裁判所平成17年(ワ)第17142号損害賠償請求事件（原告安達巧，被告学校法人 CHI）がそれである（現在，東京地裁民事第11部に係属中）。

　この別件訴訟は，控訴人の本件昇任申請を否決した人事会議の決定の違法性や手続の違法性などを理由に，控訴人が大学側に対して損害賠償を求めているものであり，争点のかなりの部分が本件訴訟と重なっている。

　　　　　　　　　　　　　　　　　　　　　　　　　　　　　　　　　以　上

1．原告側提出証拠

甲第62号証

陳述書

平成18年4月21日

東京高等裁判所第1民事部　御中

住所　■■■■■■■■■■■■
氏名　BE

1．はじめに

　私は、CHI 大学商学部の教授です。同僚の安達巧助教授が、KA$_1$、SI$_1$、SI$_4$ の各教授から昇任申請の取り下げを強要された事件について、知っていることや思い当たることが色々とありますので、ここに告発させて頂きます。

　安達巧助教授が昇任申請の取り下げを強要された事件の背景には、CHI 大学商学部教授たちの安達巧助教授に対する個人的な嫌がらせ（ハラスメント）、とりわけ「教授」という上位職の立場を利用した下位職者（助教授）へのパワー・ハラスメントという側面があると思います。すなわち、安達巧助教授の着任後、KA$_1$、SI$_1$、SI$_4$ の各教授らを始めとする CHI 大学の古参教授陣が、安達巧助教授の経歴や言動に対して「生意気だ」などの個人的な嫌悪感を抱くようになり、それが安達巧助教授に対する個人的な嫌がらせ（ハラスメント）につながったものと思います。彼らが安達巧助教授のことを個人的に嫌っていることは、彼ら自身の言動からも明らかですし、商学部の関係者なら知っていますが、以下、私自身が見聞きした事実と合わせて、裁判官様に告発をしたいと思います。

　以下、項目ごとに整理して詳しく申し述べます。

2．学歴・経歴

　私は、昭和22年3月28日に東京都足立区で生まれ、昭和44年3月に東京理科大学工学部経営工学科を卒業、昭和51年3月に中央大学大学院商学研究科博士後期課程を単位取得満期退学しました。45歳になった平成4年5月には九州大学より博士（経済学）の学位を授与されております。

　昭和51年4月に着任した札幌商科大学を皮切りに、昭和61年4月に上武大学経営情報学部、平成2年4月に東京農業大学生物産業学部、平成7年4月に大阪産業大学経営学部へと赴任した後、平成15年4月に CHI 大学商学部に安達巧氏と同時に着任し、現在に至っております。私は、CHI 大学商学部には「経営管理論」や「経営学総論」等の科目を担当する教授として着任しましたが、私が初めて大学「教授」になったのは昭和59年4

月であり、当時38歳でした。それ以降、私はずっと「大学教授」です。

3．KA₁・SI₁・SI₄各氏の安達巧氏に対する学歴及び博士学位への嫉妬

　安達巧氏は、早稲田大学商学部を卒業した後、旧七帝大の1つである東北大学の大学院博士課程で博士論文の審査及び最終試験に合格して博士（経済学）学位を得ています。

　安達巧助教授の第1回目の昇任申請の審査委員会主査を務めるとともに、第2回目の教授昇任申請時には学部長として安達氏の昇任審査委員会を設置しないとの暴挙を主導したSI₁氏は、CHI大学商学部を卒業後、私立の亜細亜大学大学院博士課程で学んでおられます。彼は、博士後期課程だけで6年間も在籍しながら、結局は博士論文を書くことができず、大学院を修了ではなく満期退学となっています。KA₁氏は安達巧助教授の採用時及び第1回目の昇任申請当時の商学部長であり、現在は図書館長として役職手当を貰う立場にありますが、彼は私立の青山学院大学大学院博士課程で学んではいるものの、やはり大学院の修了要件である博士学位論文を書けずに博士学位を取得できませんでした。SI₄氏に至っては、唯一の体育担当の教授ですが、日本体育大学体育学部が最終学歴であり、大学院の学歴はまったくありません。

　SI₁教授をはじめ、KI₁教授、YA₃教授、I₁教授、MO₁教授、MI教授（平成17年4月1日付で教授昇任）など、CHI大学商学部にはCHI大学商学部の卒業生が教授として比較的多く在籍しています。CHI大学は「三流大学」に過ぎず、いわゆるFランク（事実上、Freeパスで入学できる低レベルの大学の通称）大学ですから、同大学の卒業生や在学生たちが、他の有名大学の卒業生や在学生に対して学歴コンプレックスを抱くのは当然だと思われます。現に、毎年3月下旬にCHI大学の非常勤講師の先生方を招いて行われる懇親会（CHI大学の専任教員も多数参加します）の場におきまして、SI₁氏の「CHI大学の学生は劣等感を持っています。実は私もそうであり、……どうか本学の学生に対しては、先生方の暖かいご指導をよろしくお願い致したく存じております。」との趣旨の発言を、私は平成15年3月及び平成16年3月の懇親会時に聞かされております。

　また、SI₁氏は、平成16年3月16日の人事会議の場で、安達先生の教授昇任申請を審議している最中に、いきなり「早稲田大学がなんだ！東北大学がなんだ！」と喚き立てるように発言され、驚いたことがあります。SI₁氏は、早稲田大学から東北大学大学院へと学歴のエリートコースを進まれた安達氏に対して強烈な劣等感を抱いているようでしたので、SI₁氏の発言からは、安達氏を職位の面で自分より下位に置きたいとのSI₁氏の曲折した感情を読み取ることができました。「博士学位を有する者」は学術論文雑誌でも「Dr」と表記されますが、「博士学位を有しない者」は「Dr」表記を許されませんので、SI₁氏の安達氏への劣等感は相当なものだったと思います。

さらに、SI₁氏は、彼の著作の著者紹介欄において、学歴を記載していません。これは、大学教員の一般記載とは異なることから、SI₁氏が彼自身の学歴に強いコンプレックスを有していることが分かります。

　KA₁氏も、青山学院大学の博士課程には進んでいますが、博士論文を書く程の能力がなかったためか博士学位取得には至らず、その学位は修士（経営学）に過ぎません。修士より上位の博士学位を有するばかりか、旧七帝大の１つである東北大学大学院の博士後期３年の過程を、標準修学年数である３年よりも１年短い２年で修了している安達氏に対して、KA₁氏が学歴及び学位のコンプレックスを持つことは大学人として理解できなくもありません。

　SI₄氏に至っては、既述の通り大学院の学歴すらないため、博士はおろか、修士よりさらに下位の学士でしかありません。彼らは、安達氏の姿を見るだけで学歴及び学位の劣等感が生じるのは必至のはずです。

　ちなみに、CHI大学商学部教授のなかで、安達氏が第１回目の昇任申請をした平成１５年度において商学及び経営学系の博士学位を有する者は私１人でした。他の専門分野にまで対象を拡大しても、筑波大学で人文学系の博士学位を得たKA₂氏１人がいるに過ぎない惨状でした。つまり、私とKA₂教授を除くCHI大学商学部の教授陣は、誰１人として博士論文を書いた経験がないのです。彼らにすれば、安達氏が、旧帝大である東北大学の大学院博士後期課程を僅か２年で修了して博士学位を得、助教授歴５年を経る必要もなく教授資格を有する旨がCHI大学の学内規程にも明記されているため、安達氏への嫉妬心は却って倍増し、彼の教授昇任を認めたくなかったと思います。

　裁判官様は、旧七帝大を頂点とする厳然たる序列化がわが国の大学界に存在している現実はご存知だと思います。私は学歴としての大学院は中央大学大学院ですが、博士（経済学）学位は旧七帝大の１つである九州大学から授与されています。CHI大学商学部の教授陣のなかで、旧帝大に関係する方は私以外にはおりません。他の同僚教授にあっては、たとえ大学院の学歴があったとしても、若い安達氏が東北大学の大学院をいわば「飛び級」で修了したばかりか「博士」学位も持っているとしたら、年長者として心中穏やかではないでしょう。彼等が安達氏を職位面では劣位に留めたいと考え、そのために非常識な屁理屈を考え出すのも心情的には理解できますが、みっともないと思います。

４．SI₁氏の研究能力及び研究業績面での安達巧氏に対する嫉妬

　私はCHI大学赴任後、安達氏から公刊された彼の研究成果を恵贈されました。私は、もちろん、学術論文や研究書の評価が可能ですが、安達氏の博士論文「監査人としての公認会計士の責任–英米の先例に学ぶ対第三者責任明確化への方向性–」を出版事情からタイトルを変えて出版した『ディスクロージャーとアカウンタビリティー–監査人としての公認会

第 1 章　パワハラ裁判①　Ⅱ 双方が提出した主な証拠

計士の責任―』は、さすがに日本監査研究学会で「監査研究奨励賞」候補（結果は、受賞作の次点）となっただけあって、素晴らしい内容でした。その一方、CHI 大学商学部では何度も学部長職を経験している SI₁ 氏の学内紀要論文（査読のない論文）等からは彼が学術論文執筆のルールも知らないことが発覚し、安達氏との歴然たる研究能力の差を理解致しました。安達氏と SI₁ 氏は、ともに日本会計研究学会の会員です。安達氏は、CHI 大学着任後だけでも、平成１５・１６・１７年度と日本会計研究学会全国大会にて３年連続で研究報告を実施しているのに対し、SI₁ 氏は平成１６年度のみ研究報告実施が適っております。また、安達氏は、神戸大学大学院法学研究科博士後期課程でも学んでおられ、法学の世界では有名な神崎克郎教授や岸田雅雄教授などからご指導を受け、日本私法学会でも商法の分野で研究報告をされています。ちなみに、CHI 大学商学部で商法などを学生に教えている MO₁ 教授（CHI 大学 OG）は、安達氏の本件昇任審査における審査委員会メンバーですが、日本私法学会での研究報告ができるほど学会では認められていない彼女は、上述の『ディスクロージャーとアカウンタビリティー――監査人としての公認会計士の責任―』を優れた研究業績だとなぜか認めませんでした。

　さらに、安達氏が、平成１５年度にタイのバンコクで、平成１６年度に韓国のソウルで、と国際学会にて英語での研究報告を行なっているのに対し、SI₁ 氏は皆無です。文部科学省から研究者番号を付与されている大学教員にとって、国際学会での研究報告は大きなポイントとなりますから、安達氏と同様に会計学分野の研究を行なっている SI₁ 氏が、こうした研究業績面で安達氏に劣等感を抱くのは当然ともいえ、仕方がないのかもしれません。

　本来、文部科学省から研究者番号を付与された研究者（学者）である大学教員の値打ちは、「業績」とりわけ「著作」（著書）で決まります。１にも２にも業績であり、その質でこそ研究者は評価されます。安達氏のように若手の研究者が堂々たるハードカバーの研究書を出したりしますと、嫉妬の固まりである大学教授が黙殺することは大学界では珍しくありません（鷲田小彌太『学者の値打ち』筑摩書房、60 頁参照）。しかし、SI₁ 氏は、CHI 大学商学部「会計コース」唯一の「教授」として嫉妬と虚栄心だけは特に立派のようでしたから、自らは 1 論文を投稿したに過ぎない場合であっても、当該論文掲載書を自らが編集した「著書」として『CHI 大学自己点検・評価報告書第三巻別冊』において公表するなどしています。まともな学者なら「論文」を「著書」に格上げすることを「単純ミス」と誤魔化すことは絶対にできませんし、このように安達氏への嫉妬心を背景に業績の水増しまでも平気で行うまでに至った SI₁ 氏の行動は、彼の学者としての倫理観欠如を伺わせます。

５．安達氏が教授会で遠慮することなく発言することへの古参教授陣の嫌悪について
　私と安達氏は、ともに平成１５年４月１日付で CHI 大学商学部に着任致しました。私は

1．原告側提出証拠

教授として、安達氏は助教授としての着任でした。私は、着任してまもなく、CHI 大学商学部に所属する助教授及び専任講師の先生方の表情が、何か非常に暗く、悲しく、裏寂しいことに気付きました。「４０歳代の専任講師」や「５０歳代の助教授」も複数おられ、「教授」の先生方に随分と気を使っているように感じました。３８歳で教授になった私には、そうした経験がありませんので、そのような主従関係的な人間模様を目前にて披露されますと、この CHI 大学というところは、前近代的かつ抑圧的な組織の雰囲気が漂っていると感じるほかありません。現在勤務中の CHI 大学商学部における人間関係について愚見を申し上げますと、教授の先生方が助教授・専任講師の先生方に対して示す半封建的な上下関係の徹底や特権意識の蔓延は特に気になります。私は教授職で就任しましたから、他の教授に奴隷のように仕えることはなく済んでおります。しかし、CHI 大学商学部の恥部ともいえる異様な人間関係は、社会常識を逸脱しているばかりか、人権侵害に等しい状況だと考えております。

例えば、毎年度の第１回目の教授会席上において、昇任を果たされた先生方が「昇任の御礼」（「昇任させていただいた」旨の感謝のことば）を口上する姿は、異様であるのを通り超して、江戸時代の士農工商的な身分関係の存在を再確認させられる儀式のように私には見受けられます。ちなみに、教授会とは、教授、助教授および専任講師により構成される会議です。

さて、助教授として着任された安達氏は、教授会の席でも積極的に発言をされています。安達氏は、「会議体のメンバーである以上、当該会議の場で私見を述べることこそが責任を果たすことにつながると考えています」とのご意見だと伺ったことがありますが、大学教員を職業とする人間は、理論構築や理論展開、論理の披露を得意とする人たちのはずですから、教授会等における議論のなかでの疑問点については、遠慮することなく指摘をし、反対意見や批判的意見も大いに述べて良いのだと思います。私も、新参者でありながら教授会等では積極的に発言をして参りましたが、そうした言動を忌み嫌うような体質が CHI 大学にはあります。それは、端的に言えば「井の中の蛙」的な性格であり、「年期の浅い連中は黙っとれ」という抑圧的な・威嚇的な雰囲気が濃厚に存在しています。新参者であり、かつ助教授である安達先生が、率直かつ単刀直入に正論を述べられますので、古参教授陣からは「生意気なやつだ」と思われているに違いありません。

印象的だった場面があります。

平成１５年１０月１７日及び平成１５年１１月５日に開催された２つの教授会でのことです。

CHI 大学の学内規程によれば、教授会には、定例教授会と臨時教授会の２種類があり（「CHI 大学商学部教授会規程」第６条第１項）、いずれの教授会も、開催の１週間前に議

第1章 パワハラ裁判① Ⅱ 双方が提出した主な証拠

題を示したうえで学部長が招集することが定められています(「CHI大学商学部教授会規程」第4条)。また、臨時教授会は、教授会構成員の3分の1以上の者が議題を示して招集を要求した場合等に(「CHI大学商学部教授会規程」第6条第3項)学部長が招集し開催することとなっています。定例教授会の2日前に当たる平成15年10月15日、教授会構成員の3分の1以上の者が署名した議題明示の臨時教授会開催要求書面が、当時のKA₁学部長に対して提出されました。既述の通り、CHI大学商学部教授会規程は、学部長が教授会の全構成員に対して臨時教授会開催の1週間前に議題を示すことを定めています。したがって、議題を既に明示済みである平成15年10月17日開催の定例教授会に臨時教授会を「吸収」することはできません。ところが、KA₁氏は、平成15年10月17日の定例教授会に臨時教授会を「吸収」させようとしたため、安達氏が、規程違反である旨の異論を述べました。その際、KA₁氏をはじめとする古参教授陣の多くが、露骨に嫌な表情を浮かべておりました。結局、「学部長権限」と称して平成15年11月5日開催の定例教授会に臨時教授会を吸収することをKA₁学部長は強引に決められました。もちろん、そのような学部長権限はどこにも規定されておりません。

平成15年11月5日の定例教授会には、安達氏は学内規程集を持参して出席しておりました。臨時教授会を定例教授会に「吸収」することの規程違反について、KA₁学部長は当初、「規定違反の認識はない」と強弁していましたが、安達氏が具体的条文を指摘しながら追求したところ、KA₁氏は自らの非を認めざるを得ず、教授会の席上で「今後は規定を遵守する。今回は申し訳なかった。」と謝罪発言をするまでに追い込まれました。安達氏は、東北大学大学院法学研究科私法学専攻博士前期課程で修士(法学)の学位を取られたばかりか、神戸大学大学院法学研究科博士後期課程でも学ばれ、審査の厳しい日本私法学会で研究報告ができる方ですから、KA₁氏が条文解釈面で太刀打ちできるはずもなく、要は「負け」を認めさせられたわけです。また、この教授会では、いわゆる古参教授の1人であるMA₃教授が、「われわれは大学教師なのだから、規程に関しては行間を読むべきだ」と発言され、KA₁氏の擁護に回っていましたが、英語専攻の教員[教授]であるMA₃氏は、「文学鑑賞の問題」と「規程が存在する意義」の識別もつかない「大学の先生」のようでした。他の教授陣は誰1人としてKA₁教授の規程違反を指摘できなかったことを付記致します。

なお、安達氏は、平成15年11月5日開催の教授会(SI₁氏は欠席)において、それより5日前の平成15年10月31日に図書館内でSI₁氏から安達氏に対して発せられた恫喝の言葉の数々を、勇気を振り絞って公表され、「ルールがなぜ存在するのかを先生方には考えて頂きたい」と締めくくられていることを付言しておきます。また、この平成15年11月5日の教授会後(正式には人事会議も終了した後)、安達氏が、体育のSI₄教授と顔面をくっつけるように教員室で話し込む姿を、私は、教員室の入口近くで目撃しましたの

で、「珍しい組み合わせだな」と、怪訝に思ったものでした。精神科に通い投薬治療を受けていることが知られている SI₄ 氏のことですから、私は安達氏のことを心配し、教員室に入って、教員室詰めの職員に近い席に座り、2 人の様子をうかがっていました。安達氏の右手側に座る SI₄ 氏のほうから安達氏に何やら話しかけていましたが、安達氏が時折見せる脅えた表情が何とも印象的でした。

　いずれにせよ、この平成15年10月17日及び平成15年11月5日の教授会は、古参教授陣が安達氏を「生意気な奴」と思わせるに十分過ぎるものだったと思います。事実、安達氏は、平成15年11月6日、それまでほとんど会話をしたことのない NA 教授からも「教授会の席では、話し方に気を付けて」と注意された事実を、その日のうちに私に教えてくれています。さらに、安達氏の教授昇任申請後の審査開始前の段階で、KA₁ 商学部長（当時）が、「安達さんは教授にしたくないんだよね」と、商学部長補佐（当時）である I₃ 助教授（現在は移籍して中央大学助教授）に話されていた事実を、平成15年11月中旬に I₃ 氏から聞いております。

　ちなみに、安達氏が本件提訴後、KA₁ 氏は、安達氏の 3 回目の教授昇任申請を審議する人事会議（平成 18 年 3 月 22 日開催）において、「安達氏を落として下さい」と発言されていますし、SI₁ 氏に至っては、同じ人事会議において、議長職にあることを利用して教授昇任基準点を大幅に上回る安達氏を「総合」で落とすよう意図的に他の教授陣を誘導しておりました。KA₁ 氏や SI₁ 氏が個人的好き嫌いで不公平な人事を行う傍若無人ぶりに呆れますが、ろくに事実も確かめず、そうした誘導に乗る教授達の姿勢にも驚きました。国連常任理事国入りを狙う日本が、それに無関心の多くの国々（常任理事国入りの可能性が皆無の多くの国々）の姿勢に失望するのと同じでした。

6．安達氏が是々非々で対応したりすることへの仕返し（パワー・ハラスメント）

　既に申し上げましたとおり、CHI 大学商学部では、教授は特権階級であり、助教授及び専任講師は教授の顔色をうかがって行動するのが因習となっているようでした。しかし、安達氏は、例えば、ご自身が担当する簿記の授業において SI₁ 教授編著のテキストを使わず、安達氏が公認会計士と共同執筆された分かり易いテキストを使われるなど、SI₁ 氏の意向に従順な存在ではありません。また、教授会等での発言においても、KA₁ 学部長や SI₁ 氏、さらには SI₄ 氏らといった先輩教授陣とは異なる立場からの発言や意思表示も珍しくなく、是々非々で対応されています。

　CHI 大学商学部内の「ルールなんて人間関係の次だ！」的発想に慣れ親しんだ古参教授陣は、特に、安達氏と同じ会計コースに所属する教員のなかでは唯一の教授（安達氏が着任後、平成16年度末までは SI₁ 氏が唯一の教授）である SI₁ 氏にとっては、安達氏は何が

第1章　パワハラ裁判①　Ⅱ 双方が提出した主な証拠

何でも押さえつけたい存在に違いありません。
　平成15年10月31日、私は、教務課に教授昇任申請書類を提出した安達氏と図書館に同行しました。規程上、昇任申請の実施は本人の思料に拠ることが明記されていますので、安達氏はSI₁氏に教授昇任申請をした事実を伝える必要はありません。しかし、私が「一応は、SI₁教授に報告しようじゃないか」と気乗りのしない様子の安達氏を促し、介添え的に同行したわけです。SI₁氏が居る図書館4階の個室には安達氏だけが入室し、私は廊下で待機することにしました。最初だけは静かな様子でしたが、やがて、何かを激しく叩く音やSI₁氏の怒号が漏れてきました。SI₁氏が怒っている様子は容易に分かりましたし、予想通りでした。暴力が行使されている様子が伝わってくれば、入室をためらいませんでしたが、30～40分ほどして安達氏が出てきました。私は安達氏の様子から、相当きついことを言われたと思いました。暴力には2種類がありますが、肉体的暴力以上に相手を傷つける言葉の暴力がなされたようでした。「お待ち頂いて有り難うございました。」と力無く言葉を発する安達氏が哀れでなりませんでした。
　その日から3日後の平成15年11月3日、SI₁氏は、MA₃教授に対して、教授昇任申請をした安達氏を「常識のない奴だ」などと、昇任審査開始前からその昇任潰しのための画策を始めております。この事実は、その場面を目撃したMI助教授（当時）から平成15年11月中旬に聞いておりますが、会計コースの唯一の教授であるSI₁氏が、昇任申請中の下位職者（安達氏）に対する個人的嫌悪感を人事会議構成員に開陳することは余りに非常識です。安達氏の昇任審査委員会の主査がSI₁氏である事実に鑑みても、SI₁氏の言動は公平かつ公正な人事の実施を行う上で極めて不適切であり、パワー・ハラスメントの典型だと言えるでしょう。本当に残念ですが、CHI大学商学部の常識は社会常識と乖離しています。
　また、SI₄氏も、平成15年11月5日夕刻の安達氏に対する教授昇任申請取り下げ要求が拒否されるや、およそ1週間後の平成15年11月13日には、安達氏が担当する講義で学生に課したレポートに関し、SI₄氏の研究室（個室）に安達氏を呼び込んだ上で、「安達先生のことを、学生も教員も誤解している」などと恫喝の言葉を発しておられます。安達氏は、「学生には、『指定された条件でレポートを出していない者は、試験の点数がゼロではなく、試験点数への加算点をゼロとする』と明確に説明しています。」とSI₄氏に必死の思いで説明したそうですが、体育担当のSI₄教授が、会計学担当の安達助教授に対して講義に関し意見をする権限はありませんから、こうした行為は、「教授」職という上位職にあるSI₄氏の安達助教授に対するパワー・ハラスメントだと考えられます。「ちょっと、ちょっと」と、安達氏に声を掛けるSI₄教授の表情が威圧的でしたので、その場面を目撃した私が、後刻に安達先生に電話を掛け判明した事実です。

192

7．安達氏への度重なるパワー・ハラスメントの結果

　安達氏は、東北大学大学院や神戸大学大学院で学ばれ、博士（経済学）の学位のみならず、修士（法学）の学位も取得されておられます。規定（ルール）が明文化されている以上、その規定の文言を遵守する姿勢は、当該組織に所属する者にあまねく求められることです。ましてや、大学教員という知的職業従事者にとっては、そうした姿勢は至極当然のはずです。安達氏は、その真面目な性格と学歴の影響もあってか、規定（ルール）を守るという当たり前のことを実践される先生だと拝察しております。

　「ルールより人間関係が優先する」との奇妙な論理がまかり通るCHI大学の古参教授と、安達氏との間では、社会通念や価値観の相違がかなり大きいように思います。安達氏からすれば、「ルールに則って教授昇任申請をしただけなのに、どうして数多くの嫌がらせを受けなくてはならないのだろうか？」とお考えでしょうし、古参教授陣は、「どうして、安達氏は、あんなに生意気なのだろうか？」と考えているように思います。安達氏は、KA_1氏やSI_1氏、さらには、SI_4氏らから教授昇任申請の取り下げを求められた直後頃から、彼らの出席している小さな部屋での会議に出席すると、PTSDのような症状が出るようになったとの話を、平成１６年１月中旬頃に私にしてくれました。私は、専門医の居る病院に行き精神面の治療を受けることを勧めましたが、安達氏は、「仮に、PTSDと診断されれば、この日本は情報保護の側面が未だ脆弱ですから、治療歴が外部に漏れ出す危険性も高いと思います。おそらく、『心の病』に陥ったことがあるというだけで、自分の将来にはマイナスです。ですから、残念ですが、治療を受けるために専門医に出向くことはできません。とにかく、書店でPTSD関係の本を何冊も購入して、快方に向かう方法を調べています。」と悲しそうに語ったのを今でも思い出します。既に申し上げましたが、SI_4教授が精神的な病（心の病）の投薬治療を受けていた事実を着任１年目の私が知っていたくらいですから、安達氏が治療歴の流失を心配して専門医にかかれない状況には、非常に心が痛みました。

　前商学部長のKA_1教授や、本件で問題になっている安達氏の教授昇任申請当時における会計コースの唯一の教授であり現在の商学部長兼商学部人事会議議長としても安達氏の教授昇任を徹底的に妨害したSI_1教授による、立場を利用した悪質なパワー・ハラスメント、また、日本体育大学卒業でがっしりとした体格の体育担当教員であるSI_4教授からの恫喝により、安達氏は精神的に相当に参っているようでした。

　私は、上述の被控訴人3名によるハラスメント行為に加え、既述のNA教授の発言などに代表される安達氏に批判的な古参教授陣の対応に接した安達巧氏の心中を思うとき、じっと耐えることしかできず、安達氏はどれほど悔しかったことだろうとの念を禁じ得ません。私自身、本件第1審の証人尋問前に陳述書を書き上げることができず、東京地裁の担当裁判官様から証拠として採用されるに至らないまま判決が下されたことを伺いました。

193

第1章　パワハラ裁判①　Ⅱ 双方が提出した主な証拠

　裁判なんかに「関わりたくない」と逃げた自分が恥ずかしく、第1審では事実誤認がなされてしまった現実を知りとても後悔しました。安達巧氏に申し訳ない気持ちで一杯です。東京大学等の一流大学を卒業して難関の司法試験を突破した裁判官が抱く大学教授像は、おそらく東大教授などの「まともな学者」だと思います。しかし、わが国には、東大などとは異質の「大学」が存在し、そこには東大教授らとは異質の「大学教授」が居る現実を裁判官様には何卒ご認識賜りたく存じます。
　最後になりますが、裁判官様におかれましては、本件において問題となっている被控訴人らの安達氏への教授昇任申請取り下げ要求の背景には、被控訴人らの安達氏に対する嫉妬に起因したパワー・ハラスメントがある現実をぜひとも直視され、妥当な判決を下されて被控訴人に相応の償いをさせて頂きたく思います。

1．原告側提出証拠

平成18年(ネ)第1781号　損害賠償請求控訴事件
控訴人　安達　巧
被控訴人　KA₁ほか2名

証拠説明書

平成18年4月24日

東京高等裁判所第1民事部　御中

控訴人訴訟代理人弁護士　MO₂

号証	標目 （原本・写しの別）	作成年月日	作成者	立証趣旨
甲10	CHI大学商学部人事会議議事録	写し	平成15.3.3	CHI大学	控訴人の採用が大学院設置を前提としたものであった事実
甲11	陳述書	原本	平成18.4.21	BE	①平成15年10月31日、控訴人が図書館内の個室で被控訴人SI₁と話をした際、部屋の外にいたBEが、室内で何かを激しく叩く音や被控訴人SI₁が怒号する声を聞いた事実 ②平成15年11月5日、控訴人が教授会の席上で、平成15年10月31日に図書館内で被控訴人SI₁から恫喝されたことを公表した事実 ③平成15年11月5日、教員室で控訴人と被控訴人SI₄が顔面をくっつけるように話し込んでいたのをBEが目撃したこと、被控訴人SI₄のほうから、控訴人に何かを話しかけ、控訴人が脅えた表情をしていた事実 ④CHI大学商学部内において控訴人が被控訴人らから個人的な嫌がらせ（ハラスメント）を受けていた事実 ⑤その他本件に関する事項全般

第1章 パワハラ裁判① Ⅱ 双方が提出した主な証拠

平成18年(ネ)第1781号 損害賠償請求控訴事件
控訴人 安達 巧
被控訴人 KA₁ほか2名

証拠申出書

平成18年4月24日

東京高等裁判所第1民事部 御中

控訴人訴訟代理人弁護士 MO₂

第1 証人尋問の申出
  1 昇任の表示
    ■■■■■■■■■■■■■■■
      BE （同行・主尋問45分）
  2 立証の趣旨
  (1) 平成15年10月31日，控訴人がCHI大学図書館内の個室で被控訴人SI₁と話をした際，部屋の外にいた証人が，室内で何かを激しく叩く音や被控訴人SI₁が怒号する声を聞いた事実
  (2) 平成15年11月5日，控訴人が教授会の席上で，平成15年10月31日に図書館内で被控訴人SI₁から恫喝されたことを公表した事実
  (3) 平成15年11月5日，CHI大学の教員室で控訴人と被控訴人SI₄が，顔面をくっつけるように話し込んでいたのを証人が目撃したこと，その際，被控訴人SI₄のほうから控訴人に何かを話しかけ，控訴人が脅えた表情をしていた事実
  (4) CHI大学商学部内において控訴人が被控訴人らから個人的な嫌がらせ（ハラスメント）を受けていた事実
  (5) その他本件に関する事項全般
  3 尋問事項
    別紙尋問事項記載のとおり

以上

1．原告側提出証拠

別　紙

尋　問　事　項　　（証人　BE）

1　証人の経歴等
2　証人はCHI大学商学部の教授か。
3　CHI大学商学部内において，控訴人が被控訴人らから個人的な嫌がらせ（ハラスメント）を受けていた事実があるか。
4　控訴人が被控訴人らから個人的な嫌がらせ（ハラスメント）を受けていたとして，その背景や原因は何か。
5　証人は，平成15年10月31日，控訴人がCHI大学図書館4階の個室で被控訴人SI_1と話をした際，部屋の外で待機していたか。
　その際，室内で何かを激しく叩く音や被控訴人SI_1が怒号する声を聞いたか。
6　被控訴人SI_1は，平成15年11月3日，MA_3教授に対し，控訴人のことを「常識のないやつだ」などと話したか。そのことをいつ誰から聞いたか。
7　控訴人は，平成15年11月5日，CHI大学商学部教授会の席上で，平成15年10月31日に図書館内で被控訴人SI_1から恫喝された事実を公表したか。
8　被控訴人KA_1は，平成15年11月5日，教授会の席上で，控訴人から，教授会の開催手続に規程違反があったことを追求され，その席上で謝罪発言をさせられたか。
9　証人は，平成15年11月5日，CHI大学の教員室において，控訴人と被控訴人SI_4が顔面をくっつけるように話し込んでいるのを見たか。
　その際，被控訴人SI_4のほうから控訴人に何かを話しかけ，控訴人は脅えた表情をしていたか。
10　被控訴人KA_1は，平成15年11月中旬ころ，「安達さんは教授にしたくないんだよね」とI_3助教授（当時）に話したか。そのことをいつ誰から聞いたか。
11　被控訴人SI_4は，平成15年11月13日，控訴人に対し，威圧的な表情で「ちょっと，ちょっと」と声をかけ，控訴人を自分の研究室（個室）に呼び入れ，控訴人の担当する講義に関し，恫喝的に意見したか。そのことをいつ誰から聞いたか。
12　被控訴人SI_1は，平成16年3月16日，人事会議の席上で，控訴人の本件昇任申請について審議している最中に，「早稲田大学がなんだ！東北大学がなんだ！」と喚き立てたか。
13　その他，本件に関連する一切の事項

以　上

第 1 章　パワハラ裁判①　Ⅱ 双方が提出した主な証拠

甲第 68 号証の 2

「商学部 4 月定例教授会議事録（案）」について

2005.6.15　安達　巧

平成 17 年 4 月 13 日（水）実施の商学部定例教授会の議事録（案）につきまして、以下の私見を申し述べます。

（私見）

「議事内容　Ⅰ　平成 17 年度新学期開始挨拶　1．議長団教授会議事運営について」の第 2 段落の記載は、重要なやり取りがなされたにも拘らず、その内容がよく分からない議事録（記録）になっています。

　安達は、YA$_2$ 議長及び MA$_4$ 副議長名義で配布された「平成 17 年度商学部教授会の議事進行について（お願い）」中の「6．やむを得ず欠席される方は、会議の始まる前までに教員室の教務課職員を通して委任状を提出して下さい」について、「商学部教授会運営要項」がその「2」で「委任状はその効力を認めないものとする」と規定しているのに、委任状提出を求める（お願いする）のはおかしいのではないか、と提出を求める理由を問いました。

　SI$_1$ 教授が「教授会は公務であり、学生が授業を無断欠席してはいけないように、やむを得ず教授会を欠席する際は欠席の旨を事前に連絡してほしいゆえ、欠席報告のための委任状であって、委任状提出者を定足数や票決の際の数には入れていません。今日も幾人かの先生から委任状が出されていますが、取扱いは欠席の確認だけです」との旨の回答をされましたので、安達は「そうであれば、『委任状』ではなく、単に『欠席届』の提出でよいのではないですか。『委任状』という用語は、『商学部教授会運営要項』の「2」の条文で使われていますし、世間一般でも、『委任状』とは、何かを『委ね』て『任せる』ために使われます。例えば、私が所属する各学会では、総会に欠席する者が審議決議に関する一切の権限を誰かに委任する場合に『委任状』が使われています」との旨の発言を致しました。

　安達の発言を受けて HO$_2$ 教授が、「商学部教授会ではこれまで、欠席者が欠席の連絡のために委任状を出すということでやって来たのだし、それで何も問題はなかったのですから、従来通りでよいじゃないですか」との旨のご意見を述べられますと、BE 教授が「いまの HO$_2$ 先生のご発言は、何の説明にもなっていません」とのご指摘をなされました。

　上述のようなやり取りを経て、YA$_2$ 教授が「我々は非常に重い課題を負うことになりましたが、次回の教授会までに『委任状』の取扱いをどうするのかを明確にしたいと思います」と旨のご発言をされました。

上記のやり取りが行われたことが分かる程度の記録（議事録）はきちんと残して頂きたいと思います。なお、「商学部定例教授会議事録記録ガイドライン（案）」は 2005 年 5 月 17 日に作成されていますが、その施行期日は、上記（案）決定後の特例日指定が一般的です。

第1章　パワハラ裁判①　Ⅱ 双方が提出した主な証拠

甲第 69 号証

「大学入学後、他の学生また教職員のあきれた言動について」

　大学に入学して他人から感じたあきれた言動というのは、入学前まで自分が育った環境からすれば、たくさんあります。大学に入学してからさまざまな方たちと出会いました。入学当初は新しい環境に、新しい友達作りにと、今までとは違う生活に刺激をもらい楽しい毎日でした。しかし喜んでいられたのもつかの間、やはり偏差値が低いこともあってか、周りを見渡すとそれなりの方が大勢いらっしゃいました。遊ぶ時間がほしかったのでしょうか、大学生の肩書きを持っておこうとでも考えたのでしょうか、なぜ大学生になったの？と疑問に思うような学生が大勢見受けられましたし、その方たちがどうやって学校に入ったのか、聞いてみれば周りにいる大半の人間が AO 入試でした。面接で、大学入学後にがんばりたいことをアピールしたらうかったと、AO 入試で入学してきた人たちは口をそろえておっしゃっていたことを今でも覚えています。

　さて、数あるうちのあきれた言動からどの三つを挙げようか迷いましたが、以下の三つに絞りました。

あきれた言動その①

　今まで私が受けていた授業の中にとても授業とは言いがたい授業がありました。出席を取るときはわりと静かではありますが、それが終わるとまるで授業が終わった放課後のようにみんなが一斉に騒ぎ始めます。注意しても無駄だと思うのか、注意する気がないのか、先生が学生に注意をするということは滅多にありません。
そんな状況の中、授業が始まるわけですが、スムーズに授業が始まることはなく、続いて教室にいる生徒の三分の一から二分の一の生徒が教科書を持参していないという問題が発生します。教科書に沿って授業を行なっているので、そのような状況で授業が進められるわけもなく、そこで先生はというと、その日にやる該当ページのコピーを配り始めます。毎回授業のはじめはこのような状態なので、先生もあらかじめプリントを用意し毎回持参してきます。そんなこんなで始まりから 15 分〜20 分が経ったころに、ようやく授業がスタートします。といっても教科書の問題は先生が解いて答えをしっかり黒板に書いてくれますし、万が一、私語に夢中になって答えを書き写す前に黒板の答えが消されてしまっても「先生さっきの答えなにー？」と言えば何回でも教えてもらえます。授業の最後にはテスト問題が配られ、それを仕上げて提出した順に教室を出ることができるという決まりに一応なってはいますが、カンニングが主流であるので、問題を自力で解くということより

200

もみんなの情報伝達能力が大事になってきます。
このような授業風景は多分、小学生以下だと思います。

あきれた言動その②
　これは私の女友達に関するエピソードです。
私の付近に単位取得状況がよくない子というのは多くいますが、彼女はダントツです。誰の目から見ても危ないのは明らかなのに、誰がなんと言おうと、親切すぎるくらい親切な友達がいくらサポートしようとも、彼女は一向に真面目に授業にでようとする姿勢を見せることはなく、それどころか人の行為に甘えてばかりいます。彼女がそんなことばかりしているため、友達の多くはその子を見放しました。友達としては付き合えるけれども、おもりなんてごめんだと、いった状態です。今の自分がどれだけ危機的な状況に瀕していてどれだけの迷惑を友達にかけたのかをきちんと把握してほしいと思います。

あきれた言動その③
　今が良くて楽しければいい、そんなことを言っている人またそれを露呈するかのような態度の人がまわりにちらほらいます。そういう方たちの昔話を聞いていると、ずいぶんとお気楽な人生を今まで歩んでこられたのねと思わずにはいられません。今が楽しければいい、この言葉を口にする多くの人は辛いことから今まで逃げ続けてきた人、また、今までに本気で努力をしたことがない人だと思います。私自身、人のことをどうこう言える立場にないにしろ、その考えは甘すぎると思うし、本気でそんなことを思っているのだとしたら自分の神経を疑ったほうがいいと思います。物事を甘く見すぎているとあとで痛い目を見るのは自分です。

第1章　パワハラ裁判①　Ⅱ 双方が提出した主な証拠

甲第70号証

「大学入学後、レベルが低すぎるなと感じた三つのエピソード」

①私は、家庭教師のバイトをしていて、中学生の英語の指導をする機会が多くあります。しかし、わがCHI大学の英語の授業をみると、私が今までに指導してきた中学生のレベルよりも明らかに低いのです。

　単語のボキャブラリーが少ないこともさながら、文法もめちゃくちゃなのです。今までの中・高での6年間の英語の授業で何を学んだのかと、聞きたくなるほどです。
　そして、英語に対する勉強意欲も低く、授業には「単位がとれればいい」と考えている生徒の方が多いように見えます。これは、英語の授業だけではなく、ほとんどの授業で見られる光景です。

　私は友人の通う大学に遊びに行き、授業にも参加したりすることが多くあります。その大学は、いわゆる6大学や、国公立の大学が多いのですが、私たちの大学と比べると雰囲気がぜんぜん違うのです。生徒一人一人が、授業から何か学び取ってやろう！という意識をもっているのです。やはり、学ぼうという気持ちがなければ、授業に出る意味は無いし、時間の無駄になってしまいます。このような学ぶ側の意識の違いや、生徒たちがつくりあげる大学の雰囲気が、決定的に違ったのです。

　現在、グローバル化が進む中で、英語が話せないということは、多くの人と交流する機会を自ら潰しているという事と等しいと、私は思います。沢山の人との交流は、自分のレベルアップや、将来の夢を実現するためのパワーになると思うのに、そのことに彼らが気づいていないのです。

　そんな我が大学の生徒を見ていると、「もったいない」という気持ちに駆られます。

②大学1年の授業で、プロゼミナールというものがあります。私たちのクラスでは、自己診断を行うために、今までに取得した資格や、思い出深い経験から何か学んだことについて、事細かに書き出していくという内容の授業をしたことがありました。

　しかし、残念なことに私のクラスの生徒の一人は、

202

1．原告側提出証拠

「俺は将来、古着屋のバイヤーとか、店員になりたいから、資格とかとる必要ないし、大学で勉強する必要もない。」
　と言っていました。

私は、彼の言っていることは間違いであると、思います。

バイヤーのように、【お客様が喜ぶもの・他店には無いような新しいもの、おもしろいもの等】を掘り起こす職業は、多くのことに興味があったり、さまざまな経験をしたりしている人が、やってこそだと思います。多くのものに、興味がある人は輝いてみえるし、多くの知識を蓄えてこそ、新しいものをつくりだすアイデアが生まれるとも思います。

　このように、1つのことに絞って、興味を持ち、他のものを受け入れないという姿勢は、望ましくないと、私は考えます。せっかく入学した大学での、授業で興味のあることを見つけるのも良いだろうし、自分の趣味を最大限に追求できる時間も社会人に比べれば、大学生には沢山あります。4年間という時間を、無駄にせず、有意義に使い、一段違う社会人に、私も彼らもなることを、望みます。

③ある授業の〇先生の、授業スタイルはプリントを配り、そのプリントに先生がおっしゃったことを、ただ書き写すというもので、それは単なる作業であって、勉強と言えるものではありませんでした。授業も平均40分ほどで終わってしまい、この授業を履修する生徒は「学びたい」というよりも「簡単に単位がとれる」という理由の者がほとんどでした。そして、先生も「やっつけ仕事」をしているように見えて、今までの小・中・高にはいなかったタイプの先生なので、驚きを隠せませんでした。

テスト前になれば、テストにでる問題をそのまま教えるので、生徒は勉強をする必要も無く、良い点数をとることができました。

　このような教師によって、生徒の勉強意欲が損なわれているのは明白である。教師には、勉強することの面白さなどを、生徒に伝える義務があると思います。
　そして、勉強をする際には、周りの雰囲気も大切です。しかし、このような先生がいることに、私は失望しました。

203

第1章 パワハラ裁判① Ⅱ 双方が提出した主な証拠

　私の高校は、県の中でも上位の進学校らしいが、先生方はみんな、人間としても尊敬できるような方々ばかりでした。ただ勉強を教えるだけではなく、勉強の面白さを教えてくれたので、私たちは日ごろの授業をがんばることが出来たのだと思います。

我が大学にも、そのような教師がいてくれれば、生徒の態度も改善し、大学の雰囲気も変わっていくのではないでしょうか？

1．原告側提出証拠

甲第 71 号証

大学入学後、レベルが低すぎるなーと感じた３つのエピソード

　CHI 大学は、入学当初からレベルが低いと感じていました。大学の偏差値自体も低いことは知っていましたが、受験に失敗して仕方なく入学してくる人もいるはずですから、そういう人たちによって、少しはレベルが上がっているであろうと考えていましたが、私の考えは甘かったようです。学校生活に慣れるたび、レベルが低いと感じる場面に遭遇します。私がそう感じた理由を、エピソードをふまえて３点に分け、以下のように述べます。

　まず、１点目は、喫煙者です。CHI 大学の生徒には、未成年者の喫煙があまりにも多いです。そのようなことを覚える前に、もっと他にプラスになることを覚えることはできなかったのでしょうか。私の高校のときのクラスメイトには、喫煙者は 1 人もいません。ですから、大学でも喫煙者などほとんどいないであろうと思っていました。しかし、大学に入学してみると、どこをみても喫煙者がいます。さらには、ところどころにタバコのポイ捨てまでされています。私には、彼らの行動が理解できません。そういう人が多いために、この学校はルールを守ることができない人ばかりなのであろうか、という疑問を持ちました。さらに、このような人たちと、果たしてまともな会話をすることができるのであろうか、と不安になりました。

　２点目は、生徒の学力です。英語の授業中、私は毎回同じクラスの方々に、レベルの低さを感じます。この学校の英語の授業は、高校 1 年生レベル程度でしょう。大学生である私たちには、容易に解くことができるはずです。ですが、私のクラスメイトたちは、授業で指名されると、たいていのひとは答えることができません。その姿を見ていて、いったいどうやって大学に入ることができたのか、疑問に感じます。勉強ができなくても、入学できる学校に入学してしまったのだろうか、とさえ考えてしまいます。さらに、授業中に指名されることはわかっているのですから、できないのなら予習をしてくればよいのではないか、とも思います。しかし、予習すらしない人がほとんどです。そういう人が、クラスの３分の２近くを占めているのですから、この学校の学生のレベルが低いことは、明白でしょう。

　３点目は、教員の教育力です。私は秋セメスターからコース別授業である、会計コースの講義を受けています。この講義に初めて出席したとき、私は講義の内容にとてもショックを受けました。講義の内容というのは、先生がわざわざ丸暗記してきた会計に関する知識を、授業中に生徒に伝え、先生の話したとおりにレポートを作成していく、というものです。会計とはどういうものか、という知識は一切教えてもらえません。先生が話したことを、そっくりそのまま書き続けて、１時間程度で授業は終了です。私はあまりにあきれ果

て、開いた口がふさがりませんでした。あの授業でためになることがあるとすれば、きっと速記力でしょう。また、先生が話した内容は、文章として成り立っていません。ですから、後から読み直しても、理解することができません。こんな先生が、会計コースの専門の先生であって良いのか、と私は疑問を感じました。それと同時に、無意味な時間を返してほしい、という怒りがこみ上げてきました。私はただ会計コースを選択しただけで、教員を選択したわけではないのに、あの先生の授業を受けなければ単位が取れないというのは、おかしいのではないかと思いました。この授業は、CHI 大学の授業の中で、最もレベルが低い授業であると思います。さらにこのような授業を行なっている先生のゼミがあることも、不思議でしょうがありません。きっとゼミでも、同じような手段で授業を行なっているのでしょう。

　以上のようなことが、この CHI 大学に入学してからレベルが低いと感じた点です。上で述べたこと以外にも、CHI 大学のレベルの低さを感じる場面は多々あります。大学のほとんどの生徒や教員は、レベルが低いと思われる方々ばかりですが、中には優れた方々もいます。私は、現在大学内で付き合っている友人たちは、この CHI 大学で唯一優れた方々であると考えてます。もちろん、安達先生も CHI 大学では、貴重な人材の一人であると考えています。私の友人たちのような生徒が、また、安達先生のような教員が増えれば、大学のレベルが上がるでしょう。

1．原告側提出証拠

甲第 72 号証

平成 18 年 3 月 9 日

「会計学総論」担当
　　安達　巧先生

法学部長　U

学生の成績評価についての問い合わせについて

拝啓
　春寒の候、ますます御健勝のこととお慶び申し上げます。
　さて、早速本題に入りますが、昨日 3 月 8 日、下記の学生とそのご父母が大学にやってきて、平成 17 年度の「会計学総論」の成績評価（「不可」）について納得がいかないので説明して欲しいという要望がありました。

法学部　学籍番号　●●●●　2 年 20 組　●●●●

　法学部長としては、各先生が当該学生に直接会って成績評価について説明する必要はないと考えますが、少なくとも書面による説明は必要と考えますので、速やかに回答書を作成し、法学部長あてにご送付願います。
　ちなみに、当該学生が不服申し立てしている科目は、合計 6 科目であることを付記しておきます。
　なお、当該学生の父親の書面も封印のまま、ご送付させていただきます。
　春休み中に突然のお願いを致しまして、まことに申し訳ございませんが、大学も昨今学生の成績評価に対する不服申し立てには誠意を持って応えなければならないという状況にありますので、何卒ご理解の上ご協力をお願い申し上げます。
　寒暖の差が厳しい今日この頃、どうかご自愛ください。

敬具

第 1 章　パワハラ裁判①　Ⅱ 双方が提出した主な証拠

甲第 73 号証

会計学総論　安達　巧

・小冊子を 2000 円で買わされたにも関わらず、テスト問題には小冊子には載っていない内容であり納得のいく説明をしてもらいたい。テストの評価の基準と私個人のテストの評価を比べてどこが悪かったのかがあいまいでその説明をお聞きしたい。

1．原告側提出証拠

甲第 74 号証
2006 年 3 月 13 日

U　先生
●●●●様・●●●●様

「会計学総論」担当
安達　巧

　●●●●氏（法学部 2 年 20 組、学籍番号●●●●）が 2005 年度の「会計学総論」で「不可」の成績であったことに納得がいかない、とのことですので、彼が「不可」となった理由につき説明致します。

　法学部は通年科目として「会計学総論」（4 単位）を開講しておりますが、当該科目は、商学部の春セメスター科目である「会計学入門」（2 単位）および秋セメスター科目である「会計制度論」（2 科目）とを合わせたものとなっています。

　シラバスでも明示し、かつ、授業時にも学生に再三にわたって告知しておりますが、上記科目の成績評価は、いずれも定期試験による評価です。法学部所属の学生は、「会計学総論」の前半部分（「会計学入門」）終了時（2005 年 7 月実施）の定期試験（100 点満点）で獲得した点数を 2 分の 1 倍（×0.5）した点数と、「会計学総論」の後半部分（「会計制度論」）終了時（2006 年 1 月実施）の定期試験の点数を 2 分の 1 倍（×0.5）した点数との合計点（満点は 100 点＝100 点×0.5＋100 点×0.5）により評価されます。

　●●●●氏は、2005 年 7 月実施の定期試験では 90 点を獲得されていますが、2006 年 1 月実施の定期試験では 0 点でした。したがいまして、「会計学総論」の評価対象となる点数は 90×0.5＋0×0.5＝45 点となり、60 点未満のために「不可」となっております。

　●●●●氏が「不可」となった最大の要因は、2006 年 1 月実施の定期試験で 0 点であったことが最大の理由です。このときの定期試験問題は、「『会計公準』の重要性について説明しなさい」というものでした。ところが、●●●●氏の提出した答案には、「会計公準」の文言が一度も使われていないばかりか、まるで見当外れの内容になっております。当該定期試験は「テキスト持込み可」の条件であり、テキスト 14 頁〜19 頁には「会計公準」の説明がされています。もちろん、会計公準の重要性は講義においても説明しています。点数をとりやすいと思われる試験で、まるで見当外れの内容を記述すること自体が理解に苦しみます。なお、2006 年 1 月実施の定期試験を受験した学生は、法学部の学生に限っても、●●●●氏以外は全員が 60 点以上を獲得されています。

　講義のベースとなるテキスト購入は、学ぶ意欲のある学生であれば購入し授業に臨むのが当然だと考えますが、担当教員である私はテキスト購入を強要したことはなく、●●●

第1章 パワハラ裁判①　Ⅱ 双方が提出した主な証拠

●氏は、自らの意思と判断でテキストを購入しております。事実の歪曲・捏造は困ります。

2．被告側提出証拠

平成17年(ワ)第17142号　損害賠償請求事件
原告　安達巧
被告　学校法人CHI

平成17年11月11日

東京地方裁判所民事第11部に係　御中
（送達場所）
〒■■■■■■■■■■■■■■■■■■■■■■■■
　　　　　　　　　　　　　　　　　　SI₅法律事務所
　　　　　　　　　　（TEL ■■■■■■　FAX ■■■■■■）
　　　　　　　　　　被告訴訟代理人　　弁護士　SI₂
　　　　　　　　　　同　　　　　　　　弁護士　I₈
　　　　　　　　　　同　　　　　　　　弁護士　HI
　　　　　　　　　　同　　　　　　　　弁護士　NO
　　　　　　　　　　同　　　　　　　　弁護士　TA₄

乙号証・証拠説明書

乙6号証
　　標　　　目　個人研究費諸経費支出明細書
　　作　成　者　原告
　　作　成　日　平成17年5月27日
　　原本・写し　写し
　　立証趣旨　　乙5号証の1の書き込み部分が原告の自筆であること
　　説　　　明　乙5号証の1の書き込み部分と本号証とを比較すると「月」の文字が同一
　　　　　　　　筆跡であることが看取できる。

乙7号証
　　標　　　目　教育活動報告書
　　作　成　者　原告
　　作　成　日　平成17年5月30日
　　原本・写し　写し
　　立証趣旨　　乙5号証の1の書き込み部分が原告の自筆であること
　　説　　　明　乙5号証の1の書き込み部分と本号証とを比較すると「後」及び「に」の
　　　　　　　　文字が同一筆跡であることが看取できる。

第1章　パワハラ裁判①　Ⅱ 双方が提出した主な証拠

乙8号証
　標　　　目　教育活動報告書
　作　成　者　原告
　作　成　日　平成17年6月7日
　原本・写し　写し
　立 証 趣 旨　乙5号証の1の書き込み部分が原告の自筆であること
　説　　　明　乙5号証の1の書き込み部分と本号証とを比較すると「に」の文字が同一
　　　　　　　筆跡であることが看取できる。

　　　　　　　　　　　　　　　　　　　　　　　　　　　　　　　　　　　　　以上

平成17年(ワ)第17142号　損害賠償請求事件
原告　安達巧
被告　学校法人 CHI

平成18年1月18日

東京地方裁判所民事第11部に係　御中

（送達場所）

SI5法律事務所
(TEL　　　　　　　FAX　　　　　　)
被告訴訟代理人　弁護士　SI2
同　　　　　　　弁護士　I8
同　　　　　　　弁護士　HI
同　　　　　　　弁護士　NO

乙号証・証拠説明書

乙9号証
　標　　　目　大学設置基準の一部を改正する省令の施行等について
　作　成　者　文部科学事務次官
　作　成　日　平成13年3月30日
　原本・写し　写し
　立証趣旨　教員の選考に関し、各大学の規程内容を大学設置基準の内容と同一にする
　　　　　　必要はないこと

乙10号証
　標　　　目　安達巧氏教授昇任審査委員会報告書
　作　成　者　昇任審査委員会
　作　成　日　平成16年3月15日
　原本・写し　写し
　立証趣旨　原告の昇任を不可とする意見は昇任審査委員会の委員の全員一致であった
　　　　　　こと

乙11号証
　標　　　目　商学部専任教員の博士号取得者とその職位

第1章　パワハラ裁判①　Ⅱ 双方が提出した主な証拠

作　成　者　被告 KA₁
作　成　日　平成16年1月下旬ころ
原本・写し　写し
立 証 趣 旨　CHI 大学商学部においては、原告の採用以前から、甲1号証の規程第3条(1)の「博士」とは論文博士のみを意味するとの解釈運用がされてきたこと
説　　　明　本号証は、被告 KA₁ が商学部長在職当時である平成16年1月23日に原告に対して上記の解釈運用の実績を説明するために示した資料である。
　　　　　　平成15年12月現在で博士の学位を有していた CHI 大学商学部教員中には、甲1号証第3条(4)又は第4条(3)所定の年限を待たずに直ちに助教授から教授へ又は講師から助教授への昇任申請を行った例はなかったことが分かる。

乙12号証
標　　　目　専任教員公募（会計監査論）要領
作　成　者　被告
作　成　日　平成14年10月ころ
原本・写し　写し
立 証 趣 旨　被告は規程上の障害がない限り原則として原告を教授採用する意思であったこと

乙13号証
標　　　目　書簡
作　成　者　（口頭で明らかにする。）
作　成　日　平成17年1月14日
原本・写し　写し（抄本）
立 証 趣 旨　原告の授業等の運営について学生から批判があったこと

乙14号証
標　　　目　報告書
作　成　者　O₄ ほか2名
作　成　日　平成17年3月2日
原本・写し　写し（抄本）
立 証 趣 旨　乙13号証と同じ

2. 被告側提出証拠

乙15号証
- 標　　　目　商学部人事会議議事録の抄本
- 作　成　者　KA₁（CHI大学商学部長）
- 作　成　日　平成15年12月10日
- 原本・写し　写し
- 立証趣旨　平成15年12月10日開催のCHI大学商学部人事会議において、原告の昇格申請に関する質疑応答がされたこと

乙16号証
- 標　　　目　陳述書
- 作　成　者　KA₁
- 作　成　日　平成17年11月10日
- 原本・写し　原本
- 立証趣旨　被告主張事実全般、特に、第1回昇任申請の否決に至る経緯
- 説　　　明　平成17年(ワ)第2957号（別件訴訟）において同事件被告KA₁が提出した陳述書である。なお、ここで引用されている他の書証の本件訴訟における号証番号は別紙号証番号対照表のとおりである。

乙17号証
- 標　　　目　陳述書
- 作　成　者　SI₁
- 作　成　日　平成17年11月10日
- 原本・写し　原本
- 立証趣旨　乙16号証と同じ
- 説　　　明　平成17年(ワ)第2957号（別件訴訟）において同事件被告SI₁が提出した陳述書である。なお、ここで引用されている他の書証の本件訴訟における号証番号は別紙号証番号対照表のとおりである。

乙18号証、乙19号証
- 標　　　目　本人尋問調書
- 作　成　者　東京地方裁判所書記官
- 作　成　日　平成17年12月6日
- 原本・写し　写し

第1章　パワハラ裁判①　Ⅱ 双方が提出した主な証拠

立証趣旨　乙16号証と同じ
説　　明　平成17年(ワ)第2957号（別件訴訟）における被告（KA$_1$、SI$_1$）本人尋問調書である。なお、ここで引用されている他の書証の本件訴訟における号証番号は別紙「書証の号証番号対照表」のとおりである。

以上

2．被告側提出証拠

書証の号証番号対照表

平成 17 年(ワ)第 2957 号（別件訴訟）の陳述書及び本人尋問調書に引用されている書証の本件訴訟における号証番号は以下のとおりである。

標目	平成 17 年(ワ)第 2957 号（別件訴訟）	平成 17 年(ワ)第 17142 号（本件訴訟）
CHI 大学専任教員の資格に関する規程	甲 1 号証	甲 5 号証
商学部専任教員の採用及び昇任に関する実施要領	甲 4 号証	甲 4 号証
CHI 大学商学部教授会規程	甲 5 号証	甲 2 号証
人事会議・議事（H15.12.10 開催）	甲 6 号証	なし
専任教員公募要領	甲 7 号証	乙 12 号証
学位記	甲 8 号証	甲 12 号証
陳述書（安達巧）	甲 9 号証	甲　号証
メモ、メモの写し	乙 1 号証の 1、2	乙 5 号証の 1、2
大学設置基準	乙 2 号証	乙 4 号証
人事会議議事録（H15.3.3 開催）抄本	乙 3 号証	乙 1 号証
人事会議議事録（H15.12.10 開催）抄本	乙 4 号証	乙 18 号証
個人研究費諸経費支出明細書	乙 5 号証	乙 6 号証
教育活動報告書（H17.5.30 付）	乙 6 号証	乙 7 号証
教育活動報告書（H17.6.7 付）	乙 7 号証	乙 8 号証
商学部専任教員の博士号取得者とその地位	乙 9 号証	乙 11 号証
学位制度の見直し及び大学院の評価について	乙 14 号証	甲 9 号証の一部分
大学院の教育研究の質的向上に関する審議のまとめ	乙 15 号証	甲 9 号証の一部分
陳述書（KA₁）	乙 16 号証	乙 16 号証
陳述書（SI₁）	乙 17 号証	乙 17 号証

以上

第1章 パワハラ裁判① Ⅱ 双方が提出した主な証拠

乙第9号証

○大学設置基準の一部を改正する省令の施行等について

(略)

第一 大学設置基準の一部改正
1 略
2 教授等の教員の資格について、大学における教育を担当するにふさわしい教育上の能力を有することを要件とすることとし、教育上の能力を重視することを明確にしたこと。外国の大学における教員としての経歴を国内の大学における経歴と同等に扱うこと。助教授等の資格に係る助手等としての経歴について、在職年数を問わないこととしたこと（第十四条から第十七条）。
　<u>なお、教員の選考は、各大学の判断と見識に基づくものであり、大学設置基準が大学設置に必要な最低限の基準を定めたものであることから、これを上回る要件（例えば研究上の実績や能力）を加味することは、それぞれの大学の判断であること。</u>
3 略
4 略

(以下略)

乙第 10 号証
平成１６年３月１５日

商学部長・KA₁殿
商学部人事会議構成員各位

（昇任審査委員会）
SI₁
KA₄
YA₃
YA₂
MO₁

安達巧氏教授昇任審査委員会報告書

　委員会は、１月２８日人事会議での主査 SI₁ の当委員会審議基本方針（現行本学昇任規程や過去の実際の人事会議での運用）に基づいて、安達巧氏の教授昇任に関し慎重に審議を重ねた結果、全員一致をもって下記の結論に達しましたのでご報告いたします。

（結　　論）

現行本学昇任規程や過去の人事会議での決議や昇任規定の運用を斟酌して、安達氏は教授昇任申請に関する手続や資格要件を満たしているとは思えないので、現時点では教授適任者として推薦することはできない。

（理　　由）

(1)（第一理由）「CHI 大学専任教員の資格に関する規程」（２０２１頁）第３条(4)の年数規定からみて教授昇任申請に関する規程の手続要件を満たしていないこと。
(2)（第二理由）「CHI 大学専任教員の資格に関する規程」（２０２１頁）第３条(1)は、過去の商学部の規程運用上も解釈上も論文博士を前提としたもので大学院博士課程修了者に与えられる教育上の課程博士には適用されないと解されること。
(3)（第三理由）同第３条(4)規程では安達氏の場合は助教授歴不足で教授昇任としての資格要件を欠いていること。
(4)（第四理由）同３条(2)、(7)に該当すると思われる顕著なものは安達氏の業績からは見当たらないこと。
(5)（第五理由）人事会議は安達氏採用時に過去例を見ない異例の特例待遇措置をしており、安達氏もこれを了承して就任している。この人事会議の採用時の決議は現在でも効力があること。

第1章　パワハラ裁判①　Ⅱ 双方が提出した主な証拠

〔結論に至った理由説明〕

(第一理由、教授昇任申請の手続に関して)

「CHI 大学商学部専任教員の採用及び昇任に関する規程」（2033頁）第2条（昇任の申請）「昇任を希望する者は、資格規程第3条、第4条または第5条に規定する年数に達する前年度から、商学部長に対し、昇任を申請することができる」という規程と、それを受け「CHI 大学専任教員の資格に関する規程」（2021頁）第3条(4)の年数規定からみて、安達氏申請時の平成15年10月31日時点では助教授としての本学着任半年目（前任校の助教授暦を合算しても2年半目）であり、「CHI 大学専任教員の資格に関する規程」（2021頁）第3条(4)の5年という教授昇任申請に関する規程の手続要件を満たしていない。

－(補 足 説 明)－

　CHI 大学商学部昇任規程には、教授になれる可能性を記した資格規程（2021頁）と昇任申請の手続規程（2033頁）の二つがあり、資格規程上、たとえ学位や研究業績を多く有して教授になれる可能性があっても、5年〔正確には4年半〕という助教授歴を経ないものは「CHI 大学商学部専任教員の採用及び昇任に関する規程」（2033頁）第2条で教授昇任申請を学部長に提出することができないと解される。
　商学部人事会議では、この解釈の下で過去運用がなされている。

(第二理由、第3条(1)号教授資格要件に関して)

「CHI 大学専任教員の資格に関する規程」（2021頁）第3条(1)は過去の商学部の規程運用通り、大学院博士課程修了者に与えられる課程博士ではなく、論文博士を前提にしているものと解される。従って、教育課程での課程博士である安達氏はこの条項を適用することはできないと解する。

－(補 足 説 明)－

　本規程3条(1)は過去の商学部の規程運用通り、教育課程博士ではなく論文博士を前提にしていると委員会も解した。一般的にいって、論文博士は学問の到達点の一つであり、教育経験やそれに準じる社会経験も十分あることが予想されるため、第3条(4)の助教授5年の年数規程が(1)で緩和されているのである。教育課程博士は、教育機関で教育を受けている院生が最終教育課程で提出する論文であり、研究者の完成論文というより、研究者育成のための論文という性格が強い（「学位規則」（文部省令第9号））。これを受けて過去商学部では、大学院後期終了の課程博士は第3条(4)の審査で行われていたことは、KA₁ 商学部長が1月28日人事会議で具体的資料を添えて説明した通りである。教育上の課程博士は、本学では講師採用時の審査基準の一つでもある。

(第三理由、第3条(4)教授資格要件に関して)

「CHI大学専任教員の資格に関する規程」（２０２１頁）第３条(4)は、安達氏申請時の平成１５年１０月３１日時点では助教授としての本学着任半年目（前任校の助教授歴を合算しても２年半目）であり、５年という教授昇任申請に関する本規程の手続要件を満たしていない。

－（補 足 説 明）－

　安達氏は、助教授歴は規程を満たしていないが、研究業績は教授要件を満たしていることは記しておく。安達氏の研究業績を本学就任から評価すると５０点となり研究業績資格要件（３０点以上）を満たしている（総合点数７８点。内訳：年齢１０点、教育・研究暦５点、学術論文等研究業績５０点、学歴１３点、社会的活動０点）。また、前任校での研究業績を含めると１２５点となりいずれも研究業績は教授資格要件（３０点以上）を満たしている（総合点数１５３点。内訳：年齢１０点、教育・研究暦５点、学術論文等研究業績１２５点、学歴１３点、社会的活動０点）。

　なお、ゲラ未提出の論文が３本あり申請書類に不備があり、本来は上記点数より１１．２５点マイナスされるが年度末学内紀要等の発刊時期を迎えているので減点していないことを付記しておく。

(第四理由、第3条(2)(7)教授資格要件に関して)

「CHI大学専任教員の資格に関する規程」（２０２１頁）第３条(2)、(7)に該当すると思われる顕著なものは安達氏の業績からは見当たらないことを委員会は確認した。

－（補 足 説 明）－

　安達氏の短期間での業績の多さやその努力を認めて平成１７年度申請予定の大学院設立認可過程でマル合の判定が下された場合は、「CHI大学専任教員の資格に関する規程」（２０２１頁）第３条(7)を準用し人事会議で再審査をしないで教授内定者として特例承認をしてもよいのではないかという意見が多くあったことを付記しておく。

(第五理由、採用時の条件と異例の特別措置の適用)

安達氏は採用時に、学部教員以外に大学院担当候補者でもあり、博士の学位を取得しており、研究業績の多さも勘案して、通常の教授申請に必要な本学助教授在籍５年以上の規定年数を例外的に３年とし、就任後３年後（正確にいえば、２年半後）に教授申請をする特例措置を人事会議は満場一致で採決した。このような特例措置は、本学では例がなく過去の論文博士の待遇さえ上回る異例の特別措置を人事会議は既に与えている。採用時にこのような合意がある限り、安達氏はこれを遵守すべきと思われる。

以上

第1章 パワハラ裁判① Ⅱ 双方が提出した主な証拠

乙第 11 号証

商学部専任教員の博士号取得者とその職位

(H15.12 現在)

名前	採用年（職位）	博士号取得時期	取得時の職位	昇格時期
KA₂	S61.4（講師）	H3.3	助教授	H8.4（教授）
I₃	H10.4（講師）	H11.3	講師	H13.4（助教授）
YA₄	H13.4（講師）	H3.3	-	現在も講師
MA₆	〃 （講師）	H10.10	-	現在も講師
I₇	H10.4（講師）	H10.7	講師	H15.3 講師で退職

2．被告側提出証拠

乙第 12 号証

データ番号	A102100561
公開開始日	2002 年 10 月 30 日
タイトル	専任教員公募（会計監査論）
概要	本学部では、下記の要領にて専任教員を公募することになりました。つきましては、適任者がおられましたら自薦またはご推薦くださいますようお願い致します。

    所属学部　商学部（将来大学院が設立された場合は兼務）
    職　　名　教授（または助教授）1 名
    担当科目（学部）
     (1)主担当科目
      「監査制度論（春セメスター）」
      「監査報告論（秋セメスター）」
     (2)関連担当科目
      「会計学入門（秋セメスター）」
      「会計制度論（秋セメスター）」
    なお、「財務諸表分析（春セメスター）」、「企業評価論（秋セメスター）」の科目も担当できることが望ましい。

    採用予定日　平成 15 年 4 月 1 日より
    給　　与　本学規程に準ずる

機関名	CHI 大学
部署名	商学部
機関種別	私立大学
所在地	■■■■■■■■■■■■
地域	関東甲信越
職種	教授
	助教授
勤務形態	常勤
人員	教授（または助教授）1 名

第 1 章　パワハラ裁判①　Ⅱ 双方が提出した主な証拠

研究分野	商学
応募資格	(1)年齢　59 歳以下を原則とする
	(2)学歴　博士課程後期修了またはこれに準ずる者
	〈例：修士課程（博士課程前期）と公認会計士資格取得者〉
	(3)特別条件
	将来、大学院の修士（博士課程前期）で演習（予定科目は「会計学原理演習」）と「会計監査論研究」の科目をもてるマル合の資格を有すると思われるかたで博士号取得者かこれに準ずる最近 3 年間の研究業績（単著研究書等）があること。
募集期間	年月日-2003 年 01 月 31 日
着任時期	2003 年 04 月 01 日
応募書類	(1)履歴書（直筆で写真貼付、様式は任意）
	(2)研究業績目録一覧（様式は任意）
	(3)研究業績目録中、過去 5 年間の代表的な業績の原本または抜き刷り
	（コピーしたものでも可）

　　　　　　　応募締切日　平成 15 年 1 月 31 日　必着

　　　　　　　書類提出先
　　　　　　　　〒■■■■■■■■■■■■■■■■
　　　　　　　　CHI 大学　教務課長（NE）宛
　　　　　　　　TEL　■■■■■■■
　　　　　　　※封筒表に「商学部専任教員応募書類」・「会計監査論」と朱記して速達書留または宅急（配）便でご送付ください。
　　　　　　　また、提出された一切の書類等は原則として返却いたしません。

選考方法	(1)第一次審査　書類選考
	(2)第二次審査　面接
	（第一次審査通過者に後日電話等にて個別に面接日をご連絡いたします）
採否の決定	採否の結果は、決定次第応募者宛に通知致します。
連絡先住所	■■■■■■■■■■■■■■■■
担当者役職	CHI 大学　教務課長

2．被告側提出証拠

担当者
E-Mail ███████████
TEL ███████████
FAX −
添付書類（Image）
備考　　　URL ███████████████

225

第 1 章　パワハラ裁判①　Ⅱ 双方が提出した主な証拠

乙第 13 号証

平成１７年１月１４日

商学部　３年　■組
■■■■

テストおよび授業評価に対する疑問点について

　私は、商学部３年の■■と申します。春・秋セメスターにおいて木曜日５限、安達先生の『企業評価論』を受けています。春の授業ガイダンスの時に「教科書を買えば８０点をあげる。」と安達先生は確かにおっしゃられ、確実とは言い切れませんが授業を受ける学生全員が安達先生の教科書を購入しました。私は授業にはほとんど欠席したのでテストは自分自身納得できる解答ではありませんでした。しかし安達先生は公約のとおり「優」をつけてくださいました。また秋セメスターも春セメスターと同じような方法で評価をつけるとおっしゃられたのでその話を聞いた全員が教科書を購入したと思います。秋セメスターも私は部活や就職活動でほとんど出席できませんでした。しかし今回はテストではなくレポート提出の課題がでました。その課題の内容は「安達先生が授業中に話した中で勉強になったことを１０００～１２００字で書きなさい。」ということでした。
そして「内容にそぐわないレポートは未提出とする。」とありました。この課題の内容は明らかに授業に出ていなければ書けません。安達先生がもしこのレポートで秋セメスターの評価をなさるなら、安達先生が営利目的で授業を行なったとしか私は考えられません。まだ評価が出てないのでなんとも言えませんが、こういった授業のやり方はいかがなものなのでしょうか。

2．被告側提出証拠

乙第 14 号証

2005年3月2日

商学部長
SI₁ 殿

教育充実委員長　O₄
教務委員会主査　KA₂
商学部長補佐　MI

学生からの文書「テストおよび授業評価に対する疑問点について」に関する事情聴取について（報告）

　学部長からの依頼により、申し立てを行なった学生 ■■ さん、および授業担当者である安達巧助教授からの事情聴取を下記の通り行いました。その結果、事実関係については、両者に相違ないものと判断されました。
　また、両者の事情聴取から、学生については、授業への出席と自ら進んで学ぶことの必要性を再認識させ、授業担当者については、適切な評価基準による評価の実施を求めるべきであると考えられます。
　なお、事情聴取を行なった内容は別紙の通りです。

記

〈事情聴取〉
1．商学部 ■年 ■組 ■■
　日時：2005年2月23日午前10時30分～11時30分
　場所：1号館8階小会議室
2．安達助教授
　日時：2005年2月23日午後2時00分～3時30分
　場所：研究棟205号室

〈聴取内容〉
　別添

以上

第 1 章　パワハラ裁判①　Ⅱ 双方が提出した主な証拠

安達助教授の授業に関する当該学生からの事情聴取の概要

　学生からの事情聴取は、2 月 23 日（火）午前 10 時 30 分から 11 時 30 分まで 100 周年記念館 8 階小会議室にて KA$_2$ 教授（教務委員会主査）、O$_4$ 教授（教育充実委員会委員長）、MI 助教授（学部長補佐）によって行われた。

Ⅰ．「財務諸表分析」について
1．ガイダンスにおける状況について
(1) 安達先生よりテキストを購入すれば成績評価について８０点を付けるとの説明があった。テキストは教室内で販売された。
(2) テキストの最終部分の 2 ページがレポート用紙になっており、これに履修の理由・感想を記入し、出席カードの提出とともに先生のチェックを受けた。

2．出席状況および授業内容について
(1) 授業には、初回を含めて 2～3 回程度の出席であった。欠席理由は就職活動とクラブ活動（サッカー部マネージャー）である。
(2) 出席したときの授業内容は、先生の外国での体験など雑談と感じられるものであった。これも欠席の理由の一つである。
(3) 出席していた学生は 5 名程度であった。

3．筆記試験・レポートについて
(1) 試験は持ち込み不可であり、筆記試験が実施された。自分の答案について、既述はしたものの自信はない。

Ⅱ．「企業評価論」について
1．ガイダンスにおける状況について
(1) 7 月の「財務諸表分析」の試験会場において秋セメスターの開講科目「企業評価論」についてのガイダンスがあった。
(2)「企業評価論」についても基本的には「財務諸表分析」と同じ成績評価方法を用いるとの説明があり、テキストの販売もその場で行われた。

2．出席状況および授業内容について
(1) 授業は全て欠席していた。

(2) 欠席の理由は、春セメスター時と同じである。

3．筆記試験・レポートについて
(1) レポート提出の提示があり、既に購入済みの指定されたテキストの他に安達先生が著者となっている本を探し、これを使ってレポートを作成・提出した。
(2) レポートの内容には自分なりの手応えを感じている。

Ⅲ．問題提起に至る経緯について
1．問題提起の理由
(1) 授業内容に不満を感じる。
(2) テキスト販売に関して納得できないものを感じる。
(3) 「企業評価論」については、ガイダンス時の説明と異なる部分があり（レポート提出に関する条件など）、これに不満を感じる。
(4) 以上の点について、今後の改善を望むものである。

2．文書提出について
(1) はじめに学生課の窓口に相談をしたが、職員の指示により教務課へ提起することになった。
(2) O_6学事部長から文書による問題提起の指示があり、教務課へ文書を提出した。

3．その他（安達助教授からの質問事項について）
(1) 文書で提起した内容に間違いはなく、責任を持って提出したものである。
(2) 学生の本分は授業に出席することであり、クラブ部長（サッカー部）からも授業優先との指示があった。

以　上

第 1 章　パワハラ裁判①　Ⅱ 双方が提出した主な証拠

安達助教授からの事情聴取の概要

　安達助教授からの事情聴取は、2月23日（火）午後2時から3時30分まで研究棟2階205会議室にて KA₂ 教授（教務委員会主査）、O₄ 教授（教育充実委員会委員長）、MI 助教授（学部長補佐）によって行われた。

Ⅰ．「財務諸表分析」について
１．ガイダンスにおける説明について
(1)ガイダンスは第1回目の授業で行い、成績評価はシラバスに記載している通り原則として試験によって評価すると説明した。
(2)ただし、テキスト末尾に添付の用紙に「履修する理由」および「この授業で何を学びたいか」を50字以上で記述し、この課題を4月中に提出してチェックを受け、試験を受験した受講生については成績評価時に80点を加点すると説明した。
(3)授業への出欠は自由であることも考慮し、出欠は取らないと説明した。
(4)これらの説明は口頭および板書にて行った。

２．出席状況および授業内容について
(1)休まずに出席した学生は約1割程度（約10名）であった。
(2)テキストと具体例（ケース）等を使いながら授業を進行させていった。

３．試験について
(1)試験は定期試験実施期間中に実施し、履修学生のほとんどが受験をした。
(2)提出された答案の中には白紙答案も少なくなかった。
(3)成績評価は学生に説明したとおりに行った。
(4)試験会場において秋セメスター科目である「企業評価論」のガイダンス的なものも行い「財務諸表分析」と「企業評価論」は独立した別科目なので「企業評価論」履修希望者は、第1回目の授業への出席を勧めると強調しておいた。試験終了後、一定時間を経た後、希望者へテキスト販売を行った。その理由は、夏季休暇中に予習をしたい学生等への配慮をしたためである。
(5)テキスト末尾に添付の用紙に「履修する理由」および「この授業で何を学びたいのか」を記述し、当該課題を所定の期日までに提出しチェックを受けた者で、定期試験を受験した者に対しては、試験答案の点数に 80 点（7月中に提出・チェックの場合）、70 点（授業開始2回目までに提出・チェックの場合）、60 点（10月末までに提出・チェックの場合）

の加算を行うと説明した。
(6)当該学生の答案について、この場では確認できない。

Ⅱ．「企業評価論」について
1．ガイダンスにおける状況について
(1)第1回目の授業において、原則として定期試験による評価を行うこと、指定した課題（上記参照）を指定期日までに提出してチェックを受けた者は、定期試験を受けた場合に限り所定の点数を加算して（上記参照）評価を行うと説明した。

2．出席状況および授業内容について
(1)休まずに出席した学生は約1割程度（約10名）であった。

3．試験について
(1)レポート形式による定期試験を実施した。
(2)問題（課題）は、授業内容について「最も印象的で『勉強になった』と思えることについて、1,000~1,200字でまとめなさい」とした。
(3)当該学生が提出した答案は、試験問題に対して解答していないものの、加点事由が皆無ということもなかろうと判断したため2点（100点満点）と評価した。また、出席はゼロ回であることも認識している。ただし、7月中に課題を提出してチェックを受けているため、成績評価は82点とした。すなわち、学生の苦情の根拠は存在しない。

以　上

第 1 章　パワハラ裁判①　Ⅱ 双方が提出した主な証拠

乙第 15 号証

商学部人事会議議事録

日　時：平成 15 年 12 月 10 日（水）　17 時 25 分より 18 時 24 分

場　所：研究棟 10 階会議室

出席者：■■■■■■■■■

委任状：■■■■■■■■■

欠席者：■■■■■■■■■

議　長：KA₁

事務局：■■■■■■■■■

議　題：
審議事項
　［1］■■■■■■■■■■■■■■
　［2］■■■■■■■■■■■■■■
　［3］■■■■■■■■■■■■■■
　［4］昇格審査委員会委員選出の件
　［5］■■■■■■■■■■■■■■
　［6］■■■■■■■■■■■■■■

2．被告側提出証拠

　定足数に達していることを確認後、第6回人事会議開会の宣言が議長より行われ、議事に入る。

審議事項
（略）
［4］昇格審査委員会委員選出の件
　昇格申請者3名 ▇▇▇▇ 昇格審査委員会委員を別紙の通り提案したい。安達助教授に関しては、次回の人事会議にて提案する。

（質疑応答）
　安達先生も昇格申請を行なっているが、今回どうしてそれを取り上げないのか。▇▇▇▇
　安達先生の主張が採用時の人事会議の決定と異なっているので、慎重に対応している。しかし、次回の人事会議で学部長案を提案する。安達先生には、本年度中には何とかすると言ってある。（商学部長）

審議の結果、▇▇▇▇▇▇ 承認された。
（略）

報告事項（商学部長）
（略）

以上、本会議終了につき、議長より閉会を宣言。

平成15年12月10日

　　　　　　　　　　　　　　　　　　　　　　　署名者　KA₁
　　　　　　　　　　　　　　　　　　　　　　　記載者　▇

233

第1章　パワハラ裁判①　Ⅱ 双方が提出した主な証拠

乙第16号証

平成１７年(ワ)第２９５７号　損害賠償請求事件
原　告　安達巧
被　告　KA₁、SI₁、SI₄

平成１７年１１月１０日

東京地方裁判所民事第２５部単４係　御中

住所　■■■■■■■■■■■■■■■
氏名　KA₁

陳述書（陳述者・KA₁）

1　私の CHI 大学商学部（以下「本学部」）における略歴は、以下のとおりです。
　　昭和５０年４月　採用（助手）
　　昭和５４年４月　専任講師
　　昭和６０年４月　助教授
　　平成８年４月　　教授（現在に至る）
　　平成１２年４月　学部長（平成１６年３月まで）
2　平成１４年秋、本学部の TA₆ 教授が平成１５年４月に他大学に移籍する予定となったことから、平成１５年４月以降の会計監査論・経営分析論の専任教員の補充が必要となりました。そこで、平成１４年１０月から、後任教員の公募を開始しました。
　　なお、本学部では、平成１７年度を目標に大学院商学研究科修士課程の開設準備をしており、TA₆ 教授の後任教員には大学院の科目担当も兼ねていただく予定でした。そのため、大学院の講義・演習を担当できるいわゆる「マル合」教員であることを応募資格とし、できるだけ教授、駄目でも助教授として採用することとして、公募を実施しました。（甲７号証）
　　本学部の教員人事は、教授だけで構成する人事会議に決定権限があります。人事会議は、SI₁ 教授（主査）、KA₅ 助教授、私（大学院用特別委員）の３名を委員とする採用審査小委員会を編成し、応募者の人選を行いました。応募者は全部で１１名ありましたが、その中では安達先生の研究業績が秀でており、安達先生だけがマル合適格者の可能性があったため、採用小委員会は、安達先生を候補者と決めました。ただし、大学院の教員をしていただくには教授として採用できる人が望ましかったのですが、安達先生には前任校での助教授歴が２年しかありませんでしたので、「CHI 大学専任教員の資格に関する規程」（甲１号証）第３条の(4)を満たさず、助教授採用とせざるを得ないという意見でま

とまりました。

　また、この点に関しては、「規定第３条(4)には教授昇任資格の要件として『助教授歴５年』とあるところ、この解釈として『本学での助教授歴５年』と解するべきだとの見解もあるが、前任校での２年を算入し、本学での助教授歴が３年経過すれば(4)号に基づく教授昇任申請資格を認めてよいのではないか。」との意見も出ました。

　なお、本学部では、過去一貫して、規程第３条(1)にいう「博士」は課程博士を含まず論文博士のみを意味すると解釈してきました。大学教員の主たる職務は研究と教育の２つです。教授の地位は、大学教員の最高位であり、十分な研究業績と十分な教育歴の双方が必要であるところ、課程博士の場合にはそれが必ずしも十分ではないからです。したがって、安達先生は、規程第３条(1)には該当しません。審査小委員会でも、この点は暗黙裏に当然の前提としていました。

3　平成１５年２月２８日、採用審査小委員会の委員３名で安達先生の最終採用面接を行いました。

　この席上で、委員３名が交互に発言しましたが、SI₁先生や私は、安達先生に対して、安達先生は教育歴不足があるので助教授採用となることや本学では助教授から教授になるには原則として５年間の教育歴が必要であることを告げました。安達先生は、「はい。」とか「分かりました。」というような返答をしたと記憶しています。

　SI₁先生からは、「(SI₁先生が、) その日の採用面接終了後に安達先生に事務連絡をした際に『３年で教授申請資格を認めるという特例で採用されるよう採用審査小委員会の主査として努力する。』と伝えたところ、安達先生は『教育歴不足は自覚している。』と述べて謝意を表した。」と聞いています。

4　採用審査小委員会は、人事会議宛に、安達先生を採用教員に推薦すること、採用時の職位は助教授とすること、採用後は３年で教授昇任申請を認めることなどを内容とする報告書を提出しました。

　そして、平成１５年３月３日開催の人事会議において、出席教授全員の賛成をもって、上記の報告内容どおりの条件で安達先生を本学部教員として採用することを決定しました。乙３号証がその議事録です。

　この結果、安達先生は、平成１５年４月１日から本学部の助教授として勤務を始めました。

5　ところが、安達先生は、平成１５年１０月３１日、突如として教授昇任申請を行いました。申請書を提出した直後に、安達先生からSI₁先生に報告があったとのことで、私はその事実をSI₁先生から聞いて知りました。

　前述のように、平成１５年２月２５日の採用最終面接の際に、私どもから安達先生に

235

対して、教授昇任申請には５年間の年限が必要だと伝え、安達先生もこれを了解したはずですので、安達先生の申請は採用時の約束違反です。私は、正直申し上げて、安達先生の常識を逸脱した行動に戸惑いを覚えました。また、平成１５年３月３日の人事会議でも、３年後に教授昇任資格を認めるとの決議内容となっておりますので、教授昇任申請をしても、通るわけがないとも思いました。この種のルール違反は、安達先生の評価を貶めるものとなりかねませんので、安達先生のためにもなりません。

　　そのため、私は、そのまま、安達先生の昇任申請を人事会議に諮るべきかどうか迷いました。そして、まず、その前に、安達先生と話をして真意を確かめ、申請の取下げを助言するのがよいと考えました。

6　平成１５年１１月２８日、私は、安達先生と昇任申請の件で約３０分間話し合いを持ちました。

　　この話し合いにおいて、私は、平成１５年３月３日の人事会議議事録（乙３号証）の抜粋と採用審査小委員会の報告書の抜粋を見せ、採用後３年間で教授昇任資格を取得できる条件となっていることを説明しました。これに対する安達先生の返答は、「採用時に、SI₁教授か学部長が『採用は助教授だが、３年経てば教授は確約する。』と言っていたが、採用時には(1)号の説明がなかった。私の場合は、規定２０２１頁の第３条(1)号に該当するから人事会議が条件設定すること自体がおかしい。審査小委員会の報告書では(1)号についての判断がされていない。」とのことでした。（ただし、上記の安達先生の発言のうち、私どもが「確約する。」と言ったというのは、事実ではありません。）

　　そして、私が「昇格申請を取り下げるつもりはないのか。」と聞いたところ、安達先生の返答は「ない。」とのことでしたので、私は「今年度中に結論を出すが、検討にやや時間がかかる。」と告げました。

7　平成１５年１２月１０日に人事会議が予定されていましたので、その前に安達先生の意思を確認しておこうと思い、同月８日に電話で話しました。その際も、昇任申請を取り下げる意思はないとのことであり、併せて、文科省に相談するとか裁判に訴えるとか、半ば脅迫めいた口調で言っていました。

　　昇任申請に対しては、審査小委員会を組織して審査をします。審査委員は、研究や授業の合間に時間を取って審査業務を遂行しなければなりません。多数の人がこのような負担を被るのですから、無駄な業務はできるだけ避けるべきだと思います。また、先にも述べましたが、ルール違反を理由に安達先生の昇任申請が否決されることは、安達先生のためにもならないと思いました。安達先生がもし教授に昇任できるとすると翌年度の４月１日からとなりますので、平成１６年１月の人事会議で審査委員会を立ち上げて作業に入れば、３月の人事会議で審議して４月からの昇任の可否の結論を出すのに間に

合います。そこで、１２月１０日の人事会議では安達先生の件は保留しておいて、翌月の人事会議までに取下げて貰うよう再度頼んでみることにするのがよいと考え、同日の人事会議で保留とすることを提案し、了承されました。乙４号証がその議事録です。

8 この間、専門家の弁護士に法的見地からの助言をいただく必要もあると考え、本大学の法律顧問である SI_2 弁護士にも法的問題点の検討をお願いしました。SI_2 弁護士の見解は、「採用時に『３年間は助教授』という条件をつけたこと、規定３条(1)は論文博士を意味するという解釈運用の合理性が認められることから、いずれの理由によっても安達先生の申請は不適法だといえる。法律の一般論からすると、不適法な申立ては内容上の審査に入らずに却下できる。しかし、本学部の規程上、昇任申請を受け付けた商学部長に申立却下の権限があると明示した規定がないため、慎重を期して人事会議に諮って取扱いを決める方が無難である。」とのことでした。

9 平成１６年１月２８日に人事会議が予定されていましたので、最後の機会として平成１６年１月２３日に安達先生と約１０分間の話し合いを持ちました。私は、「規程第３条の(1)号と(4)号について改めて説明したい。」と前置きしたうえで、名前の部分を伏せて資料（乙９号証）を見せ、「商学部では過去全て課程博士には(4)号を当てはめてきた。現に、平成１５年１２月現在で博士の学位を有していたCHI大学商学部教員中には、甲１号証第３条(4)又は第４条(3)所定の年限を待たずに直ちに助教授から教授へ又は講師から助教授への昇任申請を行なった例はない。」と説明しましたが、安達先生は、「この人達は、申請権はあるのに自主的に申請しなかっただけだ。」と反論し、聞き入れてもらえませんでした。

そして、私が「このデータを見ても、昇格申請を取り下げるつもりはないのですか。」と確認したところ、安達先生は「取り下げるつもりはありません。」と答えたので、私は「それでは、１月２８日の人事会議に諮ろうと思う。」と返答しました。

10 以上の経緯の結果、私は、平成１６年１月２８日の人事会議に安達先生の教授昇任申請の件を議題として付議しました。安達先生は、本訴訟の準備書面で「人事会議に付すまで約３ヶ月間に渡り放置した。」と主張していますが、私は、３ヶ月間に渡り、安達先生本人、他の教員、大学当局など関係者全員にとって最善の結果で終わるようにいろいろ努力してきたつもりです。安達先生に昇任申請の取下げをお願いしたのも、単に採用時の約束違反だからというだけではなく、本人の将来を気遣ってのことでした。

平成１６年１月２８日の人事会議において、SI_1 先生、KA_4 教授、YA_3 教授、YA_2 教授、MO_1 教授の５名が審査委員に選任され、昇格審査委員会が組織されました。そして、平成１５年３月１５日、昇格審査委員会から商学部長及び人事会議宛に報告書が提出されました。報告書の結論は、安達先生は教授昇任申請に関する手続や資格要件を満たして

いないので教授として推薦できないというものでした。
　平成16年3月16日の人事会議では、上記報告書をもとにして審議がされ、昇任申請は認めないとの決議がされました。安達先生には助教授としての経歴が不足していますし、もともと、採用前の平成15年3月3日の人事会議では「3年後に教授昇任資格を認める」との決議がされていたのですから、私は、この人事会議の出した結果は当然のことであるとの感想を持ちました。

11　安達先生は、昇任申請の人事会議への付議の時期について「締切日後最初に開催される人事会議（通常は11月上旬ころ）に付議するのが通例である。」「本件は通常の運用に比べ、極端に遅い。」と主張していますので、私が商学部長を務めていた4年間について、昇任審査委員会の設置を付議した人事会議の開催時期を以下にまとめました。

　　平成12年度　平成12年11月8日
　　平成13年度　平成13年12月12日
　　平成14年度　平成14年11月6日
　　平成15年度　平成15年12月10日（原告を除く申請者3名）

　このように、締切日後最初に開催される人事会議で昇任審査委員会を設置することが通例となっているとの主張は誤りであり、半数は翌々月の人事会議において設置されています。
　もっとも、安達先生の場合は、それよりも更に翌月の平成16年1月28日開催の人事会議において昇任審査委員会が設けられたことは確かです。しかし、これは、既述のとおり、安達先生の場合には昇任申請資格に疑義があるため、方針の検討に時間を要したためです。このように、翌年の1月に昇任審査委員会を設けたとしても、4月からの昇任の可否を審査する時間は間に合いますので、何の問題もないと思います。

12　私は、安達先生が教授昇任申請をした当時の商学部長として本件に関与したため、損害賠償訴訟の被告にされてしまいました。言うまでもなく、大学教員の本来の仕事は研究と教育にあるのであり、研究・教育に充てるべき時間を割いて学部長の業務を行って来ました。もちろん、公正で常識に適った業務遂行をしてきたつもりです。それにもかかわらず、業務に関して訴訟の被告にされることにより、時間面、精神面、経済面において甚だしい負担を被っています。このようなことがあると、学部長のなり手がいなくなってしますのではないかと危惧します。
　安達先生においては、自分のしていることの意味をよく考えて、社会人として常識的な行動をして欲しいと思っています。

　　　　　　　　　　　　　　　　　　　　　　　　　　　　　　　　　　以上

2．被告側提出証拠

乙第 17 号証

平成17年(ワ)第2957号　損害賠償請求事件
原　告　安達巧
被　告　KA₁、SI₁、SI₄

平成17年11月10日

東京地方裁判所民事第25部単4係　御中

住所　■■■■■■■■■■■■■■■
氏名　SI₁

陳述書（陳述者・SI₁）

1　私の CHI 大学商学部における略歴は、以下のとおりです。
　　昭和52年4月　採用（助手）
　　昭和55年4月　専任講師
　　昭和63年4月　助教授
　　平成8年4月　　教授（現在に至る）
　　平成9年10月　学部長（平成12年3月まで）
　　平成16年4月　学部長（現在に至る）

2　本学部では、TA₆教授が他大学に移籍することになったため、平成15年4月から会計監査論を担当する教員を募集する必要が生じました。そして、本学部では、数年後に大学院商学研究科修士課程を開設することを目指しておりましたが、新採用の教員はその講義・演習も担当できるいわゆる「マル合教員」の可能性が高い方が好都合です。そのため、博士号の学位の取得者で研究業績と教育歴のある方をできるだけ教授として採用しようとの方針となりました。
　　私は、人事会議において、KA₅助教授、KA₁教授（当時・商学部長）とともにその採用小委員会の委員に選ばれ、私が主査となりました。

3　採用小委員会では、11名の応募者の中から、安達先生を候補者とすることを決めました。安達先生は、年齢的には若いものの、その研究業績は応募者の中では最もマル合に適合する可能性を有していたからです。ただし、大学としてはできれば教授を採用したかったのですが、安達先生は、年齢的に若く、教育歴については前任校で助教授として2年間しかなかったため、助教授採用とせざるを得ないとの結論となりました。本学部の教授資格を定めた規定として「CHI 大学専任教員の資格に関する規程」（甲1号証）がありますが、その第3条(4)号によると、5年間の助教授歴が必要とされているからで

第1章　パワハラ裁判①　Ⅱ 双方が提出した主な証拠

す。
　なお、規程第3条(1)にいう「博士」の意味について説明します。博士の学位を得るには、論文博士と課程博士の2つのルートがあります。論文博士とは、学位論文を提出しその審査に合格した者であり、課程博士とは、大学院の博士課程を修了して学位を取得した者です。論文博士は日本の大学の独特の制度と言われていますが、特に社会科学系の場合、かなり長年の研究業績を積み、社会経験もある研究者が論文を提出した場合に与えられて来ました。これに対し、課程博士は、高等教育の終着点・専門研究者としての出発点というような意味合いがあり、早ければ28歳位で取得することができます。また、近年では、主にアジア諸国からの留学生から、日本の大学院では博士の学位が取得しにくいとの批判を受けたことなどの理由で、文部科学省は課程博士を大量に養成する方針を打ち出しました。したがって、ことに社会科学系では、一般に、論文博士のほうが課程博士よりも価値のあるものと見られています。他方で、規程第3条(1)によると、博士の学位を有しているという事実だけで、教授の資格が与えられていますが、教授の地位は、大学教員の最高位であり、十分な研究業績と教育歴の双方が必要なことはいうまでもないことです。そのため、本学部では、従来から、規程第3条(1)の博士は論文博士に限るとの解釈運用をしてきました。本学部では、過去一貫して、課程博士には(1)号ではなく(4)号を適用して来たのです。このことは、KA$_1$先生がまとめられた「商学部専任教員の博士号取得者とその職位」（乙9号証）を見ても分かりますし、私が調査したMA$_6$先生らの助教授昇任申請の経緯等（被告第3準備書面参照）からも明らかです。したがって、安達先生は、規程第3条(1)にも該当しません。採用審査小委員会では、これを暗黙の前提として審査をしました。

4　平成15年2月28日、採用審査小委員会の3名の委員で、安達先生の最終採用面接を約1時間かけて行いました。この席上、私やKA$_1$教授は、安達先生に対して、教育歴不足のため助教授採用となること、本学では助教授から教授になるためには原則として5年間の教育歴が必要であることをはっきりと説明しました。この説明に対しては、安達先生は、「わかりました。」と返答しました。

5　採用面接が終わった後、総合研究棟1階教員室で、私が一人で事務連絡をしましたが、その際、私は安達先生に対して、「採用審査小委員会は、人事会議に助教授採用の報告をすることになると思う。本学部の規程では、教授になるためには5年の助教授歴が必要とされているが、安達先生の場合には、前任校での2年間の助教授歴を算入して本学部では3年経過後に教授昇任資格を認めるという特例で採用されるよう採用審査小委員会の主査として努力したい。」と伝えました。これに対しては、安達先生は、「教育歴不足は自覚していますので、感謝します。」と答えました。

240

その後、人事会議までの間に、私は安達先生に対し、メールで、「助教授採用はやむを得ないが3年で教授の申請ができるよう採用審査小委員会に提案したこと」や、「それが採用審査小委員会で承認され、3年で教授の申請ができるよう採用審査小委員会から人事会議に提案することになったこと」などを逐次伝え、安達先生からもお礼のメールが届きました。

6　採用審査小委員会は、平成15年3月3日開催の人事会議において、新規採用教員を安達先生に決めること、採用時から3年経過後に教授昇任資格を与えることを提案し、人事会議の賛成を得ました。

このようにして、安達先生は、平成15年4月1日から本学部の助教授に就任しました。

7　平成15年10月31日、私が図書館4階の個人閲覧室2号室で文献を調べていたところ、突然、安達先生がやって来て、「今、教授昇任申請書を提出してきました。」というではありませんか。私は、驚いて、「3年後でないと資格がありませんよ。」と言いました。これに対しては、安達先生は、「教授昇任資格として5年の教育歴が必要との内規が恣意的に適用されている。」「就職時に『教授昇任資格は3年後』という条件が付いていたことは理解しているが、努力した人間には原則の例外があってもよいのではないか。」等と言いました。私は、商学部長である KA_1 教授に安達先生の言い分を正確に伝える必要があると考え、その場で安達先生の言い分を鉛筆書きでメモしました。これが乙1号証の前半部分です。筆記したうえで安達先生にこれを見せて「安達先生の言いたいことはこういうことでよいですか。何かあれば追加して下さい。」と確認して、私の鉛筆を渡したところ、安達先生が直筆で2ヶ所に簡単な加筆をしました。

私は、安達先生と別れた後で、上記のメモの下段に安達先生の発言の趣旨を分かり易いように文章化し、更に、安達先生の会話の中に上記の「就職時に『教授昇任資格は3年後』という条件が付いていたことは理解しているが・・」との趣旨の発言があったことを思い出し、それを(3)として書き加えました。(3)の全体が括弧で括ってあるのは、上段の走り書きには書かれていない項目だからです。以上のメモが乙1号証です。

8　訴訟において、安達先生は、上段の加筆した部分の字が自筆であることを否定していますが、他の安達先生の作成書類（乙5～7号証）の字と比べれば、同一筆跡であることが素人にも分かります。この点は、安達先生の主張は嘘だということが客観的に分かるのです。

しかも、安達先生は、私がデスクを激しく叩いたり怒鳴ったりしたと主張していますが、そんな言動は一切していません。図書館の4階には閲覧室、グループ学習室、教員用個人閲覧室及び図書館長室があります。私と安達先生がやり取りをした個人閲覧室2

号室は、図書館長室と個人閲覧室1号室との間に挟まれた静寂な場所であり、デスクを激しく叩いたり怒鳴ったりできるような環境にはありません。

　むしろ、1時間以上に渡って、安達先生と一緒に本学に就任したBE先生のこと、日本とアメリカの教育のこと、大学院のこと、私の商学部長時代のセメスター導入のこと、当時学校法人が抱えていた問題など、広範な話題について話をし、最後には「これからもまた話をしましょう。」と握手をして別れました。また、それ以後も、安達先生と学内で話をする機会は何度かありました。

9　その翌日か翌々日、私は、KA₁学部長に平成15年10月31日の件を報告し、その際、KA₁学部長から、安達先生の教授昇任申請の取扱いについて相談を受けました。私は、人事会議に付議するにせよ却下するにせよ、学内規程上それができるのかどうか慎重に検討してから方針を決めた方がよいとアドバイスしました。

10　平成15年12月10日の人事会議では、安達先生以外の昇任申請者について昇格審査委員会が設置されました。安達先生の昇任申請については、KA₁学部長から、「安達助教授に関しては、次回の人事会議で提案する。安達先生の主張が採用時の人事会議の決定と異なっているからである。」との説明がありました。

　そして、平成16年1月28日の人事会議で安達先生に関する昇格審査委員会の設置がKA₁学部長から提案され、KA₄、YA₃、YA₂、MO₁の各教授と私の5名が審査委員に選ばれました。

11　昇格審査委員会は、審議の結果、安達先生には前任校と通算しても3年の助教授歴しかなく教育経歴不足であるため、平成15年3月3日の人事会議の決議や昇任規程の運用を斟酌して「安達助教授は教授昇任申請に関する手続や資格要件を満たしていないので、教授適任者として推薦することはできない。」との結論となり、平成15年3月15日付けでその旨の報告書を商学部長及び人事会議宛に提出しました。

　昇格審査委員会の報告書では、その結論を採ると同時に、昇任選考審査基準点数表に基づき研究業績等の評価もしておきました。昇格審査委員会の役割は、昇格の可否を決定するのに必要な判断資料（点数評価もその一つです。）を人事会議に提供することにあり、可否の決定権限は人事会議にあります。もし人事会議が「昇任申請資格はある。」との立場に立った場合には、更に研究業績等の実質的内容面での適格性の有無の判断のための参考資料が必要となりますので、昇格審査委員会が「安達先生には教授昇任資格がない。」と判断して研究業績等の点数評価をしないのは適切ではないと考えたのです。このように、昇格審査委員会は、人事会議において安達先生の教授昇任資格を認める可能性も念頭において研究業績等の点数評価も含んだ報告書を作成しており、その審査は、公正な立場で行ったことがお分かりいただけると思います。

そして、平成16年3月16日の人事会議で、昇格審査委員会の報告書をもとにして審議がされ、昇任は認めないとの決議がされました。

12　以上のとおり、私達は安達先生に対して、教授昇任資格ができるのは3年後であることをはっきりと告げ、その時は安達先生も了承しました。

　それなのに、後になって規程第3条(1)号の表面的な文言を捉え、KA₁学部長の2度に渡る本学の状況説明にも聞く耳を持たず、約束と異なることを求め出したのです。私どもが昇任審査をしている最中にも、教授会の席上で、昇任させなければ文部科学省に訴えるとか裁判を起こすとか発言して、プレッシャーをかけました。また、私共に対する訴訟提起だけではなく、学内手続による不服申立てや千葉県労働委員会に対するあっせん申立ても行われました。不服審査調査委員も、研究や講義で多忙な中で審査業務のための時間を取らなければなりません。安達先生は、我が儘のために、いろんな人に負担をかけているのです、安達先生にはこの点を理解していただきたいと思います。

　約束したことは、後になって文句をいうのではなく、ちゃんと守るべきです。まして、嘘をついてまで自分の意見を通そうとするのは、教育者として問題だと考えます。

以上

第1章　パワハラ裁判①　Ⅱ 双方が提出した主な証拠

乙第18号証

速　記　録（平成17年12月6日　第3回口頭弁論）
事件番号　平成17年(ワ)第2957号
本人氏名　　KA₁

被告ら代理人
乙第16号証を示す
　　　冒頭にあなたの署名捺印がありますが、私があなたから事情を聞き取って、この書面を作って、書いてある内容に間違いがないということをあなたが確認して、署名捺印しましたね。
　　　　　はい。
甲第7号証を示す
　　　真ん中やや上に「人員」という欄がありまして、それを右にたどりますと、「教授（または助教授）1名」と書いてありますね。
　　　　　はい。
　　　これは最終的に安達先生を採用する際の公募の中身ですね。
　　　　　はい。
　　　で、これを見ますと、助教授が括弧書きになっていますが、これはどうしてですか。
　　　　　できれば教授の採用をしたいと思ったからです。
　　　なぜ、できれば教授を採用したかったのですか。
　　　　　それは教授のほうが学問的な業績も多い、教育経験も豊かということがありますので、教授のほうを希望いたしました。
　　　採用教員は、将来設置する大学院の演習も担当してもらう予定だったようですが、大学院の教員には教授資格が必要だったからではないのですか。
　　　　　いや、そうではありません。助教授でも可能ですから。
　　　そうしますと、教授として採用したかった理由というのは、大学院の設置とは関係がないということですか。
　　　　　はい。
　　　安達先生が最終的には採用されましたが、安達先生でも特に障害がなければ、やはり教授として採用したかったということでしょうか。
　　　　　はい。
　　　結果的には助教授採用ですが、なぜ安達先生を教授として採用しなかったのでしょうか。

244

やはり教育歴が少ないということです。
甲第1号証を示す
　　　教員の資格に関する規程で、この「第3条」に「教授の資格」がありますね。安達先生の場合には、あらゆる号に該当しないから、教授にはなれなかったということですね。
　　　　　　はい。
　　　で、教育歴が不足しているというのは、主にどの号を念頭に置いたお話ですか。
　　　　　　「第3条」の「(4)」です。
　　　教育歴不足だということで、(4)号には該当しないということですね。
　　　　　　はい。
　　　それで、第3条の(1)号に該当しないというのは、どうしてですか。
　　　　　　それは論文博士を意味していますので、安達先生の場合は課程博士だったということです。
　　　(1)号にも(4)号にも該当しなかったということですね。
　　　　　　はい。
　　　それ以外にも該当しそうな号というのはありませんね。
　　　　　　はい。
　　　そうすると、逆に規程上可能であれば、あなたも、それからその他の採用審査小委員会のメンバーも、むしろ安達先生を教授にしたいというふうに考えていたんでしょうか。
　　　　　　はい。
　　　それ以外に、安達先生を教授にできないとか、あるいはしたくないという理由はありませんね。つまり規程の解釈の問題以外にはありませんね。
　　　　　　ありません。
　　　あなたは採用面接のときに、安達先生に対して、教授資格がないという話はしましたか。
　　　　　　はい。
　　　どういうふうに話しましたか。
　　　　　　原則として本学では、助教授から教授までに5年かかるということがあります、ということです。
　　　それから、原則として、助教授から教授になるのに5年かかるということの、規程上の根拠を伝えましたか。
　　　　　　それは言ってないと思います。

245

で、安達先生がその昇任申請書を提出した後の話合いのときに、あなたが、今、言ったような、その教授申請には一定の年限がいりますよという話をしたんですね。
　　　はい。
　その教授申請に一定の年限が必要だという根拠は説明しましたか。
　　　はい。
　重要な点だけで結構ですから、どういうふうに説明したかを、例を挙げて言ってください。
　　　採用時の人事会議の議事録を、安達先生の箇所だけを掲示しまして、教授昇任資格として3年必要であるということを説明しましたし、採用審査小委員会の報告書も安達先生にお見せしました。そういう採用審査小委員会の報告書は人事会議に出るわけですけれども、そこを示しました。それで、その理由を説明しました。それから、何人かドクターを持っていらっしゃる方がいますが、その方たちが、皆、年数を守っているという、そのデータをお見せして説明いたしました。
乙第3号証を示す。
　2枚目の本文の末尾から数えて3行目に「また、採用後は3年の経験で教授への昇格資格を取得できる条件としたい。」とあって、こういうふうに人事会議では決まっていますよということを、議事録の写しを見せて説明したわけですか。
　　　はい。
　それから、ドクターの一覧というのは。
乙第9号証を示す
　これそのものではないようですが。
　　　はい。名前の部分を隠して。
　名前の部分を隠して、内容的にはその他の部分を同じものを見せたと、それで説明したわけですね。
　　　はい。
　そうしますと、あなたとしては、ただ一方的に昇格規程の第3条に該当する項目がないから取り下げるように言っただけではなくて、あなたなりにちゃんとして根拠となるような資料を示して、安達先生を説得しようとしたということですね。
　　　はい。
原告代理人
甲第1号証を示す
　第3条の(1)号に博士の学位を有する者という記載があるわけですが、ここで言う博

2．被告側提出証拠

士というのは論文博士に限られるというのが、CHI 大学商学部の運用ということですね。
　　　はい。
そのような運用はいつからあるんですか。
　　　課程博士、ドクター博士というような区別があるような機会はありませんでしたので、いつ頃ということはありません。はっきりは分かりません。でも、最近においては、そういうふうな運用をしてきたと思っております。
そうすると、比較的最近ということですか。
　　　まあ１０年くらい、１０年とは言いませんけれども、そんなものじゃないかとは思います。
１０年とは言いませんというということは、１０年以下ということですか。
　　　だから、そこははっきりは分かりません。
１０年前よりも最近のことですか。
　　　ではないかとは思います。
じゃ、あなたの記憶では、過去１０年前にはそういう運用ではなかったけれども、過去１０年の間にそういう運用になったということですか。
　　　いや、その先のことは知りませんが、最近だから１０年かどうか、それはよく分かりませんが、近年ですね。
近年。
　　　はい。近年にはそういう運用ではなかったかということです。
じゃ、今から１０年前、平成７年の時点では、そういう運用はあったんですか、なかったんですか。
　　　どうですかね、そこはちょっと記憶が定かではありませんので、分かりません。
あなたは CHI 大学にいつからお勤めですか。
　　　約３０年くらい前ですね。
少なくともあなたが大学に入られた３０年前は、そういう運用はなかったことに間違いないですね。
　　　そこはちょっと記憶にありませんね、３０年前ですから。
今１０年前の比較的最近の話をされたから、比較的最近そういう運用が始まったということでしょう。
　　　私が教授になって、そういう人事会議に参加するようになって、まあそういうものかなということですね。それまではちょっと関心がなかったというか、

247

それはよく分かりません。
あなたが教授になったのはいつですか。
大体１０年くらい前です。
じゃ、平成８年の４月にあなたは教授になられたわけですね。
はい。
そうすると、今から９年前のことですが、あなたが教授になって、人事会議に参加されるようになったわけですね。
はい。
そうすると、その後でそういう運用を始めることにしたのか、それとも、あなたが教授になって人事会議に出席され始めた頃にはもうそういう運用があったのか、どっちですか。
ちょっとはっきりしませんね。
乙第１６号証を示す
この２枚目の中段に「なお、本学部では、過去一貫して、規程第３条(1)にいう『博士』は課程博士を含まず論文博士のみを意味すると解釈してきました。」とありますが、「過去一貫して」というのは、いつからのことですか。
少なくとも私が教授になって以降だと思います。
じゃ、あなたが教授になってから以降に、そういう運用が始まったということでよろしいわけですか。
いや、だからそこはちょっとはっきりは分かりません。助教授でしたから、そういう人事会議にも出ませんでしたし、そういう規程一般に全部精通しているとか、そういうことはありませんでしたから。
あなたが助教授時代は精通してなかったと、で、教授になってから当然精通されているわけですよね。
まあ精通。
人事会議に出席されているわけだから。
はい。まあ関係はしてますね。
で、少なくともあなたの記憶で、あなたが人事会議に出られるようになった後で、そういう運用が始まったということでよろしいわけですか。
だから、助教授以前のことはちょっと分かりません。はっきりしたことは言えません。
じゃ、さっきの陳述書で「過去一貫して」と書いてあるけれども、これを見ると、すごく以前からというふうに読めると思うんですよ。あなたの記憶では、比較的最

近の話ということですか。
　　　　私が関与してからということですね。教授になってからということですね。
甲第1号証を示す
　第3条の(1)の博士、これには文言上は論文博士に限るという限定はついていませんけれども、あなたがおっしゃった運用に基づく解釈、これをこの規程に書き込むなり、あるいはそういうことを踏まえて新しく規程を作るということは、なぜしなかったんですか。
　　　　私のイメージの中では、そこの条項では、やはりドクターというのは、そこの博士は、何と言いますか、学問の終着として、年取って、で、いただけるような博士、それはずっと日本の社会科学の分野ではそういうのがずっと続いていたわけですけれども、そういう人たちの博士なんだなと、こういうふうにずっと思っておりました。
じゃ、あなたはそういうふうに思ったということは、あなたが自分で考えたのか、それとも人からそういう解釈なんだよということを聞いたのか、どっちですか。
　　　　そこはちょっと覚えてませんね。
でも、過去10年内の話でしょう。
　　　　でも、そこのところははっきり記憶。
じゃ、あなた自身が考えた解釈ではないんですね。
　　　　どういうことですか。
甲第1号証の第3条(1)の博士というのは論文博士に限るという解釈は、あなたが考えた解釈ではないですね。
　　　　と思いますね。
じゃ、誰かからそういう解釈だよということを聞いたわけですね。
　　　　まあ古参の先生に聞いたかもしれませんね。
じゃ、聞いたときは、いつくらいからそういう解釈をするようになったんだというふうに聞かなかったんですか。
　　　　そんな厳密なことは聞きませんでしたし、こんなケースがどんどんあれば、それもっとはっきりしたんでしょうけれども、初めてのケースでしたし、ですから、はっきり書いてあればいいということはあるかもしれませんが、運用上としては、私は問題ないと思っております。
ちなみに甲第1号証の末尾を見ると「この規定は、平成2年10月3日から施行する。」と書いてあるわけなんですけれども、少なくとも平成2年の段階では、そういう解釈というのはなかったということで間違いないですか。

第1章　パワハラ裁判①　Ⅱ 双方が提出した主な証拠

　　　　だから、ちょっとそこのところは分かりません。
乙第2号証を示す
　　　　大学設置基準ですけれども、この「第十四条」に、教授となることができる者の資格ということで、「一」号に「博士の学位を有し、研究上の業績を有する者」というふうに書いてありますが、この大学設置基準の１４条の規定というのは、文言上、CHI 大学のさっきの甲第１号証、第３条の規定とよく似ているわけですけれども、CHI 大学の甲第１号証の第３条の規定は、この大学設置基準の第１４条を基に作ったものであることは認めますか。
　　　　と思います。
ということは、この大学の規程は置いておいて、大学設置基準の第１４条１号に書いている博士、この意味は、論文博士、課程博士の区別はない、そういう解釈が一般的だと思いますけれども、あなたはそれに異論はありますか。
　　　　いや、そうだと思います。異論はありません。
ということは、大学設置基準に書いてある博士の学位という意味と、違う解釈を CHI 大学商学部ではしているんだということを、あなたは公言されるわけですか。
　　　　いや、中の文言は似ていますが、その前に、大学設置基準のほうは、その教育が優れたものでということが入っているんです。で、うちの規程はそれがないんですよ。だから、そこは違うと思います。
もう１回質問します。乙第２号証の大学設置基準の１４条１号に書いている博士の意味は、CHI 大学の規程、甲第１号証の第３条(1)に書いている博士と意味が違うと、そういう運用をしているということを、あなたは公言されるのですか。
　　　　ですから、うちの規程はそのまま持ってきたんじゃないんですよ。だから、その条文の立て方が違うわけですよ。
博士という言葉の意味を聞いているんですよ。論文博士、課程博士を区別をするのか、あえて区別して論文博士に限るのか、博士という言葉の意味を聞いているんです。
　　　　だから、設置基準の場合は、博士だと思います。
そうすると、大学設置基準に書いてある博士は、論文博士、課程博士、区別はないという一般的な見解をあなたは認めているから、そうすると、あなたの大学では、甲第１号証３条(1)に書いてある博士の意味は、大学設置基準に書いている博士の意味とは違うと。
　　　　だから条文の立て方が違いますから。
甲第１号証の第３条(1)に書いてある博士の意味は、大学設置基準の博士とは違う意

味で運用をしているということを、あなたは公言されるわけですか。
　　　はい。
あなたは大学の学部長だったわけですね。
　　　はい。
大学設置基準というのは、学校教育法によって、各大学が大学の設置や運用について守らなければならない基準として作られているものですけれども、あなたはそのことを学部長だから当然知ってますよね。
　　　詳しくは知りませんが。
詳しくは知らない。
　　　じゃ、今の件で言いますが、その大学設置基準のほうは、最初に教育が優れてあって、それで博士のことが出てくるわけですね。それで、うちのほうの規程では、その教育が優れていてという、それがないんですよ。ないで、いきなりくるわけですよ。
じゃ、あなたは一応 CHI 大学で学部長も経験されているお立場だから、大学設置基準のことはよく御存じだと思ったので、今、聞いたんですけれども、あなたは大学設置基準のことは、よく知らないんですか。
　　　いや、そんなことはありません。
よく知っていらっしゃる。
　　　ただ、そんなに詳しく知ってないから、それだけ自信はないということです。
じゃ、大学設置基準に従って大学を設置したり運営したりしないといけないと、文部科学省にきちんとしてないと行政指導を受けるということは、分かっているんでしょう。
　　　はい。
じゃ、あなたの大学では、過去、この大学設置基準に書いている博士とは違う意味で、この博士の意味を解釈してきたということは、あなたの立場で公言できますか。
　　　はい。
採用面接のときの話を聞きますけれども、あなたの御主張だと、3年間は教授に申請できないんだよということを、採用面接のときに話をしたということですか。
　　　はい。まあ3年あるいは5年ということかもしれませんね、どちらかだと思いますが、後でその採用審査小委員会のほうで。
採用面接のときに、あなたが何と言ったかを聞いているんです。そうすると、今回原告が昇任申請をしたことに対して、取下げの要求とかいろんなことがあったということで訴えているんだけれども、あなたの認識としては、原告の本件昇任申請に

問題があるとしたら、それは原告の昇任申請が CHI 大学の規程に反するから問題なのか、それとも、採用面接のときの約束に反するから問題なのか、どっちですか。
　　　両方じゃないですか。
両方
　　　はい。
そうすると、あなたの認識では、少なくとも、原告の本件昇任申請は、大学の規程に反すると考えていらっしゃるわけね。
　　　そうですね。
とうことは、あえて採用のときに、3年間は教授に申請できませんよという約束を取る必要はないんじゃないんですか。規程にそうなっているんだから。
　　　いや、ですけれども、それは本人にとっては、いつ昇任申請できるかということは大事な問題ですから、そこのところはこうだよということは、やっぱり言っておかなければいけないんじゃないんですか。
ということは、あなたの理解としては、規程を説明しただけということですか。
　　　規程は説明してないと思います。
規程は説明してないの。
　　　はい。ただ、その5年間という文言がありますから、それに則って、原則5年かかりますよということを言ったと思います。
原則5年というのは、甲第1号証の規定で言うと、第3条(4)のことでしょう。
　　　はい。
助教授を5年やったら教授に昇任申請できると。原則5年ね。原則以外のルートもあるわけでしょう。
　　　ですから、安達先生の場合は前任校が2年ありますから、あと3年ということで、合計5年という、まあそれは特例だと思います。
話は戻りますけれども、あなたの認識として、規程では少なくとも原告の本件昇任申請に問題があるという解釈なわけだから、あえて採用面接のときに、規程としてはそういう規程があるわけだから、3年間は昇任申請できないよという約束を取りつける必要はないと考えられますよね。
　　　やっぱりそれは言っておくべきだと思います。
言っておくというのは、もし規程がなければ、そういう約束を取りつけないと、3年以内に昇任申請されるかもしれない心配がありますよね。でも、規程があるんなら、別に約束はなくてもいいわけでしょう。
　　　でも、いいと言われても、それは説明するのが親切だと思います。

252

だから、説明ということじゃないですよね。約束を取りつけたのか、単に説明したのか、どっちですか。

約束を取りつけたか、そこはちょっと確信がありません。まあ説明したことは覚えています。

じゃ、説明をしたことは間違いないと。

それから、後からSI₁先生を通じて、きちんと説明してもらいました。SI₁先生は当時は採用審査小委員会委員長で、しかも、会計ですから、ですから、そこのところは全部SI₁先生にお任せして、詳しく説明していただいていると思います。それから、後からSI₁先生から、安達先生は自分の教育歴不足は承知しているので、感謝しますということで、ああ、これで安心というふうに思いました。

平成15年の2月28日の採用面接のときに、あなたが原告に何を言ったか、それだけで結構ですから、もう1回聞きます。じゃ、あなたとしては採用面接の場で、3年たたないと昇任申請できないよということを、説明はしたということですね。

はい。

だけど、3年たたないと昇任申請できないということについて、原告との間で、原告から約束を取りつけたということについては、確信が持てないということね。

そうですね。

じゃ、あなたとしては、はっきり原告と約束したという記憶はないわけね。

私はありません。私は説明したということはありますが、その、じゃあというような、それはだからさっき言ったように、間接的にSI₁先生を通じて。

あなただけの話をしているんで、SI₁先生のことは置いておいて、少なくとも採用面接の場で、あなたが見ているその場では、原告とあなたたち3人の間で、3年間は昇任申請しません、あるいはできませんと、そういう約束をその場では取りつけなかったということね。

そうですね。

乙9号証を示す

これはあなたが原告に昇任申請の取下げを勧めたときに見せたもので、当時は名前をふせてあるんだけどね。あなたがこれを原告に見せた趣旨は何ですか。

趣旨は、博士を持っている方でも、規程にありますよね、何年たたなきゃいけないというのは、それを皆、守っていらっしゃいますよということです。

ちょっとよく聞こえなかったけれども、博士号を持っている人でも、規程に書いている一定年限を待ってから申請してますよと。

第1章　パワハラ裁判①　Ⅱ 双方が提出した主な証拠

　　　はい。
博士号を持っているからって皆さんすぐに申請しているわけじゃないんですよと、そういうことを言いたかったわけですか。
　　　はい。
じゃ、今、年限とおっしゃったということは、先ほどの甲第1号証の規程で言うと、3条、例えば、助教授から教授の申請に関して言えば、助教授を5年やらないと教授に申請できないと、そういうことを言っているわけですか。
　　　はい。
で、さっきの甲第1号証の第3条(1)に書いている博士というのは、論文博士に限られるということね。
　　　はい。
乙第9号証のリストの1番上にある KA₂ 先生、この方は博士号取得者だけれども、あなたが主張されている区別で言うと、論文博士ですか、課程博士ですか。
　　　これは彼女に聞かないとよく分かりません。あるところでは論文博士だと言っているといいますし、あるところでは課程博士と言っているという話も聞きますので、本人に聞かないとちょっと分かりません。
KA₂ 教授が、あるところでは論文博士と言っている、あるところでは課程博士と言っているという話を、あなたは聞いたんですか。
　　　自分で論文博士だということは、私は聞いた記憶があります。
あなたは KA₂ 教授から、自分は論文博士ですということを、直接聞いたんですね。
　　　いや、ですから、このリストの後ですね。この前ではありません。
もう1回確認します。あなたは KA₂ 教授から、自分は論文博士ですということを、直接聞いたんですね。
　　　はい。
この乙9号証に書いていることによると、KA₂ 教授は平成3年3月に博士号を取得して、その5年後の平成8年4月に助教授から教授に昇任したと。博士号を取得してから5年たって、教授になっていますね。
　　　はい。
あなたの説だと、甲第1号証の第3条(1)の博士は論文博士だから、3条(4)とは違うわけだから、論文博士である KA₂ 教授は、別に5年待つ必要はないということになりますね。
　　　ちょっと今の確認のことで言わせていただければ、そのリストを作る以前は、先生は課程博士だと私は思っておりました。ただ、最近ですがね、私は論文

254

2．被告側提出証拠

　　　　博士ですというのを、彼女から聞いたということです。
じゃ、あなたが原告に、平成１６年１月２３日だったかな、この乙第９号証のリストを示したときには、あなたは KA₂ 教授は課程博士だと思っていたということですか。
　　　　はい。
その後、KA₂ 教授から、実は私は課程博士ではありません、論文博士ですということを、この後で聞いたということですか。
　　　　はい。

被告ら代理人
今の KA₂ 先生の発言、あなたには、この乙第９号証を作った後に、自分は論文博士だと言ったのね。
　　　　いえ、でも、その作ってすぐ後ではないと思います。それはもう人事会議にも出ていますし、まあ最近だと思いますね。
それから、あなたの当初の供述では、あるところでは論文博士と言い、別のところでは課程博士と言っているというふうに供述されたんですが、別のところというのは、いつ、どういう機会に、KA₂ 先生は自分は課程博士だと言ったということですか。
　　　　いや、そこのところがちょっと記憶がありませんが、そういうような話をしているというようなことを、ちょっと覚えておりましたので、だから、私が確認しているのは、その彼女から聞いたことだけで、あともう１つは風聞といいますか、そういうふうに言っているようだということです。
その風聞というのは、誰を通じて耳に入ったことですか。
　　　　ちょっとそこは記憶がはっきりしません。
要するに、それ客観的には、KA₂ 先生は論文博士なのか、課程博士なのかは分かっているんですか。
　　　　私自身ですか。
はい。
　　　　もう１回確かめるなり何なりやらないと、ちょっとそこのところは。
要するに、よく分からないんですか。
　　　　はい。
それから、仮に KA₂ 先生が論文博士だとしても、結局は論文博士であるけれども、博士号の取得時期から５年を待って昇任申請をしたと、こういうことになっていることは間違いないんですよね。

第１章　パワハラ裁判①　Ⅱ 双方が提出した主な証拠

　　　　　　　　はい。

東京地方裁判所民事第２５部
　裁判所速記官　平野　道子

2．被告側提出証拠

乙第19号証

速　記　録　（平成17年12月6日　第3回口頭弁論）
事件番号　平成17年(ワ)第2957号
本人氏名　SI₁
被告ら代理人
乙第17号証を示す
　　　　　冒頭にあなたの署名捺印がありますが，この書面は私があなたから事情を聞き取ってこの書面を作り，書いてある内容に間違いがないということをあなたが確認して，署名捺印したものですね。
　　　　　　はい，そのとおりです。
甲第9号証を示す
　　　　　安達先生の陳述書の5枚目の下から2行目以降に，個人閲覧室での出来事が書いてあります。で，6枚目の，例えば，1番下から6行目，あなたは「大声で怒鳴りました。」，それから，6枚目の1番下の行に「パソコンデスクを激しくたたきながら」，さらに7枚目の1行目に何とかでしょうと「怒鳴りました。」，それから，その他いろいろ怒鳴ったとか怒号したとかいうような記述がありますが，あなたとしてはこのような言動は取っていないということですね。
　　　　　　全く取っておりません。
　　　　　で，7枚目の下から3行目に「個人閲覧室2号室は，完全な個室であり，防音性も高く，ドアを閉めれば,室内での会話が廊下や他の部屋に洩れることはありません。」と書いてありますね。まず出来事は，個人閲覧室2号であったことが書かれていますが，この部屋で安達先生がおっしゃる日時に，あなたと安達先生とで2人きりになったことはありますね。
　　　　　　はい，ございます。
　　　　　それから，個人閲覧室2号室が個室であることも間違いありませんね。
　　　　　　はい。
　　　　　防音性が高いと書いてありますが，この点はどうですか。
　　　　　　ベニヤ板の板張りでございまして，コンコンとすれば，もう隣に聞こえてしまうという部屋でございまして，いつも利用する時には隣の人に迷惑をかけないように注意するという，そういう部屋でございます。
　　　　　部屋の造りについて聞きますが，まず部屋の幅はどのくらいの幅ですか。
　　　　　　幅は2メートル50センチ弱くらいじゃないかと思いますが。
　　　　　それで，突き当たりは窓になっていますね。

そのとおりでございます。窓でございます。
それから，手前は，ほぼドアがあれば，それ以外は壁の部分というのは余りない。
そのとおりでございます。長方形に挟まれた両壁でございます。
それから，細長い部屋ですね。
はい。
言わば，縦長ですね。
はい。
それで，その両側の壁というものの造りが，要するに，ベニヤ板ですか。
だと思います。ベニヤ板にただクロスを張ってあるということだと思います。
たたいてみたことはありますか。
それはたたかなくても，隣の部屋の方のパソコンの音が聞こえますので。
隣の部屋でパソコンを打っていると。
非常に静寂な，その部屋の前は学生が自習する部屋でございますし，パチパチやる部屋は非常に静寂な部屋ですので，聞こえることもございます。
それから，室内で仮に会話をしたとすると，隣室に聞こえますか。
それは隣の先生のところに学生が訪ねてきたなとか，そういうところまでよく聞こえます。
そうすると，防音効果というのは全然ない部屋と考えていいですか。
それはもうないと思います。

乙第16号証を示す

これはKA₁先生の陳述書ですが，3枚目の「6」項，これは平成15年11月28日にKA₁先生と安達先生が会話をしたときの話が書いてあるわけですね。それで，KA₁先生が人事会議の議事録などの抜粋を見せて説明したところ，1番下の行の「これに対する安達先生の返答は，『採用時に，SI₁教授か学部長が『採用は助教授だが，3年経てば教授は確約する。』と言っていたが，採用時には（1）号の説明がなかった。」というような反論を安達先生からされたんだと，KA₁先生は言っています。あなたはここに書いてあるように，安達先生の採用時に「3年経てば教授は確約する」というような発言をしたことはありますか。
いや，言っておりません。
確約というようなことは言ったことはない。
それはもう20名を超える人事会議の専権事項でございますので，私一教授がそんなことを言うはずもございませんし，全く言っておりません。
それから，3年という数字を出して，それに近いような言葉じりの発言をしたこと

はありますか。
　　　　　そうですね。それは，安達先生は業績がかなりございましたので，3年後には安達先生このままだったら教授になれるでしょうとか，私も会計の教員ですので安達先生が教授になれるように努力をしますと言ったような，そんな記憶はございます。
それは努力しますというのは，その3年後くらいには安達先生が教授になれるように自分も努力しますという意味ですか。
　　　　　そうだと思います。
甲第1号証を示す
問題になっている第3条の(4)，この教授となる資格のうちの(4)で，少なくとも大学において5年以上助教授の経歴があり，という要件がありますが，この5年が CHI 大学での助教授歴だけなのか，それとも，他大学での助教授歴も通算して5年であるのかということについては，これはどのように解釈してましたか。
　　　　　それは私も KA_1 先生と同じ時期に教授になりましたので，過去40年の歴史の一貫したものがあるかどうか，それはちょっと定かではございません。ただ，安達先生は2年，新潟での前任校のときの教歴があるということで，お認めしてもいいんじゃないかなという，個人的にはそんな感じは持っておりました。
というのは，あなたは個人的には，ここで言うところの5年の中に，CHI 大学の助教授歴だけではなくて，前任校の2年間の助教授歴もカウントしていいのではないか，というふうに考えておったわけですね。
　　　　　はい。そうだと思います。
そのような考えをほかに告げたり，あるいは，納得してもらおうとしたことはありますか。
　　　　　それは採用審査小委員会で，安達先生に5年ではなく，まあ5年でももちろんいいとは思いますが，何とか安達先生のために3年で教授の昇任手続ができるようにしていただけないかということを，私が頭を下げたことはございます。
採用審査小委員会というのは，あなたが主査で，被告の KA_1 先生と，それから KA_5 先生と3名で組んでいた，採用のときの審査小委員会ですね。
　　　　　はい。
そういう話を採用審査小委員会でして，それで人事会議に提出する報告書にも，そういう記載をしたんですか。

　　　　　　記載したと思います。それから，人事会議で私が教授の先生方にお願いをし
　　　　　　たということも記憶しております。
　　　　　採用時の人事会議ですか。
　　　　　　そのとおりでございます。平成１５年の３月だったと思います。
　　　　　で，その結果。
乙第３号証を示す
　　　　　２枚目，本文の下から３行目の「採用後は３年の経験で教授への昇格資格を取得で
　　　　　きる条件としたい。」という形で，人事会議も決議をしたんですね。
　　　　　　そのとおりでございます。
　　　　　当然のことだと思いますが，採用後５年ではなくて，３年で教授資格が取得できる
　　　　　ということは，これは安達先生にとって有利ですね。
　　　　　　それはもう大変なことだと思います。
　　　　　そうすると，あなたはむしろ積極的に安達先生にとって有利な，この条項の解釈を
　　　　　したということになりますか。
　　　　　　もちろんです。はい。
　　　　　そうすると，あなたに安達先生の教授昇任を妨害しようというような意図は全くあ
　　　　　りませんでしたね。
　　　　　　とんでもない話です。全くございません。
原告代理人
　　　　　採用面接のときに原告に対してあなたから，３年間は助教授のままで，３年間は教
　　　　　授に昇任できないよという説明を，あなたからもされましたか。
　　　　　　５年という説明をいたしました。KA₁先生はちょっと記憶違っていると思い
　　　　　ます。３名で５年という話をいたしました。
　　　　　では，もう１度確認しますが，採用後何年かという質問なんですけれども，一般論
　　　　　じゃなくて結論だけで結構ですから，原告の場合どうかということで言うと，採用
　　　　　後３年間は教授に昇任できませんよという説明をされましたか。
　　　　　　しました。
　　　　　あなたからも KA₁ 先生からもされたということですか。
　　　　　　面接のときには５年でございました。つまり，甲第１号証の規程の第３条(4)
　　　　　で５年でございました。で，その後に，今，SI₂弁護士のほうから言われた
　　　　　ように，早く教授になっていただきたいということで，安達先生何とか私，
　　　　　３年で皆さんに頼んでみますからということは御本人に，面接会場が２階で，
　　　　　下の１階のロビーでお話をした記憶がございます。安達先生の，私は教育歴

　　　　　がないのは分かっておりますのでありがとうございますというふうことも，
　　　　　耳にしっかり残っております。
では，採用面接のその場でどういう会話があったかを，もう１回確認します。
あなたは原告にその場では，採用後３年間は教授になれないよということは，言ってないということですか。
　　　　　言っておりません。面接のときは５年と言っております。
先ほどKA₁先生は，その場で３年間は教授に昇任できませんという説明をされたとおっしゃっていましたけれども，KA₁先生がそういう説明をされるのは聞きましたか。
　　　　　今この場ですか。
いや，採用面接のときに。
　　　　　いや，私たち３名は５年と言ったはずでございます。KA₁先生ちょっと勘違いをなされていると。
そうすると，あなたの記憶では，KA₁先生のさっきの発言は誤りだと。
　　　　　だと思います。面接時では完全な誤りだと思います。５年だと思います。
じゃ，発言がKA₁先生と食い違うことになりますが，それは構わないわけですか。
　　　　　それは，それが１番正しいことですので。
確認ですが，あなたの記憶では，採用面接のその場では，３年間は教授に昇任できないよという説明は，３人のうち誰からも，そういう説明はなかったわけですか。
　　　　　面接ではございません。面接では論文のこととか，いろんなことをお聞きしますので。
３年後は教授になってもらうとか，あるいはそれに似たような言葉を，面接の場ではあなたも言ってないわけですか。
　　　　　はい。
そうすると，あなたの記憶としては，面接が終わった後，別の場で，先ほど主尋問で話されたような説明を原告にしたということですね。
　　　　　はい。
そういう非常に大事な話を，面接の場でしないで，面接が終わった後で，なぜ話をしたんですか。
　　　　　それは人事会議の専権事項でございますので，内々に御本人にお話しするのが筋でございます。私一人で決めることはできません。それは私の個人的な意見ということです。
じゃ，これはKA₁先生にもうかがったんですけれども，あなたの認識としては，原

第1章　パワハラ裁判①　Ⅱ 双方が提出した主な証拠

　告の本件昇任申請のどこが問題かということについて，大学の規程に反するから問題なのか，それとも，採用時の約束に反するから問題なのか，あなたの認識としてはどちらですか。
　　　　二つでございます。
両方ですか。
　　　　はい。
そうすると，さっきもKA₁先生にも聞いたんだけれども，規程に反するのであれば，規程上3年間は昇任申請できないのであれば，わざわざ約束を取りつける必要はないんじゃないんですか。
　　　　いや，1番大事なことでございますから，それはきちんと御本人にお伝えしなければいけないと思って，私は前も学部長をやっておりまして，人事が1番大事だということは，十分理解しております。
そうすると，原告から約束を取りつけたのは，あなたが取りつけたということですか。
　　　　人事会議で約束を正式には取りつけました。議事録は提出してあると思います。
あなたが原告と話をして，原告から，3年間は教授に昇任申請できませんということを，あなたが約束を取りつけたわけではないわけですか。
　　　　私は個人的な見解を，面接の後，言っただけでございます。
結論として答えだけ言ってもらえばいいですが，あなたは原告から3年間は教授に申請できないという約束を取りつけたわけではないんですね。
　　　　個人的には取りつけました。
個人的には取りつけた。
　　　　そうですよ。ただ，それは飽くまでも個人ですから，人事会議が決めることですので。
じゃ，あなたは原告との間で，採用後3年間は教授に昇任申請できないという約束を，個人的に取りつけたということですね。
　　　　そういうふうに記憶しております。
約束の取りつけ方としては，どういう形で約束を取りつけたんですか。
　　　　とにかく少し前でございますから，まず面接が終わってから，なるべく5年じゃなくて3年でするように努力いたしますと。それから，人事会議で審査報告書を書いて，そこでも文書を記載して，人事会議の先生方にお願いをして，そして決定して，KA₁学部長が3月のちょうど15日16日，年度末で

　　　　　お忙しかったので，私は多分メールか何かで御連絡したと思います。
ということは，今，3年間は教授に昇任申請できない，あるいは教授に3年間はなれないという発言は，なかったように思うんですけれども。
　　　　　いや，それは3年間，つまり教授申請の手続ができるのは，通常本学では5年ですが，3年で手続ができるように特別にお願いをいたしましたということは，議事録にも書いてございますし，その旨をきちっとお伝えしてございます。
原告から3年間は教授に昇任申請できないという約束を取りつけたというふうにおっしゃったので，どういう言い方で約束を取りつけたのかなというふうに思ったら，あなたが今言ったような言葉で約束を取りつけたというふうに，あなたは認識していらっしゃるわけですか。
　　　　　そうです。
はっきり3年間は教授に昇任申請しません，あるいはできませんという形での約束ではなかったわけですね。
　　　　　できませんじゃなくて，3年後に教授申請の手続ができるように，人事会議の決議をいただきましたと，こういう説明だったです。したがって，結果的には同じことだと思います。
いただきましたって，ちょっと時間が経過があるようなんですけれども，人事会議というのは平成15年の3月3日でしょう。
　　　　　そうです。
で，採用面接は3日前の平成15年2月28日ですよね。もう1度確認しますが，平成15年2月28日の採用面接の日に，あなたは3年間は教授に昇任申請できないという約束を，その日に取りつけましたか。違いますか。
　　　　　その日に言ったと思います。
その日に。
　　　　　はい。通常5年ですけれども，何とか3年で審査委員会の先生方，人事会議の方に私がお願いいたしますと，きちんと言ってあると思います。それも大学人なら3年という意味は，安達先生は十分分かっていると思いますが。1番大事なポイントです。
言い方としては，人事会議にお願いしますという言い方になったわけですか。
　　　　　そのとおりです。
じゃ，3月3日の人事会議で，あなたがおっしゃっているような人事会議の結論が出たとして，で，その結果を踏まえて，さらに原告に結果を伝えたわけですね。

　　　　　　はい。
　で，その時点で改めて原告から，3年間は昇任申請できないという約束を，もう1
回取りつけましたか，違いますか。
　　　　　　多分その趣旨のことは，先生から見れば御不満かもしれませんけれどもこれ
　　　　　でどうぞお願いします，ありがとうございましたというようなメールの文章
　　　　　はあったように思います。
　いずれにしても，2月28日の時点でも3月3日の時点でも，原告との間ではっき
り3年間は教授に昇任申請できませんという言い方では約束を取りつけていないと
思うんですが，違いますか。
　　　　　　違います。3年後に教授の申請手続ができますよということですから，結果
　　　　　的には3年間はできませんよということと全く同じことだと思います。表裏
　　　　　一体のことですから。それは大学人ならば当然そういうことは分かることだ
　　　　　と思います。
　じゃ，言葉としては，今，言ったような言葉で言ったと。
　　　　　　そのとおりです。
　つまり，それをあなたとしては，3年間は教授に昇任申請できないという意味だと
いうふうに理解しているということですか。
　　　　　　もちろんそのとおりです。
甲第1号証を示す
　第3条の(4)に書いてある大学の意味は，今の主尋問での話だと，一般的な大学の意
味ではなくて，本学，つまりCHI大学という意味ということですか。
　　　　　　申しましたように，過去一貫して，これに関して，裁判所に提出するような
　　　　　証拠はございません。つまり，人事というのは，その時点で特殊な状況の中
　　　　　でこの人がほしいということですから，過去一貫してCHI大学が，その他大
　　　　　学のやつを通算したのか，また本学だけの履歴で5年をカウントするのかと
　　　　　いう一貫したものがなかったように思うということが，先ほどの主尋問の回
　　　　　答でございます。
　そうすると，私の印象としては，さっきの主尋問の中であなたがどう回答されたか
と言うと，この(4)の大学というのは，正に本学，CHI大学という意味であると，あ
なたはおっしゃったように私は印象付けられたんですが，そうではないわけですか。
　　　　　　そういう場合もあったかもしれませんし，そういう場合もなかったかもしれ
　　　　　ません。一概に一貫した規則があるかと言えば，それはなかったように思う
　　　　　というようなことです。

2．被告側提出証拠

じゃ，それが最終的なあなたの結論でいいですね。
　　　はい。私のそれは個人的な考え方です。
あなたはどちらの大学を卒業されていますか。
　　　CHI大学商学部です。
高校はどちらに行かれましたか。
　　　千葉県の銚子商業高等学校です。
高校時代は部活とかはされていましたか。
　　　当時はすべて生徒はどこかに入らなければいけませんでしたので，簿記部と写真部かなんかに入っていたと思います。
運動の御経験はないんですか。
　　　運動は全くございません。
大学院には進まれましたか。
　　　進みました。
どちらの大学院に行かれましたか。
　　　亜細亜大学経営学研究科でございます。
大学院には何年間在籍されましたか。
　　　大学院にはトータルで8年くらいいたかと思います。
大学院の課程というのは，例えば，前期とか後期とかに分かれると考えていいですか。
　　　前期だけの場合は，通常，修士課程と申しますが，まあ博士だって後期もあれば，前期後期という御理解で結構かと思います。
あなたが行かれた亜細亜大学大学院の場合はどうですか。
　　　前期後期ございました。
前期と後期に分かれると。
　　　そのとおりでございます。
じゃ，前期に何年，後期に何年，在籍されましたか。
　　　前期に2年ですね，それから後期に，ちょっと今，突然ですので，5年か6年いたんじゃないかと思います。
さっきは通算して8年とおっしゃいましたね。
　　　そうですね。8年くらいいたかもしれません。
じゃ，前期を2年で終えられて，後期に6年在籍されたわけですか。
　　　そのとおりでございます。
一般的には後期課程は何年で修了ですか。

265

第1章　パワハラ裁判①　Ⅱ 双方が提出した主な証拠

　　　　　　　　後期は3年だと思います。
　　　あなたはその倍いたということですか。
　　　　　　　　当時なんかそういう習慣でございました。先輩もそうでございました。後輩もそうでございました。
　　　当時は亜細亜大学大学院では，皆さん後期課程に6年在籍されるんですか。
　　　　　　　　オーバードクターで，私の先輩もそうでございました。
　　　あなたは博士の学位を有していますか。
　　　　　　　　持っておりません。
　　　大学院に通算8年いらして，博士の学位を有していらっしゃらないというのは，何か理由がありますか。
　　　　　　　　当時は KA₁ 先生もそうですけれども，課程博士を出さない，それはすべての大学を調べたわけではございませんが，私どもが知っている大学では，在学中には博士は出さないということが一般的でございました。
　　　そういう決まりでもあるんですか。
　　　　　　　　それは社会習慣と申しますか，それから，大体指導教授にそういう質問を実はしたことございますが，私たちが60になって博士号を取ったのにおまえたちまだ20代で博士号とは早いというようなことを，ちょっとかの有名な指導教授から聞いたこともございます。ただ，制度が変わって，今はもう講師採用でも，本学では博士号を取得してるということを条件に，今年も公募をしております。
　乙第17号証を示す
　　　2枚目の8行目くらいから，論文博士と課程博士の説明が書いてあります。で，課程博士について「課程博士とは，大学院の博士課程を修了して学位を取得した者です。」というふうに説明がありますね。この説明はこのとおりで間違いないですか。
　　　　　　　　これは原則はそうでしょうが，ただ，オーバードクター制度もございまして，例えば，明治大学のように，学位を取得，博士課程後期を終わってから5年間で論文を出せば，一応課程博士と認めましょうという大学もあるようでございます。
　　　そうすると，あなたの場合についてもう1回聞きますが，あなたが書いた陳述書を読むと，課程博士は大学院の博士課程を修了すれば，博士号を取得できるのかなという印象を，これ読むと，そういうふうに誤解されるかと思うんですが，実際はそういう単純なものではないわけですね。
　　　　　　　　まあ今は比較的随分出ておりますし，私も毎年公募を見ておりますが，随分

2．被告側提出証拠

　　　　博士号の取得者が多いことは事実でございます。
では，1つだけ聞きますが，課程博士になるには論文は書かなくてもいいんですか。
　　　　いえ，論文を書きます，もちろん。
課程博士でも論文を提出して，その審査に合格しないと，博士号を取得できないわけですね。
　　　　そのとおりでございます。
そういう意味では，論文博士も課程博士も，論文を書いて審査があるという意味では同じですね。
　　　　論文を書く審査がある点は同じでございますが，根本的な違いがあるんです。乙第17号証の2枚目の下から13行目に「一般に，論文博士の方が課程博士よりも価値のあるものと見られています。」という記載がありますね。これはどういう趣旨でこういう書き方をされたんですか。
　　　　私どものイメージ，特に私たちが大学院にいたときのイメージは，論文博士というのは人生の最終点で，学問の終着点と，そういうイメージが非常に強うございましたし，現に私の恩師なども，60歳とか65歳で取っておったりしたこともございますので，そういうことを言っている。一方，課程博士というのは，教育上の終着点として，まあ大学院のドクターの勉強がほぼ修了したと，その修了したのに見合う論文があるんだということで審査をしたということですから，かなり開きがございます。ただ，今，御承知のように，新聞紙上で騒がれておりますように，論文博士でもお金で買えたり，かなり規模化が起こっているということも事実でございますが，イメージとしてはそういうイメージは，社会科学系の教員は皆さん持っているんじゃないかと思います。
最後聞き取れなかったんですが，今，お金でとおっしゃいましたか。
　　　　はい。
もう1回その点をお聞かせください。
　　　　今は論文博士でも，なんか海外のインターネットでお金を出して，その学位を買い取るというようなことが新聞で報道されているということは聞いております。

　　　　　　　　　　　　　　　　　　　　　　（以　上　　平　野　道　子）
論文博士を金で買うことができると，そういう話もあるという話ですね，誤解がないようにしますけれども。
　　　　（うなずく）

267

そうすると，課程博士は金で買うことは少なくともできないと考えていいですか。
　　　　そのへんはよくわかりませんが，そうだと思います。
あなたが，論文博士のほうが価値があるとおっしゃってる意味がよくわからなかったんですが，今の説明では，永年の経験を踏まえて，年齢も比較的上の方に論文博士というものは与えられる，そういうものだと，そういう意味で価値があるというふうにおっしゃったというふうに考えていいわけですか。
　　　　それから，先ほどちょっと止められましたが，根本的な相違は，各大学で学位をもらわなくちゃいけませんので，まあ学位授与機構みたいな特殊なものがございますが，論文博士の場合には，あるA大学に論文を出す，A大学は拒否できますですね。ですから，あるA大学がその論文を博士に値するという審査を開始するかどうかはその各大学の権限事項で，門前払いが論文博士はできると。一方，課程博士は，教育課程の最後の教育上のプログラムの中の論文でございますから，それは学位を，提出した者に対して基本的には大学はノーとは言えないと。そういう点で，その大学の高い門をくぐったという意味では，論文博士は価値があると言っても制度上，間違いないんじゃないでしょうか。
確認ですが，大学院の課程を経れば全員が課程博士の資格を得られるわけではないですね。例えば，あなたがそうであるように，現在でも。
　　　　現在の状況はよくわかりませんが，ただ，非常に増えてることは事実でございます。
現在の状況は詳しくないんですか。
　　　　それは統計を取っておりませんが。ただ，SI$_2$弁護士のほうから，ある大学等のインターネットの証拠は乙号証として提出してあるかと思いますが。
現在でも，少なくとも大学院に行ったけれども課程博士，博士号を取得できなかったという人が相当数いるということは，御存じではいらっしゃるんでしょう。
　　　　それはわかりません。ただ，多いという事実だけは知っております。
じゃあ，あなたの理解で結構ですが，論文博士の方は，当然ですが論文博士になるまでは博士号を持ってないわけですね。
　　　　（うなずく）
すると，大分年齢がいってやっと博士号を取得できたということになるわけですか。
　　　　（うなずく）
じゃあ，その方たちは少なくとも大学自体，あるいは大学院で博士号が取得できなかった人たちということになるんですか。

そのとおりです。時代背景があったということでございます。
乙第17号証をもう一度示します。やはり上から10行目ぐらいですが,「論文博士は日本の大学の独特の制度と言われています」と。この点について伺いますが,外国では日本のような論文博士というものはないわけですね。

それはわかりません。ドイツ,フランスのいわゆるアングロサクソン系にはあるかもしれません,日本はそういう影響を受けておりますから。ただ,私もアメリカに3年おりましたが,アメリカにはそういうものはあまりないと理解しております。

あなたが自分でお書きになっているから聞いたんですが,「論文博士は日本の大学の独特の制度と言われています」と,これは間違いですか。

いや,言われてると私は聞いただけで,私が論文博士は日本の独特のものだとは書いてございません。

日本の論文博士の制度に対してどういう批判があるか,知ってますか。

いわゆる留学生が日本に来ても博士号を取れないということで,文部省がそろそろ博士号を大量に出していこうという方針転換をしたという,そういうことでございますか。

論文博士というものを廃止しようという動きが以前からあることは御存じですね。

それは存じてます。

論文博士を廃止しようという動きの根拠は何ですか。

日本の文部科学省の方針はやはりアメリカ追随というような,私は間違ってるかもしれません,個人的理解ですが,アメリカのPhD制度,つまり研究者としてのスタートとしての学位を出そうと,終着点じゃなくてですね。これから研究者として可能性がある人のPhDというような形にしていこうという,そういう何か背後にあるというようなことは,私は間違ってるかもしれませんが,個人的に理解しております。

乙第14号証を示す

2枚目の22ページの下の段。この枠で囲った部分の中の4番目に「博士の学位については,課程博士を基本とするが,論文博士は存続させることとし,」という記載がありますね,これはどういう意味ですか。

どういう意味ですかって,大学設置審のお考えですから,その設置審の委員会に入っているわけではございませんから,どういう意味かと聞かれても。

じゃあ,「論文博士は存続させることとし,」という記載があるように,これはつまり,先ほどの論文博士を廃止しようという動きがあることを踏まえて,存続させよ

うというふうになったということですね，結論としては。違いますか。

違いますかって・・・。

じゃあ，あなたは大学審議会でどういう審議がされているかは詳しくないということですか。

いや，それはある程度見ております。その背後にある審議会の意見とか理論というのはちょっとよくわかりません。

じゃあ，さっきの話で，論文博士は廃止しようという動きもあるけれども，結論として，平成3年当時の話なんですが，存続させることに一応なったと。廃止しようという動きもあるけれども存続させるということになった理由をあなたは知っていますか。

現在は廃止する方向で規則が今年，変わったんじゃないかと思います。

平成3年当時の資料が出ているからこれに関して聞きますが，平成3年の当時の議論でいいですから，一応は存続させることになったのはどうしてかというのはわかりますか。

それは現在の方々の権利を守らなきゃいけないということが一番大事なポイントだと思いますね。

被告ら代理人

主尋問の最初のころの3年とか5年とかいうことがもう一つわかりにくかったので整理して伺いますが，まず採用面接時には，3年間は昇任できないということは言っていないと，それは間違いないですね。

面接では言っておりません。

採用面接時に，5年間という言葉を使って何か説明したことはありますか。

ええ，あります。5年，本学では必要ですと。これは条文は示しませんが，甲第1号証の第3条(4)号を前提にしておりました。

だから，採用面接時に言ったことは，3年間は昇任できないとは言っていないけれども，5年間は昇任できないということはむしろ言ったということですね。

5年間かかりますということは言っております。

それから，その後，採用面接と同じ日に，今度あなたと安達先生だけで再度話をしたときに，そのときには3年間で昇任できるように努力をしますというようなことをあなたのほうから言ったんですね。

はい。私の個人的な意見ですがということで，お願いをしてみますと。

その後，人事会議が開催されて，人事会議においては，3年間で教授申請の資格が取得できるということを条件として採用しようということに。

　　　　　そのとおりです。教授にしろというじゃなくて，教授の申請の手続ができる
　　　　　ということですね。
3年たったら教授昇任申請手続を取ってもいいですよと。
　　　　　そのとおりでございます。
それを条件として採用しますという決議をされましたね。
　　　　　はい。御本人も了解しておりますので。
で，その決議内容をメールで伝えたということですか，あなたが。
　　　　　ええ，多分メールで伝えてると思います。
それに対しては，安達先生のほうから何か返事は返ってきたんですか。
　　　　　ええ，それはありがとうございましたというようなこと。まあ，安達先生は
　　　　　いろいろあるだろうけれども，一つ3年でということになりましたのでとい
　　　　　うお話はして，安達先生からありがとうございましたということです。
ありがとうございましたというような趣旨のメールが返ってきたと。
　　　　　そのとおりです。それから4月1日から10月31日まで7箇月ございまし
　　　　　て，安達先生は私の斜め前の部屋で，3歩行けば安達先生の部屋で，KA₁
　　　　　先生の部屋は安達先生の隣の部屋ですから，そのことに関して一度も質問も
　　　　　ありませんでしたので，当然，4月1日付けの辞令をいただいて，7箇月間
　　　　　そばにいて，会って個人的に話をしても何しても，一度もそういう話は安達
　　　　　先生から出ませんでしたので，当然それは御了解いただいてるんだなと確信
　　　　　をしておりました。
人事会議で3年間で昇任手続が取れることにしましょうという条件をつけたという
のは，あなた以外には安達先生に伝えた人はいますか。
　　　　　それはいないと思いますが。
そうすると，そういう採用時の条件づけを，客観的には人事会議の議事録に載って
ますから条件づけをしてたんでしょうが，なぜあなたしか伝えていないんですか。
それはあなたが主査だからですか。
　　　　　もちろん主査ということもございます。それから，前学部長だったというこ
　　　　　ともございますし，ちょうど3月はKA₁先生が非常に繁忙期でございまし
　　　　　て，安達先生と私は密に非常に連絡を取り合ってましたので，それは内々の
　　　　　人事情報ではございますが，御本人の利益になることでございますので，私
　　　　　がお伝えしたということだと思います。
人事会議として正式な立場で伝えたわけじゃないんですか。
　　　　　人事会議の決定を伝えたということでございますね。

それは内々の話なんですか，それとも公式の話なんですか。
　　　３月３日の人事会議の前までは，それは私の個人的な希望，人事会議できちんと決定したら，それはオフィシャルなことでございますから。
それはオフィシャルな立場で伝えたということですか。
　　　ええ，もちろんそのとおりです。それは KA₁ 先生の御了解を得て，SI₁ 先生伝えてくださいと。
ああ，学部長の了解を得て伝えたということですか。
　　　もちろんです。人事会議情報はオフレコでございますので，安達先生がどこから入手したかわかりませんが，人事会議の議事録がどんどん安達先生から出てくるというのは困った問題でございます。

原告代理人
甲第１号証を示す
　第３条(1)の「博士」の意味なんですけれども，KA₁ 先生のほうから，この博士というのは CHI 大学商学部では過去一貫して論文博士の意味だという話なんですが，あなたも同じ見解ですか。
　　　そのとおりでございます。３月１６日の人事会議で，私，安達先生の教授申請の審査員長をやりましたが，そこでもその解釈に関しましてきちんと答申をいたしまして，そこでも人事会議で３分の２以上，具体的に言えば１名反対，２名白票で，あと全員賛成で，人事会議できちんと確認されておることでございます。
あなたの見解ですかと聞いたので，そこだけ答えてもらえば結構ですから。
　　　ああ，申し訳ございません。
CHI 大学商学部の運用として，甲第１号証第３条(1)に書いている「博士」とは論文博士の意味に限るのだと，そういう運用はいつから始まったんですか。
　　　私個人の記憶ですと，平成３年ごろに KA₂ 先生が博士号を取ってから，どうなんだろうかという話題に上ったという気憶がございます。これはオフィシャルな会議ではございません。
じゃあ，そういう議論が起こったことがあった。
　　　まあ，内々にございました。
あなたはその議論に加わったんですか。
　　　いえ，そういう話が出たというだけのことでございます。それ以上，何か深くどうこうということではございません。
CHI 大学の内々の少人数の議論でそういう議論が出たという話なんですか。

　　　　　大学の教員は第3条(1)号の「博士」は論文博士だと。二十代の方が即教授
　　　　　になれるはずないという内々のコンセンサスみたいなのはあったように記
　　　　　憶いたします。ただ，今までそれが適用された，又は安達先生のように問題
　　　　　視されたケースは本学ではございませんでした。
過去一貫してCHI大学ではそういう運用をしてきたというふうに被告の先生のほ
うでは主張されているから，その点を確認しているわけなんですけれども。じゃあ，
あなたの認識としては，この3条(1)の「博士」というのを論文博士に限るという議
論が起こったのは平成3年ごろだということね。
　　　　　私の記憶ですと，はい。
で，その議論というのは，公式の議論ではなく，内々の議論だったというのがあな
たの記憶ですか。
　　　　　ええ，そのとおりでございます。
そのとき議論に加わったのは，あなたとほかにだれがいましたか。
　　　　　当時，I₂商学部長，これ亡くなられましたが，KA₁先生が博士号を取ったん
　　　　　だけど，どうなんだろうかなと，そうですね，そう言えばと，そんな程度の
　　　　　話でございます。
I₂先生，その方は当時の商学部の。
　　　　　商学部長だったんじゃないかと思います，ちょっと定かではございませんが。
その方とあなたが，KA₂先生の話をきっかけに，この博士というのは論文博士に限
るのかなとか，そういう議論をあなたがされたわけですか。
　　　　　議論というか，それが話題に上ったということでございます。
話題に上ったというか，あなたとI₂先生の間で話題に上ったわけですか。
　　　　　そのとおりでございます。
だれかほかの人とその議論を更に進めようとか，そういうことはしなかったんです
か。
　　　　　それは，まだ私，助教授か講師ですからですね，そういうようなことを進め
　　　　　られる立場にもございません。
じゃあ，その後，その議論についてどうなったという結論は聞きましたか。
　　　　　いいえ，聞いておりません。
じゃあ，CHI大学商学部でこの博士は論文博士に限るという運用をしてるというの
は，だれから聞きましたか。
　　　　　だれから聞いたか・・・。
少なくとも今現在，CHI大学商学部では，この博士は論文博士に限るという運用を

273

されてるわけでしょう。
　　　そのとおりです。
それは，いつごろそういう運用が始まったと聞きましたか。
　　　いつごろ始まったかはわかりませんが，平成１６年３月１６日の人事会議で
　　　きちんとそれは人事会議として確認をしたということでございます。
平成１６年以前には，そういう確認が行われたことはないんですか。
　　　それはなかなか，私もちょっとわかりません。
あなたの記憶で間違いなく言えるのは，平成１６年３月３日。
　　　３月の１６日か何かの安達先生の昇任の審査だったと思います。
じゃあ，そのころの人事会議で，甲第１号証第３条(1)にある「博士」というのは論
文博士に限るということを確認したわけですか。
　　　それが一番直近の確認でございます。
それ以前の話は。
　　　それ以前の話は，先ほど申しましたように，論文博士だよねという，そうい
　　　う暗黙の前提はあったような気がいたします。
暗黙の前提ね。じゃあ，さっき I₂ 先生の話が出たけれども，I₂ 先生以外では，あな
たとだれかの間で話に出たことはありますか。
　　　ありませんですね。もうそれを言われてもちょっと記憶が定かではございま
　　　せんが。一概にないとも言えませんし，あるとも言えません。

　　　　　　　　　　　　　　　　　　　　　　　（以上 堀 込 康 子）

　　　　　　　　　　　　　　　　　　東京地方裁判所民事第２５部
　　　　　　　　　　　　　　　　　　　裁判所速記官　　平　野　道　子
　　　　　　　　　　　　　　　　　　　裁判所速記官　　堀　込　康　子

2．被告側提出証拠

乙第 20 号証

平成18年2月17日判決言渡　同日原本領収　裁判所書記官　石橋一郎
平成17年(ワ)第2957号　損害賠償請求事件
口頭弁論終結の日　平成17年12月6日

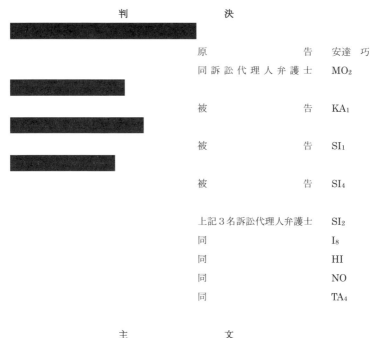

　　　　　　　　　　　　　判　　　　　　決

　　　　　　　　　　　　　　　　　　　　原　　　　告　　安達　巧
　　　　　　　　　　　　　　　　　　　　同訴訟代理人弁護士　MO$_2$

　　　　　　　　　　　　　　　　　　　　被　　　　告　　KA$_1$

　　　　　　　　　　　　　　　　　　　　被　　　　告　　SI$_1$

　　　　　　　　　　　　　　　　　　　　被　　　　告　　SI$_4$

　　　　　　　　　　　　　　　　　　　　上記3名訴訟代理人弁護士　SI$_2$
　　　　　　　　　　　　　　　　　　　　同　　　　　　　　　　I$_8$
　　　　　　　　　　　　　　　　　　　　同　　　　　　　　　　HI
　　　　　　　　　　　　　　　　　　　　同　　　　　　　　　　NO
　　　　　　　　　　　　　　　　　　　　同　　　　　　　　　　TA$_4$

　　　　　　　　　　　　　主　　　　　　文
1　原告の請求をいずれも棄却する。
2　訴訟費用は原告の負担とする。
　　　　　　　　　　　　　事実及び理由
第1　請求
　1　被告 KA$_1$ は、原告に対し、200万円及びこれに対する平成15年11月28日から支払済みまで年5分の割合による金員を支払え。
　2　被告 SI$_1$ は、原告に対し、200万円及びこれに対する平成15年10月31日から支払済みまで年5分の割合による金員を支払え。
　3　被告 SI$_4$ は、原告に対し、100万円及びこれに対する平成15年11月5日から支払済みまで年5分の割合による金員を支払え。
第2　事案の概要

275

第1章　パワハラ裁判①　Ⅱ 双方が提出した主な証拠

　　原告は、CHI 大学（■■■■■■■■■■■■）商学部の助教授であり、また、被告 KA₁（以下「被告 KA₁」という。）、被告 SI₁（以下「被告 SI₁」という。）及び被告 SI₄（以下「被告 SI₄」という。）は、いずれも CHI 大学商学部の教授である。
　　本件は、原告が、被告らは、原告が CHI 大学商学部の教授に昇任申請をするに関し、審査の手続の進行を妨げるなど原告の昇任審査を受ける権利を侵害し、また、威迫的な言動をするなど昇任申請を取り下げるよう強要した各不法行為がある旨主張し、被告らに対し、各不法行為による損害賠償請求権に基づき、慰謝料と遅延損害金（起算日は、いずれも各不法行為の日である。）の支払を求める事案である。
1　争いのない事実等（証拠等を掲げた部分以外は当事者間に争いがない。）
　(1)　当事者等
　　ア　原告（昭和４１年４月１５日生）は、平成３年３月、早稲田大学商学部を卒業し、平成９年３月、東北大学大学院法学研究科博士前期課程を修了し、平成１１年３月、同大学大学院経済学研究科博士後期課程を修了した。
　　　　原告は、平成１３年４月、新潟国際情報大学情報文化学部の助教授に就任し、平成１５年３月、同大学を退職し、同年４月、CHI 大学商学部の助教授に就任した。
　　　　原告は、博士（経済学、東北大学）の学位を有する。
　　イ　被告らは、いずれも CHI 大学商学部の教授である。
　　　　被告 KA₁ は、昭和６０年４月、同学部の助教授に就任し、平成８年４月、同学部の教授に就任した（乙１６）。また、被告 KA₁ は、平成１２年４月から平成１６年３月まで、同学部の学部長を務めている。
　　　　被告 SI₁ は、昭和６３年４月、同学部の助教授に就任し、平成８年４月、同学部の教授に就任した（乙１７）。また、被告 SI₁ は、平成９年１０月から平成１２年３月まで（乙１７）と平成１６年４月から、同学部の学部長を務めている。
　　　　被告 SI₄ は、昭和６０年４月、同学部の助教授に就任し、平成７年４月、同学部の教授に就任した（乙１８）。
　(2)　原告の昇任申請
　　　原告は、平成１５年１０月３１日、CHI 大学商学部の学部長であった被告 KA₁ に対し、同学部の教授への昇任を申請した（以下「本件昇任申請」という。）。
　(3)　昇任申請後の手続等
　　ア　CHI 大学専任教員の採用及び昇任に関する手続規程（以下「本件手続規程」という。）には、次にように定められている（甲２）。
　　　　昇任の資格要件を充足すると思料する教員は、学部長に対し、昇任の申請を行うことができる（４条）。

イ　CHI 大学商学部専任教員の採用及び昇任に関する規程（以下「本件昇任規程」という。）には、次のように定められている（甲３）。
　（ア）　昇任を希望する者は、CHI 大学専任教員の資格に関する規程（以下「本件資格規程」という。）３条、４条又は５条に規定する年数に達する前年度から、学部長に対し、昇任を申請することができる（２条）。
　（イ）　学部長は、採用又は昇任の申請を受理した場合は、その適否につき、３条に規定する書類及び資料を添えて人事会議の議に付するものとする（４条）。
　（ウ）　人事会議は、４条の場合、適否の審査を行うため、５人の委員をもって構成する審査委員会を設置するものとする。審査委員会の委員は、教授をもってあてる。（５条１項、２項）。審査委員会は、商学部専任教員の採用及び昇任に関する実施要領（以下「本件実施要領」という。）に基づいて総合的に審査するものとする（６条）。
　　なお、人事会議は、商学部の全教授によって構成される。
ウ　CHI 大学専任教員の資格に関する規程（本件資格規程）には、次にように定められている（甲１）。
　　教授となることのできる者は、つぎの各号の１に該当する者とする（３条）。
　（ア）　博士の学位（外国において授与されたこれに相当する学位を含む。）を有し、教育又は研究の経歴のある者（１号）
　（イ）　大学において５年以上助教授の経歴があり、この間に著書２及び論文１以上、著書１及び論文３以上又は論文５以上の顕著な研究上の業績のある者（４号）
(4)　本件昇任申請の否決等
　ア　被告 KA₁ は、人事会議に対し、平成１６年１月２８日、本件昇任申請を付議した。
　イ　人事会議は、平成１６年３月１６日、本件昇任申請を否決した。
2　争点及び争点に関する当事者間双方の主張
(1)　被告 KA₁ には、本件昇任申請に関し、原告に対する不法行為があるか否か。
　【原告の主張】
　ア　被告 KA₁ は、人事会議に対し、本件昇任申請を付議せず、平成１６年１月２８日に付議するまで、約３か月間、故意に放置した。
　イ　被告 KA₁ は、２度にわたって、原告に対し、本件昇任申請の取下げを強要した。
　　（ア）　被告 KA₁ は、平成１５年１１月２８日、商学部長室で、原告に対し、本件昇任申請の取下げを要求した。
　　（イ）　被告 KA₁ は、平成１６年１月２３日、商学部長室で、原告に対し、本件昇

任申請の取下げを要求した。
　ウ　被告 KA₁ の上記行為は、本件昇任申請に関し、原告に対する不法行為に当たる。
　エ　原告の採用の際、原告は、被告 KA₁ らから、採用後3年間は助教授のままであるということを告げられたことはなく、また、これを了承したことはない。
【被告らの主張】
　ア　原告の採用に際しては、被告 KA₁、被告 SI₁ 及び KA₅ 助教授が採用審査小委員会の委員であって、平成15年2月28日、原告の最終面接をした。原告は、前任校での助教授歴が2年間であり教員実績が不足していたため、被告 KA₁ 及び被告 SI₁ らは、原告を CHI 大学教員として採用するに際し、原告に対し、採用後3年間は助教授のままであることが条件となる旨を告げ、原告はこれを了承して就任した。しかし、原告は、同年10月31日、被告 KA₁ に対し、本件昇任申請をした。被告 KA₁ は、条件違反であった本件昇任申請の取扱いについて検討し、その結果、慎重に扱い、受理扱いした上で、人事会議に付議するとの結論に達した。被告 KA₁ は、平成16年1月28日、本件昇任申請を人事会議に付議して、審査委員会を設置した。審査委員会は、同年3月15日、報告書を提出し、被告 KA₁ は、同月18日の人事会議に本件昇任申請の可否を付議した。以上のように、本件昇任申請の受理について検討を要したことなどから、本件昇任申請の日から人事会議の議決まで約5か月かかったが、格別長すぎるとはいえない。
　イ　被告 KA₁ は、上記の条件があったことから、原告に対し、本件昇任申請の取下げを助言したにすぎず、取下げを要求したことはない。
(2)　被告 SI₁ には、本件昇任申請に関し、原告に対する不法行為があるか否か。
【原告の主張】
　被告 SI₁ は、平成15年10月31日、CHI 大学の図書館の個室で、原告に対し、「取り下げるわけにはいかないよね。」などと言いながら、原告の面前で、パソコンディスクを両手で激しくたたき、また、「後ろから圧し飛ばされるよ。」、「あなたが死ぬだけで、何も変わらないよ。」と怒号するなどして、原告を威迫した。
　被告 SI₁ の上記行為は、本件昇任申請に関し、原告に対する不法行為に当たる。
【被告らの主張】
　被告 SI₁ は、平成15年10月31日、CHI 大学の図書館の個室にいたところ、原告が、突然訪問し、昇任申請書の提出を報告してきた。被告 SI₁ は、驚き、原告に対し、採用時の条件違反である旨などを説明し助言したにすぎない。
(3)　被告 SI₄ には、本件昇任申請に関し、原告に対する不法行為があるか否か。
【原告の主張】

被告SI₄は、平成15年11月5日、CHI大学の教員室で、原告の顔面に顔を近づけ、威圧的な口調で、「私はこの大学のことをすみからすみまで知っている。」、「安達先生の経歴にきずが付く。」、「取り下げなさいよ。」などと述べて、原告を威迫し、本件昇任申請の取下げを要求した。

　被告SI₄の上記行為は、本件昇任申請に関し、原告に対する不法行為に当たる。

【被告らの主張】

　被告SI₄は、平成15年11月5日、CHI大学の教員室にいたところ、原告は、被告SI₄に対し、昇任申請書の提出に関して話し掛けてきた。

　被告SI₄は、「ああそうですか。」というような返答はしたが、内容に及ぶ返答はしていない。

(4) 原告の受けた損害。

【原告の主張】

　ア　被告KA₁は、学部長として、原告から受理した本件昇任申請に関する書類を人事会議に付議するべき義務があったが、あえて怠り、人事会議に付議しないまま、約3か月間、故意に放置した上、原告に対し、2度にわたって、本件昇任申請の取下げを要求した。被告KA₁の行為は、権限を濫用して原告の昇任審査の手続の進行を妨害するものであり、また、2度にわたって、執ように本件昇任申請の取下げを要求するなど悪質である。

　これらの事情を考慮すると、原告が、被告KA₁の行為によって受けた精神的苦痛を慰謝するためには、200万円が相当である。

　イ　被告SI₁は、本件昇任申請に関し、パソコンデスクを両手でたたき、怒号するなどして、原告を威迫した。

　これらの事情を考慮すると、原告が、被告SI₁の行為によって受けた精神的苦痛を慰謝するためには、200万円が相当である。

　ウ　被告SI₄は、本件昇任申請を取り下げる義務がない原告に対し、原告を威迫し、本件昇任申請の取下げを強要した。

　これらの事情を考慮すると、原告が、被告SI₄の行為によって受けた精神的苦痛を慰謝するためには、100万円が相当である。

第3　争点に対する判断

1　前記争いのない事実等、証拠（甲1、3ないし5、7、8、9（ただし、一部）、乙1の1、3、4、9、16ないし18、原告（ただし、一部）、被告KA₁、被告SI₁及び被告SI₄）および弁論の全趣旨によれば、次の事実を認めることができる。

(1)ア　被告SI₄は、昭和60年4月、CHI大学商学部の助教授に就任し、平成7年4

月、同学部の教授に就任した。
　イ　被告KA₁は、昭和60年4月、CHI大学商学部の助教授に就任し、平成8年4月、同学部の教授に就任した。また、被告KA₁は、平成12年4月から平成16年3月まで、同学部の学部長を務めている。
　ウ　被告SI₁は、昭和63年4月、CHI大学商学部の助教授に就任し、平成8年4月、同学部の教授に就任した。また、被告SI₁は、平成9年10月から平成12年3月までと平成16年4月から、同学部の学部長を務めている。
　エ　原告は、平成3年3月、早稲田大学商学部を卒業し、平成9年3月、東北大学大学院法学研究科博士前期課程を修了し、平成11年3月、同大学大学院経済学研究科博士後期課程を修了し、同月25日、博士（経済学、東北大学）の学位を授与された。
　原告は、平成13年4月、新潟国際情報大学情報文化学部の助教授に就任し、平成15年3月、同大学を退職した。
(2)ア　CHI大学商学部は、平成14年秋ころ、同学部のTA₆教授が平成15年4月に他の大学に移籍する予定となったことから、同月からの会計監査論・経営分析論の専任教員の補充が必要となった。
　そして、同学部は、平成14年10月ころ、同学部の常勤の教授又は助教授1名を公募した。同公募による研究分野は、商学、応募条件は、(ア)　年齢　59歳以下を原則とする、(イ)　学歴　博士課程後期終了又はこれに準ずる者〈例：修士課程（博士課程前期）と公認会計士資格取得者〉、(ウ)　特別条件　将来、大学院の修士（博士課程前期）で演習（予定科目は「会計学原理演習」）と「会計監査論研究」の科目を持てるマル合（大学院の講義演習を担当できる教員のこと。）の資格を有すると思われる方で博士号取得者かこれに準ずる最近3年間の研究業績（単著研究書等）があること、着任時期は、平成15年4月1日、というものであった。
　同公募には、原告を含む11名が応募した。
　イ　人事会議は、上記公募の応募者の選考のため、採用審査小委員会を設置した。その構成員は、被告KA₁、被告SI₁及びKA₅助教授であり、被告SI₁が主査となった。
　上記応募者11名の中では、原告の研究業績が秀でていて、また、原告のみがマル合適格者の可能性があったので、同小委員会は、原告を候補者とした。また、原告は前任校での経歴として助教授歴が2年のみであったので、同小委員会は、助教授採用でまとまった。
　なお、同小委員会では、前任校での助教授歴2年を算入し、CHI大学での助教授

歴3年で、教授昇任申請を認めてよい、との意見が出た。
　ウ　採用審査小委員会は、平成15年2月28日、CHI大学商学部で、原告の採用面接をした。面接は約1時間にわたったが、その席上で、被告SI₁や被告KA₁は、原告に対し、同大学では、助教授から教授に昇任するためには原則として5年間の教員歴が必要であること、原告を教授として採用するには教員歴が不足していて、そのため、助教授としての採用となること告げた。この説明に対し、原告は、被告SI₁らに対し、「分かりました。」と答えた。
　エ　被告SI₁は、前同日、上記採用面接の後、面接会場とは別の場所で、原告に対し、採用審査小委員会は人事会議に対して助教授採用の報告をすることになると思う、原告には早く教授になってほしいので、教授への昇任には通常は5年間の教員歴が必要なところCHI大学での3年間の教員歴で教授に昇任できるように同小委員会及び人事会議に頼んでみる旨告げた。原告は、被告SI₁に対し、教員歴不足は理解しているので、感謝する旨答えた。
　　被告SI₁は、原告との上記やりとりについて、被告KA₁に伝えた。
　オ　採用審査小委員会は、人事会議に対し、原告を採用教員として推薦すること、助教授とすること、採用後は3年間で教授昇任申請を認めること、などを内容とする報告書を提出した。
　　人事会議は、平成15年3月3日、会計監査論の助教授採用に関する審査の件として、原告の採用について審議をした。同小委員会の主査であった被告SI₁は、人事会議において、原告は「マル合教員の可能性あり」との返答であったこと、資料の審議経過等により原告を推薦したいこと、原告の現職の立場は助教授であり、教員歴が2年間と浅いとの理由から助教授として採用したいこと及び採用後は3年間の経験で教授への昇任資格を取得できる条件としたいこと、などを説明した。人事会議は、被告SI₁の説明を受けて審議した上、原告を助教授として採用することを承認した。
　カ　被告SI₁は、上記人事会議の後、原告に対し、人事会議の結果を受け、その内容を電子メールで伝えた。原告は、被告SI₁に対し、「ありがとうございました」などと電子メールで答えた。
(3)ア　原告は、平成15年4月、CHI大学商学部の助教授に就任した。
　イ　原告は、就任した後、CHI大学の規程を読んでいて、本件実施要領の「昇任選考審査基準点数表」で計算したところ、助教授から教授への適任点を上回る点数であったことなどから、教授に昇任できる可能性があると考えるようになった。
　　そして、原告は、昇任が否決されても同大学の原告に対する評価を知ることがで

281

きると考え、本件昇任申請をすることを決めた。
ウ　原告は、平成15年10月31日、CHI 大学商学部の学部長であった被告 KA₁ に対し、必要書類を整えて、本件昇任申請をした。
　しかし、この間、原告は、教授への昇任申請の件を、被告 KA₁ や被告 SI₁ らに相談するなどしたことはなかった。
エ　CHI 大学商学部における専任教員の昇任に関する規程としては、本件手続規程、本件昇任規程及び本件資格規程等があった。
　(ア)　本件手続規程は、次のようなものであった。
　　昇任の資格要件を充足すると思料する教員は、学部長に対し、昇任の申請を行うことができる（4条）。
　(イ)　本件昇任規程は、次のようなものであった。
　　a　昇任を希望する者は、本件資格規程3条、4条又は5条に規定する年数に達する前年度から、学部長に対し、昇任を申請することができる（2条）。
　　b　学部長は、採用又は昇任の申請を受理した場合は、その適否につき、3条に規定する書類及び資料を添えて人事会議の議に付するものとする（4条）。
　　c　人事会議は、4条の場合、適否の審査を行うため、5人の委員をもって構成する審査委員会を設置するものとする。審査委員会の委員は、教授をもってあてる。（5条1項、2項）。審査委員会は、本件実施要領に基づいて総合的に審査するものとする（6条）。
　　人事会議は、商学部の教授全員で構成されている。
　(ウ)　本件資格規程は、次のようなものであった。
　　教授となることのできる者は、次の各号の1に該当する者とする（3条）。
　　a　博士の学位（外国において授与されたこれに相当する学位を含む。）を有し、教育又は研究の経歴がある者（1号）
　　b　大学において5年以上助教授の経歴があり、この間に著書2及び論文1以上、著書1及び論文3以上又は論文5以上の顕著な研究上の業績のある者（4号）
(4) 原告は、平成15年10月31日、本件昇任申請をした後、CHI 大学の図書館の教員用個人閲覧室にいた被告 SI₁ を訪ね、本件昇任申請をしたことを報告した。
　被告 SI₁ は、原告による本件昇任申請は、採用面接の際及び人事会議での昇任資格取得条件に反すると考えたことから、その場で、原告に対し、本件昇任申請は、原告を採用した際に人事会議が付した条件に違反しており、原告には教授に昇任する資格がない旨告げた。これに対し、原告は、被告 SI₁ に対し、教授昇任資格として5年の教員歴が必要との内規がし意的に適用されている、採用時に付された条件

は理解しているが、努力した人間には例外が認められてもよいのではないか、などと答えた。

　被告 SI₁ は、原告の言い分をメモし（乙１の１の上段部分）、原告に対し、その記載が原告の言い分と相違いないかどうか確認したところ、原告は同メモの２か所に加筆した。

　図書館の教員用個人閲覧室は、ベニヤ板張りで、内部の会話やパソコンのキーボードを打つ音などは外部に聞こえる状況にあった。

　被告 SI₁ と原告との会話は穏やかなものであって、被告 SI₁ は原告に対し怒鳴ったことはなかった。

(5)　被告 SI₄ は、平成１５年１１月５日、CHI 大学商学部教授である HO₂(以下「HO₂」という。）とともに教員室に入室したところ、原告から話し掛けられたため、HO₂及び原告とともに教員室の奥にあるソファセットに座り、約２０分間、原告の話を聞いた。

　原告と被告 SI₄ は、原告が同年４月に同学部に就任した後、あいさつをする程度の間柄であった。

　原告は、同学部の昇任に関する規程には不備があり、本件昇任申請によりその不備をただしたいこと及び規程上、原告は現時点で昇任申請を出せると思うこと、などを話したが、被告 SI₄ は、特に発言することはなく、相づちを打つ程度であった。

　なお、教員室は、広さ約１６２㎡、３４席の大部屋であって、当時、教員室には、原告及び被告 SI₄ らのほかに５名程度の教員が在室していた。

(6)ア　被告 KA₁ は、原告による本件昇任申請に接し、また、被告 SI₁ から上記(4)の状況の報告を受け、本件昇任申請は、採用時の昇任資格取得条件に反しているものとしてとまどいを覚え、慎重に手続を進めようと考えた。そして、被告 KA₁ は、まず、原告と会って話をし、真意を確認するとともに、本件昇任申請の取下げを助言しようと考えた。

　イ　被告 KA₁ は、平成１５年１１月２８日、CHI 大学の商学部長室において、原告に対し、原告の採用を承認した際の人事会議の議事録及び採用審査小委員会の報告書の抜粋を見せ、採用時の条件を説明し、本件昇任申請は採用時の条件に反する旨告げ、本件昇任申請を取り下げる意思がないかどうか確認した。

　これに対し、原告は、被告 KA₁ に対し、採用時に、被告 SI₁ 及び被告 KA₁ は、採用は助教授だが、３年たてば教授は確約する、と言っていたが、採用時には本件資格規程３条１号について説明がなかった、原告はその要件に該当するため、人事会議が教授への昇任申請に条件設定をすること自体がおかしい、同小委員会の報告書

第1章　パワハラ裁判①　Ⅱ　双方が提出した主な証拠

では本件資格規程3条1号についての判断がされていない、などと反論した。
　被告 KA₁ は、原告に対し、本件昇任申請につき、取り下げる意思がないかどうか再度確認したところ、原告はその意思がない旨答えたので、被告 KA₁ は、本件昇任申請について、平成15年度中には結論を出すが、検討にやや時間がかかる旨告げた。
ウ　被告 KA₁ は、平成15年12月8日、原告に対し、本件昇任申請を取り下げる意思がないかどうか電話で確認したが、原告は、本件昇任申請を取り下げる意思はない旨答えた。
エ　人事会議は、平成15年12月10日、原告と同時期に昇任申請をした3名の昇任申請について、審議をした。
　その際、本件昇任申請について質疑がされた。被告 KA₁ は、本件昇任申請を今回人事会議に提案しなかった理由として、原告の主張が原告を採用した際の人事会議の決定と異なっているので慎重に対応している。本件昇任申請については次回の人事会議で提案する予定である。原告には平成15年度中には何とかすると言ってある、などと答えた。
オ　被告 KA₁ は、この間、CHI 大学の法律顧問である SI₂ 弁護士に対し、法的問題点について検討を依頼するなどして、本件昇任申請の取扱いを検討した。
カ　被告 KA₁ は、平成16年1月23日、CHI 大学の商学部長室において、原告に対し、博士号を有する同大学商学部専任教員のうち5名について、採用年月、採用当時の職位、博士号取得時期、取得当時の職位、昇任時期及び現在の職位等を表にしたもの（乙9と同じであるが氏名の記載はないもの）を示した上で、同学部では、博士の学位を有する者のうち、課程博士については、従来から、その教授の資格の有無について、本件資格規程3条4号を適用して判断してきたこと、実際に、平成15年12月時点で、博士の学位を有していた同学部の教員には、本件資格規程3条4号所定の年限を経過する前に助教授から教授への昇任申請をした者はいないことを説明した。
　それに対し、原告は、上記規程の年限経過前に昇任申請をした者がいないのは、自主的に申請をしなかっただけであって、申請する権利がなかったからではない旨反論した。
　被告 KA₁ は、原告に対し、本件昇任申請を取り下げる意思がないかどうか確認したが、原告はその意思がない旨答えたので、被告 KA₁ は、本件昇任申請を平成16年1月28日の人事会議に付議する旨告げた。
キ　被告 KA₁ は、人事会議に対し、平成16年1月28日、本件昇任申請を付議し

た。

　人事会議は、被告SI₁、KA₄教授ら５名を審査委員に選任して、審査委員会が組織された。審査委員会は、審査の上、人事会議に対し、同年３月１５日、原告について、教授昇任の資格要件をみたしていないなどの理由で、教授として推薦できないとの内容の報告書を提出した。

ク　人事会議は、平成１６年３月１６日、上記報告書の提出を受けて審議した上、本件昇任申請を否決した。

　これに対し、原告の陳述書（甲９）中及び本人尋問中には、平成１５年２月２８日の原告の採用面接の際や、被告SI₁からの原告採用時の人事会議の結果についての連絡の際には、教授ではなく助教授として採用されるとの話は出たが、採用時３年間が経過するまでは助教授のままであり、教授に昇任することはできない、などという話がされたことはなく、そのような話を承諾したことはない旨陳述・供述する部分がある。

　しかしながら、証拠（乙３）及び弁論の全趣旨によれば、CHI大学商学部は、同年３月３日、人事会議で、被告SI₁から、原告を推せんしたいこと、原告の現職の立場は助教授であり、教員歴が２年間と浅いとの理由から助教授として採用したいこと及び採用後は３年間の経験で教授への昇任資格を取得できる条件としたいこと、などの説明を受けて審議した上で、原告を助教授として採用することを承認したことが認められること、前記(2)で認定したとおり、被告SI₁は原告に対し、上記人事会議の内容を伝えていること、証拠（乙１、１７、被告SI₁）及び弁論の全趣旨によれば、被告SI₁は、原告から、同年１０月３１日、本件昇任申請の報告を受け、直ちに、原告に対し、本件昇任申請に昇任する資格がない旨告げたこと、その旨のメモが作成されていること、これらによれば、原告は上記条件があったことを認識していたこと（なお、原告は、採用面接時に助教授採用であることを告げられたので、その理由を聞いたところ、前歴が２年で短く３年後には教授に昇任してもらうのでどうかと言われた旨及びこれを了承した旨供述している。）が認められることなどに照らし、不自然であって採用することができない。

　また、原告の陳述書（甲９）中及び本人尋問中には、原告が、同日、図書館の個人閲覧室にいた被告SI₁を訪ね、本件昇任申請をした旨告げたところ、被告SI₁は、パソコンデスクを両手で激しく何回もたたいて、「取り下げるわけにはいかないよね。」、「自分の人生を大切にしなよ。」などと言い、「取り下げないと言い張るのなら、それはそれで構わないけど、気をつけないと、だれかに後ろからけ飛ばされるよ。」、「あなたが死ぬだけで、何も変わらないよ。」と怒号した旨陳述・供述する部分があ

る。
　しかしながら、前記(4)で認定した図書館の教員用個人閲覧室の状況からすると、原告の供述等するような激しい言動があったとすれば、容易に周囲に察知されることは明らかであって、そのような状況の下、被告SI$_1$があえて原告が供述等するような言動をとるとは考え難いから、原告の上記供述等部分は、不自然であって採用することはできない。
　さらに、原告の陳述書（甲９）中及び本人尋問中には、被告SI$_4$は、同年１１月５日、同大学の教員室内の応接セットで原告と１対１で向かい合って座り、原告の顔面に接触するほどの距離に顔を近づけ、原告の顔面をなめるように見ながら、低い声で、「私はこの大学に長く勤めているから、この大学のことをすみからすみまで知っている。」と言い、さらに、威迫的な口調で、「昇任申請をこのままにしておくと、先生の経歴にきずが付く。申請を取り下げなさいよ。」と言った、当時、教員室内には５名ないし７名程度の教員がいたが、原告及び被告SI$_4$のそばには他の教員はいなかった旨陳述・供述する部分がある。
　しかしながら、前記(5)で認定した事実によれば、同日の教員室には他に５名程度の教員がいたのであって、そのような状況で、被告SI$_4$が、原告の顔面に接触するほどの距離に顔を近づけ、威迫的な口調で取下げを求めるとは考え難く、原告と被告SI$_4$とのそれまでの間柄を考慮すると、原告の上記供述等部分は、不自然であって採用することはできない。
　以上のとおりであって、前記(1)ないし(6)で認定した事実に反する原告の陳述・供述は、不自然であって採用することはできず、他に前記認定した事実を覆すに足りる証拠はない。
　また、本件資格規程３条１号にいう「博士」にいわゆる課程博士が含まれるか否かの解釈は、本件においては、上記認定を左右するものではない。
２　争点(1)（被告KA$_1$の原告に対する不法行為の有無）について
(1)　原告は、被告KA$_1$には本件昇任申請を放置した不法行為がある旨主張するので、検討する。
　　前記１で認定した事実によれば、ア　原告は、平成１５年１０月３１日、本件昇任申請をしたこと、イ　学部長であった被告KA$_1$は、平成１６年１月２８日、本件昇任申請を人事会議に付議したこと、ウ　他方、人事会議は、平成１５年１２月１０日、原告と同時期に昇任申請をした３名について審議をしたことを認めることができ、これら事実によれば、本件昇任申請の人事会議に対する付議は、他の昇任申請と比較して遅れている。

しかしながら、前記1で認定した事実によれば、エ　被告KA1は、原告による本件昇任申請に接し、同申請は、採用時の昇任資格取得条件に反しているものとして、慎重に手続を進めようと考えたこと、オ　被告KA1は、同年11月28日、原告に対し、人事会議の議事録等の抜粋を見せ、採用時の条件を説明し、本件昇任申請は採用時の条件に反するので取り下げるかどうか確認したこと、カ　被告KA1は、同年12月10日、人事会議で、本件昇任申請について質疑がされたことを受け、原告の主張が採用時の人事会議の決定と異なっているので慎重に対応している、本件昇任申請については次回の人事会議で提案する予定である旨答えたこと、キ　被告KA1は、平成16年1月23日、原告に対し、平成15年12月時点で、博士の学位を有していたCHI大学商学部の教員には、本件資格規程所定の年限を経過する前に助教授から教授に昇任申請をした者はいないことを、表で示すなどして説明したこと、その上で、被告KA1は、原告に対し、本件昇任申請を取り下げるかどうか確認したが、原告の意思は固く、これを断ったので、被告KA1は、原告に対し、本件昇任申請を平成16年1月28日の人事会議に付議する旨を告げ、本件昇任申請は、同日の人事会議に付議されたこと、などを認めることができるのであって、これらの事実によれば、被告KA1は、原告による本件昇任申請は採用時の昇任資格取得条件に反することから、手続を慎重に進め、できれば本件昇任申請を取り下げてもらいたいと考えて、結果として、他の昇任申請と比較して約1か月半遅れた人事会議に本件昇任申請を付議することとなったと認めることができる。

　そして、上記の各事実を踏まえると、原告による本件昇任申請の意思は固かったといえるのであるから、被告KA1としては、速やかに本件昇任申請を人事会議に付議すべきであったといえなくはないが、上記の経緯等が認められる本件においては、原告による本件昇任申請は、採用時の条件に反していたのであって、採用時の面接を担当し、かつ学部長であって被告KA1としては、慎重に手続を進めたいと考えていたことは無理からぬところがあったと評価することができるから、本件においては、上記手続の遅れをもって、被告KA1に原告に対する不法行為があるとまでいうことはできない。

　他に、原告の上記主張を認めるに足りる証拠はない。

(2)　次いで、原告は、被告KA1には、原告に対し、本件昇任申請の取下げを要求した不法行為がある旨主張するので、検討する。

　前記1で認定した事実によれば、被告KA1は、原告に対し、CHI大学商学部の学部長室で、平成15年11月28日と平成16年1月23日の2度、本件昇任申請を取り下げる意思がないかどうか確認したことを認めることができるが、他方、前

記1で認定した事実によれば、上記(1)で認定説示したとおり、被告KA₁は、原告による本件昇任申請は採用時の昇任資格取得条件に反することから、手続を慎重に進め、できれば本件昇任申請を取り下げてもらいたいと考えて、このような確認をしたと認めることができる。

　そして、上記の各事実によれば、被告KA₁としては、取下げを確認することなく速やかに本件昇任申請を人事会議に付議すべきであったといえなくはないが、前記の経緯等が認められる本件においては、原告による本件昇任申請は、採用時の条件に反していたのであって、採用時の面接を担当し、かつ学部長であった被告KA₁の上記取下げ確認の行為をもっていちがいに責めるのは酷であるといえ、これらの行為が被告KA₁の原告に対する不法行為に当たるとまでいうことはできない。

　他に、原告の上記主張を認めるに足りる証拠はない。

(3)　以上によれば、被告KA₁には、本件昇任申請に関し、原告に対する不法行為があるとはいえない。

　そうすると、争点(1)に関する原告の主張は、理由がない。

3　争点(2)（被告SI₁の原告に対する不法行為の有無）について

　原告は、被告SI₁には、本件昇任申請に関し、原告を威迫した不法行為がある旨主張する。

　しかしながら、前記1で認定した事実によれば、被告SI₁は、平成15年10月31日、CHI大学商学部の図書館の教員用個人閲覧室で、同室を訪れた原告に対し、採用時の人事会議の昇任資格取得条件に反する旨告げたものの、被告SI₁と原告との会話は穏やかなものであって、被告SI₁は原告に対し怒鳴ったことはなかったと認めることができる。

　他に、原告の上記主張を認めるに足りる証拠はない。

　以上によれば、被告SI₁には、本件昇任申請に関し、原告に対する不法行為があるとはいえない。

　そうすると、争点(2)に関する原告の主張は、理由がない。

4　争点(3)（被告SI₄の原告に対する不法行為の有無）について

　原告は、被告SI₄には、本件昇任申請に関し、原告を威迫し、取下げを強要した不法行為がある旨主張する。

　しかしながら、前記1で認定した事実によれば、被告SI₄は、平成15年11月5日、CHI大学商学部の教員室で、原告に話し掛けられたものの、特に発言することはなく、相づちを打つ程度の対応をしたのみであることを認めることができる。

　他に、原告の上記主張を認めるに足りる証拠はない。

以上によれば、被告SI₄には、本件昇任申請に関し、原告に対する不法行為があるとはいえない。
　そうすると、争点(3)に関する原告の主張は、理由がない。
第4　結論
　以上によれば、その余について判断するまでもなく、原告の被告らに対する本件各請求はいずれも理由がないから棄却することとし、訴訟費用の負担につき民訴法61条に適用して、主文のとおり判決する。

東京地方裁判所民事第25部

　　　　　　　　　　　　　　　　　　　　　　　裁判長裁判官　　　小池　一利

　　　　　　　　　　　　　　　　　　　　　　　裁判官　　　　　　首藤　晴久

裁判官西村欣也は、海外出張中につき、署名押印できない。

　　　　　　　　　　　　　　　　　　　　　　　裁判長裁判官　　　小池　一利

第 2 章

パワハラ裁判②

大学教員を被告とした訴訟(第1審)の記録

Ⅰ　原告・被告の主張

第2章　パワハラ裁判②　Ⅰ　原告・被告の主張

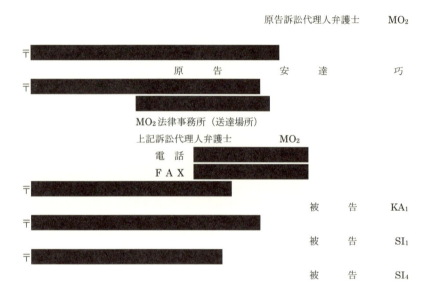

損害賠償請求事件
　　訴訟物の価額　　５００万円
　　貼用印紙額　　　３万円

第１　請求の趣旨
　１　被告 KA_1 は，原告に対し，２００万円及びこれに対する平成１５年１１月２８日から支払済みまで年５％の割合による金員を支払え。
　２　被告 SI_1 は，原告に対し，２００万円及びこれに対する平成１５年１０月３１日から支払済みまで年５％の割合による金員を支払え。
　３　被告 SI_4 は，原告に対し，１００万円及びこれに対する平成１５年１１月５日から支払済みまで年５％の割合による金員を支払え。

1．訴　状

4　訴訟費用は被告らの負担とする。
5　仮執行宣言

第2　請求の原因
1　当事者
(1) 原告は，CHI 大学（████████████████）商学部の助教授である。
　　被告らは，いずれも CHI 大学商学部の教授である。
　　被告 KA₁ は，平成12年4月から平成16年3月まで，CHI 大学商学部の学部長を務めた。
　　被告 SI₁ は，平成16年4月から，CHI 大学商学部の学部長を務めており，現在も同職にある。
(2) 原告の学歴及び職歴
　　原告（昭和41年4月15日）は，平成3年3月，早稲田大学商学部を卒業後，平成9年3月，東北大学大学院法学研究科博士前期課程を修了し，平成11年3月，東北大学大学院経済学研究科博士後期課程を修了した。
　　原告は，平成13年4月，新潟国際情報大学情報文化学部の助教授に就任した後，平成15年3月，同大学を退職し，平成15年4月，CHI 大学商学部の助教授に就任した。
　　原告は，博士の学位を有する（経済学，東北大学）。
2　昇任の申請
　　原告は，平成15年10月31日，CHI 大学商学部の当時の学部長であった被告 KA₁ に対し，教授への昇任を申請した（以下「本件昇任申請」という）。
　　CHI 大学の規程では，昇任を希望する者は，学部長に対し，昇任を申請することができるとされている（CHI 大学専任教員の採用及び昇任に関する手続規程第4条，CHI 大学商学部専任教員の採用及び昇任に関する規程第2条。以上につき，甲2，甲3）。
3　被告 KA1 の不法行為
(1) 人事会議への不付議
　　前記規程によれば，学部長は，昇任の申請を受理した場合は，その適否につき人事会議の議に付するものとされている（CHI 大学商学部専任教員の採用及び昇任に関する規程第4条。この点につき，甲3）。なお，人事会議は，商学部の全教授により構成される（CHI 大学商学部教授会規程第2条。この点につき，甲5）。
　　ところが，被告 KA₁ は，原告から受理した昇任申請に関する提出書類を人事会議の議に付さず，平成16年1月28日にようやく人事会議の議に付するまで，約3か月間にわたり故意に放置した。
(2) 昇任申請の取下げの強要
　　また，被告 KA₁ は，この間，下記のとおり2度にわたって，原告に対し，本件昇

295

第2章　パワハラ裁判②　Ⅰ　原告・被告の主張

　　　任申請の取下げを要求した。
　　（ア）平成15年11月28日
　　　　　被告 KA₁ は，平成15年11月28日，CHI 大学の商学部長室において，原告に対し，本件昇任申請の取下げを要求した。
　　（イ）平成16年1月23日
　　　　　被告 KA₁ は，平成16年1月23日，CHI 大学の商学部長室において，原告に対し，本件昇任申請の取下げを要求した。
　4　被告 SI₁ の不法行為
　　　被告 SI₁ は，平成15年10月31日，CHI 大学の図書館の個室内において，原告に対し，本件昇任申請に関し，「取り下げるわけにはいかないよね。」などと言いながら，原告の面前で，パソコンデスクを両手で激しく何回も叩いたり，また，大声で，「後ろから蹴飛ばされるよ。」「あなたが死ぬだけで，何も変わらないよ。」と怒号するなどして原告を威迫した。
　5　被告 SI₄ の不法行為
　　　被告 SI₄ は，平成15年11月5日，CHI 大学の教員室において，原告の顔面に顔を近づけ，威圧的な口調で，「私はこの大学のことを隅から隅まで知っている。」「安達先生の経歴に傷がつく。」「取り下げなさいよ。」などと述べて原告を威迫し，本件昇任申請の取下げを要求した。
　6　被告らの不法行為
　　　被告らの前記各行為は，本件昇任申請に関し，不当な手段により審査の手続の進行を妨害するなどして原告の昇任審査を受ける権利を侵害し，また，そもそも申請を取り下げる義務のない原告に対し，威迫的な言葉や挙動などを用いて，申請の取下げを強要する行為であり，いずれも不法行為を構成する。
　7　原告の損害
　　　原告は，被告らの前記各行為にもかかわらず，これに耐え，昇任申請の取下げ要求にも応じなかった。
　　　しかし，被告らの前記各行為によって，原告が被った精神的苦痛は大きく，被告らがこれを慰謝すべきであることは明らかである。
　　　なお，本件昇任申請は，平成16年3月16日の人事会議で否決された。
　8　慰謝料の算定
　　（1）被告 KA₁
　　　　　被告 KA₁ は，学部長として，原告から受理した昇任申請に関する提出書類を人事会議の議に付するべき義務があるにもかかわらず，あえてこれを怠り，人事会議の議に付さないまま，約3か月間にわたり故意に放置した上，この間，前記のとおり2度にわたって，原告に昇任申請の取下げを要求した。
　　　　　これは，権限を濫用して原告の昇任審査の手続の進行を妨害するものであり，ま

た，2度にわたって，執拗に昇任申請の取下げを要求するなど悪質である。

これらの事情を考慮すれば，原告が被告 KA₁ の行為により被った精神的苦痛を慰謝するために必要な金額は，200万円とするのが相当である。

(2) 被告 SI₁

被告 SI₁ は，本件昇任申請に関し，前記のとおり，パソコンデスクを両手で激しく叩いたり，大声で怒号するなどして，原告を威迫した。

これらの事情を考慮すれば，原告が被告 SI₁ の行為により被った精神的苦痛を慰謝するために必要な金額は，200万円とするのが相当である。

(3) 被告 SI₄

被告 SI₄ は，申請を取り下げる義務のない原告に対し，前記のとおり原告を威迫し，本件昇任申請の取下げを強要した。

これらの事情を考慮すれば，原告が被告 SI₄ の行為により被った精神的苦痛を慰謝するために必要な金額は，100万円とするのが相当である。

9 まとめ

よって，原告は，

被告 KA₁ に対し，不法行為に基づく損害賠償として，200万円及びこれに対する平成15年11月28日から支払済みまで年5％の割合による遅延損害金の支払を求め，

被告 SI₁ に対し，不法行為に基づく損害賠償として，200万円及びこれに対する平成15年10月31日から支払済みまで年5％の割合による遅延損害金の支払を求め，

被告 SI₄ に対し，不法行為に基づく損害賠償として，100万円及びこれに対する平成15年11月5日から支払済みまで年5％の割合による遅延損害金の支払を求める。

証 拠 方 法

1 甲1号証　CHI 大学専任教員の資格に関する規程
2 甲2号証　CHI 大学専任教員の採用及び昇任に関する手続規程
3 甲3号証　CHI 大学商学部専任教員の採用及び昇任に関する規程
4 甲4号証　商学部専任教員の採用および昇任に関する実施要領
5 甲5号証　CHI 大学商学部教授会規程

附 属 書 類

1 訴状副本　　　　　　　　　　3通
2 甲1ないし甲5号証（写し）　各3通
3 訴訟委任状　　　　　　　　　1通

第２章　パワハラ裁判②　Ⅰ　原告・被告の主張

平成17年(ワ)第２９５７号　損害賠償請求事件
原　告　安達　巧
被　告　KA₁ほか２名

平成１７年３月１７日
東京地方裁判所民事第２５部単４係　御中

　　　　　　　　　　　（送達場所）
　　　　　　　　　　　〒

　　　　　　　　　　　　　　　　　　　　　SI₅法律事務所
　　　　　　　　　　　　　　（TEL　　　　　　FAX　　　　　　　）
　　　　　　　　　　　　　　　　被告ら訴訟代理人　　弁護士　SI₂
　　　　　　　　　　　　　　　　　同　　　　　　　　弁護士　I₈
　　　　　　　　　　　　　　　　　同　　　　　　　　弁護士　HI
　　　　　　　　　　　　　　　　　同　　　　　　　　弁護士　NO
　　　　　　　　　　　　　　　　　同　　　　　　　　弁護士　TA₄

　　　　　　　　　　　　答　弁　書

第１　請求の趣旨に対する答弁
　　　原告の請求をいずれも棄却する。
　　　訴訟費用は原告の負担とする。
　　　との判決を求める。
第２　請求の原因に対する認否
　　　（以下の項目番号は、訴状記載の「請求の原因」の項目番号に対応する。）
　１(1)　認める。
　　(2)　（第１段落の括弧内の日付の記載の意味が不明確であるが、原告の生年月日を意味するものとして認否する。）認める。
　２　認める。
　３(1)　「原告から受理した昇任申請に関する提出書類を、故意に放置した。」との点は否認し、その余の事実は認める。
　　　　原告の前任校での助教授歴は僅か２年間であり教育実績が不足していたため、原告をCHI大学教員として採用する際、被告KA₁及び被告SI₁らは原告に対し、採用後３年間は助教授のままであることが条件となる旨を告げ、原告もこれを了承して就任した。ところが、原告は、平成１５年１０月３１日、本件昇任申請書類を被告KA₁に提出した。原告の本件昇任申請は採用時の条件違反であったことから、被告KA₁は、本件昇任申請の取扱い（不受理とすべきか、受理した上で人事会議に付議すべきか）について検討し、検討の結果、手続的な遺漏のないように慎重に扱い、受理扱いとしたうえで人事会議に付議するのがよいとの結論に達した。昇任審査の実施要領（甲４）によれば、人事会議は昇任審査委員会を設けたうえでその報告書

に基づいて昇任申請者の適任の可否を決定することとされているため、被告 KA1 は、まず、平成１６年１月２８日の人事会議に付議して昇任審査委員会を設置した。そして、昇任審査委員会は、同年３月１５日、報告書を提出し、被告 KA1 は、同月１８日の人事会議に原告の昇任の可否の件を付議した。以上のように、本件の昇任申請の受理について検討を要したこと、また、一般に、昇任の可否を人事会議で決議するためには昇任審査委員会を設けたうえでその報告書の提出を待つ必要があることから、本件昇任申請日から昇任審査委員会設置の付議までの期間が約３ヶ月であったこと、及び、本件昇任申請日から原告の昇任の可否の付議までの期間が約５ヶ月であったことは、いずれも格別長すぎるとはいえない。また、仮に原告の昇任が決まったとしてもその発令は４月付けとなるのであり、３月までに人事会議の結論を出せば間に合うのである。したがって、上記の期間を経たことをもって「故意に放置」「昇任手続の妨害」などと非難するのは失当である。

(2)　「要求した。」との点は否認し、その余の事実は認める。

要求ではなく、助言ないし勧奨である。

4　被告 SI1 が平成１５年１０月３１日に CHI 大学の図書館の個室内で原告と面談したことは認めるが、その余の事実は否認する。

同日、原告が図書館の個室にいた被告 SI1 を突然訪問し、昇任申請書の提出の事実等を報告してきたため、驚いた被告 SI1 は、原告に対し、採用時の約束違反である旨や大学の組織などについて説明・助言を行ったにすぎない。

5　被告 SI4 が平成１５年１１月５日に CHI 大学の教員室において原告と面談したことは認めるが、その余の事実は否認する。

同日、原告は、教員室に在室していた被告 SI4 に対し、昇任申請書の提出に関して話しかけてきた。被告 SI4 は、それに対して「ああそうですか。」というような返答をしたが、内容に及ぶ返答はしていない。

6　否認する。

7　原告が昇任申請の取下げをしなかったこと、本件昇任申請は平成１６年３月１６日の人事会議で否決されたことは認め、その余の事実は否認する。

8 (1)　否認する。

(2)　否認する。

(3)　否認する。

9　争う。

以上

第2章 パワハラ裁判② Ⅰ 原告・被告の主張

平成17年(ワ)第2957号 損害賠償請求事件
　原　　告　　　安達　巧
　被　　告　　　KA₁ほか2名

準　備　書　面

平成17年5月12日

東京地方裁判所民事第25部単4係　御中

原告訴訟代理人弁護士　　　MO₂

第1　被告らの答弁書のうち,「第2　請求の原因に対する認否」中の主張に対し,以下のとおり認否及び反論する。
　1　「第2　請求の原因に対する認否」第3項(1)について
　(1)　被告らは,被告 KA₁ が原告から受理した本件昇任申請に関する提出書類を平成16年1月28日に至るまで人事会議の議に付さなかった理由として,「原告を CHI 大学教員として採用する際,被告 KA₁ 及び被告 SI₁ らは原告に対し,採用後3年間は助教授のままであることが条件となる旨を告げ,原告もこれを了承して就任した。」とか,「原告の本件昇任申請は採用時の条件違反であった」などと主張しているが,いずれも否認する。
　　　原告の CHI 大学商学部の助教授への就任は,いかなる条件も付されていない,無条件の就任である。採用後3年間は助教授のままであるとか,採用後3年間は昇任申請できないなどの条件付きの就任ではない。もちろん,原告がそのような条件を了承したこともない。
　　　したがって,原告が教授への昇任を申請すること自体には,何らの制約もない。
　　　なお,被告らの言う「3年」という年数に関しては,採用時に,被告 KA₁ 及び被告 SI₁ らが原告に対し,「3年後には教授に昇任してもらう」などと述べていた事実はある。しかし,これは,当時の大学側の構想を披露したものにすぎず,決して,原告の助教授への就任に条件を付すものでもなければ,原告の昇任申請の権利に制限を加えるものでもない。
　(2)　被告らは,「被告 KA₁ は,本件昇任申請の取扱い（不受理とすべきか,受理した上で人事会議に付議すべきか）について検討し,検討の結果,手続的な遺漏のないように慎重に扱い,受理扱いとしたうえで人事会議に付議するのがよいとの結論に達した。」とか,「本件の昇任申請の受理について検討を要した」などと主張してい

るが，いずれも否認する。

　被告KA₁は，平成15年11月28日及び平成16年1月23日の2度にわたって，原告に対し，本件昇任申請の取下げを要求（被告らの主張では「助言ないし勧奨」）しており，このことから見れば，約3か月間にわたり，もっぱら原告に本件昇任申請を取下げさせることのみを企図して行動していたことが明らかである。しかし，結局，原告が昇任申請の取下げ要求に応じなかったため，平成16年1月28日にようやく人事会議の議に付するに至ったものである。

(3) 被告らは，「被告KA₁は，同月18日の人事会議に原告の昇任の可否の件を付議した。」と主張しているが，「同月18日」とあるのは，「同月16日」（平成16年3月16日）の誤りと思われる。

(4) 被告らは，「一般に，昇任の可否を人事会議で決議するためには昇任審査委員会を設けたうえでその報告書の提出を待つ必要があること」を理由に，「本件昇任申請日から昇任審査委員会設置の付議までの期間が約3ヶ月であったこと」が格別長すぎるとはいえないなどと主張しているが，まったく理由にならない。

　CHI大学の規程によれば，学部長は，昇任の申請を受理した場合は，その適否につき人事会議の議に付するものとされており，人事会議は，その場合，適否の審査を行なうため，審査委員会を設置するものとされている（CHI大学商学部専任教員の採用及び昇任に関する規程第4条，第5条。以上につき，甲3）。

　つまり，学部長が昇任申請に関する提出書類を人事会議の議に付することによって初めて審査委員会の設置が可能になるのであり，学部長が昇任申請に関する提出書類を人事会議の議に付さずに放置している間は，審査委員会は設置されず，その間，昇任審査の手続は進行しないことになる。

(5) また，「本件昇任申請日から昇任審査委員会設置の付議までの期間が約3ヶ月であったこと」が格別長すぎるとはいえないとの被告らの主張は，通常の手続の運用とは食い違っている。

　実際には，CHI大学商学部では，毎年，10月末日ころに昇任申請を締め切り（平成15年の場合，締切日は同年10月31日とされていた），学部長は，締切日までに昇任申請のあった件を，締切日後，最初に開催される人事会議（通常は11月上旬ころ）に付議するのが通例である。

　したがって，被告KA₁が本件昇任申請を平成16年1月28日に人事会議に付議したのは，通常の運用に比べ，極端に遅いことが明らかである。

2　「第2　請求の原因に対する認否」第3項(2)について

　被告らは，被告KA₁が，平成15年11月28日及び平成16年1月23日の2度にわたって，原告に対し，本件昇任申請の取下げを要求したことにつき，「要求ではなく，助言ないし勧奨である。」などと主張しているが，否認する。

　被告KA₁は，平成15年11月28日及び平成16年1月23日の2度とも，原告

に対し，本件昇任申請に関し，「昇任申請を取り下げてください。」と明確に述べており，助言や勧奨などでないことは明らかである。
3 「第2 請求の原因に対する認否」第4項について
　被告らは，被告 SI_1 が，平成15年10月31日，本件昇任申請に関し，原告を威迫したことにつき，「説明・助言を行ったにすぎない。」などと主張しているが，否認する。
　被告 SI_1 は，平成15年10月31日，CHI 大学の図書館の個室内において，原告に対し，本件昇任申請に関し，パソコンデスクを両手で激しく何回も叩きながら，訴状に記載した言動のほか，「私に事前に了解を求めるのが常識じゃないか。」と怒鳴ったり，「安達さんはもうすぐ40歳になろうとしているよね。いい歳をして，こんなことをして。」「早稲田を出ていながら。」「安達先生は生意気だと，ほかの先生たちからお叱りの電話がバンバン来ていることを知っていますか。」などと，ことさら執拗に原告の人格を非難した上，「自分の人生を大切にしなよ。」「取り下げないと言い張るのなら，それはそれで構わないけど，気をつけないと，誰かに後ろから蹴飛ばされるよ。」などと，脅迫的な言辞を吐き，昇任申請の取り下げを強要した。
　これらの言動が説明・助言などでないことは明らかである。
4 「第2 請求の原因に対する認否」第5項について
　被告らは，平成15年11月5日，原告が，教員室に在室していた被告 SI_4 に対し，昇任申請書の提出に関して話しかけ，被告 SI_4 が，これに対して「ああそうですか。」というような返答をしたが，内容に及ぶ返答はしていないなどと主張しているが，否認する。
　実際には，原告が教員室に在室していたところへ，あとから入室してきた被告 SI_4 が，原告を見つけるや否や，原告に近づき，話しかけてきたのである。被告 SI_4 は，自分の顔面を，原告の顔面に接触するほどの距離まで近づけ，威圧的な口調で，本件昇任申請に関し，「SI_1 先生とご相談の上でのことでしょうね。」「私はこの大学のことを隅から隅まで知っている。」「昇任申請をこのままにしておくと，安達先生の経歴に傷がつく。」「申請を取り下げなさいよ。」などと脅迫的な言辞を吐き，昇任申請の取り下げを強要した。

以　上

4．被告第1準備書面

平成17年(ワ)第2957号　損害賠償請求事件
原　　告　安達巧
被　　告　KA₁ほか2名

平成17年5月23日

東京地方裁判所民事第25部単4係　御中

　　　　　（送達場所）
　　　　　〒█████████████████████
　　　　　　　　　　　　　　　　　　　SI₅法律事務所
　　　　　　　　　（TEL █████████　FAX █████████）
　　　　　　　　　　被告ら訴訟代理人　　弁護士　SI₂
　　　　　　　　　　同　　　　　　　　　弁護士　I₈
　　　　　　　　　　同　　　　　　　　　弁護士　HI
　　　　　　　　　　同　　　　　　　　　弁護士　NO
　　　　　　　　　　同　　　　　　　　　弁護士　TA₄

被告第1準備書面

第1　平成17年5月12日付原告準備書面に対する反論
　　事実関係についての原告主張は、いずれも否認する。
1　被告KA₁関係
(1)　原告の採用条件に関する争点について
　①　原告の採用に関しては、被告SI₁、被告KA₁、KA₅助教授の3名が採用審査小委員会の委員となり、平成15年2月28日、原告の最終採用面接を行った。この席上で、被告SI₁らは原告に対し、原告は教育歴不足であるので助教授採用となること、及び、本学では助教授から教授になるには原則として5年間の教育歴が必要である旨を告げ、原告の了承を得た。原告は、これを了承したことはないと主張するが、教員採用に応募している者が採用面接の席上で将来の教授昇任申請の要件に異議を述べるということは、経験則上考えられないことである。更に、採用面接終了後、被告SI₁から原告に対して事務連絡をした際、被告SI₁は原告に対し、前任校での2年間の助教授歴を算入して本学では3年で教授申請資格を認めるという特例で採用されるよう採用審査小委員会の主査として努力する旨を伝えたところ、原告は、教育歴不足は自覚しているので感謝する、と答えた。そして、平成15年3月3日開催の人事会議は、採用時から3年経過後に教授昇格資格を与えるという特例を認めた上で原告の採用を承認した。
　②　後日、平成15年11月28日に原告が被告KA₁と本件について話し合った際、原告は、「採用後3年間で教授昇任資格を取得できる条件としたのは、規定2021頁の第3条(1)号に違反するものであり、採用時には同号の説明を受けていなかった。」と述べ、上記の採用条件を了承したこと自体は否認していなかった。また、

303

後記2の原告と被告 SI₁ とのやり取りにおいても、原告は、「教授昇任資格として5年の教育歴が必要との内規が恣意的に適用されている。」「就職時に『教授昇任資格は3年後』という条件が付いていたことは理解しているが、原則の例外があってもよいのではないか。」等と被告主張の採用条件が付されていることが前提の発言をしていた。

③ 原告は、被告 KA₁ 及び被告 SI₁ が「3年後には教授に昇任してもらう」と述べた事実を自認し、被告も、上記被告両名がこれに似た発言をした事実は認めるが（但し、被告両名の発言は、被告らが原告の3年後の教授昇任を約束するものではなく、「3年経てば教授昇任の資格ができる」という、教授昇任申請の資格制限を3年後には解除するという趣旨の発言であった。教授昇任の可否は人事会議が判断するものであり、被告らには昇任を認める権限はないから、当然、将来の教授昇任の約束をするはずはない。）、原告が主張するように昇任申請の権利に制限を加える趣旨の発言ではないとすれば、わざわざ「3年」という年限を示したことが全く無意味となる。「3年後には教授に昇任してもらう」ないし「3年経てば教授昇任の資格ができる」との発言は、その反面として「3年経過以前には教授昇任はできない（昇任申請資格を与えない）」との意味内容を当然に含むものである。そう解しなければ、「3年」という年限を付したことの説明が付かない。したがって、被告 KA₁ 及び被告 SI₁ が「3年後には教授に昇任してもらう」と述べた事実を原告が自認するということは、採用時に「3年経過以前には教授昇任はできない（昇任申請資格を与えない）」と告げられた事実を原告自身も認めているということである。

④ また、被告 KA₁ 及び被告 SI₁ が原告の教授昇任申請の取下げを助言・勧奨したことは被告も認めるところであるが、昇任申請に特段の問題がなければ、誰も他人の昇任申請の取下げを助言したりはしない。複数の者が原告に対して本件教授昇任申請の取下げを助言・勧奨するというのは、本件においては上記の採用条件が付されていたからこそである。反対に、原告の教授昇任申請権限に何らの制限も加えられていなかったのだとすると、なぜ複数の者が原告に対して教授昇任申請の取下げを助言・勧奨（原告主張によれば、「3名が要求・強要」）したのか、その動機の説明が付かない。

以上のとおりであるから、原告の採用時に「教授昇任資格を得るのは3年経過後」という条件が付されており、原告はこれを了承して CHI 大学商学部助教授に就任したことは明らかである。ところが、原告は就任後、「助教歴が足りなくても博士号を保有しているのであれば教授昇任資格はあるはずだ。」と言い出して本件昇任申請を行ったのである。

(2) 手続の遅延に関する争点について

原告は、昇任申請の人事会議への付議の時期について「締切日後最初に開催され

4．被告第1準備書面

る人事会議（通常は１１月上旬ころ）に付議するのが通例である。」「本件は通常の運用に比べ、極端に遅い。」と主張するが、この主張も誤りである。被告 KA₁ が商学部長の職にあった４年間について、昇任審査委員会の設置を付議した人事会議の開催時期を見ると、以下のとおりとなっている。

　平成１２年度　平成１２年１１月８日
　平成１３年度　平成１３年１２月１２日
　平成１４年度　平成１４年１１月６日
　平成１５年度　平成１５年１２月１０日（原告を除く申請者３名）

　このように、締切日後最初に開催される人事会議で昇任審査委員会を設置することが通例となっているとの原告主張は誤りであり、半数は翌々月の人事会議において設置されているのである。

　もっとも、本件原告の場合はそれよりも更に翌月の平成１６年１月２８日開催の人事会議において昇任審査委員会が設けられたのではあるが、平成１５年１２月１０日の人事会議において原告の昇任申請について何ら議事を行わなかった訳ではない。同日開催の人事会議においては、被告 KA₁ から、当年度の昇任申請者のうち原告については昇任申請資格に疑義がある旨を報告したところ、昇任審査委員会の設置を保留して継続審議とすることになり、翌月の人事会議において再度付議された結果、昇任審査委員会が設けられるに至ったのである。

　このような経緯をみれば、被告 KA₁ が人事会議への付議を放置したなどとは、到底いえないことは明らかである。

2　被告 SI₁ 関係

　平成１５年１０月３１日、原告が本件教授昇任申請を提出した直後に被告 SI₁ を訪問した際、その面談の場で被告 SI₁ が原告の言い分を記載したメモ（乙１号証）が残っている。被告 SI₁ は原告の言い分を学部長等に正確に伝えるため、原告の面前で原告の言い分の要旨をメモした。そして、原告にメモを見せながらその記載を読み上げて要旨に誤りがないかどうかを原告に確認したところ、原告が２箇所に自分で加筆した。

　しかも、図書館の４階は閲覧室、グループ学習室、教員用個人閲覧室及び図書館長室があり、当日、原告と被告 SI₁ とがやり取りをした個人閲覧室２号室は、図書館長室と個人閲覧室１号室との間に挟まれた静寂な場所であり、デスクを激しく叩いたり怒鳴ったりできるような環境にはない。

　以上の事実から、被告 SI₁ は原告の言い分を冷静かつ客観的に把握しようとしていたものであり、見解の相違はあったものの、面談は平穏に行われたものであることが分かる。

3　被告 SI₄ 関係

　原告の主張する「教員室」は、広さ約１６２㎡、３４席の大部屋であり、常勤、非常勤の教員が頻繁に出入りする場所で、当時、原告及び被告 SI₄ 以外に５名前後の教員

第2章　パワハラ裁判②　Ⅰ　原告・被告の主張

が在席していた。被告 SI₄ と HO₂ 教授が相次いで教員室に入室すると原告が話しかけてきた。そこで、被告 SI₄ と HO₂ 教授は、一緒に原告の話を聞いた。その際の原告の話の趣旨は、「本学の昇格規定には不備があり、昇任申請をすることによって不備を正したい。」「規定上は、今の時点でも昇任申請を出せると思う。」というものであった。この間２０分位のことであったが、被告 SI₄ は、相槌を打つ程度であり、同被告の側からは殆ど発言をしていない。

　原告は、被告― SI₄ が脅迫行為、強要行為をした旨主張するが、脅迫とは恐怖心を起こさせる目的で害悪を告知することであり、強要とは、脅迫（または暴行）を用いて義務なきことを行わせ又は権利を妨害することである。当時の状況は以上のとおりであり、被告 SI₄ は脅迫・強要をしていないことは勿論のこと、通常の会話すら殆どしていない。また、上記のように HO₂ 教授ほか数名の教員が在室する場で、脅迫行為、強要行為ができるはずがない。現に、上記原告準備書面４項（４頁）に被告 SI₄ の言動として記載されている具体的事実の中には、脅迫に該当するものが全くなく、主張自体失当である。

以上

5．準備書面2

平成17年(ワ)第2957号　損害賠償請求事件
　原　　告　　　安達　巧
　被　　告　　　KA₁ほか2名

準　備　書　面

平成17年7月13日

東京地方裁判所民事第25部単4係　御中

原告訴訟代理人弁護士　　　MO₂

第1　被告第1準備書面中の主張に対し，以下のとおり認否及び反論する。
　（以下の項目番号は，被告第1準備書面の項目番号に対応する。）
　1　被告KA₁関係
　(1)　原告の採用条件に関する争点について
　　①　第1文（原告の採用に関し，被告SI₁，被告KA₁，KA₅助教授の3名が採用審査小委員会の委員となり，平成15年2月28日，原告の最終採用面接を行ったこと）は認める。
　　　第2文のうち，この席上で，被告SI₁らが原告に対し，助教授採用となることを告げたこと，原告が助教授としての採用を了承したことは認め，その余は否認する。
　　　原告は，博士の学位を有する（経済学，東北大学）ので，CHI大学の規程では，教授となる資格は，採用時から既に備わっている（CHI大学専任教員の資格に関する規程第3条1号。甲1）。
　　　「助教授から教授になるには原則として5年間の教育歴が必要である」というのは，博士の学位を有しない者でも，5年以上助教授の経歴があれば，教授となる資格が得られるという規程（CHI大学専任教員の資格に関する規程第3条4号。甲1）のことであり，原告には当てはまらない。
　　　ちなみに，平成17年度のCHI大学商学部の教授数は23名であるが，そのうち，博士の学位を有する者は，わずか4名である。このことからすると，現実には，5年以上助教授の経歴を経ることにより教授となる資格を得ている者がほとんどのようである。
　　　第3文のうち，「原告は，これを了承したことはないと主張する」との点は認め，その余は否認する。原告は，「将来の教授昇任申請の要件」に異議を述べた（と主張している）わけではない。そもそも，被告らの主張するような「将来の教授昇任申請の要件」について了承を求められたこと自体がないのである。
　　　第4文のうち，採用面接終了後，被告SI₁から原告に対して事務連絡をしたことは認め，その余は否認する。
　　　第5文のうち，平成15年3月3日開催の人事会議が原告の採用を承認したことは認め，「採用時から3年経過後に教授昇格資格を与えるという特例を認めた」との点は不知。なお，前述のとおり，CHI大学の規程では，原告の場合，教授となる資格は採用時から既に備わっている。

② 第1文のうち，平成15年11月28日に原告が被告 KA₁ と本件について話をしたことは認め，その余は否認する。
　　第2文は否認する
③ 被告らは，採用時に，被告 KA₁ 及び被告 SI₁ が原告に対し，「3年後には教授に昇任してもらう」またはこれに似た発言をした事実を認めているが，この発言の意味については，「3年経てば教授昇任の資格ができる」という，教授昇任申請の資格制限を3年後には解除するという趣旨の発言であったなどと主張している。
　しかし，前述のように，原告の場合，教授となる資格は採用時から既に備わっているのであるから，「3年経てば教授昇任の資格ができる」というのはおかしい。また，そもそも「教授昇任申請の資格制限」ということ自体が存しない。
　また，被告らは，被告 KA₁ 及び被告 SI₁ の「3年後には教授に昇任してもらう」という発言の意味について，「昇任申請の権利に制限を加える趣旨の発言」であるとか，「3年経過以前には教授昇任はできない（昇任申請資格を与えない）」との意味内容を含む発言であるなどと主張している。
　しかし，規程上，教授となる資格を採用時に既に備えている原告に対し，被告 KA₁ 及び被告 SI₁ が「3年経過以前には教授昇任はできない」などとあえて規程と異なる内容の発言をする理由がない。
　「3年後には教授に昇任してもらう」という発言は，当時の大学側の構想を披露したものにすぎず，決して，原告に何らかの義務を負わせたり，原告の採用に条件を付したり，原告の昇任申請の権利に制限を加えたりするものではない。
　規程上，教授となる資格を採用時に既に備えている原告に対し，あえて規程と異なる内容の義務を負わせたり，条件を付したり，昇任申請の権利に制限を加えたりするためには，原告の明確な承諾を要する。
　本件では，原告が助教授としての採用を了承したことは認めるが，「採用後3年間は助教授のままである」とか，「3年経過以前には教授昇任はできない（昇任申請資格がない）」とか，「3年経過以前には昇任申請しない」などの点について，承諾をした事実はない。また，承諾したことを示す証拠もない。
④ 被告らは，被告 KA₁ 及び被告 SI₁ が原告に対し，本件昇任申請の取下げを要求・強要（被告らの主張によれば「助言・勧奨」）したのは，原告の採用に条件が付されていたからであると主張し，原告の教授昇任申請権限に何らの制限も加えられていなかったとすると，なぜ複数の者が原告に対し，本件昇任申請の取下げを要求・強要したのか，その動機の説明が付かないなどと主張している。
　しかし，それはむしろ逆である。もし本当に，原告の教授昇任申請権限に何らかの制限が加えられていたのであれば，それを理由に，正規の手続に従って本件昇任申請を却下するなどの対応をすればよいはずであり，あえて昇任申請の取下げの強要という不当な手段（「助言・勧奨」だとしても，少なくとも，正規の手続によらない手段）によって，原告の教授昇任申請を阻止する必要はないことになる。逆に言えば，被告らが原告に対し，本件昇任申請の取下げの要求・強要（被告らの主張によれば「助言・勧奨」）などの行動に出たこと自体が，もともと原告の教授昇任申請権限に何らの制限も加えられていなかったことの証しである。
(2) 手続の遅延に関する争点について
　被告 KA₁ が商学部長の職にあった4年間について，昇任審査委員会の設置を付議した人事会議の開催時期に関する被告らの主張のうち，平成12年度から平成14年度までの開催日については不知。平成15年度の開催日が平成15年12月10日（原告を除く申請者3名）であったことは認める。
　平成15年度に昇任申請をした者は，NI₁ 講師，CHE 講師，SU₁ 助教授及び原告の4名であった。NI₁ 講師と CHE 講師は，講師から助教授への昇任を申請し，SU₁ 助教授と原告は，助教授から教授への昇任を申請した。

被告KA₁は，学部長として，これら4名分の昇任申請に関する提出書類を人事会議の議に付すべき義務があるにもかかわらず，4名のうち，あえて原告を除く3名分だけを平成15年12月10日の人事会議の議に付し，原告分については，同日の人事会議に付議することなく放置したばかりか，平成15年11月28日及び平成16年1月23日の2度にわたって，原告に対し，本件昇任申請の取下げを強要したものである。

この点につき，被告らは，「平成15年12月10日の人事会議において原告の昇任申請について何ら議事を行わなかった訳ではない。」とか，「同日開催の人事会議においては，被告KA₁から，当年度の昇任申請者のうち原告については昇任申請資格に疑義がある旨を報告した」とか，「昇任審査委員会の設置を保留して継続審議とする」ことになったなどと主張しているが，すべて虚偽の主張である。

被告KA₁が原告の昇任申請を平成15年12月10日の人事会議の議に付した事実はない。平成15年12月10日の人事会議において，原告の昇任申請については，何ら議事は行われていない。

平成15年12月10日の人事会議の議事録（甲6）にも，原告の昇任申請に関する記載はまったくない。

2　被告SI₁関係
第1段について

被告らは，メモ（乙1号証）が作成された状況について，平成15年10月31日，被告SI₁が原告の面前で原告の言い分の要旨をメモし，原告にメモを見せながら記載を読み上げて誤りがないか確認したところ，原告が2箇所に加筆したなどと主張しているが，すべて否認する。

すなわち，平成15年10月31日，被告SI₁は，大学の図書館の個室内において，原告に対し，パソコンデスクを両手で激しく何回も叩いたり，大声で怒号するなどして，昇任申請の取下げを強要したのであるが，この間，少なくとも原告の在室中，被告SI₁がメモをとっていた事実はない。したがって，被告SI₁が原告にメモを見せたり，メモの記載を読み上げたりした事実もない。

また，原告がメモに加筆した事実もない。

よって，乙1号証は，平成15年10月31日，原告の面前で作成されたものではなく，別の機会に作成されたものである。

なお，原告が加筆したとされる部分について，原告の作成であることは否認する。
第2段について

図書館の4階は閲覧室，グループ学習室，教員用個人閲覧室及び図書館長室があること，当日，原告と被告SI₁が会った部屋は個人閲覧室2号室であること，個人閲覧室2号室は図書館長室と個人閲覧室1号室との間に挟まれた場所であることは認め，その余は否認する。

個人閲覧室2号室は（他の個人閲覧室も同様であるが）完全な個室であり，防音性も高く，ドアを閉めれば，室内での会話が廊下や他の部屋に洩れることはない。したがって，「デスクを激しく叩いたり怒鳴ったりできるような環境にはない」とは言えず，むしろ逆に，デスクを激しく叩いたり怒鳴ったりしても，室外に聞こえにくい環境にある。

第3段について
否認する。

3　被告SI₄関係

教員室は，広さ約162㎡，34席の大部屋であることは，概ね認める。

また，常勤，非常勤の教員が頻繁に出入りする場所であることは認める。

当時，原告及び被告SI₄以外に複数の教員が在室していたことは認めるが，「5名前後」との点は不知。

第2章 パワハラ裁判② I 原告・被告の主張

「被告 SI₄ と HO₂ 教授が相次いで教員室に入室すると原告が話しかけてきた。」「被告 SI₄ と HO₂ 教授は，一緒に原告の話を聞いた。」との事実は，否認する。
　実際には，原告が教員室に在室していたところへ，あとから入室してきた被告 SI₄ が，原告を見つけるや否や，原告に近づき，話しかけてきたのである。また，このとき，HO₂ 教授は同席していない。被告 SI₄ が原告と一対一で向かい合う状況であり，そばには誰もいなかった。
　被告 SI₄ は，自分の顔面を，原告の顔面に接触するほどの距離まで近づけ，威圧的な口調で，本件昇任申請に関し，脅迫的な言辞を吐き，昇任申請の取下げを強要した。
　この点につき，被告らは，「被告 SI₄ は，相槌を打つ程度であり，同被告の側からは殆ど発言をしていない。」とか，「被告 SI₄ は脅迫・強要をしていないことは勿論のこと，通常の会話すら殆どしていない。」などと主張しているが，否認する。
　また，被告らは，「HO₂ 教授ほか数名の教員が在室する場で，脅迫行為，強要行為ができるはずがない。」などと主張している。
　しかし，まず，前述のとおり，HO₂ 教授が同席していた事実はない。被告 SI₄ と原告は一対一で向かい合う状況だったのであり，そばには誰もいなかった。HO₂ 教授がその場にいたというのは，まったくありもしない虚偽の主張である。
　また，「数名の教員が在室する場で，脅迫行為，強要行為ができるはずがない。」というのも誤りである。数名の教員が在室していたと言っても，教員室は大部屋であり，このとき，被告 SI₄ と原告の近くには誰もいなかった。また，被告 SI₄ は，自分の顔面を，原告の顔面に接触するほどの距離まで近づけて話をしており，周囲の者に聞こえるような大声を出してはいない。
　また，被告らは，そもそも原告の主張している被告 SI₄ の言動自体が違法なものでない趣旨の主張をしているが，脅迫における害悪の告知の方法は，必ずしも口頭で明示する場合に限らず，態度で示してもよいとされているところ，自分の顔面を，原告の顔面に接触するほどの距離まで近づけ，威圧的な口調で昇任申請の取下げを要求する行為が違法性を帯びることは明らかである。

　　　　　　　　　　　　　　　　　　　　　　　　　　　　　　　　　以　　上

6．書証否認等理由書

平成17年(ワ)第2957号　損害賠償請求事件
　　原　　告　　　安達　巧
　　被　　告　　　KA₁ほか2名

　　　　　　　　　　　　　書証否認等理由書

　　　　　　　　　　　　　　　　　　　　　　　　　　平成17年7月13日

東京地方裁判所民事第25部単4係　御中

　　　　　　　　　　　　　　　　　　原告訴訟代理人弁護士　　　MO₂

第1　原告は，以下の理由により，次の文書の成立を否認し，または成立につき知らない旨を主張する。
　1　成立を否認する文書
　　　乙1号証の1（メモ）のうち，原告の作成とされる箇所（ラインマーカーで囲んだ部分）
　2　理由
　　　被告らは，乙1号証の1が作成された状況について，平成15年10月31日，被告SI₁が原告の面前で原告の言い分の要旨をメモし，原告にメモを見せながら記載を読み上げて誤りがないか確認したところ，原告が2箇所に加筆したなどと主張している。
　　　しかし，実際には，このとき，被告SI₁がメモをとっていた事実はない。また，原告がメモに加筆した事実もない。原告が加筆したとされる部分について，原告の作成であることは否認する。
　　　乙1号証の1は，平成15年10月31日，原告の面前で作成されたものではなく，別の機会に作成されたものである。
　　　　　　　　　　　　　　　　　　　　　　　　　　　　　　　以　　上

第2章 パワハラ裁判② Ⅰ 原告・被告の主張

平成17年(ワ)第2957号 損害賠償請求事件
原 告 安達巧
被 告 KA₁ほか2名

平成17年7月15日
東京地方裁判所民事第25部単4係 御中
　　　　　　　　（送達場所）
　　　　　　　　〒██████████████████████
　　　　　　　　　　　　　　　　　　　　　SI₅法律事務所
　　　　　　　（TEL ████████ FAX ████████）
　　　　　　　　　被告ら訴訟代理人　弁護士　SI₂
　　　　　　　　　　　同　　　　　　弁護士　I₈
　　　　　　　　　　　同　　　　　　弁護士　HI
　　　　　　　　　　　同　　　　　　弁護士　NO
　　　　　　　　　　　同　　　　　　弁護士　TA₄

文書送付嘱託申出書

1　文書の表示
　①平成15年3月3日開催のCHI大学商学部大事会議の議事録、または、そのうち安達巧に関する記載部分
　②平成15年12月10日開催のCHI大学商学部人事会議の議事録、または、そのうち安達巧に関する記載部分
　③安達巧からCHI大学学長宛に提出された個人研究費諸経費支出明細書のうち、平成17年5月27日付けのもの
　④安達巧からCHI大学学長宛に提出された教育活動報告書のうち、平成17年5月30日付けのもの及び同年6月7日付けのもの

　　（いずれも、機械式複写機による写しで可）

2　嘱託先
　　〒████████████████████████　　学校法人CHI大学
　　　　　　　（担当：事務局総務課、電話：████████████）

3　証すべき事実
　①－平成15年3月3日開催のCHI大学商学部人事会議において、原告は助教授として採用し、3年経過後に教授昇任申請資格を与えることとされたこと（3年間は教授昇任申請資格がないことが前提となっている。）を立証する。
　②－平成15年12月10日開催のCHI大学商学部人事会議において、被告KA₁より、原告については昇任申請資格に疑義がある旨が報告され、昇任審査委員会の設置を保

7．文書送付嘱託申出書

　留して継続審議とすることになったこと（被告第1準備書面4頁4行目～11行目の事実）を立証する。
③④－乙1号証の1の加筆部分を原告の作成文書と対照して観察することにより、乙1号証の1の加筆部分が原告の自筆であることを立証する。

以上

第2章　パワハラ裁判②　Ⅰ　原告・被告の主張

平成17年(ワ)第2957号　損害賠償請求事件
原　告　安達巧
被　告　KA₁ほか2名

平成17年8月9日
東京地方裁判所民事第25部単4係　御中

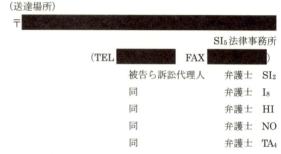

被告第2準備書面

　平成17年7月13日付原告準備書面に対し、従前の被告主張の反復を避け、新たに必要と思われる部分に絞って反論する。
1　教授昇任資格に関する学内規程の解釈について
　　CHI大学では、従来から、甲1号証の規程第3条(1)について、「ここにいう「博士」とは論文博士のみを指し、課程博士を含まない。」との解釈に基づいて運用している（原告の最終採用面接の席上で、被告SI₁らが原告に対して助教授採用となることを告げ、原告がこれを了承した事実は、原告も認めているところ〈上記原告準備書面1頁下から5行目～6行目〉、採用時から原告に教授資格が備わっているなら助教授採用するまでもないのであるから、原告を助教授採用したということは、甲1号証の規程第3条(1)について上記のような解釈運用がされていることの現れである。）。
　　また、商学部教員の昇任申請資格について定める甲3号証の規程第2条は「甲1号証の規程第3条‥に規定する年数」と規定しているところ、甲1号証の規程第3条の7つの教授資格のうち年数が規定されているのは(4)～(6)だけであることから、CHI大学商学部では、商学部教員の昇任申請資格は、上記(4)～(6)のいずれかを充たす必要があるとの解釈に基づいて運用している。なお、平成17年7月20日現在、CHI大学商学部の助教授15名中、博士の学位取得者が原告を含め4名いるが、これまで、原告の他には教授昇任申請をした者はいない。
　　もし原告が主張するように、課程博士も甲1号証の規程第3条(1)に該当し、かつ、右(1)に該当する者も教授昇任申請資格があるとすると、20歳後半で教授となる者が現れることになるが、教授には、研究業績だけではなく、その地位に相応しい教育歴や社会経験が必要である。現に、大学設置基準（乙2号証）第14条柱書及び1号に

よると、教授資格者は「博士の学位を有し、研究上の業績を有する者」というだけでは足りず、「かつ大学における教育を担当するにふさわしい教育上の能力を有すると認められる者」であることが要求されている。これに対し、甲1号証の規程第3条においては、上記大学設置基準第14条の柱書に当たる記述がなく、(1)号本文中で「博士の学位を有し、教育又は研究の経歴のある者」とのみ規定されている。この形式文言上は、「博士の学位を有し、研究の経歴のある者」というだけで教授資格ないし教授昇任申請資格が認められることになってしまうが、そう扱ったのでは大学設置基準の求める「大学における教育を担当するにふさわしい教育上の能力を有する者」という要件が欠落することになる。したがって、甲1号証の規程第3条(1)号における「博士」は「論文博士」に限定し、また、商学部教員の昇任申請資格は甲1号証の規程第3条(4)〜(6)号のいずれかを充たす必要があるとの解釈運用は、教育業績を考慮して教授資格ないし教授昇任申請資格の判定ができるという点で極めて合理性のある解釈運用である。

そのため、採用審査小委員会もこの解釈に立って人事会議に対して原告の採用条件等に関する報告をし、人事会議もこの解釈に立って、3年経過後に教授昇格資格を認めることとして（反面、3年経過前には昇格資格を認めない。）原告の助教授採用を決定したのである（乙3号証）。

以上のとおりであるから、まず、「原告には教授となる資格は採用時から既に備わっている。」との主張（上記原告準備書面1頁下から2行目〜2頁1行目など）は誤っている。

2 上記学内規程の解釈論を本訴の争点とすることについて

原告は、本訴において上記学内規程の解釈論争を展開したいようなので、上記1においてこれに対する被告の見解を述べておいたが、実は、上記学内規程の解釈論は本訴の結論を左右すべき争点とはならない。

被告KA1に対する請求の請求原因の要旨は、「原告の昇任申請を人事会議に付議することを故意に放置した。」「原告に対し、本件昇任申請の取下げを要求した。」というにある。「原告には教授昇任申請資格がない。」とする学内規程の解釈運用が客観的に正しいかどうかにかかわらず、被告KA1ら大学関係者が現にそのように解釈し、人事会議もこの解釈に立って、3年経過後に初めて原告の教授昇格資格を認める旨の決議をした（乙3号証）。そうである以上、その決議内容に基づいて原告の教授昇任申請を人事会議に付議すべきかどうかを慎重に検討すべきは当然のことであるから、「付議を故意に放置した。」などというべき状況にはないし、昇任申請の取下げを助言・勧奨することには違法性はない。

したがって、上記規程の解釈運用の当否を争点にするのは無意味である。

3 「3年後には教授に昇任してもらう。」との発言の意味について

第2章　パワハラ裁判②　Ⅰ　原告・被告の主張

　　　原告は上記の発言は「当時の大学側の構想を披露したものにすぎない。」と主張するが、原告の主張するように採用時から原告に教授資格が備わっているなら、大学の構想として原告の教授昇任を3年間待つ必要はないのであるから、原告主張のように解したのでは「3年」という期間にどのような意味があるのか説明がつかない。「3年」の意味は「原告の前任校での2年の助教授歴を併せれば、甲3号証の規程第2条が引用する甲1号証の規程第3条(4)に該当することとなり、3年待って初めて教授昇任申請資格を得るからである。」というほかには合理的説明はない。
　　　また、単に構想を披露することには何の意味もないのであるから、被告らは原告に対して、採用後の教授昇任申請の条件を告げたものと解する以外にない。
4　被告らが原告の教授昇任申請の取下げを助言・勧奨した動機について
　　　原告は「教授昇任申請権限に何らかの制限が加えられていたのであれば、申請を却下するなどの対応をすればよいはずであり、取下げの助言・勧奨という正規の手続によらない手段による必要はないことになる。」と主張する（上記原告準備書面4頁下から6行目～11行目）。これは、社会の現実を知らない空論であり、お話にならない。申請却下により申請者の経歴に傷がつくのを避けてやるという配慮、或いは、判断権者側の無駄な労力を避けるという考慮等から、申請却下すべき事案の多くを、却下ではなく取下げで処理するのが社会の実態である。法律家に分かり易い例で言えば、東京地裁の民事9部でも、仮処分申立に理由がない事案において、却下決定をせずに申立ての取下げを勧告しているではないか。本件もこれと同様である。
　　　逆に、教授申請権限に何らの制限もないなら、なぜ3名の被告が原告に対して申請取下げを要求・強要（以上は、原告の主張）したのか、動機が全く不明である。上記原告準備書面においても、依然としてこの点についての合理的説明は示されていない。
5　平成15年12月10日の人事会議における議事内容について
　　　原告は、「人事会議の議事録（甲6）に原告の昇任申請に関する記載は全くない。」と主張し（上記原告準備書面5頁13行目～14行目）、被告の主張を「虚偽である。」と揶揄するが（同9行目）、甲6号証は人事会議議事録ではなく、会議に先立ち配布された議案書にすぎない。
　　　人事会議議事録（乙4号証）によると、被告 KA_1 から「安達助教授に関しては、次回の人事会議にて提案する。」旨の報告があり、質問に答えてその理由等が述べられた事実があったことが分かる。
6　乙1号証の1について
　　　原告は、乙1号証の1について「原告がメモに加筆した事実はない。」、「原告の面前で作成されたものではない。」等と主張する（上記原告準備書面5頁末行～6頁2行目）。しかしながら、乙1号証の1においては、上段の(1)(2)の内容が下段に再度記載されているところ、明らかに、上段は走り書きであり、下段はその後に清書したものである（更に、下段の(3)は、走り書きから漏れた内容を思い出して清書したものであり、上

段には記載がないため、括弧で括ってある。）。乙1号証の1の上段部分が原告の面前で作成された走り書きでないなら、最初から下段の清書部分のみを作成しておけば足りるのであって、このような複雑な外観を呈する書面を作成する必要はない。乙1号証の1は、書面の外観上、被告SI$_1$の主張内容に付合するものとなっている。

　そして、乙1号証の1の加筆部分の筆跡は、明らかに他の部分とは異なるのに対し（特に、「月」の第3画及び第4画の形状を比較されたい。）、乙5～7号証と同一筆跡であることは素人目に見ても一目瞭然である（例えば、「月（特に、その第3、第4画）」「後（特に、その第4～6画）」「に」の文字の形状）。すなわち、乙1号証の1の加筆部分の筆跡は、原告のものと断定できる。これを否定する原告主張は虚偽であることが客観的に明白である。

　この事実から、ひいては、本訴における原告主張は、全体として信用性を著しく欠いているということができる。

以上

第2章　パワハラ裁判②　Ⅰ　原告・被告の主張

平成17年(ワ)第2957号　損害賠償請求事件
原　告　安達巧
被　告　KA₁ほか2名

　　　　　　　　　　　　　　　　　　　　　　　　　平成17年9月13日
東京地方裁判所民事第25部単4係　御中
　　　　　　　　　　（送達場所）
　　　　　　　　　　　　〒

　　　　　　　　　　　　　　　　　　　　　　SI₅法律事務所
　　　　　　　　　　　　　　　(TEL　　　　　　　FAX　　　　　　　)
　　　　　　　　　　　　　　　被告ら訴訟代理人　　弁護士　SI₂
　　　　　　　　　　　　　　　　　　同　　　　　　弁護士　I₈
　　　　　　　　　　　　　　　　　　同　　　　　　弁護士　HI
　　　　　　　　　　　　　　　　　　同　　　　　　弁護士　NO
　　　　　　　　　　　　　　　　　　同　　　　　　弁護士　TA₄

　　　　　　　　　　　　証拠（人証）申出書
第1
　1　人証の表示
　　　　　　　　　　　　　　　　　　　　被告本人　　KA₁
　　　　　　　　　　　　　　　　　　　　（同行・尋問時間30分）
　2　証明すべき事実
　　　被告の主張内容全般
　3　尋問事項
　(1)　原告の採用に関する人事会議の決議内容
　(2)　原告の採用面接における告知事項
　(3)　本件昇任申請提出後の原告との話合いの内容
　(4)　被告KA₁が本件昇任申請の取下げを助言・勧奨した理由
　(5)　被告KA₁が原告に関する昇任審査委員会の設置を人事会議に付議するに至った経緯
　(6)　その他、本件に関連する事項
第2
　1　人証の表示
　　　　　　　　　　　　　　　　　　　　被告本人　　SI₁
　　　　　　　　　　　　　　　　　　　　（同行・尋問時間20分）
　2　証明すべき事実
　　　被告の主張内容全般
　3　尋問事項

318

9．証拠（人証）申出書

(1)　原告の採用に関する人事会議の決議内容
(2)　原告の採用面接における告知事項
(3)　原告の採用面接終了後の原告に対する告知事項
(4)　平成15年10月31日の原告との面談の具体的状況
(5)　その他、本件に関連する事項

第3
1　人証の表示

　　　　　　　　　　　　　　　被告本人　　SI₄
　　　　　　　　　　　　　　　（同行・尋問時間15分）
2　証明すべき事実
　　被告の主張内容全般
3　尋問事項
(1)　原告15年11月5日の原告との面談の具体的状況
(2)　その他、本件に関連する事項

以上

第2章 パワハラ裁判② Ⅰ 原告・被告の主張

平成17年(ワ)第2957号 損害賠償請求事件
原　　　告　　　安達 巧
被　　　告　　　KA₁ほか2名

準 備 書 面

平成１７年１０月５日

東京地方裁判所民事第２５部単４係　御中

原告訴訟代理人弁護士　　　MO₂

　被告第２準備書面中の主張に対し，以下のとおり反論する。
1　「博士は論文博士のみを指し，課程博士を含まない」との解釈について
　　被告らは，CHI 大学では，従来から，甲１号証の規程第３条（１）について，「ここにいう「博士」とは論文博士のみを指し，課程博士を含まない。」との解釈に基づいて運用していると主張している。
　　しかし，実際には，CHI 大学で，過去にそのような解釈・運用がされてきた事実はない。
　　この解釈が初めて登場したのは，平成１６年１月２３日，被告 KA₁ が，原告に対し，本件昇任申請の取下げを要求した際，口頭で，この解釈を述べたのが最初のことである。それ以前には，CHI 大学において，そのような解釈が示されたことは一度もない。被告 KA₁ 自身，平成１５年１１月２８日，原告に対し，本件昇任申請の取下げを要求した際には，そのような解釈は示していなかった。
　　つまり，この解釈は，原告が本件昇任申請をした後で考案された「後付けの解釈」であり，原告に教授となる資格が備わっていることを否定するための理屈として，平成１６年１月２３日以降，被告らが主張し始めたものである。
　　そもそも「論文博士」とは何か，「課程博士」とは何か，規程の文言上，何の定義もされていない，これらの用語（「定義」の見出しを付した甲１号証の規程第２条でもこれらの用語には触れていない）を持ち出して，規程上，何の限定も区別もされていない「博士」の意味を限定的に解釈するなど，解釈の内容自体も無理があることは言うまでもない。そのような特殊な解釈をしなければならないのであれば，規程を改正して明文の定めが置かれるのが当然である。
　　甲１号証の規程第３条は，大学設置基準（乙２号証）第１４条をもとに定められたも

のであるが，大学設置基準第14条においても，「論文博士」とか「課程博士」などの区別はされていない。当然ながら，大学設置基準第14条第1号にいう「博士」とは「論文博士のみを指し，課程博士を含まない」という解釈は，存在しない。

2　商学部教員の昇任申請資格は甲1号証の規程第3条（4）～（6）のいずれかを充たす必要があるとの解釈について

　被告らは，商学部教員の昇任申請資格について定める甲3号証の規程第2条は「年数」と規定しているところ，甲1号証の規程第3条のうち「年数」が規定されているのは（4）～（6）だけであることから，CHI大学商学部（被告第2準備書面の2ページ2行目に「中央大学商学部」とあるのは誤記と思われる）では，商学部教員の昇任申請資格は，甲1号証の規程第3条（4）～（6）のいずれかを充たす必要があるとの解釈に基づいて運用していると主張している。

　しかし，実際には，CHI大学商学部で，過去にそのような解釈・運用がされてきた事実はない。

　この解釈も，前記の「博士とは論文博士のみを指し，課程博士を含まない」との解釈と同様，いわゆる「後付けの解釈」であり，原告が本件昇任申請をした後で初めて考案され，原告の教授昇任申請資格を否定するための理屈として被告らが主張し始めたものである。

　そもそも，甲3号証の規程第2条は，被告らが主張するような「商学部教員の昇任申請資格について定め」た規定ではない。商学部に限らず，CHI大学の専任教員の「資格」については，甲1号証の規程第3条から第6条に定められているとおりであり，甲3号証の規程第2条は，商学部教員が昇任を申請する際の「手続」について定めた規定にすぎない。

　すなわち，甲3号証の規程第2条は，通常，大学の専任教員の採用及び昇任などの人事が年度の初めになされる（多くの場合，4月1日付け）のに対し，昇任の申請は年度の中途（CHI大学商学部の場合，毎年，10月末ころ）に締め切られることから，昇任申請の時点では甲1号証の規程で定められた資格を有しなくても，翌年度の初めに辞令が発令される時点で甲1号証の規程の資格を有していればよい（いわゆる資格取得の「見込み」があれば申請できる）ことを定めた趣旨の規定にすぎない。

　被告らの主張する解釈は，「年数」という言葉だけに着目するあまり，条文の本来の趣旨を忘れ，単なる言葉遊びに陥っている（あまりに技術的に過ぎる）との批判を免れない。また，結果的に，甲1号証の規程第3条（1）～（3）及び（7）を無視することになり，規定の統一性を無視した結論を導くことになる。

　CHI大学が甲1号証の規程第3条で定めた教授の資格について，商学部だけがこれを変更し，異なる取り扱いをするのであれば，規程を改正するなどして，その旨を明文で定めるのが当然である。甲3号証の規程第2条が甲1号証の規程第3条で定めた教授の資格を変更したものとは到底考えられない。また，仮に被告らの主張に従った場合，甲

１号証の規程第４条，第５条については，どのような解釈になるのか不明である。
3 「大学における教育を担当するにふさわしい教育上の能力」について
　　被告らは，大学設置基準（乙２号証）第１４条と甲１号証の規程第３条を比較し，両者の表現上の相違点（「大学における教育を担当するにふさわしい教育上の能力を有すると認められる者」という文言の有無）を指摘し，結論として，「博士」は「論文博士」に限定し，商学部教員の昇任申請資格は甲１号証の規程第３条（４）～（６）のいずれかを充たす必要があるとの解釈運用は合理性があるなどと主張している。
　　しかし，「大学における教育を担当するにふさわしい教育上の能力を有すると認められる者」という要件と，「博士」を「論文博士」に限定する解釈とは，まったく次元の違う問題であり，論理が飛躍しているとの批判を免れない。
　　「大学における教育を担当するにふさわしい教育上の能力を有すると認められる者」という要件は，必ずしも，教授となる者だけに要求されている要件ではない。教授のほか，助教授，講師についても，同じ要件が定められている（大学設置基準第１５条，第１６条）。つまり，教授，助教授，講師を問わず，およそ大学において教育を担当するすべての者は，それにふさわしい教育上の能力を有しなければならないという当然のことを定めたものにすぎない。
　　また，甲１号証の規程第３条から第６条は，大学設置基準（乙２号証）第１４条から第１７条をもとに定められたものであることは言うまでもないが，そもそも，甲１号証の規程を定めるにあたって，大学設置基準の「大学における教育を担当するにふさわしい教育上の能力を有すると認められる者」という文言を特に意味のある要件として意図的に取捨選択した形跡はない。
　　例えば，被告らが指摘するように，甲１号証の規程第３条は，一見すると，この文言を欠いているように見える。しかし，第３条（７）では，大学設置基準第１４条第５号の文言に，あえて「教育研究上の能力があると認められた者」という文言を付加するなど，一貫していない。
　　また，大学設置基準では，「教育上の能力」とは区別して「研究上の業績」という用語を用いている（第１４条第１号，第２号，第１５条第４号）のに対し，甲１号証の規程では，「教育上の能力」「研究上の業績」という用語のほかに，例えば，第３条（５）（６），第４条（６）（８），第５条（３）などでは，「教育研究上の業績」という文言を用いたり，第３条（７），第４条（４）（５）（９）などでは，「教育研究上の能力」という文言を用いるなど，混同が見られる。
4 採用審査小委員会・人事会議の解釈について
　　被告らは，被告第２準備書面の２ページの下から５行目以下において，「採用審査小委員会もこの解釈に立って人事会議に対して原告の採用条件等に関する報告をし，人事会議もこの解釈に立って，３年経過後に教授昇格資格を認めることとして（反面，３年経過前には昇格資格を認めない。）原告の助教授採用を決定したのである（乙３号証）。」と

主張している。

　しかし,「この解釈」つまり,甲1号証の規程第3条(1)の「博士」は「論文博士」に限定し,商学部教員の昇任申請資格は甲1号証の規程第3条(4)～(6)のいずれかを充たす必要があるとの解釈は,前述したように,原告が本件昇任申請をした後で考案された「後付けの解釈」であり,それ以前には,CHI大学商学部において,そのような解釈が示されたことは一度もない。

　したがって,まず,「採用審査小委員会もこの解釈に立って人事会議に対して原告の採用条件等に関する報告をした」との点は,事実ではない。原告が採用された時点では,甲1号証の規程第3条(1)の「博士」は「論文博士」に限定するなどの「後付けの解釈」は,まだ登場していなかった。

　乙3号証において,採用審査小委員会の主査である被告SI_1が「現職の立場が助教授であり,教歴が2年と浅いことの理由から助教授として採用をしたい。」と発言しているように,規程上は,教授としての採用も助教授としての採用も可能であることが前提となっていた。

　なお,原告が応募したCHI大学商学部の専任教員公募の要項(甲7)においても,公募の対象は「教授(または助教授)1名」とされており,教授としての採用も助教授としての採用も可能であった。

　次に,「人事会議もこの解釈に立って,3年経過後に教授昇格資格を認めることとして(反面,3年経過前には昇格資格を認めない。)原告の助教授採用を決定した」との点については,「人事会議が原告の助教授採用を決定した」との事実のみ認め,その余は否認する。原告の採用時には,「博士」は「論文博士」に限定するなどの「解釈」がまだ存在していなかったことは前述のとおり。

　乙3号証において,「採用後は3年の経験で教授への昇格資格を取得できる条件としたい。」との記述がある点については,後述する。

　なお,被告らは,被告第2準備書面の1ページの下から5行目以下において,「採用時から原告に教授資格が備わっているなら助教授採用するまでもないのであるから,原告を助教授採用したということは,甲1号証の規程第3条(1)について上記のような解釈運用がされていることの現れである。」と主張しているが,採用時に教授となる資格が備わっているからといって,必ず教授として採用しなければならない決まりはなく,助教授として採用することが可能であることは言うまでもない。

5　原告以外の助教授が教授昇任申請をしていないことについて

　被告らは,被告第2準備書面の2ページ4行目以下において,「平成17年7月20日現在,CHI大学商学部の助教授15名中,博士の学位取得者が原告を含め4名いるが,これまで,原告の他には教授昇任申請をした者はいない。」と主張している。

　この主張のうち,まず,平成17年7月20日現在,CHI大学商学部の助教授15名中,博士の学位取得者が原告を含め4名いることは認める。

この4名というのは，原告，MA₆助教授，YA₄助教授，TA₃助教授のことである。
　被告らは，この4名のうち，「原告の他には教授昇任申請をした者はいない」などと主張している。
　なるほど，たしかに，この4名のうち，平成17年7月20日現在，原告のほかに，教授昇任申請をしたことのある者はいないことは認める。
　しかし，MA₆助教授とYA₄助教授は，いずれも平成17年4月1日付けで，講師から助教授に昇任した者であるから，平成17年7月20日現在，教授昇任申請をしたことがないのは当然である。
　また，TA₃助教授は，平成15年4月1日付けで，講師から助教授に昇任した者であるが，博士の学位を取得したのは平成17年3月であるから，平成17年7月20日現在，教授昇任申請をしたことがないのは当然と言える。
6　原告の採用時の状況
　原告がCHI大学商学部に採用された端緒は，CHI大学商学部による会計監査論の教授（または助教授）1名の公募に原告が応募したことによる。
　当時，CHI大学商学部では，2～3年後に大学院を設立することを目標に，いわゆる「マル合教員」と思われる教員を集める準備を始めていた。
　「マル合教員」とは，原則として博士号を取得し，一定の研究業績を有する者で，大学院設置申請手続において，文部科学省が大学院で演習科目を担当できる教員であると判定した者をいう。大学院の設置を文部科学省に申請する際，この「マル合教員」と判定される見込みの者を専任教員として5名以上確保しておくことが必要である。
　ところが，原告が採用される前，CHI大学商学部には「マル合教員」に該当すると思われる教員は，1人もいなかった。そこで，公募の際にも，特に「マル合の資格を有すると思われる」者を募集する旨が明記されていた（甲7）。
　採用審査の結果，原告が「マル合教員」に該当することが決め手となり（乙3），原告の採用が決まった。
　このように，原告がCHI大学商学部に採用された当時は，2～3年後の大学院の設立を目標に，大学側が「マル合教員」にあたる者を確保する準備を始めたところであった。
　被告KA₁及び被告SI₁が原告の採用時に「3年後には教授に昇任してもらう」という発言をしたのは，2～3年後に大学院を設立する構想を含め，当時の大学側の構想を披露したものである。つまり，「マル合教員」として採用した原告を2～3年後の大学院の設立に合わせて教授に昇任させ，大学院で演習科目を担当してもらうという趣旨の発言である。
　乙3号証における「採用後は3年の経験で教授への昇格資格を取得できる条件としたい。」との被告SI₁の発言も同じ趣旨の発言と解される。
　被告らは，これらの被告KA₁及び被告SI₁の発言の意味について，「3年経過後に教授昇格資格を認める」「反面，3年経過前には昇格資格を認めない」という採用後の教授昇

任申請の条件を告げたものと主張している。

　しかし，原告の昇任申請の権利に条件を付したり，制限を加えるためには，原告の明確な承諾を要するところ，本件では，原告が「３年経過前には教授昇任はできない（昇任申請資格がない）」ことを承諾したことを示す証拠は存しない（乙３号証にも，原告が「３年経過前には教授昇任はできない（昇任申請資格がない）」ことを承諾したとの記載はない）。

以　上

第2章　パワハラ裁判②　Ⅰ　原告・被告の主張

平成17年(ワ)第2957号　損害賠償請求事件
　原　　告　　安達　巧
　被　　告　　KA_1ほか2名

証　拠　申　出　書

平成17年10月5日

東京地方裁判所民事第25部単4係　御中

原告訴訟代理人弁護士　　　　MO_2

第1　原告本人尋問の申出
　1　原告本人の表示
　　　　　　　　　　　　　　　　　　　　　　　　　
　　　　　　　安　　達　　　　　巧　（同行・主尋問25分）
　2　立証の趣旨
　(1)　採用面接時に，採用後3年間は教授への昇任申請をしないことを承諾した事実がないこと
　(2)　本件昇任申請後，被告KA_1から2度にわたり，本件昇任申請の取下げを要求された事実
　(3)　本件昇任申請後，被告SI_1から，威迫的な言動により，本件昇任申請の取下げを要求された事実
　(4)　本件昇任申請後，被告SI_4から，威迫的な言動により，本件昇任申請の取下げを要求された事実
　3　尋問事項
　　別紙尋問事項記載のとおり

以　　上

11. 証拠申出書

別　紙

　　　　　　　尋　　問　　事　　項　　（原告本人　安　達　巧）

1　採用面接時に，採用後3年間は教授への昇任申請をしないことを承諾したか。
2　被告 KA_1 から，平成15年11月28日と平成16年1月23日に，本件昇任申請の取下げを要求されたか。
3　被告 SI_1 から，平成15年10月31日に，威迫的な言動により，本件昇任申請の取下げを要求されたか。
4　被告 SI_4 から，平成15年11月5日に，威迫的な言動により，本件昇任申請の取下げを要求されたか。
5　その他，これらに関連する一切の事項

以　上

第2章　パワハラ裁判②　Ⅰ　原告・被告の主張

平成17年(ワ)第2957号　損害賠償請求事件
原　告　安達巧
被　告　KA₁ほか2名

平成17年11月16日
東京地方裁判所民事第25部乙2A係　御中

　　　（送達場所）
　　　〒████████████████████████
　　　　　　　　　　　　　　　　　　　SI₅法律事務所
　　　　　　　　　　　　（TEL ████████　FAX ████████）
　　　　　　　　　　　　　被告ら訴訟代理人　弁護士　SI₂
　　　　　　　　　　　　　　　同　　　　　　弁護士　I₈
　　　　　　　　　　　　　　　同　　　　　　弁護士　HI
　　　　　　　　　　　　　　　同　　　　　　弁護士　NO
　　　　　　　　　　　　　　　同　　　　　　弁護士　TA₄

被告第3準備書面

　平成17年10月5日付原告準備書面に対し、従前の被告主張との反復をなるべく避け、特に必要と思われる部分に絞って反論する。

1　「甲1号証の規程第3条(1)の博士は論文博士に限る」との解釈が平成16年1月23日以降に被告らが主張し始めた「後付けの解釈」であるとの主張（上記原告準備書面1頁下から5行目～2頁4行目、5頁12行目～20行目）について

　　原告の採用を決定した平成15年3月3日開催の人事会議において、「現職の立場が助教授であり、教歴が2年と浅いことの理由から助教授として採用をしたい。また、採用後は3年の経験で教授への昇任資格を取得できる条件としたい。」との提案がされ、原案どおり承認された（乙3号証）。上記の提案が教授昇任資格の取得のために合計5年の助教授歴を要するとしているのは、原告の教授資格の根拠規定が甲1号証第3条(4)号であるからであり、それと裏腹に、「課程博士である原告は同条(1)号には該当しない。」という解釈が当然の前提となっている。したがって、遅くとも平成15年3月3日の時点で既に課程博士は同条(1)号に該当しないという解釈運用がされていたことは明らかである。

　　また、原告以外の教員についての実績は乙9号証及び後記6のとおりである。これらの事実に照らせば、「平成16年1月23日以降に被告らが主張し始めた後付けの解釈」という原告主張は、完全に誤りであることが分かる。

2　「論文博士」「課程博士」が規程の文言上定義されていないから「博士」を「論文博士」に限定解釈するのは無理があるとの主張（上記原告準備書面2頁5行目～10行目）について

　　論文博士とは、学位論文を提出してその審査に合格した者であり、課程博士とは、

大学院の博士課程を修了して学位を取得した者である。なお、論文博士は日本の大学の独特の制度であるが、特に社会科学系の場合、かなり長年の研究業績を積み社会経験もある者が論文を提出した場合に与えられて来た（乙14号証21頁下から2行目「碩学泰斗のイメージ」）。

　「論文博士」「課程博士」の区別は、我が国の大学においては常識であり、敢えて定義規定を設けるまでもなく、大学関係者には当然に理解できる概念である（乙10～12号証、乙14号証22頁下から6行目）。したがって、「定義規定がないから限定解釈には無理がある。」という立論は成り立たない。

3　明文の定めにこだわる原告の態度（上記原告準備書面2頁10行目、3頁22行目）について

　規定の文言にこだわる原告の態度から明かなように、教授資格に関する原告の主張の根拠は、要するに、規定の形式的文言どおりの文理解釈をすべきだということだけなのである。しかし、文理解釈は条文解釈の手法の一つにすぎず、当該条文について限定解釈や拡張解釈ではなく文理解釈をすべきだと主張するなら、その正当性の論証が必要である。本件において文理解釈に固執することは、過去のCHI大学商学部における解釈運用の実例や限定解釈をすることの妥当性を無視した形式論でしかない。

4　大学設置基準第14条が「論文博士」「課程博士」の区別をしていない点（上記原告準備書面2頁11行目～15行目）について

　教授資格の定め方について大学設置基準（乙4号証）第14条とCHI大学専任教員の資格に関する規程（甲1号証）第3条とでは条文の建て方が異なる。「博士」という同一の文言が用いられていても、条文の建て方が異なる以上、異なった解釈をすることは可能であり、また、異なった解釈をすべきなのである。すなわち、大学審議会答申は、「論文博士」も「課程博士」も「博士」という同一の表記をすることを提案しつつ（乙14号証22頁下から6行目4項、23頁3行目）、実質的な区別はなおも存続させることを前提としたうえで（乙15号証58頁下から6行目⑥項第1段落参照）、「課程博士の学位を有するだけで教授の資格ありとすることは課程博士の趣旨にそぐわない。」との考えに立っている。そして、この考えのもとに、当時の大学設置基準第13条が教授資格について「博士の学位を有する者」としていたのを「博士の学位を有し、これに加えて教育研究上の能力がある者」という趣旨に改めるよう提案した（乙14号証23頁下から7行目の①項）。これを受けて、現行の大学設置基準（乙2号証）第14条は、教授の資格として、博士の学位とは別途、柱書で「教育上の能力」を要求する内容に改訂された。この結果、乙2号証第14条の「博士」に課程博士を含むと解釈しても、教育上の能力が不足する者に教授資格が与えられることはなくなった。しかしながら、被告大学においては、教授資格を定める甲1号証3条(1)号が乙2号証第14条と同様の文言には改訂されておらず、「教育又は研究の経歴」となっている。「又は」で接続されているため、もし甲1号証3条(1)号の「博士」に課程博士も含むと解

329

釈すると、教育経歴を有しない単なる課程博士が教授の資格を得ることとなる。これは、上記大学審議会答申が批判するところである。他面で、社会科学系の論文博士の学位は、研究業績に秀で、教育業績や社会経験も極めて豊富な人材に与えられてきたという歴史的経緯がある（甲9号証21頁下から2行目「碩学泰斗のイメージ」）。そのため、甲5号証3条(1)号の「博士」を論文博士のみに限定解釈することにより、同条同号の規定を実質的に上記大学審議会答申（＝乙4号証14条の規定）と同一の内容に近づけることができる。このように、本件では、まさに「博士」の意味を限定解釈するのが極めて妥当な解釈運用というべきなのである。

5　原告を助教授採用したことが甲1号証第3条(1)号の解釈運用に関する被告主張の根拠となることを否定し、「採用時に教授資格が備わっているからといって必ず教授として採用しなければならない決まりはない。」と主張する点（上記原告準備書面6頁9行目～15行目）について

　　「採用時に教授資格が備わっているからといって必ず教授として採用しなければならない決まりはない。」というのは一般論としてはそのとおりであり、例えば、教授の採用枠がない場合には論文博士であっても講師として採用せざるを得ない。しかし、本件の場合は、会計監査論の専任教員の公募に際し、大学側はできれば教授を採用したいと考えていた。公募要領（甲7号証）の「人員」欄に「教授（または助教授）」とあり、助教授が括弧書になっているのはその趣旨である。すなわち、原告の採用時において教授の採用枠はあったのである。教授の採用枠がありながら原告を助教授採用としたのは、甲1号証第3条の解釈上、原告には教授資格がないと考えていたからに他ならない。したがって、課程博士である原告を助教授採用したという事実は、甲1号証第3条(1)号について被告主張のとおりの限定解釈がされていたことの裏付けとなる。

6　原告以外の助教授の教授昇任申請の実績（上記原告準備書面6頁16行目～7頁8行目）について

　　MA6助教授、YA4助教授、TA3助教授のCHI大学商学部における経歴は以下のとおりである。なお、いずれの教員も課程博士である。

氏名	講師採用日	助教授昇任日	博士号取得日
MA6	H13.4.1	H17.4.1	H10.10.8
YA4	H13.4.1	H17.4.1	H3.3.25
TA3	H11.4.1	H15.4.1	H17.3.22

　　まず、MA6氏とYA4氏について見ると、両氏とも本学部の講師採用以前から課程博士の学位を有していた。講師から助教授への昇任資格について、甲1号証第4条(1)号は第3条を準用しているところ、もし原告の主張するように第3条(1)号が課程博士を

含むのだとすると、両氏とも講師採用の翌年の平成１４年から助教授昇任資格を有していることになる。しかし、実際には、両氏とも平成１６年中に初めて助教授昇任申請をし、平成１７年度からの昇任が認められた。これは、資格規定第４条(1)号の引用する第３条(1)号ではなく、第４条(3)号に基づき同号に定める年限が経過するのを待ってから助教授昇任申請を行ったためであると推察される。このように、両氏とも、自分には第４条(3)号の資格はないと認識していたこと、すなわち、第３条(1)号の「博士」とは課程博士を含まないと解釈していることが分かる。

次に、もし原告の主張するように第３条(1)号が課程博士を含むのだとすると、助教授に昇任した翌年に直ちに第３条(1)号に基づき教授昇任申請ができることになるが、MA₆氏、YA₄氏、TA₃氏の三氏とも、平成１８年度の昇任申請の締め切り日である平成１７年１０月２６日を過ぎても、教授昇任申請をしていない。これは、課程博士には第３条(1)号の適用はないと解釈し、同条(4)号の適用資格ができるのを待っているからであると推察される。

以上のように、各氏の助教授昇任申請の経緯及び教授昇任申請の現状を見ると、甲１号証第３条(1)号の「博士は論文博士のみを意味すると解釈運用されてきた。」との被告主張の正しさが裏付けられるのである。

7　「３年後には教授に昇任してもらう」との発言は「２～３年後の大学院の設立に合わせて原告を教授に昇任させ、大学院で演習科目を担当してもらうとの構想を披露したものである」との主張（上記原告準備書面８頁１行目～７行目）について

上記の主張は、「『３年』の意味は『３年待って初めて教授昇任申請資格を得るからである。』というほかには合理的説明はない。」との被告主張に対する反論としてなされたものである。しかし、大学院の専任教員の資格として教授であることは要求されておらず、助教授でも大学院専任教員になることができる。したがって、原告の教授昇任を大学院の設置と連動させる必然性がなく、「原告を大学院の設立に合わせて教授に昇任させる」という構想など存在し得ない。

このように、原告の教授昇任申請と大学院の設置は無関係であるから、結局、「３年後には教授に昇任してもらう」との発言の趣旨は、「構想の披露」などではなく、教授昇任申請の条件を告げたものと解する以外にないのである。原告の冒頭の主張は被告主張に対する反論になっていない。

以上

第2章 パワハラ裁判② Ⅰ 原告・被告の主張

　　　　　　速　記　録（平成17年12月6日第3回口頭弁論）
事件番号　平成17年(ワ)第2957号
本人氏名　安　達　　巧
原告代理人
甲第9号証を示す
　　　これはあなたの陳述書ですけれども，あなたから事情を聞いた話を，代理人である
　　　私の事務所のほうで文書にまとめたもので間違いないですか。
　　　　　間違いありません。
　　　内容的に，今訂正するところ等はありますか。
　　　　　ありません。
　　　この陳述書で述べたことは既に述べたという前提で質問します。あなたがCHI大学
　　　に助教授として就任された平成15年4月以降のことについて伺いますが，本件昇
　　　任申請，つまり平成15年10月31日にあなたが助教授から教授への昇任を申請
　　　されたことについて伺います。陳述書によりますと，あなたはCHI大学に助教授と
　　　して就任した後，規程を見て，自分でも教授に昇任できるのではないかと考えて申
　　　請をされたということになっていますが，それで間違いないですか。
　　　　　間違いありません。
甲第4号証を示す
　　　甲第4号証の末尾に添付されている昇任選考審査基準点数表，これに当てはめてあ
　　　なたのほうで自己採点をしたわけですか。
　　　　　はい，いたしました。
　　　この点数表の終わりのほうに適任点ということで，助教授から教授への適任点，X
　　　が62.5点以上，Cが30点以上という基準が載っていますけれども，Xというの
　　　は全部のトータルの点数で，Cというのは，この1枚目を見ると，「学術論文等研究
　　　業績（任用または前回昇任時以降のものを対象とする。）」と。この2つの部門でそ
　　　れぞれ基準を上回らないといけないという仕組みになっているんですけれども，あ
　　　なたが自分で自己採点をした結果を教えていただきたいんですが，まずXのトータ
　　　ルの点数，これは自己採点では何点でしたか。
　　　　　75.5点でした。
　　　次に学術論文等研究業績にあたるCという部分，この点数は自己採点の結果何点で
　　　したか。
　　　　　50点でした。
　　　その結果を踏まえて，申請をされたわけですね。
　　　　　はい。
　　　それで，昇任申請をした後に，SI₁先生，SI₄先生から陳述書に書いてあるような暴
　　　言をはかれたり脅しを受けたりして，昇任申請を取り下げるように要求されたとい

うことがあったわけですね。
　　　はい。
　さらに当時の学部長であった KA₁ 先生からも，2度にわたって昇任申請の取下げを要求されたということですね。
　　　はい。
　KA₁ 先生から2回にわたって取下げ要求があったうちの2回目について質問しますけれども，これは日にちで言うと平成16年1月23日のことなんですけれども，このときに KA₁ 学部長から2枚の資料を見せられたというふうになっています。
甲第1号証を示す
　まず一つ目，KA₁ 学部長にこのときこの甲第1号証を見せられたわけですね。
　　　はい。
　それで，陳述書によりますと，甲第1号証の規程の第3条(1)，「博士の学位を有し，教育又は研究の経歴のある者」という点について説明があったわけですね。
　　　はい。
　KA₁ 学部長の説明というのは，ここに書いている博士というのは論文博士のことです，課程博士はこれには該当しませんという説明があったということですね。
　　　はい。
　さらに KA₁ 学部長の話では，明示はしていないけれども，この博士は論文博士のことであって，本学はこれまで論文博士のみを博士として運用してきた前例しかありませんと，そういう説明があったわけですね。
　　　はい。
　あなたは，過去にそのような解釈を聞いたことがありましたか。
　　　いいえ，ありませんでした。
　KA₁ 学部長からそういう説明を受けた後，KA₁ 学部長の説明の真偽を確かめるために CHI 大学の商学部のほかの先生だれかにその点を確認したことがありましたか。
　　　あります。
　だれに尋ねたか聞きたいんですが，何人ぐらいの方に聞きましたか。
　　　6人の先生にお尋ねいたしました。
　あなたが質問した6人の方のお名前を教えてもらえますか。
　　　はい。KA₂ 先生，BE 先生，I₃ 先生，MA₆ 先生，YA₄ 先生，TA₃ 先生です。
　その6人の先生に，KA₁ 学部長がおっしゃった，この博士というのは論文博士に限るという運用が本当にあったかどうかを確認したわけですね。
　　　はい。
　で，6人の先生のお答えはどうでしたか。
　　　はっきり言って笑ってました。博士というのは課程博士と論文博士を含むのは当然ですから，そのような運用はありませんとの答えでした。

じゃあ，KA₁ 学部長がおっしゃったような運用，解釈というのはないという答えだったわけですか。

はい。

乙第9号証を示す

これが，そのときに KA₁ 学部長から取下げ要求の際に見せられたもう一枚の資料ですね。

はい。

陳述書によると，この名前の5人の実名は伏せてあったわけですね。

はい。

それで，KA₁ 学部長がこの紙をあなたに見せた趣旨としては，あなたの陳述書によると，これらの5人の人は，博士号を持っているのにすぐには昇任申請しなかったと。一定年数経過するのを待ってから昇任申請したんだという説明の理由としてこの紙をあなたに見せたということですね。

はい。

では，この乙第9号証に名前が挙がっている5人の方について，その後，今日までの間で結構ですから，この5人の方は本当に，博士号を持っているのに，年数たたないと昇任申請できないと思って昇任申請しなかったのか，その真意をあなたから確認したことがおりますか。

あります。

この5人のうちだれに尋ねたことがありますか。

一番下の I₇ 先生はお辞めになっておられますので，I₇ 先生を除く4名の方，すなわち KA₂，I₃，YA₄，MA₆ の4名にお伺いいたしました。

では，その方たちがあなたの質問に対して，質問というのは，あなたは博士号を持っているのにどうしてすぐに昇任申請しなかったんですかという質問に対して，どういうお答えをされましたか。

皆さん共通されていたのは，本学は教授に申請，あるいは助教授への昇任申請は本人の意思によるというふうになってますので，それぞれの先生方が自分が適当な時期だと判断したことによって自分で判断し申請をしたとの答えでした。

被告らの主張では，例えば今名前の挙がった方のうち，YA₄ 先生，MA₆ 先生については，博士号は持っているけれども自分たちは課程博士だから，つまり規定にある博士には該当しない。だから，一定年限を経過するのを待って，そういう解釈で昇任申請を行ったのだというふうに被告らは主張しています。あなたは，被告らがこの裁判でそういう主張をしていることを YA₄ 先生，MA₆ 先生に直接その真意を確認したことはありますか。

あります。

13. 原告本人尋問の速記録（第3回口頭弁論）

　　YA₄先生，MA₆先生のお答えはいかがでしたか。
　　　私のほうでSI₁学部長たちから出された準備書面を実はお見せいたしまして，こういうふうに解釈をしていると，あなた方は認識しているということになっていますが，本当でしょうかというふうに私のほうでお尋ねをいたしました。そういたしますと，2人とも，それは私は違いますと。そのようなお尋ねをされたこともありませんし，YA₄先生もMA₆先生もそれぞれ，私はこの博士には課程博士は含まれないという解釈はしておりませんと。この点では2人とも一緒だったんですが，MA₆先生に至っては，そのようなことを私が言ったかのような，まあ，解釈をしているようなことを書かれることは非常に心外ですとまでおっしゃっておられました。
　　被告の主張について確認しておきますけれども。
平成17年11月16日付け被告第3準備書面，乙第17号証を示す
　　　被告第3準備書面の5ページ冒頭部分，「MA₆氏とYA₄氏について見ると，」というところから始まる段落で，この規定の博士とは課程博士を含まないと解釈していると，MA₆氏とYA₄氏本人がそう解釈しているという前提で行動しているというのが被告の主張でした。それからもう一つ，乙第17号証はSI₁先生の陳述書ですが，この2ページ目の下から4行目辺りに書いているのは，「私が調査したMA₆先生らの助教授昇任申請の経緯等からも明らかです。」と。つまり，SI₁先生の陳述書によるとSI₁先生が調査した結果，MA₆先生らもこの規定の解釈について被告らの主張に沿う解釈に従って行動していると，SI₁先生としてはそういう主張をなさってるようなので，これに対する反論として今お聞きしたわけです。
　　　　　（うなずく）
　　あと，あなたが本件昇任申請をされた当日にSI₁先生からされたこと，陳述書によるとパソコンデスクをたたいたり大声を上げたりしたと，SI₁先生がそういうことをしたというふうに書いてあるんですが，過去にSI₁先生が同じように机をたたいたり大声を上げたりしたことがあったという話をあなたは聞いたことがありますか。
　　　あります。
　　だれから聞きましたか。
　　　MI先生とI₃先生。
　　お2人の話の内容はどういうことですか。
　　　今，SI₁学部長でいらっしゃいますが，その前，学部長を経験されていたときの教授会のときに，学部長提案をされた際に，若手のある教員がずっと反対をしていたら，机を激しく何度もたたいて，大声で，何で反対なんだというふうに威嚇するような口調でおっしゃったとのことでした。
　　確認ですが，SI₁先生が，現在学部長でいらっしゃるんですが，前に学部長だったころの話ですね。

335

第2章　パワハラ裁判②　Ⅰ　原告・被告の主張

　　　　　はい。
　　時期で言うと平成9年から12年の間ぐらいの話だと思うんですけれども，そのころの話として今のような話を聞いたということですね。
　　　　　はい。
　　教授会の席上で，そういう机をたたいたり大声を出したりしたという話ですね。
　　　　　と，聞いております。
　　I₃先生とMI先生はその席に居合わせたわけですか。
　　　　　教授会ですので，居合わせていたと伺っております。
　　じゃあ，SI₁先生のそういう行動を自分が見たというふうに聞いたわけですか。
　　　　　そうです。
　　次の質問。あなたは，SI₄先生から陳述書に書いてあるような脅しを受けたことがあったわけですが，それ以前に過去にSI₄先生から同じようなことをされた人がいるという話を聞いたことがありますか。
　　　　　あります。
　　だれから聞きましたか。
　　　　　法学部のKO₂先生。
　　この方は法学部の先生なんですか。
　　　　　法学部の体育の先生です。
　　その方から，どういう話を聞いたんですか。
　　　　　KO₂先生が助教授のころに，お前たちみたいな若造がと，何度もSI₄先生から脅かされたことがあるというお話でございました。
　　じゃあ，それはKO₂先生が，自分がSI₄先生からそういう暴言をはかれたというふうにおっしゃったんですか。
　　　　　そのとおりです。
　　で，暴言をはかれた相手はKO₂先生だけという話でしたが。
　　　　　いえ，我々体育の先生は何人もとおっしゃっていたので，ほかにも言われたんだと思います。
　　KO₂先生本人も言われたし，ほかの体育の先生，複数の先生も同じようにSI₄先生から暴言をはかれたことがあるという話をKO₂先生から聞いたということですか。
　　　　　はい，そのとおりです。
被告ら代理人
乙第5号証を示す
　　欄外の手書きを除いて，この枠内の手書き，これはコピーですが，その基になった手書きの文字，それはあなた自身が書いたものですか。
　　　　　はい，オリジナルは私が書いてると思います。
乙第6号証を示す

乙第6号証の手書きの文字も，これもすべてあなたが書いたものですか。
　　　　私が書いてると思います。
乙第7号証を示す
　　　この手書きの文字も，すべてあなたが書いたものですか。
　　　　そうだと思います。
乙第1号証の1を示す
　　　この吹き出しの形で挿入してある文字ですが，まず一番上のところに「9月下旬」という文字が書いてありますね。
　　　　はい。
　　　その下の吹き出しで，「10月定例教授会後に」という文字が書いてありますね。今読んだ部分は，これはあなたの自筆の文字ではないのですか。
　　　　違うと思います。
　　　この，乙第1号証の1の9月の「月」という字，それからその下の10月の「月」，この字の形状と，先ほど示しました乙第5号証の支出期間欄に「月」という字が出てますね。
　　　　はい。
　　　このうちの最終画，4画目，5画目の形状，省略の仕方，これは似ているとは思いませんか。
　　　　似てるようにも思います。
　　　もう1つは，乙第1号証の1の吹き出しじゃない部分で，(2)の横に10月の「月」という字がありますね，この字と，先ほどの乙第5号証の「月」の字の，特に4画目，5画目，これは全然違いますね。
　　　　違うとも言えると思います。
　　　似てると思いますか。
　　　　似てるとは言えないと思います。
　　　そうしますと，乙第1号証の1はもともと書いてあった後で，あなたの字に似た字をあなた以外の者が書き込んだんだというのがあなたの御主張ですか。
　　　　そうです。
　　　だれが，いつ，どういう機会に書いたと思いますか。
　　　　私にはわかりません。
　　　話は全然変わりますが，助教授と教授というのでは何が違うのですか。
　　　　まず人事会議に参加できるかどうかという点が違うと思います。
　　　そうすると，学内における権限が違うわけですか。
　　　　学内の権限はもちろん違います。次に，学外に出たときに，プロフェッサーとアソシエート・プロフェッサーというのは大きな違いがあります。
　　　どういう意味で違いますか。

第2章　パワハラ裁判②　Ⅰ　原告・被告の主張

　　　まず同じような学会発表の場があった場合に，やはり教授であることが優先されるのは慣例になっております。次に，教授ですと，ちょっと専門的になるので難しいんですけれども，発表するランクとしてですね，1つの学会で統一のテーマというのがあるんですけれども，その主役的な，いわゆるパネラーみたいなのができるのは基本的に教授しかできなくて，助教授だとできない。助教授だとちょっと難しいというところがあります。
学内における雇用面での待遇などはあまり関係ないんですか。あと，給与が教授のほうが高いとか，そういうのはないんですか。
　　　それはもちろん違います。当たり前のことなので申し上げなかっただけです。
それも教授のほうが上なんですか。
　　　もちろん，教授のほうが上です。
そうしますと，助教授よりも教授のほうが学内における待遇面でも，それから権限の面でも，それから学内におけるそういう研究活動上，でき得る権限というのか地位というのか，それもすべて教授のほうが上だということなんでしょうか。
　　　ええ，助教授が上のものはないと思います。
そうすると，ある意味ではいいことだらけだと思いますから，教授になれる資格ができたらすぐに教授になろうとするのがむしろ当たり前ではないかと思いますけれども，それはそうは思いませんか。
　　　それは各人の判断によると思います。教授ですと仕事が，学内には教育と研究というのはもちろんありますが，それ以外にも就職の委員会ですとかカリキュラムを作る委員会ですとか，そういったものがございますので。その委員長は実は教授しかできないことになっていますから。そうすると，まあ，国立大学の先生は雑用とおっしゃいますし，私立大学の先生は行政とおっしゃったりしますが，その部分で教授のほうが実は仕事が増えるので，それが，まあ私どもの大学の場合には手当は出ておりませんが，他大の場合には委員会手当等出てるんですけれども，その委員会手当に見合うだけの時間を割いてもいいという人は教授に率先してなるんだと思います。
先ほどあなたが直接，昇任の申請をしない理由をお聞きになった KA₂先生，I₃先生，MA₆先生，YA₄先生，いずれの方も，あなたの主張であれば，既に昇任の申請資格ができているにもかかわらず，本人の意思によって，自分でただちに申請をしないで，かつ一定年限たった段階で申請してますね。それは間違いないですね。
　　　・・・・・・。
あなたの言うところの申請資格ができてすぐに申請をせずに，しかし，ある程度の期間がたてば全員が申請してますね。
　　　はい。
その人たちは，いったい，教授になって雑用するのが嫌なのですか，嫌じゃないん

13. 原告本人尋問の速記録（第3回口頭弁論）

ですか。
　　　それは私にはわかりません。
あなたの言うような理由で教授の申請を控える場合があるとすると，みんなが一様にしばらくの間は雑用が嫌だと思っていたけれども，ある一定年限がたてば，みんなが雑用をやってもいいやと思って教授の申請をしたと，こういうふうになるわけですね。
　　　いいえ，そうではないと思います。つまり，我が大学の場合には，先ほど私の代理人のほうからも質問がありましたが，基準点数表というのがあって，Cという項目がありますが，Cという項目は，例えば今お名前が出たMA₆先生，YA₄先生は講師から助教授になって，助教授になって一定の点数，C30点を稼がなくてはいけないわけですからもちろん申請をしてもいいと思いますが，先生たちの判断の中で，もしかしたらその点数が足りないと判断をして申請してないのかもしれませんし。それは私にはわかりません。
いずれにせよ，あなたにはわかりませんね。
　　　はい。
それから，先ほど，今私が言いました4名の先生，それからBE先生，TA₃先生も加えた6名に，甲第1号証の教員資格規程と言いますが，この教員資格規程の第3条の(1)号の博士の学位のこの「博士」の解釈について見解をお尋ねになりましたですね。
　　　はい。
で，お尋ねになった結果を，今伝聞の形で供述されましたが，この人たちに直接に，例えばこの法廷で証人になってもらったり，あるいは直接に証拠になる書面を出してもらうということは頼んでいないのですか。
　　　頼んでおりません。
それはどうしてですか。
　　　KA₂先生に言われたことですが，KA₂先生が以前，全く別の裁判にかかったことがあるそうです。それで，一方から陳述書を出してくださいということで，それはどうもセクハラ裁判だったみたいなんですけれども，お出ししたことによって，ちょっと詳しいことはお聞きしておりませんけれども，何らかのやっぱり処分が下ったと。したがって，当然，一方に立って陳述書を出すことになるので，それは，他人の人生に影響を与えるようなことはしたくないということをおっしゃってました。
あなたがこの裁判を起こしていることは，ほかの教員たちはみんな知ってますね。
　　　多分，知っていると思います。
多分ですか。
　　　はい。

339

第 2 章　パワハラ裁判②　I　原告・被告の主張

あなたのほうから学内のEメールを使って教員に，この裁判を起こしてますとか，あるいはこういう状況ですということを情報として流したのではありませんか。
　　　　　この裁判というわけではなくて，私は裁判を起こしているという話はしてますし，状況はこうですということについては，一応私が関係しておりますし，仕事に影響がないように，全く別のことです。私は淡々と権利の実現のためにやらしていただきますということはお伝えしてると思います。
全教員にメールで伝えてますね。
　　　　　全教員って，商学部の先生方だけだと思います。
それから，先ほど名前を挙げました全部の 6 名の教員に，先ほどの資格規程の 3 条(1)号の解釈を聞くときに，当方の準備書面を示してお話を聞いたということですから・・・。
　　　　　いいえ，そのようにお話ししてないと思いますが。
失礼しました。準備書面を示したというのは何でしたっけ。
　　　　　YA₄先生と MA₆先生だけ。挙がってるお 2 人だけです。
YA₄先生と MA₆先生には準備書面まで示してお話を聞いてますから，少なくとも YA₄先生と MA₆先生とは，あなたから事情を聞かれる際には，あなたがどういう裁判を起こしていて，それから被告がどういう反論をしてるかということは，概要はつかまれてますね。
　　　　　いや，そこまですべてわかるかどうかということになると，一つの準備書面だけから，私は当事者ですから理解できると思いますが，先生方がそこまで理解できるというのは，多分難しいのではないかと思いますが。
いずれにせよ，あなたが商学部の 3 名のほかの教員に対して裁判を起こしているということはわかってますよね，YA₄先生も。
　　　　　多分，わかっていると思います。
多分。
　　　　　はい。
あなたが解釈を聞いたときに示した準備書面というのは，あなたが原告になってる裁判の準備書面だというのはわかってないんですか，YA₄先生，MA₆先生は。
　　　　　いえ，先ほどの主語の中で，恐らく，全部というふうに思ったので，多分ということです。もう一度質問していただければ有り難いんですけれども。
まず，YA₄先生と MA₆先生は，あなたが原告の裁判だという認識はありましたか。
　　　　　あると思います。
それから，被告が KA₁，SI₄，SI₁の 3 名であるという認識はありましたか。
　　　　　そこまであるかどうかに関して言うと，ちょっとわからないと思います。認識があるかどうかということに関して。
大学の教員を被告にした裁判であるという認識はありましたか。

13. 原告本人尋問の速記録（第３回口頭弁論）

　　　　それは，あると思います。
CHI 大学の商学部の教員を相手にした裁判だという認識はありますね。
　　　　ありますねと私に確認を求められても，あると思いますとしか。
あるはずですね。
　　　　あると思います。
あなたに迎合した見解を述べてあげないと，あなたからまた裁判を起こされるというふうに萎縮してしまったんではありませんか。
　　　　そんなことはないと思います。つまり，MA_6 先生は，先ほどの中で私，発言をしませんでしたが，KA_1 先生がおっしゃるような解釈は論理的におかしいのであり得ないとまずおっしゃいましたから。
それから，あなたの主張だと，採用時からあなたには教授の資格が備わっているということになりますね。
　　　　はい。
ただ，採用時の地位は教授ではなく助教授ですね。
　　　　はい。
で，採用面接時に助教授採用であることを告げられて，その段階では，あなたも了承したんですね。
　　　　一応，理由はお伺いしたと思いますが。
理由は聞いた。
　　　　はい。
どのような理由を告げられましたか。
　　　　前歴が２年で短いですし，まあ３年後には教授に昇任してもらうということで助教授でどうでしょうかという話で。まあ，そういう話だったと思いますが，ただ，その当時，裁判を起こすという認識はございませんでしたので，すべて録音を取っていたわけではなくて，話の流れから，多分そういうお話だったと思いますと。
で，そのときには了承したわけですね。
　　　　了承いたしました。
甲第７号証を示す
　　　　これは，あなた自身が見たものかどうかは・・・。
　　　　見ております。
それで，ちょうど真ん中辺りの一番左，ずっと見ていくと，人員という欄がございまして，人員としては「教授（または助教授）１名」とありますね。
　　　　はい。
これはあなたが実際に採用されたときの公募のときの要綱ですが，教授か又は助教授１名を採用するという形で大学は募集しておったわけですね。

341

はい。
結果的にはあなたは助教授採用されることに，採用面接時には，まあ了承したわけですよね。
　　　　はい。
あなたは，自分は博士号を持っているのであるから，教授の採用枠があるのであれば教授採用をすべきであるというふうに採用面接時には考えなかったんですか。
　　　　すべきであるというか，採用してほしいとは思いました。
ただ，博士号を持っていても助教授採用に妥当性があるというふうに思ったわけでしょう。
　　　　妥当性があると思ったわけではなくて，SI₁ 先生と KA₁ 先生と KA₅ 先生の面接だったと思いますけれども，まあ会計のコースのね，ここに KA₅ 先生もいらっしゃるし，助教授だし，安達先生も助教授で一つどうでしょうかというようなこともあったと思いますし。KA₅ 先生という方はもちろん，今でも正しいお年齢はわからないんですが，多分５０代半ばから６０代ぐらいの方だと思いましたので，そういう状況を考えますと，それはそれでやむを得ないと。で，もう一点，昇任については，もちろん学内規程に従ってできるということでしたので，私が入って頑張れば教授になれるわけだからということで，そこは助教授として採用を受けました。
よくわからなかったけれども，その程度の状況で助教授採用も了承したと，こういうことでいいですね。
　　　　はい。
それから，あなたの御主張では，被告ら３名が教授昇任申請の取下げを強要したり，あるいは強迫めいた言動は KA₁ は取ってないとおっしゃってるけど，まあ要求したことは間違いないわけですよね。
　　　　はい。
この被告３名があなたに対して教授昇任申請の取下げを要求した動機は何だというふうにあなたは考えているんですか。
　　　　私が思うところで，まず SI₁ 先生は，確かに私は１年目に上げましたから，採用されたこともあるんでしょうけれども，同じ会計コースの唯一の教授が SI₁ 先生で私が助教授でしたから，その１年目から上げるということは多分想定外だったんだろうと思います。で，もう一点は，私は会計コースの中の助教授で，SI₁ 先生は教授ですから，事前に何で言わないんだということもあったのではないかと思います。で，お隣にいらっしゃる KA₁ 先生については，実は正直言ってよくわからないのですが，まあ学部長でもいらっしゃったし，慎重な対応を取るべきだと思うんですけれども，私は正直言ってよくわからないところであります。SI₄ 先生については，私は教授申請した平成１５年１

13. 原告本人尋問の速記録（第3回口頭弁論）

　　　　　０月３１日より前の平成１５年７月ごろでしたか，６月の教授会の席の後に
　　　　一度，自分は二，三年たつが発言しなかったということがありましたし，申
　　　　請した直後の確か１１月の５日の教授会か何かのときにまた私が発言してお
　　　　りますので，多分そういったところですね，言っても言うことを聞かない
　　　　し，生意気なやつだなというふうに思われたように感じております。
その後，人事会議であなたの第１回目の昇任審査が審議されて，それで，結論的に
は昇任は認められませんでしたね。
　　　　　（うなずく）
それから，それに対してあなたのほうから不服審査をして，それで最終的には不服
審査の結果も出まして，やはり昇任は認めないという結果に終わりましたね。
　　　　　（うなずく）
そうしますと，まあ人事会議の決議の中身は詳しくは申し上げられませんが，少な
くとも過半数の人間があなたの昇任は認めないという見解を取ったことは間違いあ
りませんね。
　　　　　はい。
それはどうしてだと思いますか。
　　　　　それは，先生方がそう判断されたからだとしか私には理解できません。
それ以上のことはあなたにはわかりませんね。
　　　　　はい。
単に２名３名の人間だけではなく，人事権のある教授の少なくとも過半数の人間は，
あなたの昇任を認めるべきではないという結論を取ったわけですから，それは偶然
ではないでしょうね。
　　　　　・・・おっしゃりたい意味がよくわからないので。
結構です。話は変わりますが，KA_1やSI_1がですね，採用面接のときに，３年後には
教授に昇任してもらうという発言をした事実は，これは認めておりますね。
　　　　　はい。KA_1先生のことでよろしいですね。
そうです，KA_1先生です。この３年というのは，甲第１号証の第３条(4)号に，大学
において５年以上助教授の経歴があり，それでともろもろの要件があれば教授と
なることができるという記載がありまして，この５という数字から，あなたの前任
校での助教授歴が２年ですから，５から２を引いた３年ということで私は数字的に
符合すると思うんですね。
　　　　　はい。
したがって，前提としては，あなたには(4)号の資格しかないんだという前提に立っ
ているからこのような発言になったと思うのですが，あなたの見解では，なぜ１年
でも１０年でもなくて，３年後には教授に昇任してもらうという発言になったんだ
というふうに理解してますか。

343

第2章　パワハラ裁判②　Ⅰ　原告・被告の主張

　　　　私の理解ですと，CHI 大学というところは４０年の商学部の歴史になるそうですけれども，唯一日本全国３０年以上の歴史のある大学の中で，経済，商学，経営学の中では大学院を持ってない大学と伺っております。したがって，是が非でも大学院を作りたいんだというところで，まあ二，三年後を目標に大学院を作りたいということでマル合の先生を募集してたと伺ってますので。したがって，それに合わせて大学院のときに演習も担当してもらいたいし，そのときに教授になってもらいたいよね，というようなお話が出たんだと思いますが，私はそれで３という。
先ほどおっしゃったように，大学院の設立というのは当時からカウントすると二，三年後というふうに理解してましたでしょうか。
　　　　二，三年後，はい。
必ずしも３というふうに確定してたわけじゃないですね。
　　　　だから，遅くとも３年後には，というふうな理解をしてました。
そういう意味では，それ以前に大学院の設立が認可される可能性も伝えられてましたよね。
　　　　いいえ，伝えられてません。
遅くとも３年後ということは，２年後かもわからないじゃないですか。
　　　　認可される可能性があるということは，それだけの体制を整えなきゃいけないわけですから，整ってない以上，可能性はないんじゃないでしょうか。
あなたはそうすると何，大学院の設立は３年後でなければ無理だろうというふうに考えたんですか，当時。
　　　　いいえ。二，三年後にはということですから，そのときには無理だろうと。
　　　　採用のときにその大学に入ってなくて，わかるとは私は理解は。
わからないですよね。
　　　　ええ。
２年後の可能性もありますね。
　　　　ええ。
２年後だとしたら，あなたには３年後に教授に昇任してもらうという３とは数字が符合しないでしょう。
　　　　符合しないんじゃなくて，符合するじゃないですか。二，三って入るじゃないですか。
２と３が違うから。
　　　　なるほどね，そういう考え方もあるかもしれません。
それから，大学院で演習を担当するためには，教授でないと資格がないんでしょうか。
　　　　詳しいことはわかりませんけれども，恐らく助教授であればできると思います。

13. 原告本人尋問の速記録（第3回口頭弁論）

そうですね。
　　　　はい。
そうしましたら，どうして大学院の設立に合わせてあなたを教授に昇任してもらうという発言になるんですか。
　　　　推測の話でよろしいですか，彼らの思惑はわかりませんから。
それは結構ですよ。
　　　　やはり大学院で教えるということは学位を出すということですから，教えられる立場からすると，助教授に教えていただいたよりは教授に教えていただいたほうがよろしいかと思います。
助教授よりは教授のほうがよいからですか，教えられる側にとって，そう推測するわけね。
　　　　そのほうが大学としても，こういう教授がいますよというふうに説明できるんだと思います。
それから，3年後には教授に昇任してもらうというのは，逆に言うと3年以前には教授には昇任してもらうつもりはないわけですよね。
　　　　昇任してもらうつもりはないって，二，三年後にはしてもらいたいという期待感を伴っていると思いますので。たしか私，伺ったんですけれども，教授というのはもちろん研究者のはずなんだけれども，5年，10年論文を書いてない人もいると。そのようになってほしくないという期待感を伴ってたんだと思いますが。
SI_4 との件についてお伺いします。教員室で SI_4 と話をしたときに，教員室にはほかの先生たちもいましたね。
　　　　いたと思います。
何人ぐらいいましたか。
　　　　数人だと思いますが。
数人というのはどのくらいのイメージですか。二，三人，それとも五，六人，それとも10人以上。ちょっとよくわからない，あなたのおっしゃってる数人のイメージが。
　　　　どうやったらイメージが沸くんですか。二，三，四，五，10人以上，すべて具体的だと思いますけれども。
だから，そのうちの，あなたが数人とおっしゃるときはどの程度の数字を念頭に置かれているのかがわからないと。
　　　　五，六，七人はいたんではないかという認識で，それで数人と。
甲第9号証を示す
　　　　10ページ，下から9行目，あなたと SI_4 先生とが1対1で向かい合って話をして，HO_2 教授はもちろんのこと，それ以外の教授もだれもそばにはいなかったと，こう

345

いうことで間違いないですか。
　　　はい，間違いないです。
１対１で向かい合って座ったというのは，これはソファとテーブルのあるような応接セットのある場所ですよね，現場は。
　　　そうです。
そうすると，応接セットを挟んで向かい合って座ったという意味でしょうか。
　　　まず入り口が向こう側にあると想定していただいて，で，一番背にするようなところにいすがありまして。
あなたが奥に座っていたということですか。
　　　ええ。これが全体が見渡せるところがあるんですね。で，応接セットが２つか３つぐらいあって，こちらにも大テーブルがあるんですけれども，私がここに座って，その向かい合ってというのは，こうすると向かい合うことができますから，それで向かい合ってと。
平成１７年５月１２日付け原告準備書面を示す
　　　４ページ，下から４行目以降，５ページの１行目にわたってSI$_4$先生があなたに対して言った発言内容が書かれています。
　　　はい。
この発言のうちのどの部分が強迫だというふうに考えてるんですか。あるいはすべてが強迫だとおっしゃるんだったらそれでも結構ですが。
　　　一つは，取り下げなさいよということですね。「などと」と言ってますので，この点は，このままにしておくと経歴に傷がつくという点ですね，その言葉とそのときの状況を合わせての強迫だと考えてます。
で，あなたは本当にこのときに怖かったわけですか，心理状態として。
　　　はい。
何が怖いんですか。
　　　SI$_4$先生が怖いです。
SI$_4$先生に何をされると思いましたか。
　　　一つは，以前，その前の１０月３１日のときにSI$_1$先生から，後ろからけ飛ばされるよという話を伺っておりますので，例えば私，電車が当時，今は引っ越しましたけれども，当時ＪＲ武蔵野線というのを使っておりまして。で，２度ほど乗り換えてたんですけども，例えば駅の中で後ろから突然け飛ばされるということも当然あり得るでしょうし，うちの大学を小ばかにしてるという御発言もしばしばございましたから，それを受けて学内で，彼は体育の先生ですので，不意打ちをくらうこともありますし，というふうな怖さはありました。
そうすると，要するに暴力を振るわれる怖さですか。

13. 原告本人尋問の速記録（第3回口頭弁論）

　　　　暴力には言葉の暴力も含めての怖さです。
だから，肉体的な意味での暴力も含めて，そういうことを実際にされると思ったんですか。
　　　　はい。
あなたの陳述書の4ページ，下から2行目，昇任申請をこのままにしておくと安達先生の経歴に傷がつくという発言ですが，傷がつくというのは，本当に傷をつけられると思ったわけじゃないですよね。経歴に傷がつくと言っているわけでしょう。
　　　　二つの意味があると思います。おっしゃるとおり，経歴の意味での経歴の傷と肉体的の傷を。
それも，本当にそういうふうに暴力を振るわれて，あなたが傷害を負わされるというふうに思ったわけですね。
　　　　私は思いました。
そのときに恐怖感感じました，それとも後になってそういうことをやられると思ったんですか。
　　　　そのときというのは。
SI4先生と教員室で向かい合って話をしているとき。
　　　　もちろん，あえて顔を近づけておっしゃるわけですから，当然，怖いと思います。
周りの人に助けは求めましたか。
　　　　いいえ。怖いと思ったので顔面を少し引き離しておりますので。助けは求めてません。
そうすると，そのときに危害を加えるなんてことは思ってないでしょう。
　　　　そのときはないです。
乙第14号証を示す
これは，別件の裁判であなたの側から甲号証として出してきた書面の一部です。したがって，内容は理解できますね。
　　　　（うなずく）
大学審議会の答申集のようなやつです。それの23ページという部分の下から5行目の途中からの文章ですが，「博士の学位を有するということだけで教授の資格有りとすることは，課程制大学院制度の下での現行の博士の学位の趣旨にそぐわないと考えられる」というふうに審議会は答申の中で書いておりますが，この見解は，あなたは賛成しますか，それとも反対しますか。
　　　　質問の意味を確認させていただきたいのですが，博士の資格を持っていさえすれば教育や研究の経歴等はいらないということだけでという意味でしょうか。
いや，私自身もこの答申がどこまで意味してるのかよくわかりません。この文言を

347

第2章　パワハラ裁判②　Ⅰ　原告・被告の主張

そのまま素直に読んであなたが理解した範囲内で結構です。
　　　私がその文言を素直に読むと，学校を出ただけの人間だということになりますから，課程博士というのは。その方は一度も講師や助教授の経験がないし，社会での経験もありませんので，それだけだと助教授教授にはなれないほうが望ましいという意味だと思いますが。
そういう意味だと解釈したときに，あなたは賛成しますか，反対ですか。
　　　一概には言えないと思います。
一概には言えないけど，必ずしも反対でもない，正しい面も含んでいるということですね。
　　　人によりけりだと思います。
で，あなたの場合には，2年の助教授歴であっても，あるいは3年の助教授歴であっても，教授になれてしかるべきだと。
　　　しかるべきだというか，私は第3条(1)項の中で，教育又は研究の経歴を有する者ということしか書いてありませんので，その要件を満たしますと申し上げているだけだと思いますが。
甲第1号証を示す
　甲第1号証，第3条の(1)，要するに解釈論が問題になっているので。
「博士の学位（外国において授与されたこれに相当する学位を含む。）を有し，教育又は研究の経歴のある者」と。
が，CHI 大学においては教授になることができるんだというふうに書いてありますね。
　　　はい。
あなたの解釈で結構ですが，ここで言うところの博士の中には，いわゆる名誉博士というのは含むんでしょうか，含まないんでしょうか。
　　　名誉博士というのは，学位規則文部省令，昭和28年第9号だと思いますが，その第4条1項にも第4条2項にも該当しないと思われますので。第4条1項は，いわゆる正規の大学院教育を受けた上での博士，第2項は大学院教育を受けた者と同等の学力を有すると認められたにすぎないものなんですが，それにはいずれも該当しないと思いますので，一般的にはその博士は含まないと思いますが，ただ，現実的なお話をさせていただくと，名誉博士というのは政治家だとか財界の大物ですとか，そういった方々がなられておりますので，その意味では，教授ということに関して言うと，その1号には該当しないけれども，別の要件で該当してるということにはなると思います。ですから，先生の御質問にお答えするとすれば，1には該当しないのではないかというふうに思いますと。
そうしますと，博士という学位というのか称号というのが与えられておっても，今

13. 原告本人尋問の速記録（第3回口頭弁論）

読みました3条(1)の博士には該当しない人もいるんだと，こういうことですね。
　　　いいえ，おっしゃるとおりに，学位規則に該当しないからと言ってるだけであって・・・。
わかりました。そうすると，あなたの見解では，CHI大学のこの資格規程に言うところの博士は，学位規則に言うところの博士と同一の解釈をすべきであると，そういう御趣旨ですね。
　　　私の趣旨としては，私が申し上げていいのかちょっと，私の所属している大学ですので若干ためらうところもあるのですが，学校法人というところは学校教育法第3条において，大学を作るものは，設置及びその後についてもその管理運営については大学設置基準に従わなくてはいけないという決まりがありますから。したがって，大学設置基準が課程博士と論文博士という考えでやっている以上は，それに合致するという考え方でやるということになると思います。したがって，課程博士はもちろん含むし。
したがって，設置基準と同一に解釈をすべきであるというふうに考えてるわけですね。
　　　ええ。それはもう学校教育法が求めている，法律で定めていることですから。
何をですか。
　　　学校教育法第3条，御存じではないんですか。
学校教育法が，各大学で作った規程に使った博士の意味を，すべて学校教育法なり設置基準に書いてあるのと同一に解釈せよというふうに命じてますか。
　　　大学設置基準に従わなければならないと書いてます。
それは内容上ですね。解釈上，従えとは書いていませんね。
　　　内容というのは，当然，解釈を含むと考えるのが一般的だと私は思います。もちろん，これは考え方の相違だと思いますが。
そうですね。文言が違えば違う解釈はあり得ますよね。それは一般論としてはそう思うでしょう。
　　　一般論としてはそうかもしれません。

原告代理人

先ほどの被告代理人からの質問の中にありましたが，教授になる資格ができたのならばすぐに教授昇任申請をすればいいのに，なぜあえて教授昇任申請をすぐにしないんだと，そういう疑問を被告代理人の先生のほうから呈されたことがありましたけれども，当然のことですが，博士の学位を有するということで教授になる資格があるとしても，実際に博士の学位があるから当然に教授になれるというわけではないわけですね。
　　　おっしゃるとおりです。

甲第4号証を示す

第2章　パワハラ裁判②　Ⅰ　原告・被告の主張

　　　　添付されている点数表を示します。当然ですが，博士の学位を有するということは，この点数表の2枚目の中に書いてある「博士の学位を有する者」ということで10点分加算されるというメリットはありますけれども，あくまでも10点分だけであって，博士の学位があっても，例えばこのＣ，学術論文等研究業績が30点以上とか，その他の研究業績などのポイントを満たさなければ，申請しても。
　　　　　　恐らくはねられると。適任点には達してないという判断を，審査されても文句は言えないだろうと思います。
　　ということは，博士の学位を持っていても，どうせ申請してもまだ認められないだろうという。
　　　　　　ええ，判断は当然にあると思います。したがって，申請を控えると思います。もちろん，これは思いますとしか言えません。
裁　判　官（首藤）
　　確認なんですけれども，あなたがCHI大学に採用の申込みをしたときは，教授として採用されることを希望していたわけですか。
　　　　　　そうです。
　　それで，CHI大学の規程を見て，自分には教授になる資格があるというふうに思ったのはいつごろですか。
　　　　　　規程をいただいたのは3月の二十何日なんですけれども，そのときはばたばたで忙しかったですから，実際には赴任をして，教授になれると思ったのは，実際には多分9月過ぎてぐらいじゃないかと思います。と申し上げるのも，今正にありましたが，Ｃの点数がありますので，それをクリアしない限り無理だと思ってましたから。学会の発表を申し込んだけど認められるかですとか，論文の掲載が認められるかですとか，そういったものが実際に確定しない限り無理ですから，それを待って判断しました。

　　　　　　　　　　　　　　　東京地方裁判所民事第25部
　　　　　　　　　　　　　　　　　裁判所速記官　　堀　込　康　子

14．被告本人尋問の速記録（第3回口頭弁論）

　　　　速　　記　　録　（平成17年12月6日　第3回口頭弁論）
事件番号　平成17年(ワ)第2957号
本人氏名　　KA1
被告ら代理人
乙第16号証を示す
　　　　冒頭にあなたの署名捺印がありますが，私があなたから事情を聞き取って，この書面を作って，書いてある内容に間違いがないということをあなたが確認して，署名捺印しましたね。
　　　　　　はい。
甲第7号証を示す
　　　　真ん中やや上に「人員」という欄がありまして，それを右にたどりますと，「教授（または助教授）1名」と書いてありますね。
　　　　　　はい。
　　　　これは最終的に安達先生を採用する際の公募の中身ですね。
　　　　　　はい。
　　　　で，これを見ますと，助教授が括弧書きになっていますが，これはどうしてですか。
　　　　　　できれば教授の採用をしたいと思ったからです。
　　　　なぜ，できれば教授を採用したかったのですか。
　　　　　　それは教授のほうが学問的な業績も多い，教育経験も豊かということがありますので，教授のほうを希望いたしました。
　　　　採用教員は，将来設置する大学院の演習も担当してもらう予定だったようですが，大学院の教員には教授資格が必要だったからではないのですか。
　　　　　　いや，そうではありません。助教授でも可能ですから。
　　　　そうしますと，教授として採用したかった理由というのは，大学院の設置とは関係がないということですか。
　　　　　　はい。
　　　　安達先生が最終的には採用されましたが，安達先生でも特に障害がなければ，やはり教授として採用したかったということでしょうか。
　　　　　　はい。
　　　　結果的には助教授採用ですが，なぜ安達先生を教授として採用しなかったのでしょうか。
　　　　　　やはり教育歴が少ないということです。
甲第1号証を示す
　　　　教員の資格に関する規程で，この「第3条」に「教授の資格」がありますね。安達先生の場合には，あらゆる号に該当しないから，教授にはなれなかったということですね。

351

第2章 パワハラ裁判② Ⅰ 原告・被告の主張

　　　　はい。
で，教育歴が不足しているというのは，主にどの号を念頭に置いたお話ですか。
　　　　「第3条」の「(4)」です。
教育歴不足だということで(4)号には該当しないということですね。
　　　　はい。
それで，第3条の(1)号に該当しないというのは，どうしてですか。
　　　　それは論文博士を意味してますので，安達先生の場合は課程博士だったということです。
(1)号にも(4)号にも該当しなかったということですね。
　　　　はい。
それ以外にも該当しそうな号というのはありませんね。
　　　　はい。
そうすると，逆に規程上可能であれば，あなたも，それからその他の採用審査小委員会のメンバーも，むしろ安達先生を教授にしたいというふうに考えていたんでしょうか。
　　　　はい。
それ以外に，安達先生を教授にできないとか，あるいはしたくないという理由はありませんね。つまり規程の解釈の問題以外にはありませんね。
　　　　ありません。
あなたは採用面接のときに，安達先生に対して，教授資格がないという話はしましたか。
　　　　はい。
どういうふうに話しましたか。
　　　　原則として本学では，助教授から教授までに5年かかるということがあります，ということです。
それから，原則として，助教授から教授になるのに5年かかるということの，規程上の根拠は伝えましたか。
　　　　それは言ってないと思います。
で，安達先生がその昇任申請書を提出した後の話合いのときに，あなたが，今，言ったような，その教授申請には一定の年限がいりますよという話をしたんですね。
　　　　はい。
その教授申請に一定の年限が必要だという根拠は説明しましたか。
　　　　はい。
重要な点だけで結構ですから，どういうふうに説明したかを，例を挙げて言ってください。
　　　　採用時の人事会議の議事録を，安達先生の箇所だけを提示しまして，教授昇

14. 被告本人尋問の速記録（第3回口頭弁論）

　　　　　任資格として3年必要であるということを説明しましたし，採用審査小委員
　　　　　会の報告書も安達先生にお見せしました。そういう採用審査小委員会の報告
　　　　　書は人事会議に出るわけですけれども，そこを示しました。それで，その理
　　　　　由を説明しました。それから，何人かドクターを持っていらっしゃる方がい
　　　　　ますが，その方たちが，皆，年数を守っているという，そのデータをお見せ
　　　　　して説明いたしました。
乙第3号証を示す
　　　　2枚目の本文の末尾から数えて3行目に「また，採用後は3年の経験で教授への昇
　　　格資格を取得できる条件としたい。」とあって，こういうふうに人事会議では決まっ
　　　ていますよということを，議事録の写しを見せて説明したわけですか。
　　　　　はい。
　　　　それから，ドクターの一覧というのは。
乙第9号証を示す
　　　　これそのものではないようですが。
　　　　　はい。名前の部分を隠して。
　　　名前の部分を隠して，内容的にはその他の部分を同じものを見せたと，それで説明
　　　したわけですね。
　　　　　はい。
　　　そうしますと，あなたとしては，ただ一方的に昇格規程の第3条に該当する項目が
　　　ないから取り下げるようにと言っただけではなくて，あなたなりにちゃんとした根
　　　拠となるような資料を示して，安達先生を説得しようとしたということですね。
　　　　　はい。
原告代理人
甲第1号証を示す
　　　第3条の(1)号に博士の学位を有する者という記載があるわけですが，ここで言う博
　　　士というのは論文博士に限られるというのが，CHI大学商学部の運用ということで
　　　すね。
　　　　　はい。
　　　そのような運用はいつからあるんですか。
　　　　　課程博士，ドクター博士というような区別があるような機会はありませんで
　　　　　したので，いつ頃ということはありません。はっきりは分かりません。でも，
　　　　　最近においては，そういうふうな運用をしてきたと思っております。
　　　そうすると，比較的最近ということですか。
　　　　　まあ10年くらい，10年とは言いませんけれども，そんなものじゃないか
　　　　　とは思います。
　　　10年とは言いませんということは，10年以下ということですか。

353

第2章　パワハラ裁判②　Ⅰ　原告・被告の主張

　　　　　だから，そこははっきりは分かりません。
１０年前よりも最近のことですか。
　　　　　ではないかとは思います。
じゃ，あなたの記憶では，過去１０年前にはそういう運用ではなかったけれども，過去１０年の間にそういう運用になったということですか。
　　　　　いや，その先のことは知りませんが，最近だから１０年かどうか，それはよく分かりませんが，近年ですね。
近年。
　　　　　はい。近年にはそういう運用ではなかったかということです。
じゃ，今から１０年前，平成７年の時点では，そういう運用はあったんですか，なかったんですか。
　　　　　どうですかね，そこはちょっと記憶が定かではありませんので，分かりません。
あなたはCHI大学にいつからお勤めですか。
　　　　　約３０年くらい前ですね。
少なくともあなたが大学に入られた３０年前は，そういう運用はなかったことに間違いないですね。
　　　　　そこはちょっと記憶にありませんね，３０年前ですから。
今１０年前の比較的最近の話をされたから，比較的最近そういう運用が始まったということでしょう。
　　　　　私が教授になって，そういう人事会議に参加するようになって，まあそういうものかなということですね。それまではちょっと関心がなかったというか，それはよく分かりません。
あなたが教授になったのはいつですか。
　　　　　大体１０年くらい前です。
じゃ，平成８年の４月にあなたは教授になられたわけですね。
　　　　　はい。
そうすると，今から９年前のことですが，あなたが教授になって，人事会議に参加されるようになったわけですね。
　　　　　はい。
そうすると，その後でそういう運用を始めることにしたのか，それとも，あなたが教授になって人事会議に出席され始めた頃にはもうそういう運用があったのか，どっちですか。
　　　　　ちょっとはっきりしませんね。
乙第１６号証を示す
　　　　　この２枚目の中段に「なお，本学部では，過去一貫して，規程第３条(1)にいう『博

14. 被告本人尋問の速記録（第3回口頭弁論）

士』は課程博士を含まず論文博士のみを意味すると解釈してきました。」とありますが，「過去一貫して」というのは，いつからのことですか。

　　　　少なくとも私が教授になって以降だと思います。

じゃ，あなたが教授になってから以降に，そういう運用が始まったということでよろしいわけですか。

　　　　いや，だからそこはちょっとはっきりは分かりません。助教授でしたから，そういう人事会議にも出ませんでしたし，そういう規程一般に全部精通しているとか，そういうことはありませんでしたから。

あなたが助教授時代は精通してなかったと，で，教授になってから当然精通されているわけですよね。

　　　　まあ精通。

人事会議に出席されているわけだから。

　　　　はい。まあ関係はしてますね。

で，少なくともあなたの記憶で，あなたが人事会議に出られるようになった後で，そういう運用が始まったということでよろしいわけですか。

　　　　だから，助教授以前のことはちょっと分かりません。はっきりしたことは言えません。

じゃ，さっきの陳述書で「過去一貫して」と書いてあるけれども，これを見ると，すごく以前からというふうに読めると思うんですよ。あなたの記憶では，比較的最近の話ということですか。

　　　　私が関与してからということですね。教授になってからということですね。

甲第1号証を示す

第3条の(1)の博士，これには文言上は論文博士に限るという限定はついていませんけれども，あなたがおっしゃった運用に基づく解釈，これをこの規程に書き込むなり，あるいはそういうことを踏まえて新しく規程を作るということは，なぜしなかったんですか。

　　　　私のイメージの中では，そこの条項では，やはりドクターというのは，そこの博士は，何と言いますか，学問の終着として，年取って，で，いただけるような博士，それはずっと日本の社会科学の分野ではそういうのがずっと続いていたわけですけれども，そういう人たちの博士なんだなと，こういうふうにずっと思っておりました。

じゃ，あなたはそういうふうに思ったということは，あなたが自分で考えたのか，それとも人からそういう解釈なんだよということを聞いたのか，どっちですか。

　　　　そこはちょっと覚えてませんね。

でも，過去10年内の話でしょう。

　　　　でも，そこのところははっきり記憶。

355

じゃ，あなた自身が考えた解釈ではないんですね。
　　　　どういうことですか。
甲第１号証の第３条(1)の博士というのは論文博士に限るという解釈は，あなたが考えた解釈ではないですね。
　　　　と思いますね。
じゃ，誰かからそういう解釈だよということを聞いたわけですね。
　　　　まあ古参の先生に聞いたかもしれませんね。
じゃ，聞いたときは，いつくらいからそういう解釈をするようになったんだというふうに聞かなかったんですか。
　　　　そんな厳密なことは聞きませんでしたし，こんなケースがどんどんあれば，それもっとはっきりしたんでしょうけれども，初めてのケースでしたし，ですから，はっきり書いてあればいいということはあるかもしれませんが，運用上としては，私は問題ないと思っております。
ちなみに甲第１号証の末尾を見ると「この規定は，平成２年１０月３日から施行する。」と書いてあるわけなんですけれども，少なくとも平成２年の段階では，そういう解釈というのはなかったということで間違いないですか。
　　　　だから，ちょっとそこのところは分かりません。
乙第２号証を示す
大学設置基準ですけれども，この「第十四条」に，教授となることができる者の資格ということで，「一」号に「博士の学位を有し，研究上の業績を有する者」というふうに書いてありますが，この大学設置基準の１４条の規定というのは，文言上，CHI 大学のさっきの甲第１号証，第３条の規定とよく似ているわけですけれども，CHI 大学の甲第１号証の第３条の規定は，この大学設置基準の第１４条を基に作ったものであることは認めますか。
　　　　と思います。
ということは，この大学の規程は置いておいて，大学設置基準の第１４条１号に書いている博士，この意味は，論文博士，課程博士の区別はない，そういう解釈が一般的だと思いますけれども，あなたはそれに異論がありますか。
　　　　いや，そうだと思います。異論はありません。
ということは，大学設置基準に書いている博士の学位という意味と，違う解釈を CHI 大学商学部ではしているんだということを，あなたは公言されるわけですか。
　　　　いや，中の文言は似ていますが，その前に，大学設置基準のほうは，その教育が優れたものでということが入っているんです。で，うちの規程はそれがないんですよ。だから，そこは違うと思います。
もう１回質問します。乙第２号証の大学設置基準の１４条１号に書いている博士の意味は，CHI 大学の規程，甲第１号証の第３条(1)に書いている博士と意味が違うと，

14. 被告本人尋問の速記録（第3回口頭弁論）

そういう運用をしているということを，あなたは公言されるのですか。
　　　ですから，うちの規程はそのまま持ってきたんじゃないんですよ。だから，その条文の立て方が違うわけですよ。
博士という言葉の意味を聞いているんですよ。論文博士，課程博士を区別をするのか，あえて区別して論文博士に限るのか，博士という言葉の意味を聞いているんです。
　　　だから，設置基準の場合は，博士だと思います。
そうすると，大学設置基準に書いている博士は，論文博士，課程博士，区別はないという一般的な見解をあなたは認めているから，そうすると，あなたの大学では，甲第1号証3条(1)に書いている博士の意味は，大学設置基準に書いている博士の意味とは違うと。
　　　だから条文の立て方が違いますから。
甲第1号証の第3条(1)に書いている博士の意味は，大学設置基準の博士とは違う意味で運用をしているということを，あなたは公言されるわけですか。
　　　はい。
あなたは大学の学部長だったわけですね。
　　　はい。
大学設置基準というのは，学校教育法によって，各大学が大学の設置や運営について守らなければならない基準として作られているものですけれども，あなたはそのことを学部長だから当然知ってますよね。
　　　詳しくは知りませんが。
詳しくは知らない。
　　　じゃ，今の件で言いますが，その大学設置基準のほうは，最初に教育が優れてあって，それで博士のことが出てくるわけですね。それで，うちのほうの規程では，その教育が優れていてという，それがないんですよ。ないで，いきなりくるわけですよ。
じゃ，あなたは一応CHI大学で学部長も経験されているお立場だから，大学設置基準のことはよく御存じだと思ったので，今，聞いたんですけれども，あなたは大学設置基準のことは，よく知らないんですか。
　　　いや，そんなことはありません。
よく知っていらっしゃる。
　　　ただ，そんなに詳しく知ってないから，それだけ自信はないということです。
じゃ，大学設置基準に従って大学を設置したり運営したりしないといけないと，文部科学省にきちんとしてないと行政指導を受けるということは，分かっているんでしょう。
　　　はい。

357

じゃ、あなたの大学では、過去、この大学設置基準に書いている博士とは違う意味で、この博士の意味を解釈してきたということは、あなたの立場で公言できますか。
　　　はい。
採用面接のときの話を聞きますけれども、あなたの御主張だと、3年間は教授に申請できないんだよということを、採用面接のときに話をしたということですか。
　　　はい。まあ3年あるいは5年ということかもしれませんね、どちらかだと思いますが、後でその採用審査小委員会のほうで。
採用面接のときに、あなたが何と言ったかを聞いているんです。そうすると、今回原告が昇任申請をしたことに対して、取下げの要求とかいろんなことがあったということで訴えているんだけれども、あなたの認識としては、原告の本件昇任申請に問題があるとしたら、それは原告の昇任申請が、CHI大学の規程に反するから問題なのか、それとも、採用面接のときの約束に反するから問題なのか、どっちですか。
　　　両方じゃないですか。
両方。
　　　はい。
そうすると、あなたの認識では、少なくとも、原告の本件昇任申請は、大学の規程に反すると考えていらっしゃるわけね。
　　　そうですね。
ということは、あえて採用のときに、3年間は教授に申請できませんよという約束を取る必要はないんじゃないんですか。規程にそうなっているんだから。
　　　いや、ですけれども、それは本人にとっては、いつ昇任申請できるかということは大事な問題ですから、そこのところはこうだよということは、やっぱり言っておかなければいけないんじゃないんですか。
ということは、あなたの理解としては、規程を説明しただけということですか。
　　　規程は説明してないと思います。
規程は説明してないの。
　　　はい。ただ、その5年間という文言がありますから、それに則って、原則5年かかりますよということを言ったと思います。
原則5年というのは、甲第1号証の規程で言うと、第3条(4)のことでしょう。
　　　はい。
助教授を5年やったら教授に昇任申請できると。原則5年ね。原則以外のルートもあるわけでしょう。
　　　ですから、安達先生の場合は前任校が2年ありますから、あと3年ということで、合計5年という、まあそれは特例だと思います。
話は戻りますけれども、あなたの認識として、規程では少なくとも原告の本件昇任申請に問題があるという解釈なわけだから、あえて採用面接のときに、規程として

14. 被告本人尋問の速記録（第3回口頭弁論）

はそういう規程があるわけだから，3年間は昇任申請できないよという約束を取りつける必要はないと考えられますよね。
　　　　やっぱりそれは言っておくべきだと思います。
言っておくというのは，もし規程がなければ，そういう約束を取りつけないと，3年以内に昇任申請されるかもしれない心配がありますよね。でも，規程があるんなら，別に約束はなくてもいいわけでしょう。
　　　　でも，いいと言われても，それは説明するのが親切だと思います。
だから，説明ということじゃないんですよね。約束を取りつけたのか，単に説明したのか，どっちですか。
　　　　約束を取りつけたか，そこはちょっと確信がありません。まあ説明したことは覚えています。
じゃ，説明をしたことは間違いないと。
　　　　それから，後から SI$_1$ 先生を通じて，きちんと説明してもらいました。SI$_1$ 先生は当時は採用審査小委員会委員長で，しかも，会計ですから，ですから，そこのところは全部 SI$_1$ 先生にお任せして，詳しく説明していただいていると思います。それから，後から SI$_1$ 先生から，安達先生は自分の教育歴不足は承知しているので，感謝しますということで，ああ，これで安心というふうに思いました。
平成15年の2月28日の採用面接のときに，あなたが原告に何を言ったか，それだけで結構ですから，もう1回聞きます。じゃ，あなたとしては採用面接の場で，3年たたないと昇任申請できないよということを，説明はしたということですね。
　　　　はい。
だけど，3年たたないと昇任申請できないということについて，原告との間で，原告から約束を取りつけたということについては，確信が持てないということね。
　　　　そうですね。
じゃ，あなたとしては，はっきり原告と約束をしたという記憶はないわけね。
　　　　私はありません。私は説明したということはありますが，その，じゃあというような，それはだからさっき言ったように，間接的に SI$_1$ 先生を通じて。
あなただけの話をしているんで，SI$_1$ 先生のことは置いておいて，少なくとも採用面接の場で，あなたが見ているその場では，原告とあなたたち3人の間で，3年間は昇任申請しません，あるいはできませんと，そういう約束をその場では取りつけなかったということね。
　　　　そうですね。
乙第9号証を示す
　　　　これはあなたが原告に昇任申請の取下げを勧めたときに見せたもので，当時は名前はふせてあるんだけどね。あなたがこれを原告に見せた趣旨は何ですか。

359

　　　　　趣旨は，博士を持っている方でも，規程にありますよね，何年たたなきゃい
　　　　けないというのは，それを皆，守っていらっしゃいますよということです。
ちょっとよく聞こえなかったけれども，博士号を持っている人でも，規程に書いて
いる一定年限を待ってから申請してますよと。
　　　　　はい。
博士号を持っているからって皆さんすぐに申請しているわけじゃないんですよと，
そういうことを言いたかったわけですか。
　　　　　はい。
じゃ，今，年限とおっしゃったということは，先ほどの甲第1号証の規程で言うと，
3条，例えば，助教授から教授の申請に関して言えば，助教授を5年やらないと教
授に申請できないと，そういうことを言っているわけですか。
　　　　　はい。
で，さっきの甲第1号証の第3条(1)に書いている博士というのは，論文博士に限ら
れるということね。
　　　　　はい。
乙第9号証のリストの1番上にある KA_2 先生，この方は博士号取得者だけれども，
あなたが主張されている区別で言うと，論文博士ですか，課程博士ですか。
　　　　　これ彼女に聞かないとよく分かりません。あるところでは論文博士だと言っ
　　　　ているといいますし，あるところでは課程博士と言っているという話も聞
　　　　きますので，本人に聞かないとちょっと分かりません。
KA_2 教授が，あるところでは論文博士と言っている，あるところでは課程博士と言
っているという話を，あなたは聞いたんですか。
　　　　　自分で論文博士だということは，私は聞いた記憶があります。
あなたは KA_2 教授から，自分は論文博士ですということを，直接聞いたんですね。
　　　　　いや，ですから，このリストの後ですね。この前ではありません。
もう1回確認します。あなたは KA_2 教授から，自分は論文博士ですということを，
直接聞いたんですね。
　　　　　はい。
この乙第9号証に書いていることによると，KA_2 教授は平成3年3月に博士号を取
得して，その5年後の平成8年4月に助教授から教授に昇任したと。博士号を所得
してから5年たって，教授になっていますね。
　　　　　はい。
あなたの説だと，甲第1号証の第3条(1)の博士は論文博士だから，3条(4)とは違う
わけだから，論文博士である KA_2 教授は，別に5年待つ必要はないということにな
りますね。
　　　　　ちょっと今の確認のことで言わせていただければ，そのリストを作る以前は，

14. 被告本人尋問の速記録（第3回口頭弁論）

　　　　　先生は課程博士だと私は思っておりました。ただ，最近ですがね，私は論文博士ですというのを，彼女から聞いたということです。
じゃ，あなたが原告に，平成16年1月23日だったかな，この乙第9号証のリストを示したときには，あなたはKA₂教授は課程博士だと思っていたということですか。
　　　　　はい。
その後，KA₂教授から，実は私は課程博士ではありません，論文博士ですということを，この後で聞いたということですか。
　　　　　はい。
被告ら代理人
今のKA₂先生の発言，あなたには，この乙第9号証を作った後に，自分は論文博士だと言ったのね。
　　　　　いえ，でも，その作ってすぐ後ではないと思います。それはもう人事会議にも出ていますし，まあ最近だと思いますね。
それから，あなたの当初の供述では，あるところでは論文博士と言い，別のところでは課程博士と言っているというふうに供述されたんですが，別のところというのは，いつ，どういう機会に，KA₂先生は自分は課程博士だと言ったということですか。
　　　　　いや，そこのところがちょっと記憶がありませんが，そういうような話をしているというようなことを，ちょっと覚えておりましたので，だから，私が確認しているのは，その彼女から聞いたことだけで，あともう1つは風聞といいますか，そういうふうに言っているようだということです。
その風聞というのは，誰を通じて耳に入ったことですか。
　　　　　ちょっとそこは記憶がはっきりしません。
要するに，それ客観的には，KA₂先生は論文博士なのか，課程博士なのかは分かっているんですか。
　　　　　私自身ですか。
はい。
　　　　　もう1回確かめるなり何なりやらないと，ちょっとそこのところは。
要するに，よく分からないんですか。
　　　　　はい。
それから，仮にKA₂先生が論文博士だとしても，結局は論文博士であるけれども，博士号の取得時期から5年を待って昇任申請をしたと，こういうことになっていることは間違いないんですよね。
　　　　　はい。
　　　　　　　　　東京地方裁判所民事第25部
　　　　　　　　　　　　裁判所速記官　　平　野　道　子

361

第2章　パワハラ裁判②　Ⅰ　原告・被告の主張

速　記　録　（平成17年12月6日　第3回口頭弁論）
事件番号　平成17年(ワ)第2957号
本人氏名　SI₁
被告ら代理人
乙第17号証を示す
　　　　冒頭にあなたの署名捺印がありますが，この書面は私があなたから事情を聞き取ってこの書面を作り，書いてある内容に間違いがないということをあなたが確認して，署名捺印したものですね。
　　　　　　はい，そのとおりです。
甲第9号証を示す
　　　　安達先生の陳述書の5枚目の下から2行目以降に，個人閲覧室での出来事が書いてあります。で，6枚目の，例えば，1番下から6行目，あなたは「大声で怒鳴りました。」，それから，6枚目の1番下の行に「パソコンデスクを激しくたたきながら」，さらに7枚目の1行目に何とかでしょうと「怒鳴りました。」，それから，その他いろいろ怒鳴ったとか怒号したとかいうような記述がありますが，あなたとしてはこのような言動は取っていないということですね。
　　　　　　全く取っておりません。
で，7枚目の下から3行目に「個人閲覧室2号室は，完全な個室であり，防音性も高く，ドアを閉めれば，室内での会話が廊下や他の部屋に洩れることはありません。」と書いてありますね。まず出来事は，個人閲覧室2号であったことが書かれていますが，この部屋で安達先生がおっしゃる日時に，あなたと安達先生とで2人きりになったことはありますね。
　　　　　　はい，ございます。
それから，個人閲覧室2号室が個室であることも間違いありませんね。
　　　　　　はい。
防音性が高いと書いてありますが，この点はどうですか。
　　　　　　ベニヤ板の板張りでございまして，コンコンとすれば，もう隣に聞こえてしまうという部屋でございまして，いつも利用する時には隣の人に迷惑をかけないように注意するという，そういう部屋でございます。
部屋の造りについて聞きますが，まず部屋の幅はどのくらいの幅ですか。
　　　　　　幅は2メートル50センチ弱くらいじゃないかと思いますが。
それで，突き当たりは窓になっていますね。
　　　　　　そのとおりでございます。窓でございます。
それから，手前は，ほぼドアがあれば，それ以外は壁の部分というのは余りない。
　　　　　　そのとおりでございます。長方形に挟まれた両壁でございます。
それから，細長い部屋ですね。

14. 被告本人尋問の速記録（第3回口頭弁論）

　　　　はい。
　　言わば，縦長ですね。
　　　　はい。
　　それで，その両側の壁というものの造りが，要するに，ベニヤ板ですか。
　　　　だと思います。ベニヤ板にただクロスを張ってあるということだと思います。
　　たたいてみたことはありますか。
　　　　それはたたかなくても，隣の部屋の方のパソコンの音が聞こえますので。
　　隣の部屋でパソコンを打っていると。
　　　　非常に静寂な，その部屋の前は学生が自習する部屋でございますし，パチパチやる部屋は非常に静寂な部屋ですので，聞こえることもございます。
　　それから，室内で仮に会話をしたとすると，隣室に聞こえますか。
　　　　それは隣の先生のところに学生が訪ねてきたなとか，そういうところまでよく聞こえます。
　　そうすると，防音効果というのは全然ない部屋と考えていいですか。
　　　　それはもうないと思います。

乙第16号証を示す

　　これは KA₁ 先生の陳述書ですが，3枚目の「6」項，これは平成15年11月28日に KA₁ 先生と安達先生が会話をしたときの話が書いてあるわけですね。それで，KA₁ 先生が人事会議の議事録などの抜粋を見せて説明したところ，1番下の行の「これに対する安達先生の返答は，『採用時に，SI₁ 教授か学部長が『採用は助教授だが，3年経てば教授は確約する。』と言っていたが，採用時には(1)号の説明がなかった。」というような反論を安達先生からされたんだと，KA₁ 先生は言っています。あなたはここに書いてあるように，安達先生の採用時に「3年経てば教授は確約する」というような発言をしたことはありますか。
　　　　いや，言っておりません。
　　確約というようなことは言ったことはない。
　　　　それはもう20名を超える人事会議の専権事項でございますので，私一教授がそんなことを言うはずもございませんし，全く言っておりません。
　　それから，3年という数字を出して，それに近いような言葉じりの発言をしたことはありますか。
　　　　そうですね。それは，安達先生は業績がかなりございましたので，3年後には安達先生このままだったら教授になれるでしょうとか，私も会計の教員ですので安達先生が教授になれるように努力をしますと言ったような，そんな記憶はございます。
　　それは努力しますというのは，その3年後くらいには安達先生が教授になれるように自分も努力しますという意味ですか。

363

第2章 パワハラ裁判② Ⅰ 原告・被告の主張

　　　　　そうだと思います。
甲第1号証を示す
　　　問題になっている第3条の(4)，この教授となる資格のうちの(4)で，少なくとも大学において5年以上助教授の経歴があり，という要件がありますが，この5年が CHI 大学での助教授歴だけなのか，それとも，他大学での助教授歴も通算して5年であるのかということについては，これはどのように解釈してましたか。
　　　　　それは私も KA₁ 先生と同じ時期に教授になりましたので，過去40年の歴史の一貫したものがあるかどうか，それはちょっと定かではございません。ただ，安達先生は2年，新潟での前任校のときの教歴があるということで，お認めしてもいいんじゃないかなという，個人的にはそんな感じは持っておりました。
　　　というのは，あなたは個人的には，ここで言うところの5年の中に，CHI 大学の助教授歴だけではなくて，前任校の2年間の助教授歴もカウントしていいのではないか，というふうに考えておったわけですね。
　　　　　はい。そうだと思います。
　　　そのような考えをほかに告げたり，あるいは，納得してもらおうとしたことはありますか。
　　　　　それは採用審査小委員会で，安達先生に5年ではなく，まあ5年でももちろんいいとは思いますが，何とか安達先生のために3年で教授の昇任手続ができるようにしていただけないかということを，私が頭を下げたことはございます。
　　　採用審査小委員会というのは，あなたが主査で，被告の KA₁ 先生と，それから KA₅ 先生と3名で組んでいた，採用のときの審査小委員会ですね。
　　　　　はい。
　　　そういう話を採用審査小委員会でして，それで人事会議に提出する報告書にも，そういう記載をしたんですか。
　　　　　記載したと思います。それから，人事会議で私が教授の先生方にお願いをしたということも記憶しております。
　　　採用時の人事会議ですか。
　　　　　そのとおりでございます。平成15年の3月だったと思います。
　　　で，その結果。
乙第3号証を示す
　　　2枚目，本文の下から3行目の「採用後は3年の経験で教授への昇格資格を取得できる条件としたい。」という形で，人事会議も決議をしたんですね。
　　　　　そのとおりでございます。
　　　当然のことだと思いますが，採用後5年ではなくて，3年で教授資格が取得できる

364

14. 被告本人尋問の速記録（第3回口頭弁論）

ということは，これは安達先生にとって有利ですね。

　それはもう大変なことだと思います。

そうすると，あなたはむしろ積極的に安達先生にとって有利な，この条項の解釈をしたということになりますか。

　もちろんです。はい。

そうすると，あなたに安達先生の教授昇任を妨害しようというような意図は全くありませんでしたね。

　とんでもない話です。全くございません。

原告代理人

採用面接のときに原告に対してあなたから，3年間は助教授のままで，3年間は教授に昇任できないよという説明を，あなたからもされましたか。

　5年という説明をいたしました。KA₁先生はちょっと記憶違っていると思います。3名で5年という話をいたしました。

では，もう1度確認しますが，採用後何年かという質問なんですけれども，一般論じゃなくて結論だけで結構ですから，原告の場合どうかということで言うと，採用後3年間は教授に昇任できませんよという説明をされましたか。

　しました。

あなたからも KA₁先生からもされたということですか。

　面接のときには5年でございました。つまり，甲第1号証の規程の第3条(4)で5年でございました。で，その後に，今，SI₂弁護士のほうから言われたように，早く教授になっていただきたいということで，安達先生何とか私，3年で皆さんに頼んでみますからということは御本人に，面接会場が2階で，下の1階のロビーでお話をした記憶がございます。安達先生の，私は教育歴がないのは分かっておりますのでありがとうございますというふうことも，耳にしっかり残っております。

では，採用面接のその場でどういう会話があったかを，もう1回確認します。あなたは原告にその場では，採用後3年間は教授になれないよということは，言ってないということですか。

　言っておりません。面接のときは5年と言っております。

先ほど KA₁先生は，その場で3年間は教授に昇任できませんよという説明をされたとおっしゃっていましたけれども，KA₁先生がそういう説明をされるのは聞きましたか。

　今この場でですか。

いや，採用面接のときに。

　いや，私たち3名は5年と言ったはずでございます。KA₁先生ちょっと勘違いをなされていると。

365

第2章　パワハラ裁判②　Ⅰ　原告・被告の主張

そうすると，あなたの記憶では，KA₁先生のさっきの発言は誤りだと。
　　　だと思います。面接時では完全な誤りだと思います。5年だと思います。
じゃ，発言がKA₁先生と食い違うことになりますが，それは構わないわけですか。
　　　それは，それが1番正しいことですので。
確認ですが，あなたの記憶では，採用面接のその場では，3年間は教授に昇任できないよという説明は，3人のうち誰からも，そういう説明はなかったわけですか。
　　　面接ではございません。面接では論文のこととか，いろんなことをお聞きしますので。
3年後は教授になってもらうとか，あるいはそれに似たような言葉を，面接の場ではあなたも言ってないわけですか。
　　　はい。
そうすると，あなたの記憶としては，面接が終わった後，別の場で，先ほど主尋問で話されたような説明を原告にしたということですね。
　　　はい。
そういう非常に大事な話を，面接の場でしないで，面接が終わった後で，なぜ話をしたんですか。
　　　それは人事会議の専権事項でございますので，内々に御本人にお話しするのが筋でございます。私一人で決めることはできません。それは私の個人的な意見ということです。
じゃ，これはKA₁先生にもうかがったんですけれども，あなたの認識としては，原告の本件昇任申請のどこが問題かということについて，大学の規程に反するから問題なのか，それとも，採用時の約束に反するから問題なのか，あなたの認識としてはどちらですか。
　　　二つでございます。
両方ですか。
　　　はい。
そうすると，さっきもKA₁先生にも聞いたんだけれども，規程に反するのであれば，規程上3年間は昇任申請できないのであれば，わざわざ約束を取りつける必要はないんじゃないんですか。
　　　いや，1番大事なことでございますから，それはきちんと御本人にお伝えしなければいけないと思って，私は前も学部長をやっておりまして，人事が1番大事だということは，十分理解しております。
そうすると，原告から約束を取りつけたのは，あなたが取りつけたということですか。
　　　人事会議で約束を正式には取りつけました。議事録は提出してあると思います。

14．被告本人尋問の速記録（第３回口頭弁論）

あなたが原告と話をして，原告から，３年間は教授に昇任申請できませんということを，あなたが約束を取りつけたわけではないわけですか。
　　　　私は個人的な見解を，面接の後，言っただけでございます。
結論として答えだけ言ってもらえばいいですが，あなたは原告から３年間は教授に申請できないという約束を取りつけたわけではないんですね。
　　　　個人的には取りつけました。
個人的には取りつけた。
　　　　そうですよ。ただ，それは飽くまでも個人ですから，人事会議が決めることですので。
じゃ，あなたは原告との間で，採用後３年間は教授に昇任申請できないという約束を，個人的に取りつけたということですね。
　　　　そういうふうに記憶しております。
約束の取りつけ方としては，どういう形で約束を取りつけたんですか。
　　　　とにかく少し前でございますから，まず面接が終わってから，なるべく５年じゃなくて３年でするように努力いたしますと。それから，人事会議で審査報告書を書いて，そこでも文書を記載して，人事会議の先生方にお願いをして，そして決定して，KA₁学部長が３月のちょうど１５日１６日，年度末でお忙しかったので，私は多分メールか何かで御連絡したと思います。
ということは，今，３年間は教授に昇任申請できない，あるいは教授に３年間はなれないという発言は，なかったように思うんですけれども。
　　　　いや，それは３年間，つまり教授申請の手続ができるのは，通常本学では５年ですが，３年で手続ができるように特別にお願いをいたしましたということは，議事録にも書いてございますし，その旨をきちっとお伝えしてございます。
原告から３年間は教授に昇任申請できないという約束を取りつけたというふうにおっしゃったので，どういう言い方で約束を取りつけたのかなというふうに思ったら，あなたが今言ったような言葉で約束を取りつけたというふうに，あなたは認識していらっしゃるわけですか。
　　　　そうです。
はっきり３年間は教授に昇任申請しません，あるいはできませんという形での約束ではなかったわけですね。
　　　　できませんじゃなくて，３年後に教授申請の手続ができるように，人事会議の決議をいただきましたと，こういう説明だったです。したがって，結果的には同じことだと思います。
いただきましたって，ちょっと時間が経過があるようなんですけれども，人事会議というのは平成１５年の３月３日でしょう。

367

そうです。
　で，採用面接は3日前の平成15年2月28日ですよね。もう1度確認しますが，平成15年2月28日の採用面接の日に，あなたは3年間は教授に昇任申請できないという約束を，その日に取りつけましたか。違いますか。
　　　その日に言ったと思います。
　その日に。
　　　はい。通常5年ですけれども，何とか3年で審査委員会の先生方，人事会議の方に私がお願いいたしますと，きちんと言ってあると思います。それも大学人なら3年という意味は，安達先生は十分分かっていると思いますが。1番大事なポイントです。
　言い方としては，人事会議にお願いしますという言い方になったわけですか。
　　　そのとおりです。
　じゃ，3月3日の人事会議で，あなたがおっしゃっているような人事会議の結論が出たとして，で，その結果を踏まえて，さらに原告に結果を伝えたわけですね。
　　　はい。
　で，その時点で改めて原告から，3年間は昇任申請できないという約束を，もう1回取りつけましたか，違いますか。
　　　多分その趣旨のことは，先生から見れば御不満かもしれませんけれどもこれでどうぞお願いします，ありがとうございましたというようなメールの文章はあったように思います。
　いずれにしても，2月28日の時点でも3月3日の時点でも，原告との間ではっきり3年間は教授に昇任申請できませんという言い方では約束を取りつけていないと思うんですが，違いますか。
　　　違います。3年後に教授の申請手続ができますよということですから，結果的には3年間はできませんよということと全く同じことだと思います。表裏一体のことですから。それは大学人ならば当然そういうことは分かることだと思います。
　じゃ，言葉としては，今，言ったような言葉で言ったと。
　　　そのとおりです。
　つまり，それをあなたとしては，3年間は教授に昇任申請できないという意味だというふうに理解しているということですか。
　　　もちろんそのとおりです。
甲第1号証を示す
　第3条の(4)に書いてある大学の意味は，今の主尋問での話だと，一般的な大学の意味ではなくて，本学，つまりCHI大学という意味ということですか。
　　　申しましたように，過去一貫して，これに関して，裁判所に提出するような

　　　　　証拠はございません。つまり，人事というのは，その時点で特殊な状況の中でこの人がほしいということですから，過去一貫してCHI大学が，その他大学のやつを通算したのか，また本学だけの履歴で5年をカウントするのかという一貫したものがなかったように思うということが，先ほどの主尋問の回答でございます。
そうすると，私の印象としては，さっきの主尋問の中であなたがどう回答されたかと言うと，この(4)の大学というのは，正に本学，CHI大学という意味であると，あなたはおっしゃったように私は印象付けられたんですが，そうではないわけですか。
　　　　　そういう場合もあったかもしれませんし，そういう場合もなかったかもしれません。一概に一貫した規則があるかと言えば，それはなかったように思うというようなことです。
じゃ，それが最終的なあなたの結論でいいですね。
　　　　　はい。私のそれは個人的な考え方です。
あなたはどちらの大学を卒業されていますか。
　　　　　CHI大学商学部です。
高校はどちらに行かれましたか。
　　　　　千葉県の銚子商業高等学校です。
高校時代は部活とかはされていましたか。
　　　　　当時はすべて生徒はどこかに入らなければいけませんでしたので，簿記部と写真部かなんかに入っていたと思います。
運動の御経験はないんですか。
　　　　　運動は全くございません。
大学院には進まれましたか。
　　　　　進みました。
どちらの大学院に行かれましたか。
　　　　　亜細亜大学経営学研究科でございます。
大学院には何年間在籍されましたか。
　　　　　大学院にはトータルで8年くらいいたかと思います。
大学院の課程というのは，例えば，前期とか後期とかに分かれると考えていいですか。
　　　　　前期だけの場合は，通常，修士課程と申しますが，まあ博士だって後期もあれば，前期後期という御理解で結構かと思います。
あなたが行かれた亜細亜大学大学院の場合はどうですか。
　　　　　前期後期ございました。
前期と後期に分かれると。
　　　　　そのとおりでございます。

第2章　パワハラ裁判②　Ⅰ　原告・被告の主張

じゃ，前期に何年，後期に何年，在籍されましたか。
　　前期に2年ですね，それから後期に，ちょっと今，突然ですので，5年か6年いたんじゃないかと思います。
さっきは通算して8年とおっしゃいましたね。
　　そうですね。8年くらいいたかもしれません。
じゃ，前期を2年で終えられて，後期に6年在籍されたわけですか。
　　そのとおりでございます。
一般的には後期課程は何年で修了ですか。
　　後期は3年だと思います。
あなたはその倍いたということですか。
　　当時なんかそういう習慣でございました。先輩もそうでございました。
　　後輩もそうでございました。
当時は亜細亜大学大学院では，皆さん後期課程に6年在籍されるんですか。
　　オーバードクターで，私の先輩もそうでございました。
あなたは博士の学位を有していますか。
　　持っておりません。
大学院に通算8年いらして，博士の学位を有していらっしゃらないというのは，何か理由がありますか。
　　当時は KA1 先生もそうですけれども，課程博士を出さない，それはすべての大学を調べたわけではございませんが，私どもが知っている大学では，在学中には博士は出さないということが一般的でございました。
そういう決まりでもあるんですか。
　　それは社会習慣と申しますか，それから，大体指導教授にそういう質問を実はしたことございますが，私たちが60になって博士号を取ったのにおまえたちまだ20代で博士号とは早いというようなことを，ちょっとかの有名な指導教授から聞いたこともございます。ただ，制度が変わって，今はもう講師採用でも，本学では博士号を取得してるということを条件に，今年も公募をしております。
乙第17号証を示す
　　2枚目の8行目くらいから，論文博士と課程博士の説明が書いてあります。で，課程博士について「課程博士とは，大学院の博士課程を修了して学位を取得した者です。」というふうに説明がありますね。この説明はこのとおりで間違いないですか。
　　これは原則はそうでしょうが，ただ，オーバードクター制度もございまして，例えば，明治大学のように，学位を取得，博士課程後期を終わってから5年間で論文を出せば，一応課程博士と認めましょうという大学もあるようでございます。

14. 被告本人尋問の速記録（第３回口頭弁論）

そうすると，あなたの場合についてもう１回聞きますが，あなたが書いた陳述書を読むと，課程博士は大学院の博士課程を修了すれば，博士号を取得できるのかなという印象を，これ読むと，そういうふうに誤解されるかと思うんですが，実際はそういう単純なものではないわけですね。

　　まあ今は比較的随分出ておりますし，私も毎年公募を見ておりますが，随分博士号の取得者が多いことは事実でございます。

では，１つだけ聞きますが，課程博士になるには論文は書かなくてもいいんですか。

　　いえ，論文を書きます，もちろん。

課程博士でも論文を提出して，その審査に合格しないと，博士号を取得できないわけですね。

　　そのとおりでございます。

そういう意味では，論文博士も課程博士も，論文を書いて審査があるという意味では同じですね。

　　論文を書く審査がある点は同じでございますが，根本的な違いがあるんです。乙第１７号証の２枚目の下から１３行目に「一般に，論文博士の方が課程博士よりも価値のあるものと見られています。」という記載がありますね。これはどういう趣旨でこういう書き方をされたんですか。

　　私どものイメージ，特に私たちが大学院にいたときのイメージは，論文博士というのは人生の最終点で，学問の終着点と，そういうイメージが非常に強うございましたし，現に私の恩師なども，６０歳とか６５歳で取っておったりしたこともございますので，そういうことを言っている。一方，課程博士というのは，教育上の終着点として，まあ大学院のドクターの勉強がほぼ修了したと，その修了したのに見合う論文があるんだということで審査をしたということですから，かなり開きがございます。ただ，今，御承知のように，新聞紙上で騒がれておりますように，論文博士でもお金で買えたり，かなり規模化が起こっているということも事実でございますが，イメージとしてはそういうイメージは，社会科学系の教員は皆さん持っているんじゃないかと思います。

最後聞き取れなかったんですが，今，お金でとおっしゃいましたか。

　　はい。

もう１回その点をお聞かせください。

　　今は論文博士でも，なんか海外のインターネットでお金を出して，その学位を買い取るというようなことが新聞で報道されているということは聞いております。

　　　　　　　　　　　　　　（以　上　　平　野　道　子）

371

論文博士を金で買うことができると，そういう話もあるという話ですね，誤解がないようにしますけれども。
　　　（うなずく）
そうすると，課程博士は金で買うことは少なくともできないと考えていいですか。
　　　そのへんはよくわかりませんが，そうだと思います。
あなたが，論文博士のほうが価値があるとおっしゃってる意味がよくわからなかったんですが，今の説明では，永年の経験を踏まえて，年齢も比較的上の方に論文博士というものは与えられる，そういうものだと，そういう意味で価値があるというふうにおっしゃったというふうに考えていいわけですか。
　　　それから，先ほどちょっと止められましたが，根本的な相違は，各大学で学位をもらわなくちゃいけませんので，まあ学位授与機構みたいな特殊なものがございますが，論文博士の場合には，あるA大学に論文を出す，A大学は拒否できますですね。ですから，あるA大学がその論文を博士に値するという審査を開始するかどうかはその各大学の権限事項で，門前払いが論文博士はできると。一方，課程博士は，教育課程の最後の教育上のプログラムの中の論文でございますから，それは学位を，提出した者に対して基本的には大学はノーとは言えないと。そういう点で，その大学の高い門をくぐったという意味では，論文博士は価値があると言っても制度上，間違いないんじゃないでしょうか。
確認ですが，大学院の課程を経れば全員が課程博士の資格を得られるわけではないですね。例えば，あなたがそうであるように，現在でも。
　　　現在の状況はよくわかりませんが，ただ，非常に増えてることは事実でございます。
現在の状況は詳しくないんですか。
　　　それは統計を取っておりませんが，ただ，SI$_2$弁護士のほうから，ある大学等のインターネットの証拠が乙号証として提出してあるかと思いますが。
現在でも，少なくとも大学院に行ったけれども課程博士，博士号を取得できなかったという人が相当数いるということは，御存じではいらっしゃるんでしょう。
　　　それはわかりません。ただ，多いという事実だけは知っております。
じゃあ，あなたの理解で結構ですが，論文博士の方は，当然ですが論文博士になるまでは博士号を持ってないわけですね。
　　　（うなずく）
すると，大分年齢がいってやっと博士号を取得できたということになるわけですか。
　　　（うなずく）
じゃあ，その方たちは少なくとも大学自体，あるいは大学院で博士号が取得できなかった人たちということになるんですか。

14. 被告本人尋問の速記録（第３回口頭弁論）

　　　　そのとおりです。時代背景があったということでございます。
乙第１７号証をもう一度示します。やはり上から１０行目ぐらいですが，「論文博士は日本の大学の独特の制度と言われています」と。この点について伺いますが，外国では日本のような論文博士というものはないわけですね。
　　　　それはわかりません。ドイツ，フランスのいわゆるアングロサクソン系にはあるかもしれません，日本はそういう影響を受けておりますから。ただ，私もアメリカに３年おりましたが，アメリカにはそういうものはあまりないと理解しております。
あなたが自分でお書きになっているから聞いたんですが，「論文博士は日本の大学の独特の制度と言われています」と，これは間違いですか。
　　　　いや，言われてると私は聞いただけで，私が論文博士は日本の独特のものだとは書いてございません。
日本の論文博士の制度に対してどういう批判があるか，知ってますか。
　　　　いわゆる留学生が日本に来ても博士号を取れないということで，文部省がそろそろ博士号を大量に出していこうという方針転換をしたという，そういうことでございますか。
論文博士というものを廃止しようという動きが以前からあることは御存じですね。
　　　　それは存じてます。
論文博士を廃止しようという動きの根拠は何ですか。
　　　　日本の文部科学省の方針はやはりアメリカ追随というような，私は間違ってるかもしれません，個人的な理解ですが，アメリカのＰｈＤ制度，つまり研究者としてのスタートとしての学位を出そうと，終着点じゃなくてですね。これから研究者として可能性がある人のＰｈＤというような形にしていこうという，そういう何か背後にあるというようなことは，私は間違ってるかもしれませんが，個人的に理解しております。
乙第１４号証を示す
　　　　２枚目の２２ページの下の段。この枠で囲った部分の中の４番目に「博士の学位については，課程博士を基本とするが，論文博士は存続させることとし，」という記載がありますね，これはどういう意味ですか。
　　　　どういう意味ですかって，大学設置審のお考えですから，その設置審の委員会に入っているわけではございませんから，どういう意味かと聞かれても。
じゃあ，「論文博士は存続させることとし，」という記載があるように，これはつまり，先ほどの論文博士を廃止しようという動きがあることを踏まえて，存続させようというふうになったということですね，結論としては。違いますか。
　　　　違いますかって・・・。
じゃあ，あなたは大学審議会でどういう審議がされているかは詳しくないということ

373

とですか。
　　　　いや，それはある程度見ております。その背後にある審議会の意見とか理論
　　　というのはちょっとよくわかりません。
じゃあ，さっきの話で，論文博士は廃止しようという動きもあるけれども，結論として，平成3年当時の話なんですが，存続させることに一応なったと。廃止しようという動きもあるけれども存続させるということになった理由をあなたは知っていますか。現在は廃止する方向で規則が今年，変わったんじゃないかと思います。平成3年当時の資料が出ているからこれに関して聞きますが，平成3年の当時の議論でいいですから，一応は存続させることになったのはどうしてかというのはわかりますか。
　　　　それは現在の方々の権利を守らなきゃいけないということが一番大事なポイ
　　　ントだと思いますね。

被告ら代理人
主尋問の最初のころの3年とか5年とかいうことがもう一つわかりにくかったので整理して伺いますが，まず採用面接時には，3年間は昇任できないということは言っていないと，それは間違いないですね。
　　　　面接では言っておりません。
採用面接時に，5年間という言葉を使って何か説明したことはありますか。
　　　　ええ，あります。5年，本学では必要ですと。これは条文は示しませんが，
　　　甲第1号証の第3条(4)号を前提にしておりました。
だから，採用面接時に言ったことは，3年間は昇任できないとは言っていないけれども，5年間は昇任できないということはむしろ言ったということですね。
　　　　5年間かかりますということは言っております。
それから，その後，採用面接と同じ日に，今度あなたと安達先生だけで再度話をしたときに，そのときには3年間で昇任できるように努力をしますというようなことをあなたのほうから言ったんですね。
　　　　はい。私の個人的な意見ですがということで，お願いをしてみますと。
その後，人事会議が開催されて，人事会議においては，3年間で教授申請の資格が取得できるということを条件として採用しようということに。
　　　　そのとおりです。教授にしろというじゃなくて，教授の申請の手続ができる
　　　ということですね。
3年たったら教授昇任申請手続を取ってもいいですよと。
　　　　そのとおりでございます。
それを条件として採用しますという決議をされましたね。
　　　　はい。御本人も了解しておりますので。
で，その決議内容をメールで伝えたということですか，あなたが。

14. 被告本人尋問の速記録（第3回口頭弁論）

　　　ええ，多分メールで伝えてると思います。
それに対しては，安達先生のほうから何か返事は返ってきたんですか。
　　　ええ，それはありがとうございましたというようなこと。まあ，安達先生はいろいろあるだろうけれども，一つ3年でということになりましたのでというお話をして，安達先生からありがとうございましたということです。
ありがとうございましたというような趣旨のメールが返ってきたと。
　　　そのとおりです。それから4月1日から10月31日まで7箇月ございまして，安達先生は私の斜め前の部屋で，3歩行けば安達先生の部屋で，KA₁先生の部屋は安達先生の隣の部屋ですから，そのことに関して一度も質問もありませんでしたので，当然，4月1日付けの辞令をいただいて，7箇月間そばにいて，会って個人的に話をしても何しても，一度もそういう話は安達先生から出ませんでしたので，当然それは御了解いただいてるんだなと確信をしておりました。
人事会議で3年間で昇任手続が取れることにしましょうという条件をつけたというのは，あなた以外には安達先生に伝えた人はいますか。
　　　それはいないと思いますが。
そうすると，そういう採用時の条件づけを，客観的には人事会議の議事録に載ってますから条件づけをしてたんでしょうが，なぜあなたしか伝えていないんですか。それはあなたが主査だからですか。
　　　もちろん主査ということもございます。それから，前学部長だったということもございますし，ちょうど3月はKA₁先生が非常に繁忙期でございまして，安達先生と私は密に非常に連絡を取り合ってましたので，それは内々の人事情報ではございますが，御本人の利益になることでございますので，私がお伝えしたということだと思います。
人事会議として正式な立場で伝えたわけじゃないんですか。
　　　人事会議の決定を伝えたということでございますね。
それは内々の話なんですか，それとも公式の話なんですか。
　　　3月3日の人事会議の前までは，それは私の個人的な希望，人事会議できちんと決定したら，それはオフィシャルなことでございますから。
それはオフィシャルな立場で伝えたということですか。
　　　ええ，もちろんそのとおりです。それはKA₁先生の御了解を得て，SI₁先生伝えてくださいと。
ああ，学部長の了解を得て伝えたということですか。
　　　もちろんです。人事会議情報はオフレコでございますので，安達先生がどこから入手したかわかりませんが，人事会議の議事録がどんどん安達先生から出てくるというのは困った問題でございます。

375

第2章　パワハラ裁判②　Ⅰ　原告・被告の主張

原告代理人
甲第1号証を示す

　　第3条(1)の「博士」の意味なんですけれども，KA₁先生のほうから，この博士というのはCHI大学商学部では過去一貫して論文博士の意味だという話なんですが，あなたも同じ見解ですか。
　　　　そのとおりでございます。3月16日の人事会議で，私，安達先生の教授申請の審査員長をやりましたが，そこでもその解釈に関しましてきちんと答申をいたしまして，そこでも人事会議で3分の2以上，具体的に言えば1名反対，2名白票で，あと全員賛成で，人事会議できちんと確認されておることでございます。
　　あなたの見解ですかと聞いたので，そこだけ答えてもらえば結構ですから。
　　　　ああ，申し訳ございません。
　　CHI大学商学部の運用として，甲第1号証第3条(1)に書いている「博士」とは論文博士の意味に限るのだと，そういう運用はいつから始まったんですか。
　　　　私個人の記憶ですと，平成3年ごろにKA₂先生が博士号を取ってから，どうなんだろうかという話題に上ったという記憶がございます。これはオフィシャルな会議ではございません。
　　じゃあ，そういう議論が起こったことがあった。
　　　　まあ，内々にございました。
　　あなたはその議論に加わったんですか。
　　　　いえ，そういう話が出たというだけのことでございます。それ以上，何か深くどうこうということではございません。
　　CHI大学の内々の少人数の議論でそういう議論が出たという話なんですか。
　　　　大学の教員は第3条(1)号の「博士」は論文博士だと。二十代の方が即教授になれるはずないという内々のコンセンサスみたいなのはあったように記憶いたします。ただ，今までそれが適用された，又は安達先生のように問題視されたケースは本学ではございませんでした。
　　過去一貫してCHI大学ではそういう運用をしてきたというふうに被告の先生のほうでは主張されているから，その点を確認しているわけなんですけれども。じゃあ，あなたの認識としては，この3条(1)の「博士」というのを論文博士に限るという議論が起こったのは平成3年ごろだということね。
　　　　私の記憶ですと，はい。
　　で，その議論というのは，公式の議論ではなく，内々の議論だったというのがあなたの記憶ですか。
　　　　ええ，そのとおりでございます。
　　そのとき議論に加わったのは，あなたとほかにだれがいましたか。

14．被告本人尋問の速記録（第3回口頭弁論）

　　　　当時，I₂商学部長，これ亡くなられましたが，KA₁先生が博士号を取ったんだけど，どうなんだろうかなと，そうですね，そう言えばと，そんな程度の話でございます。
I₂先生，その方は当時の商学部の。
　　　　商学部長だったんじゃないかと思います，ちょっと定かではございませんが。
その方とあなたが，KA₂先生の話をきっかけに，この博士というのは論文博士に限るのかなとか，そういう議論をあなたがされたわけですか。
　　　　議論というか，それが話題に上ったということでございます。
話題に上ったというか，あなたと I₂先生の間で話題に上ったわけですか。
　　　　そのとおりでございます。
だれかほかの人とその議論を更に進めようとか，そういうことはしなかったんですか。
　　　　それは，まだ私，助教授か講師ですからですね，そういうようなことを進められる立場にもございません。
じゃあ，その後，その議論についてどうなったという結論は聞きましたか。
　　　　いいえ，聞いておりません。
じゃあ，CHI 大学商学部でこの博士は論文博士に限るという運用をしてるというのは，だれから聞きましたか。
　　　　だれから聞いたか・・・。
少なくとも今現在，CHI 大学商学部では，この博士は論文博士に限るという運用をされてるわけでしょう。
　　　　そのとおりです。
それは，いつごろそういう運用が始まったと聞きましたか。
　　　　いつごろ始まったかはわかりませんが，平成16年3月16日の人事会議できちんとそれは人事会議として確認をしたということでございます。
平成16年以前には，そういう確認が行われたことはないんですか。
　　　　それはなかなか，私もちょっとわかりません。
あなたの記憶で間違いなく言えるのは，平成16年3月3日。
　　　　3月の16日か何かの安達先生の昇任の審査だったと思います。
じゃあ，そのころの人事会議で，甲第1号証第3条(1)にある「博士」というのは論文博士に限るということを確認したわけですか。
　　　　それが一番直近の確認でございます。
それ以前の話は。
　　　　それ以前の話は，先ほど申しましたように，論文博士だよねという，そういう暗黙の前提はあったような気がいたします。
暗黙の前提ね。じゃあ，さっき I₂先生の話が出たけれども，I₂先生以外では，あな

377

第2章　パワハラ裁判②　Ⅰ　原告・被告の主張

　　たとだれかの間で話に出たことはありますか。
　　　ありませんですね。もうそれを言われてもちょっと記憶が定かではございませんが。一概にないとも言えませんし，あるとも言えません。
　　　　　　　　　　　　　　　　　　　　（以上　堀　込　康　子）
　　　　　　　　　　　　東京地方裁判所民事第25部
　　　　　　　　　　　　　　裁判所速記官　　平　野　道　子
　　　　　　　　　　　　　　裁判所速記官　　堀　込　康　子

14. 被告本人尋問の速記録（第3回口頭弁論）

　　　　　速　記　録（平成１７年１２月６日　第３回口頭弁論）
事件番号　平成１７年(ワ)第２９５７号
本人氏名　　SI₄
被告ら代理人
乙第１８号証を示す
　　　冒頭にあなたの署名捺印がありますが，これは，私があなたから事情を聴き取ってこの書面を作り，で，書いてある内容に間違いがないということをあなたが確認して署名捺印しましたね。
　　　　　はい。
甲第９号証を示す
　　　安達先生の陳述書の８ページ，８項という項目がありますね。
　　　　　はい。
　　　ここから１０ページにかけてこの８項が続いておって，この中にあなたと安達先生とのやり取りが書いてあります。この部分は事前にあなたは読んできましたね。
　　　　　はい。
　　　ここに詳しい状況が書いてありますが，あなたの言い分だと，ここに書いてあるような発言をあなたがしたことは全くないということなんですか。
　　　　　はい。
　　　この８項の中で原告が主張している，あなたがこういう発言をしたとか，あなたがこういう態度を取ったというのは完全な虚構だということですか。
　　　　　そうだと思います。
　　　あなたは，この８ページの８項の冒頭を見ると平成１５年１１月５日の教員室での話だというふうに書いてありますが，あなたは１５年１１月５日に安達先生と教員室で会ったことは間違いありませんか。
　　　　　はい，間違いありません。
　　　そのときには，あなたはどういう態度を取っていたのでしょうか。
　　　　　相づちを打つ程度のことだったと思います。
　　　あなたのほうから積極的にそもそも発言したことはないということですか。
　　　　　はい。
　　　それから，１５年１１月５日の教員室でのこと以外，別の機会にですね，あなたが安達先生に対して，昇任申請の取下げを要求したり，あるいは助言をしたり，そういうことをしたことはありますか。
　　　　　ありません。
　　　そうすると，あなたとしては，その安達先生のおっしゃってることというのは全く心当たりがないようなことを理由にして被告にされてるということですか。
　　　　　そういうことです。

第2章　パワハラ裁判②　Ⅰ　原告・被告の主張

　　　そういう事実がないのに，なぜあなたが被告にされたんだというふうに思いますか。
　　　　　そうですね，安達先生，大変頭のいい方ですので，SI₁先生，KA₁先生，商学部長ですね，それ以外に私みたいな一般の教員をこの裁判という席に出すことによって，ほかの先生方が，もう怖くて，安達先生に反対するようなことを言うと，また裁判に訴えられるんじゃないかというような形を，まあ思わさせるような一つのメッセージみたいな形で私をここに引っ張り出したんではないかなと，私はそう思います。
　　　安達先生があなたを被告にして裁判を起こしているということは，ほかの教員は知っているのでしょうか。
　　　　　はい。先ほども安達先生のほうから言われたように，Eメールで商学部の先生に我々3人の名前を全部出して，Eメールで出されましたので，まあ非常に私は本当に困っているわけなんです。ですから，商学部の先生方は皆さん知っているはずです。
原告代理人
　　　あなたは体育の先生と伺ってよろしいですか。
　　　　　はい。
　　　ふだん，大学で原告と顔を合わせる機会というのはよくあるんですか。
　　　　　あまりありません。
　　　あなたは，原告が大学に就任してから，例えば平成15年4月に原告が大学に来てから，平成15年10月，昇任申請するまでの約半年間で何回ぐらい原告と会ったかわかりますか。
　　　　　何回ということはよくわかりませんけれども，あまり会ってないと思います。
　　　教授会では顔を合わせるわけですね。
　　　　　はい。
　　　教授会というのは，どれくらいのペースで行われるものなんですか。
　　　　　月1回です。
　　　原告が平成15年4月に就任してからすぐの6月に開かれた教授会で，原告が教授会の場で発言したということがあったようなんですけれども，その比較的直後，平成15年7月3日にあなたが原告に，原告の教授会での発言を批判するようなことを言った覚えはありますか。
　　　　　全くありません。
　　　具体的に言うと，平成15年7月3日に，「自分は着任して最初の二，三年は教授会で何も発言しませんでしたよ」と，あなたは原告に言った記憶はないということですか。
　　　　　はい。
　　　あと，平成15年11月5日，本件で問題になっている日のことなんですが，教授

380

14．被告本人尋問の速記録（第３回口頭弁論）

会が終わって，更に人事会議も終わって，あなたが教員室で原告と会いましたね。
　　　　はい。
その場で，あなたは原告に，今日も教授会で発言されましたねと言った記憶はありますか。
　　　　全くありません。
あなたは，原告が就任した最初の半年間の間の記憶で結構なんですが，原告と会った回数とすると，せいぜい数回程度ぐらいですかね。
　　　　そうですね。
原告に対してどういう印象を持ってましたか。
　　　　大変頭のいい方で，国際学会でも英語で発表してるんだということで言われてましたし，お土産を買って来ていただいて，私は大変仲良くやっていましたので，もう素晴らしい先生だと，そういうふうに理解しておりました。
あなたは，平成１５年１１月に原告からタイのお土産をもらったということを特に書かれていますけれども，このお土産というのは，特に原告があなただけに上げたお土産なんでしょうか。
　　　　多分そうじゃないかと私は理解して，女房にもそういうことを言って神棚に飾っておきましたので。女房が，安達先生が将来立派になられたときに，これ安達先生からもらったんだよというようなことで使えるということで神棚に飾っておきましたので，今回すぐ出すことができました。ですから，私だけだと私は，まあ若干何人かはいるというふうな形は推測できますけれども，そんなに多くじゃないと，私はそういうふうに判断しております。
乙号証としてキーホルダーの写真が証拠で出てるんですけれども，まあ，あなたは大切に保存していただいていたようなんですけれども，これはタイのお土産ですが，タイで買うと幾らぐらいの価値があるお土産かわかりますか。
　　　　それは全然わからないです。
原告がタイに行ってお土産を買ってきて，あなただけじゃなくてほかの教職員，全員にタイのお土産だよということで皆さんにお土産を上げたということは，あなたは聞いたことはないですか。
　　　　全くありません。
あなた自身は，自分含めて数人に特別に買ってきてくれたのかなと思っていらっしゃるんですか。
　　　　はい。そういうふうに思って，すごくうれしく思ってました。

　　　　　　　東京地方裁判所民事第２５部
　　　　　　　　裁判所速記官　　堀　込　康　子

381

第2章　パワハラ裁判②　Ⅰ　原告・被告の主張

平成１８年２月１７日判決言渡　同日原本領収　裁判所書記官　石橋一郎
平成１７年(ワ)第２９５７号　損害賠償請求事件
口頭弁論終結の日　平成１７年１２月６日

判　　　決

■■■■■■■■■■■■■■■■		
	原　　告	安　達　巧
■■■■■■■■■■■■■■■		
	同訴訟代理人弁護士	MO₂
	被　　告	SI₁
■■■■■■■■■■■		
	被　　告	KA₁
■■■■■■■■■■		
	被　　告	SI₄
	上記３名訴訟代理人弁論士	SI₂
	同	I₈
	同	HI
	同	NO
	同	TA₄

主　　　文

1　原告の請求をいずれも棄却する。
2　訴訟費用は原告の負担とする。

事　実　及　び　理　由

第１　請求
1　被告 KA₁ は，原告に対し，２００万円及びこれに対する平成１５年１１月２８日から支払済みまで年５分の割合による金員を支払え。
2　被告 SI₁ は，原告に対し，２００万円及びこれに対する平成１５年１０月３１日から支払済みまで年５分の割合による金員を支払え。
3　被告 SI₄ は，原告に対し，１００万円及びこれに対する平成１５年１１月５日から支払済みまで年５分の割合による金員を支払え。

第２　事案の概要
　　原告は，CHI 大学（■■■■■■■■■■■■■■）商学部の助教授であり，また，被告 KA₁ (以下「被告 KA₁」という。)，被告 SI₁ (以下「被告 SI₁」という。) 及び被告 SI₄ (以下「被告 SI₄」という。) は，いずれも CHI 大学商学部の教授である。
　　本件は，原告が，被告らは，原告が CHI 大学商学部の教授に昇任申請をするに関し，審査の手続の進行を妨げるなど原告の昇任審査を受ける権利を侵害し，また，威迫的な言動をするなど昇任申請を取り下げるよう強要した各不法行為がある旨主張し，被

告らに対し，各不法行為による損害賠償請求権に基づき，慰謝料と遅延損害金（起算日は，いずれも各不法行為の日である。）の支払を求める事案である。
1 争いのない事実等（証拠等を掲げた部分以外は当事者間に争いがない。）
 (1) 当事者等
 ア 原告（昭和41年4月15日生）は，平成3年3月，早稲田大学商学部を卒業し，平成9年3月，東北大学大学院法学研究科博士前期課程を修了し，平成11年3月，同大学大学院経済学研究科博士後期課程を修了した。
  原告は，平成13年4月，新潟国際情報大学情報文化学部の助教授に就任し，平成15年3月，同大学を退職し，同年4月，CHI大学商学部の助教授に就任した。
  原告は，博士（経済学，東北大学）の学位を有する。
 イ 被告らは，いずれもCHI大学商学部の教授である。
  被告KA_1は，昭和60年4月，同学部の助教授に就任し，平成8年4月，同学部の教授に就任した（乙16）。また，被告KA_1は，平成12年4月から平成16年3月まで，同学部の学部長を務めている。
  被告SI_1は，昭和63年4月，同学部の助教授に就任し，平成8年4月，同学部の教授に就任した（乙17）。また，被告SI_1は，平成9年10月から平成12年3月まで（乙17）と平成16年4月から，同学部の学部長を務めている。
  被告SI_4は，昭和60年4月，同学部の助教授に就任し，平成7年4月，同学部の教授に就任した（乙18）。
 (2) 原告の昇任申請
  原告は，平成15年10月31日，CHI大学商学部の学部長であった被告KA_1に対し，同学部の教授への昇任を申請した（以下「本件昇任申請」という。）。
 (3) 昇任申請後の手続等
 ア CHI大学専任教員の採用及び昇任に関する手続規程（以下「本件手続規程」という。）には，次のように定められている（甲2）。
  昇任の資格要件を充足すると思料する教員は，学部長に対し，昇任の申請を行うことができる（4条）。
 イ CHI大学商学部専任教員の採用及び昇任に関する規程（以下「本件昇任規程」という。）には，次のように定められている（甲3）。
 (ア) 昇任を希望する者は，CHI大学専任教員の資格に関する規程（以下「本件資格規程」という。）3条，4条又は5条に規定する年数に達する前年度から，学部長に対し，昇任を申請することができる（2条）。
 (イ) 学部長は，採用又は昇任の申請を受理した場合は，その適否につき，3条に規定する書類及び資料を添えて人事会議の議に付するものとする（4条）。
 (ウ) 人事会議は，4条の場合，適否の審査を行うため，5人の委員をもって構成する審査委員会を設置するものとする。審査委員会の委員は，教授をもってあてる。

（5条1項，2項）。審査委員会は，商学部専任教員の採用及び昇任に関する実施要領（以下「本件実施要領」という。）に基づいて総合的に審査するものとする（6条）。

　なお，人事会議は，商学部の全教授によって構成される。
ウ　CHI 大学専任教員の資格に関する規程（本件資格規程）には，次のように定められている（甲1）。

　教授となることのできる者は，次の各号の1に該当する者とする（3条）。
（ア）　博士の学位（外国において授与されたこれに相当する学位を含む。）を有し，教育又は研究の経歴のある者（1号）
（イ）　大学において5年以上助教授の経歴があり，この間に著書2及び論文1以上，著書1及び論文3以上又は論文5以上の顕著な研究上の業績のある者（4号）
(4)　本件昇任申請の否決等
ア　被告 KA₁ は，人事会議に対し，平成16年1月28日，本件昇任申請を付議した。
イ　人事会議は，平成16年3月16日，本件昇任申請を否決した。
2　争点及び争点に関する当事者双方の主張
(1)　被告 KA₁ には，本件昇任申請に関し，原告に対する不法行為があるか否か。
【原告の主張】
ア　被告 KA₁ は，人事会議に対し，本件昇任申請を付議せず，平成16年1月28日に付議するまで，約3か月間，故意に放置した。
イ　被告 KA₁ は，2度にわたって，原告に対し，本件昇任申請の取下げを強要した。
　（ア）　被告 KA₁ は，平成15年11月28日，商学部長室で，原告に対し，本件昇任申請の取下げを要求した。
　（イ）　被告 KA₁ は，平成16年1月23日，商学部長室で，原告に対し，本件昇任申請の取下げを要求した。
ウ　被告 KA₁ の上記行為は，本件昇任申請に関し，原告に対する不法行為に当たる。
エ　原告の採用の際，原告は，被告 KA₁ らから，採用後3年間は助教授のままであるということを告げられたことはなく，また，これを了承したことはない。
【被告らの主張】
ア　原告の採用に際しては，被告 KA₁，被告 SI₁ 及び KA₅ 助教授が採用審査小委員会の委員であって，平成15年2月28日，原告の最終面接をした。原告は，前任校での助教授歴が2年間であり教員実績が不足していたため，被告 KA₁ 及び被告 SI₁ らは，原告を CHI 大学教員として採用するに際し，原告に対し，採用後3年間は助教授のままであることが条件となる旨を告げ，原告はこれを了承して就任した。しかし，原告は，同年10月31日，被告 KA₁ に対し，本件昇任申請をした。被告 KA₁ は，条件違反であった本件昇任申請の取扱いについて検討し，その結果，慎重に扱い，受理扱いした上で，人事会議に付議するとの結論に達した。被告 KA₁ は，平成

１６年１月２８日，本件昇任申請を人事会議に付議して，審査委員会を設置した。審査委員会は，同年３月１５日，報告書を提出し，被告KA₁は，同月１８日の人事会議に本件昇任申請の可否を付議した。以上のように，本件昇任申請の受理について検討を要したことなどから，本件昇任申請の日から人事会議の議決まで約５か月かかったが，格別長すぎるとはいえない。
　イ　被告KA₁は，上記の条件があったことから，原告に対し，本件昇任申請の取下げを助言したにすぎず，取下げを要求したことはない。
(2)　被告SI₁には，本件昇任申請に関し，原告に対する不法行為があるか否か。
【原告の主張】
　被告SI₁は，平成１５年１０月３１日，CHI大学の図書館の個室で，原告に対し，「取り下げるわけにはいかないよね。」などと言いながら，原告の面前で，パソコンデスクを両手で激しくたたき，また，「後ろからけ飛ばされるよ。」，「あなたが死ぬだけで，何も変わらないよ。」と怒号するなどして，原告を威迫した。
　被告SI₁の上記行為は，本件昇任申請に関し，原告に対する不法行為に当たる。
【被告らの主張】
　被告SI₁は，平成１５年１０月３１日，CHI大学の図書館の個室にいたところ，原告が，突然訪問し，昇任申請書の提出を報告してきた。被告SI₁は，驚き，原告に対し，採用時の条件違反である旨などを説明し助言したにすぎない。
(3)　被告SI₄には，本件昇任申請に関し，原告に対する不法行為があるか否か。
【原告の主張】
　被告SI₄は，平成１５年１１月５日，CHI大学の教員室で，原告の顔面に顔を近づけ，威圧的な口調で，「私はこの大学のことをすみからすみまで知っている。」，「安達先生の経歴にきずが付く。」，「取り下げなさいよ。」などと述べて，原告を威迫し，本件昇任申請の取下げを要求した。
　被告SI₄の上記行為は，本件昇任申請に関し，原告に対する不法行為に当たる。
【被告らの主張】
　被告SI₄は，平成１５年１１月５日，CHI大学の教員室にいたところ，原告は，被告SI₄に対し，昇任申請書の提出に関して話し掛けてきた。
　被告SI₄は，「ああそうですか。」というような返答はしたが，内容に及ぶ返答はしていない。
(4)　原告の受けた損害。
【原告の主張】
　ア　被告KA₁は，学部長として，原告から受理した本件昇任申請に関する書類を人事会議に付議するべき義務があったが，あえて怠り，人事会議に付議しないまま，約３か月間，故意に放置した上，原告に対し，２度にわたって，本件昇任申請の取下げを要求した。被告KA₁の行為は，権限を濫用して原告の昇任審査の手続の進行を

第2章　パワハラ裁判②　I　原告・被告の主張

　　　妨害するものであり，また，2度にわたって，執ように本件昇任申請の取下げを要求するなど悪質である。
　　　　これらの事情を考慮すると，原告が，被告 KA₁ の行為によって受けた精神的苦痛を慰謝するためには，200万円が相当である。
　　イ　被告 SI₁ は，本件昇任申請に関し，パソコンデスクを両手でたたき，怒号するなどして，原告を威迫した。
　　　　これらの事情を考慮すると，原告が，被告 SI₁ の行為によって受けた精神的苦痛を慰謝するためには，200万円が相当である。
　　ウ　被告 SI₄ は，本件昇任申請を取り下げる義務がない原告に対し，原告を威迫し，本件昇任申請の取下げを強要した。
　　　　これらの事情を考慮すると，原告が，被告 SI₄ の行為によって受けた精神的苦痛を慰謝するためには，100万円が相当である。
第3　争点に対する判断
1　前記争いのない事実等，証拠（甲1，3ないし5，7，8，9（ただし，一部），乙1の1，3，4，9，16ないし18，原告（ただし，一部），被告 KA₁，被告 SI₁ 及び被告 SI₄）及び弁論の全趣旨によれば，次の事実を認めることができる。
(1)ア　被告 SI₄ は，昭和60年4月，CHI 大学商学部の助教授に就任し，平成7年4月，同学部の教授に就任した。
　　イ　被告 KA₁ は，昭和60年4月，CHI 大学商学部の助教授に就任し，平成8年4月，同学部の教授に就任した。また，被告 KA₁ は，平成12年4月から平成16年3月まで，同学部の学部長を務めている。
　　ウ　被告 SI₁ は，昭和63年4月，CHI 大学商学部の助教授に就任し，平成8年4月，同学部の教授に就任した。また，被告 SI₁ は，平成9年10月から平成12年3月までと平成16年4月から，同学部の学部長を務めている。
　　エ　原告は，平成3年3月，早稲田大学商学部を卒業し，平成9年3月，東北大学大学院法学研究科博士前期課程を修了し，平成11年3月，同大学大学院経済学研究科博士後期課程を修了し，同月25日，博士（経済学，東北大学）の学位を授与された。
　　　　原告は，平成13年4月，新潟国際情報大学情報文化学部の助教授に就任し，平成15年3月，同大学を退職した。
(2)ア　CHI 大学商学部は，平成14年秋ころ，同学部の TA₆ 教授が平成15年4月に他の大学に移籍する予定となったことから，同月からの会計監査論・経営分析論の専任教員の補充が必要となった。
　　　　そして，同学部は，平成14年10月ころ，同学部の常勤の教授又は助教授1名を公募した。同公募による研究分野は，商学，応募条件は，(ア)年齢　59歳以下を原則とする，(イ)学歴　博士課程後期修了又はこれに準ずる者〈例：修士課程（博士

課程前期）と公認会計士資格取得者），（ウ）特別条件　将来，大学院の修士（博士課程前期）で演習（予定科目は「会計学原理演習」）と「会計監査論研究」の科目を持てるマル合（大学院の講義演習を担当できる教員のこと。）の資格を有すると思われる方で博士号取得者かこれに準ずる最近3年間の研究業績（単著研究書等）があること，着任時期は，平成15年4月1日，というものであった。

　同公募には，原告を含む11名が応募した。
イ　人事会議は，上記公募の応募者の選考のために，採用審査小委員会を設置した。その構成員は，被告 KA_1，被告 SI_1 及び KA_5 助教授であり，被告 SI_1 が主査となった。

　上記応募者11名の中では，原告の研究業績が秀でていて，また，原告のみがマル合適格者の可能性があったので，同小委員会は，原告を候補者とした。また，原告は前任校での経歴として助教授歴が2年のみであったので，同小委員会は，助教授採用でまとまった。

　なお，同小委員会では，前任校での助教授歴2年を算入し，CHI 大学での助教授歴3年で，教授昇任申請を認めてよい，との意見が出た。
ウ　採用審査小委員会は，平成15年2月28日，CHI 大学商学部で，原告の採用面接をした。面接は約1時間にわたったが，その席上で，被告 SI_1 や被告 KA_1 は，原告に対し，同大学では，助教授から教授に昇任するためには原則として5年間の教員歴が必要であること，原告を教授として採用するには教員歴が不足していて，そのため，助教授としての採用となることを告げた。この説明に対し，原告は，被告 SI_1 らに対し，「分かりました。」と答えた。
エ　被告 SI_1 は，前同日，上記採用面接の後，面接会場とは別の場所で，原告に対し，採用審査小委員会は人事会議に対して助教授採用の報告をすることになると思う，原告には早く教授になってほしいので，教授への昇任には通常は5年間の教員歴が必要なところ CHI 大学での3年間の教員歴で教授に昇任できるように同小委員会及び人事会議に頼んでみる旨告げた。原告は，被告 SI_1 に対し，教員歴不足は理解しているので，感謝する旨答えた。

　被告 SI_1 は，原告との上記やりとりについて，被告 KA_1 に伝えた。
オ　採用審査小委員会は，人事会議に対し，原告を採用教員として推薦すること，助教授とすること，採用後は3年間で教授昇任申請を認めること，などを内容とする報告書を提出した。

　人事会議は，平成15年3月3日，会計監査論の助教授採用に関する審査の件として，原告の採用について審議をした。同小委員会の主査であった被告 SI_1 は，人事会議において，原告は「マル合教員の可能性あり」との返答であったこと，資料の審議経過等により原告を推薦したいこと，原告の現職の立場は助教授であり，教員歴が2年間と浅いとの理由から助教授として採用したいこと及び採用後は3年間の

第2章 パワハラ裁判② Ⅰ 原告・被告の主張

経験で教授への昇任資格を取得できる条件としたいこと，などを説明した。人事会議は，被告 SI₁ の説明を受けて審議した上，原告を助教授として採用することを承認した。
カ 被告 SI₁ は，上記人事会議の後，原告に対し，人事会議の結果を受け，その内容を電子メールで伝えた。原告は，被告 SI₁ に対し，「ありがとうございました」などと電子メールで答えた。
(3)ア 原告は，平成15年4月，CHI 大学商学部の助教授に就任した。
イ 原告は，就任した後，CHI 大学の規程を読んでいて，本件実施要領の「昇任選考審査基準点数表」で計算したところ，助教授から教授への適任点を上回る点数であったことなどから，教授に昇任できる可能性があると考えるようになった。
そして，原告は，昇任が否決されても同大学の原告に対する評価を知ることができると考え，本件昇任申請をすることを決めた。
ウ 原告は，平成15年10月31日，CHI 大学商学部の学部長であった被告 KA₁ に対し，必要書類を整えて，本件昇任申請をした。
しかし，この間，原告は，教授への昇任申請の件を，被告 KA₁ や被告 SI₁ らに相談するなどしたことはなかった。
エ CHI 大学商学部における専任教員の昇任に関する規程としては，本件手続規程，本件昇任規程及び本件資格規程等があった。
(ア) 本件手続規程は，次のようなものであった。
昇任の資格要件を充足すると思料する教員は，学部長に対し，昇任の申請を行うことができる（4条）。
(イ) 本件昇任規程は，次のようなものであった。
a 昇任を希望する者は，本件資格規程3条，4条又は5条に規定する年数に達する前年度から，学部長に対し，昇任を申請することができる（2条）。
b 学部長は，採用又は昇任の申請を受理した場合は，その適否につき，3条に規定する書類及び資料を添えて人事会議の議に付するものとする（4条）。
c 人事会議は，4条の場合，適否の審査を行うため，5人の委員をもって構成する審査委員会を設置するものとする。審査委員会の委員は，教授をもってあてる。（6条1項，2項）。審査委員会は，本件実施要領に基づいて総合的に審査するものとする（6条）。
人事会議は，商学部の教授全員で構成されている。
(ウ) 本件資格規程は，次のようなものであった。
教授となることのできる者は，次の各号の1に該当する者とする（3条）。
a 博士の学位（外国において授与されたこれに相当する学位を含む。）を有し，教育又は研究の経歴がある者（1号）
b 大学において5年以上助教授の経歴があり，この間に著書2及び論文1以

上，著書1及び論文3以上又は論文5以上の顕著な研究上の業績のある者（4号）

(4) 原告は，平成15年10月31日，本件昇任申請をした後，CHI大学の図書館の教員用個人閲覧室にいた被告SI₁を訪ね，本件昇任申請をしたことを報告した。

被告SI₁は，原告による本件昇任申請は，採用面接の際及び人事会議での昇任資格取得条件に反すると考えたことから，その場で，原告に対し，本件昇任申請は，原告を採用した際に人事会議が付した条件に違反しており，原告には教授に昇任する資格がない旨告げた。これに対し，原告は，被告SI₁に対し，教授昇任資格として5年の教員歴が必要との内規がし意的に適用されている，採用時に付された条件は理解しているが，努力した人間には例外が認められてもよいのではないか，などと答えた。

被告SI₁は，原告の言い分をメモし（乙1の1の上段部分），原告に対し，その記載が原告の言い分と相違ないかどうか確認したところ，原告は同メモの2か所に加筆した。

図書館の教員用個人閲覧室は，ベニヤ板張りで，内部の会話やパソコンのキーボードを打つ音などは外部に聞こえる状況にあった。

被告SI₁と原告との会話は穏やかなものであって，被告SI₁は原告に対し怒鳴ったことはなかった。

(5) 被告SI₄は，平成15年11月5日，CHI大学商学部教授であるHO₂（以下「HO₂」という。）とともに教員室に入室したところ，原告から話し掛けられたため，HO₂及び原告とともに教員室の奥にあるソファセットに座り，約20分間，原告の話を聞いた。

原告と被告SI₄は，原告が同年4月に同学部に就任した後，あいさつをする程度の間柄であった。

原告は，同学部の昇任に関する規程には不備があり，本件昇任申請によりその不備をただしたいこと及び規程上，原告は現時点で昇任申請を出せると思うこと，などを話したが，被告SI₄は，特に発言することはなく，相づちを打つ程度であった。

なお，教員室は，広さ約162㎡，34席の大部屋であって，当時，教員室には，原告及び被告SI₄らのほかに5名程度の教員が在室していた。

(6)ア 被告KA₁は，原告による本件昇任申請に接し，また，被告SI₁から上記(4)の状況の報告を受け，本件昇任申請は，採用時の昇任資格取得条件に反しているものとしてとまどいを覚え，慎重に手続を進めようと考えた。そして，被告KA₁は，まず，原告と会って話をし，真意を確認するとともに本件昇任申請の取下げを助言しようと考えた。

イ 被告KA₁は，平成15年11月28日，CHI大学の商学部長室において，原告に対し，原告の採用を承認した際の人事会議の議事録及び採用審査小委員会の報告書

の抜粋を見せ，採用時の条件を説明し，本件昇任申請は採用時の条件に反する旨告げ，本件昇任申請を取り下げる意思がないかどうか確認した。

これに対し，原告は，被告 KA₁ に対し，採用時に，被告 SI₁ 及び被告 KA₁ は，採用は助教授だが，3年たてば教授は確約する，と言っていたが，採用時には本件資格規程3条1号について説明がなかった，原告はその要件に該当するため，人事会議が教授への昇任申請に条件設定をすること自体がおかしい，同小委員会の報告書では本件資格規程3条1号についての判断がされていない，などと反論した。

被告 KA₁ は，原告に対し，本件昇任申請につき，取り下げる意思がないかどうか再度確認したところ，原告はその意思がない旨答えたので，被告 KA₁ は，本件昇任申請について，平成15年度中には結論を出すが，検討にやや時間がかかる旨告げた。

ウ　被告 KA₁ は，平成15年12月8日，原告に対し，本件昇任申請を取り下げる意思がないかどうか電話で確認したが，原告は，本件昇任申請を取り下げる意思はない旨答えた。

エ　人事会議は，平成15年12月10日，原告と同時期に昇任申請をした3名の昇任申請について，審議をした。

その際，本件昇任申請について質疑がされた。被告 KA₁ は，本件昇任申請を今回人事会議に提案しなかった理由として，原告の主張が原告を採用した際の人事会議の決定と異なっているので慎重に対応している，本件昇任申請については次回の人事会議で提案する予定である，原告には平成15年度中には何とかすると言ってある，などと答えた。

オ　被告 KA₁ は，この間，CHI 大学の法律顧問である SI₂ 弁護士に対し，法的問題点について検討を依頼するなどして，本件昇任申請の取扱いを検討した。

カ　被告 KA₁ は，平成16年1月23日，CHI 大学の商学部長室において，原告に対し，博士号を有する同大学商学部専任教員のうち5名について，採用年月，採用当時の職位，博士号取得時期，取得当時の職位，昇任時期及び現在の職位等を表にしたもの（乙9と同じであるが氏名の記載はないもの）を示した上で，同学部では，博士の学位を有する者のうち，課程博士については，従来から，その教授の資格の有無について，本件資格規程3条4号を適用して判断してきたこと，実際に，平成15年12月時点で，博士の学位を有していた同学部の教員には，本件資格規程3条4号所定の年限を経過する前に助教授から教授への昇任申請をした者はいないことを説明した。

それに対し，原告は，上記規程の年限経過前に昇任申請をした者がいないのは，自主的に申請をしなかっただけであって，申請する権利がなかったからではない旨反論した。

被告 KA₁ は，原告に対し，本件昇任申請を取り下げる意思がないかどうか確認し

たが，原告はその意思がない旨答えたので，被告 KA$_1$ は，本件昇任申請を平成１６年１月２８日の人事会議に付議する旨告げた。
- キ 被告 KA$_1$ は，人事会議に対し，平成１６年１月２８日，本件昇任申請を付議した。

 人事会議は，被告 SI$_1$，KA$_4$ 教授ら５名を審査委員に選任して，審査委員会が組織された。審査委員会は，審査の上，人事会議に対し，同年３月１５日，原告について，教授昇任の資格要件をみたしていないなどの理由で，教授として推せんできないとの内容の報告書を提出した。
- ク 人事会議は，平成１６年３月１６日，上記報告書の提出を受けて審議した上，本件昇任申請を否決した。

 これに対し，原告の陳述書（甲９）中及び本人尋問中には，平成１５年２月２８日の原告の採用面接の際や，被告 SI$_1$ からの原告採用時の人事会議の結果についての連絡の際には，教授ではなく助教授として採用されるとの話は出たが，採用後３年間が経過するまでは助教授のままであり，教授に昇任することはできない，などという話がされたことはなく，そのような話を承諾したことはない旨陳述・供述する部分がある。

 しかしながら，証拠（乙３）及び弁論の全趣旨によれば，CHI 大学商学部は，同年３月３日，人事会議で，被告 SI$_1$ から，原告を推せんしたいこと，原告の現職の立場は助教授であり，教員歴が２年間と浅いとの理由から助教授として採用したいこと及び採用後は３年間の経験で教授への昇任資格を取得できる条件としたいこと，などの説明を受けて審議した上で，原告を助教授として採用することを承認したことが認められること，前記(2)で認定したとおり，被告 SI$_1$ は原告に対し，上記人事会議の内容を伝えていること，証拠（乙１，１７，被告 SI$_1$）及び弁論の全趣旨によれば，被告 SI$_1$ は，原告から，同年１０月３１日，本件昇任申請の報告を受け，直ちに，原告に対し，本件昇任申請は，原告を採用した際に人事会議が付した条件に違反しており，原告には教授に昇任する資格がない旨告げたこと，その旨のメモが作成されていること，これらによれば，原告は上記条件があったことを認識していたこと（なお，原告は，採用面接時に助教授採用であることを告げられたので，その理由を聞いたところ，前歴が２年で短く３年後には教授に昇任してもらうのでどうかと言われた旨及びこれを了承した旨供述している。）が認められることなどに照らし，不自然であって採用することはできない。

 また，原告の陳述書（甲９）中及び本人尋問中には，原告が，同日，図書館の個人閲覧室にいた被告 SI$_1$ を訪ね，本件昇任申請をした旨告げたところ，被告 SI$_1$ は，パソコンデスクを両手で激しく何回もたたいて，「取り下げるわけにはいかないよね。」，「自分の人生を大切にしなよ。」などと言い，「取り下げないと言い張るのなら，それはそれで構わないけど，気をつけないと，だれかに後ろから矢飛ばされるよ。」，「あなたが死ぬだけで，何も変わらないよ。」と怒号した旨陳述・供述する部分があ

る。
　しかしながら，前記(4)で認定した図書館の教員用個人閲覧室の状況からすると，原告の供述等するような激しい言動があったとすれば，容易に周囲に察知されることは明らかであって，そのような状況の下，被告 SI$_1$ があえて原告が供述等するような言動をとるとは考え難いから，原告の上記供述等部分は，不自然であって採用することはできない。
　さらに，原告の陳述書（甲9）中及び本人尋問中には，被告 SI$_4$ は，同年11月5日，同大学の教員室内の応接セットで原告と1対1で向かい合って座り，原告の顔面に接触するほどの距離に顔を近づけ，原告の顔面をなめるように見ながら，低い声で，「私はこの大学に長く勤めているから，この大学のことをすみからすみまで知っている。」と言い，さらに，威圧的な口調で，「昇任申請をこのままにしておくと，先生の経歴にきずが付く。申請を取り下げなさいよ。」と言った，当時，教員室内には5名ないし7名程度の教員がいたが，原告及び被告 SI$_4$ のそばには他の教員はいなかった旨陳述・供述する部分がある。
　しかしながら，前記(5)で認定した事実によれば，同日の教員室には他に5名程度の教員がいたのであって，そのような状況で，被告 SI$_4$ が，原告の顔面に接触するほどの距離に顔を近づけ，威圧的な口調で取下げを求めるとは考え難く，原告と被告 SI$_4$ とのそれまでの間柄を考慮すると，原告の上記供述等部分は，不自然であって採用することはできない。
　以上のとおりであって，前記(1)ないし(6)で認定した事実に反する原告の陳述・供述は，不自然であって採用することはできず，他に前記認定した事実を覆すに足りる証拠はない。
　また，本件資格規程3条1号にいう「博士」にいわゆる課程博士が含まれるか否かの解釈は，本件においては，上記認定を左右するものではない。
2　争点(1)（被告 KA$_1$ の原告に対する不法行為の有無）について
(1)　原告は，被告 KA$_1$ には本件昇任申請を放置した不法行為がある旨主張するので，検討する。前記1で認定した事実によれば，ア　原告は，平成15年10月31日，本件昇任申請をしたこと，イ　学部長であった被告 KA$_1$ は，平成16年1月28日，本件昇任申請を人事会議に付議したこと，ウ　他方，人事会議は，平成15年12月10日，原告と同時期に昇任申請をした3名について審議をしたことを認めることができ，これら事実によれば，本件昇任申請の人事会議に対する付議は，他の昇任申請と比較して遅れている。
　しかしながら，前記1で認定した事実によれば，エ　被告 KA$_1$ は，原告による本件昇任申請に接し，同申請は，採用時の昇任資格取得条件に反しているものとして，慎重に手続を進めようと考えたこと，オ　被告 KA$_1$ は，同年11月28日，原告に対し，人事会議の議事録等の抜粋を見せ，採用時の条件を説明し，本件昇任申請は

採用時の条件に反するので取り下げるかどうか確認したこと,カ 被告 KA₁ は,同年１２月１０日,人事会議で,本件昇任申請について質疑がされたことを受け,原告の主張が採用時の人事会議の決定と異なっているので慎重に対応している,本件昇任申請については次回の人事会議で提案する予定である旨答えたこと,キ 被告 KA₁ は,平成１６年１月２３日,原告に対し,平成１５年１２月時点で,博士の学位を有していた CHI 大学商学部の教員には,本件資格規程所定の年限を経過する前に助教授から教授に昇任申請をした者はいないことを,表で示すなどして説明したこと,その上で,被告 KA₁ は,原告に対し,本件昇任申請を取り下げるかどうかを確認したが,原告の意思は固く,これを断ったので,被告 KA₁ は,原告に対し,本件昇任申請を平成１６年１月２８日の人事会議に付議する旨告げ,本件昇任申請は,同日の人事会議に付議されたこと,などを認めることができるのであって,これらの事実によれば,被告 KA₁ は,原告による本件昇任申請は採用時の昇任資格取得条件に反することから,手続を慎重に進め,できれば本件昇任申請を取り下げてもらいたいと考えて,結果として,他の昇任申請と比較して約１か月半遅れた人事会議に本件昇任申請を付議することとなったと認めることができる。

そして,上記の各事実を踏まえると,原告による本件昇任申請の意思は固かったといえるのであるから,被告 KA₁ としては,速やかに本件昇任申請を人事会議に付議すべきであったといえなくはないが,上記の経緯等が認められる本件においては,原告による本件昇任申請は,採用時の条件に反していたのであって,採用時の面接を担当し,かつ学部長であった被告 KA₁ としては,慎重に手続を進めたいと考えていたことは無理からぬところがあったと評価することができるから,本件においては,上記手続の遅れをもって,被告 KA₁ に原告に対する不法行為があるとまでいうことはできない。

他に,原告の上記主張を認めるに足りる証拠はない。

(2) 次いで,原告は,被告 KA₁ には,原告に対し,本件昇任申請の取下げを要求した不法行為がある旨主張するので,検討する。

前記１で認定した事実によれば,被告 KA₁ は,原告に対し,CHI 大学商学部の学部長室で,平成１５年１１月２８日と平成１６年１月２３日の２度,本件昇任申請を取り下げる意思がないかどうか確認したことを認めることができるが,他方,前記１で認定した事実によれば,上記(1)で認定説示したとおり,被告 KA₁ は,原告による本件昇任申請は採用時の昇任資格取得条件に反することから,手続を慎重に進め,できれば本件昇任申請を取り下げてもらいたいと考えて,このような確認をしたと認めることができる。

そして,上記の各事実によれば,被告 KA₁ としては,取下げを確認することなく速やかに本件昇任申請を人事会議に付議すべきであったといえなくはないが,前記の経緯等が認められる本件においては,原告による本件昇任申請は,採用時の条件

第2章 パワハラ裁判② Ⅰ 原告・被告の主張

　　　に反していたのであって，採用時の面接を担当し，かつ学部長であった被告 KA₁ の
　　　上記取下げ確認の行為をもっていちがいに責めるのは酷であるといえ，これらの行
　　　為が被告 KA₁ の原告に対する不法行為に当たるとまでいうことはできない。
　　　　他に，原告の上記主張を認めるに足りる証拠はない。
　　(3)　以上によれば，被告 KA₁ には，本件昇任申請に関し，原告に対する不法行為があ
　　　るとはいえない。
　　　　そうすると，争点(1)に関する原告の主張は，理由がない。
　3　争点(2)（被告 SI₁ の原告に対する不法行為の有無）について
　　　原告は，被告 SI₁ には，本件昇任申請に関し，原告を威迫した不法行為がある旨主張
　　する。
　　　しかしながら，前記1で認定した事実によれば，被告 SI₁ は，平成15年10月31
　　日，CHI 大学商学部の図書館の教員用個人閲覧室で，同室を訪れた原告に対し，採用
　　時の人事会議の昇任資格取得条件に反する旨告げたものの，被告 SI₁ と原告との会話は
　　穏やかなものであって，被告 SI₁ は原告に対し怒鳴ったことはなかったと認めること
　　ができる。
　　　他に，原告の上記主張を認めるに足りる証拠はない。
　　　以上によれば，被告 SI₁ には，本件昇任申請に関し，原告に対する不法行為があると
　　はいえない。
　　　そうすると，争点(2)に関する原告の主張は，理由がない。
　4　争点(3)（被告 SI₄ の原告に対する不法行為の有無）について
　　　原告は，被告 SI₄ には，本件昇任申請に関し，原告を威迫し，取下げを強要した不法
　　行為がある旨主張する。
　　　しかしながら，前記1で認定した事実によれば，被告 SI₄ は，平成15年11月5日，
　　CHI 大学商学部の教員室で，原告に話し掛けられたものの，特に発言することはなく，
　　相づちを打つ程度の対応をしたのみであることを認めることができる。
　　　他に，原告の上記主張を認めるに足りる証拠はない。
　　　以上によれば，被告 SI₄ には，本件昇任申請に関し，原告に対する不法行為があると
　　はいえない。
　　　そうすると，争点(3)に関する原告の主張は，理由がない。
第4　結論
　　　以上によれば，その余について判断するまでもなく，原告の被告らに対する本件各
　　請求はいずれも理由がないから棄却することとし，訴訟費用の負担につき民訴法61
　　条を適用して，主文のとおり判決する。

東京地方裁判所民事第25部

15. 判　決

　　　　裁判長裁判官　　　　小　　池　　一　　利

　　　　　　裁判官　　　　首　　藤　　晴　　久

裁判官西村欣也は，海外出張中につき，署名押印できない。

　　　　裁判長裁判官　　　　小　　池　　一　　利

Ⅱ　双方が提出した主な証拠

第2章　パワハラ裁判②　Ⅱ 双方が提出した主な証拠

平成17年(ワ)第2957号　損害賠償請求事件
　原　　告　　　安達　巧
　被　　告　　　KA₁ほか2名

証　拠　説　明　書

平成17年5月13日

東京地方裁判所民事第25部単4係　御中

　　　　　　　　　　　　　　　原告訴訟代理人弁護士　　　MO₂

号証	標　　　目 (原本・写しの別)	作　成 年月日	作成者	立　証　趣　旨	備考
甲1	CHI大学専任教員の資格に関する規程	写し	平成2.10.3	CHI大学	CHI大学の専任教員の資格	
甲2	CHI大学専任教員の採用及び昇任に関する手続規程	写し	平成2.10.3	CHI大学	昇任を希望する者は，学部長に対し，昇任を申請することができること，その他昇任に関する手続	
甲3	CHI大学商学部専任教員の採用及び昇任に関する規程	写し	平成10.5.13	CHI大学	昇任を希望する者は，学部長に対し，昇任を申請することができること，学部長は，昇任の申請を受理した場合は，その適否につき人事会議の議に付すること，人事会議は，その場合，適否の審査を行なうため，審査委員会を設置すること，その他昇任に関する手続	
甲4	商学部専任教員の採用および昇任に関する実施要領	写し	平成10.5.13	CHI大学	昇任審査の実施要領	
甲5	CHI大学商学部教授会規程	写し	平成10.7.1	CHI大学	人事会議は，商学部の全教授により構成されること，その他教授会の組織及び運営に関する事項	

1．原告側提出証拠

甲第1号証

(平成2年CHI大学規程第1号)
CHI大学専任教員の資格に関する規程

(趣　旨)
第1条　CHI大学の専任教員の資格は、この規程の定めるところによる。
(定　義)
第2条　この規程において研究上の業績に該当する「論文」とは、専攻分野またはその関連分野における論文で、印刷公表されたものをいう。
　2　専攻分野またはその関連分野における学会等において発表した報告で、その全文または要旨が印刷されたものは、前項に規定する論文とみなす。
　3　学術的価値の高い翻訳で印刷公表されたものは、外国語科目を担当する教員の資格を審査する場合に限り、第1項に規定する論文とみなすことができる。
(教授の資格)
第3条　教授となることのできる者は、次の各号の一に該当する者とする。
　　(1) 博士の学位（外国において授与されたこれに相当する学位を含む。）を有し、教育又は研究の経歴のある者
　　(2) 研究上の業績が、前号の者に準ずると認められる者
　　(3) 大学（旧大学令「大正7年勅令第388号」による大学を含む。以下本条及び次条において同じ。）において教授の経歴があり、顕著な研究上の業績がある者
　　(4) 大学において5年以上助教授の経歴があり、この間に著書2及び論文1以上、著書1及び論文3以上又は論文5以上の顕著な研究上の業績のある者
　　(5) 高等学校及び専門学校（旧高等学校令「大正7年勅令第389号」による高等学校及び旧専門学校「明治36年勅令第61号」による専門学校をいう。以下次条第6号において同じ。）並びにこれらと同等以上と認められる学校において5年以上教授の経歴があり、教育研究上の業績があると認められる者
　　(6) 芸能体育等については、特殊な技能に秀で、第4号に規定する経歴があり、かつ、同号に規定する研究上の業績に相当する教育研究上の業績があると認められた者又は13年以上教育の経歴がある者
　　(7) 専攻分野について、特に優れた知識及び経験を有し、教育研究上の能力があると認められた者
(助教授の資格)
第4条　助教授となることのできる者は、次の各号の一に該当する者とする。
　　(1) 前条に規定する教授となることのできる者
　　(2) 大学において助教授の経歴があり、顕著な研究上の業績がある者
　　(3) 大学において3年以上専任講師の経歴があり、この間に著書1及び論文1以

上又は論文3以上の顕著な研究上の業績がある者
- （4）大学において5年以上助手又はこれに準ずる職員としての経歴があり、教育研究上の能力があると認められた者
- （5）修士の学位を有する者又は旧大学令による大学の大学院に3年以上在学した者で、教育研究上の能力があると認められた者
- （6）高等学校及び専門学校並びにこれらと同等以上と認められる学校において、3年以上教授の経歴があり、又は5年以上助教授若しくは専任講師の経歴があり、教育研究上の業績若しくは能力があると認められる者
- （7）研究所、試験所、調査所等に5年以上在籍し、研究上の業績があると認められる者又は8年以上教育の経験がある者
- （8）芸能体育等については、特殊の技能に秀で、第3号に規定する経歴があり、かつ、同号に規定する研究上の業績に相当する教育研究上の業績があると認められる者
- （9）専攻分野について、優れた知識及び経験を有し、教育研究上の能力があると認められる者

（専任講師の資格）
第5条　専任講師となることのできる者は、次の各号の一に該当する者とする。
- （1）第3条又は前条に規定する教授又は助教授となることのできる者
- （2）大学において2年以上助手の経歴があり、この間に論文1以上の研究上の業績がある者
- （3）芸能体育等については、特殊な技能に秀で、第2号に親定する経歴があり、かつ、同号に規定する研究上の業績に相当する教育研究上の業績があると認められる者又は5年以上教育の経歴がある者
- （4）その他特殊な専攻分野について教育上の能力があると認められる者

（助手の資格）
第6条　助手となることのできる者は、次の各号の一に該当する者とする。
- （1）学士の称号を有する者
- （2）前号の者に準ずる能力があると認められる者

附　　則

（施行期日）
1　この規定は、平成2年10月3日から施行する。

（従前の規程の廃止）
2　昭和46年9月1日施行に係るCHI大学教員の任用及び昇格選考基準規程は、廃止する。

1．原告側提出証拠

甲第2号証

（平成2年CHI大学規程第2号）
　　　　　CHI大学専任教員の採用及び昇任に関する手続規程

（趣旨）
第1条　CHI大学の専任教員（以下「教員」という。）の採用及び昇任の手続は、この規程の定めるところによる。

（資格審査）
第2条　教員の採用及び昇任に関する資格の審査は、CHI大学専任教員の資格に関する規程（平成2年CHI大学規程第1号）の定めるところにより行う。

（採用）
第3条　教員の採用は、その補充を行う必要が生じた場合に行う。
　2　前項の採用は、公募によることを原則とする。

（昇任）
第4条　昇任の資格要件を充足すると思料する教員は、学部長に対し、昇任の申請を行うことができる。

（申請手続）
第5条　採用又は昇任を申請する者は、経歴、業績その他思惟の書類及び資料を学部長に提出しなければならない。
　2　学部長は、前項の書類及び資料に関する事務並びにそれらの保管を教務担当の長たる職員に担当させることができる。

（教授会の審議）
第6条　学部長は、採用又は昇任の申請を受理した場合、その適否につき、前条第1項の書類及び資料を添えて教授会（CHI大学学則第13条第1項本文の規定に基づくものに限る。以下同じ。）に審査を求めなければならない。
　2　学部長は、教授会による審査の結果を学長に報告するものとする。

（学長の行う措置）
第7条　学長は、前条第2項の規定に基づき適格と報告された採用又は昇任の申請者について、採用又は昇任のための必要な措置を講ずるものとする。

（委任）
第8条　この規程に特別の定めがある場合を除くほか、この規程の実施のため必要な事項は、教授会が定める。

附　則
（施行期日）
1　この規定は、平成2年10月3日から施行する。
（従前の規定の廃止）
2　昭和46年9月1日旋行に係るCHI大学教員任用及び昇格手続規程は、廃止する。
（教養部存続期間中の特例）
3　この規程の施行の日から平成3年3月31日までの間は、教養部の教員の採用及び昇任の手続に関して、第4条から第6条までに規定する学部長の職務は教養部長が、第6条及び第8条に規定する教授会の職務は教養部教授会がそれぞれ行う。

1．原告側提出証拠

甲第３号証

CHI 大学商学部専任教員の採用及び昇任に関する規程

（趣旨）
第１条　　CHI 大学商学部の専任教員の採用および昇任は、CHI 大学専任教員の資格に関する規程（平成２年 CHI 大学規程第１号。以下「資格規程」という。）および CHI 大学専任教員の採用および昇任に関する手続規程（平成２年 CHI 大学規程第２号）によるほか、この規程の定めるところによる。

（昇任の申請）
第２条　　昇任を希望する者は。資格規程第３条、第４条または第５条に規定する年数に達する前年度から、商学部長（以下、「学部長」という。）に対し、昇任を申請することができる。

（提出書類）
第３条　　採用または昇任を申請する者は、昇任申請者の記録、履歴書、教育研究業績書ならびに著書および論文（資格規程第２条に定めるものをいう。）等を学部長に提出しなければならない。

（人事会議への付議）
第４条　　学部長は、採用または昇任の申請を受理した場合は、その適否につき前条に規定する書類および資料を添えて人事会議（CHI 大学商学部教授会規程（平成３年１０月２日）第３条、第５条第４項および第６条第２項の規定に基づく人事会議をいう。以下、同じ。）の議に付するものとする。

（審査委員会）
第５条　　人事会議は、前条の場合、適否の審査を行なうため、５人の委員をもって構成する審査委員会（以下、「委員会」という。）を設置するものとする。
　２　　委員会の委員は、教授をもって充てる。ただし、委員について教授の中から適任者を得ることができない場合、学部長は部外の者に委員を委嘱することができる。
　３　　委員会に、委員の主査を置く。

（審査事項）
第６条　　委員会は、別に定める「商学部専任教員の採用および昇任に関する実施要領」（以下、「実施要領」という。）に基づいて総合的に審査するものとする。

第2章　パワハラ裁判②　Ⅱ　双方が提出した主な証拠

（委員会の報告）
第7条　委員会の主査は、学部長の指定する期限までに、申請者についてその適否を審査した報告書を、学部長に提出しなければならない。
　2　委員会の主査は、前項の報告書の作成に際し、委員間の意見の一致が得られなかった場合、各委員の意見を併記できるものとする。

（秘密保持の義務）
第8条　採用または昇任に関する審査または議事に関与した者は、その職務上知り得た事項を漏らしてはならない。ただし、学部長は申請者にその結果を通知しなければならない。

（不服申請）
第9条　昇格審査結果に不服のある者は、書面にて学部長に申出ることができる。その場合の不服申請の手続は、「実施要領」に定める。

（委任）
第10条　この規程に特別の定めがある場合を除くほか、この規程の実施のため必要な事項は、人事会議がこれを定める。

附　則
（施行期日）
　1　この規程は、平成10年5月13日から施行する。

1．原告側提出証拠

甲第4号証
商学部専任教員の採用および昇任に関する実施要領

CHI大学専任教員の資格に関する規程（平成2年CHI大学規程第1号。以下、「資格規程」という。）およびCHI大学専任教員の採用及び昇任に関する手続規程（平成2年CHI大学規程第2号）ならびにCHI大学商学部専任教員の採用及び昇任に関する規程の施行に伴い、商学部専任教員の採用および昇任の手続については、つぎの各号により行なうものとする。

1．新規採用審査の実施要領
　（1）各分科会の主任は、分科会の合意に基づいて、新規採用の要望書を学部長に提出する。
　（2）学部長はその要望を関係機関（法人等）と調整し、人事会議（CHI大学商学部教授会規程（平成3年10月2日）第3条、第5条第4項および第6条第2項に基づく人事会議をいう。以下同じ）を開催し募集を決定する。
　（3）人事会議にて募集が決定されると、所定の手続きで公募する。
　（4）公募締切後、人事会議にて応募者氏名等の確認を行なう。
　（5）人事会議は、各分科会に審査（書類審査、面接）を依頼する。
　（6）各分科会は審査のための小委員会（以下「審査小委員会」という。）を編成し、審査を開始する。
　（7）「審査小委員会」では、優先順位を付けて人事会議の審査に必要な基礎資料を学部長に提示する。
　（8）学部長は人事会議を招集し、人事会議は審査小委員会の報告を受けて最終審査を行ない、これを票決（構成員の3分の2以上の出席で、かつ出席者の3分の2以上の賛意）する。
　（9）学部長は、教授会に報告し、応募者にも審査結果を報告する。

2．昇任審査の実施要領
　（1）昇任年限に達した者は、自ら申請する。申請書類等の取扱いは教務課とする。
　（2）学部長は、昇任人事のための人事会議を招集する。
　（3）人事会議は、昇任人事を公正かつ円滑に行なうため、つぎのように昇任審査委員会（以下「委員会」という。）を設ける。
　　イ．委員会は5名の委員をもって構成する。原則として構成委員のうち3名は昇任の申請者となった専攻の教授があたり、他の2名は他専攻の教授がこれにあたる。ただし、専攻の教授とは当該研究に携わる教授が望ましいが、3名の教授が確保できない場合は、適当な教授を人事会議が選び審査にあてることができるものとする。

ロ．人事会議は、上記イの手続をもってしても教授の中に適任者がいない場合、学外の者に審査委員を委嘱することができる。
　　ハ．委員会は、別紙「昇任選考審査基準点数表」に基づいて、昇任申請者の研究教育業績等について審査を行ない、その結果について点数評価を行なう。
　　　　研究業績の内容審査にあたっては、独創性、理論性、実証性、資料考証性についても留意する。
　　ニ．委員会は、昇任申請者に係わる資料を添え、審査の結果を文書をもって学部長に報告する。
　　ホ．委員会は、人事会議における昇任審査終了後解散する。
（4）学部長は、委員会の報告に基づき、人事会議を開催する。人事会議はこれを審議し、昇任申請者の適任の可否を決定する。
　　イ．人事会議は、構成員の3分の2以上の出席をもって成立し、出席者の3分の2以上の賛意をもって決定する。
　　ロ．人事会議は、無記名投票をもって可否を決定する。ただし、委員会の審査結果に反対する者は、その反対理由を記入し投票する。
　　　　投票用紙は「昇任人事審査投票用紙」の様式とする。

3．不服審査の実施要領
（1）学部長は不服申請者に対し、不服申請前に審議過程を説明する機会をもつことができる。
（2）上記（1）における審議過程に対し、さらに異議ある者は、不服審査の手続きをとることができる。
（3）不服審査の申請は、本学在職中一回に限る。
（4）不服申請者は、審査手続および審査内容について、審査を申立てることができる。
（5）審査手続の不服については、学部長は人事会議を招集し、人事会議は調査委員会（助教授、講師を含めることができる。）を発足させる。調査委員会は調査を行ない、瑕疵が認められれば、人事会議は昇任について再審査を行なうものとする。
（6）審査内容のうち、昇任選考審査基準点数表「C学術論文等研究業績」の評価の不服については、原則として外部に審査依頼し、人事会議はこれを受けて再審査を行なう。
（7）審査内容のうち、CHI大学商学部専任教員の採用及び昇任に関する規程第6条の総合的審査の不服については、人事会議において再審査し、かつ、記名式で投票を行なう。

附　　則
　（施行期日）
　1　この「実施要領」は、平成10年5月13日から施行する。
　（従前の規程の廃止）
　2　昭和53年8月2日教授会提出決定に係わる「CHI大学教員の任用および昇格選考基準規程実施要領の確認」、昭和61年3月5日に係わる「商学部昇格選考基準規程について『CHI大学教員の任用および昇格選考基準規程実施要領についての追加』」および昭和61年3月5日に係わる「昇格選考審査基準細則」は廃止する。

第2章 パワハラ裁判② Ⅱ 双方が提出した主な証拠

甲第5号証

CHI 大学商学部教授会規程

(目的)
第1条　この規程は、CHI 大学学則（以下「学則」という。）第13条第1項および第15条の規定に基づき、商学部教授会（以下「教授会」という。）の組織および運営について必要な事項を定めることを目的とする。

(構成)
第2条　教授会の構成は、教授、助教授、専任講師とする。ただし、学則第14条第1項第1号に関する人事会議は、教授により構成する。

(審議事項)
第3条　教授会は、学則第14条第1項各号に掲げる事項を審議する。

(学部教授会の招集)
第4条　教授会は、会議開催の一週間前に議題を示して、学部長が招集する。

(議長)
第5条　教授会に正・副議長各1名を置く。
2　正・副議長の選出は、第2条に定める教授会構成員の互選による。ただし、学部長は被選挙権を有しない。
3　正・副議長の任期は2年とする。ただし、再任を妨げない。
4　学則第14条第1項第1号に関する人事会議は、学部長が議長となる。

(会議)
第6条　教授会は、定例教授会と臨時教授会とする。
2　定例教授会は、毎月1回定例日時に開催するものとする。ただし、休暇中の場合はこの限りとしない。
3　臨時教授会は、学部長が必要と認めた場合、または構成員の3分の1以上の者が議題を示して招集を要求した場合に開催する。
4　教授会の成立は、構成員の2分の1以上の出席を必要とする。ただし、学則第14条第1項第1号に関する人事会議は、構成員の3分の2以上の出席を必要とする。
5　教授会の議事は、出席者の過半数でこれを決し、可否同数のときは議長の決するところによる。ただし、学則第14条第1項第1号に関する議事は、出席者の3分の2以上でこれを決するものとする。

(学部長代行)
第7条　学部長に事故等あるときは、その指名する教授が第4条に規定する職務を代行する。ただし、学部長による指名がなく、かつ、教授会招集後、学部長に事故のあった場合は、教授の互選により代行者を選出するものとする。

(議事録)
第8条　教授会に議事録を備え、開催日時、出席者、会議概要および議決事項を記載するものとする。
2　議事録には学部長、議長および当該教授会に出席した構成員1名が、署名捺印するものとする。
3　前項の構成員1名の選任は、議長が行なうものとする。
4　議事録は、学部長が保管し、構成員の要求があったときは、これを提示しなければならない。

(庶務)
第9条　教授会の庶務は、学部長の指示により職員が処理する。

(委任)
第10条　この規程に特別の定めがある場合を除くほか、この規程の実施のための必要な事項は別に定める。

(改正)
第11条　この規程に特別の定めがある場合を除くほか、この規程の改正は、教授会において、構成員の過半数が出席し、かつ、3分の2以上の同意を経て、学長が決裁するものとする。

附　則
(施行期日)
1．この規程は、平成10年7月1日から施行する。
(従前の規程の廃止)
2．平成3年10月2日施行に係るCHI大学商学部教授会規程は廃止する。

第2章　パワハラ裁判②　Ⅱ 双方が提出した主な証拠

平成17年(ワ)第2957号　損害賠償請求事件
　　原告　　安達　巧
　　被告　　KA₁ほか2名

証拠説明書（2）

平成17年7月13日

東京地方裁判所民事第25部単4係　御中

原告訴訟代理人弁護士　　　MO₂

号証	標目 （原本・写しの別）		作成 年月日	作成者	立証趣旨	備考
甲6	CHI大学商学部人事会議議事録（平成15年度第6回）	写し	平成15.12.10	CHI大学	被告KA₁が原告の本件昇任申請を平成15年12月10日の人事会議の議に付さなかった事実	

1．原告側提出証拠

甲6号証

人 事 会 議 ・ 議 事
平成15年度　第6回
平成15年度　12月10日（水）、教授会終了後10F会議室

審　議　事　項

1）教授採用に関する採用小委員会設置の件

　　　（1）「マーケティング論」
　　　①応募状況‥‥29名　　②採用小委員会、◎印は主査（敬称略）

　　　　　　　◎YO$_1$　　　　KA$_4$　　　　KA$_1$

　　　（2）「租税法」1名
　　　①応募状況‥‥10名　　②採用小委員会、◎印は主査（敬称略）

　　　　　　　◎MO$_1$　　　　SI$_1$　　　　KA$_1$

　　　（3）「管理会計論」1名
　　　①応募状況‥‥4名　　②採用小委員会、◎印は主査（敬称略）

　　　　　　　◎SI$_1$　　　　KA$_5$　　　　KA$_1$

2）「政治学」の兼任（非常勤）講師一名採用と公募条件承認の件
　・現在ご担当のO$_9$先生が来年度非常勤講師をお辞めになるので
（1）公募条件（案）
　①兼任（非常勤）講師一名。
　②年齢は39歳以下を原則とする。
　③「政治学」関係の業績が3本以上あり、大学院博士課程前期修了以上の学歴があること。
　④「政治学」が担当できること。
（2）審査方法及び手続き
　①書類選考と関係者の面接とする。
　②公募期間は来年1月30日を限度とし、2月中旬には決定予定
　③公募事務受付窓口や面接者に対する応対は教務課O$_1$課長とする。

第2章 パワハラ裁判② Ⅱ 双方が提出した主な証拠

3)「英語」の兼任(非常勤)講師一名採用と公募条件承認の件
 ・来年度はメンフィス大学から派遣講師が来ないので
(1) 公募条件(案)
 ①兼任(非常勤)講師一名。
 ②年齢は39歳以下を原則とする。
 ③「英語」関係の業績が3本以上あり、大学院博士課程前期修了以上の学歴があること。
 ④「英語」(LL担当可能)が担当できること。
(2) 審査方法及び手続き
 ①書類選考と関係者の面接とする。
 ②公募期間は来年1月30日を限度とし、2月中旬には決定予定
 ③公募事務受付窓口や面接者に対する応対は教務課 O_1 課長とする。

4) 昇格審査委員会委員選出の件　　　　　　　　(敬称略)
(1) 昇格申請者
 ①NI_1 講師の助教授への申請
 ②CHE 講師の助教授への申請
 ③SU_1 助教授の教授への申請
(2) 昇格審査委員(案)　　◎は主査

申請者	主専攻委員(3名)	非専攻委員(2名)
①NI_1 講師	◎NA、MA_3、SI_4	I_1、YA_3
②CHE 講師	◎KA_1、KA_4、YO_1	YA_2、MO_1
③SU_1 助教授	◎SO、MA_3、外部委託者	KI_1、HO_1

(3) 審査スケジュール
 ①平成15年1月23日(金)をめどに審査結果をご報告頂き、1月28日(水)に人事会議を開催する方向でご協力ください。
 ②審査報告書(ひな形自由)は審査委員会全員の捺印をあるものを文書にて学部長に提出してください。

5) CHE 講師担当科目の来年度代講・休講の件

　　　　　　　　　　　報　告　事　項
・非常勤講師採用の公募期間の延長について

1．原告側提出証拠

平成17年(ワ)第2957号　損害賠償請求事件
　　原告　　安達　巧
　　被告　　KA₁ほか2名

証拠説明書（3）

平成17年10月5日

東京地方裁判所民事第25部単4係　御中

　　　　　　　　　　　　　　　原告訴訟代理人弁護士　　　　MO₂

号証	標目 （原本・写しの別）		作成 年月日	作成者	立証趣旨	備考
甲7	専任教員公募 （会計監査論）の 要綱	写し	平成14.10.30	CHI大学	原告が応募したCHI大学の専任教員公募の内容	

第 2 章　パワハラ裁判②　Ⅱ 双方が提出した主な証拠

甲第 7 号証

データ番号	A102100561
公開開始日	2002 年 10 月 30 日
タイトル	専任教員公募（会計監査論）
概要	本学部では、下記の要領にて専任教員を公募することになりました。

つきましては、適任者がおられましたら自薦またはご推薦くださいますようお願い致します。

　　所属学部　　商学部（将来大学院が設立された場合は兼務）
　　職　　名　　教授（または助教授）1 名
　　担当科目（学部）
　　(1)主担当科目
　　　　「監査制度論（春セメスター）」
　　　　「監査報告論（秋セメスター）」
　　(2)関連担当科目
　　　　「会計学入門（秋セメスター）」
　　　　「会計制度論（秋セメスター）」
　　なお、「財務諸表分析（春セメスター）」、「企業評価論（秋セメスター）」の科目も担当できることが望ましい。
　　採用予定日　　平成 15 年 4 月 1 日より
　　給　　与　　本学規程に準ずる

機関名	CHI 大学
部署名	商学部
機関種別	私立大学
所在地	〒■■■■■■■■■■■■■■■
地域	関東甲信越
職種	教授
	助教授
勤務形態	常勤
人員	教授（または助教授）1 名
研究分野	商学
応募資格	(1)年　齢　　59 歳以下を原則とする
	(2)学　歴　　博士課程後期修了またはこれに準ずる者
	＜例:修士課程（博士課程前期）と公認会計士資格取得者＞
	(3)特別条件
	将来、大学院の修士（博士課程前期）で演習（予定科目は「会計

414

学原理演習」）と「会計監査論研究」の科目をもてるマル合の資格を有すると思われるかたで博士号取得者かこれに準ずる最近3年間の研究業績（単著研究書等）があること。

募集期間	年月日－2003年01月31日
着任時期	2003年04月01日
応募書類	(1)履歴書（直筆で写真貼付、様式は任意）
	(2)研究業績目録一覧（様式は任意）
	(3)研究業績目録中、過去5年間の代表的な業績の原本または抜き刷り
	（コピーしたものでも可）
	応募締切日　　平成15年1月31日　必着
	書類提出先
	〒■■■■■■■■■
	CHI大学教務課長（NE）宛
	TEL■■■■■
	※封筒表に「商学部専任教員応募書類」・「会計監査論」と朱記して速達書留または宅急（配）便でご送付ください。
	また、提出された一切の書類等は原則として返却いたしません。
選考方法	(1)第一次審査　　書類選考
	(2)第二次審査　　面接
	（第一次審査通過者に後日電話等にて個別に面接日をご連絡いたします）
採否の決定	採否の結果は、決定次第応募者宛に通知致します。
連絡先住所	■■■■■■■■■
担当者役職	CHI大学教務課長
担当者	
E-Mail	■■■■■
TEL	■■■■■
FAX	―
添付書類（Image）	
備考	URL　■■■■■

第2章 パワハラ裁判② Ⅱ 双方が提出した主な証拠

平成17年(ワ)第2957号 損害賠償請求事件
原　　告　　安達 巧
被　　告　　KA₁ほか2名

証拠説明書（4）

平成17年11月14日

東京地方裁判所民事第25部　乙2A係　御中

原告訴訟代理人弁護士　　MO₂

号証	標目 （原本・写しの別）		作成 年月日	作成者	立証趣旨	備考
甲8	学位記	原本	平成11.3.25	東北大学	原告が博士の学位を有する（経済学，東北大学）事実	
甲9	陳述書	原本	平成17.11.14	原告	本件に関する事項全般	

1．原告側提出証拠

甲第9号証

陳　述　書

平成 17 年 11 月 14 日

東京地方裁判所民事第 25 部　御中

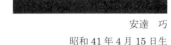

安達　巧

昭和 41 年 4 月 15 日生

1　学歴・経歴・資格

　私は，平成 3 年 3 月に早稲田大学商学部を卒業後，平成 3 年 8 月から平成 6 年 12 月までの 3 年 5 か月間，監査法人トーマツ東京事務所で会計監査業務に従事しました。平成 9 年 3 月には東北大学大学院法学研究科博士前期課程を修了し，平成 11 年 3 月には東北大学大学院経済学研究科博士後期課程を修了しております。

　平成 13 年 3 月にシンクタンク大手の株式会社大和総研の課長代理職を辞し，平成 13 年 4 月に新潟国際情報大学情報文化学部の助教授に就任した後，平成 15 年 3 月に同大学を退職し，平成 15 年 4 月，CHI 大学商学部の助教授に就任しました。

　私は，博士の学位を有します（経済学，東北大学）。平成 11 年 3 月 25 日，東北大学より授与されました（甲 8）。

2　専任教員公募への応募

　私が CHI 大学商学部に採用されたのは，CHI 大学商学部による会計監査論の教授（または助教授）1 名の公募（甲 7）に応募したことによります（なお，甲 7 号証は，当時，CHI 大学が「研究者人材データベース」というホームページに掲載したものです）。

　公募の要項（甲 7）にあるように，当時，CHI 大学では，大学院を設立することを目標に，特に「マル合の資格を有すると思われる」者を募集する旨が明記されていました。

　「マル合」とは，原則として博士号を取得し，一定の研究業績を有する者で，大学院設置申請手続において，文部科学省が大学院で演習科目を担当できる教員であると判定した者をいい，大学院の設置を文部科学省に申請する際，この「マル合教員」と判定される見込みの者を専任教員として 5 名以上確保しておくことが必要です。

　後で分かったことですが，私が採用される前年度の時点では，CHI 大学商学部には「マル合教員」に該当すると思われる教員は，1 人もいなかったそうです。

3　採用面接

　平成 15 年 2 月 28 日，CHI 大学において，採用面接を受けました。面接官は，KA_1 学部長（当時），SI_1 教授（現学部長），KA_5 助教授の 3 名でした。このうち，主に発言

417

されたのは主査を務められた SI₁ 教授でした。KA₁ 学部長も，ときどき補足的に発言されていました。

このときの採用面接の際に，SI₁ 教授，KA₁ 学部長から言われたことは，次のようなことでした。

・CHI 大学は，2～3 年後に大学院を設立することを目標にしている。
・そのため，今回の公募では，大学院の設立を前提に，「マル合教員」の資格を有すると思われる先生を採用したい。
・今回の公募には，11 名の応募があった。応募者の中には，地方の国立大学の教員もいた。
・慎重に審査した結果，安達先生（私）1 人だけが「マル合教員」に該当するとの結論が得られた。
・面接審査に来てもらったのは安達先生 1 人だけ。他の応募者は呼んでいない。
・安達先生を採用したい。
・本当は教授として採用したいところだが，現職が助教授であることなどを考慮し，とりあえず助教授として採用することにさせてもらいたい。
・採用後の昇任は，CHI 大学の規程に従ってできる。
・担当科目は，公募の要項にあるとおり，会計監査論で，大学院の設立後は，大学院で演習（予定科目は「会計学原理演習」）も担当してもらう。
・新年度が近い時期の移籍ということもあり，在籍中の新潟国際情報大学には迷惑をかけることになるので，CHI 大学としても，KA₁ 学部長らが新潟に出向いて説明するなどの対応をすることになるかもしれない。

大要，以上のような話がありました。

以上のとおり，このときの採用面接では，助教授としての採用になることについては説明を受けましたが，今回の訴訟で問題になっているような「採用後 3 年間は助教授のままである」とか「3 年経過以前には教授昇任はできない（昇任申請資格がない）」とか，そのような話は，一切ありませんでした。また，「3 年経過以前には昇任申請しない」ことを約束させられたり，承諾を求められたこともありませんでした。

もっとも，「3 年」という年数に関してだけ言えば，SI₁ 教授か KA₁ 学部長が「3 年後には教授に昇任してもらう」という発言をされたことは記憶しております。この発言は，大学院を設立する構想について話をされている中での話であり，遅くとも大学院設立時には私を教授に昇任させ，大学院の演習科目も担当してもらうという趣旨の発言であったと記憶しています。

ただ，この発言は，あくまでも一方的な発言であり，私に対して，了承を求めたり，承諾を求めたりするような言い方ではありませんでした。ですから，私も，この発言に対して，特に返答はしなかったと思います。まあ，礼儀上「ありがとうございます」くらいのことは言ったかもしれませんが。いずれにしても，何か重要な事項について決断

をせまられたり，承諾を求められたりしたという感じのやり取りではありませんでした。
4　採用決定の連絡

　採用面接のあった平成 15 年 2 月 28 日は金曜日でした。正式に採用が決まるのは，週明けの月曜日，すなわち平成 15 年 3 月 3 日に開催される人事会議において，投票による採決を行って正式に決まると聞かされておりました。

　そして，平成 15 年 3 月 3 日，SI_1 教授から，人事会議の結果について，「おめでとうございます。万票で採決されました。」との連絡がありました。

　なお，この連絡の際も，「採用後 3 年間は助教授のままである」とか「3 年経過以前には教授昇任はできない（昇任申請資格がない）」とか，そのような条件付きの採用であるという話はまったくありませんでした。また，人事会議において，そのような条件が付いたとか，そういう説明も一切ありませんでした。そのような条件を私が承諾したことも，もちろんありません。

5　助教授への就任

　平成 15 年 4 月 1 日，「CHI 大学商学部助教授を命ずる」との辞令を受け，正式に CHI 大学商学部の助教授に就任しました。辞令交付の際も，「採用後 3 年間は助教授のままである」とか「3 年経過以前には教授昇任はできない（昇任申請資格がない）」とか，そのような条件はまったく聞かされませんでした。そのような条件が辞令に書いてあるということも，もちろんありませんでした。

　結局，公募への応募から始まって，採用面接，採用決定の連絡，辞令の交付に至るまでの間，「採用後 3 年間は助教授のままである」とか「3 年経過以前には教授昇任はできない（昇任申請資格がない）」とか，そのような条件については，いつ誰からもまったく聞かされたことがなく，承諾を求められたこと自体ありません。ですから，そのような条件を私が承諾したということもあり得ません。

6　教授への昇任申請

　CHI 大学商学部では，毎年，10 月末日ころに昇任申請が締め切られます。平成 15 年の場合，締切日は同年 10 月 31 日（金）とされていました。

　採用面接時に，採用後の昇任は CHI 大学の規程に従ってできると聞かされておりましたので，CHI 大学の規程を就任後に読んでいたところ，規程上，私でも教授に昇任できる可能性があることに気づきました。

　具体的には，「商学部専任教員の採用および昇任に関する実施要領」（甲 4）の「昇任選考審査基準点数表」に基づいて，自分で点数を計算してみたところ，教授昇任への適任点とされている「$X \geqq 62.5$ 点」「$C \geqq 30$ 点」をはるかに上回る点数となったからです。

　申請の手続などについて定めたその他の規程（甲 1 ないし甲 3）を読んでみても，手続上，私が昇任申請をすること自体には，特に支障はないように思われました。

　もちろん，実際に昇任が認められるかどうかは，人事会議などの昇任審査の結果によりますので，申請したものの，否決されてしまう可能性もあることは十分承知しており

ました。ただ，「昇任選考審査基準点数表」に基づく試算の結果が良かったので，とりあえず昇任申請だけでもしてみようという気になりました。もし，結果的に昇任が否決されても，自分に対する大学側の評価を知ることができると考え，その意味でも昇任申請をする価値はあると思いました。

締切日の平成15年10月31日（金），KA₁学部長あての昇任申請の書類を教務課に提出しました。なお，書類の提出先については，「商学部専任教員の採用および昇任に関する実施要領」（甲4）の2(1)で，「申請書類等の取扱いは教務課とする」と定められています。

7　SI₁教授の取下げ要求

平成15年10月31日（金），私は，昇任申請の書類を提出した後，その報告のため，図書館4階の個人閲覧室2号室に，SI₁教授を訪ねました。

私が訪ねたとき，SI₁教授は，部屋に設置されているデスクトップ・パソコンで作業をしていらっしゃいました。私が「お忙しい中を恐縮ですが，ご報告があって参りました。」と言うと，SI₁教授は，怪訝そうに私を見つめ，「何でしょう？まあ，そこに座って下さい。」と着席を勧められました。私が着席すると，SI₁教授は，パソコンでの作業を完全にやめ，体を90度回転させて，座ったまま私と向かい合うかたちになりました。

私は「さきほど，教務課に，教授への昇任申請の書類を出して参りました。」と切り出しました。

すると，SI₁教授の表情がサッと険しくなり，「何だって？教授昇任の申請書類を出した？どういうこと？」と，厳しい口調で問い質されました。

私が「はい。ですから，助教授から教授への昇任申請の書類を，今日，さきほど教務課に提出して参りました。」と繰り返すと，SI₁教授は，「何を言っているの？そんなの聞いてないよ。」と言って，怒ったように私を睨みつけました。

私は，「はい，事前にご相談できなくて，申し訳ありませんでした。」と謝り，「でも，規程では，他の先生の推薦などは特に要件になっていませんし，自分の意思で申請できることになっていますので…」などと答えました。

すると，私が言い終わるのも待たず，SI₁教授は，すぐ脇のパソコンデスクを両手で激しく何回もたたきながら，「何を言っているんだ！同じ会計コースにいるんだから，教授の私に事前に了解を求めるのが常識じゃないか！」と，大声で怒鳴りました。

私は，びっくりして，「常識と言われましても…。規程上は，そうはなっておりませんので…。私は，ただルールに則って，自分で昇任申請をしただけですが…。」などと答えました。

すると，SI₁教授は，「ルールなんて人間関係の次だよ！」と大声で言い放ちました。さらに，またもや，パソコンデスクを激しくたたきながら，「常識ってものがあるでしょう！」と怒鳴りました。さらに，「安達さんは，もうすぐ40歳になろうとしているよね。いい歳をして，こんなことをして。」とか，「早稲田を出ていながら。」とか，一方的に私

を責めるような発言を立て続けにされました。

また，SI₁教授は，「安達先生は生意気だと，ほかの先生たちからお叱りの電話がバンバン来ていることを知っていますか。」などとおっしゃいました。

そして，私に，「取り下げるわけにはいかないよね。」と昇任申請の取下げを求めました。そして，意味ありげに，「自分の人生を大切にしなよ。」などとおっしゃいました。

私は，SI₁教授の気勢に圧倒されながらも，「取り下げろと言われましても…。私なりに熟慮して，規程に則って申請したわけですし…。昇任の可否にかかわらず，審査結果を待ちたいと思います。」と答えました。

SI₁教授は，表情をこわばらせ，「前々から感じていたけど，だいたい安達先生は，うちの大学を小馬鹿にしているよね。」などと言い，また激昂して，「勝手に昇任申請をして。組織を壊すつもりか！」と怒鳴り，最後には，「取り下げないと言い張るのなら，それはそれで構わないけど，気をつけないと，誰かに後ろから蹴飛ばされるよ！」と脅すように言いました。

私が声を絞り出すように，「私が昇任申請をすれば，この大学に風穴を開けることもできるかも，と思いまして…。」などと言うと，SI₁教授は，「あなたが死ぬだけで，何も変わらないよ！」と怒号しました。

私はとても恐くなり，早くこの場から逃げたいと思い，逃げ腰で「もうよろしいですか？」と言うと，SI₁教授は仏頂面で「どうぞ。」とおっしゃったので，私は「失礼いたします。」と言って，逃げるようにして部屋を出ました。

なお，このとき私がSI₁教授と会った個人閲覧室2号室は，完全な個室であり，防音性も高く，ドアを閉めれば，室内での会話が廊下や他の部屋に洩れることはありません。ですから，SI₁教授がデスクを激しく叩いたり怒鳴ったりしても，室外には聞こえにくい環境にあります。

また，私が在室していた間，SI₁教授がメモをとったりしたことは一度もありませんでした。ですから，乙1号証のメモは，私の在室中に書かれたものでないことは明らかです。当然ながら，SI₁教授が私にメモを見せたり，メモの記載を読み上げたりしたということもありません。また，私がメモに加筆したということもあり得ません。

8　SI₄教授の取下げ要求

平成15年11月5日（水），教授会が開催され，私も出席しました。ちなみに，教授会は，教授，助教授，専任講師で構成されます（CHI大学商学部教授会規程第2条。甲5）。

教授会の終了後，それに引き続いて，人事会議が開催されましたが，人事会議は教授だけで構成されます（CHI大学商学部教授会規程第2条。甲5）ので，私たち助教授や専任講師は，教授会の終了後，退席しました。

私は，教授会の終了後，教員室に移動しました。そして，教員室の一番奥の応接セットの2人掛けのソファに座って，自動販売機のコーヒーを飲んでいました。

すると，しばらくして，人事会議に出席されていたSI₄教授が，人事会議を終えて，教

第 2 章　パワハラ裁判②　Ⅱ 双方が提出した主な証拠

員室に入ってこられました。SI₄ 教授は，私を見つけるやいなや，私の方に近づいて来ました。

　SI₄ 教授は，私の右斜め前の 1 人用ソファに腰を下ろすと，すかさず，「先生，ちょっと，いいですか。」と私に話しかけてきました。

　私が「何でしょうか。」と言うと，SI₄ 教授は自分の顔を私の顔面にぐっと近づけて，鼻息を荒くしながら，「先生は今日も教授会で発言されましたね。」と言いました。

　私は「はい。一応，私も教授会の構成メンバーですから，発言することに問題はないはずですが…。」と答えました。

　実は，SI₄ 教授との間には，それ以前にも似たようなやり取りがありました。

　約 4 か月前のことになりますが，平成 15 年 7 月 3 日，SI₄ 教授から，「自分は，着任して最初の 2，3 年は，教授会で何も発言しませんでしたよ。」と言われたことがあったのです。このときは，6 月の教授会で私が発言したことを遠回しに批判するような言い方でした。

　そういうことが以前にもあったので，「今日も教授会で発言されましたね。」という言い方になったのだと思います。

　さて，話がそれましたが，私が「一応，私も教授会の構成メンバーですから」と答えたところ，SI₄ 教授は，自分の顔を私の顔面に近づけたままの状態で，「そうですね…。先生が教授会でご発言することに対しては，もう何も言いません。」とおっしゃいました。

　しかし，SI₄ 教授は，続けて，「ただ…。先生が出されたという教授昇任申請は…。あれは，SI₁ 先生とご相談の上でのことでしょうね？」と，問い詰めるような口調で言いました。

　私は，「いえ。SI₁ 先生に事前にご相談はしていません。ですが，申請書類を提出した直後に，SI₁ 先生にご報告しております。」と答えました。

　すると，SI₄ 教授は，自分の顔面を私の顔面と接触するほどの距離まで近づけ，まるで私の顔面を舐めるように見ながら，低い声で「私はこの大学に長く勤めているから，この大学のことを隅から隅まで知っている。」と言いました。

　私はびっくりして，一瞬体が硬直したようになりました。SI₄ 教授は，日本体育大学出身の体育の先生です。CHI 大学では，体育実技などを担当されています。学生時代は水泳をやっておられたと聞いております。がっちりした体格の先生で，威圧感があります。そのような先生に，目の前で凄まれたので，とても怖い感じがしました。

　私が体を固くして黙っていると，SI₄ 教授は，さらに，威圧的な口調で，「昇任申請をこのままにしておくと，先生の経歴に傷がつく。申請を取り下げなさいよ。」と低い声で言いました。

　私は，脅されている，と感じました。私は，SI₄ 教授から逃げるように，自分の顔を SI₄ 教授の顔面から遠ざけ，体を後ろにそらしました。そして，おそるおそる「審査はこれから始まるはずなのに，どうして経歴に傷が付くことになるんですか…？」と聞きまし

た。SI₄教授は，私をきっと睨みつけましたが，言葉は発しませんでした。

　私は，こわごわ「申し訳ありませんが，熟慮した上での昇任申請ですから，取り下げることはできません…。それに，なぜ経歴に傷が付くことになるのか分かりません。経歴に傷が付く，という意味を教えて下さい。」と言いました。

　すると，SI₄教授は，「先生がそこまで言うのなら，もう何も言いませんよ。後悔しても知らないですよ。」と捨て台詞を残して，ソファから立ち上がり，私のそばから離れました。SI₄教授が立ち去ったので，私はほっとしました。

　なお，教員室は広い大部屋になっており，このとき，私とSI₄教授のほかにも，人はいましたが，近くには誰もいませんでした。しかも，SI₄教授は，私に顔を近づけてしゃべり，周囲の人に聞こえるような大声は出しませんでしたから，私たちの会話の内容は誰にも聞こえなかったと思います。

　なお，このときHO₂教授が同席していたとSI₄教授が主張しているようですが，まったく事実無根です。私とSI₄教授は一対一で向かい合って話し，そばには誰もいませんでした。

9　KA₁学部長の取下げ要求（1回目）

　平成15年11月28日，KA₁学部長に呼び出され，商学部長室を訪ねました。

　応接セットのソファに座るようKA₁学部長に促され，私が着席すると，KA₁学部長は，「安達先生から先月末に出された昇任申請の件ですが…。まずは，これらをご覧下さい。」と言って，2枚の紙をテーブルの上に置きました。

　2枚の紙は，いずれもA4サイズで，上端にマル秘の印が押されていました。1枚は，平成15年3月3日の商学部人事会議議事録（乙3）の抜粋で，2ページ目の9行目以下の部分だけをコピーしたものでした。なお，乙3号証では，2ページ目の9行目以下の部分にも，黒い線で抹消した箇所が数箇所ありますが，このときKA₁学部長に見せられたものは，抹消部分のない完全なものでした。

　もう1枚は，平成15年3月3日の商学部人事会議に提出された私の採用に関する審査報告書の抜粋で，私を教授ではなく助教授として採用する理由が書いてある部分だけをコピーしたものでした。内容は，私の現職が助教授であり，勤務校での助教授の在任が2年であること，本学（CHI大学）の会計教員の実情や年齢構成も勘案すべきこと，などの理由で，教授採用ではなく，助教授採用がふさわしいと判断した，などの記述がありました。

　私が「この書類は，いただいていいですか？」と聞くと，KA₁学部長は，「これは人事会議の構成員にだけ配られています。安達先生は助教授ですから人事会議の構成員じゃないし，お渡しできません。今日は特別に見せて差し上げています。」とおっしゃいました。

　そして，KA₁学部長は，「安達先生を採用する際に，3年後に教授昇任申請を容認すると決めておりますので，今回は昇任申請できません。ですから，申請を取り下げて下さ

い。」とおっしゃいました。

　私は，「3 年後に教授昇任申請を容認するというお話は聞かされておりませんでしたが…。」と言いましたが，KA₁学部長は，それ以上は何も言わず，黙っていらっしゃいました。

　私は，SI₁教授，SI₄教授に続いて，KA₁学部長までもが，教授昇任申請の取下げを求めてきたことに驚きを感じました。もっとも，SI₁教授と SI₄教授の場合は，完全に脅迫と言えるようなやり方だったのに対し，KA₁学部長の場合は，言葉遣いや態度は一応，丁寧でした。なお，昇任申請を取り下げるべき理由として，「3 年後に教授昇任申請を容認すると決めているので，今回は昇任申請できない」と言われたのは，このときが初めてです。

　私は「お手数をおかけして申し訳ないとは思いますが…。できれば，規程どおり，すみやかに審査を始めていただきたいのですが…。」とお願いしました。

　KA₁学部長は，「私が言えば，申請の取下げに応じると思っていましたが，昇任申請は取り下げないということですね。」と私に確認を求めました。

　私は，きっぱり「取り下げません。」と言いました。

　すると，KA₁学部長は，「仕方ないですね。では，次回の人事会議に付しましょう。」とおっしゃいました。次回の人事会議は，平成 15 年 12 月 10 日に開催される予定になっていました。

　KA₁学部長が，次回の人事会議に付すことを約束してくれたので，私は少しほっとしました。

　KA₁学部長は，私に見せた 2 枚の紙を「もう，いいですか。」と言って，私から回収しました。

　私は，椅子から立ち上がり，「では，これで失礼いたします。」と一礼し，退室しました。

１０　KA₁学部長の人事会議への不付議

　この年，昇任申請をした人は，私を含めて 4 名いました。私と，NI₁講師，CHE 講師，SU₁助教授です。NI₁講師と CHE 講師は，講師から助教授への昇任を申請し，SU₁助教授と私が，助教授から教授への昇任を申請しました。

　KA₁学部長は，前記のとおり，平成 15 年 11 月 28 日，私の昇任申請について，「次回の人事会議に付しましょう。」と明言されていました。

　ところが，KA₁学部長は，平成 15 年 12 月 10 日に開催された人事会議で，4 名の昇任申請者のうち，あえて私を除く 3 名分だけを人事会議の議に付し，私の分を付議しなかったのです（甲 6，乙 4）。

　今回の訴訟で，KA₁学部長らは，私の昇任申請を付議しなかったことについて，故意に「放置」していたわけではなく，「慎重に検討」していたのだ，などと主張しています。しかし，実際には，後述のとおり，KA₁学部長は，この後，さらにもう一度，私に昇任

申請の取下げを要求したのです。したがって，当時，KA1学部長は，もっぱら私に昇任申請を取り下げさせることだけを企図して行動していたことが明らかです。

11 KA1学部長の取下げ要求（2回目）

平成16年1月23日，KA1学部長に呼び出され，商学部長室を訪ねました。

学部長室に入ると，今回は，既に執務デスクの前に椅子が置かれており，その椅子に座るよう促されました。私が着席するとすぐに，KA1学部長は，A4サイズの紙1枚を，執務デスクの上に置き，私に見せました。それは，「CHI大学専任教員の資格に関する規程」（甲1）の1ページ目をコピーしたものでした。

KA1学部長は，「早速ですが…。ここの第3条(1)の博士というのは論文博士のことです。課程博士はこれには該当しません。」と切り出しました。

私は，一瞬わけがわからず，「はあ？」と声を出しました。

そして，面前に示された甲1号証の第3条(1)を見ながら，「ここには，博士と書いてあるだけで，論文博士とか課程博士とかの区別はされていませんが…。」と言いました。

KA1学部長は，「明示はしていないけれども，ここの博士は論文博士のことであって，本学はこれまで論文博士のみを博士として運用してきた前例しかありません。」とおっしゃいました。

そのような話は，まったく聞いたことがありませんでしたので，KA1学部長の言っていることがウソだということは，すぐに分かりました。

すると，KA1学部長は，続けて，別のA4サイズの1枚の紙を私の面前のデスク上に置きました。

それは，「商学部専任教員の博士号取得者とその職位」と題する一覧表で，乙9号証と，ほぼ同じ内容のものでした。

ただ，違っていたのは，名前の欄です。乙9号証では，5名の先生の名前が実名で記されていますが，このときKA1学部長が私に見せた一覧表では，名前の欄には，アルファベットで，上から順に，A・B・C・D・Eと表示してあるだけで，実名は伏せてありました。

私が「この紙は，いただけるんですか。」と聞くと，KA1学部長は「お渡しはできません。」と言うので，「では，写すのは構いませんか。」と聞くと，「仕方がないですね。写すだけなら許可します。」とおっしゃいました。それで，私は，大急ぎで，その一覧表を，持参したメモ用紙に書き写しました。

私が書き写している途中で，KA1学部長は，「この表からも分かるように，博士号取得者でも助教授を5年以上経験してから教授に昇任しています。ですから，安達先生は，教授昇任申請を取り下げて下さい。」とおっしゃいました。

私は，KA1学部長が再度，取下げを要求してきたことに愕然としました。取下げをしなければならない理由について，納得のいく説明をされたのなら別ですが，KA1学部長のおっしゃっていることは，ウソか，屁理屈としか思えないことばかりです。

第2章　パワハラ裁判②　Ⅱ　双方が提出した主な証拠

　　　私は、あらためて言うまでもないことだと思いながらも、「規程では、昇任申請をするかしないかは、本人の意思によることになっていますので…。この表に載っている方たちが申請をしなかっただけではないですか…？」と言いました。
　KA₁学部長は、返す言葉もない様子でした。
　私は、このままでは、KA₁学部長が私の昇任申請を人事会議に付さずに放置してしまうのではないかと、いよいよ不安になりました。
　そこで、私は、最後の勇気をふりしぼって、「私は規程どおりの手続を踏んで昇任申請をしております。また、申請して既に3か月近くが経過しております。お願いですから、早く公正な審査を開始して下さい。昨年11月には、この場所で、学部長自身が、次の人事会議に付す、とおっしゃっていたじゃないですか。」と必死に訴えました。
　すると、KA₁学部長は、「この表を見せれば、納得して取り下げてくれると思ったのですがね。どうしても取り下げないと言うのなら、人事会議で取り上げるしかないですね。」とおっしゃいました。
　やっとのことで、KA₁学部長が私の昇任申請を人事会議に付してくれると言ってくれたので、私はほっとして、「ありがとうございます。よろしくお願いします。」と言いました。
　KA₁学部長は「もう結構ですよ。話はこれで終わりですから。」と言い、私は「失礼いたします。」と一礼をして、退室しました。
１２　人事会議への付議
　KA₁学部長は、平成16年1月28日にようやく私の昇任申請を人事会議の議に付しました。
　なお、その後、私の昇任申請は、平成16年3月16日の人事会議で否決されました。
１３　私が受けた苦痛
　SI₁教授、SI₄教授、KA₁学部長の前記の各行為は、やり方は違いますが、いずれも、不当な手段で、私の昇任審査を受ける機会を妨害し、不当な方法で、昇任申請の取下げを強要する行為であり、決して許される行為ではありません。
　私は、これらの各行為にもかかわらず、じっと耐え、昇任申請の取下げ要求に応じませんでした。
　しかし、これらの各行為によって、私がどれほど怖い思いをし、どれほど嫌な思いをし、どれほど辛い思いをしたか、分かるでしょうか？私は規程に従って、昇任申請の手続をしただけなのに、なぜ、このような嫌がらせをされなければならないのでしょうか？あまりにも理不尽な仕打ちではないでしょうか？私には、こんなひどいことをされるような心当たりはありません。SI₁教授に事前に相談しなかったことが、そんなにいけなかったのでしょうか？それとも、新入りのくせに教授会で発言したりしたことが、よほど気に障ったのでしょうか？
　私は、その後、SI₁教授、SI₄教授、KA₁学部長の顔を見るたびに、彼らからされた仕

打ちを思い出し，今でも，そのときの光景が頭の中でフラッシュバックのようによみがえり，とても怖い気持ちや嫌な気持ちがします。もう2年もたった今ですらそうですから，まして，2年前の当時は，本当に恐くて辛くて，思い出すだけで，夜も眠れないほどのショックを受けたことを覚えています。

　彼らには，私と同じ大学で働いている教授であるという立場の前に，まず，一人の人間として，自分のやったことを深く反省し，私に向かって，きちんと謝罪してほしいと思います。そんなこともできないで，教育者を名乗る資格はないと思います。

　裁判官におかれましては，ぜひとも真実を究明し，公正なご判断をいただき，私の気持ちを晴らしてくださることを希望しております。

以上

第2章　パワハラ裁判②　Ⅱ　双方が提出した主な証拠

平成17年(ワ)第2957号　損害賠償請求事件
原　告　安達巧
被　告　KA₁ほか2名

　　　　　　　　　　　　　　　　　　　　　　　　平成17年5月23日
東京地方裁判所民事第25部単4係　御中
　　　　　　　（送達場所）

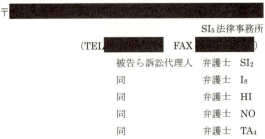

　　　　　　　　　　　　　　　　　SI₅法律事務所
　　　　　　　　　　　　(TEL　　　　　　FAX　　　　　　)
　　　　　　　　　　　　　　　被告ら訴訟代理人　弁護士　SI₂
　　　　　　　　　　　　　　　同　　　　　　　　弁護士　I₈
　　　　　　　　　　　　　　　同　　　　　　　　弁護士　HI
　　　　　　　　　　　　　　　同　　　　　　　　弁護士　NO
　　　　　　　　　　　　　　　同　　　　　　　　弁護士　TA₄

　　　　　　　　　　　　　　乙号証・証拠説明書

乙1号証の1
　　標　　目　　メモ
　　作成者　　ラインマーカーで囲んだ部分－原告、その余の部分－被告SI₁
　　作成日　　平成15年10月31日
　　原本・写し　原本
　　立証趣旨　　平成15年10月31日における原告と被告SI₁との面談は平穏のうちに
　　　　　　　行われたものであり、原告の主張するような威迫にあたる言動はなかったこと
　　説　　明　　乙1号証は面談の場で被告SI₁が原告の言い分を記載したメモである。被告
　　　　　　　SI₁は原告の言い分を学長等に正確に伝えるため、原告の面前で原告の言い分
　　　　　　　の要旨をメモした。そして、メモの記載を読み上げて要旨に誤りがないかを原
　　　　　　　告に確認したところ、原告が2箇所に自分で加筆した。（なお、下段の(1)～(2)
　　　　　　　の各項の記載は、被告SI₁がその後で清書したものである。）以上の事実から、
　　　　　　　被告SI₁は原告の言い分を冷静かつ客観的に把握しようとしていたものであり、
　　　　　　　面談は平穏に行われたものであることが分かる。
乙1号証の2
　　標　　目　　メモの写し（乙1号証の1を清書したものである。）
　　作成者　　被告SI₁
　　作成日　　平成17年4月27日
　　原本・写し　原本

　　　　　　　　　　　　　　　　　　　　　　　　　　　　　　　　以上

２．被告側提出証拠

乙１号証の２（乙１号証の清書）

SI₁が安達氏と話しているその場で書いたメモの清書（原文をそのまま写しています）

　　　　　　　　　　　　　非常識と言われた
　　　　　　　　　　　　　ようなものだが
（１）９月下旬（安達氏直筆部分）教務委員会学部長発言
　　　　　－２年で辞める常識では考えられない

（２）１０月定例教授会後に（安達氏直筆部分）１０月臨時教授会提案(開催要求)
　　　　　　　　　　　　　　　　　　　　　　↑
　　　定例に含めて　　　　　　　　　　理事会報告の件
　　　（判読不明??）
　　　開催しない　規定　→　規程違反　→　５年内規　→　恣意
　　　　　　　　　　　　　　　　　　　　　　　　　　　　　的適用
　　　説明もなし

　　　　努力した人が認められてもよいのではないか

安達氏が図書館から出た後ですぐSI₁が上記の彼の発言趣旨をまとめて書いたメモの清書
　　　　　　　　　　　　　　　　　　１０／３１　５：５０　図書館４F
（１）９月下旬教務委員会席上における学部長発言「２年で辞めるのは
　　　日本の社会では考えられない。→安達氏は直接非常識といわ
　　　れたようなもの
（２）１０月定例教授会後に臨時教授会提案要求をしたが、
　　　定例に含めて開催しない（その連絡も無い）→規定違反である恣意性
　　　が適用されるなら→５年の内規遵守も守る意味があるのか。
　　　　　努力した人間が認められることがあっても良いのではないか
（（３）就職時に３年後は理解しているが原則の例外があってもよいのではないか）

第2章 パワハラ裁判② Ⅱ 双方が提出した主な証拠

平成17年(ワ)第2957号 損害賠償請求事件
原　告　安達巧
被　告　KA₁ほか2名

　　　　　　　　　　　　　　　　　　　　　　　　平成17年8月9日
東京地方裁判所民事第25部単4係　御中

　　　　　　　　　　　　　　　乙号証・証拠説明書

乙2号証
　　標　　　目　大学設置基準（一部）
　　作　成　者　文部科学省
　　作　成　日　平成14年3月28日
　　原本・写し　写し
　　立証趣旨　　文部科学省令の大学設置基準第14条において、教授資格として、単に研
　　　　　　　　究業績だけではなく、教育能力が要求されていること

乙3号証
　　標　　　目　商学部人事会議議事録の抄本
　　作　成　者　KA₁（CHI大学商学部長）
　　作　成　日　平成15年3月3日
　　原本・写し　写し
　　立証趣旨　　平成15年3月3日開催のCHI大学商学部大事会議において、原告の採用
　　　　　　　　にあたり、助教授採用とすること、及び、採用後3年の経験で教授への昇格資
　　　　　　　　格を取得できることが条件とされたこと

乙4号証
　　標　　　目　商学部人事会議議事録の抄本
　　作　成　者　KA₁（CHI大学商学部長）
　　作　成　日　平成15年12月10日
　　原本・写し　写し
　　立証趣旨　　平成15年12月10日開催のCHI大学商学部人事会議において、原告の

昇格申請に関する質疑応答がされたこと

乙5号証
　標　　　目　個人研究費諸経費支出明細書
　作　成　者　原告
　作　成　日　平成17年5月27日
　原本・写し　写し
　立証趣旨　　乙1号証の1の書き込み部分が原告の自筆であること
　説　　　明　乙1号証の1の書き込み部分と本号証とを比較すると「月」の文字が同一筆跡であることが看取できる。

乙6号証
　標　　　目　教育活動報告書
　作　成　者　原告
　作　成　日　平成17年5月30日
　原本・写し　写し
　立証趣旨　　乙1号証の1の書き込み部分が原告の自筆であること
　説　　　明　乙1号証の1の書き込み部分と本号証とを比較すると「後」及び「に」の文字が同一筆跡であることが看取できる。

乙7号証
　標　　　目　教育活動報告書
　作　成　者　原告
　作　成　日　平成17年6月7日
　原本・写し　写し
　立証趣旨　　乙1号証の1の書き込み部分が原告の自筆であること
　説　　　明　乙1号証の1の書き込み部分と本号証とを比較すると「に」の文字が同一筆跡であることが看取できる。

以上

第2章　パワハラ裁判②　Ⅱ 双方が提出した主な証拠

平成17年(ワ)第2957号　損害賠償請求事件
原　告　安達巧
被　告　KA₁ほか2名

平成17年10月5日

東京地方裁判所民事第25部単4係　御中
　　　　　　　　（送達場所）
　　　　　　　　〒

　　　　　　　　　　　　　　　　　　　　　　　SI₅法律事務所
　　　　　　　　　　　　　　　（TEL　　　　　FAX　　　　　　）
　　　　　　　　　　　　　　　　　　被告ら訴訟代理人　弁護士　SI₂
　　　　　　　　　　　　　　　　　　　　　同　　　　　　弁護士　I₈
　　　　　　　　　　　　　　　　　　　　　同　　　　　　弁護士　HI
　　　　　　　　　　　　　　　　　　　　　同　　　　　　弁護士　NO
　　　　　　　　　　　　　　　　　　　　　同　　　　　　弁護士　TA₄

乙号証・証拠説明書

乙8号証
　標　　　目　新聞記事
　作　成　者　日本経済新聞社
　作　成　日　平成17年8月19日
　原本・写し　写し
　立証趣旨　課程博士の大量養成のため、博士号の価値が希釈化され、課程博士と論文
　　　　　　博士の価値に差異を生じていること

乙9号証
　標　　　目　商学部専任教員の博士号取得者とその職位
　作　成　者　被告KA₁
　作　成　日　平成16年1月下旬ころ
　原本・写し　写し
　立証趣旨　CHI大学商学部においては、原告の採用以前から、甲1号証の規程第3条
　　　　　　(1)の「博士」とは論文博士のみを意味するとの解釈運用がされてきたこと
　説　　明　本号証は、被告KA₁が商学部長在職当時である平成16年1月23日に原
　　　　　　告に対して上記の解釈運用の実績を説明するために示した資料である。
　　　　　　　平成15年12月現在で博士の学位を有していたCHI大学商学部教員中に
　　　　　　は、甲1号証第3条(4)又は第4条(3)所定の年限を待たずに直ちに助教授から教
　　　　　　授へ又は講師から助教授への昇任申請を行った例はなかったことが分かる。
　　　　　　　　　　　　　　　　　　　　　　　　　　　　　　　　　　　　　以上

2．被告側提出証拠

乙第9号証

商学部専任教員の博士号取得者とその職位

(H15.12 現在)

名前	採用年（職位）	博士号取得時期	取得時の職位	昇格時期
KA_2	S61.4（講師）	H3.3	助教授	H8.4（教授）
I_3	H10.4（講師）	H11.3	講師	H13.4（助教授）
YA_4	H13.4（講師）	H3.3	—	現在も講師
MA_6	〃	H10.10	—	現在も講師
I_7	H10.4（講師）	H10.7	講師	H15.3 講師で退職

第2章 パワハラ裁判② Ⅱ 双方が提出した主な証拠

平成17年(ワ)第2957号 損害賠償請求事件
原　告　安達巧
被　告　KA₁ほか2名

　　　　　　　　　　　　　　　　　　　　平成17年11月16日
東京地方裁判所民事第25部乙2A係　御中
　　　　　　　　（送達場所）

　　　　　　　　　　　　　　　　　　　SI₅法律事務所
　　　　　　　　　　　　　(TEL　　　　　FAX　　　　　)
　　　　　　　　　　　　　被告ら訴訟代理人　弁護士　SI₂
　　　　　　　　　　　　　同　　　　　　　　弁護士　I₈
　　　　　　　　　　　　　同　　　　　　　　弁護士　HI
　　　　　　　　　　　　　同　　　　　　　　弁護士　NO
　　　　　　　　　　　　　同　　　　　　　　弁護士　TA₄

乙号証・証拠説明書

乙10号証
　標　　　目　京都大学博士学位論文論題一覧
　作　成　者　京都大学
　作　成　日　不詳
　原本・写し　写し
　立証趣旨　　論文博士と課程博士の区別は常識であること

乙11号証
　標　　　目　東京大学学位論文データベース
　作　成　者　東京大学
　作　成　日　不詳
　原本・写し　写し
　立証趣旨　　論文博士と課程博士の区別は常識であること

乙12号証
　標　　　目　「博士学位記授与」と題する書面
　作　成　者　北海道大学
　作　成　日　不詳
　原本・写し　写し
　立証趣旨　　論文博士と課程博士の区別

乙13号証
　標　　　目　写真
　撮　影　者　被告代理人弁護士SI₂

2．被告側提出証拠

　　撮　影　日　平成17年10月24日
　　被　写　体　原告が平成15年11月末に被告SI₄に贈ったタイ土産のキーホルダー
　　立証趣旨　平成15年11月5日以後も原告と被告SI₄とは友好関係にあったこと
乙14号証
　　標　　　目　学位制度の見直し及び大学院の評価について（答申）（大学審議会答申・報告総覧からの抜粋である。）
　　作　成　者　大学審議会
　　作　成　日　平成3年2月8日
　　原本・写し　写し
　　立証趣旨　(1) 社会科学系の「博士」には碩学泰斗のイメージがあること（乙14号証21頁下から2行目参照）、(2) 大学審議会は、課程博士の学位を有することだけで教授資格ありとすることを問題視していること（乙14号証23頁下から7行目①項参照）、(3) 大学審議会は「論文博士」「課程博士」の用語を無定義で用いていること（乙14号証22頁下から6行目）
乙15号証
　　標　　　目　大学院の教育研究の質的向上に関する審議のまとめ（報告）
　　　　　　　　（大学審議会答申・報告総覧からの抜粋である。）
　　作　成　者　大学審議会
　　作　成　日　平成8年10月1日
　　原本・写し　写し
　　立証趣旨　大学審議会は「論文博士」と「課程博士」とを概念区別していること（乙15号証58頁下から6行目⑥項参照）
乙16号証
　　標　　　目　陳述書
　　作　成　者　被告KA₁
　　作　成　日　平成17年11月10日
　　原本・写し　原本
　　立証趣旨　被告KA₁主張事実全般
乙17号証
　　標　　　目　陳述書
　　作　成　者　被告SI₁
　　作　成　日　平成17年11月10日
　　原本・写し　原本
　　立証趣旨　被告SI₁主張事実全般
乙18号証
　　標　　　目　陳述書

第2章　パワハラ裁判②　Ⅱ 双方が提出した主な証拠

作　成　者　被告SI₄
作　成　日　平成17年11月10日
原本・写し　原本
立 証 趣 旨　被告SI₄主張事実全般

以上

2．被告側提出証拠

乙第 10 号証

京都大学博士学位論文論題一覧

- この論題一覧は、京都大学附属図書館が作成した学位論文目録カードをもとに（1998年は学位（博士）授与報告書をもとに）作成しました。
- 現在は 2004 年 11 月 24 日授与分まで収録しています。
 （附属図書館にある学位論文目録カードは 1997 年 11 月 25 日授与分までしか作成していません。）

- 収録内容は以下のとおりです。
 ［旧制］
  氏名(よみはありません)、論題、請求記号
→ ［課程博士］
  学位記番号、授与年月日、氏名、専攻、論題、請求記号、登録番号(一部)
→ ［論文博士］
  学位記番号、授与年月日、氏名、論題、請求記号、登録番号(一部)

- ［旧制］は整理順に 100 件ずつ、［課程博士］と［論文博士］は授与年で分かれています。

- 一覧データ中の●は、外字を表しています。

- 請求記号は附属図書館で保管している論文の配置場所を示します。閲覧にあたっては

（以下、略）

第2章　パワハラ裁判②　Ⅱ 双方が提出した主な証拠

乙第 11 号証
東京大学学位論文データベース

→　○「東京大学学位論文データベース」は東京大学で授与された、新制の課程博士論文、論文博士論文の書誌事項と要旨のデータベースです。
　○収録範囲：書誌　昭和 32 年～平成 14 年度（1957.4～2003.3）、要旨　平成 6 年～１４年度（1994.4～2003.3）
　○収録件数：34,083 件（うち要旨があるデータは 11,605 件）
　○それぞれの論文の所蔵と閲覧方法は、学位論文の所蔵と利用案内をご覧ください。
　○要旨および図版の著作権は原則として著者にあります。著作権法で認められている範囲以上のデータコピー、転載は著作権侵害となります。利用にあたっては著作権法を遵守してください。

　　　　　　　　全ての項目　　　　　　部分一致　　　AND

　　　　　　　　論文タイトル　　　　　部分一致　　　AND

→

　　　　　　　　著者名　　　　　　　　部分一致　　　AND

　　　　　　　　要旨　　　　　　　　　部分一致

　　　　　　　　学位授与年月日：　　年　　月　　日－　　年　　月　　日

　　　　　　　　　　学位の種別：　□課程博士　□論文博士

　　　　　　　　　　　　　　　指定しない
　　　　　　　　　　　　　　　文学
　　　　　　　　　　　　　　　心理学
　　　　　　　　　　　　　　　社会学
　　　　　　　　　　学位の種類：　社会心理学

　　　　　　　　　　　　検索　　　クリア

（以下略）

438

2．被告側提出証拠

乙第 12 号証

博士学位記授与

　本学大学院研究科の所定の課程を修了した課程博士 279 人，及び本学に学位論文を提出しその審査，試験等に合格した論文博士 72 人に対する学位記授与式が，3 月 24 日（金）午前 11 時 30 分からクラーク会館講堂において挙行されました。
　なお，被授与者の氏名と論文題目等は次のとおりです。

（学務部教務課）

課程博士
博士（文学）

　　　　　　　　　　ウィトゲンシュタインにおける言語・論理・世界－『論考』の哲学
　　　　　　　　　　その生成から崩壊まで－
博士（行動科学）

　　　　　　　　　　仮説検証過程の適応的変化に関する実験的検討
　　　　　　　　　　地理的移動性のある選択的プレイ状況における，戦略の創発と相互
　　　　　　　　　　協力達成条件に関するコンピューター・シミュレーション研究
博士（文学）

　　　　　　　　　　大伴家持研究－作品とその方法－
　　　　　　　　　　日本語に基づくテンス・アスペクト体系の研究－アスペクチュアリ
　　　　　　　　　　ティーの単語独立性を中心として－

　　　　　　　　　　　Die IPP-Konstruktion im Deutschen. Aus generativ-
　　　　　　　　　　　komparativer Sicht（ドイツ語における IPP 構文－生成・
　　　　　　　　　　　比較の視点から）
博士（教育学）

　　（モンゴル）

　　　　　　　　　　（遠隔教育の歴史的比較的研究－日本の放送大学学園を事例として）

　　　　　　　　　　英語の冠詞体系の指導に関する研究
博士（法学）

　　　　　　　　　　中国社会の変容と不法行為法
　　（中　　国）　　－過渡期におけるその多元性
　　　　　　　　　　「総合的な環境保全行政」をめざした政策決定システムの基本構造
　　　　　　　　　　略
　　　　　　　　　　－合衆国連邦政府執行部レベルにおける省庁間調整の仕組み－

439

第2章　パワハラ裁判②　Ⅱ　双方が提出した主な証拠

　　　██████████　　　「行政契約の法理論」
　　博士（経済学）
　　　██████████　　　Essays on Durable Goods Monopoly and Planned Obsolescence
　　　　　　　　　　　（耐久財独占と計画的陳腐化に関する研究）

2．被告側提出証拠

乙第 14 号証

学位制度の見直し及び大学院の評価について（答申）

平成 3 年 2 月 8 日
大学審議会

はじめに

　本審議会は，昭和 62 年 10 月 29 日，文部大臣から，「大学等における教育研究の高度化，個性化及び活性化等のための具体的方策について」諮問を受けて以来，多岐にわたる高等教育改革の課題について調査審議を進めている。

　このうち，大学院の問題については，大学院制度の弾力化，学位制度の見直し，大学院の量的整備目標の策定，大学院学生の処遇，大学院の認可システムの改善と評価システムの確立，留学生の教育体制の充実等について審議を行うこととし，昭和 63 年 3 月には，大学院部会を設置した。

　大学院部会では，これらの課題について，順次検討を進めており，昭和 63 年 12 月，本審議会は，同部会の検討を踏まえて，「大学院制度の弾力化について」答申を行った。さらに同部会では残された課題について，2 度にわたって部会における審議の概要を総会に報告して公表するとともに，関係者からのヒアリングやアンケート調査を行うなど，専門的かつ慎重な審議を重ねてきた。

　本審議会は，その結果に基づき，さらに総会で審議を行い，このたび学位制度の見直しと大学院の評価について結論を得たので，逐次答申の要請に応じ，ここに答申を行うものである。

　　Ⅰ　学位制度の見直しについて

1　学位制度見直しの必要性
(1)　課程制大学院制度の趣旨の徹底と学位授与の円滑化

　　学位制度については，昭和 49 年の大学院設置基準の制定により課程制大学院の考え方が明確にされたのに併せて，学位規則の改正により，大学院の課程を修了し当該課程の目的とする能力（博士課程については，専攻分野について研究者として自立して研究活動を行うに必要な高度の研究能力）を身につけた者に対して学位を授与することとされた。

　　なお，平成元年 9 月の大学院設置基準及び学位規則の改正により，高度に専門的な業務に従事するに必要な高度の能力を身につけた者に対しても博士の学位を授与し得ることとなった。

　　しかしながら，博士の学位の授与状況をみると，自然科学の分野ではこの課程制大学院に基づく学位制度の趣旨に沿って，活発に学位授与が行われているのに対して，人文，社会科学の分野では学位の授与は極めて低調である。その要因としては，これらの分野を中心に，課程制大学院及びこれに基づく学位制度の考え方が十分理解されていないことがあり，実際上も，課程修了に必要な論文について，過度に高度で体系的なものが要求されるなどの例が

441

見られる。このことの背景には，文学博士，法学博士などの博士の名称のほとんどが旧制度以来変わっていないため，碩学泰斗のイメージが払拭できないことがあるものと考えられる。

しかしながら，国際化の進展，留学生の積極的受入れ等に伴い，改めて課程制大学院制度の基本理念に沿って学位授与状況を改善することが各方面から強く求められている。また，標準修業年限内に学位を取得できない状況が一般化していることが，大学院学生の学習意欲を損う結果につながっているとの指摘もある。

学位授与の円滑化については，これまでも関係者の間でたびたび問題提起がなされ，改善のための努力が徐々になされてきており，今後も根本においては，関係者自身の意識変革とその自主的努力によって実現されるものであるが，その改善を促進するためには，学位制度の見直しを含めて，学位授与の円滑化のための積極的な施策を講じることが急務と考えられる。

(2) 学術研究の進展への対応

博士の種類は，昭和31年，学位規則により，従来の伝統的な博士を中心に17種類が定められた。その後，昭和44年に保健学博士が追加され，昭和50年には，博士の種類は，学術研究の進展に柔軟に対応する必要があること，また，博士の学位は，学問分野のいかんにかかわらず，一定の水準を示すという性格を有するものであることにかんがみ，その種類は簡素化することが望ましいことなどを考慮し，学術博士が設けられた。学術博士は，学際領域等既存の種類の博士を授与することが必ずしも適当でない分野を専攻した者に授与するという運用がなされている。

課程制大学院制度の趣旨を徹底するとともに，今後の学術研究の急速な進展に伴い，学術研究が高度化，多様化していくことに対応し，学位を円滑に授与していくためには，学術博士を設けたときの基本的な考え方も踏まえ，博士の学位の改善を行う必要がある。

2 見直しの具体案

(1) 以上のような観点から，現行の博士の学位については次のような改善を行うことが適当である。

1 課程制大学院制度の趣旨に沿ってすべての分野において博士の学位の授与の円滑化を図るとともに，学術研究の高度化，学際領域への展開等の状況に柔軟に対処するため，博士の学位の種類について学位規則により限定的に列挙するという現行の方式は，廃止する。

2 しかしながら，どの専攻分野で学位が授与されたかを表示することは社会的に有用であるので，各大学院において博士の学位を授与する際には，その定めるところにより，専攻分野を表記して授与することとする。

3 以上により，○○博士のごとく博士の種類を専攻分野の名称を冠して学位規則上列挙することは廃止し，学位規則上は単に博士とする。

4 また，博士の学位については，課程博士を基本とするが，論文博士は存続させることとし，その表記についても，課程博士と同様とする。

(2) 本審議会においては，この改善案を実施する場合の具体的問題点について，さらに検討を

行ってきたが，その概要は，次のとおりである。
ア　学位記上の博士の学位の表記
　　学位記における博士の学位の表記については，以下のように取り扱うことが適切である。
　○　学位記には，各大学院の判断により，適切と考える専攻分野の名称を表示するものとする。
　○　その場合，各大学院の授与する学位記には，博士（〔専攻分野〕）と表記するものとする。
　○　表示する専攻分野の名称については，課程制博士の趣旨から，過度に細分化するよりは，現行の博士の種類程度のまとまりを基本としつつ，
　　①　現に当該専攻分野を対象とする博士課程研究科はあるが，現行学位規則の博士の種類としては規定されていない分野
　　②　「文学」など，ある程度の細分化が適当であると考えられる分野
　　③　学際領域や新しい専攻分野
　　については，学問の性格やその進展に応じて，現行の博士の種類にない名称を加えることが考えられる。
　○　このように，現行の博士の種類にない専攻分野の名称を加えることができることとした場合も，学際分野や新分野については，さらに学問の進展を見極める必要がある分野も存すると考えられることから，従来の学術博士と同様，学際分野や新分野を対象として「博士（学術）」と表記することもできることとする。
　○　なお，表示する専攻分野等の名称については，一定のガイドラインが設定されることが望ましいと考えられる。しかしながら，公的なガイドラインを設定することは，新たな画一化を招く恐れもあるため，ガイドラインを設定するかどうか及びその内容については，大学団体や学会の判断に委ねることが適当である。
イ　設置認可との関係
　○　大学院の設置認可の際には，教育課程，教員組織等の審査の一環として，学位記上表示する専攻分野の名称についても適切かどうか審査することが望ましい。
　○　なお，設置認可の際の学位記上表示する専攻分野の名称についての審査に当たっては，各大学院の自主性を損なわないよう弾力的に審査を行う必要がある。
ウ　実施時期
　○　この改善案は，課程制博士の趣旨を徹底し，学位授与の円滑化を図る観点から実施するものであり，関係法令の改正後，ただちに適用することが適当である。
3　博士の学位の見直しの際併せて講じられるべき施策
(1)　学位授与の円滑化を図るため，以上のような学位制度の見直しのほか，次のような施策が併せて講じられることが望ましい。
　　①　教員の資格に関する大学設置基準の規定の見直し
　　　　教授の資格については，大学設置基準第13条に規定されており，その第1号に「博士の学位を有する者」と掲げられている。博士の学位を有することだけで教授の資格有りと

することから，この規定を，例えば，博士の学位を有し，これに加えて教育研究上の能力がある者という趣旨の規定に改めること
　　② 大学院の自己評価項目の一つとして，学位授与状況を考慮すること
　　③ 学位授与報告に関連する手続きを簡素化すること
　　　文部大臣に対する学位授与報告について，報告事項を大幅に削減することなど，学内における手続きを含め，報告に関連する手続きを簡素化すること
(2) また，博士の学位の見直しに伴い，修士の学位についても，学位規則上は専攻分野を列挙せず，単に修士とし，学位記上は各大学院の判断により，適切な専攻分野を表記し得るものとすることが適切である。
　　その際，学位記上の表記等についても，おおむね博士の学位の取扱いに準ずることが適切であるが，表記する専攻分野については，職業資格との関連等を踏まえ，ある程度細分化する必要もあるものと考えられる。

　Ⅱ 大学院の自己評価について

　本審議会では，「個々の大学院の創意と工夫を奨励し，その責任と判断において，各学問分野特性に応じた，また，それぞれの特色を十分に発揮した教育研究を実施し得る途を開く」趣旨から，昭和63年12月に「大学院制度の弾力化について」答申を行ったところである。
　その際，制度の弾力化については，一方で，各大学院の自己評価，各分野における教育研究の相互評価のシステムが確立されることが重要である旨を指摘している。
　本審議会では，上記答申後，大学院の評価については，各大学院自身による自己点検・評価が基本であり，また我が国の現状にかんがみ，自己評価の定着を第一に考える必要があるとの考え方で，自己評価の実施方法，自己評価項目等について審議を行ってきた。
　なお，各大学院が実際に自己評価を行うに当たっては，大学全体の自己評価の一環として行われるべきであることはいうまでもない。
1　自己評価の必要性及び制度化
　　大学は学問の府として自律的な教育研究が保障され，その創意によって常に教育研究水準の向上に努めることが社会的に期待されている。
　　大学院が，教育研究水準の向上や活性化に努めるとともに，その社会的責任を果たしていくためには，不断の自己点検・評価を行い，改善への努力を行っていくことが重要であり，このため，大学院設置基準において，各大学院自身による教育研究活動についての自己評価に関する努力規定を定めることが適当である。
2　自己評価の実施方法
　ア　自己評価の実施に当たっては，まず，現在行われている教育研究活動等について自己点検を行い，現状を正確に把握・認識することが重要である。その上で，自己点検の結果を踏まえ，改善を要する問題点，積極的に評価すべき特色，今後の方向等，自己評価を行うことが

望ましい。
- イ また，不断に自己点検の項目・方法やこれに対する評価の在り方に関する検討を行いつつ，逐次，実施方法の改善を図っていくという段階的な進め方が効果的であると考えられる。
- ウ 評価は，一定期間ごとに行い，その間でも，データの収集・分析等を行いつつ，適宜必要な事項についての点検・評価を行うことが望ましい。
- エ なお，自己点検の項目や評価の在り方については，それぞれの大学院自身が自主的に設定し，実施することが基本であるが，その際の参考となるマニュアルやデータ等を大学団体や学会等が作成し，提供することが望まれる。

3 自己評価の実施体制
- ア 自己点検・評価を適切に実施するため，例えば，全学的な自己点検・評価のための組織を設けるとともに，研究科ごとに自己点検・評価を行うための委員会を設けるなど，各大学，大学院の実情に応じ，自己評価の実施体制を整えることが望ましい。
- イ なお，個々の教員の教育研究活動が活性化して初めて組織としての大学院が活性化するものであることにかんがみ，事項によって，所属教員の研究活動等についての教員個人や研究グループレベルの自己点検を基礎としつつ，組織としての自己点検・評価を行うことが望まれる。

4 自己評価の結果の活用
- ア 各大学院において，自己点検・評価の結果を大学院の充実向上に実際に結び付けていくための方策について，検討し，具体化を図っていくことが重要である。
- イ 大学院評価を実施する趣旨には，大学院自身の改善努力を促進することにとどまらず，大学院に対する社会の期待に応えるという趣旨も含まれており，できるかぎり点検・評価の結果を公表することが望ましい。
- ウ また，イに関連して，大学に対する社会の理解を求める等の趣旨から，大学院の教育研究活動の実情等を公表することが重要であり，その促進が望まれる。このため，自己点検・評価の内容を活用して，各大学が何らかの方法（年次報告書等）で一般向けに教育研究活動の状況を公表することも一つの方法であると考えられる。

5 自己評価項目

自己点検・評価の項目としては，例えば，別紙のような項目が考えられる。

なお，別紙の項目は例示にすぎず，各大学院において実際に自己点検・評価を行う際は，国公私の別や専門分野の別，新設・既設の別等の実情に応じ，各大学院の理念，目的をいかに実現するかという観点から，各大学院の判断により適切な項目が設定されることが望ましい。

第2章　パワハラ裁判②　Ⅱ　双方が提出した主な証拠

（別　紙）

大学院の自己点検・評価項目（例）

◇教育目的等　　○　教育目的の設定（研究科，博士課程・修士課程）
　　　　　　　　○　教育目的の点検・見直し
　　　　　　　　○　大学院・研究科の将来構想
　　　　　　　　○　教育研究の活性化・充実のためのこれまでの取り組み　etc.
◇教育活動　　　○　入学者選抜の方針・方法
　　　　　　　　○　学生定員充足状況
　　　　　　　　○　学生の出身大学・学部の構成
　　　　　　　　○　研究生，受託研究生の受け入れの方針と状況
　　　　　　　　○　奨学金制度（大学独自の奨学金，企業等からの奨学金等），授業料減免の
　　　　　　　　　　状況
　　　　　　　　○　ポスト・ドクトラル・フェロー（特別研究員等）
　　　　　　　　○　リサーチ・アシスタント，ティーチング・アシスタント
　　　　　　　　○　カリキュラムの編成及び見直しの方法・体制
　　　　　　　　○　研究指導の方針・方法・体制
　　　　　　　　○　単位互換，研究指導委託の方針と状況
　　　　　　　　○　学位の授与状況
　　　　　　　　○　学位論文の審査の方針・方法・体制
　　　　　　　　○　修了者の進路　etc.
◇研究活動　　　○　構成員による研究成果の発表状況（レフリー・システムのある学術雑誌
　　　　　　　　　　への論文発表数，学会発表数，被引用文献数等）
　　　　　　　　○　共同研究の実施状況
　　　　　　　　○　国際研究プロジェクトへの参加状況
　　　　　　　　○　研究費の財源（学外からの資金の導入状況，科学研究費補助金の採択状
　　　　　　　　　　況等）
　　　　　　　　○　研究費の配分方法
　　　　　　　　○　学会活動への参加状況
　　　　　　　　○　国内外の学術賞の受賞状況　etc.
◇教員組織　　　○　大学院担当教員の配置状況
　　　　　　　　○　大学院担当教員の選考基準
　　　　　　　　○　教員人事についての長期計画　etc.
◇施設設備　　　○　大学院専用の施設設備の整備状況
　　　　　　　　○　研究室の整備状況
　　　　　　　　○　学術情報システムの整備・活用状況

		○ 施設設備の整備計画　etc.
◇国際交流	○	留学生の受け入れ状況，教育研究指導の方法・体制
	○	在学生の海外留学・研修の方針と状況
	○	教員の在外研究の方針と状況
	○	海外からの研究者の招致状況　etc.
◇社会との連携	○	社会人の受け入れ状況（特別選抜制度，特別の履修コース等）
	○	学外からの受託研究
	○	企業等との共同研究　etc.
◇管理運営	○	大学院の教育研究に関する意志決定の方法・体制
	○	事務組織　etc.
◇自己評価体制	○	自己評価を行うための組織
	○	教育研究活動等の公表
	○	評価をフィードバックするためのしくみ　etc.

第2章　パワハラ裁判②　Ⅱ　双方が提出した主な証拠

乙第 15 号証
大学院の教育研究の質的向上に関する審議のまとめ（報告）

平成 8 年 10 月 1 日
大学審議会

　本審議会は，創設時に文部大臣から，「大学等における教育研究の高度化，個性化及び活性化等のための具体的方策について」諮問を受けて以来，多岐にわたる高等教育改革の課題について調査審議を進めている。
　このうち，大学院の問題については，昭和 63 年 3 月に大学院部会を設置し，これまでに「大学院制度の弾力化について」（昭和 63 年 12 月），「学位制度の見直し及び大学院の評価について」（平成 3 年 2 月），「学位授与機関の創設について」（平成 3 年 2 月），「大学院の整備充実について」（平成 3 年 5 月），「大学院の量的整備について」（平成 3 年 11 月），「夜間に教育を行う博士課程等について」（平成 5 年 9 月）答申を行ってきた。
　今日，技術革新の加速化，生涯学習社会の進展等を背景として，学術研究の推進と，研究者や高度な専門的知識・能力を有する人材の養成を担う大学院の役割は一層重要になっている。
　大学院部会では，平成 5 年 9 月の答申後，大学院改革の進捗状況を把握しつつ，分野や課程の目的等の違いにも留意しながら，大学院における教育研究の充実について審議を行い，平成 7 年 6 月に「大学院の教育研究の質的向上について」の審議の概要を総会に報告した。以後，この審議の概要に対する関係団体の意見を踏まえつつ，委員の意見発表や大学院関係者からのヒアリングを含め，審議を重ねてきた。
　本審議会は，その結果に基づき，このたび，大学院における教育研究の質的向上について，ここに報告する。
　　（注）大学院の現状（平成 8 年 5 月）
　　　・大学院を設置する大学　576 大学中 405 大学（博士課程を置く大学 293 大学）
　　　・研究科数　　　　　　　1,074 研究科
　　　・学生数　　　　　　　　164,350 人（修士課程 115,902 人，博士課程 48,448 人）
1　なぜ大学院改革が必要か
　17 世紀に始まった近代科学は，18 世紀後半の産業革命を経て社会に大きく貢献してきた。今世紀に入って，それは更に目覚ましい発展を遂げたが，他方，その進歩はあまりにも急速であり，科学技術と人間生活との間の軋轢が顕在化するに至っている。人類が将来にわたって繁栄を続けていくために，我々は今，科学技術の在り方や，これからの社会の発展を担う人材の教育の在り方をもう一度問い直す必要に迫られている。今社会が必要としているものは，細分化された個々の領域における研究と，それらを統合・再編成した総合的な学問とのバランスのとれた発展であり，学術研究の著しい進展や社会経済の変化に対応できる，幅の広い視野と総合的な判断力を備えた人材の養成である。大学院は，これらの課題にこたえていく上で，中心的な役割を担わねばならない。このような観点から，今大学院に求められるのは，以下の三点

である。
(1) 学術研究の高度化と優れた研究者養成機能の強化

　現在，我々が享受している豊かな文化や社会は，先人の優れた学術研究の成果によっている。そして，我が国の将来も，創造的な学術研究を推進できるか否かにかかっている。今日，学術研究は専門化，先端化する一方，総合化，学際化している。また，我々が直面している課題は，環境，人口，平和など高度で複雑なものとなり，地球的規模で解決することが求められている。我々がこれらの課題を解決し，豊かな未来を切り開いていくためには，総合的視野に立脚し，独創的な新しい知見を生み出し，人類共通の知的資産を充実していくことが決定的に重要である。その役割の中心を担うのが大学院である。大学院は，それぞれの分野で基礎的，先駆的な学術研究を推進し，世界的な学術研究の拠点となることに加え，我が国の産官学を通じたあらゆる研究機関を担う優れた研究者を養成する中核的機関として，幅の広い視野，高度の専門性，豊かな人間性を身に付け，国際的な競争力のある優れた研究者を養成することが求められている。

(2) 高度専門職業人の養成機能・社会人の再教育機能の強化

　現在，我が国では産業界をはじめとして社会の各分野において構造変革が進行しており，今後はますます高度の専門的知識・能力を持つ者が広く求められるようになろう。このような高度な専門的知識・能力を持つ人材の養成については，学部教育の基礎の上に学術の理論及び応用を教授研究する大学院の果たす役割が一層大きくなっている。特に，新しい産業の創出や情報化，国際化，科学技術の進展などの諸変化に対応した新たな社会経済システムの創造などの面で，大学院を中心とした独創的な研究開発への期待は大きい。また，我が国が先進諸外国に伍して経済競争力を維持していくためには，自らフロンティアを開拓することのできる創造性豊かな人材，起業家精神に富んだ人材を養成することが不可欠になっている。さらに，急速な技術革新や知識の陳腐化に対応して，社会に出た後でもリフレッシュ教育[注1]の機会を求めて大学院に入学する人々が増加している。また，実社会で身に付けた実務的な知識・経験を学術の理論として再構築し，総合的な判断力，新しい視点，将来への洞察力を養うことを希望する人々も増えている。大学院はこのようなニーズに対応し，その門戸を開き，教育研究内容などの中身や，学習しやすい環境などを整備し，新たな役割を果たしていくことが求められている。

（注1）リフレッシュ教育：大学・大学院等の高等教育機関が職業人を対象として，職業上の知識・技術のリフレッシュや新たな修得のために行う教育。

(3) 教育研究を通じた国際貢献

　グローバル化が一層進むこれからの時代にあって，大学院は，学術研究や人材養成を通じて国際的に貢献していくことが必要である。今後，研究面においては国際的水準で評価される優れた研究成果を生み出す必要がある。また，その成果を発信し世界の学術研究の進展に寄与することが求められる。教育面でも，留学生の積極的受入れを通じて世界の研究者や高度専門職業人の養成に貢献することや，日本人学生の留学や海外でのフィールドワークなど

の機会を拡充し，国際的に貢献できる人材を養成することも求められている。さらには，研究者の交流，国際的な共同研究の推進など国際交流の面でも大学院の役割が一層高まっている。

このような大学院に対する期待の高まりに対し，我が国の大学院の現状を顧みると，教育研究組織，教育課程や研究指導の在り方，教育研究費や施設・設備，規模などの面で多くの問題点を有している。今後，我が国の大学院が，学術研究や人材養成の面での様々な要請にこたえていくためには，質的な面でも，量的な面でも，飛躍的充実を図る必要がある。しかし，これまで優れた実績をあげてきた大学院においてさえ，その教育研究の基盤は極めて脆弱である。さらに，一層の量的な拡大が求められる中で，それが質的な面での抜本的な充実と改革を伴わないまま進むとすれば，我々は，今後の我が国の大学院の発展に強い危機感を抱かざるを得ない。

現在，大学改革の大きな流れの中で，大学院についても，新しい学問分野や社会のニーズに対応して，組織編制，カリキュラム改革などの取組が始まってはいる。しかし，改革はまだ緒に就いたばかりで，多くの課題が未解決のまま残されている。学問の進展や社会の変化の大きさと既存の大学院の組織や教育研究内容とのギャップから，今日ほど大学人の間に改革のエネルギーが高まっている時期はなく，改革の好機である。

大学院の改革に当たっては，本審議会の答申を受けて学部改革が大きく動きつつあることを十分考慮しなければならない。学部の改革は大学院の教育研究を良くし，一方で，大学院の改革は学部の教育を良くする関係になるよう留意しなくてはならない。そのためには，各大学において，各学部・研究科ごとに，学部教育と大学院教育の理念や位置付けについて，深く掘り下げた議論が行われ，それが，教員間だけでなく学生や社会に対しても明確にされることが必要である。

さらに，改革に当たっては，教育研究を提供する大学院や教員側の視点からだけではなく，学生の視点に立つことも重要である。多様な学生に対応したカリキュラムや教育研究指導体制になっているか，学生が適性や進路を自ら見いだし，その変更も柔軟にできる自由で流動を許す制度となっているか，学生にとって魅力ある教育研究環境となっているか，研究者として幅広い視野を持ち，豊かな人間性を培うことができるようになっているか，などの視点から改革を検討することも求められる。

大学院が直面する多くの課題を解決し，上述の要請にこたえていくため，長期的かつ幅広い視点から一層積極的な取組を行うことが求められる。

2　これまでの改革の進展状況

大学院における教育研究の改善方策として，本審議会は数次にわたる答申を出してきた[注2]。以下，これらの答申に基づく大学院改革の進展状況について振り返ってみる。

(注2)・昭和63年12月答申「大学院制度の弾力化について」……博士課程の目的の拡大，入学資格や修業年限の弾力化，夜間大学院制度の導入など，大学院に係る制度の弾力化を提言。

- 平成3年5月答申「大学院の整備充実について」……大学院の教育研究組織の整備，学生の処遇の改善，留学生の教育体制の充実，大学院に対する財政措置の充実などを提言。
- 平成3年11月答申「大学院の量的整備について」……平成3年度当時約10万人の大学院生を平成12年度までに倍増するなど大学院の量的整備について提言。

(1) 制度の弾力化と活用

　昭和63年12月の本審議会答申「大学院制度の弾力化について」を受け，平成元年9月に学校教育法施行規則及び大学院設置基準が改正され，以下のような制度の弾力化が図られている。

① 修業年限について，それまで修士課程は2年となっていたのが，標準2年と改められ，個々の学生の業績等に着目して最短1年で修了できることとされた（なお，博士課程については，昭和49年より標準5年，最短3年となっている。）。

② 入学資格について，優秀な学生は学部3年次から修士課程に進学することができるように改められた。

③ 博士課程への入学についても，学部卒業後，大学，研究所などで2年以上の研究歴があれば，修士課程を修了していなくとも，博士後期課程に進学することができるようになった。

　これらの制度により，優秀な学生が早期に研究者としての専門的教育を受け，社会の各方面で活躍することが可能となっている。具体的な制度の活用は，各大学に任されているが，既に，修士課程を早期に修了した例は，平成6年度に18大学47人，学部3年次からの大学院への入学の例は，平成7年度に36大学145人，修士課程を修了していない者の博士課程入学については平成7年度に39大学146人に上る。

(2) 新しい形態の大学院の誕生

　昭和63年12月の本審議会答申では，大学院について，「学部における教育の基礎の上に，より高度で，より専門的な事項についての教育研究を実施する場であり，大学院の教育研究領域・内容の選択，教育研究方法等は，学部教育に比べて，より多様かつ弾力的であることがその在り方としてふさわしい」とし，研究科，専攻については，学部の編制の考え方，学部の教員配置にとらわれることなく弾力的に編制し得ることを明確にしている。また，同答申では，独立大学院，独立研究科の組織編制や施設・設備等に関する大綱的な基準の明示，専攻分野について特に優れた知識及び経験を有し，教育研究上の高度の能力があると認められる者への大学院教員資格の付与，博士課程に加えて修士課程においても他の大学院や研究所での研究指導委託を1年に限り行えるようにすること，などが提言されており，それぞれについて大学院設置基準の改正が行われている。こうした状況もあり，近年，学部を持たない独立大学院[注3]，大学院独自の教員組織を整備した独立研究科[注4]，複数の大学の協力による連合大学院[注5]，国や企業の研究機関と大学が連携して教育研究を行う大学院[注6]など新しい形態の大学院が設けられてきている。

第2章 パワハラ裁判② Ⅱ 双方が提出した主な証拠

（注3）独立大学院：5大学（平成8年4月現在。以下同じ。）
（注4）独立研究科：45大学73研究科
（注5）連合大学院：9大学10研究科
（注6）例：埼玉大学と理化学研究所，筑波大学と電子技術総合研究所等，電気通信大学とNTT

(3) 高度専門職業人の養成や社会人の再教育の機能を持つ大学院
　　従来から，大学院において社会人特別選抜[注7]，公開講座などが行われてきたが，社会に開かれた大学院として，多様な学生のニーズによりよくこたえられるよう，制度の一層の柔軟化が求められている。このため，以下のような制度改正が行われている。
　① 昭和63年12月の本審議会答申を受けて行われた平成元年9月の大学院設置基準の改正により，大学等の研究者以外の高度の専門的能力を有する人材の養成を博士課程の目的とすることができることとされた。
　② 平成元年9月の改正により，大学院設置基準第14条に基づく教育方法の特例（いわゆる「昼夜開講制」）が修士課程において従来の1年から2年にわたって実施できるようにされるとともに，専ら夜間において教育を行う修士課程を置くことができることとされた。
　③ 平成5年9月の本審議会答申「夜間に教育を行う博士課程等について」を受けて行われた同年10月の大学院設置基準の改正により，専ら夜間において教育を行う博士課程や昼夜開講制の博士課程も導入できることとされた[注8]。
　④ 平成5年10月の大学院設置基準の改正により，大学院への科目等履修生制度の導入が行われた。
（注7）社会人のための特別選抜の実施大学は178校。なお，大学院での社会人の特別コースの設置も増えている（工学系研究科先端学際工学専攻，法学政治学研究科修士課程専修コースなど）。
（注8）平成8年4月現在，夜間大学院を設置する大学は11校，大学院における昼夜開講制も128校で実施。

(4) 新しい学問分野の研究科の増加
　　学問分野は絶えず進展を続けており，大学院は，これに組織的に対応していかなければならない。特に，社会的存在である大学は，学問の進展に対応するとともに，細分化された学問領域の統合を図りつつ，人類の調和のとれた発展に貢献していくことが求められている。このような観点から，近年，伝統的な学問領域にまたがる分野，学問領域が形成途上の分野などに対応していくため，伝統的な研究領域を越えた横断的な研究科[注9]の設置などの組織の見直しが進められている。
　　このような新しい学問分野の研究科は，(2)の新しい形態（独立研究科など）の大学院の定着や，(3)の高度専門職業人養成等の機能を持つ大学院の増加ともあいまって，更に増加していくことが見込まれる。
（注9）伝統的な研究領域を越えた横断的な研究科の例：地球環境科学研究科，情報科学研究科

452

など。
(5) 教育研究環境の改善

　国立大学においては，国の厳しい財政事情の下で，教育研究環境の整備が十分に行われず，かなり悪化している状況にある。特に，施設・設備の更新ができず，老朽化，狭隘化しているばかりでなく，毎年の研究費等も十分でない。このため，平成4年度からは，通常の文教施設費のほかに，施設の老朽狭隘化の解消を図るため特別施設整備事業が始められている。施設費以外の経費についても，平成4年度から，優れた教育研究実績をあげている大学院を中心とする教育研究条件整備のため，高度化推進特別経費や大学院最先端設備費が措置され，年々増額されている。また，ティーチング・アシスタント制度も導入され，それに要する経費の拡充が図られている。さらに，平成8年度予算においては，優れた大学院博士課程在学者を大学等が行う研究プロジェクト等に研究補助者として参画させ，研究遂行能力の育成を図るためのリサーチ・アシスタント制度の導入や，大学院で新たな産業の創出に向けた教育研究や創造的な教育研究プロジェクトを推進するための「知的創造プロジェクト推進経費」の措置などの施策も行われている。

　私立大学においても，国公私を通じた国全体の学術研究基盤の整備を図るため，その教育環境の整備充実が大きな課題となっている。このため，本審議会の答申を踏まえ，国においては，経常費補助として大学院の充実や生涯学習，高度情報化の推進など社会的要請の強い特色ある教育研究を対象とする特別補助が拡充されてきており，この中で，高度化推進経費など大学院等における教育研究の高度化のための経費の充実も図られている。また，教育研究の高度化に資するため，大学院最先端装置，情報処理教育装置等の整備費に対する補助の充実が図られるとともに，平成8年度予算において，「私立大学ハイテク・リサーチ・センター整備事業」が創設され，最先端の研究開発プロジェクトの実施に必要な研究施設，装置・設備等に対し，総合的な支援が行われている。

　一方，科学研究費補助金の額も大幅に増額が図られており，平成8年度予算では1,018億円となっている。

　さらに，平成8年度から，日本学術振興会への出資金を活用して大学等の学術研究を推進する「未来開拓学術研究推進事業」が開始され，平成8年度予算では110億円が計上されている。

(6) 学位授与の改善と大学院の評価

　平成3年2月の本審議会答申「学位制度の見直し及び大学院の評価について」では，学位制度について，課程制大学院の趣旨に立って，学位授与の円滑化を図る観点からその見直しを提言し，これに基づいて平成3年6月に学位規則が改正された。これを受け，学位授与の改善のための方策を検討し実施する大学も出始めており，人文社会系の課程博士の授与率も増加しつつあるが，なお十分とは言えないのが現状である。

　また，同答申では大学院の評価について，「大学院が，教育研究水準の向上や活性化に努めるとともに，その社会的責任を果たしていくためには，不断の自己点検・評価を行い，改

善への努力を行っていくことが重要」であるとしており，学部と同様に各大学院がそれぞれの教育研究活動を組織的に点検・評価し，将来の改善に結び付けていくための仕組みとして，自己点検・評価システムの導入を提言した。これに基づき，平成3年6月には大学院設置基準が改正され，これを受け，多くの大学で点検・評価のための学内組織が設けられ，報告書や教員の研究業績一覧なども刊行されている。また，外部の専門家による評価や学生による評価を実施する大学も出てきている。

3 現状の問題点

2で述べたように，現在，大学院改革が進行しているが，しかし，まだその取組は十分ではない。これからの大学院のあるべき姿に照らして現状を見ると，以下のような問題点を指摘することができる。

(1) 各課程において，どのような人材の育成を目的としているのかが明確ではなく，目的に沿った体系的なカリキュラムが編成されていない

今日，大学院の目的や役割が多様化しているにもかかわらず，研究者養成が中心であるという従来の意識があり，特定の教員による研究指導が強調されすぎて，それぞれの目的に沿った体系的なカリキュラムの整備が十分でない面がある。

研究者養成の機能面では，早期に高度な研究を遂行することが重視される余り，教育研究が狭い専門に閉じこもっていないか，個々の研究成果を，総合的なバランスのとれた学問の発展という視点で判断できる人材を養成しているか，指導教員の関係などにおいて幅広い視野や創造性，高度な専門的知識・技術の基礎となる豊かな学識などを培う機会や場の配慮がなされているか，などが問題となる点であろう。高度専門職業人の養成や社会人の再教育の機能面では，教育研究の内容や開設科目が社会のニーズに必ずしも合っているとは言えないものもある。また，国際的な競争力のある，あるいは国際貢献を担っていく人材の育成面を強化していくことも課題の一つである。

特に，産業界からは，大学院修了者の資質として特定分野の専門的な知識に加え，関連の幅広い知識，創造力，問題解決能力などを求める声が強い。また，分野によっては，実務能力を重視し，即戦力を期待する声もある。さらに，社会人の再教育の機能を担うに当たっては，教育内容の工夫とともに，入学者選抜方法の見直しや履修形態，施設・設備の利用時間など，社会人にとって学習しやすい環境の整備も課題である。

(2) 学生・教員の同質性が高すぎて，学問的刺激が弱い

我が国の大学・大学院においては，近年，学生や教員の流動性が高まりつつあるものの，学生が大学間を移動することはまだ少なく，また，教員の人事についても，同一大学出身者が大半を占める学部・大学院があるなどの問題点がある。異なる研究室間の対話や交流が十分でないことや，学生にとって，研究上の関心の発展に応じた研究テーマの変更が必ずしも柔軟に行えないことも指摘されている。同質者の間では学問的刺激も弱く，新しい学問分野の生成も難しい。大学院が学術研究の最先端で創造的な成果をあげていくためには，異質なものとの交流の中から新しい発見やヒントが生まれるようになっていることが重要である。

しかし，このような環境は必ずしも十分ではない。
(3) 評価システムが十分でなく，競争原理が働かない

現在，多くの大学院で自己点検・評価が行われ，一部ではあるが第三者評価が進みつつあることは，望ましい方向である。特に，これからは各大学院が特色を持ち，多様な発展をする必要がある。その中から国際的な水準で評価される先駆的な学術研究を推進し，世界に貢献できる人材を育成する大学院が形成される必要がある。しかし，このための競争的環境は十分に整っていない。まず，情報が十分に発信されていないため，大学院の姿が外から見えにくいのが現状である。大学院内における研究科や専攻ごとの評価や研究者個人の評価システムが不十分であること，過度に平等主義的な予算配分となり，評価に基づく資源の重点配分も機能しにくい状態となっていることも指摘される。また，競争原理が機能していない要因の一つとして，昇給など教員の待遇の在り方も考えられる。

(4) 国内の交流・国際交流，社会との連携協力の一層の進展が必要

これからは，国際的規模で大学間や大学と社会の間の相互交流を深めることがますます重要になる。しかし，現状では，例えば大学院間の単位互換制度はあるが，授業料負担の問題から国立大学と公私立大学間では十分に機能していない。外国の大学との間の交流についても，学期の区分が外国とは異なることが一因となって，学生や教員の異動が容易でない。また，教員の派遣や受入条件などの問題から，交流が円滑にできないという指摘もある。国内の交流や国際交流を一層進める上で障害となっている問題については，早期に改善することが課題である。さらに，留学生の受入体制の整備やその教育研究内容の工夫，研究者の相互交流，情報の受信から発信への転換，高度情報ネットワークの整備など，国際化，情報化などが一層進む時代における大学院の在り方を変えていくことが課題である。

一方，企業との共同研究や寄附講座の開設など社会と大学の連携協力が進みつつあるが，新しいニーズへの大学側の対応が必ずしも迅速ではない。また，人材の交流や人材育成面での連携協力もまだ十分とは言えない。さらに，大学院を修了したことが社会で広く評価されるに至っていないこと，企業内のキャリア・パス等が明確でないことなどから大学院修了者の採用が進まないなどの問題も生じている。

(5) 教育研究環境が劣化している

大学院が，それぞれの分野で基礎的，先駆的な学術研究を推進し，世界的な学術研究の拠点としての役割を果たすとともに，人材養成の中核的機関としても重要性を増し，その教育研究が高度化する中で，教育研究環境の十分な改善がなされないまま量的拡大が進み，教育研究環境が劣化しているとの指摘がある。先に述べたような予算上の様々な措置により，教育研究環境は次第に改善されつつあるものの，全体としては，未だ不十分である。例えば，施設については老朽化，狭隘化が進んでおり，安全性という観点からも問題がある。また，我が国の大学院の多くは，学部や学科を基礎に整備されてきており，学部教育との連携を図ることができる一方で，大学院独自の教員組織が弱い。さらに，量的拡大に伴う学生の急増により，大学院担当教員の負担の増加や研究費の不足などの問題も生じている。

(6) 学生が経済的に自立していない

　大学院学生の処遇面については，日本育英会の奨学金や日本学術振興会特別研究員制度，ティーチング・アシスタント制度，リサーチ・アシスタント制度が整備充実されてきてはいるが，優れた学生が大学院に進学し，安定して勉学に専念するには，十分とは言えない。奨学金の額や貸与人数は毎年拡充されているものの，大学院学生の増加等に追い付いていない。近年の金利の低下により公益法人等による奨学金事業も厳しい状況にある。さらに，我が国の困難な住宅事情及び近年の円高等により，特に留学生の経済的な負担が大きくなっている。教育は未来への投資と言われているが，大学院学生を取り巻く現状は極めて厳しく，かなりの学生がアルバイトによる収入に依存せざるを得ない。このような大学院学生の経済的負担が，優秀な学生が大学院で学ぶことを妨げる大きな要因となっている。

4 問題への対応方策

(1) 課程の目的に沿ったカリキュラムの体系化と広い視野を持つ人材の養成

　① 課程の目的の明確化と広い視野を持つ人材の養成

　　学術研究の進展，社会経済の高度化・複雑化に対応して，大学院は，研究者養成だけでなく，より多様な役割を果たすことが期待されている。各大学院は，学問分野の特質，一貫制か区分制かなどの違いに留意し，それぞれの課程の目的を明確にすることが必要である。博士課程については，その目的として，研究者養成のみならず，社会の多方面で活躍し得る高度な専門的知識・能力と豊かな学識を有する人材の養成も加えられた。この趣旨は，形式的に進路に応じて課程の機能を二分するということではなく，今後は大学等の研究者にとどまらず社会の多方面で研究開発等に従事する人材を養成することが求められており，このような人材には研究者と同様の高度な研究能力や総合的な判断力が不可欠であるということである。現在，大学院の量的拡大に伴い学生数も増加し，学生の進路も多様化している。学問分野によって違いがあろうが，このような趣旨が実質的に生かされるように，研究指導の在り方を工夫し，学生の進路形成が適切に行われるように配慮することが重要である。また，特に修士課程においては，社会の人材需要が高まっている分野に積極的に対応することも求められる。

　　さらに，我が国の大学院は戦後，課程制大学院として明確に位置付けられたが，その趣旨が必ずしも十分に根付いているとは言い難い。修士課程と博士課程それぞれの達成目標や修了要件を明確化し，改めて課程制大学院の位置付けを明確にする必要がある。大学院教育の意義は，より多くの知識の蓄積よりは，むしろ，自ら主体的に研究する能力の涵養にある。研究経験を通じてリサーチマインドを身に付けることは，将来研究者になる場合でも，社会の様々な分野で活躍する場合でも極めて重要である。大学院の教育研究の改革は，この点にまず留意して進められなければならない。

　　さらに，科学技術の高度化や学問領域の細分化等が進む中で，大学院教育においては学部教育との関連にも留意しつつ，科学技術や学術研究の本質についての深い理解，豊かな学識や人間性，真理を実証的に探究する精神などの涵養に努めることが重要であり，その

ための機会や交流の場の工夫が特に求められる。
② 目的に沿った体系的カリキュラムと教育研究指導
　従来，ともすれば講座内や研究室での狭い専門分野の研究に陥りがちであった点を見直し，課程の目的に沿ってカリキュラムを体系化する必要がある。研究者養成に主眼を置く大学院においては，創造的研究者の育成を目指し，狭い専門分野に閉じこもらないようにする必要がある。また，高度専門職業人養成に主眼を置く大学院においては，社会のニーズを反映した教育内容とすることが必要である。各大学院においては，このような観点からのカリキュラム開発に一層の工夫が望まれる。その際，各大学院のカリキュラムの内容には，それぞれの理念・目標に即した独自の内容とともに，特に専門職業人養成を主眼とする修士課程等においては，各専門分野ごとに，一定の共通性が確保されることも必要であると考えられる。このような面では，関連大学院間や学協会等において，各大学院におけるカリキュラム開発の参考となる，大綱的・標準的なカリキュラムを開発し，教育研究内容の改善に資することが求められる。また，リフレッシュ教育についても，社会人の実務的な知識・経験や学習ニーズに即した教育内容の一層の工夫が必要であり，このような観点からの標準的なカリキュラムの開発などを積極的に推進していくことが望まれる。
　さらに，課程制大学院としての機能を発揮させるため，専門に関する幅の広い基礎教育の重視や，関連分野の学習の機会の配慮を含め，各課程の趣旨，目的に即して，課程修了までに修得すべき能力とこれを身に付けさせるためのプロセスを明確にし，そのプロセスに沿って教育研究指導を行うことが求められる。
　教育研究方法の多様化も重要である。ディベート，フィールドワーク，ケース・スタディなどを取り入れるとともに，これらを通じ，知識の伝達だけの受け身の授業を減らし，考えさせる授業をすること，大学院学生同士や，大学院学生と教員が研究について語り合う時間を工夫すること，オフィスアワー(注10)を設けることなどにより創造的な能力を育成する配慮が必要である。指導教員による個別的な研究指導の重要性は言うまでもないが学生にできるだけ多様な経験や異分野交流の機会を用意することも重要である。副専攻制を採ること，学生の研究分野や指導教員の変更に柔軟に対応すること，教員と学生が研究室を越えて異なる分野について情報交換できる場を設けること，留学の機会を与えることにより国際的な視野を広げ，国際コミュニケーション能力の育成に努めることなども必要であろう。また，学生の能力を開発し，客観的に評価するためには，複数指導教員制を採ることも効果的である。さらには専攻・研究科間の壁を低くし，共通授業を実施するなどの協力をこれまで以上に進めることも必要であろう。
　教員の教育研究指導内容や方法の改善も重要である。そのためには，各大学院において大学院担当の資格審査の在り方を見直し，優秀な若手教員が大学院学生の指導に積極的に参加できるようにし，教員が切磋琢磨し授業内容や研究指導方法の向上を図ることができるようにする必要がある。また，教員の指導能力を高めるため教育研究内容や指導方法の研究開発を行い，教員の相談に応じる組織を，各大学や大学関係団体において整備するこ

とも必要であろう。
(注10) オフィスアワー：授業科目等に関する学生の質問・相談等に応じるための時間として，教員があらかじめ示す特定の時間帯（何曜日の何時から何時までなど）のことであり，その時間帯であれば，学生は基本的に予約なしで研究室を訪問することができる。アメリカの大学において普及している制度であるが，近年，我が国の大学においても，オフィスアワーを設定し，シラバス等に明記する例が見られるようになっている。

③ 学部教育との関係

　学術研究の進展や社会の高度化・複雑化を背景に，高度な専門教育を行う機関としての大学院の位置付けがますます強まる傾向にある。もとより大学院を改革するに当たっては，学部を含めて大学全体を改革する視点を持つべきであり，学部と大学院の役割を明確化した上で，学部教育の改革との関連から大学院の教育内容・方法を見直す必要がある。その際，大学院の分野や目的によっては，学部段階では専門の基礎を重視し，それとの関連で修士課程のカリキュラムや指導方法の工夫をする必要があろう。また，大学院の開設授業科目の内容の程度に応じての段階を明示すること，基礎学力に応じコース分けをすることなども求められよう。一方，大学院と学部の共通科目を設けるなどにより，優秀な学部学生に大学院の授業を受ける機会を広げていくことが望ましい。

④ シラバスの作成，授業評価，ティーチング・アシスタント等の活用

　大学院の教育研究指導を充実するために，理工系・人文社会系などの分野や修士・博士課程の違いなどにも留意しつつ，シラバスの作成・配布のほか，授業で必要な図書の整備（リザーブド・シェルフ）や，授業の一環としての教室外学習課題の指定（アサインメント）などを工夫することも有効である。シラバスは作成後それにとらわれるということではなく，授業の進行に応じ一定期間ごとに見直すなど形だけのものにならないようにする必要があろう。さらに学生による授業評価は，授業の内容方法の改善ばかりでなく，学生，教員間に良い意味での緊張感を生じさせ，大学院の授業を質の高いものとする上で意義がある。

　また，ティーチング・アシスタント制度及びリサーチ・アシスタント制度は，大学院学生の処遇改善の面だけでなく，むしろ学部・大学院の教育の充実や将来教員・研究者となる場合の訓練として重要な意義を持つ。この制度を実効あるものにするため，その職務について担当教員は継続的かつ適切な指導助言を行うことが必要である。

⑤ 学位授与の促進

　学位については，その授与の円滑化と水準の確保が重要である。特に，人文社会系の大学院において，博士の学位の授与を促進することが課題である。学位の授与については，学問分野の特質を考慮する必要があり，アメリカでも人文社会系の学位取得の期間が長期化することが指摘されている。しかし，博士課程にとって，学位の授与は極めて重要である。平成5年度の学位授与率[注11]について見ると，人文系9.7%，社会系13.7%であり，

その数は増加しつつあるものの,依然低調と言わざるを得ない。近年,学位制度の改善を受け,学位授与の促進に取り組む大学院が出始めており,このような取組を今後一層推進すべきである。

このため,大学院担当教員には,課程制大学院の趣旨に即し,「課程博士」の授与についての意識を改革するとともに,学生に学位論文を完成する意欲を持たせるような指導上の工夫が求められる。また,学位授与の仕組みの整備も必要である。例えば,学位授与に至るまでのプロセスを明確にすること,論文指導を単位化してその指導の強化を図ること,複数の教員による論文指導体制を作ること,博士論文の作成に着手することを認める上での過度の要件を見直すこと,学位審査申請時期を複数化することなどにより,課程制大学院の趣旨を生かし,学生が段階を踏んで円滑に課程を修了するようにすることが望まれる。また,学位の水準を確保するとともに,審査の透明性・客観性を高める観点から,審査委員名を公表すること,審査委員に学外者を加えることなど,審査方法の改善も必要である。さらに,口述試験を公開することが効果的であるとの指摘もある。留学生に関しては,その論文指導の在り方を見直すこと,外国語による論文作成を認めること,複数の外国語の試験を課す場合,その一つについて日本語による代替を認めることなどについても,一層の配慮が望まれる。

修士論文を作成することは,研究成果自体の意義にとどまらず,自ら考え表現する力を養う機会として重要である。また,適性や進路について自ら判断したり,第三者による評価を受けたりする機会としても重要である。このような修士論文作成の持つ意義を一層生かすことが求められる。

さらに,修士課程については,大学院の目的や専攻分野に応じ,特定の課題についての研究成果をもって修士論文に代えることもできるので,学位の水準を維持することに留意しつつ,これを積極的に活用して修了方法の多様化を図る必要があろう。

(注11) 学位授与率:修士課程については,当該年度の学位授与数を2年前の入学者数で割った数値。博士課程については,当該年度の学位(課程博士)授与数を3年前の入学者で割った数値。

⑥ 「課程博士」の円滑な授与等を図るための方途について

現在,標準修業年限である5年間の在学中に,必要な単位を取得し,研究指導を受けたものの博士論文を提出するに至らなかった学生の中には,授業料負担や就職等の関係のみならず,将来の研究計画に基づいて博士の学位を取得できるという見込みが不明であるために退学し,その後に「論文博士」を申請する者が見られる。この場合,退学により指導教員とのつながりが制度上切れてしまうが,こうして取得した「論文博士」の学位については,実質的には博士課程における研究成果として評価すべき部分が少なくないので,このような場合には,これを「課程博士」として位置付けることが適当である。

こうした問題点を改善し,課程博士の授与の円滑化を図るためにも,先に述べたように,各大学院において,課程修了までに修得すべき能力とこれを身に付けさせるためのプロセ

スを明確にし，そのプロセスに沿って教育研究指導を行うことが求められる。

また，学位論文作成から審査を経て学位を取得するに至る手順を明確にすることも重要である。その上で，例えば，コースワーク終了時に学生からの申請に基づき当該学生が一定期間内に博士論文を提出できる段階に達しているか否かを審査し，その結果を学生に示すことは，諸外国を含む他の大学院との関係において当該学生の研究上の到達度を明確にするとともに，学生が将来の計画を立てる上での一助となるものと考える。

この場合，学位の取得に至るプロセスにおいて，一定の段階に達し，学位取得の見込みがあると認められる者については「博士候補（仮称）」と称することなども検討の余地がある。しかし，他方，このような取扱いによって，博士課程の目的が実際上「博士候補」の呼称を取得することに向けられ，かえって課程博士の円滑な授与を阻害するおそれがあるなどの意見もある。また，この考え方は，人文社会系の学問分野においては課程博士の授与を促進する上で意義がある一方，理工系の学問分野においては余り意義が認められないという指摘もある。この点については，こうした意見や指摘を踏まえつつ，今後とも慎重に検討する必要がある。

また，学位取得の見込みがあると認められる者のうち，その後必要となる研究指導や実験施設・設備の利用がわずかで済む者については，少ない費用負担で在籍し，担当教員の指導の下で「課程博士」を取得することができるようにすることを，今後検討する必要がある。

(2) 既存組織の見直しと新しい学問分野に対応した大学院の組織編制の多様化

学問の進展や社会のニーズに対応して，大学院の組織編制を柔軟に改編していくことが求められる。特に，各大学院においては，伝統的な学問分野を継承・発展させるとともに，横断的な分野や学際的な分野，これから生成しつつある分野などに対応して教育研究組織を自己改革していくことが必要である。このためには，既存の組織を見直して新しい需要に対応することが不可欠であり，必要な場合は学部・研究科の枠を越えて研究科や専攻の転換を一層積極的に進めることが必要であろう。近年，独立大学院，大学院独自の教員組織を整備した独立研究科・専攻，他の研究所と連携する大学院，連合大学院など多様な編制の大学院が増加している。これらを含めた新たな編制の大学院の構想にも積極的に対応していくことが必要である。

先端的，学際的な分野における大学院を充実又は活性化する方法として，学内において幾つかの研究科等の協力の下に，最先端の研究を行う研究センターを設け，各研究科等から一定期間併任で研究者を選んで，最先端の研究を推進するとともに，優れた学生の研究指導に当たるようにすることなどを検討することが必要である。

また，今後，大学院の高度化・多様化に向けて，教育研究組織を再編したり，新たな構想を実施したりする場合には，大学院専任教員の措置など教員組織の充実が必要である。さらに，大学院，学部，研究所間の人事交流の推進や研究支援職員の充実も重要である。国立大学では組織の改編に伴い助手等が減少しているが，これが教育研究にもたらす影響などにつ

いて，検討することが必要である。

　今日，社会では幅の広い学識と専門的な知識・技術を備えた人材の育成が一層求められており，社会的なニーズが高い分野においては，大学院の研究科・専攻が一定規模の定員を持つことが必要である。このような場合には，専任教員の配置が特に重要である。また，このような専任教員の配置などについて，大学院の実績をも踏まえ，財政措置を拡充することが必要である。

　なお，定員を超過している大学院では，定員の設定について見直しを行うことが必要である。特に，国立大学の大学院では教育研究条件の低下を防ぐ意味から，留学生や社会人の定員化を進めることや，教育研究環境の充実を急ぐ必要がある。一方，恒常的に定員を満たしていない大学院においては，改組転換を含め定員充足に努めることが必要である。

(3) 学生・教員の流動性
　① 学生の流動性

　　　若い時期にできるだけ異なる機関やテーマで研究することは，専門分野に関する幅の広い基盤の形成や，その後の能力の向上に計り知れない財産となる。大学院への入学や博士課程への進学に当たって，他の大学・大学院の出身者に広く門戸を開くことが必要である。特に，今後，大学院の教育研究に重点を置こうとする大学では，その判断により学生の一定割合以上を他の大学・大学院から受け入れることを考慮すべきであり，関係大学間で具体化の方法について検討することが期待される。学部卒業段階では，学生の専攻分野や適性に応じ，他大学の大学院への進学を積極的に促すことも必要である。特に，優秀な学生こそ，このような経験をさせる配慮が求められよう。また，社会人や留学生を含め，大学院の学生の構成を多様なものとすることは，大学院を活性化し，創造性を高めるために有効である。

　　　このためには，他大学卒業生などが受験で不利にならないように，面接の実施や試験勉強では対応できない思考力を試す問題の工夫や，社会人，留学生を対象とする特別選抜など，大学院の入学者選抜方法の改善も必要である。

　② 教員の流動性

　　　教員の流動性が高く人事構成が多様であることも，学生の流動化と並び，優れた大学院の条件である。各大学院においては，教育研究活動を絶えず活性化するため，プロジェクト研究の活用や，大学院担当教員と研究所担当教員のローテーションを行うなどの工夫はもとより，外国を含めた他大学・研究所との交流，企業と大学との人事交流，公募制の実施，外国人教員の積極的な採用など，平成6年6月の本審議会答申「教員採用の改善について」で提言された方策を積極的に推進することが必要である。なお，本審議会においては，教員の流動性を高めるための一方策として，選択的任期制の導入について，検討を進めているところである。

(4) 国内の交流・国際交流の促進

　本来，学術研究の推進やその成果に基づく教育は，国際的に共通の基盤の上で行われるも

461

のである。今後，メディアなどの様々な技術革新に伴い，国際化・情報化は一層進むものと予測され，このような新しい状況に対応できる大学院のシステムを整備する必要がある。このためには，大学院間あるいは大学院と社会の間の円滑な相互交流を推進する上で障害となっている要因を除去するという観点から積極的な改善が求められる。

① 大学院間の交流

　我が国においては，国内の大学院間の協力・相互交流がしにくい仕組みとなっている。国内の大学院間の単位互換や共通授業の開設を一層推進するため，大学間の授業料の相互免除等に配慮する必要がある。特に，国立大学と公私立大学間では，一定の場合に授業料の相互免除等ができる途を開く必要がある。

　また，今日，学生の専門分野が多様化・細分化・学際化しており，学生の所属する大学の教員のみによっては，適切な研究指導が行えない場合がある。このような場合には，複数の大学院の教員が共同して研究指導に当たることも有効である。さらに，大学院が協力して学生によるシンポジウムの開催を行うなど，学生の研究発表や交流の機会を設けることも意義があり，必要な支援ができるようにすべきである。

② 国際交流

　大学院の国際化を促進するため，留学生受入体制の整備・充実に努めるとともに，外国人教員を含めた多様な教員構成とすること，海外との情報ネットワークを整備することなど，大学院の仕組みを国際化時代に合ったものに変えていく必要がある。また，留学生教育や研究成果の発表など教育研究における国際交流が更に緊密化することから，大学院の国際化に当たっては，国際コミュニケーション手段である国際語を駆使することの重要性が一層高まっている。このため，個々の教員自身が十分なコミュニケーション能力を持つことはもとより，大学院学生に対する外国語指導を充実することが重要である。

　国際交流を促進するためには，セメスター制(注12)を採用し，学期ごとに授業を完結させることが重要である。これにより学生や教員の相互交流を促進するとともに，教員が研究やフィールドワークに専念したり，外国の大学で授業を行ったりすることが容易になる。教育研究において優れた業績をあげた教員に対するサバティカル・リーブの導入も検討する必要があろう。また，短期留学生の受入れの推進，外国語による授業の開設の促進，外国人研究者の受入体制の整備，宿泊施設など受入施設の計画的整備も望まれる。

　我が国に対して学術研究を通じた一層の国際貢献が期待されている今日，諸外国の教育研究機関との間で，相互に，それぞれの研究成果に即座にアクセスできること，また，情報の受信のみならず優れた研究成果の発信を行うことが，卓越した教育研究拠点（センター・オブ・エクセレンス）として評価される大学院の基本的な条件である。このため国公私立大学を通じた高度情報ネットワークシステムの整備の促進が必要である。

(注１２) セメスター制：１学年複数学期制の授業形態。日本で多く見られる通年制（一つの授業を１年間通して実施）の前・後期などとは異なり，一つの授業を学期（セメスター）ごとに完結させる制度。諸外国では一般的であり，個々の学期が15週程度で２学期制の伝統

的セメスター制度(traditional semester system)，初期セメスター制度(一方のセメスターが若干長い：early semester system)，3学期制(trimester system)，4学期制(quarter system)などを実施する大学もある。日本においても，既に一部の大学・学部で導入され始めている。

　セメスター制は，1学期の中で少数の科目を集中的に履修し，学習効果を高めることに意義があるので，単に通年制の授業の内容を前半と後半とに分割するだけでは，セメスター制とは言えない。また，授業内容が過密にならないような配慮も必要である。

　さらに，セメスター制には，学年開始時期が異なる大学間において円滑に転入学を実施できるというメリットもある。

③　大学院と社会の連携の強化

　大学院と社会との連携の強化を図ることは，大学院が社会に貢献するということだけでなく，これを通じて大学院の教育研究を活性化する上でも重要である。現在でも，リフレッシュ教育，寄附講座，共同研究等の実施に伴い，大学院と企業等との連携が進みつつある。また，公立大学大学院はもとより，各大学院においては，地方公共団体からの委託研究や公開講座などを通じた連携も行われている。各大学院においては，これらの方向を一層進めるべきである。このため，大学院と企業等の大学以外の研究所との連携方式を積極的に推進すること，共同研究や受託研究を更に推進すること，寄附講座，寄附研究部門の拡充を図ることなどにより，教育研究面での連携・協力や研究者交流を一層深めることが必要である。また，平成7年9月の本審議会答申「大学運営の円滑化について」においても提言されているように，参与などを設け大学院のカリキュラム，入学者選抜方法，運営面などについても積極的に外部の意見を聞くことや，大学院の外部評価の際に，産業界からの参加を求めることも有意義である。さらに，各大学院は，その教育研究の理念や特色等について，より広く社会に情報を発信していくことが求められる。

　さらに，企業，官公庁などにおいては，大学院修了者の採用を進めるとともに，職員の大学院への積極的な派遣や，例えば職員に「教育休暇」を与えるなど，職員の大学院における自主的な研修の奨励も望まれる。また，大学院における教育や研究の実績を積極的に評価し，それをキャリア・パスや処遇面に反映させることも望まれる。

　また，平成3年11月の「大学院の量的整備について」の答申において指摘しているように，大学院における社会人の再教育を推進するためには，本校における教育研究指導とともに，企業等が多数存在している都心にサテライト的な学習の場を設けることが望ましい。大学設置・学校法人審議会においても，一定期間安定して場所を確保できること，一定の設備・施設が整備されていること等を条件として，借用の土地・建物であっても，カリキュラムの一部をそこで履修することができるように弾力的な取扱いがなされたところであり，その活用が期待される。さらにリフレッシュ教育の一層の推進のために，カリキュラムの一部ではなくすべてを，このようなサテライト的な場において履修することができるよう制度の改正を行うべきであるという意見もあるが，大学院における教育の在り方や新しいメディアを利用した大学院教育の展開などを踏まえ，今後十分検討する必要が

ある。

　なお，修士課程の修了要件については，昭和63年12月の「大学院制度の弾力化について」の答申を受けて平成元年9月に大学院設置基準が改正され，優れた業績をあげた者については1年以上在学すれば足りるものとされた。社会人の中には2年未満の短期で修了することを希望する者もおり，社会人のリフレッシュ教育を推進するためにも，本制度の積極的な活用を望む声もある。このために，2年の標準修業年限の中で，希望する学生が2年未満で修了することが容易となるように，修士課程の水準に十分留意しつつ，あらかじめ2年未満でも修了可能なカリキュラムを弾力的に編成するシステムが望まれる。なお，専攻分野によっては制度的に修士課程の修業年限が1年のものも認めてもよいのではないかとの意見もあるので，特定の分野で1年の修士課程の開設を認めることについては，修士課程の在り方や社会人の要望などを勘案しつつ，今後検討する必要がある。

(5) 評価と競争原理の導入及びそれに基づく重点的整備

　各大学院は，それぞれの特色を発揮しつつ，研究水準や教育内容において国内だけでなく国際的にも競争していく必要がある。そのためには，各大学院が，社会や学生に対し，教育研究の特色や学生の進路，学位授与状況などの情報を提供するための，適切な方法を工夫していくことが求められる。現在，自己点検・評価の取組が進んでいるが，その結果を分かりやすい形で外部に公表することが必要であろう。

　また，これからは大学院に対する第三者による評価システムを確立することが課題である。現在，自らの判断で，第三者による評価を実施する大学があるが，これらの取組を更に促すとともに，分野ごとに相互に評価する仕組みを作ることが必要であり，国においては，これらに必要な経費についての支援を充実すべきである。

　今後，我が国が高度の学術研究を推進し，人類共通の知的資産を生み出していくためには，学術研究や人材養成の面で卓越した教育研究拠点として評価される大学院の形成を積極的に促進していくことが必要である。研究実績とともに人材養成実績においてトップレベルの成果をあげている大学院においても，その教育研究環境や条件は不十分である。

　これらの大学院に対しては，研究実績や人材養成実績を評価して，大学院固有の教員組織の整備，研究支援職員の増員，大学院専用の施設・設備の整備，設備の最先端化など教育研究環境の抜本的な改善充実を図る必要がある。また，このような場において外国人研究者，民間研究者，博士課程修了者，大学院学生等多様な人材が参加して創造的な教育研究プロジェクトを推進することができるよう，教育研究費はもとより，旅費，非常勤講師手当等の経費を拡充する必要がある。

　このように人的・物的面や教育研究面などのあらゆる面で，思い切った財政措置の充実を図り，大学院の重点的な整備を進めることが求められる。現在，優れた教育研究実績をあげている大学院や，特色ある取組を行う大学院に対する評価に基づく資源の重点配分が次第に進みつつあるが，今後更にその方向を強める必要がある。その際卓越した教育研究拠点の意義・在り方についても検討する必要がある。また，優れた業績をあげた教員がその評価にふ

さわしい待遇を受けるようにすることも必要である。
(6) 教育研究環境の改善
　　近年，国立大学については，大学院学生の増加や実験機器等の整備に伴う施設面積の増加等の措置が講じられてきているとは言え，さらに，施設の老朽化，狭隘化の解消や，非常災害時を含めた学生等の安全確保の観点を含め，施設・設備の改善を計画的に推進する必要がある。また，私立大学の大学院の教育研究環境の改善充実を図るため，融資事業の充実も含め，施設・設備等の整備に対する支援を強化する必要がある。
　　また，優れた教育研究実績をあげることが期待される大学院や，新しい試み，特色ある試みを行う大学院に対して，国公私立を通じて資源の重点的投入を行うことが重要である。大学院学生や博士課程修了者の若手研究者としての活動を積極的に支援するための研究費を措置することも求められる。さらに，我が国が先進諸外国に伍して経済競争力を維持していくため，新たな産業の創出，新たな社会経済システムの創造などの面での独創的な研究開発を推進するとともに，自らフロンティアを開拓することのできる創造性豊かな人材，起業家精神に富んだ人材を養成するための大学院専用施設の整備を含んだ経費等を措置することも必要である。これらを通じ，卓越した教育研究拠点として評価される大学院が形成されるようにすることが重要である。
　　さらに，学生の心身の健康の保持・増進のため，課外活動を含め，快適な学生生活への配慮も重要である。また，大学院における教育研究を活性化し高度化を図っていくためには，事務・技術職員などの整備を含め，教育研究支援体制を充実していくことが必要である。
(7) 学生の経済的自立の支援
　　大学院学生は，学生の側面だけではなく，実質的に研究や学会活動にも従事しており，若手研究者としての側面を持つ。また，学部学生に対しては，教育指導を行う者としての側面も持っている。このような役割を担う大学院学生の位置付けを再検討するとともに，特に，研究費の交付などについて制度的な面も含め検討することが必要である。
　　日本育英会の奨学金については，優れた学生が大学院に進学し，安定して勉学に専念できるよう，奨学金の額の引上げ，貸与人員の増を図るほか，貸与年限の制限を弾力化するなど大学院学生の教育研究の実態にきめ細かく対応できるものとする必要があろう。さらに，優秀な学生をティーチング・アシスタントやリサーチ・アシスタントとして採用し，これに対する手当の支給により経済的に支援することが可能になったが，その拡充を図ることも必要である。
　　日本学術振興会の特別研究員制度についても，採用人数の大幅な拡充，採用者に支給される研究奨励金の額の引上げとともに，採用期間の延長を図っていくことが必要である。
　　このような大学院の学生に対する支援策は，逐次拡充されてきており，大学院の学生に対する奨学金の在り方についても，これらの施策との関連を踏まえて検討していく必要がある。
　　また，留学生についても，国費留学生の更なる拡充，私費留学生に対する学習奨励費等の一層の充実，各大学の国際交流のための基金等を活用した奨学金等の充実，多様な方法によ

る留学生宿舎の確保などを通じて，経済的な支援を積極的に行っていくことが必要である。

このほか，社会人のリフレッシュ教育を推進する観点から，企業等が，経費を負担して社員を大学院に派遣したり，企業がその関連分野の人材育成を図るための奨学事業を拡充したりすることなども求められる。

(8) 大学院制度の一層の弾力化

① 社会人の正規学生としての受入れを拡大するため，当面，修士課程について，あらかじめ標準年限を超える期間を在学予定期間として在学できる長期在学コースを設けることができるようにすることが必要である。その場合，修業年限について大学院設置基準に特例を設けるか，各大学院の運用で対応するか，検討する必要がある。また，授業料等の在り方についても，単位ごとの授業料額の設定や年間の授業料額の配慮などについて検討が必要である。

② 高等専門学校・短期大学卒業者について，卒業後の一定の研究歴，実務経験を基に大学院入学資格を認めることは，学生の学習意欲の刺激，教育の活性化につながるとともに，リフレッシュ教育の推進という観点からも有意義であると考えられる。現在のところ，高等専門学校・短期大学の卒業者については，大学編入学の途とともに学位授与機構による学位の取得の途が開かれているが，これらの制度の活用状況，大学院入学資格制度全体との整合性，国際的な制度の動向などを踏まえつつ，今後，十分検討する必要がある。

③ なお，現在，大学院については，博士課程を前期と後期に分ける積み上げ方式と，修士課程と博士課程とを別々に設置する並列方式の両方式があり，いずれの方式を採用することも制度上は可能となっている。両方式のメリットや留意点について十分検討した上で，各大学院において最もふさわしいものを選択することが適当である。

④ 近年，情報通信技術の急速な進展により，映像と音声とを同時に，双方向で送受信する遠隔教育やインターネットなどを活用した情報のやり取りが可能になっており，一部の大学でマルチメディアを活用した先進的な取組が始まっている。中でも，マルチメディアを活用した遠隔教育は，例えば，複数のキャンパス間における合同授業の実施や，リフレッシュ教育のための企業への授業の配信などにより，大学院における新たな教育活動の展開を可能にすると考えられる。このため，マルチメディアを活用した遠隔教育に関し，大学院設置基準などの制度的位置付けや，実施の際の留意事項について速やかに検討することが必要である。

また，昭和63年12月の本審議会答申「大学院制度の弾力化について」において，通信制の大学院の検討の必要性について提言したところであるが，答申後の技術の発展により，通信衛星等を活用した通信制の大学院の可能性が高まっている。そこで，今後，通信制の大学院の在り方について具体的な議論を始めることが必要である。

これらの検討に当たっては，マルチメディアの活用のメリットとともに，大学院教育における，人格的な交流を通じた調和のとれた総合的な判断力の涵養などの重要性を踏まえることが必要である。

2. 被告側提出証拠

乙第１６号証

平成17年(ワ)第2957号　損害賠償請求事件
原　告　安達巧
被　告　KA₁、SI₁、SI₄

平成１７年１１月１０日

東京地方裁判所民事第２５部単４係　御中

　　　　　住所　■■■■■■■■■■■■■■
　　　　　氏名　KA₁

陳　述　書（陳述者・KA₁）

1　私のCHI大学商学部（以下「本学部」）における略歴は、以下のとおりです。
　　　昭和５０年４月　　採用（助手）
　　　昭和５４年４月　　専任講師
　　　昭和６０年４月　　助教授
　　　平成８年４月　　　教授（現在に至る）
　　　平成１２年４月　　学部長（平成１６年３月まで）

2　平成１４年秋、本学部のTA₆教授が平成１５年４月に他大学に移籍する予定となったなったことから、平成１５年４月以降の会計監査論・経営分析論の専任教員の補充が必要となりました。そこで、平成１４年１０月から、後任教員の公募を開始しました。

　なお、本学部では、平成１７年度を目標に大学院商学研究科修士課程の開設準備をしており、TA₆教授の後任教員には大学院の科目担当も兼ねていただく予定でした。そのため、大学院の講義・演習を担当できるいわゆる「マル合」教員であることを応募資格とし、できるだけ教授、駄目でも助教授として採用することとして、公募を実施しました。（甲７号証）

　本学部の教員人事は、教授だけで構成する人事会議に決定権限があります。人事会議は、SI₁教授（主査）、KA₅助教授、私（大学院用特別委員）の３名を委員とする採用審査小委員会を編成し、応募者の人選を行いました。応募者は全部で１１名ありましたが、その中では安達先生の研究業績が秀でており、安達先生だけがマル合適格者の可能性があったため、採用小委員会は、安達先生を候補者と決めました。ただし、大学院の教員をしていただくには教授として採用できる人が望ましかったのですが、安達先生には前任校での助教授歴が２年しかありませんでしたので、「CHI大学専任教員の資格に関する規程」（甲１号証）第３条の(4)を満たさず、助教授採用とせざるを得ないという意見でまとまりました。

　また、この点に関しては、「規定第３条(4)には教授昇任資格の要件として『助教授歴５年』とあるところ、この解釈として『本学での助教授歴５年』と解するべきだとの見解もあるが、前任校での２年を算入し、本学での助教授歴が３年経過すれば(4)号に基づく

467

第2章 パワハラ裁判② Ⅱ 双方が提出した主な証拠

教授昇任申請資格を認めてよいのではないか。」との意見も出ました。
　なお、本学部では、過去一貫して、規程第3条(1)にいう「博士」は課程博士を含まず論文博士のみを意味すると解釈してきました。大学教員の主たる職務は研究と教育の2つです。教授の地位は、大学教員の最高位であり、十分な研究業績と十分な教育歴の双方が必要であるところ、課程博士の場合にはそれが必ずしも十分ではないからです。したがって、安達先生は、規程第3条(1)には該当しません。審査小委員会でも、この点は暗黙裏に当然の前提としていました。

3　平成15年2月28日、採用審査小委員会の委員3名で安達先生の最終採用面接を行いました。
　この席上で、委員3名が交互に発言しましたが、SI₁先生や私は、安達先生に対して、安達先生は教育歴不足であるので助教授採用となることや本学では助教授から教授になるには原則として5年間の教育歴が必要であることを告げました。安達先生は、「はい。」とか「分かりました。」というような返答をしたと記憶しています。
　SI₁先生からは、「(SI₁先生が、)その日の採用面接終了後に安達先生に事務連絡をした際に『3年で教授申請資格を認めるという特例で採用されるよう採用審査小委員会の主査として努力する。』と伝えたところ、安達先生は『教育歴不足は自覚している。』と述べて謝意を表した。」と聞いています。

4　採用審査小委員会は、人事会議宛に、安達先生を採用教員に推薦すること、採用時の職位は助教授とすること、採用後は3年で教授昇任申請を認めることなどを内容とする報告書を提出しました。
　そして、平成15年3月3日開催の人事会議において、出席教授全員の賛成をもって、上記の報告内容どおりの条件で安達先生を本学部教員として採用することを決定しました。乙3号証がその議事録です。
　この結果、安達先生は、平成15年4月1日から本学部の助教授として勤務を始めました。

5　ところが、安達先生は、平成15年10月31日、突如として教授昇任申請を行いました。申請書を提出した直後に、安達先生からSI₁先生に報告があったとのことで、私はその事実をSI₁先生から聞いて知りました。
　前述のように、平成15年2月25日の採用最終面接の際に、私どもから安達先生に対して、教授昇任申請には5年間の年限が必要だと伝え、安達先生もこれを了解したはずですので、安達先生の申請は採用時の約束違反です。私は、正直申し上げて、安達先生の常識を逸脱した行動に戸惑いを覚えました。また、平成15年3月3日の人事会議でも、3年後に教授昇任資格を認めるとの決議内容となっておりますので、教授昇任申請をしても、通るわけがないとも思いました。この種のルール違反は、安達先生の評価を貶めるものとなりかねませんので、安達先生のためにもなりません。
　そのため、私は、そのまま、安達先生の昇任申請を人事会議に諮るべきかどうか迷い

2．被告側提出証拠

ました。そして、まず、その前に、安達先生と話をして真意を確かめ、申請の取下げを助言するのがよいと考えました。

6　平成15年11月28日、私は、安達先生と昇任申請の件で約30分間話し合いを持ちました。

この話し合いにおいて、私は、平成15年3月3日の人事会議議事録（乙3号証）の抜粋と採用審査小委員会の報告書の抜粋を見せ、採用後3年間で教授昇任資格を取得できる条件となっていることを説明しました。これに対する安達先生の返答は、「採用時に、SI₁教授か学部長が『採用は助教授だが、3年経てば教授は確約する。』と言っていたが、採用時には(1)号の説明がなかった。私の場合は、規定2021頁の第3条(1)号に該当するから人事会議が条件設定をすること自体がおかしい。審査小委員会の報告書では(1)号についての判断がされていない。」とのことでした。（だだし、上記の安達先生の発言のうち、私どもが「確約する。」と言ったというのは、事実ではありません。）

そして、私が「昇格申請を取り下げるつもりはないのか。」と聞いたところ、安達先生の返答は「ない。」とのことでしたので、私は「今年度中に結論を出すが、検討にやや時間がかかる。」と告げました。

7　平成15年12月10日に人事会議が予定されていましたので、その前に安達先生の意思を確認しておこうと思い、同月8日に電話で話しました。

その際も、昇任申請を取り下げる意思はないとのことであり、併せて、文科省に相談するとか裁判に訴えるとか、半ば脅迫めいた口調で言っていました。

昇任申請に対しては、審査小委員会を組織して審査をします。審査委員は、研究や授業の合間に時間を取って審査業務を遂行しなければなりません。多数の人がこのような負担を被るのですから、無駄な業務はできるだけ避けるべきだと思います。また、先にも述べましたが、ルール違反を理由に安達先生の昇任申請が否決されることは、安達先生のためにもならないと思いました。安達先生がもし教授に昇任できるとすると翌年度の4月1日からとなりますので、平成16年1月の人事会議で審査委員会を立ち上げて作業に入れば、3月の人事会議で審議して4月からの昇任の可否の結論を出すのに間に合います。そこで、12月10日の人事会議では安達先生の件は保留しておいて、翌月の人事会議までに取り下げて貰うよう再度頼んでみることにするのがよいと考え、同日の人事会議で保留とすることを提案し、了承されました。乙4号証がその議事録です。

8　この間、専門家の弁護士に法的見地からの助言をいただく必要もあると考え、本大学の法律顧問であるSI₂弁護士にも法的問題点の検討をお願いしました。SI₂弁護士の見解は、「採用時に『3年間は助教授』という条件をつけたこと、規定第3条(1)は論文博士を意味するという解釈運用の合理性が認められることから、いずれの理由によっても安達先生の申請は不適法だといえる。法律の一般論からすると、不適法な申立ては内容上の審査に入らずに却下できる。しかし、本学部の規程上、昇任申請を受け付けた商学部長に申立却下の権限があると明示した規定がないため、慎重を期して人事会議に諮って取

469

第2章　パワハラ裁判②　Ⅱ 双方が提出した主な証拠

扱いを決める方が無難である。」とのことでした。
9　平成16年1月28日に人事会議が予定されていましたので、最後の機会として平成16年1月23日に安達先生と約10分間の話し合いを持ちました。私は、「規程第3条の(1)号と(4)号について改めて説明したい。」と前置きしたうえで、名前の部分を伏せて資料(乙9号証)を見せ、「商学部では過去全て課程博士には(4)号を当てはめてきた。現に、平成15年12月現在で博士の学位を有していたCHI大学商学部教員中には、甲1号証第3条(4)又は第4条(3)所定の年限を待たずに直ちに助教授から教授へ又は講師から助教授への昇任申請を行った例はない。」と説明しましたが、安達先生は、「この人達は、申請権はあるのに自主的に申請しなかっただけだ。」と反論し、聞き入れてもらえませんでした。

そして、私が「このデータを見ても、昇格申請を取り下げるつもりはないのですか。」と確認したところ、安達先生は「取り下げるつもりはありません。」と答えたので、私は「それでは、1月28日の人事会議に諮ろうと思う。」と返答しました。
10　以上の経緯の結果、私は、平成16年1月28日の人事会議に安達先生の教授昇任申請の件を議題として付議しました。安達先生は、本訴訟の準備書面で「人事会議に付すまで約3ヶ月間に渡り放置した。」と主張していますが、私は、3ヶ月間に渡り、安達先生本人、他の教員、大学当局など関係者全員にとって最善の結果で終わるようにいろいろ努力してきたつもりです。安達先生に昇任申請の取下げをお願いしたのも、単に採用時の約束違反だからというだけではなく、本人の将来を気遣ってのことでした。

平成16年1月28日の人事会議において、SI$_1$先生、KA$_4$教授、YA$_3$教授、YA$_2$教授、MO$_1$教授の5名が審査委員に選任され、昇格審査委員会が組織されました。そして、平成15年3月15日、昇格審査委員会から商学部長及び人事会議宛に報告書が提出されました。報告書の結論は、安達先生は教授昇任申請に関する手続や資格要件を満たしていないので教授として推薦できないというものでした。

平成16年3月16日の人事会議では、上記報告書をもとにして審議がされ、昇任申請は認めないとの決議がされました。安達先生には助教授としての経歴が不足していますし、もともと、採用前の平成15年3月3日の人事会議では「3年後に教授昇任資格を認める」との決議がされていたのですから、私は、この人事会議の出した結果は当然のことであるとの感想を持ちました。
11　安達先生は、昇任申請の人事会議への付議の時期について「締切日後最初に開催される人事会議(通常は11月上旬ころ)に付議するのが通例である。」「本件は通常の運用に比べ、極端に遅い。」と主張していますので、私が商学部長を務めていた4年間について、昇任審査委員会の設置を付議した人事会議の開催時期を以下にまとめました。

　　　　平成12年度　　平成12年11月8日
　　　　平成13年度　　平成13年12月12日
　　　　平成14年度　　平成14年11月6日

470

平成15年度　平成15年12月10日（原告を除く申請者3名）

このように、締切日後最初に開催される人事会議で昇任審査委員会を設置することが通例となっているとの主張は誤りであり、半数は翌々月の人事会議において設置されています。

もっとも、安達先生の場合は、それよりも更に翌月の平成16年1月28日開催の人事会議において昇任審査委員会が設けられたことは確かです。しかし、これは、既述のとおり、安達先生の場合には昇任申請資格に疑義があるため、方針の検討に時間を要したためです。このように、翌年の1月に昇任審査委員会を設けたとしても、4月からの昇任の可否を審査する時間は間に合いますので、何の問題もないと思います。

12　私は、安達先生が教授昇任申請をした当時の商学部長として本件に関与したため、損害賠償訴訟の被告にされてしまいました。言うまでもなく、大学教員の本来の仕事は研究と教育にあるのであり、研究・教育に充てるべき時間を割いて学部長の業務を行って来ました。もちろん、公正で常識に適った業務遂行をしてきたつもりです。それにもかかわらず、業務に関して訴訟の被告にされることにより、時間面、精神面、経済面において甚だしい負担を被っています。このようなことがあると、学部長のなり手がいなくなってしまうのではないかと危惧します。

安達先生においては、自分のしていることの意味をよく考えて、社会人として常識的な行動をして欲しいと思っています。

　　　　　　　　　　　　　　　　　　　　　　　　　　　　　　　　　　　　以上

第2章　パワハラ裁判②　Ⅱ 双方が提出した主な証拠

乙第17号証

平成17年(ワ)第2957号　損害賠償請求事件
原　告　安達巧
被　告　KA₁、SI₁、SI₄

平成17年11月10日

東京地方裁判所民事第25部単4係　御中

　　　　　住所　████████████████
　　　　　氏名　SI₁

陳　述　書（陳述者・SI₁）

1　私のCHI大学商学部における略歴は、以下のとおりです。
　　　昭和52年4月　採用（助手）
　　　昭和55年4月　専任講師
　　　昭和63年4月　助教授
　　　平成8年4月　　教授（現在に至る）
　　　平成9年10月　学部長（平成12年3月まで）
　　　平成16年4月　学部長（現在に至る）

2　本学部では、TA₆教授が他大学に移籍することになったため、平成15年4月から会計監査論を担当する教員を募集する必要が生じました。
　　そして、本学部では、数年後に大学院商学研究科修士課程を開設することを目指しておりましたが、新採用の教員はその講義・演習も担当できるいわゆる「マル合教員」の可能性が高い方が好都合です。そのため、博士号の学位の取得者で研究業績と教育歴のある方をできるだけ教授として採用しようとの方針となりました。
　　私は、人事会議において、KA₅助教授、KA₁教授（当時・商学部長）とともにその採用小委員会の委員に選ばれ、私が主査となりました。

3　採用小委員会では、11名の応募者の中から、安達先生を候補者とすることを決めました。安達先生は、年齢的には若いものの、その研究業績は応募者の中では最もマル合に適合する可能性を有していたからです。ただし、大学としてはできれば教授を採用したかったのですが、安達先生は、年齢的に若く、教育歴については前任校で助教授として2年間しかなかったため、助教授採用とせざるを得ないとの結論となりました。本学部の教授資格を定めた規定として「CHI大学専任教員の資格に関する規程」（甲1号証）がありますが、その第3条(4)号によると、5年間の助教授歴が必要とされているからです。
　　なお、規程第3条(1)にいう「博士」の意味について説明します。博士の学位を得るには、論文博士と課程博士の2つのルートがあります。論文博士とは、学位論文を提出しその審査に合格した者であり、課程博士とは、大学院の博士課程を修了して学位を取得した

472

者です。論文博士は日本の大学の独特の制度と言われていますが、特に社会科学系の場合、かなり長年の研究業績を積み、社会経験もある研究者が論文を提出した場合に与えられて来ました。これに対し、課程博士は、高等教育の終着点・専門研究者としての出発点というような意味合いがあり、早ければ28歳位で取得することができます。また、近年では、主にアジア諸国からの留学生から、日本の大学院では博士の学位が取得しにくいとの批判を受けたことなどの理由で、文部科学省は課程博士を大量に養成する方針を打ち出しました。したがって、ことに社会科学系では、一般に、論文博士の方が課程博士よりも価値のあるものと見られています。他方で、規程第3条(1)によると、博士の学位を有しているという事実だけで、教授の資格が与えられていますが、教授の地位は、大学教員の最高位であり、十分な研究業績と教育歴の双方が必要なことはいうまでもないことです。そのため、本学部では、従来から、規定第3条(1)の博士は論文博士に限るとの解釈運用をしてきました。本学部では、過去一貫して、課程博士には(1)号ではなく(4)号を適用して来たのです。このことは、KA_1先生がまとめられた「商学部専任教員の博士号取得者とその職位」(乙9号証)を見ても分かりますし、私が調査したMA_6先生らの助教授昇任申請の経緯等(被告第3準備書面参照)からも明らかです。したがって、安達先生は、規程第3条(1)にも該当しません。採用審査小委員会では、これを暗黙の前提として審査をしました。

4　平成15年2月28日、採用審査小委員会の3名の委員で、安達先生の最終採用面接を約1時間かけて行いました。この席上、私やKA_1教授は、安達先生に対して、教育歴不足のため助教授採用となること、本学では助教授から教授になるには原則として5年間の教育歴が必要であることをはっきりと説明しました。この説明に対しては、安達先生は、「わかりました。」と返答しました。

5　採用面接が終わった後、総合研究棟1階教員室で、私が一人で事務連絡をしましたが、その際、私は安達先生に対して、「採用審査小委員会は、人事会議に助教授採用の報告をすることになると思う。本学部の規程では、教授になるためには5年の助教授歴が必要とされているが、安達先生の場合には、前任校での2年間の助教授歴を算入して本学部では3年経過後に教授昇任資格を認めるという特例で採用されるよう採用審査小委員会の主査として努力したい。」と伝えました。これに対しては、安達先生は、「教育歴不足は自覚していますので、感謝します。」と答えました。

その後、人事会議までの間に、私は安達先生に対し、メールで、「助教授採用はやむを得ないが3年で教授の申請ができるよう採用審査小委員会に提案したこと」や、「それが採用審査小委員会で承認され、3年で教授の申請ができるよう採用審査小委員会から人事会議に提案することになったこと」などを逐次伝え、安達先生からもお礼のメールが届きました。

6　採用審査小委員会は、平成15年3月3日開催の人事会議において、新規採用教員を安達先生に決めること、採用時から3年経過後に教授昇任資格を与えることを提案し、

第2章 パワハラ裁判② Ⅱ 双方が提出した主な証拠

人事会議の賛成を得ました。
　このようにして、安達先生は、平成15年4月1日から本学部の助教授に就任しました。

7　平成15年10月31日、私が図書館4階の個人閲覧室2号室で文献を調べていたところ、突然、安達先生がやって来て「今、教授昇任申請書を提出してきました。」というではありませんか。私は、驚いて、「3年後でないと資格がありませんよ。」と言いました。これに対しては、安達先生は、「教授昇任資格として5年の教育歴が必要との内規が恣意的に適用されている。」「就職時に『教授昇任資格は3年後』という条件が付いていたことは理解しているが、努力した人間には原則の例外があってもよいのではないか。」等と言いました。私は、商学部長である KA₁ 教授に安達先生の言い分を正確に伝える必要があると考え、その場で安達先生の言い分を鉛筆書きでメモしました。これが乙1号証の前半部分です。筆記したうえで安達先生にこれを見せて「安達先生の言いたいことはこういうことでよいですか。何かあれば追加して下さい。」と確認して、私の鉛筆を渡したところ、安達先生が直筆で2ヵ所に簡単な加筆をしました。
　私は、安達先生と別れた後で、上記のメモの下段に安達先生の発言の趣旨を分かり易いように文章化し、更に、安達先生の会話の中に上記の「就職時に『教授昇任資格は3年後』という条件が付いていたことは理解しているが‥」との趣旨の発言があったことを思い出し、それを(3)として書き加えました。(3)の全体が括弧で括ってあるのは、上段の走り書きには書かれていない項目だからです。以上のメモが乙1号証です。

8　訴訟において、安達先生は、上段の加筆した部分の字が自筆であることを否定していますが、他の安達先生の作成書類（乙5～7号証）の字と比べれば、同一筆跡であることが素人にも分かります。この点は、安達先生の主張は嘘だということが客観的に分かるのです。
　しかも、安達先生は、私がデスクを激しく叩いたり怒鳴ったりしたと主張していますが、そんな言動は一切していません。図書館の4階には閲覧室、グループ学習室、教員用個人閲覧室及び図書館長室があります。私と安達先生がやり取りをした個人閲覧室2号室は、図書館長室と個人閲覧室1号室との間に挟まれた静寂な場所であり、デスクを激しく叩いたり怒鳴ったりできるような環境にはありません。
　むしろ、1時間以上に渡って、安達先生と一緒に本学に就任した BE 先生のこと、日本とアメリカの教育のこと、大学院のこと、私の商学部長時代のセメスター導入のこと、当時学校法人が抱えていた問題など、広範な話題について話をし、最後には「これからもまた話をしましょう。」と握手をして別れました。また、それ以後も、安達先生と学内で話をする機会は何度かありました。

9　その翌日か翌々日、私は、KA₁ 学部長に平成15年10月31日の件を報告し、その際、KA₁ 学部長から、安達先生の教授昇任申請の取扱いについて相談を受けました。私は、人事会議に付議するにせよ却下するにせよ、学内規程上それができるのかどうか慎

重に検討してから方針を決めた方がよいとアドバイスしました。
１０　平成１５年１２月１０日の人事会議では、安達先生以外の昇任申請者について昇格審査委員会が設置されました。安達先生の昇任申請については、KA₁学部長から、「安達助教授に関しては、次回の人事会議で提案する。安達先生の主張が採用時の人事会議の決定と異なっているからである。」との説明がありました。

そして、平成１６年１月２８日の人事会議で安達先生に関する昇格審査委員会の設置がKA₁学部長から提案され、KA₄、YA₃、YA₂、MO₁の各教授と私の５名が審査委員に選ばれました。

１１　昇格審査委員会は、審議の結果、安達先生には前任校と通算しても３年の助教授歴しかなく教育経歴不足であるため、平成１５年３月３日の人事会議の決議や昇任規程の運用を斟酌して「安達助教授は教授昇任申請に関する手続や資格要件を満たしていないので、教授適任者として推薦することはできない。」との結論となり、平成１５年３月１５日付けでその旨の報告書を商学部長及び人事会議宛に提出しました。

昇格審査委員会の報告書では、その結論を採ると同時に、昇任選考審査基準点数表に基づき研究業績等の評価もしておきました。昇格審査委員会の役割は、昇格の可否を決定するのに必要な判断資料（点数評価もその一つです。）を人事会議に提供することにあり、可否の決定権限は人事会議にあります。もし人事会議が「昇任申請資格はある。」との立場に立った場合には、更に研究業績等の実質的内容面での適格性の有無の判断のための参考資料が必要となりますので、昇格審査委員会が「安達先生には教授昇任申請資格がない。」と判断して研究業績等の点数評価をしないのは適切ではないと考えたのです。このように、昇格審査委員会は、人事会議において安達先生の教授昇任資格を認める可能性も念頭において研究業績等の点数評価も含んだ報告書を作成しており、その審査は、公正な立場で行ったことがお分かりいただけると思います。

そして、平成１６年３月１６日の人事会議で、昇格審査小委員会の報告書をもとにして審議がされ、昇任は認めないとの決議がされました。

１２　以上のとおり、私達は安達先生に対して、教授昇任資格ができるのは３年後であることをはっきりと告げ、その時は安達先生も了承しました。

それなのに、後になって規程第３条(1)号の表面的な文言を捉え、KA₁学部長の２度に渡る本学の状況説明にも聞く耳を持たず、約束と異なることを求め出したのです。私どもが昇任審査をしている最中にも、教授会の席上で、昇任させなければ文部科学省に訴えるとか裁判を起こすとか発言して、プレッシャーをかけました。また、私共に対する訴訟提起だけではなく、学内手続による不服申立てや千葉県労働委員会に対するあっせん申立ても行われました。不服審査調査委員も、研究や講義で多忙な中で審査業務のための時間を取らなければなりません。安達先生は、我が儘のために、いろんな人に負担をかけているのです。安達先生にはこの点を理解していただきたいと思います。

約束したことは、後になって文句をいうのではなく、ちゃんと守るべきです。まして、

第2章　パワハラ裁判②　Ⅱ 双方が提出した主な証拠

　嘘をついてまで自分の意見を通そうとするのは、教育者として問題だと考えます。
以上

2．被告側提出証拠

乙18号証

平成17年(ワ)第2957号　損害賠償請求事件
原　告　安達巧
被　告　KA₁、SI₁、SI₄

平成17年11月10日

東京地方裁判所民事第25部単4係　御中

住所　　■■■■■■■■■■■
氏名　SI₄

陳　述　書（陳述者・SI₄）

1　私のCHI大学における略歴は、以下のとおりです。
　　　昭和46年4月　採用（助手）
　　　昭和50年4月　専任講師
　　　昭和60年4月　助教授
　　　平成7年4月　教授（現在に至る）

2　安達先生との教員室でのやりとりについて陳述します。
　安達先生から昇任申請に関して教員室で話しかけられた日にちについては、当日は教授会の開催日だった記憶がありますので平成15年11月の教授会の開催日を調べたところ、安達先生の主張どおり同年11月5日のことに間違いないことを確認しました。
　当日の夕刻は教授会があり、その教授会の終了間際に、安達先生が、「本学部の昇任規程には不備があるので、その不備を正すために昇任申請をした。」と話しをされました。
　教授会の終了後、私は、HO₂教授と連れだって教員室に入室しました。教員室は、広さ約162㎡、34席の大部屋であり、コピー機が2台、ソファーセットが4組、テーブルと椅子のセットが1組おいてあり、休息や談話のために教員が自由に頻繁に出入りします。私とHO₂先生が入室した時には、既に、5～6名の教員が在室していました。その中には、安達先生もおり、私達が入室すると、安達先生の方から、待っていたように話しかけてきました。私は、疲れていたので、奥のソファーに座り、HO₂先生と一緒に安達先生の話を聞きました。
　安達先生の話の趣旨は、「本学の昇格規定には不備があり、昇任申請をすることによって不備を正したい。」「規程上は、今の時点でも昇任申請を出せると思う。」というものでした。私は、規程に不備があるというならこれを直すことには異論がありませんでしたので、安達先生の話に相槌を打ちながら聞いていましたが、私の方からは殆ど発言をしていません。
　この間20分位のことでした。HO₂先生が「規程については、KA₃先生が詳しい。大学開設時から本学におられるので。」と話し、私はHO₂先生とともに退席しました。
　安達先生の準備書面によると、私が顔を近づけて威圧的な口調で「私はこの大学のこ

とを隅から隅まで知っている。」「安達先生の経歴に傷がつく。」「取り下げなさいよ。」などと述べて威迫したと記載されていますが、私は、前述のとおり、安達先生の話に相槌を打って応対した程度であり、私の方からそのような発言をしたことは一切ありません。

3　平成15年11月末に、安達先生からのタイのお土産のキーホルダー（乙13号証）が私のメールボックスに入れてありました。

　お土産を貰った何日か後に、私と安達先生はＪＲ東松戸駅から大学まで一緒になり、その道すがら、私は、お土産のお礼を言い、安達先生からは、タイで開催された国際学会学会で英語で発表をしたことを聞き、また、「その内容を後日ペーパー（論文）にして出そうと思っているので宜しくお願いします。」と言われました。これに対して、私は、「がんばって下さい。」と快く笑顔で応対しました。

　安達先生の準備書面では、11月5日に私から威迫を受けたと主張していますが、会話を交わしながら一緒に出校した者から、僅か3週間前に威迫を受けていたなどとはありえないことです。

4　安達先生とは、平成15年4月に本学に奉職されてから平成16年3月の人事会議の時期までは、顔を合わせる都度挨拶を交わしたり、平成15年度の新入生合宿での服装についての質問に答えたり、安達先生の両手が塞がっているときにドアの開閉をしてあげたり、とても仲良く接していました。

　それが、平成16年3月の人事会議以降、突然、私に対する態度が変わり、困惑しました。人事会議後に最初に学内の通路で安達先生とすれ違った時に、私は安達先生から睨みつけられ、「今後は、先生とは一切口をききませんから。」と言われました。

　安達先生の採用時の商学部長であった KA_1 先生や採用審査小委員会主査であった SI_1 先生以外に、人事会議の一般の構成メンバーにすぎない私も本件訴訟の被告にされた理由は、それまではかなり親しくしていたにもかかわらず、人事会議において安達先生の昇任に賛成票を投じなかったために逆恨みをしたこと、また、「一般の立場の教員を一人でも被告に加えておけば、『今後の人事会議において安達先生に不利な内容の議決権行使をした者は誰でも新たな損害賠償訴訟の対象にするぞ。』というメッセージになる。」と考えたためだろうと推測します。私は、逆恨みをされ、また、いわば生け贄にされたようなもので、非常に困惑し、また、迷惑しております。

以上

第 3 章

パワハラ裁判③

大学教員を被告(被控訴人)とした訴訟(控訴審)の記録

Ⅰ 控訴人・被控訴人の主張

第3章 パワハラ裁判③　Ⅰ 控訴人・被控訴人の主張

控　訴　状

平成18年3月9日

東京高等裁判所　御中

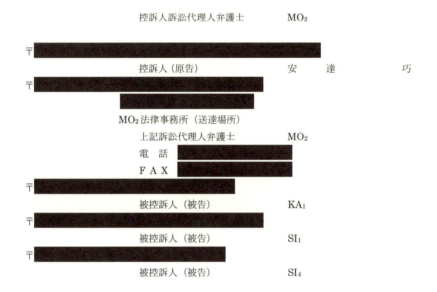

損害賠償請求控訴事件
　訴訟物の価額　　５００万円
　貼用印紙額　　　４万５０００円

　上記当事者間の東京地方裁判所平成１７年(ワ)第２９５７号損害賠償請求事件について，平成１８年２月１７日下記判決の言渡しを受け，平成１８年２月２４日判決正本の送達を受けたが，同判決は全部不服であるから控訴を提起する。

第１　原判決の表示
主　　文
　１　原告の請求をいずれも棄却する。
　２　訴訟費用は原告の負担とする。

1．控訴状

第2　控訴の趣旨
1　原判決を取り消す。
2　被控訴人 KA_1 は，控訴人に対し，200万円及びこれに対する平成15年11月28日から支払済みまで年5％の割合による金員を支払え。
3　被控訴人 SI_1 は，控訴人に対し，200万円及びこれに対する平成15年10月31日から支払済みまで年5％の割合による金員を支払え。
4　被控訴人 SI_4 は，控訴人に対し，100万円及びこれに対する平成15年11月5日から支払済みまで年5％の割合による金員を支払え。
5　訴訟費用は第1，第2審とも被控訴人らの負担とする。
6　仮執行宣言

第3　控訴の理由
　　控訴人が本訴の請求原因として主張する事実は原判決の事実欄摘示のとおりであるが，原判決には事実誤認の違法があり，取消を免れないものである。
　　詳細は追って控訴理由書を提出する。

附　属　書　類
1　控訴状副本　　　　　　　　3通
2　訴訟委任状　　　　　　　　1通

第3章　パワハラ裁判③　Ⅰ　控訴人・被控訴人の主張

平成18年(ネ)第1781号　損害賠償請求控訴事件
　　控訴人（一審原告）　　　安達　巧
　　被控訴人（一審被告）　　KA₁ほか2名

控訴理由書

平成18年4月24日

東京高等裁判所第1民事部　御中

控訴人訴訟代理人弁護士　　　MO₂

　頭書事件について，控訴人は，以下のとおり控訴理由を提出する。

　原判決の「第3　争点に対する判断」には，下記の点に関し，事実認定及び判断において重大な誤りがあり，破棄を免れない。
　なお，控訴人は，新しい証拠として，甲10号証（乙3号証の黒塗りされる前のもの）及び甲11号証（BE教授の陳述書）を提出する。

第1　「3年間は教授への昇任申請ができない」等の条件があったか否か
　1　問題の所在
　　本件で最も重要な争点の一つは，控訴人がCHI大学に助教授として採用された際，被控訴人らが主張するような条件，すなわち，「採用後3年間は助教授のままである」とか「3年経過以前には教授昇任はできない（昇任申請資格がない）」とか「3年経過以前には昇任申請しない」などの条件（以下，「3年間は教授への昇任申請ができない」等の条件，と総称する）が付されていたか否か，あるいは，そのような条件付きの採用であることを控訴人が承諾していたか否か，という点である。
　　以下，便宜上，①これらの条件が付されていたか否か，また，②これらの条件を控訴人が承諾していたか否か，に項を分けて検討する。
　2　「3年間は教授への昇任申請ができない」等の条件が付されていたか否か
　　被控訴人らは，採用時に「3年間は教授への昇任申請ができない」等の条件が付されていた旨を主張し，原判決も，結論として，この主張に沿う認定をしているように見える。
　　しかし，この主張及び認定には，以下の点で，大きな疑問がある。
　　被控訴人らの主張によると，平成15年2月28日に行われた採用面接の際に，「3

年間は教授への昇任申請ができない」等の条件が伝えられたとのことであるが，原審で審理した結果によると，少なくとも，同日の採用面接の席上では，そのような話は出なかったことが認められる。

すなわち，平成15年2月28日の採用面接に立ち会ったのは，被控訴人 KA_1，被控訴人 SI_1，訴外 KA_5 助教授の3名であるところ，採用面接の席上では，この3名のうち誰からも，「3年間は教授への昇任申請ができない」等の発言はなかったことが明らかになっている。

それでは，これらの条件は，いつ，どのようにして決定または付与されたのか。原判決を見ると，平成15年3月3日に開催された人事会議において，そのような条件が付されたものと認定しているようである。乙3号証（平成15年3月3日の人事会議議事録）において，被控訴人 SI_1 が「採用後は3年の経験で教授への昇格資格を取得できる条件としたい。」と発言した旨の記載があることが上記認定の根拠となったものと思われる。

しかし，乙3号証における上記の記載のみをもって，「3年間は教授への昇任申請ができない」等の条件が付与されたと認定するのは飛躍があり過ぎると言うべきである。

CHI 大学の規程上，助教授から教授になるために，5年以上の助教授の経歴が必要とされるのは，博士の学位を有しない者の場合であり（CHI 大学専任教員の資格に関する規程第3条。甲1），博士の学位を有する控訴人には，そのような年数制限はない。

したがって，控訴人を採用するに際し，「3年間は教授への昇任申請ができない」等の条件を付するのであれば，あえて規程と異なる取り扱いをすることについて，その理由などを控訴人に十分に説明した上で，明確な承諾を得ておく必要があることは言うまでもない。

もちろん，その前提として，大学側においても，あえて規程と異なる取り扱いをすることの是非を議論するなどした上で，そのような条件を付すことを明確に大学側の方針として決定しておく必要があることも言うまでもない。

ところが，原審での審理の結果によると，平成15年2月28日に行われた採用面接の席上では，「3年間は教授への昇任申請ができない」等の条件が付くことについては，一切，話題にのぼっていない。したがって，少なくとも，この時点では，大学側でも，「3年間は教授への昇任申請ができない」等の条件を付けることについて，合意の形成ができていなかったことが明らかである。

とすると，平成15年3月3日に開催された人事会議の席上で，そのような条件を付すことの是非について議論がなされ，そのような条件を付すことが決定したのであろうか。

ここで問題となるのが，乙3号証（平成15年3月3日の人事会議議事録）の「採用後は3年の経験で教授への昇格資格を取得できる条件としたい。」という記載に，いかなる意味があるか，である。

被控訴人らは，乙3号証に，たまたま，このような記載があることから，この記載

を根拠として,「3年間は教授への昇任申請ができない」等の条件が付された,と主張している。

しかし,この記載部分は,あくまでも被控訴人 SI₁ の発言部分にすぎず,この記載だけをもって,大学側が「3年間は教授への昇任申請ができない」等の条件を付す決定をしたと認定するのは無理がある。

むしろ,乙3号証の記載を見る限り,この人事会議の席上で,規程と異なる取り扱いをすることの是非について議論した形跡はまったく認められず,大学側が「3年間は教授への昇任申請ができない」等の条件を付すことを決定したとは,到底認められない。

つまり,このときの人事会議は,控訴人を助教授として採用することを決定したものにすぎず,決定事項としては,それ以上の内容を含むものではないと考えられる。

原審でも主張したことであるが,控訴人の採用当時,CHI 大学商学部では,2～3年後の大学院設立を目標に,大学院の設置申請に必要な「マル合教員」(原則として博士号を取得し,一定の研究業績を有する者で,大学院設置申請手続において,文部科学省が大学院で演習科目を担当できる教員であると判定した者)を確保する準備を始めており,控訴人を採用するにあたっても,控訴人が「マル合教員」に該当することが採用の決め手となった。

つまり,控訴人を採用する際,2～3年後の大学院の設立に合わせて,控訴人を教授に昇任させ,大学院で演習科目を担当してもらうという構想を大学側は持っており,乙3号証における被控訴人 SI₁ の発言は,その趣旨の発言にほかならない。

乙3号証では,黒塗りされた部分が不自然に多く,もともとの記載の趣旨と異なる印象を与えるおそれがあるため,今回,控訴人において入手した黒塗りされる前のもの(甲10号証)を新たに証拠として提出する。

これによると,当時,CHI 大学商学部が大学院の設立を前提として「マル合教員」の確保に動いていたこと,控訴人の採用が大学院設立の構想と不可分の関係にあったことなどが分かり,控訴人の従前からの主張を裏付けるものと言える。

なお,原判決の後である平成18年4月,CHI 大学大学院商学研究科が設立されている。

3 「3年間は教授への昇任申請ができない」等の条件を承諾したか否か

もし,仮に,被控訴人らの主張するように,大学側が「3年間は教授への昇任申請ができない」等の条件を付すことを決定していたとしても,控訴人にはそのような条件付きの採用であることは一切伝えられておらず,もちろん,控訴人がそのような条件を承諾したこともない。

そもそも,前述のとおり,博士の学位を有する控訴人には,CHI 大学の規程上は,教授昇任申請をする際,年数などの制限はない。したがって,控訴人の採用に際し,「3年間は教授への昇任申請ができない」等の条件を付すのであれば,あえて規程と異なる取り扱いをすることについて,その理由などを控訴人に十分に説明した上で,控訴人の承諾を得ておく必要があることは言うまでもない。

本件では，控訴人が「3年間は教授への昇任申請ができない」等の条件を承諾したことを示す証拠は存しない。

第2 被控訴人らの供述の信用性
1 被控訴人KA₁の供述の信用性

被控訴人KA₁は，原審での本人尋問の際，控訴人代理人の質問に対し，正面から問いに答えず，言を左右にし，徒に時間を費やす態度に終始した。

例えば，原審で争点の一つとなった，甲1号証の規程第3条(1)の「博士」は「論文博士のみを指し，課程博士を含まない」という解釈が過去にCHI大学に存在したか否かという点について，被控訴人KA₁は，陳述書（乙16号証）では，過去一貫してそのように解釈してきたと述べておきながら，尋問の際は，そのような解釈がいつ頃からあるかという質問に対し，「最近」と言ったり「よく分からない」と言ったり，言を左右にした挙句，最終的に「（平成8年4月に）教授になってから」と答えたものの，そのような解釈がされるようになった経緯については，比較的最近のことなのに説明することができなかった。

また，被控訴人KA₁は，本人尋問の際，平成15年2月28日に行われた採用面接の席上で，自分が控訴人に対し，「3年間は教授への昇任申請ができない」等の説明をしたと述べているが，この供述は，被控訴人SI₁によって，「完全な誤りだ」として明確に否定されている。

これらの例を挙げるまでもなく，被控訴人KA₁の供述は，重要な点について言葉を濁したり，あいまいな供述に終始しており，その信用性には著しい疑問がある。

2 被控訴人SI₁の供述の信用性

被控訴人SI₁は，平成15年10月31日，CHI大学の図書館の個室内において，控訴人に対し，パソコンデスクを両手で激しく何回も叩いたり，大声で怒号するなどした事実を否認している。

しかし，原審での審理の結果，被控訴人SI₁は，以前にCHI大学商学部の学部長をつとめていたころ（平成9年10月から平成12年3月までの間），教授会の席上で，学部長提案をした際，これに反対した若手教員に対し，机を激しく何度も叩いて，大声で「なんで反対なんだ」と威嚇するような口調で言うなど（MI教授，I₃元助教授），本件と同様の行為を過去にも行っている事実が明らかとなっている。

3 被控訴人SI₄の供述の信用性

被控訴人SI₄は，平成15年11月5日，CHI大学の教員室において，控訴人の顔面に顔を近づけ，威圧的な口調で，控訴人を威迫した事実を否認している。

しかし，原審での審理の結果，被控訴人SI₄は，以前，他の若手の体育教員に対し，「お前たちみたいな若造が」などと何度も脅かすなど（CHI大学法学部のKO₂教授），本件と同様の行為を過去にも行っている事実が明らかとなっている。

第3 不法行為の動機等について
1 被控訴人らが控訴人に対し，本件のような不法行為に及んだ動機については，原審

の審理で明らかになっただけでも、次のような点を挙げることができる。

例えば、被控訴人 SI₁ については、「同じ会計コースにいるんだから、教授の私に事前に了解を求めるのが常識じゃないか！」との発言が示すように、控訴人が自分に相談しないで昇任申請したことに立腹・憤慨したことが直接の原因と考えられる。

このほか、被控訴人 SI₁ は、「安達先生は生意気だと、ほかの先生たちからお叱りの電話がバンバン来ていることを知っていますか。」とか「前々から感じていたけど、だいたい安達先生は、うちの大学を小馬鹿にしているよね。」などと発言しており、それ以前から控訴人のことを快く思っていなかったことをあらわにしている。

また、例えば、被控訴人 SI₄ については、控訴人が着任して間もない平成15年6月の教授会で発言したことに対し、「自分は、着任して最初の2、3年は、教授会で何も発言しませんでしたよ。」と、暗に教授会での発言を控えるよう注意したにもかかわらず、その後も、控訴人が教授会でたびたび発言することを苦々しく思っていたところへ、本件の不法行為の直前に開催された教授会で、またも控訴人が発言したことに憤慨したことが直接のきっかけになったものと考えられる。

以上の例が示唆しているように、結局のところ、本件における被控訴人らの行為は、ある特定の明確な動機に基づく行為と言うより、むしろ単に感情的な行為としての側面が強い。つまり、被控訴人らの控訴人に対する個人的な感情（好きとか嫌いとかの感情）から出た行為であって、その意味で、ハラスメント（嫌がらせ）の側面をもつ行為として理解するのが妥当である。

2　ハラスメントの背景

それでは、なぜ、控訴人が被控訴人らからハラスメント（嫌がらせ）を受けるのか。前述した例からも、その一端を垣間見ることができるが、今回、提出した新たな証拠（甲11号証）によって、CHI 大学商学部において、控訴人が被控訴人らを含む他の教授たちからハラスメント（嫌がらせ）を受けていた事実やその背景などが明らかになった。

甲11号証は、CHI 大学商学部の教授である BE 教授が、CHI 大学商学部内部の人間関係や、控訴人に対するハラスメントの実態を告発した文書であり、直接または間接に本件不法行為の事実を推認させる内容となっている。また、なぜ、控訴人が被控訴人らからハラスメント（嫌がらせ）を受けるのか、その理由を分析している。

3　BE 教授の陳述書（甲11号証）

(1) 甲11号証の記述は内容的に多岐にわたっているが、本件で争われている事実に直接に関係することだけでも、例えば、以下のような注目すべき記述があるので、ここに引用しておく。

① BE 教授は、平成15年10月31日、控訴人が図書館4階の個室で被控訴人 SI₁ と話をした際、部屋の外で待機しており、その間、室内で何かを激しく叩く音や被控訴人 SI₁ が怒号する声を聞いた。

② 控訴人は、平成15年11月5日、教授会の席上で、平成15年10月31日

に図書館内で被控訴人 SI_1 から恫喝された事実を公表した（被控訴人 SI_1 は，このときの教授会を欠席していた）。
③　BE教授は，平成１５年１１月５日，教員室において，控訴人と被控訴人 SI_4 が顔面をくっつけるように話し込んでいるのを見た。被控訴人 SI_4 のほうから控訴人に何やら話しかけており，控訴人は脅えた表情をしていた。
(2)　このほか，本件について，重要な間接事実になると考えられるものとして，例えば，次のような記述がある（括弧書きは，立証の趣旨などを示す）。
①　被控訴人 SI_1 は，平成１５年１１月３日，MA_3 教授に対し，控訴人のことを「常識のないやつだ」などと話した。
②　被控訴人 KA_1 は，平成１５年１１月５日，教授会の席上で，控訴人から，教授会の開催手続に規程違反があったことを追及され，その席上で謝罪発言をさせられた。
　　　　（→　被控訴人 KA_1 が本件不法行為に及ぶ動機となった。）
③　被控訴人 KA_1 は，平成１５年１１月中旬ころ，「安達さんは教授にしたくないんだよね」と I_3 助教授（当時）に話した。
④　被控訴人 SI_4 は，平成１５年１１月１３日，控訴人に対し，威圧的な表情で「ちょっと，ちょっと」と声をかけ，控訴人を自分の研究室（個室）に呼び入れ，控訴人の担当する講義に関し，恫喝的に意見した。
　　　　（→　被控訴人 SI_4 と控訴人との上下関係，被控訴人 SI_4 の控訴人に対する接し方などを示す。）
⑤　被控訴人 SI_1 は，平成１６年３月１６日，人事会議の席上で，控訴人の本件昇任申請について審議している最中に，「早稲田大学がなんだ！東北大学がなんだ！」と喚き立てた。

第４　別件訴訟について

　最後に，本件訴訟の関連訴訟として，控訴人がCHI大学を訴えている別件訴訟があることを付記しておく。
　東京地方裁判所平成１７年(ワ)第１７１４２号損害賠償請求事件（原告安達巧，被告学校法人CHI）がそれである（現在，東京地裁民事第１１部に係属中）。
　この別件訴訟は，控訴人の本件昇任申請を否決した人事会議の決定の違法性や手続の違法性などを理由に，控訴人が大学側に対して損害賠償を求めているものであり，争点のかなりの部分が本件訴訟と重なっている。

　　　　　　　　　　　　　　　　　　　　　　　　　　　　　　　　　　以　上

第3章 パワハラ裁判③　I 控訴人・被控訴人の主張

平成18年(ネ)第1781号　損害賠償請求控訴事件
　控訴人　　　　安達　巧
　被控訴人　　　KA₁ほか2名

証　拠　申　出　書

平成18年4月24日

東京高等裁判所第1民事部　御中

控訴人訴訟代理人弁護士　　　MO₂

第1　証人尋問の申出
　1　証人の表示
　　　　　　　　　　　BE　　（同行・主尋問45分）
　2　立証の趣旨
　(1)　平成15年10月31日，控訴人がCHI大学図書館内の個室で被控訴人SI₁と話をした際，部屋の外にいた証人が，室内で何かを激しく叩く音や被控訴人SI₁が怒号する声を聞いた事実
　(2)　平成15年11月5日，控訴人が教授会の席上で，平成15年10月31日に図書館内で被控訴人SI₁から恫喝されたことを公表した事実
　(3)　平成15年11月5日，CHI大学の教員室で控訴人と被控訴人SI₄が顔面をくっつけるように話し込んでいたのを証人が目撃したこと，その際，被控訴人SI₄のほうから控訴人に何かを話しかけ，控訴人が脅えた表情をしていた事実
　(4)　CHI大学商学部内において控訴人が被控訴人らから個人的な嫌がらせ（ハラスメント）を受けていた事実
　(5)　その他本件に関する事項全般
　3　尋問事項
　　別紙尋問事項記載のとおり

以　上

別　紙

　　　　　　　　　尋　問　事　項　（証人　BE）

1　証人の経歴等
2　証人は CHI 大学商学部の教授か。
3　CHI 大学商学部内において，控訴人が被控訴人らから個人的な嫌がらせ（ハラスメント）を受けていた事実があるか。
4　控訴人が被控訴人らから個人的な嫌がらせ（ハラスメント）を受けていたとして，その背景や原因は何か。
5　証人は，平成15年10月31日，控訴人が CHI 大学図書館4階の個室で被控訴人 SI_1 と話をした際，部屋の外で待機していたか。
　　その際，室内で何かを激しく叩く音や被控訴人 SI_1 が怒号する声を聞いたか。
6　被控訴人 SI_1 は，平成15年11月3日，MA_3 教授に対し，控訴人のことを「常識のないやつだ」などと話したか。そのことをいつ誰から聞いたか。
7　控訴人は，平成15年11月5日，CHI 大学商学部教授会の席上で，平成15年10月31日に図書館内で被控訴人 SI_1 から恫喝された事実を公表したか。
8　被控訴人 KA_1 は，平成15年11月5日，教授会の席上で，控訴人から，教授会の開催手続に規程違反があったことを追及され，その席上で謝罪発言をさせられたか。
9　証人は，平成15年11月5日，CHI 大学の教員室において，控訴人と被控訴人 SI_4 が顔面をくっつけるように話し込んでいるのを見たか。
　　その際，被控訴人 SI_4 のほうから控訴人に何かを話しかけ，控訴人は脅えた表情をしていたか。
10　被控訴人 KA_1 は，平成15年11月中旬ころ，「安達さんは教授にしたくないんだよね」と I_3 助教授（当時）に話したか。そのことをいつ誰から聞いたか。
11　被控訴人 SI_4 は，平成15年11月13日，控訴人に対し，威圧的な表情で「ちょっと，ちょっと」と声をかけ，控訴人を自分の研究室（個室）に呼び入れ，控訴人の担当する講義に関し，恫喝的に意見したか。そのことをいつ誰から聞いたか。
12　被控訴人 SI_1 は，平成16年3月16日，人事会議の席上で，控訴人の本件昇任申請について審議している最中に，「早稲田大学がなんだ！東北大学がなんだ！」と喚き立てたか。
13　その他，本件に関連する一切の事項

　　　　　　　　　　　　　　　　　　　　　　　　　　　　　　　　以　上

第3章　パワハラ裁判③　I 控訴人・被控訴人の主張

平成18年(ネ)第1781号損害賠償請求控訴事件
控訴人　安達巧
被控訴人　KA₁ほか2名

　　　　　　　　　　　　　　　　　　　　　平成18年5月12日
東京高等裁判所第1民事部　御中

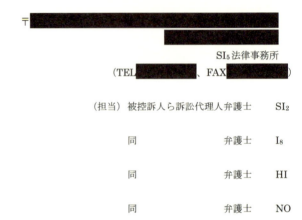

　　　　　　　　　　　　　　　　　　　SI₅法律事務所
　　　　　　　　　　　　　　（TEL　　　　　、FAX　　　　　　）

　　　　　　　　　（担当）被控訴人ら訴訟代理人弁護士　　SI₂

　　　　　　　　　　　　　　同　　　　　　　弁護士　　I₈

　　　　　　　　　　　　　　同　　　　　　　弁護士　　HI

　　　　　　　　　　　　　　同　　　　　　　弁護士　　NO

　　　　　　　　　　　　答　弁　書

I　控訴の趣旨に対する答弁
　1　本件控訴を棄却する。
　2　控訴費用は控訴人の負担とする。
　との判決を求める。
II　控訴理由書の主張に対する反論
（以下の項目番号は、控訴理由書の項目番号に対応する。但し、括弧付数字は被控訴人代理人が独自に付したものである。）
第1
　2　乙3号証の記載に関して「乙3号証の人事会議議事録の記載のみをもって3年間は教授昇任申請ができない等の条件が付与されたと認定するには飛躍がありすぎる」「大学側でも、3年間は教授への昇任申請ができない等の条件を付けることについて合意の形成ができていない。」との主張する点について

　　　乙3号証（＝甲10号証）の2枚目［4］には、「現職の立場が助教授であり、教歴が2年と浅いことの理由から助教授として採用をしたい。また、採用後は3年の経験で教授への昇格資格を取得できる条件としたい、との詳細な説明の後、全員賛成により承認された。」旨が記録されている。すなわち、「3年の経験で教授への昇格資格を

492

4．答弁書

取得できる条件とすること」は、控訴人が主張するように単に被控訴人 SI₁ の発言にとどまらず、被控訴人 SI₁ によるこの提案が全員の賛成を得ていることは明らかである。

3 「3年間は教授への昇任申請ができない」等の条件を承諾していない旨の主張について

この点については、原判決8頁(2)ア〜エ及び15頁7行目〜16頁2行目のとおりである。

採用面接の席上では、被控訴人 KA₁ や被控訴人 SI₁ は「5年間」という期間の制約を告げ、控訴人はこれを了承したのである。採用面接の終了後、被控訴人 SI₁ は、「3年間」に短縮する努力をする旨を告げ、控訴人はこれも了承した。そして、平成15年3月3日開催の人事会議において「3年で教授への昇格資格を取得できることを条件として助教授採用することが承認された。以上によれば、平成15年2月28日に採用審査小委員会主査被控訴人 SI₁ と控訴人との間で「3年で教授への昇格資格を取得できること」を条件とする旨の合意が成立し、同年3月3日成立の人事会議の承認によりその合意は法人と控訴人との間で効力を生じたといえる。更に、その後の被控訴人 SI₁ と控訴人との電子メールのやりとりでも、再度、法人と控訴人との間でこの合意が成立している。

第2

1 甲1号証の規程第3条(1)の「博士」の解釈に関する被控訴人 KA₁ の供述態度があいまいであると批判する点について

ここで問題とされている被控訴人 KA₁ の供述は、被控訴人の主張する上記の規程の解釈が人事会議において何時からなされて来たかという点に関するものである。人事会議の構成員は教授に限られるから、教授になってから後の事柄は自らの体験に基づく供述であるが、教授就任以前の事柄は伝聞にすぎない。被控訴人 KA₁ は、この点の峻別をして供述したために、控訴人には「あいまい」と受け取られる結果となっているのである。被控訴人 KA₁ の供述の背景には、体験事実と伝聞事実とを峻別しようとする誠実な態度があり、むしろ、供述の信用性を増すものであるといえる。

2及び3 「原審の審理の結果、本件と同様の行為を過去にも行っている事実が明らかとなっている。」との主張について

原判決は、判決文中のどこにもそのよう事実を認定しておらず、上記の控訴人の主張は虚偽である。

控訴人の主張する「本件と同様の行為」に関する原審の証拠は、唯一原審原告本人尋問供述だけである。しかし、例えば、乙1号証の1の書き込み部分は自筆によるものではないと強弁するという態度から明らかなように、控訴人の主張・供述は一般的に信用性が全くない。

第3

1 「原審の審理で明らかになった『本件のような不法行為の動機』」と主張する事実に

第3章　パワハラ裁判③　Ⅰ 控訴人・被控訴人の主張

について
　前記第2の2及び3に述べたところと同様である。
2及び3　BEの陳述書（甲11号証）の信用性について
(1)　BE氏の陳述書（甲11号証）は、一読すれば分かるとおり、自らの学歴に由来する強烈なエリート意識を背景に、被控訴人ら他のCHI大学教員を侮蔑することに終始した品位を欠く内容のものであり、およそ証拠価値が認められるような代物ではない。
(2)　しかも、上記陳述書には、BE氏が平成15年10月31日に個人閲覧室2号室付近の廊下で室内の物音を聞いていたという事実（上記陳述書9頁5行目～17行目）が述べられているが、少なくともこの部分は明らかに虚構であると断定できる。すなわち、上記事実は、本訴原審原告の陳述書（甲9号証）においては全く述べられていないし（5頁下から3行目以降の平成15年10月31日の出来事に関する部分を参照のこと）、原審原告本人尋問においても同様であった。そればかりか、控訴人は学校法人CHIを被告とする別件訴訟（東京地方裁判所平成17年(ワ)第17142号損害賠償請求事件）においてBE氏の陳述書（乙19号証）を提出しており、この陳述書の記載内容は甲11号証の陳述書とほぼ同様であるにもかかわらず、上記事実は全く記載されていない（乙19号証9頁10行目の「‥違いありません。」から「平成15年11月3日」の間の部分に、上記事実の陳述がない。）。上記事実がもし実在するとすると、それは被控訴人SI₁の原告に対する「パワーハラスメント」の裏付けとなりうるのであるから、既に、乙19号証の陳述書を作成提出した段階で当然に記載されているはずである。それにもかかわらず、その記載がないのは、上記事実は甲11号証の陳述書作成段階になって思いついた虚構の事実であるからに他ならない。控訴人は、甲9号証7頁下から3行目～末行で「個人閲覧室2号室は‥‥防音性も高く、ドアを閉めれば室内での会話が廊下や他の部屋に漏れることはありません。」と述べていたが、原判決（12頁12行目～13行目）は、個人閲覧室の防音性を否定している。甲11号証の陳述書ではこの原判決の認定を逆手に取って、個人閲覧室2号室内のやりとりが廊下のBE氏に聞こえていたというフィクションを思いついたのであろう。
(3)　また、平成15年11月5日の教員室での控訴人と被控訴人SI₄の様子についても、乙19号証（8頁15行目～17行目）では「‥‥怪訝に思ったものでした。」と述べるにとどまるのに対し、甲11号証（8頁5行目）では、上記の記述に続けて「‥‥安達氏が時折見せる脅えた表情が何とも印象的でした。」と書き加えられている。
　両名の様子を見て抱いた感想として、「怪訝に思う」というのと「脅えた表情が印象的だった」というのとでは、内容が全く異なる。甲11号証の陳述書は、原判決により控訴人が全面敗訴したことを受けて、乙19号証以上に更に事実を歪曲・誇張して述べようとしたものであることが見てとれる。

(4) 以上のとおりであるから、BE氏の陳述・供述の内容には信用性が全くないことは明らかであり、同氏を証人尋問するのは無駄である。

(5) なお、被控訴人らは、BE氏の陳述書を読んで、3年経てば教授昇任資格が与えられることを了承して本学の助教授に就任しておきながら就任したその年に次年度からの教授昇任申請を行うという常識を欠く控訴人の行動の動機が理解できた気がする。控訴人やBE氏には、一流大学の学部を卒業し、一流大学の大学院を修了したという学歴に基づく強烈なエリート意識がある。そのため、他の教員は自分達より学歴が劣るにもかかわらず、「教授」とか「学部長」とかいう自分達より上位の地位を得ていることに我慢がならないのではないか。いわば、逆方向の嫉妬である。しかし、幾ら学歴が上だと思っても、約束したことや規則で決められていることは守らなければならない。

第4 別件訴訟について

控訴人主張のとおり、本訴と多くの争点を共通にする別件訴訟の第1審が東京地方裁判所に係属している。

通常は、個人の不法行為責任と法人の使用者責任を問おうとする場合、両者を共同被告とする併合訴訟を提起する。その方が、審理の重複を避けることができ、訴訟費用も二重に納付する必要がないなど、訴訟技術として合理性があるからである。しかし、本件では、控訴人は、まず、個人のみを被告とする本訴だけを提起し、それに約半年も遅れて漸く法人を被告とする訴訟を提起した。このような控訴人の訴訟の方法には合理的理由を見出すことはできず、憂さ晴らしのために個人を狙い打ちにしようとしたとしか思えない。そのような訴訟は不当訴訟であり、逆に被控訴人から控訴人に対する損害賠償請求の対象ともなりうるものである。

以上

第3章 パワハラ裁判③　I 控訴人・被控訴人の主張

平成18年(ネ)第1781号損害賠償請求控訴事件
　　　　　　　　控　訴　人　　安　達　　巧
　　　　　　　　被 控 訴 人　　KA₁，SI₁，SI₄
　　　　　　　　利害関係人　　学校法人 CHI

和　解　条　項　案

1① 利害関係人は，平成18年12月27日付けで，控訴人をCHI大学商学部の教授に昇任させる。
　② 利害関係人は，本和解条項に特段の定めのある事項を除き，平成18年12月27日以降，対内的・対外的を問わず，控訴人をCHI大学商学部の教授として処遇する。
2　利害関係人及び控訴人は，平成19年3月31日限り，利害関係人と控訴人との間の雇用契約を合意解約し，控訴人は，同日限り，利害関係人を退職する。
3① 控訴人は，利害関係人に対し，第1項の昇任後，教授であることが資格要件となっているCHI大学の下記の業務について，その一切を行使しないことを約する。
　　ア　人事会議に係る出席，発言，提案，議決権の行使その他の一切の業務
　　イ　その他の学内行政業務全般（教授会に係る業務並びに講義及びこれに付随する成績評価その他の事務を除く。）
　② 利害関係人は，控訴人に対し，第1項の昇任後，教授であることが資格要件となっているCHI大学の上記①の業務について，その遂行を求めないことを約する。
4① 利害関係人及び被控訴人らは，控訴人に対し，第1項の教授昇任が利害関係人の商学部人事会議の決議を経ていないことを理由とする教授昇任の無効を主張しないことを約する。
　② 控訴人は，利害関係人に対し，第1項の教授昇任が利害関係人の商学部人事会議の決議を経ていないことに異議を述べず，また，同決議の不存在を理由とする教授昇任の効力を巡る利害関係人又は控訴人と利害関係人の教職員との争訟の帰趨のいかんにかかわらず，利害関係人に対し，異議を述べず，第2項の退職の効力を争わないことを約する。
5　利害関係人は，控訴人に対し，退職金115万2000円及び本件解決金434万8000円の支払義務のあることを認め，平成19年4月　日限り，これらを控訴人の指定口座（■■）に振り込み送金して支払う。
6　控訴人は，利害関係人に対し，現在申請中の教授昇任申請を取り下げ，今後も教授昇任申請をしないことを約する。
7　控訴人は，利害関係人及び被控訴人らその他の利害関係人の理事又は教職員に対し，控訴人の教授昇任申請（本訴請求に係る申請以外の申請を含む。）について，損害賠償請求権を有しないことを確認し，損害賠償請求権を行使しないことを約する。

8 控訴人は，利害関係人に対し，本件和解に基づく控訴人の教授昇任その他の本件和解の内容及び手続等に関し，利害関係人又は利害関係人の理事若しくは教職員が，利害関係人の教職員から異議の申述，損害賠償請求等を受けることによって迷惑を被ることのないよう，適切な対処に努めるものとする。
9 控訴人と利害関係人及び被控訴人らは，今後，互いに，相手方の名誉を害する言動を一切しないことを約する。
10 控訴人は，被控訴人らに対するその余の請求を放棄する。
11 控訴人は，東京地方裁判所平成１７年(ワ)第１７１４２号損害賠償請求事件の訴えを取り下げ，利害関係人はこれに同意する。
12 控訴人と利害関係人及び被控訴人らは，本件和解の経過及び内容について，互いに第三者に漏示しないことを約する。ただし，下記の場合その他の正当な理由に基づく場合は，この限りでない。
  ① CHI大学商学部長等を通じて同学部の教授会及び人事会議においてその構成員に対して必要な限度で本訴及び本件和解に関する説明をする場合
  ② 本件和解の基礎となった事情が争点となる訴訟において必要な限度で主張・立証をする場合
13 控訴人と利害関係人及び被控訴人らは，控訴人と利害関係人及び被控訴人らとの間には，本和解条項に定めるほか，何らの債権債務のないことを相互に確認する。
14 訴訟費用及び和解費用は，第１，２審を通じ，各自の負担とする。

第3章　パワハラ裁判③　Ⅰ　控訴人・被控訴人の主張

<u>12月22日に FAX して頂いた「和解条項案」の文言修正等について</u>

2006.12.25　安達　巧

- 「1②」
    - (現　行)「平成 18 年 12 月　目から同年 3 月 31 日までの間」
    - (修正後)「平成 18 年 12 月　日以降」
    - 〔理　由〕私が退職後も、例えば、『年史』発行や記念行事の際、教授であった期間を「教授」として取り扱うことは当然であり、それを明確化するため。
- 「3①」
    - (現　行)「ア　人事会議に係る出席、発言、……その他の一切の業務
              イ　………（講義及びこれに付随する事務を除く。）」
    - (修正後)「ア　人事会議に係る発言、提案、議決権の行使、議事録の確認
              イ　………（教授会、講義、成績評価及びこれに付随する業務を除く。）」
    - 〔理　由〕教授会及び成績評価に関する「業務」（事務ではない）は、私の権限事項であることを明確にするため。
- 「4①」
    - 「第 1 項の教授昇任が……理由とする」の部分を削除。
    - 〔理　由〕その他の理由による無効主張を排除するため。
- 「4②」
    - (修正後)「控訴人は、本件において控訴人側の書証として陳述書を提出した訴外 BE が、控訴人の教授昇任を巡り控訴人又は利害関係人に対し争訟を提起した場合には、当該争訟の帰趨のいかんにかかわらず、利害関係人に対し異議を述べず、第 2 項の退職の効力を争わないことを約する。
    - 〔理　由〕利害関係人側の記載意図（BE 氏に限定）を明確化するため。また、陳述書を依頼した私が、BE 氏に提訴されない絶対的保証はないため。
- 「5」
    - (現　行)「退職金及び本件解決金として合計 550 万円」
    - (修正後)「本件解決金として××万円及び退職金として××万円」
    - 〔理　由〕解決金は非課税であり、退職金は課税所得である。利害関係人に適切な税務処理を確約させ、私が税務当局と揉めることがないようにするため。
- 「7」
    - 「損害賠償請求権を有しないことを確認し、」の部分を削除（「行使しない」ことは確約）。
    - 〔理　由〕請求権を有することは明らかなため（筋が通らず、絶対に妥協できない）。

498

6.「和解条項案」の文言修正等について

- 「8」
  (修正後)「控訴人、被控訴人及び利害関係人は、本件和解に基づく控訴人の教授昇任その他の本件和解内容及び手続等に関し、控訴人、利害関係人及び利害関係人の理事若しくは教職員が、利害関係人の理事若しくは教職員らから異議の申述、損害賠償等を受けることによって迷惑を被ることのないよう、適切な対処に努めるものとする。」
  〔理　由〕私はこれまで、本件に関し、私を誹謗中傷する怪文書（匿名の書面）や深夜の脅迫電話に何度も悩まされてきた。BE 氏は利害関係人の教員であり、退職後に BE 氏を含む利害関係人の理事若しくは教職員が私に迷惑をかけないようにすることは、被控訴人及び利害関係人側の責務であると考える。私も努力するが、むしろ被控訴人及び利害関係人が努力するべきことであるため（BE 氏以外の教職員等の言動を抑制する必要）。

- 「12①」
  (現　　行)「利害関係人及び被控訴人らが」
  (修正後)「控訴人、被控訴人及び利害関係人が」
  〔理　由〕私も必要に応じて説明する権利を同等に有することを明確化するため。

★懸念事項

　非常勤講師（特に〔演習Ⅱ〕及び「演習Ⅲ」）を拒否されたため、以下の懸念があります。

　「演習Ⅰ」（2年生）→「演習Ⅱ」（3年生）→「演習Ⅲ」（4年生）は、原則として同一教員が担当することになっていて、「演習Ⅰ」開始前に担当教員が面接等で学生を選抜します。現在、「演習Ⅰ」及び「演習Ⅱ」を受講している学生達に対し、私は、「『演習Ⅲ』までいわゆる一貫教育を実施するため、そのつもりで」と明言し、「ぜひ、安達先生に教えて貰いたい」と回答した学生だけを選抜しています。

　したがって、私が来年度以降、「演習Ⅱ」及び「演習Ⅲ」を担当しないことになった場合、学生達から債務不履行等を理由に、私が損害賠償を請求される懸念があります。

　仮にそうした事態になった場合、「利害関係人及び被控訴人のうちの SI_1（学長）の責任と負担においてこれに対処するものとし、控訴人には一切の迷惑をかけないことを約する」ことは盛り込む必要があると思います。岩井裁判官に懸念を理解して頂いて下さい。

第3章　パワハラ裁判③　Ⅰ 控訴人・被控訴人の主張

裁判官
認　印

和　解　調　書

事件の表示　　　平成18年(ネ)第1781号

期　　　　日　　　平成18年12月26日　午後4時00分

場　所　等　　　東京高等裁判所第1民事部　和解室

受命裁判官　　　岩　井　伸　晃
裁判所書記官　　金　井　繁　昌

出頭した当事者等
　　　　　　　　控訴人　　　　　安　達　巧
　　　　　　　　控訴人代理人　　MO$_2$

　　　　　　　　被控訴人ら及び利害関係人代理人
　　　　　　　　　　　　　　　　SI$_2$

手続の要領等

当事者及び利害関係人間に次のとおり和解成立
第1　当事者の表示

　　　　控　　訴　　　人　　　　安　達　　巧
　　　　同訴訟代理人弁護士　　　MO$_2$

　　　　被　控　訴　人　　　　　KA$_1$

　　　　被　控　訴　人　　　　　SI$_1$

　　　　被　控　訴　人　　　　　SI$_4$
　　　　上記3名訴訟代理人弁護士　SI$_2$
　　　　同　　　　　　　　　　　I$_8$
　　　　同　　　　　　　　　　　HI
　　　　同　　　　　　　　　　　NO

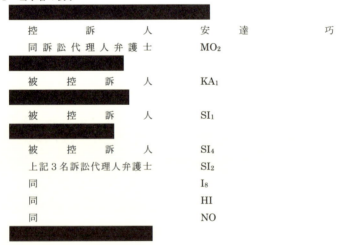

500

7. 和解調書

利　害　関　係　人	学校法人 CHI
同代表者理事長	KO_1
同訴訟代理人弁護士	SI_2

第2　請求の表示

　　請求の趣旨及び原因は，原判決（東京地方裁判所平成17年(ワ)第2957号損害賠償請求事件）記載のとおりであるから，これを引用する。

第3　和解条項

1 ①　利害関係人は，平成18年12月27日付けで，控訴人をCHI大学商学部の教授に昇任させる。

　② 利害関係人は，本和解条項に特段の定めのある事項を除き，平成18年12月27日以降，対内的・対外的を問わず，控訴人をCHI大学商学部の教授として処遇する。

2　利害関係人及び控訴人は，平成19年3月31日限り，利害関係人と控訴人との間の雇用契約を合意解約し，控訴人は，同日限り，利害関係人を退職する。

3 ①　控訴人は，利害関係人に対し，第1項の昇任後，教授であることが資格要件となっているCHI大学の下記の業務について，その一切を行使しないことを約する。

　　ア　人事会議に係る出席，発言，提案，議決権の行使その他の一切の業務

　　イ　その他の学内行政業務全般（教授会に係る業務並びに講義及びこれに付随する成績評価その他の事務を除く。）

　② 利害関係人は，控訴人に対し，第1項の昇任後，教授であることが資格要件となっているCHI大学の上記①の業務について，その遂行を求めないことを約する。

4 ①　利害関係人及び被控訴人らは，控訴人に対し，第1項の教授昇任が利害関係人の商学部人事会議の決議を経ていないことを理由とする教授昇任の無効を主張しないことを約する。

　② 控訴人は，利害関係人に対し，第1項の教授昇任が利害関係人の商学部人事会議の決議を経ていないことに異議を述べず，また，同決議の不存在を理由とする教授昇任の効力を巡る利害関係人又は控訴人と利害関係人の教職員との争訟の帰趨のいかんにかかわらず，利害関係人に対し，異議を述べず，第2項の退職の効力を争わないことを約する。

5　利害関係人は，控訴人に対し，退職金115万2000円及び本件解決金434万8000円の支払義務のあることを認め，平成19年4月10日限り，これらを控訴人の指定口座（■■■）に振り込み送金して支払う。

6　控訴人は，利害関係人に対し，現在申請中の教授昇任申請を取り下げ，今後も教授昇任申請をしないことを約する。

7　控訴人は，利害関係人及び被控訴人らその他の利害関係人の理事又は教職員に対し，

第3章　パワハラ裁判③　Ⅰ　控訴人・被控訴人の主張

　　控訴人の教授昇任申請（本訴請求に係る申請以外の申請を含む。）について，損害賠償請求権を有しないことを確認し，損害賠償請求権を行使しないことを約する。
8　控訴人は，利害関係人に対し，本件和解に基づく控訴人の教授昇任その他の本件和解の内容及び手続等に関し，利害関係人又は利害関係人の理事若しくは教職員が，利害関係人の教職員から異議の申述，損害賠償請求等を受けることによって迷惑を被ることのないよう，適切な対処に努めるものとする。
9　控訴人と利害関係人及び被控訴人らは，今後，互いに，相手方の名誉を害する言動を一切しないことを約する。
10　控訴人は，被控訴人らに対するその余の請求を放棄する。
11　控訴人は，東京地方裁判所平成17年(ワ)第17142号損害賠償請求事件の訴えを取り下げ，利害関係人はこれに同意する。
12　控訴人と利害関係人及び被控訴人らは，本件和解の経過及び内容について，互いに第三者に漏示しないことを約する。ただし，下記の場合その他の正当な理由に基づく場合は，この限りでない。
　①　CHI大学商学部長等を通じて同学部の教授会及び人事会議においてその構成員に対して必要な限度で本訴及び本件和解に関する説明をする場合
　②　本件和解の基礎となった事情が争点となる訴訟において必要な限度で主張・立証をする場合
13　控訴人と利害関係人及び被控訴人らは，控訴人と利害関係人及び被控訴人らとの間には，本和解条項に定めるほか，何らの債権債務のないことを相互に確認する。
14　訴訟費用及び和解費用は，第1，2審を通じ，各自の負担とする。

　　　　　　　　　　　　　　　　　裁判所書記官　　金　井　繁　昌

Ⅱ 双方が提出した主な証拠

第3章 パワハラ裁判③ Ⅱ 双方が提出した主な証拠

平成18年(ネ)第1781号　損害賠償請求控訴事件
　控訴人　　　安達　巧
　被控訴人　　KA₁ほか2名

　　　　　　　　　証　拠　説　明　書

　　　　　　　　　　　　　　　　　　　平成18年4月24日

東京高等裁判所第1民事部　御中

　　　　　　　　　　　　　　　控訴人訴訟代理人弁護士　　　MO₂

号証	標　目 (原本・写しの別)		作　成 年月日	作成者	立　証　趣　旨
甲10	CHI大学商学部人事会議議事録	写し	平成15.3.3	CHI大学	控訴人の採用が大学院設置を前提としたものであった事実
甲11	陳述書	原本	平成18.4.21	BE	①平成15年10月31日，控訴人が図書館内の個室で被控訴人SI₁と話をした際，部屋の外にいたBEが，室内で何かを激しく叩く音や被控訴人SI₁が怒号する声を聞いた事実 ②平成15年11月5日，控訴人が教授会の席上で，平成15年10月31日に図書館内で被控訴人SI₁から恫喝されたことを公表した事実 ③平成15年11月5日，教員室で控訴人と被控訴人SI₄が顔面をくっつけるように話し込んでいたのをBEが目撃したこと，被控訴人SI₄のほうから控訴人に何かを話しかけ，控訴人が脅えた表情をしていた事実 ④CHI大学商学部内において控訴人が被控訴人らから個人的な嫌がらせ（ハラスメント）を受けていた事実 ⑤その他本件に関する事項全般

1．控訴人側提出証拠

甲第10号証

商学部人事会議議事録

日時　平成15年3月3日（月）15時15分より15時55分

場所　研究棟10階会議室

出席者　19名

委任状　NA、YO$_1$

欠席者　なし

議長　KA$_1$

事務局　NE、HU$_2$

議題
審議事項
［1］英語の兼任講師・NI$_2$先生の退職と新規兼任講師採用の件
［2］英語の外人講師をアルクに依頼する件
［3］「経営管理論」の教授採用に関する審査の件
［4］「会計監査論」の教授採用に関する審査の件

定足数が満たされ、本会が成立する旨議長より報告があり、開会宣言後、議事に入る。
審議事項
［1］英語の兼任講師・NI$_2$先生の退職と新規兼任講師採用の件
　　英語の兼任講師・NI$_2$先生が急遽退職することになり、補充の「英語」兼任講師を採用しなければならなくなった。この時期に新たな募集は難しかったため、「英語」の専任講師を募集した際、兼任でもよいという先生が数名いたので、その中から選考をして、HA$_2$氏を採用の候補としたい。
　　以上、MA$_3$教授より報告があった。
　　採決の結果、NI$_2$先生の退職と、「英語」の兼任講師として、HA$_2$氏を採用することが、賛成多数により承認された。
［2］英語の外人講師をアルクに依頼する件
　　来年度のネイティブ・スピーカーは教育内容の向上を図るため、東京語学研究会と

㈱アルク教育社の2社に業務委託をすることとしたい。なお、講師は東京語学研究会がDAとJE_1の2名。㈱アルクは現時点では仮となっているが、SU_2とJE_2の2名である。また、㈱アルクの講師については、再度履歴書の提出をもとめていることと、講師の変更があった場合は、4月の人事会議で再度報告することを申し添える。
以上、MA_3教授より説明があった。
採決の結果、賛成多数により承認された。

［3］「経営管理論」の教授採用に関する審査の件
　①応募状況・・・27名
　②採用小委員会　　◎は主査（敬称略）

　　　◎KA_4　　　SE　　KA_1

　◎推薦候補者・・・BE　氏
27名の応募者に対して、大学院設置を前提に慎重に審査をした結果、BE氏を推薦したい。なお、事前審査では大学院のマル合教授としての適合性は合致している。
以上、資料4〜6に基づきKA_4教授より説明があった。
投票による採決の結果、全員賛成により承認された。

［4］「会計監査論」の助教授採用に関する審査の件
　①応募状況・・・11名
　②採用小委員会　　◎は主査（敬称略）

　　　◎SI_1　　　KA_5　　KA_1

　◎推薦候補者・・・安達　巧　氏
11名の応募者に対して、大学院設置を前提として慎重に審査した、また、法人に依頼し、マル合教員の内部審査を行った結果、安達　巧1人が『マル合教員の可能性あり』との返答であった。その他、資料の審議経過および推薦理由により、安達　巧氏を推薦したい。
なお、現職の立場が助教授であり、教歴が2年と浅いことの理由から助教授として採用をしたい。また、採用後は3年の経験で教授への昇格資格を取得できる条件としたい。
以上、SI_1教授より詳細な説明があった。
投票による採決の結果、全員賛成により承認された。
以上、本会議終了につき、KA_1商学部長より閉会を宣言。
平成15年3月3日

署名者	KA_1
記載者	NE

1．控訴人側提出証拠

甲第 11 号証

陳 述 書

平成18年4月21日

東京高等裁判所第1民事部　御中

　　　　　　　　　　　　　住　所　　■■■■■■■■■■
　　　　　　　　　　　　　氏　名　　BE

1．はじめに

　私は、CHI 大学商学部の教授です。同僚の安達巧助教授が、KA₁、SI₁、SI₄の各教授から昇任申請の取り下げを強要された事件について、知っていることや思い当たることが色々とありますので、ここに告発させて頂きます。

　安達巧助教授が昇任申請の取り下げを強要された事件の背景には、CHI 大学商学部教授たちの安達巧助教授に対する個人的な嫌がらせ（ハラスメント）、とりわけ「教授」という上位職の立場を利用した下位職者（助教授）へのパワー・ハラスメントという側面があると思います。すなわち、安達巧助教授の着任後、KA₁、SI₁、SI₄の各教授らをはじめとする CHI 大学の古参教授陣が、安達巧助教授の経歴や言動に対して、「生意気だ」などの個人的な嫌悪感を抱くようになり、それが安達巧助教授に対する個人的な嫌がらせ（ハラスメント）につながったものと思います。彼らが安達巧助教授のことを個人的に嫌っていることは、彼ら自身の言動からも明らかですし、商学部の関係者なら知っていますが、以下、私自身が見聞きした事実と合わせて、裁判官様に告発したいと思います。

　以下、項目ごとに整理して詳しく申し述べます。

2．学歴・経歴

　私は、昭和22年3月28日に東京都足立区で生まれ、昭和44年3月に東京理科大学工学部経営工学科を卒業、昭和51年3月に中央大学大学院商学研究科博士後期課程を単位取得満期退学しました。45歳になった平成4年5月には九州大学より博士（経済学）の学位を授与されております。

　昭和51年4月に着任した札幌商科大学を皮切りに、昭和61年4月に上武大学経営情報学部、平成2年4月に東京農業大学生物産業学部、平成7年4月に大阪産業大学経営学部へと赴任した後、平成15年4月に CHI 大学商学部に安達氏と同時に着任し、現在に至っております。私は、CHI 大学商学部には「経営管理論」や「経営学総論」等の科目を担当する教授として着任しましたが、私が初めて大学「教授」になったのは昭和59年4月であり、当時38歳でした。それ以降、私はずっと「大学教授」です。

3．KA₁・SI₁・SI₄各氏の安達巧氏に対する学歴及び博士学位への嫉妬

安達巧氏は、早稲田大学商学部を卒業した後、旧七帝大の1つである東北大学の大学院博士課程で博士論文の審査及び最終試験に合格して博士（経済学）学位を得ています。

安達巧助教授の第1回目の昇任申請の審査委員会主査を務めるとともに、第2回目の教授昇任申請時には学部長として安達氏の昇任審査委員会を設置しないとの暴挙を主導したSI₁氏は、CHI大学商学部を卒業後、私立の亜細亜大学大学院博士課程で学んでおられます。彼は、博士後期課程だけで6年間も在籍しながら、結局は博士論文を書くことができず、大学院を修了ではなく満期退学となっています。KA₁氏は安達巧助教授の採用時及び第1回目の昇任申請当時の商学部長であり、現在は図書館長として役職手当を貰う立場にありますが、彼は私立の青山学院大学大学院博士課程で学んではいるものの、やはり大学院の修了要件である博士学位論文を書けずに博士学位を取得できませんでした。SI₄氏に至っては、唯一の体育担当の教授ですが、日本体育大学体育学部が最終学歴であり、大学院の学歴はまったくありません。

SI₁教授をはじめ、KI₁教授、YA₃教授、I₁教授、MO₁教授、MI教授（平成17年4月1日付で教授昇任）など、CHI大学商学部にはCHI大学商学部の卒業生が教授として比較的多く在籍しています。CHI大学は「三流大学」に過ぎず、いわゆるFランク（事実上、Freeパスで入学できる低レベルの大学の通称）大学ですから、同大学の卒業生や在学生たちが、他の有名大学の卒業生や在学生に対して学歴コンプレックスを抱くのは当然だと思われます。現に、毎年3月下旬にCHI大学の非常勤講師の先生方を招いて行われる懇親会（CHI大学の専任教員も多数が参加します）の場におきまして、SI₁氏の「CHI大学の学生は劣等感を持っています。実は私もそうであり……どうか本学の学生に対しては、先生方の暖かいご指導をよろしくお願い致したく存じております。」との趣旨の発言を、私は平成15年3月及び平成16年3月の懇親会時に聞かされております。

また、SI₁氏は、平成16年3月16日の人事会議の場で、安達先生の教授昇任申請を審議している最中に、いきなり「早稲田大学がなんだ！　東北大学がなんだ！」と喚き立てるように発言され、驚いたことがあります。SI₁氏は、早稲田大学から東北大学大学院へと学歴のエリートコースを進まれた安達氏に対して強烈な劣等感を抱いているようでしたので、SI₁氏の発言からは、安達氏を職位の面で自分より下位に置きたいとのSI₁氏の曲折した感情を読み取ることができました。「博士学位を有する者」は学術論文雑誌でも「Ｄｒ」と表記されますが、「博士学位を有しない者」は「Ｄｒ」表記を許されませんので、SI₁氏の安達氏への劣等感は相当なものだったと思います。

さらに、SI₁氏は、彼の著作の著者紹介欄において、学歴を記載していません。これは、大学教員の一般的記載とは異なることから、SI₁氏が彼自身の学歴に強いコンプレックスを有していることが分かります。

KA₁氏も、青山学院大学の博士課程には進んでいますが、博士論文を書く程の能力がなかったためか博士学位取得には至らず、その学位は修士（経営学）に過ぎません。修

士より上位の博士学位を有するばかりか、旧七帝大の1つである東北大学大学院の博士後期3年の課程を、標準修学年数である3年よりも1年短い2年で修了している安達氏に対して、KA_1氏が学歴及び学位のコンプレックスを持つことは大学人として理解できなくもありません。

　SI_4氏に至っては、既述の通り大学院の学歴すらないため、博士はおろか、修士よりさらに下位の学士でしかおりません。彼らは、安達氏の姿を見るだけで学歴及び学位の劣等感が生じるのは必至のはずです。

　ちなみに、CHI大学商学部教授のなかで、安達氏が第1回目の昇任申請をした平成15年度において商学及び経済学系の博士学位を有する者は私1人でした。他の専門分野にまで対象を拡大しても、筑波大学で人文学系の博士学位を得たKA_2氏1人がいるに過ぎない惨状でした。つまり、私とKA_2教授を除くCHI大学商学部の教授陣は、誰1人として博士論文を書いた経験がないのです。彼らにすれば、安達氏が、旧帝大である東北大学の大学院博士後期課程を僅か2年で修了して博士学位を得、助教授歴5年を経る必要もなく教授資格を有する旨がCHI大学の学内規定にも明記されているため、安達氏への嫉妬心は却って倍増し、彼の教授昇任を認めたくなかったと思います。

　裁判官様は、旧七帝大を頂点とする厳然たる序列化がわが国の大学界に存在している現実はご存じだと思います。私は学歴としての大学院は中央大学大学院ですが、博士（経済学）学位は旧七帝大の1つである九州大学から授与されています。CHI大学商学部の教授陣のなかで、旧帝大に関係する方は私以外にはおりません。他の同僚教授にあっては、たとえ大学院の学歴があったとしても、若い安達氏が東北大学の大学院をいわば「飛び級」で修了したばかりか「博士」学位も持っているとしたら、年長者として心中穏やかではないでしょう。彼等が安達氏を職位面では劣位に留めたいと考え、そのために非常識な屁理屈を考え出すのも心情的には理解できますが、みっともないと思います。

4．SI_1氏の研究能力及び研究業績面での安達巧氏に対する嫉妬

　私はCHI大学赴任後、安達氏から公刊された彼の研究成果を恵贈されました。私は、もちろん、学術論文や研究書の評価が可能ですが、安達氏の博士論文「監査人としての公認会計士の責任－英米の先例に学ぶ対第三者責任明確化への方向性－」を出版事情からタイトルを変えて出版した『ディスクロージャーとアカウンタビリティー監査人としての公認会計士の責任－』は、さすがに日本監査研究学会で「監査研究奨励賞」候補（結果は、受賞作の次点）となっただけあって、素晴らしい内容でした。その一方、CHI大学商学部では何度も学部長職を経験しているSI_1氏の学内紀要論文（査読のない論文）等からは彼が学術論文執筆のルールも知らないことが発覚し、安達氏との歴然たる研究能力の差を理解致しました。安達氏とSI_1氏は、ともに日本会計研究学会の会員です。安達氏は、CHI大学着任後だけでも、平成15・16・17年度と日本会計研究学会全国大会にて3年連続で研究報告を実施しているのに対し、SI_1氏は平成16年度のみ研究報告実

509

施が適っております。また、安達氏は、神戸大学大学院法学研究科博士後期課程でも学んでおられ、法学の世界では有名な神埼克郎教授や岸田雅雄教授などからご指導を受け、日本私法学会でも商法の分野で研究報告をされています。

　ちなみに、CHI 大学商学部で商法などを学生に教えている MO₁ 教授（CHI 大学 OG）は、安達氏の本件昇任審査における審査委員会メンバーですが、日本私法学会での研究報告ができるほど学会では認められていない彼女は、上述の『ディスクロージャーとアカウンタビリティー監査人としての公認会計士の責任ー』を優れた研究業績だとなぜか認めませんでした。

　さらに、安達氏が、平成１５年度にタイのバンコクで、平成１６年度に韓国のソウルで、と国際学会にて英語での研究報告を行っているのに対し、SI₁ 氏は皆無です。文部科学省から研究者番号を付与されている大学教員にとって、国際学会での研究報告は大きなポイントとなりますから、安達氏と同様に会計学分野の研究を行っている SI₁ 氏が、こうした研究業績面で安達氏に劣等感を抱くのは当然ともいえ、仕方がないのかもしれません。

　本来、文部科学省から研究者番号を付与された研究者（学者）である大学教員の値打ちは、「業績」とりわけ「著作」（著書）で決まります。１にも２にも業績であり、その質でこそ研究者は評価されます。安達氏のように若手の研究者が堂々たるハードカバーの研究書を出したりしますと、嫉妬の固まりである大学教授が黙殺することは大学界では珍しくありません（鷲田小照太『学者の値打ち』筑摩書房、60 頁参照）。しかし、SI₁ 氏は、CHI 大学商学部「会計コース」の唯一の「教授」として嫉妬と虚栄心だけは特に立派のようでしたから、自らは１論文を投稿したに過ぎない場合であっても、当該論文掲載書を自らが編集した「著書」として『CHI 大学自己点検・評価報告書第三巻別冊』において公表するなどしています。まともな学者なら「論文」を「著書」に格上げすることを「単純ミス」と誤魔化すことは絶対にできませんし、このように安達氏への嫉妬心を背景に業績の水増しまでも平気で行うまでに至った SI₁ 氏の行動は、彼の学者としての倫理観欠如を伺わせます。

5．安達氏が教授会で遠慮することなく発言することへの古参教授陣の嫌悪について

　私と安達氏は、ともに平成１５年４月１日付で CHI 大学商学部に着任致しました。私は教授として、安達氏は助教授としての着任でした。私は、着任してまもなく、CHI 大学商学部に所属する助教授及び専任講師の先生方の表情が、何か非常に暗く、悲しく、裏寂しいことに気付きました。「４０歳代の専任講師」や「５０歳代の助教授」も複数おられ、「教授」の先生方に随分と気を使っているように感じました。３８歳で教授となった私には、そうした経験がありませんので、そのような主従関係的な人間模様を目前にて披露されますと、この CHI 大学というところは、前近代的かつ抑圧的な組織の雰囲気が漂っていると感じるほかありません。現在勤務中の CHI 大学商学部における人間関係

について愚見を申し上げますと、教授の先生方が助教授・専任講師の先生方に対して示す半封建的な上下関係の徹底や特権意識の蔓延は特に気になります。私は教授職で就任しましたから、他の教授に奴隷のように仕えることはなく済んでおります。しかし、CHI大学商学部の恥部ともいえる異様な人間関係は、社会常識を逸脱しているばかりか、人権侵害に等しい状況だと考えております。

例えば、毎年度の第1回目の教授会席上において、昇任を果たされた先生方が「昇任の御礼」(「昇任させていただいた」旨の感謝のことば)を口上する姿は、異様であるのを通り超して、江戸時代の士農工商的な身分関係の存在を再確認させられる儀式のように私には見受けられます。ちなみに、教授会とは、教授、助教授および専任講師により構成される会議です。

さて、助教授として着任された安達氏は、教授会の席でも積極的に発言をされています。安達氏は、「会議体のメンバーである以上、当該会議の場で私見を述べることこそが責任を果たすことにつながると考えています」とのご意見だと伺ったことがありますが、大学教員を職業とする人間は、理論構築や理論展開、論理の披露を得意とする人たちのはずですから、教授会等における議論のなかでの疑問点については、遠慮することなく指摘をし、反対意見や批判的意見も大いに述べて良いのだと思います。私も、新参者でありながら教授会等では積極的に発言をして参りましたが、そうした言動を忌み嫌うような体質がCHI大学にはあります。それは、端的に言えば「井の中の蛙」的な性格であり、「年期の浅い連中は黙っとれ」という抑圧的・威嚇的な雰囲気が濃厚に存在しています。新参者であり、かつ助教授である安達先生が、率直かつ単刀直入に正論を述べられますので、古参教授陣からは「生意気なやつだ」と思われているに違いありません。印象的だった場面があります。

平成15年10月17日及び平成15年11月5日に開催された2つの教授会でのことです。

CHI大学の学内規定によれば、教授会には、定例教授会と臨時教授会の2種類があり(「CHI大学商学部教授会規程」第6条第1項)、いずれの教授会も、開催の1週間前に議題を示したうえで学部長が招集することが定められています(「CHI大学商学部教授会規程」第4条)。また、臨時教授会は、教授会構成員の3分の1以上の者が議題を示して招集を要求した場合等に(「CHI大学商学部教授会規程」第6条第3項)学部長が招集し開催することとなっています。定例教授会の2日前に当たる平成15年10月15日、教授会構成員の3分の1以上の者が署名した議題明示の臨時教授会開催要求書面が、当時のKA₁学部長に対して提出されました。既述の通り、CHI大学商学部教授会規程は、学部長が教授会の全構成員に対して臨時教授会開催の1週間前に議題を示すことを定めています。したがって、議題を既に明示済みである平成15年10月17日開催の定例教授会に臨時教授会を「吸収」することはできません。ところが、KA₁氏は、平成15年10月17日の定例教授会に臨時教授会を「吸収」させようとしたため、安達氏が、

511

規程違反である旨の異論を述べました。その際、KA₁氏をはじめとする古参教授陣の多くが、露骨に嫌な表情を浮かべておりました。結局、「学部長権限」と称して平成１１年１１月５日開催の定例教授会に臨時教授会を吸収することをKA₁学部長は強引に決められました。もちろん、そのような学部長権限はどこにも規定されていません。

　平成１５年１１月５日の定例教授会には、安達は学内規程集を持参して出席しておりました。臨時教授会を定例教授会に「吸収」することの規程違反について、KA₁学部長は当初、「規定違反の認識はない」と強弁していましたが、安達氏が具体的条文を指摘しながら追及したところ、KA₁氏は自らの非を認めざるを得ず、教授会の席上で「今後は規定を遵守する。今回は申し訳なかった。」と謝罪発言をするまでに追い込まれました。安達氏は、東北大学大学院法学研究科私法学専攻博士前期課程で修士（法学）の学位を取られたばかりか、神戸大学大学院法学研究科博士後期課程でも学ばれ、審査の厳しい日本私法学会で研究報告ができる方ですから、KA₁氏が条文解釈面で太刀打ちできるはずもなく、要は「負け」を認めさせられたわけです。また、この教授会では、いわゆる古参教授の１人であるMA₃教授が、「われわれは大学教師なのだから、規程に関しては行間を読むべきだ」と発言され、KA₁氏の擁護に回っていましたが、英語専攻の教員〔教授〕であるMA₃氏は、「文学鑑賞の問題」と「規程が存在する意義」の識別もつかない「大学の先生」のようでした。他の教授陣は誰１人としてKA₁教授の規程違反を指摘できなかったことを付記致します。

　なお、安達氏は、平成１５年１１月５日開催の教授会（SI₁氏は欠席）において、それより５日前の平成１５年１０月３１日に図書館内でSI₁氏から安達氏に対して発せられた恫喝の言葉の数々を、勇気を振り絞って公表され、「ルールがなぜ存在するのかを先生方には考えて頂きたい」と締めくくられていることを付言しておきます。また、この平成１５年１１月５日の教授会後（正式には人事会議も終了した後）、安達氏が、体育のSI₄教授と顔面をくっつけるように教員室で話し込む姿を、私は、教員室の入口近くで目撃しましたので、「珍しい組み合わせだな」と、怪訝に思ったものでした。精神科に通い投薬治療を受けていることが知られているSI₄氏のことですから、私は安達氏のことを心配し、教員室に入って、教員室詰めの職員に近い席に座り、２人の様子をうかがっていました。安達氏の右手側に座るSI₄氏のほうから安達氏に何やら話しかけていましたが、安達氏が時折見せる脅えた表情が何とも印象的でした。

　いずれにせよ、この平成１５年１０月１７日及び平成１５年１１月５日の教授会は、古参教授陣が安達氏を「生意気な奴」と思わせるに十分過ぎるものだったと思います。事実、安達氏は、平成１５年１１月６日、それまでほとんど会話をしたことのないNA教授からも「教授会の席では、話し方に気を付けて」と注意された事実を、その日のうちに私に教えてくれています。さらに、安達氏の教授昇任申請後の審査開始前の段階で、KA₁商学部長（当時）が、「安達さんは教授にしたくないんだよね」と、商学部長補佐（当時）であるI₃助教授（現在は移籍して中央大学助教授）に話されていた事実を、平成１

5年11月中旬にI₃氏から聞いております。

　ちなみに、安達氏が本件提訴後、KA₁氏は、安達氏の３回目の教授昇任申請を審議する人事会議（平成18年3月22日開催）において、「安達氏を落として下さい」と発言されていますし、SI₁氏に至っては、同じ人事会議において、議長職にあることを利用して教授昇任基準点を大幅に上回る安達氏を「総合」で落とすよう意図的に他の教授陣を誘導しておりました。KA₁氏やSI₁氏が個人的好き嫌いで不公平な人事を行う傍若無人ぶりに呆れますが、ろくに事実も確かめず、そうした誘導に乗る教授達の姿勢にも驚きました。国連常任理事国入りを狙う日本が、それに無関心の多くの国々（常任理事国入りの可能性が皆無の多くの国々）の姿勢に失望するのと同じでした。

6．安達氏が是々非々で対応したりすることへの仕返し（パワー・ハラスメント）

　既に申し上げましたとおり、CHI 大学商学部では、教授は特権階級であり、助教授及び専任講師は教授の顔色をうかがって行動するのが因習となっているようでした。しかし、安達氏は、例えば、ご自身が担当する簿記の授業においてSI₁教授編著のテキストを使わず、安達氏が公認会計士と共同執筆された分かり易いテキストを使われるなど、SI₁氏の意向に従順な存在ではありません。また、教授会等での発言においても、KA₁学部長やSI₁氏、さらにはSI₄氏らといった先輩教授陣とは異なる立場からの発言や意思表示も珍しくなく、是々非々で対応されています。

　CHI 大学商学部内の「ルールなんて人間関係の次だ！」的発想に慣れ親しんだ古参教授陣は、特に、安達氏と同じ会計コースに所属する教員のなかでは唯一の教授（安達氏が着任後、平成１６年度末まではSI₁氏が唯一の教授）であるSI₁氏にとっては、安達氏は何か何でも押さえつけたい存在に違いありません。

　平成１５年１０月３１日、私は、教務課に教授昇任申請書類を提出した安達氏と図書館に同行しました。規程上、昇任申請の実施は本人の思料に拠ることが明記されていますので、安達氏はSI₁氏に教授昇任申請をした事実を伝える必要はありません。しかし、私が「一応は、SI₁教授に報告しようじゃないか」と気乗りのしない様子の安達氏を促し、介添え的に同行したわけです。SI₁氏が居る図書館４階の個室には安達氏だけが入室し、私は廊下で待機することにしました。最初だけは静かな様子でしたが、やがて、何かを激しく叩く音やSI₁氏の怒号が漏れてきました。SI₁氏が怒っている様子は容易に分かりましたし、予想通りでした。暴力が行使されている様子が伝わってくれば、入室をためらいませんでしたが、30～40分ほどして安達氏が出てきました。私は安達氏の様子から、相当にきついことを言われたと思いました。暴力には２種類がありますが、肉体的暴力以上に相手を傷つける言葉の暴力がなされたようでした。「お待ち頂いて有り難うございました。」と力無く言葉を発する安達氏が哀れでなりませんでした。

　その日から３日後の平成１５年１１月３日、SI₁氏は、MA₃教授に対して、教授昇任申請をした安達氏を「常識のない奴だ」などと、昇任審査開始前からその昇任潰しのため

の画策を始めております。この事実は、その場面を目撃した MI 助教授（当時）から平成１５年１１月中旬に聞いておりますが、会計コースの唯一の教授である SI₁ 氏が、昇任申請中の下位職者（安達氏）に対する個人的嫌悪感を人事会議構成員に開陳することは余りに非常識です。安達氏の昇任審査委員会の主査が SI₁ 氏である事実に鑑みても、SI₁ 氏の言動は公平かつ公正な人事の実施を行う上で極めて不適切であり、パワー・ハラスメントの典型だと言えるでしょう。本当に残念ですが、CHI 大学商学部の常識は社会常識と乖離しています。

　また、SI₄ 氏も、平成１５年１１月５日夕刻の安達氏に対する教授昇任申請取り下げ要求が拒否されるや、およそ１週間後の平成１５年１１月１３日には、安達氏が担当する講義で学生に課したレポートに関し、SI₄ 氏の研究室（個室）に安達氏を呼び込んだ上で、「安達先生のことを、学生も教員も誤解している」などと恫喝の言葉を発しておられます。安達氏は、「学生には、『指定された条件でレポートを出していない者は、試験の点数がゼロではなく、試験点数への加算点をゼロとする』と明確に説明しています。」と SI₄ 氏に必死の思いで説明したそうですが、体育担当の SI₄ 教授が、会計学担当の安達助教授に対して講義に関し意見をする権限はありませんから、こうした行為は、「教授」職という上位職にある SI₄ 氏の安達助教授に対するパワー・ハラスメントだと考えられます。「ちょっと、ちょっと」と、安達氏に声を掛ける SI₄ 教授の表情が威圧的でしたので、その場面を目撃していた私が、後刻に安達先生に電話を掛け判明した事実です。

7．安達氏への度重なるパワー・ハラスメントの結果
　安達氏は、東北大学大学院や神戸大学大学院で学ばれ、博士（経済学）の学位のみならず、修士（法学）の学位も取得されておられます。規定（ルール）が明文化されている以上、その規定の文言を遵守する姿勢は、当該組織に所属する者にあまねく求められることです。ましてや、大学教員という知的職業従事者にとっては、そうした姿勢は至極当然のはずです。安達氏は、その真面目な性格と学歴の影響もあってか、規定（ルール）を守るという当たり前のことを実践される先生だと拝察しております。

　「ルールより人間関係が優先する」との奇妙な論理がまかり通る CHI 大学の古参教授と、安達氏との間では、社会通念や価値観の相違がかなり大きいように思います。安達氏からすれば、「ルールに則って教授昇任申請をしただけなのに、どうして数多くの嫌がらせを受けなくてはならないのだろうか？」とお考えでしょうし、古参教授陣は、「どうして、安達氏は、あんなに生意気なのだろうか？」と考えているように思います。安達氏は、KA₁ 氏や SI₁ 氏、さらには、SI₄ 氏らから教授昇任申請の取り下げを求められた直後頃から、彼らの出席している会議に出席すると、PTSD のような症状が出るようになったとの話を、平成１６年１月中旬頃に私にしてくれました。私は、専門医の居る病院に行き精神面の治療を受けることを勧めましたが、安達氏は、「仮に、PTSD と診断されれば、この日本は情報保護の側面が未だ脆弱ですから、治療歴が外部に漏れ出す危険性

も高いと思います。おそらく、『心の病』に陥ったことがあるというだけで、自分の将来にはマイナスです。ですから、残念ですが、治療を受けるために専門医に出向くことはできません。とにかく、書店でPTSD関係の本を何冊も購入して、快方に向かう方法を調べています。」と悲しそうに語ったのを今でも思い出します。既に申し上げましたが、SI_4教授が精神的な病（心の病）の投薬治療を受けていた事実を着任1年目の私が知っていたくらいですから、安達氏が治療歴の流失を心配して専門医にかかれない状況には、非常に心が痛みました。

　前商学部長のKA_1教授や、本件で問題になっている安達氏の教授昇任申請当時における会計コースの唯一の教授であり現在の商学部長兼商学部人事会議議長としても安達氏の教授昇任を徹底的に妨害したSI_1教授による、立場を利用した悪質なパワー・ハラスメント、また、日本体育大学卒業でがっしりとした体格の体育担当教員であるSI_4教授からの恫喝により、安達氏は精神的に相当に参っているようでした。

　私は、上述の被控訴人3名によるハラスメント行為に加え、既述のNA教授の発言などに代表される安達氏に批判的な古参教授陣の対応に接した安達巧氏の心中を思うとき、じっと耐えることしかできず、安達氏はどれほど悔しかったことだろうとの念を禁じ得ません。私自身、本件第1審の証人尋問前に陳述書を書き上げることができず、東京地裁の担当裁判官様から証拠として採用されるに至らないまま判決が下されたことを伺いました。裁判なんかに「関わりたくない」と逃げた自分が恥ずかしく、第1審では事実誤認がなされてしまった現実を知りとても後悔しました。安達巧氏に申し訳ない気持ちで一杯です。東京大学等の一流大学を卒業して難関の司法試験を突破した裁判官が抱く大学教授像は、おそらく東大教授などの「まともな学者」だと思います。しかし、わが国には、東大などとは異質の「大学」が存在し、そこには東大教授らとは異質の「大学教授」が居る現実を裁判官様には何卒ご認識賜りたく存じます。

　最後になりますが、裁判官様におかれましては、本件において問題となっている被控訴人らの安達氏への教授昇任申請取り下げ要求の背景には、被控訴人らの安達氏に対する嫉妬に起因したパワー・ハラスメントがおる現実をぜひとも直視され、妥当な判決を下されて被控訴人に相応の償いをさせて頂きたく思います。

第3章　パワハラ裁判③　Ⅱ 双方が提出した主な証拠

平成18年(ネ)第1781号損害賠償請求控訴事件
控　訴　人　　安達巧
被控訴人　　KA₁ほか2名

平成18年5月12日

東京高等裁判所第1民事部　御中

SI₅法律事務所
(TEL　　　　　、FAX　　　　　)

（担当）　被控訴人ら訴訟代理人弁護士　　SI₂

同　　　　　　　　　弁護士　　I₈

同　　　　　　　　　弁護士　　HI

同　　　　　　　　　弁護士　　NO

乙号証・証拠説明書

乙19号証
　標　　　目　　陳述書
　作　成　者　　BE
　作　成　日　　平成17年12月9日
　原本・写し　　写し
　立　証　趣　旨　　BE の陳述・供述内容には信用性がないこと
　説　　　明　　乙19号証は別件の学校法人 CHI を被告とする東京地方裁判所平成17年(ワ)第17142号損害賠償請求事件において同事件原告である控訴人から甲23号証として提出された書証である。乙19号証と甲11号証の記載内容を読み比べると、その内容はほぼ同一であるが、部分的に相違がある。相違点の一つは、甲11号証には乙19号証の作成後に発生した事実が加筆されている点であるが、これだけなら当然のことである。しかし、それ以外に、乙19号証の作成当時から存在していたはずの幾つかの事実が甲11号証で初めて述べられている。しかも、その事実は、それが実在するとすれば控訴人に有利に働く可能性が高い事実である。それにもかかわらず、甲11号証において初めて述べられているというのは、原審の敗訴判決を受けて、ありもしない事

実を書き加えたからである。これは、虚構の事実を述べて控訴人に有利に本訴を進行させようとする控訴人側の一般的態度の現れの一つある。

以上

第4章　パワハラ裁判の教訓

I　裁判所について

　日本国憲法第 32 条は「何人も、裁判所において裁判を受ける権利を奪はれない」と規定する。しかしながら、民事裁判利用者のうち訴訟制度に満足している割合はわずか 18.6％に過ぎないとの調査結果が出ている[1]。裁判官になる者は、司法試験合格後の司法修習で優秀な成績を収めてリクルートされるのが一般的だといわれているが、所詮は「筆記試験エリート」に過ぎず裁判官の中には社会の実情に疎い者も少なくない。その理由の１つとして、瀬木比呂志教授（裁判官出身）の次の指摘が的を射ているように思われる。

　「裁判官を外の世界から隔離しておくことは裁判所当局にとって非常に重要である。裁判所以外に世界は存在しないようにしておけば、個々の裁判官は孤立した根無し草だから、ほうっておいても人事や出世にうつつを抜かすようになる。これは、当局にとって極めて都合のいい事態である。」[2]

　「事件処理能力」（「事件処理」速度）が裁判官の人事評価における大きな要素となっている現実もあるからか、私が原告となった民事訴訟（本書第2章の第1審）でも、担当事件（事案）で審理を尽くすことよりも〔司法制度改革の趣旨を踏まえて〕提訴から概ね１年以内に判決を言い渡すことを裁判長は優先させていた。BE 教授の陳述書提出を認めず、パワハラという事案の本質（真実）から逃げたまま〔本書第2章の第1審の担当裁判官が〕事実認定を為した点は、瀬木教授の指摘するように「裁判官に真摯に事案にコミットしようという心構えが乏しく、また、当事者のためにではなく、上級審にみせるために、あるいは自己満足のために判決を書いている側面が大き

---

[1] 佐藤＝菅原＝山本（2006）15 頁。
[2] 瀬木（2014）92 頁。

い」[3]からだと思われ、極めて残念だとしか言いようがない。

　当たり前のことではあるが、裁判官は「法廷での真実」ではなく「現場で起こった真実」に基づいて「事実認定」を行わなければならない。「大学には２種類ある」社会の現実を知らず「まともな判断や和解案も提示できない」[4]裁判官に「結論の適正さや当事者の権利などは二の次」[5]とされ、「裁判官の能力不足のつけは、結局、制度利用者、つまり、国民、市民と弁護士がかぶる」[6]というのではたまらない。

　作家の橘玲氏も、自身が関与された裁判の東京地裁判決〔の内容〕に呆れてしまい、「それでほんとうにいいのか、東京地裁」[7]と憤慨している。袴田事件の再審決定は過去の誤審を認めたに等しいが、小さな訴訟の誤審は新聞の片隅にも載らず、多数の国民が泣き寝入りしているだろうと思うと残念でならない。

　本書第３章の控訴審（東京高裁）の裁判長は、「アクの強い」ことで有名な（？）裁判長だった。こちらの決定的な「武器」（証拠）であるBE教授の陳述書を控訴理由書とともに提出し、かつ、BE教授の証人尋問を東京高裁に要請したこともあってか、控訴審の裁判長は第１審の裁判長とは異なり、事案の本質（パワハラ）に気付いた様子であった。MO$_2$弁護士のみならずHO$_3$弁護士も驚くほど「和解協議」を実に半年以上も続け、２回目の口頭弁論期日をなかなか実施しようとはしなかった。HO$_3$弁護士は、BE陳述書の内容が裁判長の琴線に触れ、「安達先生を教授昇任させないのは組織内の裁量の範囲」とする被控訴人や学校法人CHIサイドの「逃げ」を許さないと感じているからでしょう、との見解を示していた。

　私は、高等教育機関である「大学」という職場で陰湿な「いじめ」（パワー・ハラスメント）の被害者となってしまった。学生を「教える」側の教員

---

[3] 瀬木（2014）132頁。
[4] 瀬木（2014）104頁。
[5] 瀬木（2014）91頁。
[6] 瀬木（2014）212頁。
[7] 橘（2012）112頁。

第4章　パワハラ裁判の教訓

　（教授）という地位にありながら「いじめ」の加害者になる者達を私は絶対に許せなかったが、第1審での裁判官の姿勢及び判決内容は、被害者である私を「二重の被害」に陥れたことも許し難かった。本書「まえがき」でも触れたマタニティ・ハラスメントの被害者も、第1審及び第2審の裁判官による「二重の被害」・「三重の被害」に苦しんだと思われる。被害者の苦しみや悲惨さは被害者本人にしか解らない。

　社会科学分野の研究者の役割は、より良い社会の実現のため研究成果を世間に発信することであると私は考えている。いじめ（ハラスメント）はないに越したことはない。私が実際に体験したパワハラ裁判の訴訟記録（資料）は、「いじめ」を減らそうと真剣に努力されている多くの研究者や学校関係者、さらに行政や司法にとっても有為かつ貴重な〔学術的価値のある〕資料となるに違いない。そう考えていた私は、いじめ（ハラスメント）被害者をできるだけ出さないための一助として、本事案（パワハラ裁判）の訴訟記録（資料）を学術的価値を有する研究素材及び教育素材として世に送り出す必要性を強く感じていた。また、私は、取得済みの博士（経済学）学位に加えて法学の分野でも博士学位〔博士（法学）〕を取得したいと考えていたため、法学の分野で学術的価値を有する研究書籍（研究素材）を公刊しておく必要もあった。和解協議担当の裁判官に訴訟の記録（資料）を学術的価値を有する研究〔教育〕書籍として公刊することの可否について確認を取り、「そのような趣旨の書籍出版は『その他の正当な理由に基づく場合』ですから和解条項には抵触しません。安心して出版されて下さい」との回答をMO_2弁護士経由で頂戴した（和解成立の日には当該裁判官に私が直接確認もした）。

　あくまで判決にこだわれば、逆転勝訴を得ることが濃厚であった。しかし、私は上述の理由により、本書に掲載している和解調書の〔文言〕通りの和解を受け入れることにした。もちろん、訴状（および控訴状）に明記し請求した損害賠償金額の8割以上が支払われるばかりか、教授昇任まで認められる和解案だったということも和解決着を決断した要因ではある。また、和解協議をまとめるよう裁判長から指示された陪席裁判官（受命裁判官）がなんだ

か可哀そうに思えたからでもある。

　その裁判官は、まさに移動の直前であった。当該裁判官が「事件処理能力」（「事件処理」速度）を異常なまでに気にしていたことが私にも解った。なぜなら、本来であれば、私は裁判官に直接コンタクトを取ることはできない（私はMO$_2$弁護士を訴訟代理人に選任していたので、裁判官とはMO$_2$弁護士を通じてコンタクトを取ることになる）のだが、その裁判官は、私が和解案への不安及び被控訴人（被告）側への不信を消せないでいることをMO$_2$弁護士から伝え聞くと、裁判官自身の携帯電話番号を私に教えて良いといってMO$_2$弁護士経由で裁判官の携帯電話番号を私に教えてくれたのである。何としても和解を成立させたいという裁判官の執念を感じた私は、逆転勝訴判決の「形」にこだわるのをやめ、〔実質勝訴の〕和解で訴訟を終わらせる決断をした。

　和解成立の日、東京高等裁判所に足を運んだ私は、その裁判官から次のように言われた。

　「安達先生は優秀で、CHI大学の他の教授陣とはレベルが違うことは明らかです。CHI大学なんかにいてもしょうがないですよ。早く辞めてしまったほうが絶対に良いと思います。たとえ一度は地方に行くことになったとしても、安達先生はまた必ず東京に戻って来られます。」

　和解決着を納得させるためではあろうが、裁判官に言って頂いた言葉そのものは嬉しかった。

　「実質勝訴」の和解を勝ち得たとはいえ、本書第1章の裁判（学校法人CHIを被告とする民事訴訟）での勝訴判決を経験できなかった点は心残りである（平成19年1月に判決言い渡しが為されることになっていた）。

Ⅱ　弁護士について

　弁護士の使命は、弁護士法第1条で定められている。同法同条第1項は「弁護士は、基本的人権を擁護し、社会正義を実現することを使命とする」と規定し、同法同条第2項は「弁護士は、前項の使命に基づき、誠実にその職務

を行い、社会秩序の維持及び法律制度の改善に努力しなければならない」と定めている。

　1999年以来行われている司法制度改革は、裁判期間の長さ、弁護士費用の高さ等の要因により国民への十分な司法サービス提供が為されていないことを解消し、一般市民（国民）が「使いやすい司法」を実現することもその狙いの1つであった。だが、私自身がパワハラという人権侵害〔との闘い〕を経験してみて、ケガや病気の際に治療を受けるべき医療機関が比較的容易に見つけられる状況にあるのとは異なり、一般市民（国民）にとって〔弁護士を含む〕司法は未だ「使いやすくはない」というのが正直な感想である。

　弁護士を探していた私は当初、証券会社が顧客向けに行っている弁護士紹介サービスを利用してY・O法律事務所に法律事務を委任し、CHI大学（学校法人CHI）と交渉した。

　Y・O法律事務所は、大学という閉鎖的な世界の問題である点に鑑みてか、「超有名私立大学の現役教授である」YS弁護士に私の事案を担当させた。ところが、刑事訴訟法を主たる研究分野とする「学者」的なYS弁護士（弁護士法改正前は、法学研究科の助教授を5年以上勤めれば司法試験に合格することなく弁護士資格を得ることができる旨の規定が存在した）は、労働問題の要素を多分に含むパワー・ハラスメントに疎く、また、交渉実務能力も乏しかったため本事案に対し何ら有効な手立てを打てなかった。挙句の果てにY・O法律事務所は、「どのように対応したら良いか教えて頂きたい」とまで私にFAX送信して来る惨状であった。

　Y・O事務所の惨状に業を煮やした私は、やむなく中学・高校時代の同級生であるMO$_2$弁護士に相談した。MO$_2$弁護士は東京大学法学部に現役合格し、順調に司法試験をパスした後は「居候弁護士」を経て独立していた。

　私が最初からMO$_2$弁護士に相談しなかったのには理由がある。彼は、私が大学院生時代に賃貸マンションの「敷金返還」に必要な法律事務を依頼しようと電話をかけた際、「そんな少額の『はした金』案件を取り扱う弁護士はいないよ」と言って依頼を無下に拒否していたからである。本書第2章の民事

訴訟提起にあたりMO₂法律事務所を訪れてみて初めて、事務所の本棚には専門書がほとんどなく、事務員もゼロで、MO₂弁護士が電話秘書を雇っていることが判った。事務所経営はかなり苦しい様子で、MO₂弁護士は「儲からない案件」を引き受けたくないことが容易に理解できた。

　東京大学法学部に合格したMO₂弁護士と、早稲田大学商学部に進学した私。MO₂弁護士は私のことを「カモ」だと感じていたように思える。原告として訴訟当事者であるはずの私が裁判所（法廷）に足を運ぶことを快く思わず、法廷に姿を見せないよう念押しをされた。自らが原告である民事訴訟の法廷に私が初めて足を運んだのは本人尋問の折であった。「裁判のことは俺に任せておけ」という依頼人を見下す態度を随所に感じた。例えば、裁判は「客観的事実」に基づいて審理されるはずと信じる私の〔客観的〕事実（状況）説明をMO₂弁護士は取り合わず（排斥して）、彼なりの「法廷での事実」に拘るなどしていた。

　MO₂弁護士は、「僕は安達の友達だから…」としばしば口にしていたものの、HO₃弁護士（本書第1章に記載の訴訟を担当）の2倍以上の着手金を設定したばかりか口頭弁論時及び和解協議時に毎回5万円（＋消費税）、本人尋問時には10万円（＋消費税）を着手金とは別に支払うよう求めた（いずれも要求額通りに支払わざるを得なかった）。

　MO₂弁護士は、私（原告側）勝訴の決定的証拠となり得たはずの「同僚BE教授の陳述書」提出を遅らせようとしたばかりにその提出を裁判所に認めて貰えないという大失態を演じた。どういうことかというと、MO₂弁護士は、本事案の本質をパワーハラスメントだとみていた。読者諸兄の多くもご存じであろう大人気時代劇「水戸黄門」の番組終盤では、悪役らが悪事に関する虚偽の主張を披露するシーンを放映後に「黄門様」の家来達が立ち回る。そして最後の最後に徳川家の家紋が入った印籠を提示し、「この紋所が目に入らぬか。こちらにおあす方をどなたと心得。おそれ多くも前（さき）の副将軍、水戸光圀侯であらせられるぞ。御老侯の御前である。頭が高い。控えおろー」との名場面に移行する。虚偽の主張をしてしまった悪役達は、「水戸

523

の御老侯」の前では自らの主張が虚偽であることをもはや自認せざるを得ない状況となっているため慌てふためくが、結局は自らの悪事を認めるしかない。MO₂弁護士は、BE教授の陳述書を「水戸黄門」の印篭のような存在として最後の最後に使って（裁判所に提出して）本事案の本質はパワーハラスメントにあることを裁判所に認識させるとともに被告の主張が虚偽であることを被告が自認せざるを得ない状況に追い込むとの訴訟戦略を立てていた。

　MO₂弁護士の依頼を受けたBE教授は陳述書の作成を開始。第1審で原告及び被告双方の本人尋問（平成17年12月6日実施）が行われる2ヶ月程前にはBE教授は陳述書の原案を書き上げていた（本書末尾に資料1として所収）。その後、MO₂弁護士の指導も仰ぎながらBE教授は陳述書の推敲を重ね、本人尋問が実施された平成17年12月初旬には陳述書はほぼ完成していた。

　本人尋問終了直後に裁判所から「これで口頭弁論を終え次回は判決となりますが、何か仰っておきたいことはありますか？」と問われたMO₂弁護士は、原告の同僚の陳述書を提出したいと申し出た。MO₂弁護士の申し出を受けた裁判長は、「これから提出ですか……。被告はどうしますか？」と被告代理人弁護士に尋ねた。被告代理人弁護士は「当方としては、その陳述書を見てみないと何とも言えませんが、おそらく反論させて頂くことになると思います」と応えた。被告代理人弁護士の回答を聞いた裁判長はMO₂弁護士に対して「その陳述書は出来ているのですか？　今日は持ってきていないのですか？　近いうちに提出できますか？」と問うた。私はてっきり「はい、ほぼ出来上がっておりますので、数日中には裁判所に提出可能です」とMO₂弁護士が答えるものだと思っていた。

　ところが、MO₂弁護士はあろうことか、「いえ、陳述書作成はこれからです」と虚偽の回答をしたのである。私は慌てた。「どうして？　もう出来上がっているじゃない。どうして嘘をつくの？」と小声でMO₂弁護士に尋ねた。「まあ、まあ」とMO₂弁護士は私を制止するような仕草をした。

　MO₂弁護士の発言を受け、少なくとも1～2回の口頭弁論の追加は必要に

なりそうだと感じた裁判長は、「これから作成ですか……。協議しますのでしばらくお待ちください」と言って他の裁判官2人とともに別室へ消えた。しばらくして法廷へ戻った裁判官3人を代表して裁判長は「これから作成するとなると、時間もかかるでしょうし、裁判が長引きますので、原告側が申し出た同僚の先生の陳述書の提出を当裁判所は認めないこととしました。次回は判決の言い渡しです」と原告側に告げた。MO_2弁護士が描いた戦略が「絵に描いた餅」となった瞬間だった。水戸黄門の「印篭」のように強力で、勝訴のための「最強の武器」と考えていた証拠を裁判所に提出できないとの大失態をMO_2弁護士は演じてしまったのである。

その結果、第1審の担当裁判官達は事案の本質（パワーハラスメントという「いじめ」）を理解することがなかった。MO_2弁護士は、弁護士業以外の活動に忙しいからか「裁判の迅速化」という司法制度改革の目玉の1つを熟知していなかったのかもしれない。

私は、MO_2弁護士の姿勢に疑問を感じていたこともあり、また、NHKニュースで「弱者側」に立つHO_3弁護士の存在を知ったこともあり、本書第1章記載の訴訟についてはHO_3弁護士を「訴訟代理人弁護士」に選任した。

どの訴訟に誰を弁護士として選任するかは私が決めることである。

HO_3弁護士はMO_2弁護士と異なり、私が法廷に足を運ぶことについて「当事者なのですから」と言って、寧ろ促してくれさえした。準備書面等の裁判所提出書類作成に関しても、提出前に必ず相談機会を持った。

2つの訴訟に別々の代理人弁護士を選任した私のことが面白くないのか、MO_2弁護士は、自身が担当する訴訟の第1審審理中から、訴訟代理人を解任するよう迫ってきた。「辞任」ではなく「解任」を求めるのは、「辞任」した場合は所属弁護士会への懲戒請求が出されることが避けられないからである。また着手金等の返還が不可避となるからである。

「俺に任せておけ」というタイプであるにもかかわらず、最強の「武器」となるはずの証拠提出を裁判所に拒否される有様であったことは既述の通りである。私がMO_2弁護士の性根について特に悪質だと感じたのは、第1審敗

訴後に相当額の着手金を新たに私に支払わせた直後から、〔再び〕何度も「解任」を求めたことである。私はMO₂弁護士からの解任要求には絶対に応じなかった。

MO₂弁護士は現在、人気テレビ番組『行列のできる法律相談所』にレギュラー出演している。マスメディアからの取材に対して「弱者のために働きたい」などと発言するMO₂弁護士の姿を見るたびに私は「よくも平気で嘘が言えるなぁ」といつも感心するのである。

弁護士は、一方当事者の依頼を受けて、その当事者の利益のために弁護活動をするのが〔弁護士の〕業であり、依頼人の利益となる主張をし、そのための証拠収集をするはずである。

だが、私自身が当事者となって複数の弁護士に仕事を依頼してみて痛感したのは、「『すべての専門職は素人を欺く陰謀である』との言葉があるが、弁護士職もその例外ではなかった」[8]ということである。司法試験という「高い参入障壁を乗り越え『少数独占』という既得権益を得た者（弁護士－筆者補）が、新規市場参入者のためにハードルを低くすることを望まないのは事業者としては当然の思考パターン」[9]であろうが、国民に「身近な司法」の実現には関係各位の迅速かつ真摯な努力が不可欠である。

弁護士選びは難しい。これが私の偽らざる感想であり、「学び」である。

Ⅲ　職場の同僚その他について

大学〔院〕は高等教育機関と位置付けられている。

早稲田大学、東北大学大学院及び神戸大学大学院で学んだ私は、大学専任教員（助教授、教授）となって満14年になる。「学び舎」の3つの大学〔院〕にはいずれも大学生協があったが、専任教員として奉職した全ての大学〔院〕には「大学生協」がない。

---

[8] 三宅（1995）「序」Ⅴ頁。
[9] 三宅（1995）「序」ⅱ頁。

中小企業のコーポレートガバナンスは大企業のそれに比べると貧弱であることは読者の多くがご存じであろう。同様に、「大学生協がない」小規模大学の大半は、〔日本を代表する〕総合大学に比べるとガバナンス不全が顕著である。

本書の「まえがき」でも述べたが、「いじめの原点は『狭い人間コミュニティ』」[10]であり、「いじめは『そこで暮らしていくしかない人たち』が、自分たちの集団の『同質性』を確認するために、定期的にわずかな差異を持つ人を探しだして叩く」[11]ものだと指摘されている。

私は、「大学教授」の肩書きを有する者の嫉妬（＝自分よりすぐれている人をうらやみねたむこと）の怖さを、パワハラ[12]被害者となって痛感した。加害者達は一様に自らの〔加害〕行為について法廷で否定し（「やっていない」と嘘をつき）、虚構を築くことに熱心であった。また、加害者達は自身が被害者であるかのようなアピールを提訴直後から学内で同僚達にアピールしていた。

なお、BE 教授以外の同僚（同一大学の法学部教員を含む）たちは、本書第２章に記載した訴訟での被告たちの悪口を日常的に言っていたのであるが、裁判所に提出する書証（陳述書）作成や証人としての出廷の依頼をすると途端に「尻込み」をし、裁判に協力する（パワハラの被害者を助ける）ことはなかった。私は「他人は当てにならない」ことを実感すると同時に、「そこで暮らしていくしかない人たち」の悲哀を痛感せずにはいられなかった。

前横浜市長の中田宏氏は、大手週刊誌に嘘やねつ造を流布された経験を有しているが、彼は自身の著作の中で「情報ロンダリング」[13]を通じて「私（中田宏氏のこと－筆者補）に関する黒い噂がまことしやかに広がっていく」[14]恐

---

[10] 瀧本（2013）306 頁。
[11] 瀧本（2013）304 頁。
[12] 金子（2003）「はじめに」iii 頁では、パワーハラスメントを「職場におけるあらゆるいじめ」と捉えている。
[13] 巧妙な情報操作により、ありもしない噂をさも事実であるかのように作り上げること〔中田（2011）35 頁〕。
[14] 中田（2011）35 頁。

ろしさを強調している。本書で登場するパワハラの加害者達は、第1審で事実認定の誤り（審理不十分）を控訴審の裁判官が認識したことにより控訴審では逆転敗訴が確定的であったのだが、私が控訴審での勝訴的和解で矛を収めたため、彼らは敗訴「判決」を言い渡されることはなかった。彼らはそれを良いことに、第1審の被告側勝訴（原告側敗訴）判決のコピーを私の所属する学会の多数の会員宛にせっせと匿名送付したりしたのである。彼らの行為は、和解調書の文言に反している。だが、MO$_2$弁護士は対応を怠ったまま現在に至っている。

私は、上記学会の役員を務める某大学教授から「第三者にとって、事実や真実はどうだっていいんだ。噂を立てられる人物であること自体が問題だ」と、真理を究明すべき研究者（大学教授）の発言とはおよそ思えない言葉を頂戴して驚いたことがある。年賀状の返信をしてくれなくなった別の有名大学教授たちも少なくない。「私としては、『火のないところに煙を立てられている』のだから手の打ちようがない」[15]という中田宏氏と同じ心境である。

私は本書記載の裁判のために3年近くを費やした。

医療過誤訴訟の被告とされながら勝訴した元近畿大学医学部教授・奥秀喬医師は、最もつらかった点について次のように述べている。

「いろんなうわさが出たことが一番困りますね。私の名誉にかかわることですから、これは断じて許せませんと思うんですよ。しかも患者を殺したとか、事実は私は殺してませんしね。これで本当に大変な被害を受けました。」[16]

奥医師は、親しい人たちに事件の経緯を明らかにするため『虚構の嵐』（私家版）を平成23年9月に出版したそうである。だが、情報ロンダリングや虚報により棄損された名誉、社会的地位は、裁判手続きでも完全に回復することはできない[17]。

私は「事なかれ主義」や「長いものに巻かれろ」的な考え方が好きではな

---

[15] 中田（2011）35頁。
[16] 大川（2012）203-204頁。
[17] 大川（2012）205頁。

い。政治家ではないから「清濁併せ呑む」必要はないと考えているが、いかんせん正義感が強いと自覚もしている。「強過ぎる」と言えるかもしれない。不正や慣れ合い（談合）は許せないし、おかしいことは「おかしい」と言う。こうした生真面目な（？）性格は、年長者にすれば「生意気」なのだろう。それでも私は「正直者がバカをみる」のは良くないと考えているし、そうした世界は変えて行かなくてはならないと思う。

　私はこのパワハラ裁判（パワハラ被害者経験）を通じて、真贋を見極める眼を失わず、不当な扱いを受けている弱者のためには敢然と立ち上がる人間であり続けたいとの想いを強くした。

≪参考文献≫
　　大川真郎（2012）『ある心臓外科医の裁判－医療訴訟の教訓－』日本評論社、2012年。
　　佐藤岩夫＝菅原郁夫＝山本和彦（2006）『利用者からみた民事訴訟－司法制度改革審議会「民事訴訟利用者調査の2次分析』日本評論社、2006年。
　　瀬木比呂志（2014）『絶望の裁判所』講談社、2014年。
　　瀧本哲史（2013）『君に友だちはいらない』講談社、2013年。
　　橘玲（2012）『臆病者のための裁判入門』文藝春秋、2012年。
　　中田宏（2011）『政治家の殺し方』幻冬舎、2011年。
　　三宅信吾（1995）『弁護士カルテル－ギルド化する「在野」法曹の実像－』信山社、1995年。

第5章　パワハラ裁判への意見

I　本事案への意見（その1）

土居　真大

　本書の第2章及び第3章で取り上げた事案は、控訴審（平成 18 年(ネ)第 1781 号損害賠償請求事件）で双方の和解という形で終結した。控訴審での和解結着について、結果（和解内容）のみをみれば妥当だと考えている。しかし、本事案の第1審（平成 17 年(ワ)第 2957 号損害賠償請求事件）の過程をみてみると、第1審で"原告勝訴"の判決を得ることができた裁判であったと思う。その理由は、第1審での原告側弁護士の不手際により、原告の切り札（証拠）の提出を第1審の東京地方裁判所に認められなかったからである。

　BE 氏の陳述書（草稿段階のものを本書末尾に資料1として所収）は、本事案の本質がパワー・ハラスメントであることを裁判官に認識させる最高の証拠だと私は考えている。なぜなら、この BE 氏の陳述書は、原告でも被告でもない第三者が本事案に関して述べたものであり、被告が原告に対し行った数々のパワー・ハラスメントが挙げられているからである。これまで（第1審の第3回口頭弁論以前）の審理では、原告側はパワー・ハラスメントについて直接主張することを敢えて避けていた。本事案の本質がパワー・ハラスメントであることを裁判官に気づかせるこの証拠の有無が、第1審の判決を下す裁判官の判断に影響を与えることは間違いないだろう。

　BE 氏陳述書の内容を見てみると、KA₁ 氏が本件昇任申請の締切期日を、平成 15 年 10 月の末日である 10 月 31 日（金曜日）とせず、10 月 30 日（木曜日）と突如として一方的に変更するなど、明らかに不自然かつ規程を無視

した期日指定を行っているし、KA₁氏が原告を「教授にしたくない」と発言した事実などが記載されている。つまり、被告がパワー・ハラスメントを行っていた事実（＝本事案の本質がパワー・ハラスメントであること）を証明するには十分な内容が、BE氏の陳述書には記載されているのである。

　原告側弁護士は、事前（平成17年8月下旬）にBE氏に陳述書作成を依頼し、その（BE氏の）陳述書を最後に提出する"訴訟戦略"をとり、そして、平成17年12月6日の第3回口頭弁論（原告及び被告の本人尋問）を迎えたのである。

　本人尋問を終える前に裁判官は、この口頭弁論が最後（次回が判決）であるから、提出したい新証拠等があるかを双方に尋ねた。原告側弁護士は、当初の"訴訟戦略"通り、BE氏の陳述書を提出したいと発言した。これに対し被告側は、原告側の新証拠を確認してみなければなんとも言えないので、新たな証拠が提出されれば、それに対し我々も反駁するという旨の発言をしている。双方の発言を聞いた裁判官は、証拠（陳述書）はすでに出来上がっているのかとの質問を原告側弁護士に行った。しかし、原告側弁護士は、なぜか、これから作成するかのような（理解に苦しむ）主張を行ったのである。BE氏の陳述書は、10月の時点で第1稿が出来上がり、その後修正を行っていた。つまり裁判所から提出を求められれば、速やかに提出が可能な状態であったと推測できる〔原告が同時期に争っている別の裁判（本章第1章の裁判）では、甲第23号証としてBE氏の陳述書を12月9日に提出している〕。

　裁判の資料（BE氏の陳述書）を作成するとなると、再度新たな期日を設けなければならない。裁判は、司法制度改革により、民事訴訟の迅速化（審理期間を概ね半減させること）を目標としている。裁判官が審理の先延ばしと捉えれば、提出を認めないと判断することは弁護士であれば容易に推測できることである。原告側弁護士の"これから作成するかのような主張"が、審理の先延ばしと捉えられたのか、その後裁判官は合議を行い、BE氏の陳述書の提出を認めない判断を下したのである。

　BE氏の陳述書は、裁判官に本事案の本質を伝える最重要の証拠である。

BE氏の陳述書の提出を原告側弁護士の失態により裁判官に認めてもらえなかったことは、非常に残念に思う。本事案では第1審判決で原告敗訴となり、控訴審で〔原告（控訴人）の勝訴的〕和解（BE氏の陳述書は甲11号証として、控訴審で提出された）という結果となったが、第1審においてBE氏の陳述書が提出されていれば、原告勝訴となった可能性は極めて高い。第1審で敗訴し控訴審で和解という結果は、原告側弁護士の失態（理解に苦しむ行動）が原因となり、裁判官に本事案の問題の本質を理解させることができなかったことにより生じた結果であるといえる。

また、民事訴訟の迅速化をはかる（審理期間を概ね半減させる）ことには賛成であるが、迅速化を意識するあまり、裁判官が（訴訟の）問題の本質（核心）を見抜いて妥当な判断を下せなくなったのでは本末転倒である。

Ⅱ 本事案への意見（その２）

寺澤　晃平

　本事案のうち「大学（学校法人）を被告とする訴訟」（平成 17 年(ワ)第 17142 号 損害賠償請求事件）は、「大学教員を被告（被控訴人）とする訴訟（控訴審）」（平成 18 年(ワ)第 1781 号損害賠償請求事件）での和解結着を受け、判決言い渡しの前に訴訟取下げが行われたため、実際に［原告勝訴の］判決が言い渡されることにはならなかった。

　しかし、「大学教員を被告（被控訴人）とする訴訟（控訴審）」において原告（控訴人）に有利と思われる条件［本来、原告（控訴人）は損害賠償として金銭のみを請求していたのだが、本事案のきっかけにもなった教授への昇任も果たすことができた］で被告（被控訴人）が和解に応じざるを得なかったことを考えるに、もし判決が言い渡されていたならば原告（控訴人）の勝訴となっていた可能性が高い。

　今回私は、「大学（学校法人）を被告（被控訴人）とする訴訟」の裁判資料を読んでの意見（感じたこと・考えたこと等）を以下に述べていきたい。

　まず、高等教育機関であるはずの大学、その中でも「教授」が露骨なハラスメントを為していることを知り、大学という学び舎に対して抱いている想い（大学という場所は教育研究に関して素晴らしい環境であるはずだという想い）を裏切られてしまい、残念な気持ちでいっぱいである。

　次に、本事案の本質はパワー・ハラスメントであるにもかかわらず、なかなか本事案の本質が明らかにならなかったことに関して裁判の難しさと民事訴訟制度について考えてみたい。

　以下において、上記 2 点につき私見を述べる。

①高等教育機関であるはずの大学の実情

　日本の大学といえば、東京大学や京都大学等のいわゆる「一流大学」が思い浮かぶだろう。そこでは、世界レベルの教育研究が行われており、社会一

般の人々が大学に対して抱くイメージも良いものであると思われる。

　日本には現在800弱もの四年制大学が存在しているが、一流大学と呼ばれる大学はその中のほんの一部でしかないのが現実である。この現実が容易に理解できる資料として次の表1を挙げることにする。

表1：平成26年度　スーパーグローバル大学等事業
　　　「スーパーグローバル大学創成支援」申請・採択状況一覧

（単位：件）

		タイプA（トップ型）	タイプB（グローバル化牽引型）	計
申　請	国立	13	44	57 (53)※
	公立	1	11	12 (11)※
	私立	2	38	40
	計	16	93	109 (104)※
採　択	国立	11	10	21
	公立	0	2	2
	私立	2	12	14
	計	13	24	37

○タイプA：トップ型
　世界大学ランキングトップ100を目指す力のある、世界レベルの教育研究を行うトップ大学を対象。
○タイプB：グローバル化牽引型
　これまでの実績を基に更に先導的施行に挑戦し、我が国の社会のグローバル化を牽引する大学を対象。
※申請数（大学数）を表す。1大学がタイプAとタイプB両方の申請区分に申請できるため、申請数の計は一致しない。

（出典；日本学術振興会HP、スーパーグローバル大学創成支援：
http://www.jsps.go.jp/j-sgu/index.html を基に作成。）

「スーパーグローバル大学創成支援」とは、我が国の高等教育の国際競争力の向上を目的に、海外の卓越した大学との連携や大学改革により徹底した国際化を進める、世界レベルの教育研究を行うトップ大学や国際化を牽引するグローバル大学に対し、制度改革と組み合わせて重点支援を行うことを目的としたものである。タイプAとタイプBに採択された大学を「一流大学」、それ以外の大学は「その他の大学」と呼ぶと読者諸兄には理解し易いかもしれない。

つまり、わが国の大学の大部分は「その他の大学」（本事案に登場するCHI大学もまた「その他の大学」に該当する）なのである。

そして、本事案からわかるように、CHI大学では「ムラ社会」や「事なかれ主義」といった文化が深く根付いており、「ムラ社会」や「事なかれ主義」の特徴が見事に当てはまっている。

ムラ社会の特徴
- 出る杭は打たれる。長い物には巻かれるべし。
- 自分達の理解できない『よそ者』の存在を許さない。

事なかれ主義の特徴
- 多数決を取るときは、多数の意見に賛成することが多い。
- 問題が発生しても避けたり、あるいは見て見ぬふりをしたりする。

CHI大学商学部の古参教授陣にはこのような文化が固定概念として染み込んでいたのだろう。だからこそ、「一流大学」の博士学位を有する安達巧氏への過剰なコンプレックスや嫉妬心につながり、同氏に対して数々のハラスメントを為したと思われる。「出る杭」を打つことで、自らの努力不足を正当化できるのではないかと考えたCHI大学古参教授陣（とりわけKA_1、SI_1及びSI_4）は、わが国の「大学教授」の品格を傷つけたことに気づいて欲しい。自らが努力すべきことを学ぼうともしなかった古参教授陣は、読者諸兄にとっては良い「反面教師」と言えるかもしれない。

第5章　パワハラ裁判への意見

②裁判の難しさと民事訴訟制度について

　裁判のルールには、「証明責任」（立証責任）というものがある。これは、「真実がどちらか分からない場合には、証明責任のある方が負ける」というルールである。裁判所が、「どっちが勝ちか決められません」と言ったのでは、問題はいつまでたっても解決しない。しかし、いくらやっても、どっちの言っていることが正しいかわからない場合も存在する。そこで、どちらか分からない場合には、証明責任を負っているほうが負け、ということになる。

　証明責任は原告にあるため、原告は裁判官を説得するだけの優れた主張と証拠を出す必要がある。裁判において、当事者というのは基本的に自分に都合の良いことしか言わないと考えられるため、それが事実かどうかは別にして、裁判所も話半分で聞くため、証拠としての価値はさほど高くならない。したがって、当事者の言い分以外に証拠のない事件の場合、証明責任がある側にとって不利なケースが多い。

　しかし、本事案において、原告の主張・証拠として優れていた点は第三者からの証拠を提示した点である。原告の同僚である教授からの陳述書（被告から原告に対して行われているパワー・ハラスメントの存在を明らかにしたもの）は裁判において原告の優勢を決定付けるものであった。

　パワー・ハラスメントに負けず、訴訟に踏み切った原告と、第三者でありながら事実を陳述したBE氏を私は尊敬する（逆に、「大学の私物化」により個人で支払うべき賠償金（解決金）を大学（学校法人）に負担させたSI_1等の破廉恥さ及び社会人としての未成熟さには呆れてしまった）。

　ハラスメントは学校や企業など社会のいたるところで実際に起きていることである。こうした状況下でハラスメント（いじめ）に負けず戦った本事案の原告（安達先生）からは、学ぶべきことが多くあると私は考えている。

　読者の方々にはぜひ、本事案から得られる教訓を今後に活かして頂ければと願っている。ハラスメントの根絶をめざしてともに努力しましょう！

第6章　パワハラ裁判からの問いかけ
－ハラスメント事案からコンプライアンスを考えてみる－

問題

「平成17年（ワ）第17142号　損害賠償事件」は、審理を担当した裁判官が判決を書き上げていましたが、判決の言い渡しは為されませんでした。

（問1）あなたは、どのような判決であったと思いますか？　理由とともに記しなさい。

（問2）あなたは学校法人 CHI の理事長だと仮定します。（問1）で回答した判決を受けて、あなたはどのような行動をとりますか？　理由とともに記しなさい。

※解答の分量：2,700字以上5,000字以内（問1及び問2の合計文字数）

(資料1)

　　　　　　　　　　　陳　述　書

東京地方裁判所御中

　　　　　　　　　　　　　　　　　2005〔平成17〕年10月●日
　　　　　　　　　　　　　　　　　〒█████████████████
　　　　　　　　　　　　　　　　　　　　　　　　　　　　BE

　私：BEは，2003〔平成15〕年1月末を締切にCHI大学商学部が公募した「経営管理論（大学院の講義ならびに研究指導）の有資格者，いわゆる「〇合教授」）の人事に応募し，2003〔平成15〕年度より採用された者です。会計学を専攻する安達　巧先生も同じ時期に，同学部に助教授として赴任しておりますが，会計学関係の「別科目の公募人事(助教授だが同上の有資格者)」に応募し，採用された方です。

　この陳述書は，2005〔平成17〕年5月●日，CHI大学商学部のKA₁教授（前商学部長，国際経済論専攻），SI₁教授（現商学部長，会計学専攻），SI₄教授（体育学専攻）の3名を相手に，安達先生が教授昇任申請問題をめぐって損害賠償を請求した提訴に関する陳述をいたします。

1　安達　巧先生の赴任前後に関する経緯

①「大学院採用人事における安達先生とSI₁氏との位置関係」
　CHI大学商学部は，大学院商学研究科の設置申請を準備する段階において，SI₁氏では大学院用の「〇合教授」として不安があったため，その資格のある安達先生を公募をとおして採用しました。大学院の講義科目「会計学原理研究」は，SI₁氏が担当する予定とされましたが，その指導研究〔演習〕科

目「会計学原理演習」については，SI₁ 氏が大学院商学研究科の教員組織の申請にさいして「○合教授」の資格を獲得できるかどうか自信がないため，この後者の「研究指導＝演習」の科目は安達先生を採用した公募人事で，その人材を調達しようとしたわけです。

　すなわち，私：BE もそうですが安達先生も，文部科学省に大学院商学研究科を設置申請に充てるための人材として採用されました。それゆえ，大学院においては，「講義」科目だけでなく「研究指導＝演習」科目の担当の資格も有する「○合教授〔もしくは助教〕」（安達先生は助教授）として評価されたがゆえに，公募人事をとおして採用されたことになります。

　CHI 大学商学部出身〔同学部第 3 期生〕の SI₁ 氏はすでに教授ではありますが，文部科学省に対する大学・大学院などの新設申請のためのコンサルティング会社「日本開発構想研究所（以下，開構研と略称）」が 2005〔平成 17〕年 5 月 25 日付けで，大学院設置申請に充てる予定だった商学部教員たちの資格を予備的に審査・提示した結果，上記「○合教員」に関する判定評価によると，SI₁ 教授はその資格に合格せず「マル」の付かない「合教授」でした。それ以前においても同僚の先生方からは，「SI₁ さんは○合は無理だよ」との前評判があり，私もそうした発言＝評価をなんどか耳にしてきました。

　ところが，SI₁ 氏は，安達先生を採用したにもかかわらず，大学院で自分が上記の諸科目すべて担当したい欲求をもっていました。いわば，安達先生をせっかく採用したのですが，この大学院の人材を自分の力で排除しようとする気持が頭をもたげてきたのです。この指摘についてはさらに，以下にその事由・背景を説明します。

　②「問題の核心：病み難い男の嫉妬心」
　今回，安達先生が商学部の教授 3 名を提訴するにいたった問題の核心は，

資料1

つぎの経緯のなかにみてとることができます。

2003〔平成15〕年10月31日に安達先生が提出した「教授昇任申請」に対して，2004年1月28日商学部人事会議が組織した審査小委員会は「不可」の結論を出し，これを受けて2004年3月16日に開催された人事会議でも否決されました。さらに，この結果に対して不服を申し立てた●年●月●日安達先生の異議も，これを審議するために2005年3月1日組織された不服審査委員会によって，2005〔平成17〕年9月27日になりようやく却下されています。

私は，前段不服審査委員会による安達先生教授昇任の案件に対する処理は，年度内，つまり2005年3月一杯までには結論を出すことが当然であり，その方向で可及的速やかになされるものと観察しておりましたが，2005年9月下旬まで待たせるという日程となっており，ずいぶん常識の欠けた，いいかえれば故意に遅延させたかのように映る対応というほかありませんでした。

安達先生は，大学院の助教授として「〇合」教員判定をえられる教員であるという採用時の判断にもとづき，大学院設置申請要員として採用されました。したがって，この安達先生がもしもその間教授に昇任し，その体裁で「〇合教授」を判定をうけ，大学院の教員として配置・充用されることになれば，SI$_1$氏にとっては，つぎのようなまずい状況が生起します。

すでに教授であっても，前述「開構研の業績審査」（2005〔平成17〕年5月下旬）によって「〇合教授」とは判定されなかったSI$_1$氏でありました。仮に，助教授でも「〇合」教員確実と予想できた安達先生が，大学院商学研究科設置申請要員として任用されれば，とりわけその間，安達先生が昇任し，「教授」（当然〇合教授）となって大学院を設置申請した場合を想定すると，こういう事態が起こりえたことになります。

資料1

　すなわち，大学院商学研究科のカリキュラム体系における「会計学系列」の諸科目中では，「会計学原理および演習」という科目の担当者に安達先生が位置することになれば，この科目から SI$_1$ 氏は完全に排除され，用なしになる可能性が大でありました。その科目は事後に，「財務会計論特論 I・II」「財務会計演習」と名称が変更されましたが，大学院商学研究科のカリキュラム構想においては，会計学系列の諸科目を代表する「原理」的な地位を占めるものといえます。

　ということになれば，安達先生が一度「財務会計論特論や演習（講義科目と研究指導科目の双方）」の担当者となってしまうと以後，SI$_1$ 氏はこの科目からは永久に締め出される羽目になります。強調すべきなのはとくに，安達先生がその間教授に昇任したかたちで「財務会計論特論や演習（講義科目と研究指導科目の双方）」の担当者となれば，年齢的にずっと上でもある SI$_1$ 氏の立場は以後，大学院の教員組織のなかでは完全になくなるほかありません。

　SI$_1$ 氏の研究業績をみるかぎり「簿記原理特論」「その演習」というような科目が適合的であるはずですが，彼が「財務会計論特論や演習（講義科目と研究指導科目の双方）」にこだわりつづけてきた点，換言すれば，せっかく大学院要員に採用した安達先生を予定された担当科目からあえて除去しようとしてきた，これまでの彼の安達先生に対するパワハラ的言動を観察すれば顕著に感得できます。

　たとえば，安達先生が担当する「演習 I」（商学部 2 年生履修科目）を希望した 1 年生で，プロゼミ（1 年生履修科目：必修）では SI$_1$ 氏に所属していた O$_7$ 君に関して生じたトラブルをめぐっては，2003 年 11 月中旬より安達先生と SI$_1$ 氏のあいだで水面下のやりとりがあったことを，私は聞かされております。

541

資料 1

→それよりさき 2003 年 11 月上旬，レポートに関する不正確な情報による SI₄ 氏の発言とのやりとり…………。

いままで学長選挙に 2 度挑戦し，商学部長からの飛躍を狙っている SI₁ 氏としては，自分が，会計学系列群のいわば目玉科目とも称せる「財務会計論特論」を担当できないという事態は，ぜひとも回避したかったのであります。換言するなら，SI₁ 氏は，大学院構想における「自分の立場：門番の役目：大将の地位」をなんとか確保しておきたいとする欲求を梃子に，安達先生を排除する個人的な工作をしてきました。それも，2004 年度以降商学部長となった管理職の立場をも利用しての行為でした。

2005 年度を迎えるころまでには，学生課に籍をおくある事務管理職●●●●は，「商学部の 2 名の教員安達と BE は CHI 大学の大学のガンだ」といっている，と商学部の同僚の先生が私に教えてくれております。赴任後満 2 年も経たない段階で，とくに安達先生，そして私に対しても「あいつらは本学のガン」という風評を立ててきた人物がおります。

安達先生に対する非難というか冷たい態度の形成は，図書館事務職員●●●●が安達先生に対して非難がましい口つきで「安達先生はこの大学を早く辞めたほうがいい」などといっております。

もっとも，●●●の管理職の●●●●氏は，この方も体調を大きく崩したりしたそうですが，CHI 大学商学部は SI₁ 氏と KA₁ 氏の存在ゆえに「どうしようもない組織」になってしまっている，と指摘しております。この話も 2004 年度末に同僚の●●先生より聞かされたものです。

CHI 大学商学部内で，自分の個人的な利害にそぐわない同僚＝他者に対して，遠慮のない誹謗的言動を盛んにおこなっている人物は，「SI₁ さんはアジテーターだ」と規定する●●●●先生のいう指摘にもあるとおり，SI₁ 氏以外に該当者はありえません。

資料1

　以上，私が観察してきたところの，安達先生が教授昇任申請を妨害された重要な基盤です。
　――参考にまで，2003〔平成15〕年度後期に入ると大学院構想に関しては，「会計プロフェッション研究」と「会計プロフェッション演習」という科目を置くことが提示されています。この案も実は唐突に教授会に対して一方的に提示されており，SI$_1$氏が大学院構想において自分の立場を確実に確保するために用意してみた科目です。
　しかしながら，その「会計プロフェッション研究」と「会計プロフェッション演習」という科目はその後，いつの間にか短期間のうちに消滅・撤回されております。つまり，特定の関与者が，大学院構想に関するカリキュラム内容を恣意的に弄くりまわし，操作している一端を，そこにはうかがうことができます。こういうことをできるのも，SI$_1$氏とKA$_1$氏以外にはおりません。この点は，商学部内で衆目の一致するところであり，ある意味での悪しき伝統ともいえます。

　つまり，SI$_1$氏は自分が大学院構想では「会計学原理研究」（講義科目）および「会計学原理演習」（研究指導科目）のうち，「〇合教授」の資格が後者の科目に関してはまだおぼつかない段階で，こういう対策を施していたことになります。
　SI$_1$氏は大学院における「自分の地位」を確保するさい，「会計学原理演習」（研究指導科目）を担当することはまだ無理と判断したので，ともかく「会計学原理研究」（講義科目）だけは自分の担当科目として留保しておきたい，そのために，安達先生を公募した科目を，「会計学原理演習」（研究指導科目）と「会計監査論研究」（講義科目）という〈変則的な配合〉としたのであります。

　結局，そうした異例かつ突飛ともいえる「公募における担当科目の組み合わせ」は，SI$_1$氏がのちのちは，「会計学原理研究」を担当する人間として，

資料1

大学院の教員組織に配置されておきながらもさらに,「会計学原理演習」〔安達先生の担当科目〕をも自分の担当する科目に奪取したいという欲求をもぐりこませた「苦肉の策」だったのです。

③「早稲田大学がなんだ！　東北大学がなんだ！」

安達先生は早稲田大学商学部を卒業し,研究所勤務などを経たのち,東北大学経済学研究科博士課程にすすみ,通常よりも1年短い2年間で経済学博士号を取得しています。

安達先生が教授への昇任を申請した過程（2003〔平成15〕年11月以降における一連の人事会議）でSI$_1$氏は,その審議の最中にいきなり,「早稲田大学がなんだ！　東北大学がなんだ！」と喚きたてるかのように叫んだことがあります（2004〔平成16〕年3月の人事会議）。それは,SI$_1$氏自身が苛まれている劣等感に由来したものと推測されます。その根拠を次段に説明します。

というのも,毎年度3月下旬に開催される非常勤講師の先生方を招待した「打ち合わせ:説明会」には専任教員も大多数出席するのだが,その席上で挨拶をしたSI$_1$氏は,このような発言をしております。

「CHI 大学の学生は劣等感をもっている。実は自分もそうであり……」「先生方のご指導をよろしく……」という趣旨であった。私の場合,2003〔平成15〕年3月下旬と2004〔平成16〕年下旬のその会席で,そうした発言を続けて2回聞かされてしまい,いささかならずうんざりさせられておりました。

なぜなら,それは単なる「謙譲の美徳」とはうけとめにくい発言でしたから,翌年度2005〔平成17〕年3月下旬のその会で私は,彼の挨拶がある時間帯を外し遅れて出席し,その発言を聞かないように対処しました。2度〔本当は3度〕と聞きたくない,耳を塞ぎたくなるほど真に迫った,劣等感の発露でありました。

2 安達　巧先生に対するイジメ＝パワー・ハラスメント

①「申請手続面における阻害行為」

2003〔平成15〕年11月10日の教授会で安達先生は，同年10月30日と議事録に書かれていた昇任人事の申請締切期日を「間違った記録」であると指摘し，これを「意図的な虚偽記載だ」と抗議した結果，KA₁商学部長〔当時〕はそれが正しくは10月末日の31日であると，釈明・訂正しております。

私は，そのときのやりとりをいまだ鮮明に記憶しております。10月は31日が末日であり，これをわざわざ30日を締切にするやりかたは，滅多にお目にかかれない奇抜な日程の設定方法であるから，その不自然さを強く感じておりました。10月31日に昇任人事申請の書類を提出した安達先生の正式な手続を，虚言を駆使してでも排除するため，KA₁学部長〔当時〕による「勝手な操作，小賢しい日程の繰上げ操作があった」と指弾されても，いたしかたないものと思われます。

KA₁商学部長〔当時〕は安達先生がその教授昇任申請をすると間もなく，当時学部長補佐を務めていたI₃先生に対して，「安達先生は教授にはさせたくないんだよな」と語ってもおりました。そのように「先に結論ありき」の意向が明確であったとすれば，安達先生の昇任人事申請がまともに通るかどうかの以前の段階で，KA₁氏がその書類の受付さえ拒否しようとしたわけも理解できます。

なおI₃先生は，2003〔平成15〕年度に私が赴任してまだ満3ヵ月も経っていない6月下旬，柏駅近くのイタリア・レストランで，もう1人の助教授の先生と3人で一緒に食事をしたさい，私：BEに対して「まともな教授がきてくれた」と率直に喜んでくれました。この話をより正確に解釈するならば，私：BEが特別に褒められているのではけっしてなく，商学部生え抜き

資料1

の，あるいは 30〜40 年も長く勤務してきた「他の教授＝先生」たちが「若手教員たちからは，ほとんど評価されていない」「一部では軽蔑されてもいる情けない」実情を物語ったものといえます。

②「恫喝行為を平然と繰り出す管理職とその他教員など」
　安達先生の昇任申請人事手続に関する事後の事務処理は，他の先生方から申請された昇任人事の手続進捗に比較して，故意に遅延させられております。

　安達先生の昇任申請人事「不可」の結果に対するさらに，安達先生の不服申請申出に対して人事会議内に不服審査委員会が組織されたのは，2005〔平成 17〕年 3 月 1 日のことですが，私などが常識に考えるに問題の性質上，年度〔2004：平成 16 年度〕内，すなわち 3 月 31 日までには急いで，その審査結果が出されるべきものと考えておりました。だが，実際にその不服申請に対する審査の結果「不可」が安達先生に通告されたのはずいぶん遅くなり，2005〔平成 17〕年 9 月 27 日に通知された文書でのことになっております。

　2004〔平成 16〕年 12 月 6 日のことですが，SI_1 氏と KA_1 氏などによる恫喝を受けたため，PTSD 症状に陥った安達先生から，私に相談がありました。安達先生は，前後して開催された会議：「拡大教務委員会」で KA_1 氏と同室したさい目眩と吐き気に襲われたと，青ざめた顔色をして私の研究室に来たこともありました。
　また，2004〔平成 16〕年 12 月に開催された社会システム研究所主幹の研究会でも，安達先生はひどく気分が悪くなってしまったのは，KA_1 氏がこの研究会に参加しており，彼の顔・姿をみた瞬間再び，PTSD の症状がぶり返してしまったためだと自己診断しておりました。その研究会に KA_1 氏が出席するのが事前にわかっていれば，安達先生は出なかったのにと悔やんでもおりました。

また●年●月●日，研究棟8階廊下で■■の件で安達先生と立ち話での話し合いをすることになった SI₁ 氏は，安達先生を威圧的に脅すかのような態度で接していたのを，同僚の KA₂ 氏が目撃・観察しており，周囲にその様子を「あれは酷い行為だ」と語ってもいます。

2004年●月における教授会の席上で，大学院設置申請のことが話題になったとき，安達先生が大学院の教員資格で「〇合教授」の判定がえられる可能性のある教授は2名くらいしかいないのではないか，そのことは，各先生方の業績を参照すればわかると発言したことがありました。ところが，この発言を聞いた SI₁ 商学部長はいきなり，個人の情報をそのように利用し解釈することは，たいへんけしからぬことであるから，これからただちに「調査委員会」を設け，安達先生のそうした情報収集および問題発言に関する行為を査問しなければならないと，ひどく興奮していいはなったことがあります。
しかしながら，昨今においては，各教員の研究業績はどの大学でもほとんど公表―公開されており，その情報を収集することを問題視することのない点が，ほかの出席者より指摘されたせいで，SI₁ 氏はそうした拙速かつ無知さ加減をさらけ出し，みずから赤恥をかいたしだいです。
だが，その事後談があります。SI₁ 学部長は，安達先生に対するそうした失礼な教授会発言をいちおう謝ることを断っていたにもかかわらず，安達先生にその点を尋ねたところ，「そのような事実はありません」という答えでありました。

③「業界の常識を欠く大学の体質：井の中の蛙〈性〉」

安達先生も私：BE も，2003〔平成15〕年1月末締切の公募で採用され，同年3月3日付けの「割愛願い」をもって，それまでの所属校から転出を決めてもらっている。CHI 大学商学部はそのような切迫した日程で採用人事をおこなってきております。

資料1

　なぜ，CHI大学商学部では，関係方面に対するインターネット公募を基本とした人事募集の時期を，年度後半それも遅めにおこなうのかについては，こう説明する教員がおります。つまり，本学が公募をして採用をしても，年度の早い時期にその人事を成立させても該当者によその大学に逃げられてしまう，というのであります。

　時期の問題もふくめて，せっかく本学が採用を決定した人材が「辞退」を申しでることもあるのは，けっして1流大学でもブランド大学でもない本学の宿命ではありましょうが，実に情けない実態でもあります。

　ところが，この大学からよその大学へ転出が決まった教員，たとえばI_7氏（1998：平成10年4月～2003：平成15年3月 CHI大学商学部専任講師。現在，神奈川大学外国語学部助教授）は，2002〔平成14〕年12月時点で当時学部長だったKA_1氏にその旨を申しでたところ，遅すぎるという意味だろうか，「いまごろ出しやがって」といわれております。

　商学部内における人間関係については，とりわけ，助教授・専任講師の先生方に対して教授の先生方が示す「半封建的な上下関係」，「特定意識の蔓延」が気になります。私：BEは教授で就任しましたから，そうした問題点をただちに感じさせられることはなかったのですが，この学部においては当初より，ひとつはっきりと印象づけられた点があります。

　それは，商学部に所属する助教授・専任講師の先生方の表情が非常に暗く・悲しく・裏さみしいものに，私の目には映ったということです。いまでは，その原因や背景が明確に理解できるようになっております。教授の肩書を有する先生のすべてがそうである，ということではもちろんないのですが，商学部をとりしきっているつもりの一部の教授先生は，助教授や専任講師の先生方には肩を怒らしたような大きい態度で，普段より接しております。

たとえばSI₄氏（体育学専攻，1949年生まれ）は，2003年7月上旬，「自分の場合」「着任当初の2～3年は教授会ではなにもいわなかった」，新任若手の教員はそのように大人しくするもんだといいたかったのか，釘を刺すかのような「不満」を安達先生に対していっていた，と聞いております。安達先生は，教授会で意見を開陳することは，着任後何年経過しているかとは無関係だと反発しておりました。

　思えば，新しい職場に赴任してすぐになにか発言できるということは，けっして邪視されるべきではなく，歓迎されてよい言動である。ただし，助教授や専任講師の先生方の教授先生〔私：も含め〕に対する態度は，いささかならず馬鹿丁寧で気を使いすぎという印象をいつも感じております。
　40歳代の専任講師の先生，50歳代の助教授の先生が教授の先生方になにか非常に気を使いながら，常時卑屈にもみられかねない人間関係を目前に披露されるのは，私などのようにそうした経験〔38歳で教授になりました〕からみると，とてつもなく前近代的な社会的集団の特性にみえてしかたありません。

　2005年4月，同年度第1回めの教授会の席上，専任講師から助教授に昇任した先生複数が「昇任の御礼」を口上する姿は，異様をとおり越して封建社会における身分関係を再確認させられる儀式の一環であるかのように観察しました。

　そういう商学部でありますが，2003年度から赴任した安達先生〔むろん私もですが〕，夏休み以前の各月教授会では遠慮なく発言してきました。そのたびに，出席していたみなさんが「シーンとした雰囲気」で彼の話を聞いていたことを思いおこします。そのころを想起するに，SI₄氏のような教授の先生たちは，安達先生のそうした発言を快く感じていなかったといわざるをえません。若手の先生方からすれば，安達先生は大いに発言をしておりずいぶ

資料1

ん勇気があるな，という観想をもっていたことになります。

　2003年度から赴任した私のばあいですが，はじめの職場から数えて5つめの職場となったCHI大学商学部の実態は，比較的透視しやすいものだったので，夏休みまえでの各月教授会では大いに発言してきました。そのせいか私も，古参・専任の教授の先生たちからはだいぶ嫌われているのかもしれません。それでも，2003年度中の各月教授会で，私や安達先生が発言をすると一応，先生方は「シーンとなって話を聞く態度」がありました。しかし，そうしたなかでも古手で教授の肩書をもつ先生方は，私や安達先生に対する反発をつのらせていたようです。

　もっとも，大学教員を職業とする人間は，理論の構築や論理の展開，理屈の披露を得意とする人たちであり，議論のなかでの疑問の点については遠慮容赦なく指摘し，批判も大いに交わしてよいはずだが，それを忌み嫌うようなこの大学の体質的な問題であるようです。それは端的にいえば，「井の中の蛙」性です。この大学では，年期の浅い連中は黙っとれという雰囲気が濃厚にあり，安達先生や新参者の私かそれでも，率直かつ単刀直入に質問したり議論したりするゆえ，ウルサイ奴らだとうさん臭くみられております。

④「安達先生の教授昇任問題に関連する商学部内の特殊な諸事情」
　安達先生は2003年10月31日，O_1教務課長〔当時〕に教授昇任申請書類および著書・論文を提出していました。

　ちなみに私：BEは，SI_1氏とKA_1氏と「差しで話をしたこと」がそれぞれ1度ずつだけですが，あります。いずれも，私のほうから彼らの部屋を訪問し，大学や教育・研究のことを話題にして，対話させてもらいました。ただしそれ以降，彼らと「差しで対話する機会」は，残念なことにまだもてていません。彼らのほうから私と話をする機会をもちたい，というような申し

出もありませんので……。SI₁氏やKA₁氏は私のことを敬遠しております。学内行政の諸職務からもなるべくBEを外しておき，自分たちのやりたい方向に一定の影響が出ないように措置しております。

- ◎「KA₁学部長の対応」……たとえば，2003年度と2004年度において私は，学生委員会のメンバーになっておりましたが，一度もその委員会に出席しなくてもよい委員でした。というのは，CHI大学の委員会は商学部と法学部との2学部共同開催による組織となっており，なぜか学生委員会の委員でも「(BE)」というふうに丸カッコ内に記入されていたBEは，商学部だけの学生委員会のメンバーであるからその「2学部共同開催による委員会組織」に出なくてもよいという形式で，この委員会からBEを棚上げしておくような体裁を用意しておいたことになります。

就任前の段階より賃金・待遇条件などについて事細かに問い合わせてきた私を直接応対してくれたのがKA₁氏でしたから，当時商学部長〔2002～2003年度就任〕だった彼にとっては「どうもだいぶウルサそうな奴が来た」。あらかじめ「こいつの影響がなるべく出ないような配置が必要だ」と認識し，対応した結果が，(BE)という括弧付きの学生委員会「委員」としての私に対する位置づけだったのです。私の場合「教授」です。安達先生に対するような強引な対応は不可能です。人物もそんな簡単に操作可能な個性の持ち主でもありません。その結果が上述のような「BEのとりあつかいかた」となっておりました。

しかも，以上のような「私に対する位置づけ（BE）」を私自身が明確に理解できたのは，2005年度も数カ月も経過したのちのことでしたから，商学部内における意思伝達の悪さ，それも意図的と受けとってもかまわない不自然さは，並大抵のものではありません。仕事の基本としてのコミュニケーションが壟断されており，これが原因して効率的な学部運営が妨げられてきたと

資料1

いっても過言ではありません。

　こういうこともあります。学生からの納付金で財政的に成立している大学後援会の組織活動には,「教員の出版物に対する補助金制度がある」という事実を, 2003 年 4 月に赴任して以降まったくしらされておりませんでした。ところが, 2005 年度に赴任した HA$_1$ 氏が 2005 年 9 月に公刊した著作『法人税における減価償却費の史的研究』（税務経理協会）の「おわりに・謝辞」の箇所にその出版補助制度があることを初めてしり, 一鷲させられました。その制度のことを新任の教員たちにあえて周知徹底させてこなかった事由はなにか, もちろん私にはわかりません。その制度があることは, 同僚の WA 先生から HA$_1$ 著に書いてあるよと指摘され, 偶然にしりえたことでもありました。

　◎「SI$_1$ 氏との対話」……2003 年 8 月 17 日午後 1 時, 事前の約束では 1 時間くらいということだったが, 約 2 時間ばかり SI$_1$ 氏と彼の研究室で対話をしました。あれこれ話が進行するなかで彼の態度はときおりはっきり, 横柄というか威圧的なものを表出させる癖があり, これには相当に抵抗を感じました。私：BE に対する SI$_1$ 氏の姿勢は, 基本的には位負けしており, その意味では格別印象の悪いものではなかったが, 地は隠せなかったということでしょうか。

　SI$_1$ 氏に態度に一貫する表情は, この大学では「この俺が一番古手の教員であり, ともかくとてもエライのだ」という気持をかいまみせることでして, 彼はそのことに関してはわずかな遠慮もなかったと記憶しております。

　KA$_1$ 氏とは, 同年 10 月中に, やはり私のほうから研究室にいる彼を尋ね, 小 1 時間ほど対話をさせてもらった。KA$_1$ 氏の態度で特徴的なのは, こちらが気を使い下手に話をしていくとこれに対応して横柄というか, 威圧的な口

調になることでした。KA₁氏ともその後，時間をかけて対話する機会はありません。学内で顔を会わせても私：BE に対しては 「少し嫌な表情」をします。そういえば，私か赴任したあとすぐ彼と言葉を交わす機会があったが，「BE 先生は業績すごくありますね」と卑屈なものいいであったこと覚えている。彼のそのときの表情はすでに〈負け犬〉であったから，その後も私は彼と口を聞くさいかえって，変に気を使わざるをえなくなっております。この両者の人間関係はいまも，まったく同じ状況にあります。正直いって疲れます。

さて，2003 年 6 月教授会終了後に東京浅草の料亭に移動して開催された教員親睦会は，私か教授会で大いに発言したために飲み会前に予定した浅草観光の行程をはしょらなければならなくなりました。その親睦会も終わり帰りぎわに，お店の玄関まえに出た KA₁氏が 「自分がなぜ学部長になれたかというと，それは酒に強いからだ」といったのが，とくに印象的でした。

商学部内における諸般の現象は，「CHI の生え抜き教員」および「他大学院〔主に修士課程〕修了後，この大学に長く務めてきた教員」を中核的な集団〔いわゆるインナー・キャビネット〕に形成しつつ，彼の頭領的指導による統一行動が整備されており，民主的行動のポーズをまといながらも多数派による横暴路線が，実質においてはまかりとおっているからです。それゆえ，安達は「生意気」だ，「自分の人生を大事にしろよ」という脅迫まがいの言辞：「安達の悪口」噴出状況は実は，SI₁氏自身の演出あるいは独白によって創出され，インナー・キャビネットを構成する先生たちに滲透させられ，これらを中心に演出されてきたものともいえましょう。

たとえば，ある先生〔2005 年 8 月上旬，ある用件で私と対話していた●●●●先生〕は，SI₁氏のそうした言動にまつわる特性を，彼の「アジテーター（煽動者）」的な性格だと明言しておりました。

資料 1

　2003 年 11 月になると実際に SI$_1$ 氏は，MA$_3$ 教授（英語学専攻）に対して安達先生の悪口を吹きこみはじめており，昇任人事を正式に会議でとりあげる以前の段階ですでに必死になって，その実現を潰しにかかっている様子が伝わってきております。SI$_1$ 氏は「会計コースの身内：利害関係者は，安達先生の昇任人事審査委員を依頼されても辞退する」と確言していたけれども，これは完全なる虚言でありました。本当のところは，安達先生のその昇任人事を審査する委員会の「主査」は，SI$_1$ 氏でした。SI$_1$ 氏の言動における一貫性のなさ，あるいは場当たり的な行動様式は，特徴的です。

　既出の MA$_3$ 氏は，●月●旬・・・・ころ，「われわれは大学教師なのだから，規程に関しては行間を読むべきだ」と発言し，規程の解釈において異なる見解が存在してもいいかのように主張しています。英語専攻の教員〔教授〕である MA$_3$ 氏は，「文学鑑賞の問題」と「条文・規程の法的解釈の問題」の識別もつかない「大学の先生」のようです。

3　課程博士と論文博士に関する議論の曖昧性

　2004 年 3 月中旬の人事会議で安達先生を教授に昇任させない理由が議論されました。そのなかで SI$_1$ 氏は，名古屋地方のある大学の某教授が「課程博士はその能力がピンからキリまで」という根拠に挙げて，安達先生の教授申請を不可とする事由とするかのような説明をおこないました。

　そもそも，「博士号の所有者」だから安達先生を 2003 年度に商学部は，大学院用のスタッフとして採用したはずだから，他者の保有する博士号をそのように棄損するかのような発言が問題であります。というよりも，商学部人事会議自体が認めた安達先生の所有する学位を，こんどは一転してけなしはじめるかのようにも聞こえる議論をおこなっております。

日本の文部科学省はすでに，博士号の発行は「課程博士」だけに限定し，「論文博士」を認めない方針を示唆しているが，「課程博士だから論文博士より劣る」かのように論断する方途はお門違いであります。安達先生の教授昇任審査をするのに当たり，採用時には大いに評価したはずの「博士号の性格云々を議論する」のは，筋違いかつ場違いの方法でもあります。

　私はともかく安達先生の教授昇格申請を人事会議で議論するなかで，こういうふうに聞いてみました。
　「課程博士だからちょっと問題あり，論文博士だからよろしい」というような曖昧で「根拠の希薄な議論」よりも，安達先生の博士論文，それもこの大学に赴任後において「学会の学術賞候補にもなった〔結果的には次点になった〕その著作もある」とも聞いているのだが，その点での審査内容はどうなっているのか。新規採用時にも当然審査の対象にもなったその業績のはずだから，なにゆえ，「博士号の面」で教授昇任に値しないのか，その学問的・理論的内容に即してあらためて説明する必要がある，そのように応じてほしいと要求したところ，SI$_1$氏をはじめKA$_1$氏なども完全に沈黙したまま，該当の会議が経過しました。結局，彼らは立ち往生するだけでした。

　安達先生自身の主張によれば既述のように，博士後期課程〔大学院博士課程の３年間〕のうち２年間で博士論文を完成させ経済学の博士号を取得した点，あるいは赴任後学会賞の候補に指名された点などを，人事会議が全然評価してくれていないのはおかしい，ということでした。もっとも，私の目に映ったCHI大学商学部の教授先生方の実力，いいかえればその学問的・理論的水準：社会科学的な専門の実力では，安達先生の業績成果を適切に評価することは不可能といえます。

　こういうことでした。安達先生と私：BEの採用にさいしてCHI大学商学部関係者は，2004年度で退職したMA$_8$常務理事〔元・文部科学省官僚〕の

資料1

「手蔓を頼りにのみ」して，大学院採用公募に応募してきた候補者のなかから「〇合教授」の資格をえられる人物を選抜してきております。したがって，その選抜の方法はまず，商学部の公募に応募してきた人物のなかから人事会議の採用小委員会が適当な人物を選び，つぎに，この選んだ応募者の研究業績一覧を文部科学省の該当部署に渡し，形式的に審査してもらい，そのなかから「〇合教授」の資格が間違いなくおりそうな人物を採用してきたのです。

ということは，CHI大学商学部の教授先生方は実際のところ，安達先生や私：BEの研究業績をその中身自体，つまり理論水準-科目適合性-将来発展性などの諸要因を，みずから学問的・理論的には厳密に審査する能力をもち合わせておりません。この歴史的な真実は，審査される立場から審査する立場にかわった私の体験をとおして，つまり，2004年度と2005年度における大学院採用人事に関する審査業務にたずさわりながら重ねて確認させられざるをえなかったものです。

上記，2004年度と2005年度における，大学院採用に関する人事の採用小委員会の審査業務においては，前者〔2004年度のそれ〕の場合，最終段階に絞られた候補者に対して私：BEが約30分強の「口頭試問」をおこないました。そのさい，面接に同席したSI$_1$氏〔SE教員が審査委員の1人だったが合宿で欠席したのでその代理として面接に参席〕やKA$_1$氏は，学問的なやりとりは少しもできず，学問的・理論的な応酬に参加することはとうてい不可能なことのようでした。

それよりも問題だったのは，採用人事のための小委員会を構成した委員3名が初めから，応募者の研究業績すべてを私に預けてしまい，私以外の2名は実質的になにもその審査作業に関与しないというやりかたを，とおしてきた点です。このやりかたは責任放棄です。

それでは，その採用人事のための小委員会を組織しても実際には，私1人

が個人的に審査していることになっており、委員会組織の実態は〈幽霊：まやかし〉ということにもなりました。この実態は、安達先生の研究業績審査でも同様なものといえます。彼の研究業績がどのようなものかに関する議論は、一度たりとも聞いたことがありません。彼の教授昇任申請審査の過程および結果として強調されたきたのは、「教歴年数の不足」という、とって付けただけの理由でした。

規定も旧い・・・、20年前のものである。KA$_3$氏の言及・・・・

後者〔2005年度のそれ〕における大学院採用人事の場合、その採用候補者として上がってきた人物の審査においても、採用人事小委員会3名のメンバーの1名に入っていた大学院商学研究科委員長KA$_1$氏は、今回もすべてBE〔→あなた〕任せでした。さすがに私も立腹し、人事会議における報告では委員会主査〔委員長のこと〕としての私は、報告をしないことにしてもらい、大学院商学研究科準備委員長のKA$_1$氏にその仕事を強引に任せました。この事実の含意はいうまでもなく、以上に指摘の本学人事審査態勢の問題性を記録しておくためです。

4 アカデミック・ハラスメントとしての安達先生の教授昇任申請拒否問題：まとめ

結論として以上の説明を、以下の6点にまとめることができましょう。

※この段落はまだ書いておりません。どのように書くかさらに検討中です。

1)「学歴への嫉妬」

2)「博士学位の有無」

資料1

3)「研究者としての活躍ぶりへの嫉妬（羨望）」

4)「安達先生が教授会で遠慮なしに発言すること」

5)「安達が是々非々で対応・行動すること」

6)「安達には脅しが効かないこと」

【以下は，記述にあたっての私のメモです】
　→まだ触れていないものもいくつもありますが……。

- SI₁氏，KA₁氏の劣等感。講師打ち合わせ会での発言。
- SI₁氏の規律無視の発言内容。
- SI₁氏の論文執筆方法におけるルール違反。
- KA₁氏の発言「自分には能力がない」（大学院準備委員会での発言：議事録にも記述が残されているもの）。
- SI₁氏による安達先生に対する恫喝的な言動。SI₁氏のそれ。
- 人事会議におけるA案とB案の提示時における両名の撞着した見解披露。
- 学生指導におけるSI₁氏の「素晴らしさ」の意味。
- BEに対するパワー・ハラスメントの開始。
- 2003年度からはじまった安達先生に対するSI₁氏のパワー・ハラスメント。
- 合同出版教授会におけるいい加減な発言→大学院入学数30名実員。
- HO₂氏の「瞬間湯沸かし器」性。安達先生を極度に嫌う傾向。
- SI₁氏の「早大がなんだ，東北大がなんだというだ」という会議での発言。

- 安達先生の採用―面接，それ以後における位置づけの問題。
- 審査能力が両名にはない問題。SE も同様。KO_3 先生（弘前大学），KI_1 先生（日大）採用時における無責任な採用小委員会の態勢。BE にすべて押しつけおきながら，その小委員会がいかにも正式に実質，審査したかのように装い，人事会議に報告した。KI_1 先生のときにその点を問題にし，人事会議での報告は KA_1 氏に審査報告を代行してもらった。

  小委員会の委員長だった BE の異議申立といえる。
- 人事会議成員の無知・非常識がめだつ。
- 安達先生を「教授にさせたくないないんだよな」と，KA_1 氏の発言（I_3 先生より）。
- 規程の不備。できてから 20 年以上経過したもの。最近の大学の情勢に合致しなくなっていた。
- 立ち往生の件（博士→論文と課程の相違についてと安達先生の場合との関連で）。

■MI 教授昇任人事委員会における YA_3・KI_1・I_1 3 名に対する，SI_1 による，KA_1 同席の恫喝行動。

■BE の SE 提訴〔2005：平成 17 年 7 月 5 日〕

■2005〔平成 17〕年 9 月〔14 日〕大学院準備委員会，10 月▼日に開催された大学院運営委員会に WA 先生は欠席している。9 月の委員会は出張のため，10 月の委員会は商学部と法学部で同時に開講された「論文の書き方講座」の講師担当のため欠席せざるをえなかった。大学院委員会のほかのメンバーは，10 月の委員会は時限をずらせば WA 先生も出席できるのに，といっていたが，WA 先生が出席できない時間帯に委員会を設定していたという。これは，WA 先生自身から聞いた話である。

■弘前大学 KO_3 先生採用人事の過程における SI_1 氏の 1 人相撲失敗の件。相談にくるのが遅い。1 月〇日教授会の日だった。ダメにしてから報

告にくる馬鹿さ加減。
- 社会システム研究所『紀要』第15巻第1号・第2号への論文分割の嫌がらせ。
- 「能力ない」というKA$_1$の大学院準備委員会における発言（議事録を参照）。
- SI$_4$をはじめ体育会系の悪のりで行動するパターン。
- 委員会業務をやらせたがらない体制の不思議。（学生委員会，BE・YA$_1$〔2003年度は留研中〕）
- 制度の私物化的運営をやっているのがKA$_1$，SI$_1$。根回し会議の横行。
- 2005年6月で大学院関係の業務から離れるといったKA$_1$は，けっしてやめていない。2004年度から図書館長。
- 石が沈み木の葉が浮かぶ。
- いままでやっていないからやらない，という面白い理屈。
- 審査能力の件（既述だが）……。SEなど
- A$_2$先生の話は聞けないか。
- 1人だけ「御山の大将」＝SI$_1$君
- 安達先生，大学院準備委員会欠席の件。
- 昇任にお礼をいう教員たち（2005年度4月教授会）

◆10月8日土曜日，KA$_4$後任人事の件でSI$_1$に電話。しどろもどろの応対にも聞こえる面があった。経営会議（12日）のことで，若い人をとりたいなどいってくるが，そんなことはあらかじめ伝えよ！　人事要求の締切が9月30日だといっているが，私は10月26日だと思っている。締切過ぎたら催促ぐらいせよ。KA$_4$人事については，BE・YA$_1$・O$_4$・SEと並べてきたが，BE・TE・SEに変更させた。　12日の人事会議でいきなり，その人事要求に関する説明をせよというSI$_1$に，私は怪訝な顔をした。事前のホウレンソウがまったくなっていない。

　　MI補佐はその間，私とのやりとり〔SI$_1$のあいだに入っての〕で，SI$_1$はどの人を当てたらいいのかわからないのですよ，と軽侮の笑い

を浮かべていた。当然私も笑っちゃうのであった。なんでもっと人事委員会の主査とよく事前に相談しないのか不思議。

　後任人事の人事要求は既存の科目名で出してくれということだが，2007〔平成 19〕年度からカリキュラム改正をしたいというのであれば，いまからそれも配慮した人事が必要であろう。経営戦略論を副担当に挙げたが，修正を要請された。直に相談しないところがとくにまずい。自分に自信がないのか？

赤色は不要。(「格」は「任」へ)
緑色は事実と異なる。
青色は「具体例」が必要。
紫色は非常に重要（今後の記述待ち）。
黒色は役立つ（但し、いつ、誰に聞いた話かを明確に！）。

(資料2)

本書で取り上げた訴訟記録（資料）上の人物等について－肩書き等の一覧

記号	肩書き（平成17年度当時）
A_1	CHI大学商学部〔非常勤講師〕
A_2	元CHI大学商学部〔助教授〕
I_1	CHI大学商学部〔教授〕
I_2	CHI大学商学部元学部長〔教授〕
I_3	CHI大学商学部〔助教授〕
I_4	CHI大学商学部〔助教授〕
I_5	CHI大学商学部〔学生〕
I_6	CHI大学商学部〔学生〕
I_7	元CHI大学商学部〔講師〕
I_8	2つの裁判の被告（被控訴人）訴訟代理人弁護士
U	CHI大学法学部学部長〔教授〕
O_1	CHI大学事務教員
O_2	CHI大学法学部学長〔教授〕
O_3	CHI大学商学部〔学生〕
O_4	CHI大学商学部〔教授〕
O_5	CHI大学商学部〔学生〕
O_6	CHI大学事務局員〔学事部長〕
O_7	CHI大学商学部〔学生〕
O_8	CHI大学前学長〔教授〕
O_9	CHI大学商学部〔非常勤講師〕
O_{10}	CHI大学商学部〔助教授〕
O_{11}	弁護士
KA_1	CHI大学商学部学部長〔教授〕〔被告（被控訴人）〕

資料2

KA_2	CHI大学商学部〔教授〕
KA_3	CHI大学商学部〔教授〕
KA_4	CHI大学商学部〔教授〕
KA_5	CHI大学商学部〔助教授〕
KI_1	CHI大学商学部〔教授〕
KI_2	CHI大学商学部〔非常勤講師〕
KU	CHI大学事務局員
KO_1	CHI大学代表者理事長
KO_2	CHI大学法学部〔教授〕
KO_3	CHI大学商学部採用予定の教員
SA	CHI大学商学部〔助教授〕
SI_1	CHI大学商学部〔教授〕〔被告（被控訴人）〕
SI_2	2つの裁判の被告（被控訴人）訴訟代理人弁護士
SI_3	CHI大学商学部〔教授〕
SI_4	CHI大学商学部〔教授〕〔被告（被控訴人）〕
SI_5	法律事務所
SU_1	CHI大学商学部〔教授〕
SU_2	CHI大学商学部〔非常勤講師〕
SE	CHI大学商学部〔教授〕
SEI	CHI大学の〔学術〕紀要製作を請け負う出版社
SO	CHI大学商学部〔教授〕
SOU	SEIの編集部責任者
TA_1	CHI大学商学部〔教授〕
TA_2	CHI大学商学部〔教授〕
TA_3	CHI大学商学部〔助教授〕
TA_4	第1審（2つの訴訟）の被告訴訟代理人弁護士
TA_5	CHI大学社会システム研究所所長

資料2

TA$_6$	CHI大学商学部〔教授〕
CHI	学校法人
CHU	学校法人CHIが運営母体となっている短期大学
TE	CHI大学商学部〔専任講師〕
TO	法律事務所
NA	CHI大学商学部〔教授〕
NI$_1$	CHI大学商学部〔助教授〕
NI$_2$	CHI大学商学部〔講師〕
NE	CHI大学事務局員（教務課長）
NO	2つの裁判の被告（被控訴人）訴訟代理人弁護士
HA$_1$	CHI大学商学部〔教授〕
HA$_2$	CHI大学商学部〔専任講師〕
HI	2つの裁判の被告（被控訴人）訴訟代理人弁護士
HU$_1$	CHI大学商学部〔学生〕
HU$_2$	CHI大学事務局員
HO$_1$	CHI大学商学部〔教授〕
HO$_2$	CHI大学商学部〔教授〕
HO$_3$	大学（学校法人）被告とした訴訟の原告訴訟代理人弁護士
MA$_1$	CHI大学商学部〔非常勤講師〕
MA$_2$	CHI大学商学部〔非常勤講師〕
MA$_3$	CHI大学商学部〔教授〕
MA$_4$	CHI大学商学部〔助教授〕
MA$_5$	CHI大学商学部〔学生〕
MA$_6$	CHI大学商学部〔助教授〕
MA$_7$	CHI大学商学部〔非常勤講師〕
MA$_8$	CHI大学常務理事
MI	CHI大学商学部商学部長補佐〔助教授〕

資料2

MO_1	CHI大学商学部〔教授〕
MO_2	大学教員を被告とした訴訟の原告訴訟代理人弁護士
YA_1	CHI大学商学部〔教授〕
YA_2	CHI大学商学部〔教授〕
YA_3	CHI大学商学部〔教授〕
YA_4	CHI大学商学部〔助教授〕
YO_1	CHI大学商学部〔教授〕
YO_2	CHI大学商学部〔非常勤講師〕
RA	CHI大学商学部〔学生〕
WA	CHI大学商学部〔教授〕
DA	CHI大学商学部〔非常勤講師〕
BE	CHI大学商学部〔教授〕
CHE	CHI大学商学部〔助教授〕
JE_1	CHI大学商学部〔非常勤講師〕
JE_2	CHI大学商学部〔非常勤講師〕

（資料3）

『パワハラ裁判の教訓－いじめと闘った大学教授の裁判－』のまえがき

　読者の皆さんは「いじめ」の被害者になったことがありますか？
　「いじめ」は子供の世界だけの話ではありません。大人の世界での「いじめ」のほうがヨリ陰湿で凄まじいように思います。「いじめ」被害者の苦しみは、経験者にしか解りません。
　ご承知の方も多いと思いますが、最高裁判所は平成26年10月23日、いわゆるマタハラ裁判について画期的ともいえる判決を言い渡しました。
　この裁判は、広島市の病院に勤務する理学療法士の女性が、妊娠を理由に業務の軽減を求めたところ管理職を外されてしまい管理職手当の支給も打ち切られたことから、同意のない降格は違法だとして勤務先に損害賠償を求めた民事訴訟です。最高裁判所は担当裁判官5人全員一致の意見として「審理が尽くされていない」と判断し、女性側敗訴となっていた控訴審判決を破棄して審理を広島高裁に差し戻しました（ちなみに、第1審も原告女性側が敗訴）。この最高裁判決により、理学療法士の女性は勝訴する可能性が高まったといわれています。
　「マタハラ」は、マタニティ・ハラスメントの略称で、「セクハラ（セクシャル・ハラスメント）」、「パワハラ（パワー・ハラスメント）」に続く3大ハラスメントの1つに数えられています。マタハラについても、企業等のコンプライアンス意識が低いこと、そして、行政が弱腰で企業の違法行為を是正するには力不足であるうえ、加害者ではなく被害者を叩く風潮があるため、被害者が泣き寝入りしている実態が多いとも指摘されています。
　ところで、マタハラの被害者が女性に限定されるのに対して、パワハラの被害者は男女を問いません。被害者の数からいえば、マタハラよりパワハラのほうが多いでしょう。パワハラもセクハラもマタハラも被害者への「いじめ」かつ人権侵害という点で共通しています。「いじめ」で自殺したとのニュースに接する度に、私は悲しい気持ちになります。

京都大学の瀧本哲史客員准教授は、「いじめ」について次のように述べています。
　「いじめという現象は、村社会に代表されるゲマインシャフト的組織でおこる典型的な問題である。いじめは『そこで暮らしていくしかない人たち』が、自分たちの集団の『同質性』を確認するために、定期的にわずかな差異を持つ人を探しだして叩くという一種の『儀式』だ。
　だから、特定の人がターゲットとなっても、その人がその場から去れば、周期的に別のターゲットをランダムに見つけ出して繰り返し行われる。いじめの対象を見つけ出す理由は何でもいいのである。
　……（中略）……
　だからなるべく目立たないように、他の人たちと同じように振る舞って、突出しないようにする。組織の同質性が高まっていく圧力は、そのようにして上昇していく」（瀧本哲史『君に友だちはいらない』講談社、304頁）
　残念なことですが、「いじめは昔からどこにでも存在」（瀧本哲史、前掲書、305頁）しますし、「いじめの原点は『狭い人間コミュニティ』」（瀧本哲史、前掲書、306頁）にある以上、「いじめ」の撲滅は現実的には不可能だと思われます。そのことはすなわち、〔読者のあなたを含めた〕誰もがいじめの被害者になり得ることを意味しています。
　本書は、私がパワハラ（高等教育機関である「大学」という職場でのいじめ）被害者となった事案についての裁判記録です。
　私は、自身のパワハラの解決をまずは行政機関（千葉県労働局）の指導力に期待しました。しかしながら、読売新聞が平成26年10月31日付の記事でも報じている通り、行政機関による「あっせん」等の紛争解決援助には法的拘束力がなく、加害者側は自らの非を絶対に認めようとしないこともあって事案解決には至りませんでした。「あっせん」の決裂を受け、私はパワハラの解決と救済を求めて民事訴訟を提起しました。
　自分自身が裁判の当事者になるなどとは思ってもみなかった私は、わが国の民事訴訟〔の現場〕を経験して多くのことを学びました。本書は、私が経

験したパワハラ（いじめ）の被害者経験および民事訴訟（パワハラ裁判）の闘いに関する記録であり、「様々なハラスメント（いじめ）に苦しんでいる多くの被害者を勇気づけるためにも、また、国民のための民事訴訟を取り戻すためにも、絶対に世の中に知って頂くべき貴重な〔学術〕資料ですよ」と言って下さった多くの皆様方の激励の賜物です。また、本書出版に際しては尾道市立大学大学院経済情報研究科修士課程の寺澤晃平君と土居真大君の両名から本書第1章、第2章および第3章の資料整理ならびに校正時に惜しみない協力を得ています。2人の協力があればこそ、本書は〔本書にて取り上げた一連の民事訴訟の終結からおよそ8年余の歳月を経て〕ようやく公刊することができたともいえます。寺澤晃平君と土居真大君の両名に対しまして心からの謝辞を申し上げます。

　本書の読者が、いまも様々な場所で行われているに違いないハラスメント（いじめ）の不合理さに気付いて下さることを願ってやみません。ハラスメント（いじめ）の加害者にならないことは勿論ですが、ハラスメント（いじめ）の存在を知ったら〔傍観者ではなく〕制止者になって頂きたいと思います。また、私のささやかな裁判経験が、被害者として苦しんでおられる方々の勇気につながれば著者として本当に嬉しく思います。

　最後になりますが、本書公刊にあたり、ふくろう出版学術図書事業部の皆様に大変お世話になりました。記して深く感謝いたします。

平成27年2月

安達　巧

<編著者紹介>

安達　巧（あだち・たくみ）

1966 年生まれ。早稲田大学商学部卒業。

東北大学大学院法学研究科博士前期課程私法学専攻修了、修士（法学）。

東北大学大学院経済学研究科博士後期課程経営学専攻修了、博士（経済学）。

（博士後期課程の在学期間わずか 2 年〔間〕で博士学位を取得）

神戸大学大学院法学研究科博士後期課程法政策専攻単位修得退学。

現在、県立広島大学大学院経営管理研究科（専門職大学院）教授。

<主要著書>

『ディスクロージャーとアカウンタビリティー－監査人としての公認会計士の責任－』創成社
（2002 年）

『企業再生の戦略』創成社（2002 年）

『企業倫理とコーポレートガバナンス－知的資産の有効活用－』創成社（2002 年）

『会計基準の法的位置づけ－財務書類の真実性と会計・監査基準－』税務経理協会（2004 年）

『ベンチャー企業のファイナンス戦略－会社法の徹底活用－』（長島弘と共著）白桃書房 2007 年）

『大学准教授・真島弘之－モノ言える顧客－』（石部紗貴子と共編）ふくろう出版（2010 年）

『会計制度の断面』ふくろう出版（2011 年）

『内部統制・監査とブランド力』ふくろう出版（2011 年）

『JAL の監査の失敗と裁判―日本の公認会計士監査の水準と現実―』ふくろう出版（2013 年）

『公認会計士の監査責任に関する法律学と会計学との認識ギャップ－ある大学教授の研究と
教育－』（編著）ふくろう出版（2013 年）

『コーポレートガバナンスと監査と裁判所』ふくろう出版（2014 年）（日本図書館協会選定図書）

<著者紹介>

寺澤　晃平（尾道市立大学大学院経済情報研究科修士課程修了、修士（経済情報））

土居　真大（尾道市立大学大学院経済情報研究科修士課程修了、修士（経済情報））

|JCOPY| 〈社〉出版者著作権管理機構 委託出版物

本書の無断複写(電子化を含む)は著作権法上での例外を除き禁じられています。本書をコピーされる場合は、そのつど事前に㈳出版者著作権管理機構(電話 03-3513-6969、FAX 03-3513-6979、e-mail: info@jcopy.or.jp)の許諾を得てください。
また本書を代行業者等の第三者に依頼してスキャンやデジタル化することは、たとえ個人や家庭内での利用であっても著作権法上認められておりません。

コンプライアンス
―ハラスメント事例研究―

2018年12月21日 初版発行

編著者　安達　巧

発　行　ふくろう出版
　　　　〒700-0035　岡山市北区高柳西町1-23
　　　　　　　　　　友野印刷ビル
　　　　TEL：086-255-2181
　　　　FAX：086-255-6324
　　　　http://www.296.jp
　　　　e-mail：info@296.jp
　　　　振替　01310-8-95147

印刷・製本　友野印刷株式会社
ISBN978-4-86186-732-3 C3033　©Takumi Adachi 2018

定価はカバーに表示してあります。乱丁・落丁はお取り替えいたします。